W0039267

SCIENCE FICTION

Herausgegeben
von Wolfgang Jeschke

LUCIUS SHEPARD

DAS LEBEN IM KRIEG

Roman

Mit einem Nachwort von
MICHAEL NAGULA

Deutsche Erstausgabe

WILHELM HEYNE VERLAG
MÜNCHEN

HEYNE SCIENCE FICTION & FANTASY
Band 06/4555

Titel der amerikanischen Originalausgabe
LIFE DURING WARTIME
Deutsche Übersetzung von Irmtraud Kremp (R & R)
und Irene Bonhorst
Das Umschlagbild schuf Larry Noble

2. Auflage

Redaktion: Wolfgang Jeschke
Copyright © 1987 by Lucius Shepard
Copyright © 1989 der deutschen Übersetzung
by Wilhelm Heyne Verlag GmbH & Co. KG, München
Copyright © 1989 des Nachworts by Michael Nagula
Printed in Germany 1992
Umschlaggestaltung: Atelier Ingrid Schütz, München
Satz: Schaber, Wels
Druck und Bindung: Elsnerdruck, Berlin

ISBN 3-453-03144-X

Inhalt

Für Terry Carr

ERSTER TEIL

———

R & R

Immer die gleiche Geschichte,
Vier Römer tot, und fünf Karthager ...

FEDERICO GARCIA LORCA

KAPITEL EINS

Ein moderner Sikorsky-Kampfhubschrauber der Luft-kavallerie I – auf seine Seite die Worte ›Flüsternder Tod‹ geschrieben – brachte Mingolla und Gilbey und Baylor von der Ameisenfarm nach San Francisco de Juticlan, einer kleinen Stadt im Innern der grünen Zone, die auf den neuesten Landkarten mit ›Freies Besetztes Guate-mala‹ gekennzeichnet war. Östlich der grünen Zone überspannte ein namenloser gelber Streifen das Land von der mexikanischen Grenze bis zur Karibik. Die Ameisenfarm war ein militärischer Stützpunkt am östli-chen Rand dieses gelben Streifens, und von dort aus half Mingolla – noch nicht einundzwanzig und schon Artilleriespezialist – ein auf den Karten schwarzweiß markiertes Gebiet unter Beschuß zu halten, weshalb ihm oft schien, als sei er in einen Krieg verwickelt, der den Grundfarben die Welt erhalten sollte.

Mingolla und seine Kameraden hätten ihren R & R – den Rast- und Ruheurlaub – auch in Rio oder Caracas machen können, aber ihnen war aufgefallen, daß die Männer, die jene Städte besuchten, nach ihrer Rückkehr anfingen, nachlässig zu werden, und sie folgerten dar-aus: je toller der letzte R & R, desto wahrscheinlicher endete man als Gefallener. Sie entschieden sich daher für die anspruchsloseren Zerstreuungen in den Städten von Guatemala. Freunde waren sie eigentlich nicht: Sie hatten wenig gemeinsam, und unter anderen Umstän-den hätten sie sogar Feinde sein können. Aber zusam-men den R & R zu machen, hatte sich zu einem Überle-bensritual entwickelt, und wenn sie die Stadt ihrer Wahl erreichten, gingen sie andere Wege und vollzogen wei-tere Rituale. Weil sie bereits so vieles gemeinsam über-lebt hatten, glaubten sie, wenn sie nur an diesen gleichen Ritualen festhielten, kämen sie unversehrt durch den Krieg. Einander gegenüber sprachen sie nie von ihrer Überzeugung, außer andeutungsweise – auch das war Teil des Rituals –, doch wäre dieser Glaube je zur Sprache gekommen, sie hätten das Irrationale daran zugegeben. Dennoch hätten sie darauf verwiesen, daß der merkwürdige Charakter dieses Krieges ihnen einen solchen Glauben aufzwang.

Der Hubschrauber landete auf einem Flugplatz eine Meile westlich der Stadt, einem nackten Zementstreifen, auf drei Seiten eingepfercht von Baracken und Büros, hinter denen der Dschungel aufragte. Einer betrunkenen, tarnfarbenen Libelle gleich probte in der Mitte der Rollbahn ein anderer Sikorsky Start- und Landemanöver, während zwei weitere wie aufgeregte Eltern über ihm schwebten.

Als Mingolla heraussprang, schlug ihm eine heiße Brise entgegen und wehte sein Hemd hoch. Seit Wochen trug er zum erstenmal wieder Zivil, das verglichen mit seiner Kampfausrüstung federleicht schien, und er schaute sich nervös um, als erwarte er, daß ein versteckter Feind seine Entblößung ausnütze.

Einige Mechaniker dösten im Schatten eines Hubschraubers, dessen Cockpit zerstört war, krallenartig bogen sich Plastikreste von dem verkohlten Metall hoch. Staubige Jeeps rollten zwischen den Gebäuden hin und her; zwei Leutnants in tadellosen Uniformen gingen mit raschen Schritten auf einen Gabelstapler, vollgepackt mit Aluminiumsärgen, zu. Die Nachmittagssonne schoß blendenden Glanz über die Kanten und Griffe der Särge, und im Hitzedunst bewegten sich die fernen Barackenreihen wie Wogen einer aufgewühlten olivgrünen See.

Das Widersinnige der Szene – ihre ›Was-ist-falsch-an-diesem-Bild‹-Mischung aus Grauen und Alltäglichkeit – packte Mingolla. Seine linke Hand zitterte, und das Licht schien greller zu werden und ihn zu schwächen. Er lehnte sich gegen den Raketenträger des Sikorsky, um sich zu stützen. Hoch oben, in der tiefblauen Weite des Himmels zerliefen Kondensstreifen: XL-16, auf dem Weg nach Nicaragua, um dort Krater ins Land zu schlagen. Er starrte ihnen mit einem gewissen Sehnen nach und lauschte, ob er sie hören konnte, aber hörte nichts als das flüsternde Gebrumm der Sikorskys.

Gilbey sprang aus der Luke, die zum Computerdeck hinter dem Cockpit führte; er fuhr über seine Jeans, als wische er Staub fort, obgleich keiner da war, und schlenderte zu Mingolla hinüber; die Hände auf den Hüften, blieb er neben ihm stehen, ein kleingewachsener muskulöser Bursche, dem Schmollmund und blonder Crewcut das Aussehen eines mürrischen Kindes verliehen. Baylor steckte seinen Kopf aus der Luke und suchte besorgt den Horizont ab. Dann sprang auch er herunter. Er war groß und hager, ein paar Jahre älter als Mingolla, mit glattem schwarzen Haar und pickeliger olivfarbener Haut und Gesichtszügen so scharf, als wären sie gemeißelt. Er legte seine Hand auf die Seite des Sikorskys, merkte im gleichen Moment, daß er den flammendgrellen Buchstaben ›F‹ von »Flüsternder Tod« berührte und riß seine Hand zurück, als habe er sich verbrannt. Vor drei Tagen hatte es einen schrecklichen Angriff auf die Ameisenfarm gegeben, und Baylor war noch nicht darüber hinweg. Auch Mingolla nicht. Ob Gilbey noch darunter litt, war schwierig zu sagen.

Einer der Sikorsky-Piloten öffnete einen Spalt breit die Cockpittür. »Könnt 'ne Fahrt nach ›Frisco‹ am PX erwischen«, sagte er, seine Stimme gedämpft durch die schwarze Kugel seines Visors. Die Sonne warf weiße Glut über den Helm, was aussah, als herrsche drinnen dunkle Nacht mit einem einzigen Stern.

»Wo ist das PX?« fragte Gilbey.

Der Pilot sagte etwas, undeutlich und unverständlich.

»Was?« fragte Gilbey.

Wieder war die Antwort des Piloten undeutlich

dumpf, und Gilbey wurde ärgerlich. »Nimm das verdammte Ding ab!« sagte er.

»Dies?« Der Pilot zeigte auf den Visor. »Warum?«

»Zum Teufel, damit ich verstehen kann, was du sagst!«

»Jetzt kannst du's doch hören, nicht?«

»Okay«, sagte Gilbey, seine Stimme angespannt. »Wo ist das gottverdammte PX?«

Die Antwort des Piloten blieb unverständlich; seine gesichtslose Maske starrte Gilbey mit unergründlichem Interesse an.

Gilbey ballte die Fäuste. »Nimm das Scheißding ab!«

»Geht nicht, Soldat«, sagte der zweite Pilot und lehnte sich herüber, so daß die beiden schwarzen Kugeln dicht nebeneinander standen. »Diese Dinger hier« – er klopfte gegen den Visor – »arbeiten mit Mikrowellen, die strahlen so 'ne Scheiße in unsere Augen. Trifft den Sehnerv. Macht'n so, daß wir die Bohnenfresser sogar in Deckung erkennen können. Je länger wir die Dinger tragen, desto besser sehen wir.«

Baylor lachte bissig, und Gilbey sagte: »Quatsch!« Mingolla vermutete natürlich, daß die Piloten Gilbey reinlegen wollten oder aber ihr Widerwille, die Helme abzunehmen, käme von einem Aberglauben her, vielleicht von der Illusion, daß die Visors tatsächlich besondere Kräfte verliehen. Aber in einem Krieg, in dem Kampfdrogen ausgegeben und in dem Parapsychologie und medial veranlagte Menschen eingesetzt wurden, um die Feindbewegungen vorauszusagen, war schließlich alles möglich, sogar Mikrowellen zur Steigerung der Sehkraft.

»Wollt uns doch wohl nicht sehen, oder?« fragte der erste Pilot. »Die Strahlen versauen unsere Gesichter. Sind entstellt aussehende Kerls.«

»Vielleicht merkt ihr nicht mal'n Unterschied«, sagte der zweite Pilot. »'ne Menge Leute sehen nix. Aber wenn ihr's seht, müßt ihr kotzen.«

Bei dem Gedanken, wie entstellt die Piloten aussehen mochten, stieg kalter Ekel vom Magen her in Mingolla hoch. Gilbey ließ sich jedoch nicht abspeisen. »Denkst du, ich sei blöd?« schrie er. Sein Hals wurde rot.

»Nö«, sagte der erste Pilot. »Wir können ganz klar erkennen, daß du nicht blöd bist; können eine Menge sehen, was andere nicht sehen, kommt von den Strahlen.«

»'ne Menge unheimliches Zeug«, warf der zweite Pilot ein, »wie Seelen.«

»Geister.«

»Sogar die Zukunft.«

»In die Zukunft sehen, ist das tollste, was wir können«, sagte der erste Pilot. »Wenn ihr Jungs wissen wollt, was euch bevorsteht, wir sagen es euch.«

Sie nickten gleichzeitig, und der Glanz der Sonne glitt über beide Visors: zwei bösartige Roboter, gleich programmiert.

Gilbey stürzte sich auf die Cockpittür. Der erste Pilot schlug sie zu, und Gilbey hämmerte gegen das Plastik und brüllte fluchend. Der zweite Pilot schnippte einen Schalter am Kontrollpult. Kurz darauf dröhnte seine Stimme durch den Verstärker: »Geht geradeaus an dem Stapler vorbei bis an die Baracken. Ihr landet direkt am PX.«

Mingolla und Baylor gelang es nur mit vereinten Kräften, Gilbey von dem Sikorsky wegzuzerren, doch er hörte erst auf zu brüllen, als sie in die Nähe des Gabelstaplers mit seiner Ladung Särge kamen: die Schatztruhe eines Riesen voll großer silbriger Maden. Da schwieg er und senkte den Blick.

Draußen vor dem PX trafen sie einen MP-Korporal, der sie in seinem Jeep mitnahm, und als der Wagen über den Zementboden rollte, schaute Mingolla zu dem Sikorsky hinüber, mit dem sie gekommen waren. Die beiden Piloten hatten eine Plane auf den Boden gebreitet, sich bis auf die Shorts entkleidet und sonnten sich. Aber die Helme hatten sie nicht abgelegt. Die unheimliche Zusammenstellung von gebräunten Menschenkörpern und glänzenden schwarzen Köpfen beunruhigte Mingolla. Sie erinnerte ihn an einen alten Spielfilm, in dem jemand zusammen mit einer Fliege durch einen Materie-Transmitter gegangen war und am Ende mit dem Fliegenkopf auf seinen Schultern da stand. Vielleicht, dachte er, sind die Helme etwas Ähnliches, man kann sie gar nicht mehr abnehmen. Vielleicht war der Krieg schon so widernatürlich geworden.

Der MP-Korporal bemerkte, daß Mingolla die Piloten beobachtete, und gab ein bellendes Lachen von sich. »Diese Kerle da«, sagte er in dem betont nachdrücklichen Ton eines Mannes, der genau weiß, wovon er spricht, »diese Kerle da sind scheißirre!«

Noch vor sechs Jahren war San Francisco de Juticlan eine Ansammlung verstreut liegender strohgedeckter Hütten und Betongebäude zwischen den Palmen und Bananenstauden am östlichen Ufer des Rió Dulce gewesen, an der Stelle, wo eine Schotterstraße, die zum Pan American Highway führte, auf den Fluß stieß. Aber seit damals war die Stadt gewachsen und dehnte sich nun über ein weites Gebiet auf beiden Ufern aus. Dutzende von Bars und Bordellen waren hinzugekommen: Zementblöcke, bemalt in den Farben des Regenbogens und mit einem phantastischen Tierpark aus Neonlichtern auf den Blechdächern: Drachen, Einhörner, Feuervögel, Zentauren. Der MP-Korporal erzählte Mingolla, daß die Zeichen keine Reklameschilder seien, sondern verschlüsselte Erfolgssymbole. Zum Beispiel könne man von der Darstellung eines rotgeflügelten Tigers, der sich zwischen grünen Lilien und blauen Kreuzen ducke, schließen, daß der Eigentümer wohlhabend, Mitglied eines katholischen Geheimbundes und Gegner der Regierungspolitik sei. Ständig wurden alte Zeichen abgebaut und durch größere, dekorativere ersetzt, Beweis für wachsenden Gewinn, und dieser Kampf von Licht und Image paßte zu Zeit und Ort, denn San Francisco de Juticlan war weniger eine Stadt als ein Kriegssymptom. Obgleich der Nachthimmel über ihr strahlendhell erleuchtet war, gab sich die Stadt auf der Erde schmutzig und verkommen: Straßenköter durchwühlten Berge von Abfall, hartnäckige Dirnen kreischten aus Fenstern, und wie der Korporal sagte, stolperte man nicht selten über eine Leiche, meist ein Opfer der Banden von verlassenen Kindern, die am Rand des Dschungels hausten. Enge Straßen, schmutzig, gelbbraun, trennten die Bars voneinander, übersät mit Unrat, verbeulten Büchsen, Kot und Glasscherben; Flüchtlinge bettelten an jeder Ecke, zeigten ihre verbrannten Gliedmaßen und Schußverletzungen vor. Viele Gebäude waren mit solcher Hast errichtet worden, daß ihre Wände schief, ihre Dächer krumm waren und die Schatten, die sie warfen, zu phantastisch-wilden Formen wuchsen, wie die Schatten im Werk eines geisteskranken Künstlers, ein visueller Ausdruck für die alles beherrschende innere Spannung.

Und dennoch, als Mingola hindurchfuhr, fühlte er sich beschwingt, beinahe glücklich. Seine Stimmung basierte zum einen auf der Ahnung, daß es ein verdammt toller R & R würde (er hatte gelernt, seinen Ahnungen zu trauen), vor allem aber auf der Tatsache, daß Städte wie diese für ihn eine Art Leben nach dem Tod bedeuteten, eine Belohnung dafür, daß er einen harten Lebensabschnitt durchstanden hatte.

Der Korporal setzte sie an einem Drugstore ab, wo Mingolla eine Schachtel Briefpapier kaufte, und dann gingen sie auf einen Drink in den Demonio Club, ein winziges Lokal, dessen weißgekalkte Wände schwach phosphoreszierend leuchteten vom Schein purpurner Glühbirnen, die wie radioaktive Früchte von der Decke baumelten.

Der Club war gedrängt voll mit Soldaten und Dirnen,

die meist an Tischen rund um eine Tanzfläche saßen, nicht größer als die Matratze eines französischen Bettes. Zwei Paare wiegten sich zum Klang eines Schlagers, der aus einer vielfach mit Draht umwickelten Musikbox tönte; mit Unterwasserlangsamkeit trieben Schleier von Zigarettenrauch über ihre Köpfe hinweg. Einige Soldaten knutschten mit den Dirnen; eine versuchte gerade, die Geldbörse eines Soldaten zu stehlen, der sinnlos betrunken war. Ihre Hand fummelte zwischen seinen Beinen herum, bemüht, ihn dazu zu bringen, seine Hüften nach vorn zu schieben, und als es klappte, tastete sie mit der anderen Hand nach der Börse, die in der Gesäßtasche seiner stramm sitzenden Jeans steckte.

»He, sieh dir die mal an!« Gilbey schob sich auf den Barhocker neben Mingolla und zeigte mit dem Daumen auf eine Dirne am anderen Ende der Bar. Sie trug ihren Rock bis zur Hüfte hochgerafft, und ihre Brüste waren, ihrer Fülle und Straffheit nach zu urteilen, wahrscheinlich das Produkt einer Schönheitsoperation.

»Nett«, sagte Mingolla desinteressiert. Der Barkeeper stellte eine Flasche Bier vor ihn hin, und er tat einen tiefen Zug; es schmeckte sauer, schal, wie ein Destillat der abgestandenen Luft.

Baylor ließ sich auf den Hocker neben Gilbey fallen und vergrub sein Gesicht in den Händen. Gilbey sagte etwas zu ihm, das Mingolla nicht verstehen konnte, und Baylor hob den Kopf. »Ich geh' nicht zurück«, sagte er.

»O Jesus!« sagte Gilbey. »Fang nicht wieder mit dem Gemecker an!«

Im Halbdunkel lagen Baylors Augenhöhlen voller Schatten. Sein starrer Blick richtete sich auf Mingolla. »Nächstesmal kriegen die uns«, sagte er. »Wir sollten den Fluß runter machen. Es gibt Boote in Livingston, die könnten uns nach Panama bringen.«

»Panama!« Gilbey feixte. »Da gibt's nichts außer noch mehr Bohnenfresser.«

»Wir werden okay sein auf der Farm«, versuchte

Mingolla zu beruhigen. »Wenn die Sache zu brenzlig wird, ziehen die uns zurück.«

»Zu brenzlig?« An Baylors Schläfe klopfte eine Ader. »Was, zum Teufel, nennst du ›zu brenzlig‹?«

»Halt die Schnauze!« Gilbey erhob sich vom Barhokker. »Mensch, kümmer du dich weiter um ihn!« sagte er zu Mingolla. Er wies auf die vollbusige Dirne. »Ich geh' und besteig' den Mount Silikon.«

»Neun Uhr«, sagte Mingolla, »am PX. Okay?«

Gilbey sagte: »Klar«, und schob ab. Baylor übernahm seinen Hocker und lehnte sich zu Mingolla hinüber. »Du weißt, ich hab' recht«, flüsterte er drängend. »Sie haben uns diesmal fast erwischt.«

»Luftkav wird mit ihnen fertig«, sagte Mingolla mit gespielter Gleichgültigkeit. Er öffnete den Karton mit Briefpapier und zog einen Kugelschreiber aus seiner Hemdentasche.

»Du *weißt*, ich hab' recht«, wiederholte Baylor.

Mingolla tippte mit dem Kugelschreiber gegen die Lippen und tat geistesabwesend.

»Luftkav!« sagte Baylor mit einem verzweifelten Lachen. »Luftkav macht überhaupt nichts.«

»Warum legst du nicht mal'n paar anständige Songs auf?« schlug Mingolla vor. »Schau mal, ob die nichts von Prowler in der Box haben!«

»Verdammt noch mal!« Baylor packte ihn am Handgelenk. »Begreifst du nicht, Mensch? Dieser Scheiß haut nicht mehr hin!«

Mingolla schüttelte ihn ab. »Vielleicht brauchst du Kleingeld«, meinte er kühl. Er kramte eine Handvoll Münzen hervor und warf sie auf die Theke. »Da! Hier hast du was.«

»Ich sag' dir ...«

»Ich will's nicht hören!« schnauzte Mingolla.

»Du willst es nicht hören?« sagte Baylor ungläubig. Er war nahe daran, die Kontrolle zu verlieren. Sein dunkles Gesicht glänzte vor Schweiß, ein Augenlid zuckte.

Er hämmerte jetzt mit Nachdruck auf die Bartheke. »Mann, du solltest aber zuhören! Wenn wir nämlich nicht bald was tun, dann sterben wir! Jetzt hörst du hin, wie?«

Mingolla packte ihn am Hemd. »Halt die Klappe!«

»Ich halt' die Klappe *nicht!*« schrie Baylor schrill. »Du und Gilbey, Mann, ihr denkt, ihr könnt eu'rn Arsch retten, indem ihr den Kopf in den Sand steckt. Aber ich krieg' euch schon zum Zuhören.« Er warf den Kopf in den Nacken, seine Stimme wurde zum Brüllen. »Wir werden sterben!«

Wie er es brüllte – fast triumphierend, wie ein Kind, das ein schmutziges Wort schreit, um die Eltern zu ärgern – drehte Mingolla durch. Ihm hingen Baylors Szenen zum Hals raus. Ohne zu überlegen, schlug er zu, fing aber die Wucht des Schlages im letzten Moment ab. Baylor am Hemd festhaltend, erwischte er ihn am Kinn, gerade genug, daß sein Kopf zurückflog. Baylor blinzelte ihn an, verblüfft, den Mund offen. Blut sickerte heraus.

Am anderen Ende der Theke lehnte der Barkeeper neben einer Kompanie Schnapsflaschen und beobachtete Mingolla und Baylor. Auch einige Soldaten sahen zu. Sie wirkten äußerst erfreut, als hätten sie darauf gewartet, daß ein Schuß Gewalt etwas Leben in die Bude brächte. Ihre Aufmerksamkeit störte Mingolla, er schämte sich seiner Brutalität wegen. »He, Mensch, tut mir leid«, sagte er zu Baylor, »ich ...«

»Ich geb'n Scheißdreck um dein ›tut mir leid‹«, sagte Baylor und rieb sich den Mund. »Ich geb'n Scheißdreck um alles, außer, daß wir hier, verdammt noch mal, rauskommen.«

»Hör auf damit, okay?«

Aber Baylor wollte nicht aufhören. Er redete weiter, jetzt im leidgeprüften Ton eines Menschen, der trotz größter Ungerechtigkeit tapfer zu seiner Meinung steht. Mingolla versuchte, ihn nicht zu beachten, indem er das

Etikett auf seiner Bierflasche studierte: die rot-schwarze Grafik eines Guatemala-Soldaten mit sieghaft erhobenem Gewehr. Es war eine packende Zeichnung, und sie erinnerte ihn an die Postermalerei, mit der er sich beschäftigt hatte, bevor man ihn einzog, doch die heroische Pose des Soldaten war in Anbetracht der Unzuverlässigkeit der guatemaltekischen Truppen direkt ein Witz. Er machte mit dem Daumennagel einen tiefen Kratzer durch die Mitte des Etiketts.

Schließlich gab Baylor auf und saß und starrte auf das verzogene Holzfurnier der Theke. Mingolla ließ ihn eine Minute lang sitzen, dann, ohne seinen Blick von der Flasche zu heben, sagte er: »Warum legst du nicht mal'n paar anständige Songs auf?«

Baylor preßte sein Kinn gegen die Brust und schwieg trotzig.

»Ist das einzige, was du tun kannst, Mann«, fuhr Mingolla fort. »Was kannst du sonst machen?«

»Du bist verrückt«, sagte Baylor; er blitzte Mingolla an und stieß die Worte hervor wie einen Fluch. »Verrückt!«

»Willst du etwa allein nach Panama gehen? Wie? Du weißt doch, wir drei gehören zusammen. Wir haben soviel zusammen durchgestanden, und wenn du nur durchhältst, werden wir auch zusammen wieder nach Hause kommen.«

»Ich weiß nicht«, sagte Baylor. »Ich weiß nicht mehr.«

»Betrachte es mal so«, sagte Mingolla. »Vielleicht haben wir alle drei recht. Vielleicht *ist* Panama tatsächlich die Antwort, aber die Zeit ist noch nicht reif. Wenn du recht hast, werden Gilbey und ich es früher oder später einsehen.«

Mit einem tiefen Seufzer stand Baylor auf. »Ihr werdet das nie einsehen, Mann«, sagte er niedergeschlagen.

Mingolla nahm einen Schluck Bier. »Sieh mal, ob die einen Prowler in der Box haben. Ein Prowler würde mir guttun.«

Baylor stand einen Augenblick lang unentschlossen,

ging auf die Musikbox zu, dann schwenkte er ab in Richtung Tür. Mingolla saß angespannt, bereit ihm nachzulaufen. Aber Baylor stoppte und ging zur Bar zurück. Tiefe Furchen hatten sich in seine Stirn gegraben. »Okay«, sagte er mit stockender Stimme. »Okay. Um wieviel Uhr morgen? Neun Uhr?«

»Richtig«, sagte Mingolla und wandte sich ab. »Am PX.«

Aus dem Augenwinkel beobachtete er, wie Mingolla durch den Raum ging und sich über die Musikbox beugte, um etwas auszusuchen. Er war erleichtert. So hatten alle R & Rs angefangen: Gilbey hinter einer Hure her und Baylor dabei, die Musikbox mit Geld zu füttern, während er einen Brief nach Hause schrieb.

Auf ihrem ersten R & R hatte er seinen Eltern in einem Brief von diesem Krieg und seinen bizarren Zermürbungsformen erzählt, aber als ihm klar wurde, daß der Brief seine Mutter aufregen würde, hatte er ihn zerrissen und einen anderen geschrieben, in dem bloß stand, daß es ihm gut ginge. Auch diesen Brief würde er zerreißen, aber er fragte sich, wie sein Vater reagieren würde, wenn er ihn läse. Höchstwahrscheinlich zornig. Sein Vater glaubte fest an Gott und Vaterland, und obgleich Mingolla die Nutzlosigkeit erkannt hatte, sich in Anbetracht des Wahnsinns ringsum an irgendeinen moralischen Code zu klammern, wußte er dennoch, daß die Grundsätze seines Vaters auf ihn abgefärbt hatten: nie wäre er fähig gewesen zu desertieren, wie Baylor dauernd vorschlug. Natürlich lag die Erklärung für sein Pflichtbewußtsein nicht nur darin, auch andere Faktoren spielten mit, aber da es seinen Vater glücklich gemacht hätte, dafür verantwortlich zu sein, neigte Mingolla dazu, ihm die Schuld zu geben.

Er versuchte sich vorzustellen, was seine Eltern in diesem Augenblick taten – Vater säße vor dem Fernseher und schaute sich die Mets an, und Mutter würde im

Garten herumwerken –, und dann, diese Bilder vor Augen, begann er zu schreiben:

Liebe Mam, lieber Paps!

In Eurem letzten Brief fragtet Ihr, ob ich glaube, daß wir den Krieg gewinnen. Hier unten würdet Ihr auf eine solche Frage eine Menge verlegener Blicke ernten, weil die meisten Leute hier eine Ansicht über den Krieg vertreten, die auf das Gesamtergebnis nicht anwendbar ist. Da kenne ich zum Beispiel jemanden, der hat diesen Tick, daß der Krieg eine magische Operation von riesigen Ausmaßen sei, daß die Bewegungen der Flugzeuge und Truppen ein mystisches Zeichen auf eine Fläche außerhalb der Realität ziehen, und um überleben zu können, müsse man seinen Standort innerhalb dieser Zeichnung errechnen und sich dementsprechend verhalten und bewegen. Ich weiß, das hört sich für Euch verrückt an, aber hier unten sind alle auf diese Art verrückt (irgend so ein Kerl hat sogar eine Abhandlung über die Verbreitung von Aberglauben unter den Besatzungstruppen geschrieben). Alle suchen nach einem Zauber, der ihnen das Überleben verspricht. Ihr könnt Euch wahrscheinlich nicht vorstellen, daß auch ich mich mit solchen Dingen abgebe, aber ich tue es. Ich ritze meine Initialen in die Patronenhülsen, trage Papageienfedern im Helm und tue noch viele andere Dinge dieser Art.

Um auf Eure Frage zurückzukommen: ich will mich Euch gegenüber nicht dumm stellen, aber mit einem einfachen Ja oder Nein kann ich auch nicht antworten. So leicht ist die Sache nicht zu erklären. Aber ich will Euch einen Einblick in die Situation geben, indem ich Euch eine Geschichte erzähle, und dann könnt Ihr Euch Eure eigene Meinung bilden. Es gibt Hunderte solcher Geschichten, die Euch helfen könnten, aber mir fällt als erstes die Geschichte von der Verlorenen Patrouille ein ...

Ein Prowler-Song schallte aus der Musikbox, und Mingolla hielt mit dem Schreiben inne, um zuzuhören: es war eine zornig erregende Musik, angeheizt – so schien es – von der gleichen aggressiven Paranoia, die den Krieg ausgelöst hatte.

Die Leute schoben die Stühle zurück, stellten Tische hoch und begannen, auf den freien Flächen zu tanzen; eng zusammengepfercht, konnten sie nicht mehr tun als sich im Rhythmus hin- und herzuschieben, aber ihr Stampfen ließ die Glühbirnen an den Enden der Schnüre schaukeln und das purpurne Licht über die Wände schwappen.

Eine schlanke Hure, das Gesicht von Akne zernarbt, stellte sich vor Mingolla und fing an zu tanzen, schüttelte ihre Brüste, streckte ihm die Arme entgegen. Ihr Gesicht war leichenfahl im wechselnden Licht, ihr Lächeln zu einem toten Grinsen erstarrt. Aus einem ihrer Augen rann, einem erlesenen Todessekret gleich, eine schwarze Träne aus Schweiß und Mascara. Mingolla wußte nicht, ob er sie richtig sah. Seine linke Hand begann zu zittern, und einige Sekunden lang verlor die gesamte Szene ihren Zusammenhalt. Alles sah verstreut aus, jedes Ding vom anderen getrennt: ein Wirrwarr bedeutungsloser Objekte, auf- und niederhüpfend in einer Flut wahnwitziger Musik. Dann öffnete jemand die Tür, ein Streifen Sonnenlicht fiel herein, und der Raum kehrte zur Normalität zurück.

Schmollend tanzte die Dirne ab. Mingolla atmete leichter. Das Beben in seiner Hand ließ nach. Er entdeckte Baylor in der Nähe der Tür im Gespräch mit einem schmuddeligen Guatemalteken ... wahrscheinlich einer Kokainbekanntschaft. Kokain war Baylors Allheilmittel, seine Arznei gegen Furcht und Verzweiflung. Von allen R & Rs kehrte er mit verquollenen Augen und dem Hang zum Nasenbluten zurück, damit prahlend, was für ein prima Dope er ergattert habe.

Erfreut, daß alles routinemäßig verlief, wandte Mingolla sich wieder seinem Brief zu:

... Erinnert Ihr Euch, wie ich erzählte, daß die Green Berets Drogen nähmen, um bessere Kämpfer zu sein? Fast jeder nennt die Drogen »Sammy«, eine Abkürzung für »Samurai«. Sie kommen in Ampullen, und wenn man sie unter die Nase hält, dann meint man während der nächsten dreißig Minuten, man sei eine Kreuzung zwischen dem Träger einer Tapferkeitsmedaille und Superman. Das Schlimme ist, daß viele Berets es übertreiben und ausflippen. Sie verkaufen die Drogen auch auf dem Schwarzen Markt, und manche Kameraden nehmen sie aus Spaß. Sie tun es als Sport, nehmen die Ampullen und kämpfen dann gegeneinander in einer Grube. Menschliche Hahnenkämpfe.

Vor etwa zwei Jahren nun ging ein Spähtrupp der Berets oben im Frontabschnitt Smaragd, nicht weit von meiner Stellung, auf Patrouille und kehrte nicht zurück. Er wurde als vermißt gemeldet. Einen Monat oder so, nachdem die Leute verschwunden waren, begann jemand hie und da Ampullen aus Sanitätsbeständen zu entwenden. Anfangs wurden die Taten den Guerillas zugeschrieben, aber dann erhaschte ein Arzt einen Blick auf die Räuber und sagte, es seien Amerikaner gewesen. Sie hätten zerfetzte Drillichanzüge getragen und sich wie Verrückte benommen. Ein Künstler machte nach der Beschreibung des Arztes eine Zeichnung von dem Anführer, und es kam dabei das genaue Ebenbild des Sergeants der vermißten Patrouille heraus. Danach sichtete man sie überall. Einige der Meldungen waren falsch, aber bei anderen schien es sich offensichtlich um die Vermißten zu handeln. Man sagt, sie hätten sogar ein paar unserer Hubschrauber abgeschossen und in der Nähe von Zacapas eine Versorgungskolonne überfallen.

Um Euch die Wahrheit zu sagen, ich selbst habe nie viel um diese Geschichte gegeben, aber vor ungefähr vier Monaten kommt dieser Infanterist aus dem Dschungel und macht bei uns im Lager Meldung. Er behauptet, er wäre von der Verlorenen Patrouille gefangengenommen worden, und nachdem ich seine Geschichte gehört hatte, glaubte ich ihm. Er sagte, die Männer hätten ihm erzählt, sie seien keine Amerikaner mehr, sondern Bürger des Dschungels. Sie lebten wie Tiere, *schliefen unter Palmenwedeln und nähmen die Ampullen Tag und Nacht. Sie seien verrückt, aber sie seien Genies im Überleben geworden. Sie wüßten alles über den Dschungel, wann das Wetter sich ändere, welche Tiere in der Nähe seien. Und sie hätten diese sonderbare Religion, die auf den Lichtstrahlen beruhe, die vom Himmel her durch das Blätterdach fielen. Sie säßen unter jenen Strahlen wie Heilige, von Gott gesegnet, und schwärmten von der Reinheit des Lichts, den Freuden des Tötens und der neuen Welt, die es schaffen wollten.*

So, Mam und Paps, das ist es, was mir einfällt, wenn Ihr nach dem Krieg fragt. Die Verlorene Patrouille. Ich versuche nicht, Euch vorsichtig meine Ansicht über das Grauen des Krieges beizubringen. Überhaupt nicht. Wenn ich über die Verlorene Patrouille nachdenke, dann denke ich nicht daran, wie traurig und verrückt diese Männer sind. Ich frage mich vielmehr, was sie in jenem Licht sehen, frage mich, ob es mir wohl auch helfen könnte. Und vielleicht liegt darin meine Antwort auf Eure Frage ...

Die Sonne stand schon niedrig, als Mingolla endlich die Bar verließ, um sich dem zweiten Teil seines Rituals zu widmen, nämlich unschuldig wie ein Tourist durch das Eingeborenenviertel zu schlendern und die Dinge zu nehmen, wie sie kamen: vielleicht mit einer guatemaltekischen Familie zu Abend essen oder sich mit einem Soldaten aus einer anderen Einheit zusammentun und zur Kirche gehen oder mit ein paar jungen Burschen herumhängen, die ihn über Amerika ausfragen wollten. Er hatte all diese Dinge schon bei früheren R & Rs getan, und die Vorspiegelung von Unschuld amüsierte ihn stets. Hätte er seinem inneren Drängen nachgegeben, würde er die Greuel der Front mit Huren und Drogen ausgebrannt haben, aber auf jenem ersten R & R hatte er – betäubt vom Erlebnis des Kampfeinsatzes und voller Sehnen nach Stille – einen ausgedehnten Spaziergang gemacht, und nun war er gezwungen, nicht nur diesen Spaziergang zu wiederholen, sondern sich auch wieder in den gleichen benommenen geistigen Zustand zu versetzen: es genügte nicht, das Ritual nur zur Hälfte und damit lächerlich zu machen. Diese seelische Verwirrung zu erreichen, fiel ihm heute jedoch, der jüngsten Vorgänge auf der Ameisenfarm wegen, nicht besonders schwer.

Der Rio Dulce war ein breiter blauer Fluß, der mit leichtem Wellenschlag dahinströmte. Dichter Dschungel reichte auf beiden Seiten bis an die mit gelblichem Schilf gesäumten Ufer. An der Stelle, wo die Schotterstraße endete, befand sich eine betonierte Anlegestelle, und daran vertäut lag ein Lastkahn, der als Fähre diente; er war bereits voll beladen mit Fahrzeugen – zwei Lastwagen – und etwa dreißig Personen.

Mingolla ging an Bord und zum hinteren Teil des Schiffes und stellte sich dort neben drei Infanteriesoldaten, die noch ihre Kampfanzüge und Helme trugen und doppelläufige Gewehre, mit flexiblen Röhrchen an Rucksack-Computer angeschlossen, in der Hand hielten; durch die rauchgeschwärzten Scheiben der Gesichtsplatten konnte Mingolla das reflektierende Grün des Textes ihrer Visor-Displays erkennen. Die Männer beunruhigten ihn, erinnerten ihn an die beiden Piloten, und er fühlte sich besser, nachdem sie ihre Helme abgenommen hatten und er völlig normale menschliche Gesichter sah.

Ein geschwungener Bogen aus weißem Beton, von schlanken Säulen gestützt, überspannte ein Drittel des Flusses, ein aus einer Dali-Landschaft gefallenes Teil – eine Brücke, deren Bau zum Stillstand gekommen war. Mingolla hatte sie kurz vor der Landung aus der Luft bemerkt, sich aber keine Gedanken darüber gemacht; nun aber packte ihn ihr Anblick. Sie schien weniger eine unvollendete Brücke als vielmehr ein Monument für ein erhabenes Ideal zu sein, schöner als irgendeine fertige Brücke je sein könnte. Und während er verzückt stand, im stinkig öligen Rauch der Fähre, spürte er, daß es in ihm etwas gab, analog zu jener schöngeschwungenen Form, daß auch er eine Straße war, die in der Weite des Himmels endete. Mit solcher Leichtigkeit und Reinheit verwandt zu sein, machte ihn zuversichtlich, und einen Augenblick lang glaubte er, auch auf ihn warte – wie es der aufwärtsgerichtete Endpunkt der Brücke andeutete – eine Form der Vollendung, die weit jenseits dessen lag, was die Architekten seines Schicksals für ihn geplant hatten.

Am westlichen Ufer, entlang der Stadt, war die Schotterstraße mit Buden eingefaßt: skelettartige Gefüge aus Buschwerk und Ästen, mit Palmwedeln gedeckt. Kinder rannten unter ihnen hin und her, zielten aufeinander mit Zuckerrohrstengeln und taten, als ob sie schössen. Soldaten waren kaum zu sehen. Die Menschenmenge auf der Straße bestand hauptsächlich aus Indianern: junge Paare, zu scheu, um sich bei den Händen zu halten; alte verloren aussehende Männer, die mit ihren Stöcken im Abfall herumstocherten; untersetzte Matronen mit empörten Gesichtern der hohen Preise wegen; barfüßige Bauern, die mit stocksteifem Rücken und würdevollem Gesichtsausdruck daherkamen und ihr Geld im verknoteten Taschentuch mit sich trugen.

An einer der Buden kaufte sich Mingolla ein Sandwich und eine Coca Cola. Er saß auf einem Hocker und aß zufrieden, genoß das heiße Brot und den pikanten gekochten Fisch darin und beobachtete die Passanten. Graue Wolken ballten sich zusammen und zogen von Süden, von der Karibik her, auf; hin und wieder schoß eine Kette KL 16 nach Norden auf die Ölfelder jenseits des Ixtabalsees zu, wo die Kämpfe sehr heftig waren.

Es dämmerte. Die Lichter der Stadt begannen sich scharf gegen den purpurnen Himmel abzuzeichnen. Gitarren wurden geschlagen, rauhe Kehlen sangen, die Menge verlief sich. Mingolla bestellte ein weiteres Sandwich und noch eine Cola. Er lehnte sich zurück, nippte und kaute, versenkte sich in die weiße Magie dieses Landes, die Süße des Augenblicks. Neben dem Sandwich-Stand hockten vier alte Frauen vor einem Kochfeuer und bereiteten Hühnerstew und Maisfladen; schwarze Ascheflocken wirbelten von den Flammen hoch, und während die Dämmerung zunahm, schien es, als seien diese Ascheflocken Stücke eines Puzzlespiels, das sich am Himmel zum Bild einer sternenlosen Nacht zusammensetzte.

Dunkelheit fiel herein, die Menschenmenge nahm wieder zu, und Mingolla setzte seinen Spaziergang fort, schlenderte an Ständen vorbei, die mit Ketten von Glühbirnen behängt waren, von denen Drähte zu Generatoren führten, in deren Geratter das Quaken der Frösche und Zirpen der Grillen ertrank. Buden, wo Plastikrosenkränze verkauft wurden, chinesische Schnappmesser, Blechlaternen; andere boten bestickte Indianerhemden an, Mehlsäcke, hölzerne Masken; dann gab es welche, wo alte Männer in schäbigen Jacketts mit übereinandergeschlagenen Beinen hinter Bergen von Tomaten und Melonen und grünem Paprika hockten, aufgehäuft zu Pyramiden, deren Spitze jeweils mit einer in geschmolzenem Wachs eingelassenen Kerze gekrönt war, primitiven Altären gleich. Lachen, Kreischen, Verkäufergeschrei. Mingolla roch Parfüm, Holzkohlenrauch, den Gestank von verfaulendem Obst.

Er schlenderte von Bude zu Bude, kaufte ein paar Andenken für Freunde zu Hause in New York, fühlte sich als Teil des Gedränges, des Lärms, der glänzend erleuchteten schwarzen Nacht. Und schließlich kam er an eine Bude, um die sich vierzig oder fünfzig Leute so dicht drängten, daß außer dem palmengedeckten Dach nichts zu sehen war. Durch einen Lautsprecher rief eine Frauenstimme: »LA MARIPOSA!« Aufgeregtes Gekreisch aus der Menge. Wieder rief die Frau: »EL CUCHILLO!« Die beiden Worte, die sie gerufen hatte – der Schmetterling und das Messer – verblüfften Mingolla, und er spähte über die Köpfe hinweg.

Eingerahmt von den Palmwedeln des Dachs und den wackligen Stützpfosten drehte eine dunkelhäutige junge Frau eine Kurbel und setzte damit einen herumwirbelnden Drahtkäfig in Gang; er war mit weißen Plastikwürfeln gefüllt und auf eine Brettertheke geschraubt. Die Frau hatte ihr schwarzes Haar nach hinten gekämmt und im Nacken gebunden, und sie trug ein rotes Sommerkleid, das ihre Schultern frei ließ. Sie hielt mit Kurbeln inne, griff in den Käfig und zog, ohne hinauszuschauen, einen Würfel heraus; sie prüfte ihn, nahm ein Mikrophon und rief: »LA LUNA!« Ein bärtiger Kerl drängte nach vorn und reichte ihr eine Karte. Sie prüfte die Karte, verglich sie mit einigen Würfeln, die auf der Theke aufgereiht standen; dann gab sie dem bärtigen Kerl einige Geldscheine in Guatemala-Währung.

Die Komposition von Spiel und Szene gefiel Mingolla. Die dunkelhäutige Frau, ihr rotes Kleid, die rätselhaften Worte; der runenhafte Schatten des Drahtkäfigs; alles schien magisch, ein Bild aus einem okkulten Traum. Einige Leute gingen weg, folgten dem Gewinner, und Mingolla ließ sich von den Nachrückenden weiter nach vorn schieben. Er erwischte einen Platz an der Ecke der Bude, verteidigte ihn gegen den Strudel der Masse, und als er aufschaute, sah er die Frau, nur ein paar Schritte entfernt, ihn anlächeln und ihm eine Karte und einen Bleistiftstummel hinhalten. »Nur zehn Cents in Guatemala-Geld«, sagte sie in amerikanisch klingendem Englisch.

Die Leute neben ihm drängten Mingolla, er solle spielen, sie grinsten und schlugen ihm auf den Rücken. Aber er brauchte kein Drängen. Er wußte, er würde gewinnen: noch nie hatte er eine solch klare Vorahnung gehabt, und sie wurde hauptsächlich von der Frau auf ihn übertragen. Er fühlte sich von ihr ungeheuer stark angezogen. Ihm war, als ginge Hitze von ihr aus … nicht nur Hitze allein, sondern auch Vitalität, Sinnlichkeit, und nun, da er in ihrer Nähe war, überströmte ihn diese Hitze und brachte mit sich ein Gefühl von wachsender sexueller Anziehung zwischen ihnen und das Wissen, daß er gewinnen würde. Die Intensität dieser Anziehung überraschte ihn, denn sein erster Eindruck war, daß sie zwar exotisch aussah, aber nicht schön war. Obgleich schlank, hatte sie ein wenig breite Hüften, und ihre Brüste, durch ihr enges Mieder hochgepreßt und in zwei Rundungen dargeboten, waren ziemlich klein. Ihr Gesicht, wie ihre Hautfarbe, hatte einen indischen Einschlag, ihre Züge waren zu breit und zu voll für den zarten Knochenbau und dennoch so ausdrucksvoll, so feingeschnitten, daß ihr Mißverständnis eine Tugend schien. Abgesehen davon, daß es schmaler war, hätte es das Gesicht einer jener Dienerinnen sein können, die man auf religiösen Hinduwandbildern vor Krishnas Thron knien sieht. Sehr erotisch, sehr gelassen. Diese Gelassenheit war nicht nur oberflächlich. Sie reichte tiefer. Aber im Augenblick interessierten ihn mehr ihre Brüste. Sie sahen hübsch aus, so hochgepreßt, schimmernd von einem Hauch Schweiß. Zwei Proportionen Wackelpudding.

Die Frau schwenkte die Karte, und er nahm sie: eine vereinfachte Bingokarte mit Symbolen statt Buchstaben oder Nummern. »Viel Glück«, sagte die Frau und lachte wie über eine nur ihr bekannte, heimliche Ironie. Dann begann sie den Käfig zu drehen.

Mingolla kannte viele der Worte nicht, die sie aufrief, aber ein alter Mann schob sich an ihn heran und zeigte auf das entsprechende Bild, wenn immer er einen Treffer hatte. Bald waren mehrere Reihen fast komplett. »LA MANZANA!« rief die Frau, und der alte Mann zog Mingolla am Ärmel und schrie: »Se gano!«

Während die Frau seine Karte prüfte, dachte Mingolla über das Geheimnis nach, das sie umgab. Ihre Ruhe, ihr akzentfreies Englisch, das auf eine Herkunft aus der Oberschicht deutete, ließen sie fehl am Platz erscheinen.

Vielleicht war sie eine Studentin, vielleicht hatte der Krieg ihre Ausbildung unterbrochen ... obgleich sie dafür eigentlich ein wenig zu alt schien. Er schätzte sie auf zweiundzwanzig oder dreiundzwanzig. Universität vielleicht, kurz vor dem Abschluß. Doch sie gab sich mit einer gewissen Weltlichkeit, die nicht zu dieser Theorie paßte. Er beobachtete, wie der Blick ihrer Augen zwischen den Karten und den Plastikwürfeln hin und her fuhr. Große Augen mit schweren Lidern, das Weiße darin in solch scharfem Kontrast zu ihrer dunklen Haut, daß sie fast unnatürlich wirkten: milchige Steine mit schwarzen Mittelpunkten.

»Siehst du?« sagte sie und reichte ihm seinen Gewinn – etwa drei Dollar – und eine weitere Karte.

»Was soll ich sehen?« fragte Mingolla verdutzt.

Aber sie hatte schon wieder angefangen, den Käfig zu drehen.

Er gewann drei der nächsten sieben Karten. Die Leute gratulierten ihm, schüttelten vor Verwunderung den Kopf; der alte Mann schob sich noch näher heran und erklärte in Zeichensprache, daß Mingolla sein großes Glück ihm verdanke.

Mingolla jedoch war nervös. Sein Ritual war auf dem Prinzip kleiner Wunder aufgebaut, und obgleich er sicher war, daß die Frau seinetwegen mogelte (er vermutete, dies war der Grund ihres Lachens, ihres ›Siehst du?‹) und daß dies Glück nicht wirklich Glück war, bedrohte sein Übermaß dieses Prinzip. Er verlor drei Karten hintereinander, aber danach gewann er zwei aus vier Karten und wurde noch nervöser. Er überlegte, ob er gehen solle. Aber was, wenn es tatsächlich Glück *wäre*? Wenn er fortginge, verletzte er womöglich die Regeln eines höheren Prinzips, würde irgendeinen kosmischen Prozeß stören und Unglück auf sich herabziehen. Es war eine lächerliche Idee, aber er wollte der winzigen Möglichkeit wegen, daß es stimmte, die Sache nicht gefährden.

Er gewann weiter. Die Leute, die ihm gratuliert hatten, wurden ärgerlich und gingen weg, und als schließlich bloß noch eine Handvoll Spieler übrig blieb, beendete die Frau das Spiel. Ein schmutziger Straßenjunge tauchte aus den Schatten auf und begann, die Anlage abzubauen. Er schraubte den Drahtkäfig ab, stöpselte das Mikrophon aus, packte die Plastikwürfel in einen Karton und steckte alles in einen Rupfensack.

Die Frau kam aus der Bude heraus und lehnte sich gegen einen der Dachpfosten. Mit einem leichten Lächeln hob sie den Kopf, blickte Mingolla abschätzend an und dann – gerade als das Schweigen zwischen ihnen zu zerspringen drohte – sagte sie: »Ich heiße Debora.«

»David.« Linkisch wie ein vierzehnjähriger Junge, mußte Mingolla dem Drängen widerstehen, die Hände in die Taschen zu stecken und wegzuschauen. »Warum hast du gemogelt?« fragte er. Bemüht, seine Nervosität zu verbergen, sagte er es zu laut, und es klang wie eine Beschuldigung.

»Ich wollte deine Aufmerksamkeit wecken«, sagte sie. »Du ... du interessierst mich. Hast du das nicht bemerkt?«

»Ich wollte es nicht wahrhaben.«

Sie lachte. »Du hast recht. Man sollte immer vorsichtig sein.«

Er mochte ihr Lachen; es war völlig ungezwungen, und er vermutete, daß sie auch aus den kleinsten Dingen noch das beste machte.

Drei Männer gingen Arm in Arm vorbei, betrunken grölend. Einer brüllte Debora an, und sie antwortete mit einem zornigen Wortschwall in Spanisch. Mingolla konnte erraten, was gesagt worden war, man hatte sie beschimpft, weil sie sich mit einem Amerikaner abgab. »Vielleicht sollten wir irgendwo hingehen«, sagte er. »Von der Straße runter.«

»Wenn er fertig ist.« Sie wies auf den Jungen, der jetzt eine Kette Glühbirnen abnahm. »Komisch«, sagte sie,

»ich habe die Gabe selbst, und meist fühle ich mich in der Nähe eines anderen Menschen, der sie auch besitzt, nicht wohl. Bei dir ist es anders.«

»Die Gabe?« Mingolla glaubte zu wissen, worauf sie anspielte, aber zögerte argwöhnisch, es zuzugeben.

»Wie nennst du es? ESP?«

Er gab sein Leugnen auf. »Ich habe keinen Namen dafür«, sagte er.

»Sie ist stark in dir. Es überrascht mich, daß du nicht beim Psicorps bist.«

Er wollte ihr imponieren, sich in ein Geheimnis hüllen, dem ihren ähnlich. »Woher willst du wissen, daß ich es nicht bin?«

»Das sehe ich.« Sie zog eine schwarze Handtasche hinter der Theke hervor. »Die Drogentherapie verändert die Gabe, sie kommt anders herüber. Zum Beispiel strömt sie weniger Hitze aus.« Sie blickte von ihrer Tasche auf. »Oder empfindest du sie nicht so? Als Hitze?«

»Ich habe Leute getroffen, von denen eine Hitze ausging«, sagte er, »aber ich habe nicht gewußt, was es bedeutet.«

»Genau das bedeutet es – manchmal.« Sie stopfte einige Geldscheine in ihre Tasche. »Also, warum bist du nicht beim Psicorps?«

Mingolla dachte an sein erstes Interview bei einem Psicorps-Agenten: einem blassen, kahlköpfigen Mann mit dem unschuldigen Augenausdruck, den man manchmal bei blinden Menschen findet. Während Mingolla redete, hatte der Agent den Ring gestreichelt, den Mingolla ihm zum Festhalten gegeben hatte, Mingollas Worten keinerlei Aufmerksamkeit geschenkt und geistesabwesend ins Weite gestarrt, als lausche er einem fernen Echo. »Sie haben sich Mühe gegeben, mich anzuwerben«, sagte Mingolla. »Aber ich hatte Angst vor den Drogen. Ich habe gehört, sie hätten Nebenwirkungen.«

»Du kannst froh sein, daß es dir überlassen blieb«, sagte sie. »Hier schnappen sie dich einfach.«

Der Junge sagte etwas zu ihr; er schwang den Rupfensack über die Schulter und rannte, nach einem Wortgefecht in Spanisch, in Richtung Fluß fort. Es waren noch immer eine Menge Leute unterwegs, aber über die Hälfte der Buden hatte bereits geschlossen; diejenigen, die noch offen waren, glichen – mit ihren Palmstrohdächern, den aufgezogenen Lichterketten und den Frauen in ihren weiten Schals – in der Dunkelheit aufgebauten rustikalen Krippenszenen. Über den Buden blinkten die Neonlichter an und aus: eine chaotische Menagerie von Silberadlern, karmesinroten Spinnen und indigofarbenen Drachen. Während er ihnen zusah, wie sie aufleuchteten und wieder verschwanden, verspürte Mingolla einen Schwindelanfall. Erneut begannen die Dinge ringsum sich wie im Demonio-Club voneinander zu lösen.

»Fühlst du dich nicht wohl?« fragte sie.

»Ich bin nur müde.«

Sie drehte ihn um, so daß er sie anschauen mußte, und legte ihre Hände auf seine Schultern. »Nein«, sagte sie. »Es ist etwas anderes.«

Der Druck ihrer Hände, der Duft ihres Parfüms, halfen ihm, sich wieder zu fangen. »Wir hatten vor einigen Tagen einen Angriff auf den Stützpunkt«, sagte er. »Er sitzt mir noch in den Knochen, weißt du.«

Sie preßte seine Schultern und trat zurück. »Vielleicht kann ich dir helfen.« Sie sagte es mit solchem Ernst, daß er dachte, sie müsse etwas Bestimmtes im Sinn haben. »Wie denn?« fragte er.

»Ich erzähl' es dir beim Essen ... aber nur, wenn du bezahlst.« Neckend nahm sie seinen Arm. »Das schuldest du mir schließlich, meinst du nicht? Nach all dem Glück, das du hattest?«

»Warum bist *du* nicht beim Psicorps?« fragte er unterwegs.

Sie antwortete nicht sofort, hielt ihren Kopf gesenkt und stupste mit ihrem Zeh gegen ein Stückchen Zellophan. Sie schlenderte eine ziemlich leere Straße entlang, zur Linken den Fluß – ein Kanal aus träge dahinfließendem Lack – zur Rechten die fensterlosen Rückwände einiger Bars. über ihren Köpfen strahlte hinter einem Gitterwerk von Halterungen ein Neonlöwe mit unheilverkündendem grünen Nimbus. »Ich war in Miami in der Schule, als sie mit den Tests anfingen«, sagte sie schließlich. »Und als ich nach Hause kam, geriet meine Familie auf die falsche Seite von Abteilung Sechs. Du kennst Abteilung Sechs?«

»Ich hab' davon gehört.«

»Sadisten sind keine tüchtigen Bürokraten«, sagte sie. »Sie waren mehr am Foltern interessiert als daran, unseren Wert zu ermitteln.«

Ihre Schritte knirschten im Schmutz; von einer der Nebenstraßen her schrien heisere Musikboxstimmen nach Liebe.

»Was ist geschehen?« fragte Mingolla.

»Mit meiner Familie?« Sie zuckte die Achseln. »Tot. Keiner hat sich je die Mühe gemacht, es zu bestätigen, aber es war nicht nötig. Es zu bestätigen, meine ich.« Sie gingen ein paar Schritte in Schweigen. »Was mich betrifft ...«, ihre Mundwinkel zuckten, »ich habe getan, was ich tun mußte.«

Er wollte nach Einzelheiten fragen, überlegte es sich aber anders. »Es tut mir leid«, sagte er – und hätte sich einen Tritt geben können dieser banalen Bemerkung wegen.

Sie kamen an einer Bar vorbei, beherrscht von einem riesigen purpurroten Neonaffen. Mingolla fragte sich, ob diese strahlenden Figuren wohl für fernglasbewaffnete Guerillas in den Bergen eine Bedeutung haben könnten: überlieferte Zeichen, mit denen Angriffszeiten und Truppenbewegungen signalisiert würden. Er warf Debora einen Blick zu. Sie sah nicht mehr mutlos aus wie vor einer Sekunde noch, und das bestätigte seine Vermutung, daß ihre Gelassenheit ein Akt von Selbstbeherrschung war, daß ihre Gefühle zwar stark waren, aber zurückgehalten wurden und nur hin und wieder durchbrachen. Vom Fluß her klang ein einsames Platschen, irgendein kaltes Stückchen Leben, das kurz die Oberfläche durchbrach und dann zu seinem unwissenden Gleiten durch die Dunkelheit zurückkehrte ... und sein eigenes Leben nicht viel anders, wenn auch vielleicht weniger anmutig. Wie seltsam, an der Seite dieser Frau zu gehen, die einer Kerzenflamme gleich Hitze ausstrahlte, Erde und Himmel ein schwarzes Gasgemisch, und Neon-Totems, die über allem Wache hielten.

»Scheiße«, sagte sie leise.

Es überraschte ihn, sie fluchen zu hören. »Was ist?«

»Nichts«, sagte sie müde. »Nur Scheiße.« Sie zeigte nach vorn und beschleunigte ihren Schritt. »Hier ist es.«

Das Restaurant war ein typisches Lokal für die Arbeiterklasse und befand sich im Erdgeschoß eines Hotels, einem zweistöckigen Gebäude aus gelblichen Betonklötzen, mit einer summenden Fanta-Reklame über dem Eingang. Hunderte von Nachtfaltern umschwärmten das Zeichen, flimmerten weißlich in der Dunkelheit, und vor der Treppe stand eine Gruppe Jungen, Teenager, die mit Messern nach einem Leguan warfen. Der Leguan war mit den Hinterbeinen an das Treppengeländer gebunden. Er hatte bernsteingelbe Augen, eine Haut in der Farbe von gekochtem Kohl und zerrte am Ende des Stricks, wobei er seine Krallen in den Schmutz bohrte und seinen Hals bog wie ein zum Flug startender Minidrache. Als Mingolla und Debora die Treppe hochgingen, landete einer der Jungen einen Treffer im Schwanz des Leguan, und das Tier schnellte den Schwanz hoch in die Luft und schüttelte das Messer ab.

Die Jungen ließen zur Feier eine Flasche Rum kreisen.

Bis auf den Kellner – einen untersetzten jungen Burschen, der neben der Tür zu einer verräucherten Küche lehnte – war der Raum leer. Grelle Lampen an der Decke beleuchteten die Soßenspritzer auf den Plastiktischtüchern und ließen die gelbe Farbe der schlampig gestrichenen Wände aussehen, als tropfe sie herab. Der Zementboden war mit schwarzen Punkten übersät, bei denen es sich, wie Mingolla entdeckte, um tote Insekten handelte. Das Essen jedoch erwies sich als ziemlich gut, und Mingolla schaufelte einen Teller Huhn mit Reis in sich hinein, bevor Debora ihren auch nur halb leer hatte. Sie aß bedächtig, kaute jeden Bissen eine lange Zeit, und er mußte das Gespräch in Gang halten. Er erzählte ihr von New York, seiner Malerei, daß sogar einige Galerien Interesse gezeigt hätten, obgleich er nur Student war. Er verglich seine Arbeit mit Rauschenberg, mit Silvestre. Nicht so gut natürlich, noch nicht. Ihm war, als würde alles, was er ihr erzählte – ganz gleich wie wenig es zum Augenblick paßte –, die Beziehung zwischen ihnen festigen, sie beide mit feinsten Banden aneinander fesseln: er sah sie und sich eingesponnen in ein Netzwerk leuchtender Fäden, Leitungen für ihre gegenseitige Anziehung. Er spürte die Hitze, die von ihr ausging, stärker als vorher, und er überlegte, wie es wohl sei, Debora in den Arm zu nehmen und zu lieben, in dieser ungeheuren Hitze aufzugehen. Im gleichen Augenblick schaute sie hoch und lächelte, als teile sie den Gedanken. Er wollte dieses Gefühl von Vertrautheit festigen, ihr etwas erzählen, das er noch nie jemandem erzählt hatte, und – da er nur ein einziges wichtiges Geheimnis kannte – erzählte ihr von dem Ritual.

Sie legte die Gabel hin und sah ihn durchdringend an. »Das kannst du doch nicht wirklich glauben«, sagte sie.

»Ich weiß, es klingt ...«

»Lächerlich«, unterbrach sie, »genauso klingt es.«

»Es ist die Wahrheit«, sagte er trotzig.

Sie nahm wieder ihre Gabel, schob ein paar Reiskörner auf dem Teller herum. »Wie ist das bei dir?« fragte sie, »wenn du eine Vorahnung hast? Ich meine, was geschieht? Hast du Träume, hörst du Stimmen?«

»Manchmal weiß ich es einfach nur«, sagte er, verblüfft über ihren raschen Themawechsel. »Und manchmal sehe ich Bilder. Es ist wie bei einem Fernseher, der nicht richtig funktioniert. Zuerst alles verschwommen, dann plötzlich ein scharfes Bild.«

»Bei mir sind es Träume – und Halluzinationen. Ich weiß nicht, wie ich es sonst beschreiben soll.« Sie preßte die Lippen zusammen, seufzte, schien eine Entscheidung zu treffen. »Als ich dich das erstemal sah, trugst du – nur eine Sekunde lang – Kampfausrüstung. An deinen Schutzhandschuhen waren Leitungen befestigt und an deinem Helm Kabel. Die Gesichtsplatte war zerschmettert, und dein Gesicht ... es war bleich, voller Blut.« Sie streckte ihre Hand aus und legte sie über seine. »Das Bild war sehr klar, David. Du darfst nicht zurückgehen.«

Er hatte ihr die Kampfausrüstung eines Artilleristen nicht beschrieben, und sie konnte noch nie eine gesehen haben. Erschüttert sagte er: »Wo soll ich denn hingehen?«

»Panama«, sagte sie. »Ich kann dir helfen, dorthin zu kommen.«

Plötzlich nahm alles Gestalt an, erkannte er sie klar. Man konnte Dutzende wie sie in jeder R & R-Stadt finden, Pazifismus predigend, zur Fahnenflucht aufrufend. Immer hilfsbereit, meist mit Kontakten zu den Guerillas. Deshalb wußte sie auch über seine Kampfausrüstung Bescheid. Wahrscheinlich hatte sie Informationen über die verschiedenen Truppeneinheiten gesammelt, um ihren gräßlichen Prophezeiungen mehr Nachdruck zu verleihen. Seine Meinung von ihr verringerte sich dadurch jedoch nicht, im Gegenteil, sie stieg eine Stufe. Debora riskierte ihr Leben durch dieses Gespräch mit ihm. Aber ihr Geheimnis war verblaßt.

»Das kann ich nicht«, sagte er.

»Warum nicht? Glaubst du mir nicht?«

»Es ist unwichtig, ob ich dir glaube.«

»Ich . . .«

»Schau«, sagte er. »Ich hab' da einen Freund, der versucht dauernd, mich zum Desertieren zu überreden, und es hat Zeiten gegeben, da hätte ich es gern getan. Aber ich kann einfach nicht. Meine Füße würden sich nicht in diese Richtung bewegen. Vielleicht begreifst du das nicht, aber genauso ist es.«

»Diese kindische Sache, die du mit deinen zwei Freunden treibst«, sagte sie nach einer Pause. »Das ist es, was dich hier hält, nicht wahr?«

»Es ist nicht kindisch.«

»Aber sicher ist es das. Wie ein kleiner Junge, der im Dunkeln nach Hause geht und meint, wenn er die Schatten nicht beachte, könne ihn auch nichts daraus anspringen.«

»Du verstehst es nicht«, sagte er.

»Nein, wahrscheinlich nicht.« Zornig warf sie die Serviette auf den Tisch und starrte auf ihren Teller hinab, als läse sie aus den Hühnerknochen ein Orakel.

»Laß uns von etwas anderem reden«, sagte Mingolla.

»Ich muß gehen«, sagte sie kalt.

»Weil ich nicht desertieren will?«

»Weil ich weiß, was geschehen wird, wenn du es nicht tust.« Sie lehnte sich zu ihm hinüber, ihre Stimme war rauh vor Erregung. »Weil ich der Dinge wegen, die ich über deine Zukunft weiß, nicht mit dir im Bett landen will.«

Ihre Heftigkeit jagte ihm Angst ein. Vielleicht hatte sie tatsächlich die Wahrheit gesagt. Aber er wies den Gedanken zurück. »Bleib!« sagte er. »Wir wollen weiter darüber sprechen.«

»Du würdest doch nicht auf mich hören.« Sie nahm ihre Tasche und stand auf.

Der Kellner schlenderte heran und legte die Rechnung neben Mingollas Teller; er zog eine Plastiktüte, gefüllt mit Marihuana, aus seiner Schürzentasche und ließ sie vor Mingola hin und her baumeln. »Mußt'se in Stimmung bringen, Mann«, sagte er. Debora schrie ihn auf spanisch an. Er zuckte die Achseln und entfernte sich, sein schleppender Gang war wie Werbung für seine Ware.

»Dann triff mich morgen«, sagte Mingolla. »Morgen können wir weiter darüber reden.«

»Nein.«

»Warum gibst du mir keine Chance?« sagte er. »Das kommt alles ein bißchen plötzlich, weißt du. Ich komm' heute nachmittag hier an, treff' dich, und eine Stunde später sagst du: ›Tod in den Karten, und Panama ist deine einzige Hoffnung.‹ Ich brauch' etwas Zeit zum Nachdenken. Vielleicht ändere ich bis morgen meine Meinung.«

Ihr Gesichtsausdruck wurde weich, aber sie schüttelte den Kopf. »Nein.«

»Denkst du nicht, es wäre einen Versuch wert?«

Sie senkte die Augen, spielte ein paar Sekunden lang mit dem Reißverschluß ihrer Tasche herum und gab nach. »Wo sollen wir uns treffen?«

»Wie wär's mit dem Pier auf dieser Seite des Flusses? Gegen Mittag.«

Sie zögerte. »In Ordnung.« Sie kam um den Tisch herum zu ihm, beugte sich nieder und streifte mit ihren Lippen seine Wange. Er versuchte, sie an sich zu ziehen und den Kuß zu vertiefen, aber sie entschlüpfte ihm. Er fühlte sich schwindelig, erhitzt. »Du wirst wirklich dort sein?« fragte er.

Sie nickte, schien jedoch besorgt und schaute nicht zurück, als sie die Treppe hinunter verschwand.

Mingolla blieb noch eine Weile sitzen und dachte über

den Kuß nach und das Versprechen, das er barg. Vielleicht wäre er noch länger sitzen geblieben, aber drei betrunkene Soldaten taumelten herein, begannen, Stühle umzuwerfen und dem Kellner das Leben schwer zu machen. Verstimmt ging Mingolla zur Tür, stand dort für einen Augenblick, während die feuchtheiße Luft ihn traf. Nachtfalter drängten sich auf dem gebogenen Plastik des Fanta-Zeichens, bemüht, möglichst nah an die strahlende Hitze im Innern zu gelangen, und er spürte ein Gefühl von Verwandtschaft, als nähme er teil an ihrem Verlangen nach dem Unerreichbaren.

Er begann die Treppe hinabzugehen, hielt aber plötzlich inne. Die Teenager waren gegangen, ihr gefangener Leguan aber lag auf der untersten Stufe, blutbedeckt und regungslos. Bläulich-graue Sehnen quollen aus einem tiefen Schnitt in seiner Kehle. Es war solch ein klares Vorzeichen von Unglück, daß Mingolla wieder hineinging und sich im Hotel oben ein Zimmer nahm.

Die Hotelflure stanken nach Urin und Desinfektionsmitteln. Ein betrunkener Indio, mit offener Hose und blutendem Mund, hämmerte gegen eine der Türen. Als Mingolla an ihm vorbeikam, verneigte sich der Indio mit schwungvoller Bewegung, Parodie eines Willkommensgrußes. Dann hämmerte er weiter.

Mingollas Zimmer war eine fensterlose Zelle, fünf Fuß breit und nicht länger als ein Sarg, ausgestattet mit einem Waschbecken, einem Feldbett und einem Stuhl. Spinnweben und Staub überzogen die Glastür zum Flur, so daß das Licht von dort nur als kalter weißbläulicher Schimmer hereindrang. Die Wände waren mit noch mehr Spinnweben bedeckt, und die Bettlaken so schmutzig, daß sie aussahen, als hätten sie Muster.

Er legte sich nieder, schloß die Augen und dachte an Debora. Wie er ihr das rote Kleid vom Körper risse und sie brutal nähme. Wie sie aufschreien würde. Er schämte sich dieser Gedanken wegen, und es bedrückte ihn. Er versuchte sich vorzustellen, wie er sie in die Arme nähme und voller Zärtlichkeit liebte. Aber zu Zärtlichkeiten, schien ihm, war er nicht mehr fähig. Er gab es auf. Es war die Anstrengung nicht wert. Er begann sein Hemd aufzuknöpfen, entsann sich der Laken und entschied, daß er besser sein Zeug anbehielte. In der Schwärze hinter seinen geschlossenen Lidern begannen Explosionsblitze aufzuflammen, und in den Blitzen sah er Bilder vom Angriff auf die Ameisenfarm. Die Nebelschwaden, die Tunnelgänge. Er verjagte sie mit dem Bild von Deboras Gesicht, aber sie kehrten immer wieder zurück.

Schließlich öffnete er die Augen. Zwei ... nein, drei faserig aussehende schwarze Sterne hoben sich vom Glas der Tür ab. Erst als sie vorwärtskrabbelten, erkannte er, daß es Spinnen waren. Große Spinnen. Im allgemeinen fürchtete er sich nicht vor Spinnen, aber diese Spinnen hier jagten ihm Angst ein. Wenn er sie mit dem Schuh erschlüge, würde er das Glas zerbrechen und aus dem Hotel rausgeworfen werden. Er wollte sie nicht mit den Händen töten. Nach einiger Zeit setzte er sich auf, knipste das Licht an und suchte unter dem Feldbett weiter. Aber es waren keine weiteren Spinnen da. Zitternd legte er sich wieder hin, konnte kaum atmen. Es verlangte ihn danach, mit jemandem zu reden, eine vertraute Stimme zu hören. »Es ist okay«, sagte er in die Dunkelheit hinein. Aber das half nichts. Und noch lange, bis er sich endlich sicher genug fühlte, um einschlafen zu können, beobachtete er die drei schwarzen Sterne, wie sie über das Türglas krochen, lansam auf die Mitte zu, einander berührten, sich wieder trennten, nie wirklich vorwärts kamen, nie aus dem strahlenden Feld, das sie gefangen hielt, ausbrachen, ihrem Universum aus geronnenem, frostigem Licht.

KAPITEL ZWEI

Am nächsten Morgen fuhr Mingolla zum Westufer hinüber und ging in Richtung Flugplatz. Es war bereits heiß, aber die Luft barg noch einen Hauch Frische, und der Schweiß, der auf seiner Stirn perlte, fühlte sich kühl und gesund an. Weißer Staub umwehte die Schotterstraße, zeugte von schwerem Verkehr, der erst vor kurzem hier entlang gekommen war; außerhalb der Stadt und hinter der Abzweigung zur unvollendeten Brücke schob sich der Dschungel in hohen Wänden bis dicht an den Straßenrand, und aus seiner Tiefe hörte Mingolla die Stimmen von Affen, Insekten und Vögeln; schrille Laute, die ihn aufleben ließen, so daß er das Spiel seiner Muskeln spürte.

Nachdem er etwa die Hälfte des Weges zurückgelegt hatte, bemerkte er sechs Guatemala-Soldaten, die aus dem Dschungel kamen und einige Leichen hinter sich herschleiften; sie schmissen sie auf die Motorhaube ihres Jeeps, auf der bereits zwei lagen. Als er näher kam, sah Mingolla, daß es sich bei den Toten um nackte Kinder handelte, jedes mit einem Einschußloch im Rücken. Er hatte vorbeigehen wollen, aber einer der Soldaten – ein gnomenhafter, kupferhäutiger Mann in dunkelblauem Drillichzeug – versperrte ihm den Weg und forderte seine Papiere zu sehen. Die Soldaten stellten sich zusammen und studierten die Papiere gemeinsam, drehten sie flüsternd nach allen Seiten, kratzten sich am Kopf. Mingolla, derartiges Theater gewohnt, beachtete sie gar nicht und wandte sich den toten Kindern zu.

Sonnenverbrannt und dürr, lagen sie mit den Gesichtern nach unten auf dem Jeep, und ihr wirres Haar hing wie Fransen herab; ihre Haut war mit entzündeten Moskitostichen übersät und das Fleisch rings um die

42

Einschußlöcher aufgedunsen und blutunterlaufen. Mingolla schätzte die Kinder ihrer Größe nach auf etwa zehn Jahre, doch dann bemerkte er, daß eines von ihnen ein Mädchen war mit dem volleren Gesäß eines Teenagers, die Brüste gegen das Metall gequetscht. Das empörte ihn. Es waren bloß verwilderte Kinder, die sich mit Rauben und Töten am Leben hielten, und die guatemaltekischen Soldaten taten lediglich ihre Pflicht; sie hatten eine Aufgabe vergleichbar der jener Vögel, die Zecken aus der Haut der Nashörner picken: sie hielten ihr amerikanisches Gasttier ungezieferfrei und glücklich. Aber es war nicht richtig, Kinder wie zur Strecke gebrachtes Wild auszulegen.

Der Soldat gab Mingollas Papiere zurück. Er lächelte jetzt über das ganze Gesicht und – vielleicht zur Festigung der guatemaltekisch-amerikanischen Beziehungen, vielleicht weil er auf seine Leistung stolz war – ging er zum Jeep hinüber und hob den Kopf des Mädchens beim Haar hoch, so daß Mingolla das Gesicht sehen konnte. »Bandida!« sagte er und zog seine Züge zu einem komischen Grinsen zusammen. Das Gesicht des Mädchens ähnelte dem des Soldaten, mit der gleichgeformten Nase und den vorstehenden Backenknochen. Frisches Blut glänzte auf ihren Lippen, und mitten auf ihrer Stirn war die verblaßte Tätowierung einer sich windenden Schlange. Die Augen des Mädchens standen weit offen, und als Mingolla – trotz der Trübung – in sie hineinstarrte, fühlte er, daß er eine Verbindung geschaffen hatte, daß das Mädchen ihn von irgendwoher hinter jenen Augen traurig betrachtete, daß es auch über den klinischen Tod hinaus fortfuhr zu sterben. Dann kroch eine Ameise aus einem der Nasenlöcher, und die Augen sahen nur noch leer aus. Der Soldat ließ den Kopf des Mädchens herabfallen und wickelte seine Hand in das Haar der zweiten Leiche; aber bevor er diesen Kopf hochheben konnte, wandte Mingolla sich ab und ging die Straße hinunter auf den Flugplatz zu.

Eine Reihe Hubschrauber stand nebeneinander am Rand der Landebahn, und als er zwischen ihnen hindurchging, entdeckte Mingolla die beiden Piloten, die ihn von der Ameisenfarm hergebracht hatten. Sie waren bis auf Shorts und Helme ausgezogen, trugen Baseballhandschuhe und übten Fangen und schlugen einander den Ball in hohem Tempo zu. Hinter ihnen, oben auf ihrem Sikorsky, fummelte ein Mechaniker an der Befestigung des Rotors herum. Der Anblick der beiden Piloten bedrückte Mingolla nicht wie am vorhergehenden Tag, im Gegenteil, er empfand ihr unheimliches Aussehen als tröstlich. Im gleichen Augenblick verpaßte einer von ihnen den Ball, und er hüpfte auf Mingolla zu. Er schnappte ihn und schleuderte ihn dem nächststehenden der Piloten zu, der darauf herangetrottet kam, stehenblieb und den Ball in die Vertiefung seines Handschuhs rammte. Mit seinem schwarzen spiegelnden Gesicht und dem verschwitzten muskulösen Körper ähnelte er einem eifrigen, jungen Mutanten.

»Wie geht's?« fragte er. »Scheint, du bist'n bißchen down heut' morgen.«

»Ich bin okay«, sagte Mingolla abwehrend. »Aber«, er lächelte, um nicht zu ablehnend zu wirken, »vielleicht siehst du mehr als ich.«

Der Pilot zuckte die Achseln; die leichte Bewegung schien gute Laune anzudeuten.

Mingolla zeigte auf den Mechaniker. »Ihr Jungs habt wohl 'ne Panne, wie?«

»Allgemeine Kontrolle bloß. Wir fliegen morgen früh zurück. Kommste mit?«

»Nö, ich bleib' hier für eine Woche.«

Ein unheimlicher Strom schoß durch Mingollas linke Hand, versetzte sie in lähmendes Beben. Diesmal war es sehr schlimm, und er preßte die Hand in seine Hüfttasche. Die olivgrüne Barackenreihe schien zu zucken, sich zu verlagern und weiter weg zu heben, die Hubschrauber und Jeeps und uniformierten Männer auf der

Rollbahn wirkten wie Spielzeuge: Teile aus einem wirklich naturgetreuen ›GI-Joe-Flugplatz‹-Baukasten. Mingollas Hand schlug gegen den Stoff seiner Hose wie ein krankes Herz.

»Ich muß gehen«, sagte er.

»Mach dir keine Gedanken«, sagte der Pilot. »Du wirst wieder okay.«

Die Worte klangen wie eine Diagnose, überzeugten Mingolla fast von der Fähigkeit des Piloten, sein Schicksal zu kennen, daß überhaupt jemand solche Dinge wie das Schicksal im voraus wissen könnte. »Du glaubst im Ernst daran, was ihr gestern geredet habt, Mensch?« sagte er. »Das von euren Helmen? Daß ihr in die Zukunft sehen könnt?«

Der Pilot warf den Ball auf den Zementboden, fing ihn, als er hochsprang, und starrte auf ihn hinunter. Mingolla konnte die Nähte und das Markenzeichen des Balles im Visor reflektiert sehen, aber nichts von dem Gesicht dahinter, keinerlei Hinweis, weder auf Normalität noch auf Entstellung. »Das werde ich dauernd gefragt«, sagte der Pilot. »Die Leute wollen mich verarschen, weißt du. Aber du willst mich nicht verarschen, Mann, oder?«

»Nein«, sagte Mingolla, »ich nicht.«

»Nun ja«, sagte der Pilot. »Es ist so. Wir surren da oben im Nichts rum und seh'n 'ne Menge Scheiß unten auf der Erde, Scheiß, den sonst keiner sieht. Und dann sprengen wir den Scheiß in die Luft. Das tun wir jetzt seit zehn Monaten, und wir leben immer noch. Erstklassige Scheiße, ich glaub' dran!«

Mingolla war enttäuscht. »Nun ja, okay«, sagte er.

»Hörst du, was ich sage«, fragte der Pilot. »Ich mein', wir sind der gottverdammte lebende Beweis.«

»Mm.« Mingolla kratzte sich am Hals und suchte eine diplomatische Antwort, fand aber keine. »Denke, ich geh' jetzt, vielleicht sehen wir uns noch mal.« Er wandte sich dem PX zu.

»Mach dir keine Gedanken, Mann!« rief der Pilot ihm nach. »Glaub mir! Bald wird alles für dich wieder okay!«

Die Kantine im PX war ein großer scheunenartiger Raum aus ungestrichenen Brettern; sie war erst kürzlich gebaut worden, und Mingolla konnte noch Sägemehl und Harz riechen. Dreißig bis vierzig Tische, eine Musikbox, kahle Wände. Hinter der Bar am anderen Ende des Raumes machte ein mürrischer Korporal anhand einer Liste die Getränkeinventur, und Gilbey – der einzige Gast – saß an einem der Ostfenster und rührte in einer Tasse Kaffee. Er runzelte die Stirn, und ein Sonnenstrahl fiel über ihn, was den Eindruck erweckte, als sei er tief in sich versunken und empfinge dabei eine göttliche Inspiration.

»Wo ist Baylor?« fragte Mingolla und setzte sich ihm gegenüber.

»Scheiße! Hab' keine Ahnung«, sagte Gilbey, ohne den Blick von der Kaffeetasse zu heben. »Der kommt schon.«

Mingolla ließ die linke Hand in der Tasche. Das Beben ließ nach, aber nicht schnell genug für ihn; er fürchtete, das Zittern könne sich wie nach dem Angriff weiter ausbreiten. Er stieß einen Seufzer aus, und im gleichen Moment spürte er seine ganze innere Erregung. Ihm war, als summe der Sonnenstrahl eine zittrige goldene Note, und auch das beunruhigte ihn. Halluzinationen. Dann bemerkte er eine Fliege, die surrend gegen die Fensterscheibe stieß. »Wie war es letzte Nacht?« fragte er.

Gilbey schaute interessiert auf. »Oh, bei der mit den dicken Titten, meinst du? Sie hat mich nach Knoten suchen lassen.« Er zwang sich ein Grinsen auf, rührte dann weiter in seinem Kaffee.

Mingolla war enttäuscht, daß Gilbey nicht nach seiner Nacht gefragt hatte; er hätte ihm gern von Debora erzählt. Aber das war typisch Gilbey, immer nur mit sich selbst beschäftigt. Seine schmalen Augen und sein Schmollmund wiesen auf ziemliche Geistlosigkeit, die neben den Gedanken um sein eigenes Wohlergehen kaum Raum für anderes bot. Doch trotz seiner Gefühlskälte, seiner idiotischen Wutausbrüche und wortkargen Unterhaltung, glaubte Mingolla, daß Gilbey klüger war, als er vorgab, daß es in Detroit, wo er herkam, eine Überlebenstaktik war, seine Intelligenz nicht zu zeigen. Seine Raffinesse verriet ihn: die Art, wie er die Charakterzüge ihm nicht gut gesinnter Vorgesetzter ausnutzte, sein Geschick, unangenehmen Pflichten aus dem Weg zu gehen, die Fähigkeit, Kameraden zu manipulieren. Er trug die Dummheit wie einen Mantel, und vielleicht hatte er ihn schon so lange getragen, daß er ihn nicht mehr ausziehen konnte. Dennoch beneidete Mingolla ihn seiner Eigenschaften wegen, weil sie ihn gegen den Angriff abgestumpft hatten.

»Er ist noch nie zu spät gekommen«, sagte Mingolla nach einiger Zeit.

»Na, wenn schon, verdammt noch mal, dann kommt er eben zu spät«, fuhr Gilbey ihn an. »Der kommt schon!«

Der Korporal hinter der Bar schaltete ein Radio an und drehte den Knopf von Sender zu Sender: lateinamerikanische Musik, die neuesten vierzig Spitzenschlager, eine amerikanische Stimme, die letzte Baseballergebnisse durchgab, und dann weiter. »Heh!« rief Gilbey. »Das will ich hören, Mann! Ich will wissen, was mit den Tigers los ist.« Achselzuckend gab der Korporal nach.

»... White Sox sechs, A's drei«, sagte der Sprecher. »Macht acht hintereinander für die Sox ...«

»Die White Sox machen jemanden zur Sau«, sagte der Korporal erfreut.

»Die White Sox!« höhnte Gilbey. »Was hab'n die White Sox denn außer 'n Haufen Bohnenfresser, die vielleicht zweihundert koksschnüffelnde Nigger verdreschen oder so? Scheiße! Jeden Frühling sind die White Sox ganz oben, Mann, und dann kommen der lange Sommer und die guten Drogen auf'n Markt, und die Scheißkerle sind wieder erledigt.«

»Schon«, sagte der Korporal, »aber dieses Jahr ...«

»Nimm bloß dieses Arschloch Caldwell«, sagte Gilbey, ohne ihn zu beachten. »Den hab' ich vor'n paar Jahren bei 'nem Probespiel mit den Tigers geseh'n. Mann, der Junge hatte 'n Schlag! Jetzt schlurft er daher, als hätt' er grade was geschnüffelt.«

»Die nehmen keine Drogen, Mensch«, sagte der Korporal spitz. »Die können keine nehmen, denn da gibt's diese Tests, die zeigen sofort, ob jemand was genommen hat.«

Gilbey polterte weiter: »Die White Sox hab'n keine Chance, Mann! Weißt du, wie dieser Knilch im Fernsehen sie manchmal nennt? Blasse Hosen! Verdammte Blasse Hosen! Wer kann mit so 'nem Namen gewinnen? Die Tigers, nun, die haben die richtige Art Namen. Die Yankees, die Braves, die ...«

»Alles Quatsch, Mensch!« Der Korporal wurde ärgerlich; er legte die Liste zur Seite und ging ans andere Ende der Bar. »Was ist mit den Dodgers? Die haben 'nen blöden Namen und sind ein gutes Team. Der Name bedeutet 'nen Scheißdreck.«

»Und die Reds«, mischte sich Mingolla ein; er genoß Gilbeys Gerangel, seine Sturheit und Unlogik. Gleichzeitig jedoch beunruhigte ihn ein mitschwingender Unterton von Verzweiflung: er ließ auf etwas anderes schließen. Gilbey war heute morgen nicht er selbst.

»Ja klar!« Gilbey schlug mit der flachen Hand auf den Tisch. »Die Reds! Schau dir bloß die Reds an, Mann! Sieh, wie gut die vorankommen, seit die Kubaner mit im Krieg sind. Du meinst, das bedeutet nichts? Du glaubst, denen hilft ihr Name nicht? Selbst wenn sie die Series dazunähmen, kommen die Blassen Hosen nicht mal mit 'nem Gebet gegen die Reds an.« Er lachte – ein rauhes

Gegrunze. »Ich bin 'n Tigerfan, Mann, aber ich hab' so'n Gefühl, dies ist nicht ihr Jahr, weißt du. Die Reds machen den NL East fertig, und die Yankees rücken nach vorn, und wenn die im Oktober zusammenprallen, Mann, dann werden wir alles genau wiss'n. Alles über den ganzen Scheißdreck!« Seine Stimme klang angespannt und bebte. »So bring mich nicht auf die Palme mit den Arschlöchern von Blassen Hosen, Mann! Die sind Scheiß und waren immer Scheiß und bleib'n es, bis die ihren Scheißnamen ändern!«

Um weiteren Streit zu vermeiden, ließ der Korporal es gut sein, und Gilbey versank in trotziges Schweigen. Eine Zeitlang hörte man nur das Schnarren von Hubschrauberblättern und aus dem Radio Klänge von Cocktail-Jazz.

Zwei Mechaniker kamen auf ein frühes Morgenbier herein, und kurz darauf ließen sich drei väterlich wirkende Sergeants mit Bierbäuchen und schütterem Haar und Quartiermeister-Rangabzeichen auf den Schultern an einem Nebentisch nieder und fingen an, Rommé zu spielen. Der Korporal brachte ihnen eine Kanne Kaffee und eine Flasche Whisky, sie vermischten alles und tranken davon, während sie spielten. Ein Hauch von Gewohnheit lag auf ihrem Spiel, es war etwas, das sie jeden Tag um diese Zeit machten, und ihnen zuzusehen, ihr fettes, verhätscheltes Wohlbehagen zu beobachten, ihre kumpelhafte Vertrautheit, ließen Mingolla stolz auf seine kranke Hand sein. Es war ein ehrenvolles Leiden, zeigte, daß er im Herzen des Krieges gewesen war. Dennoch verspürte Mingolla gegen sie keinen Groll. Überhaupt keinen. Sie zu sehen, gab ihm vielmehr ein Gefühl von Sicherheit. Es beruhigte ihn, daß es hier drei solch väterliche Männer gab, um ihn mit Nahrung, Schnaps und neuen Stiefeln zu versorgen. Er sonnte sich in dem einschläfernden Gemurmel ihrer Stimmen, dem Schleier von Zigarrenrauch, der Symbol ihrer Zufriedenheit zu sein schien. Ihm war, als brauche er nur zu ihnen hinüber zu gehen, ihnen seine Probleme zu erzählen und erhielte väterlichen Rat. Sie waren hier, um ihn von der Rechtmäßigkeit seines Tuns zu überzeugen, ihn an die einfachen amerikanischen Tugenden zu erinnern, den Krieg mit einer Illusion brüderlicher Hilfe zu umgeben, ihm begreiflich zu machen, daß der Krieg nur eine Übung in Kameradschaft und Stärke darstellte, ein Weiheritus, den sie selbst lange hinter sich hatten. Nach dem Krieg würden sie alle drei Auszeichnungen und Orden bekommen und bei Kameradschaftstreffen zusammensitzen und kopfschüttelnd über Blutvergießen und Terror reden, voller Staunen und Nostalgie, als wären Blutvergießen und Terror lang verlorene Freunde, deren wahren Wert sie damals nicht voll gewürdigt hätten ...

Mingolla merkte, daß auf seinem Gesicht ein Lächeln festgefroren war, und daß ihn seine Gedanken auf ein spukhaftes geistiges Territorium führten. Das Zucken in seiner Hand war schlimmer als je zuvor. Er schaute auf die Uhr. Es war fast zehn. *Zehn Uhr!* In Panik schob er seinen Stuhl zurück und stand auf.

»Wir müssen ihn suchen!« sagte er zu Gilbey.

Gilbey wollte etwas sagen, aber behielt es für sich. Er klopfte mit seinem Löffel laut gegen die Tischkante. Dann schob auch er seinen Stuhl zurück und stand auf.

Baylor war weder im Demonio Club noch in irgendeiner anderen Bar am Westufer zu finden. Gilbey und Mingolla beschrieben ihn jedem, den sie trafen, aber niemand erinnerte sich an ihn. Je länger die Suche dauerte, desto unruhiger wurde Mingolla. Sie brauchten Baylor unbedingt, er war eine wichtige Stütze der Plattform von Gewohnheit und Routine, die sie alle trug, die ihnen half, über die Reichweite der Kriegswaffen und die Gesetze der Wahrscheinlichkeit hinaus zu überleben, und wenn diese Stütze zerstört würde ... In Gedanken sah er, wie die Plattform kippte, Gilbey und er über den

Rand stürzten und in einen Abgrund voll schwarzer Flammen rollten.

Einmal sagte Gilbey: »Panama! Der Scheißkerl hat sich nach Panama verdrückt.« Aber Mingolla glaubte das nicht. Er war überzeugt, daß Baylor sich ganz in der Nähe aufhielt. Seine Gewißheit war so stark, daß seine Unruhe wuchs, denn er wußte, daß eine derartige Klarheit meist ein schlimmes Ende ankündigte.

Die Sonne stieg höher, ihre Hitze drückte nieder gleich einem ungeheuren Gewicht, ihr Licht saugte die Farbe aus dem Verputz der Mauern, und Mingollas Schweiß begann widerlich zu riechen. Auf den Straßen befanden sich nur wenige Soldaten, sie gingen unter in der üblichen Schar von Kindern und Bettlern, und die Bars waren leer bis auf ein paar Betrunkene, die von einer nächtlichen Sauftour übrig geblieben waren. Gilbey stapfte immer geradewegs auf die Leute los, packte sie beim Hemd und stellte seine Fragen. Mingolla jedoch, sich ständig seiner zitternden Hand bewußt und vor Nervosität fast an der Grenze des Stammelns, mußte sich an ein festes Schema halten, um durch die kurzen Interviews zu kommen. Er schlenderte heran, seine rechte Seite nach vorn gerichtet, und sagte: »Ich suche einen Freund von mir. Vielleicht haben Sie ihn gesehen? Großer Bursche. Olivfarbene Haut, schwarzes Haar, schlank. Heißt Baylor.« Er brachte es fertig, diese Worte glatt von der Zunge gleiten zu lassen und hintereinander und wie beiläufig abzuspulen.

Schließlich hatte Gilbey genug. »Ich geh' wieder zu meiner Dicktittigen«, sagte er. »Treff' dich morgen am PX!« Er wollte gehen, drehte sich aber noch einmal um und fügte hinzu: »Falls du vor morgen was von mir willst – ich bin im Demonio Club.« Sein Gesicht zeigte einen merkwürdigen Ausdruck. Es war, als versuche er, beruhigend zu lächeln, aber da er im Lächeln keinerlei Übung hatte, wirkte es gezwungen und töricht und überhaupt nicht beruhigend.

Gegen elf Uhr schließlich stand Mingolla an eine rosa verputzte Wand gelehnt und suchte die dichter werdende Menge nach Baylor ab. Neben ihm wehten federartig die sonnenbraunen Blattwedel einer Bananenstaude und raschelten knisternd, wenn immer ein Windstoß sie gegen die Mauer drückte. Auf der anderen Straßenseite wurde das Dach einer Bar repariert: neue Blechstücke wechselten ab mit schmalen verrosteten Streifen, die an riesige Speckscheiben erinnerten, die dort zum Braten ausgebreitet lagen. Hin und wieder ließ Mingolla seine Blicke zu der unvollendeten Brücke hinüberschweifen, jenem großen Bogen aus magischem Weiß, der sich ins Blaue hinaufschwang, über die Stadt und den Dschungel und den Krieg hinweg. Nicht einmal der von dem Blechdach aufsteigende Hitzeschleier konnte die Schönheit ihrer Form verzerren. Orchestergleich schien sie den Gestank, das Murmeln der Menge und das Plärren der Musikboxen zu einer friedlichen Einheit zusammenzufassen, jene Energien in sich aufzusaugen und geläutert, reicher, wieder auszuströmen. Mingolla dachte, wenn er sie nur lange genug anstarre, würde sie zu ihm reden, ein Zauberwort sprechen, das ihm alle seine Wünsche erfüllte.

Halblautes Krachen, zweimal hintereinander – Pistolenschüsse – ließ ihn von der Wand wegtaumeln. Sein Herz raste. In seinem Kopf hatten die beiden Schüsse die zwei Silben von Baylors Namen geflüstert. Alle Kinder und Bettler waren plötzlich verschwunden, alle Soldaten stehengeblieben. Sie wandten ihre Gesichter in die Richtung, aus der die Schüsse gekommen waren: Zombies, die die Stimme ihres Herrn hörten.

Ein weiterer Schuß.

Einige Soldaten stürzten aus einer Seitenstraße, redeten aufgeregt. »... total übergeschnappt!« sagte einer, und sein Kumpel meinte: »Das war Sammy, Mann! Hast du seine Augen gesehn?«

Mingolla bahnte sich einen Weg durch die Soldaten

und hetzte die Seitenstraße hinunter. Am Ende des Blocks hatte ein Kordon Militärpolizei den Zugang zu einer rechten Abzweigung versperrt, und als Mingolla auf sie zurannte, befahl ihm einer der MPs stehenzubleiben.

»Was ist los?« fragte Mingolla. »Spielt ein Kerl Sammy?«

»Verpiß dich!« sagte der MP ruhig.

»Hör mal«, sagte Mingolla. »Es könnte ein Freund von mir sein. Großer, dürrer Bursche. Schwarzes Haar. Vielleicht kann ich mit ihm reden.«

Der MP warf seinen Kollegen einen fragenden Blick zu. Sie zuckten die Achseln und zeigten sich ansonsten unbesorgt. »Okay«, sagte er. Er zog Mingolla zu sich rüber und wies die Straße hinab auf eine türkisgestrichene Bar an der nächsten Ecke. »Geh da rein und sprich mit dem Captain!«

Zwei weitere Schüsse, dann ein dritter.

»Besser, du beeilst dich«, sagte der MP. »Der olle Captain Haynesworth da drin hält nicht viel vom Verhandeln.«

In der Bar war es kühl und dunkel; neben einem Fenster, das auf die Querstraße hinausging, preßten sich zwei schattenhafte Gestalten flach gegen die Wand. In ihren Händen konnte Mingolla Maschinenpistolen glänzen sehen. Dann erblickte er durch das Fenster Baylor, der plötzlich hinter einer rückwärtigen Mauer auftauchte, einer drei Fuß hohen Aufschichtung aus Schlammziegeln zwischen einem Kräuterladen und einer anderen Bar. Baylor hatte kein Hemd an, seine Brust war mit einem rotbraunen Geschmier aus getrocknetem Blut bemalt, und er stand da in lässiger Haltung, die Daumen in die Hosentaschen gehakt. Einer der Männer neben dem Fenster feuerte auf ihn. Ein ohrenbetäubender Knall. Mingolla fuhr zusammen und schloß die Augen. Als er wieder aus dem Fenster schaute, war Baylor nicht mehr zu sehen.

»Das Arschloch versucht grade zu laden«, sagte der Mann, der auf Baylor geschossen hatte. »Sammy ist schnell heute.«

»Ja, aber wird schon 'n bißchen langsamer«, sagte eine müde Stimme aus dem Dunkel am Ende der Bar. »Ich glaub', der hat keinen Stoff mehr.«

»Heh, sagte Mingolla. »Bringt ihn nicht um! Ich kenn' den Burschen. Ich kann mit ihm sprechen.«

»Sprechen?« sagte die müde Stimme. »Da kannste quatschen, bis dein Arsch grün wird, Junge – Sammy wird nicht hinhör'n.«

Mingolla spähte in das Dunkel. Ein kräftiger, schlampig wirkender Mann lehnte an der Theke, an seinem Barett glänzten Rangabzeichen aus Messing. »Sind Sie der Captain?« fragte Mingolla. »Man hat mir draußen gesagt, ich solle mit dem Captain reden.«

»Aber ja doch«, sagte der Mann. »Und ich bin überglücklich, mit dir reden zu dürfen, Junge. Worüber willste denn reden?«

Die anderen Männer lachten.

»Warum wollt ihr ihn umbringen?« fragte Mingolla und hörte die Verzweiflung in seiner Stimme mitschwingen. »Ihr braucht ihn doch nicht umzubringen. Ihr könntet ein Betäubungsgewehr nehmen.«

»Ist schon unterwegs«, sagte der Captain. »Die Sache ist bloß, dein Kumpel hat 'n paar Geiseln bei sich da hinter der Mauer, und wenn wir 'ne Chance haben, ihn zu erwischen, bevor das Ding hier ist, dann tun wir's.«

»Aber ...«, setzte Mingolla an.

»Laß mich ausreden, Junge!« Der Captain zog seinen Pistolengurt hoch, schlenderte herüber und legte den Arm um Mingollas Schultern, umfing ihn mit einer Aura aus Körpergeruch und Whisky-Atem. »Weißt du«, fuhr er fort, »wir hatt'n alles im Griff. Sammy da drüben ...«

»Baylor!« sagte Mingolla ärgerlich. »Sein Name ist Baylor.«

Der Captain hob den Arm von Mingollas Schulter und sah ihn belustigt an. Selbst in dem Halbdunkel konnte Mingolla auf seinen Wangen das Netzwerk geplatzter Äderchen sehen, die vom Alkohol aufgedunsenen Gesichtszüge. »Stimmt«, meinte der Captain. »Wie ich schon sag', dein lieber Kumpel, Mister Baylor da, tat nichts Schlimmes. Tobte bloß 'n bißchen und rannte im Kreis rum. Da kommen auf einmal so 'n paar unserer Jungs von der Marine an. Scheint, die hatt'n unsern Bohnenfresserfreunden die neueste Kampfausrüstung vorgeführt, und wie die von dieser Vorführung kommen und unser kleines Problem seh'n, wollen die doch unbedingt Helden spielen. Nun ja, Sir, um es kurz zu machen, Mister Baylor hat die glatt in den Arsch getreten. Trampelte über ihren ganzen *Esprit de corps*. Dann schleppt' er sie hinter die Mauer da und fängt an, mit einer von ihren Kanonen rumzuballern. Und ...«

Zwei weitere Schüsse.

»Scheiße«, sagte einer der Männer am Fenster.

»Und da sitzt der Junge nun«, sagte der Captain, »und verarscht uns. Entweder hat der jetzt keine Munition mehr, oder er hat noch nicht rausgekriegt, wie man das Ding lädt. Wenn es das letztere ist, und er's rauskriegt ...« Der Captain schüttelte bekümmert den Kopf, als stelle er sich die schrecklichen Konsequenzen vor. »Begreifst du meine miese Lage?«

»Ich könnte versuchen, mit ihm zu reden«, sagte Mingolla. »Was könnte es schaden?«

»Wenn du dich umbringen lassen willst, ist das dein Leben, Junge. Aber ich muß mit mein'm Arsch dafür grade steh'n.« Der Captain schob Mingolla zur Tür und gab ihm eine leichten Schubs auf die MP-Posten zu. »Danke für dein Angebot, Junge.«

Erst später sollte Mingolla klar werden, daß das, was er tat, völlig sinnlos war, denn Baylor – ob er nun überlebte oder nicht – wäre nie wieder zur Ameisenfarm zurückgeschickt worden. Aber im Augenblick, verzweifelt bemüht, das Ritual zu erhalten, dachte er nicht daran. Er ging um die Ecke herum und auf die rückwärtige Mauer zu. Sein Mund fühlte sich trocken an, sein Herz hämmerte. Aber das Beben in seiner Hand hatte aufgehört, und er war geistesgegenwärtig genug, so zu gehen, daß er in die Schußlinie der MPs geriet und sie nicht feuern konnten.

Etwa zwanzig Fuß von der Mauer entfernt, rief er: »Hallo, Baylor! Mensch, ich bin's, Mingolla!« Und wie von einer Feder hochgeschnellt, sprang Baylor auf und starrte ihn an. Es war ein furchtbares Starren. Seine Augen glichen den Augen eines Bullen, das ganze Weiß rings um die Iris war zu sehen; Blut rann aus seinen Nasenlöchern, und in seinen Wangen zuckten Nerven mit der Regelmäßigkeit eines Uhrwerks. Das getrocknete Blut auf seiner Brust stammte aus drei langen Rissen, die teilweise bereits verschorft waren aber eine klare Flüssigkeit von sich gaben. Baylor stand für einen Moment regungslos. Dann langte er hinter die Mauer, zog ein doppelläufiges Gewehr hervor, von dessen Schaft eine Anzahl flexibler Röhrchen hing, und legte auf Mingolla an.

Er drückte ab.

Kein Aufblitzen, kein Knall. Nicht mal ein Klick. Aber Mingolla war, als hätte man ihn in eisiges Wasser gestoßen. »Mein Gott!« sagte er. »Baylor! Ich bin's doch!« Baylor drückte erneut auf den Abzug, mit dem gleichen Mißerfolg. Ein Ausdruck tiefster Enttäuschung legte sich über sein Gesicht, wurde schließlich zum Starren eines Toten. Er schaute auf, direkt in die Sonne hinein, und einige Sekunden später lächelte er, als habe er gerade vom Himmel eine herrliche Neuigkeit erfahren.

Mingollas Sinne waren mit einemmal wunderbar scharf. Irgendwo von weit her klang aus einem Radio ein Western-Song, und die klagende Weise, immer wieder von Störungen unterbrochen, kam ihm wie das

Gewimmer eines Nervenkranken kurz vor dem völligen Zusammenbruch vor. Er konnte die MPs in der Bar reden hören, den bitteren Geruch von Baylors Wahnsinn riechen, und ihm war, als fühle er sogar den Pulsschlag von Baylors Raserei, eine wechselnde Hitzeflut, die ihn umwirbelte, seine Furcht wachsen und ihn wie angewurzelt stehen ließ.

Baylor legte das Gewehr nieder, legte es nieder mit einer Zärtlichkeit, die er einem kranken Kind gegenüber gezeigt hätte, und stieg über die Mauer. Die tierhafte Gewandtheit der Bewegung jagte Mingolla eine Gänsehaut über den Rücken. Er wich einen Schritt zurück und streckte die Hand aus, um Baylor abzuwehren. »Ruhig, Mensch!« sagte er schwach. Baylor stieß einen wütenden Laut aus – teils Zischen, teils Winseln –, und zwischen seinen Lippen trat Speichel hervor. Die Sonne tauchte die Straße in ein goldenes Bad, ließ jede blanke Fläche aufblitzen und schimmern, als brächte sie die Wirklichkeit zum Kochen.

Jemand schrie laut: »Duck dich, Junge!«

Dann stürzte sich Baylor auf ihn, und sie fielen zusammen zu Boden, rollten über den hartgebackenen Schmutz. Finger preßten sich hinter Mingollas Adamsapfel. Er wand sich los, sah Baylor auf sich herabgrinsen, nur starrende Augen und gelbliche Zähne. Seiberfäden schlabberten um sein Kinn. Eine Halloween-Fratze. Knie drückten Mingollas Schultern nach unten, Hände packten sein Haar und schmetterten seinen Kopf gegen den Boden. Wieder und wieder. Ein schriller Ton gellte in seinen Ohren. Er riß seinen Arm frei und versuchte, Baylor die Augen auszuquetschen; aber Baylor biß ihm in den Daumen, biß sich am Gelenk fest. Mingolla wurde schwarz vor Augen, und er konnte nichts mehr hören. Sein Hinterkopf fühlte sich an, als sei er zu Brei geschlagen. Ganz langsam schien sein Kopf vom Boden zurückzuprallen, nach jedem Aufschlag langsamer und höher. Eingerahmt vom blauen Himmel wirkte

Baylors Gesicht als weiche es zurück, schraube sich weg. Und dann, gerade als Mingolla ohnmächtig zu werden begann, verschwand Baylor.

Mingollas Mund, seine Nasenlöcher, alles war voll Staub. Er hörte Geschrei, Stöhnen. Noch benommen, stützte er sich auf den Ellbogen und richtete sich etwas auf. Ganz in der Nähe droschen khakifarbene Arme und Beine und Gewehrkolben in einer Staubwolke herum. Es erinnerte an eine Kampfszene in einem Comic-Heft. Man erwartete direkt, gezackte Sprechblasen über den Köpfen zu sehen mit Ausrufungszeichen zur Andeutung der Flüche. Jemand packte seinen Arm und zog Mingolla hoch.

Der Captain stand vor ihm, sein bulliges Gesicht rot vor Ärger. Mit mißbilligendem Stirnrunzeln bürstete er den Staub von Mingollas Kleidung. »Richtig Mumm, Junge«, sagte er. »Und schön, schön blöd. Wenn der nicht total am Ende gewesen wär', säßen jetzt schon die Fliegen auf dir.« Er drehte sich zu dem Sergeant um, der neben ihm stand. »Wie blöd, schätzt du, war das, Phil?«

Der Sergeant sagte, so blöd, es haue ihn um.

»Nun ja«, sagte der Captain. »Ich schätz', wenn der Junge das an der Front gemacht hätt', wär' es etwa Bronze-Tapferkeits-Orden-blöd.«

Das, meinte der Sergeant, sei gottverdammt blöd.

»Hier in 'Frisco natürlich«, der Captain staubte Mingolla noch immer ab, »kriegst du dafür 'n Scheißdreck.«

Die MPs ließen von Baylor ab. Er lag auf der Seite und blutete aus Nase und Mund. Blut dick wie Soße überzog seine Wangen.

»Panama«, sagte Mingolla matt. Vielleicht war es tatsächlich ein Ausweg. Er sah vor sich, wie es sein würde ... nächtlicher Strand, auf dem weißen Sand Palmenschatten gleich schwarzen Spitzen.

»Was sagst du?« fragte der Captain.

»Er wollte nach Panama gehen«, sagte Mingolla.

Der Captain schnaubte verächtlich. »Wer von uns will das nicht?«

Einer der Militärpolizisten rollte Baylor auf den Bauch und legte ihm Handschellen an; ein anderer fesselte seine Füße. Dann drehten sie ihn wieder um. Gelber Staub hatte sich mit dem Blut auf Wangen und Stirn vermischt, als trüge Baylor eine fleckige Maske. Mitten in dieser Maske schnappten seine Augen auf, weiteten sich, als er die Fesseln spürte. Er begann, sich auf und ab zu krümmen, und versuchte, durch Hochschnellen freizukommen. Beinahe eine Minute lang krümmte er sich; dann ließ er nach und – seine Augen auf die weißglühende Sonnenscheibe gerichtet – stieß ein tierisches Brüllen aus. Nur so konnte man es nennen. Es war kein Schreien oder Kreischen, sondern das triumphierende Brüllen eines Teufels, so laut und voller Wut, daß all das glühende Licht und die tanzende Hitze ringsum nur von diesem Gebrüll auszugehen schienen. Es hatte einen verführerischen Effekt, Mingolla begann, den Sinn des Brüllens zu verstehen, es setzte sich in seinem Körper fort wie ein wilder Rock and Roll, ließ ihn teilnehmen an dieser Fülle von äußerstem Lebenshaß.

»Mann!« sagte der Captain staunend. »Für den Jungen werden die 'n eigenen Zoo bauen müssen.«

Nachdem er seine Erklärung abgegeben hatte und sein Kopf von einem Sanitäter untersucht worden war, erwischte Mingolla die Fähre zum Ostufer, wo er Debora treffen wollte. Im Heck sitzend starrte er auf die unvollendete Brücke, die diesmal keinerlei Gefühl von Hoffnung oder Zauber in ihm weckte. Dauernd mußte er an Panama denken. Bedeutete es, nun da Baylor nicht mehr bei ihnen war, vielleicht tatsächlich eine Möglichkeit? Mingolla wußte, daß er das Problem zu lösen hatte, planen mußte, was zu tun sei, aber er sah immerzu Baylors blutüberströmtes, tollwütiges Gesicht vor sich. Er hatte schon Schlimmeres gesehen, Gott ja, weitaus Schlimmeres. Männer, in kleinste Teile zerrissen, so wenig von ihnen übrig, daß sie keinen silbrigglänzenden Sarg mehr, sondern bloß eine schwarze Metallbüchse in der Größe einer Keksdose brauchten. Männer, verbrannt und einäugig und blutbedeckt, die blind und betäubt mit gekrallten Fingern ins Leere griffen gleich Wesen aus einem Monsterfilm. Aber Baylors Bild, wie er da für immer in einem wildtobenden Punkt irgendwo in seinem Geist gefangen saß, mitten im Herzen des wütenden Gebrülls, das er ausgestoßen hatte, dieses Bild war vielleicht schlimmer als alles, was Mingolla je gesehen hatte. Mingolla wollte nicht sterben; er wehrte sich gegen die Möglichkeit mit dem leidenschaftlichen Eigensinn eines mit der harten Wahrheit konfrontierten Kindes. Dennoch wollte er lieber sterben als im Wahnsinn enden. Verglichen mit dem, was Baylor bevorstand, lockten sowohl der Tod als auch Panama mit der gleichen friedvollen Süße.

Jemand setzte sich neben Mingolla hin: ein Junge, kaum älter als achtzehn, sauber, mit einem neuen Haarschnitt, neuen Stiefeln, neuem Drillichzeug. Sogar sein Gesicht sah neu aus, frisch aus der Form. Glatte rundliche Wangen, saubere Haut, leuchtende, unverdorbene blaue Augen. Er brannte darauf, zu reden. Er fragte Mingolla nach seinem Zuhause, seiner Familie, und sagte: »Toll! Muß ja ganz toll sein, in New York zu wohnen, einfach toll.« Aber anscheinend hatte er die Unterhaltung aus einem ganz bestimmten Grund angefangen, auf den er allmählich hinsteuerte, und schließlich spuckte er es aus.

»Kennen Sie den Sammy, der da drüben ausgeflippt ist?« fragte er. »Ich hab' den letzte Nacht in der Grube geseh'n. So 'n kleiner Platz im Dschungel westlich vom Stützpunkt. Gehört 'nem Typ, der heißt Chaco. Mann, es war unglaublich!«

Mingolla hatte von den Gruben nur über drei oder vier Ecken gehört, aber was er gehört hatte, war so schlimm, daß die Vorstellung, dieses halbe Kind mit seinem unschuldigen Heimatgehabe könne an etwas derart Scheußlichem Gefallen finden, unglaublich schien. Und trotz allem, was er gerade erlebt hatte, war es noch schwerer zu glauben, daß Baylor daran aktiv teilgenommen haben sollte.

Aber es war nicht nötig, den Jungen nach Einzelheiten zu fragen. Er legte sofort los. »War noch reichlich früh«, sagte er. »Gab 'n paar Kämpfe, nichts Besonderes, und dann kommt dieser Typ da rein, sieht richtig fahrig aus. Ich wußte gleich, der war Sammy, schon wie der die Grube anstarrt, wissen Sie, als hätt' er sich so was gewünscht. Und der Typ, der bei mir ist, 'n Freund von mir, stößt mich an und sagt: »Heiliger Strohsack! Mensch, das ist der Schwarze Ritter! Ich hab' ihn vor einiger Zeit drüben in Reunion kämpfen sehen. Setz auf den!« Er sagt: »Der Kerl ist 'n As.«

Mingolla hatte seinen letzten R & R mit Gilbey und Baylor tatsächlich in Reunion gemacht. In Gedanken versuchte er, eine Frage zu formulieren, aber es fiel ihm keine ein, deren Beantwortung etwas gebracht hätte.

»Nun«, sagte der Junge. »Bin noch nicht lange hier unten, aber sogar ich hab' schon vom Ritter gehört. Ich geh' also rüber und häng' in seiner Nähe rum, denk', vielleicht krieg ich raus, wie er sich fühlt. Wissen Sie, man will schließlich sein Geld nicht auf 'n bloßen Ruf von so 'nem Kerl einsetzen. Kurz drauf kommt Chaco rüber und fragt den Ritter, ob er 'n bißchen Action braucht. Der Ritter sagt: ›Klar, aber ich will gegen ein Tier kämpfen. Was Wildes, Mann. Ich will gegen was ganz Wildes kämpfen.‹ Chaco sagt, er hätt 'n paar Affen und so'n Scheiß, und der Ritter sagt, er hätt' gehört, Chaco hätt 'n Jaguar. Chaco druckst rum, macht ›Hmm Hmm‹, sagt ›Vielleicht – vielleicht nicht‹, aber wär' auch egal, weil 'n Jaguar für Sammy zu stark wär'. Und dann sagt der Ritter, wer er ist. Mensch, ich sag' Ihnen, Chacos ganze Haltung ändert sich. Der sieht richtig, wie die

Wetten hochgehen für so was wie die Schwarzen Ritter gegen 'n Jaguar. Und er sagt: ›Ja, Sir, Mister Schwarzer Ritter, Sir! Alles, was Sie wollen!‹ Und er macht die Ansage. Mensch, alle drehen durch. Die Leute wedeln mit Geld, schrei'n für wen sie sind, saufen schneller, um für den Kampf richtig in Stimmung zu komm'n. Und der Ritter steht bloß da, lächelt, als genießt er das ganze Tamtam so richtig. Dann läßt Chaco den Jaguar durch den Tunnel in die Grube rein. Ist kein ausgewachsener Jaguar, so'n halb ausgewachsener vielleicht, aber mehr, denkst du, kann ja wohl auch der Ritter nicht schaffen.«

Der Junge hielt inne, um Luft zu holen; seine Augen wirkten leuchtender. »Nun ja, der Jaguar schleicht da also immer im Kreis rum, dicht an der Grubenwand, knurrt und faucht, und der Ritter beobachtet ihn von oben runter, welche Bewegungen er macht, wissen Sie. Und alle fangen an zu schreien: ›Sam-mii, Sam-mii, Sam-mii!‹ und wie's so richtig laut wird, zieht der Ritter drei Ampullen aus seiner Tasche. Mensch, hör'n Sie! Drei! Bin noch nie in der Nähe von 'nem Sammy gewesen, der mehr als zwei genommen hat. Nach dreien ist man scheißhigh bis zum Himmel!

Wie der Ritter die drei Ampullen hochhält, dreht die Menge durch, alle heulen und brüllen, als spielten sie selbst Sammy. Aber der Ritter, der bleibt cool. *Ganz* cool! Hält bloß die Ampullen hoch, damit alle sie seh'n können, badet richtig in dem Krach und Geschrei, wird richtig stark von dem Dampf, den die ablassen. Chaco fuchtelt mit den Armen und kriegt die Leute endlich still und hält 'ne Rede, wissen Sie, wie im Herzen von jedem Mann 'ne Kämpferseele steckt, die drauf wartet, losgelassen zu werden, und so'n Scheiß. Ich sag' Ihnen, Mann, ich hab' bis dahin immer gedacht, 'ne Rede sei Käse, aber die über den Ritter hab' ich hundertprozentig abgekauft. Der ist gottverdammt *cool!* Er zieht sein Hemd und seine Schuhe aus und bindet sich so'n Stück schwarze Seide um den Arm. Dann macht er die Ampullen auf, ganz schnell, eine nach der andern, und atmet alles ein. Ich kann diekt seh'n, wie das Zeug in ihn reinfährt, ihm Feuer in die Augen schießt, ihn aufpumpt. Und wie er die letzte intus hat, springt er in die Grube. Er nimmt nicht den Tunnel, Mann! Er *springt!* Fünfundzwanzig Fuß auf den Sand runter und landet in der Hocke.«

Drei andere Soldaten neben ihnen hören auch zu, und die Erzählung des Jungen war jetzt an alle gerichtet, und er freute sich offensichtlich, noch mehr Publikum zu haben. Er war so aufgeregt, daß er sich anstrengen mußte, zusammenhängend zu sprechen, und voll Abscheu mußte Mingolla feststellen, daß auch ihn die Vorstellung, wie Baylor da auf dem Sand kauerte, erregte. Baylor, der nach dem Angriff geweint hatte, Baylor, der sich so vor Heckenschützen fürchtete, daß er einmal sogar in die Hose gepinkelt hatte, statt von seinem Geschütz weg zur Latrine zu gehen.

Baylor, der Schwarze Ritter.

»Der Jaguar faucht und knurrt und schlägt in die Luft«, fuhr der Junge fort. »Versucht, dem Ritter Angst einzujagen. Denn der Jaguar merkt schon, daß der Ritter ihm Ärger mach'n wird. Dies ist nicht so'n Knilch wie Chaco, dies ist Sammy. Der Ritter bewegt sich auf die Mitte der Grube zu, immer noch geduckt.«

Der Junge senkte die Stimme und sagte in dramatischem Ton: »Ein paar Minuten lang geschieht gar nichts, da herrsch bloß Spannung. Keiner wagt zu atmen. Der Jaguar springt 'n paar mal, aber der Ritter tanzt zur Seite, so daß der Jaguar ihn nicht erwischt, und keiner von beiden kriegt was ab. Jedesmal, wenn der Jaguar losspringt, stöhnt und kreischt die Menge, nicht bloß weil sie alle Angst hab'n, daß sie zuseh'n müßten, wie der Ritter zerrissen wird, sondern auch weil sie seh'n können, wie schnell der ist. Und gewandt, sag' ich euch! Unwirklich. Fast so schnell und gewandt wie der Jaguar, würd' ich sagen. Immer tanzt er wieder weg, und egal wie der Jaguar sich dreht und wendet, egal ob er ihm über den Sand nachrennt, er kann seine Krallen nicht in den Ritter reinschlagen. Und dann ... Mann, war das schlau ... dann springt der Jaguar wieder, und diesmal läßt sich der Ritter auf den Rücken fallen statt auszuweichen und wälzt sich halb auf seine Schultern, und als der Jaguar über ihn weg springt, stößt er mit beiden Füßen hoch. Stößt mit aller Kraft hoch, und haut seine Hacken dem Jaguar in die Seite! Der Jaguar fliegt gegen die Grubenwand und landet auf dem Boden, heulend und nach seinen Rippen schnappend. Waren gebrochen, Mann! Stachen wie Zeltstangen aus der Haut raus.«

Der Junge wischte sich mit dem Handrücken über den Mund, warf Mingolla und den Soldaten einen Blick zu, um zu sehen, ob sie noch zuhörten. »Wir hab'n gebrüllt, Mann«, sagte er, »auf dem Grubenrand rumgetrommelt. Es war so laut, der Typ, mit dem ich zusammen bin, schreit mir was ins Ohr, und ich kann's nicht hören.

Nun, ich weiß nicht, ob's der Krach war oder seine Rippen, oder was sonst, auf jeden Fall wird der Jaguar rasend. Macht so 'ne schnellen Angriffe auf den Ritter, will an ihn rankommen, ohne zu springen, damit der Ritter nicht wieder den gleichen Trick bringt. Er knurrt wie 'ne gottverdammte Kettensäge! Der Ritter hüpft rum und windet sich immer wieder weg. Aber dann rutscht er aus, versucht wieder das Gleichgewicht zu kriegen, doch schon ist der Jaguar auf ihm, haut ihm die Krallen in die Brust. Sieht 'ne Sekunde aus, als tanzten die zusammen Walzer. Dann reißt der Ritter die Pranke, die ihn gepackt hält, los, drückt den Kopf des Jaguars nach hinten und schmettert dem Vieh seine Faust ins Auge. Der Jaguar stürzt schlapp auf 'n Sand, und der Ritter flizt auf die and're Seite der Grube. Schaut sich die Schrammen auf seiner Brust an. Die blutet schlimm.

Inzwischen rappelt sich der Jaguar wieder auf, noch

mehr zur Sau gemacht als vorher. Eine Auge voller Blut und sein Hinterteil reichlich mitgenommen. Beim Boxen hätt' man jetzt den Arzt gerufen. Der Jaguar denkt wohl, er hat genug von dem Scheiß und fängt an und versucht, aus der Grube rauszuspringen. Einmal kommt er genau da hoch, wo ich mich über den Grubenrand beug'. Kommt so nah, ich kann seinen Atem riechen, kann mich in seinem unverletzten Auge spiegeln. Er sucht mit den Pranken nach 'nem festen Halt, will sich auf die Menge stürzen. Die Leute flippen aus, denken, er schafft's womöglich. Aber ehe er 'ne Chance hat, schnappt ihn der Ritter beim Schwanz und schwingt ihn gegen die Wand. Genau wie man 'nen gottverdammten Teppich klopft, genauso geht er mit dem Jaguar um. Und der Jaguar ist jetzt völlig vermatscht. Er zittert. Blut strömt aus seinem Maul, seine Pranken sind ganz rot.

Der Ritter fängt jetzt mit diesen kleinen Finten an, fuchtelt mit den Armen, knurrt. Er spielt mit dem Jaguar. Die Leute können nicht glauben, was sie sehn', Mann. Sammy tritt 'nem Jaguar so in'n Arsch, daß er mit ihm spielen kann. Waren die vorher ausgeflippt, jetzt wird alles zu 'nem gottverdammten Irrenhaus. Keilereien zwischen den Leuten, 'n paar Jungs singen die Marine-Hymne, und so 'ne schieläugige Bohnenfresserin reißt sich die Kleider vom Leib. Der Jaguar versucht noch mal, sich vor'm Ritter zu verdrücken, aber er ist total im Arsch. Kriegt es nicht mehr hin. 'n Typ hinter mir buht, behauptet, der Ritter würd' die Reinheit des Sports versauen, weil er mit dem Jaguar spielt. Aber Teufel noch mal, Mann, ich merk' schon, daß er den Jaguar bloß'n bißchen in Schach hält, um den richtigen Moment abzupassen, 'ne günstige Bewegung.«

Der Junge starrt den Fluß hinab, und über sein Gesicht breitet sich ein wehmütiger Ausdruck: er hätte an sein Mädchen denken können. »Jeder von uns wußte, daß das Ende bevorstand«, sagte er. »Alle wurden ganz still. So still, man konnt' die Füße des Ritters über'n Sand scharren hören. Man spürte das Ende in der Luft, und jeder wußte, der Jaguar sammelte seine Kräfte für 'nen letzten großen Versuch. Dann stolpert der Ritter wieder, aber er tut bloß so. Ich hab's bemerkt, doch der Jaguar nicht. Als der Ritter zur Seite schnellt, springt der Jaguar los. Ich denk', der Ritter würd' sich fallen lassen wie beim ersten Mal, aber auch er springt, die Füße nach vorn gerichtet, und erwischt den Jaguar unterm Maul. Man hört Knochen splittern, und der Jaguar bricht zusammen. Er müht sich ab, wieder hochzukommen, aber 's klappt nicht! Er winselt und scheißt den ganzen Sand voll. Der Ritter geht von hinten auf ihn zu, nimmt den Kopf des Jaguars in beide Hände und dreht ihn rum. Knack!«

Als ginge ihm das Schicksal des Jaguars nahe, schloß der Junge seine Augen und seufzte. »Alle waren still, bis sie das Knacken hörten, dann brach die Hölle los. Die einen riefen: ›Sam-mii, Sam-mii‹, andere drängten nach vorn zum Rand der Grube, weil sie zuseh'n wollten, wie der Ritter das Herz rausholt. Der greift dem Jaguar ins Maul, bricht 'nen Zahn raus und wirft 'n jemandem zu. Dann kommt Chaco durch den Tunnel und gibt ihm das Messer. Doch gerade, als er schneiden will, stubst mich einer um, und wie ich wieder auf die Beine komm', hat der Ritter schon das Herz rausgenommen und probiert. Er steht bloß da, seinen Mund mit Jaguarblut verschmiert, und sein eigenes Blut läuft ihm die Brust runter. Er sah 'n bißchen durcheinander aus, wißt ihr, als ob er jetzt, wo der Kampf vorbei war, keine Ahnung hätt', was er tun soll. Und dann fängt er an zu brüllen. Hört sich an wie das Gebrüll vom Jaguar, bevor er verletzt war. Wahnsinnig wild, als wollt' er's mit der ganzen gottverdammten Welt aufnehmen. Mann, ich bin ausgeflippt. Ging richtig mit bei dem Brüllen. Vielleicht hab' ich mit ihm gebrüllt, vielleicht die andern auch. Angefühlt hat es sich so. Als wär' man mitten drin in dem Gebrüll, das aus jeder Kehle im ganzen Universum kommt.«

Der Junge sah Mingolla mit einem nüchternen Blick an. »Eine Menge Leute geh'n rum und sagen, die Gruben seien böse, und vielleicht sind sie's auch. Ich weiß nicht. Wie soll man hier unten sagen können, was böse ist und was nicht? Es heißt, man kann tausendmal zu den Gruben geh'n und nie 'n Kampf wie den zwischen dem Jaguar und dem Schwarzen Ritter erleben. Auch das weiß ich nicht. Aber ich geh' wieder hin, hoff' einfach, daß ich noch mal Glück hab'. Denn was ich letzte Nacht gesehen hab', Mann, wenn das böse war, dann war's so gottverdammt böse, daß es schon wieder schön war.«

KAPITEL DREI

Debora erwartete ihn am Pier. Sie hatte einen Pick-
nick-Korb bei sich und trug ein blaues hochgeschlosse-
nes Kleid mit weitem Rock: ein Schulmädchenkleid.
Mingolla war begeistert. Die Art, wie sie ihr Haar trug,
wie es in schweren dunklen Locken um ihre Schulter
fiel, ließ ihn an festgewordenen Rauch denken, und ihr
Gesicht glich einem wunderbaren Land mit schwarzen
Seen und dämmerigen Ebenen, einem Land, in dem er
sich verbergen könnte.

Sie gingen den Fluß entlang, an der Stadt vorbei, bis
sie an eine Stelle kamen, wo Ceiba-Bäume mit glatten
grünen Blättern und weißlicher Rinde und Wurzeln wie
Alligatorschwänze dicht am Ufer wuchsen. Dort aßen
sie und unterhielten sich und lauschten dem Wasser,
wie es gegen das lehmige Ufer gluckste, und den Vögeln, den schwachen Geräuschen vom Flugplatz her,
die auf diese Entfernung Teil der Natur zu sein schienen. Sonnenlicht glitzerte auf dem Fluß, und jedesmal,
wenn der Wind das Wasser kräuselte, sah es aus, als
käme das Glitzern von einer Schicht vorwärtskriechen-
der Diamanten.

Mingolla war, als hätten sie einen geheimen Pfad genommen, seien um eine Ecke der Welt gebogen und in
ein ewig friedliches Land geraten. Die Illusion von Frieden war so stark, daß sie Hoffnung in ihm weckte. Vielleicht, dachte er, wird mir hier etwas angeboten. Ein
neuer Zauber. Vielleicht gibt es ein Zeichen. Überall gab
es Zeichen, man mußte sie nur lesen können. Er schaute
umher. Mächtige weiße Baumstämme, hoch im Grün
verschwindend, dunkle, laubgedeckte Avenues, die
zwischen ihnen hindurchführten ... Nein, das konnte
nichts bedeuten, aber vielleicht das Unkraut da an der

Böschung? Sein Schatten malte exakte Wappenlinien auf den Lehm, Schatten, die mit der tatsächlichen, zerfledderten Struktur des Unkrauts keinerlei Ähnlichkeit hatten. Das könnte ein Zeichen sein. Er ließ seinen Blick zu dem Schilf hinüberschweifen, das in den Schatten wuchs. Gelbliches Rohr, die Stengel dicht nebeneinander stehend, etwas zur Seite geneigt, einige mit Kügelchen von Insekteneiern behängt, die winzigen Perlen gleich von losen Fasern herabbaumelten, und andere mit Algenstückchen gesprenkelt. So sahen sie einen Augenblick lang aus. Dann, als zittere die Realität, verschob sich das Bild vor Mingollas Augen, und das Schilf wurde zu nackten Grundformen: gelbe Stäbe, die aus flachem Blau nach oben stießen. Der Dschungel am anderen Ufer: ein pastellgrüner verwischter Farbfleck. Mit wildem Geknatter schoß ein Motorboot vorbei, riß das Blau auf wie einen Reißverschluß. Es war, als habe die Wellenbewegung alles in der Landschaft um einen Bruchteil aus dem Gleichgewicht gestoßen, und nun zeigte sich jedes Ding ausdruckslos wie ein Baukastenklötzchen. Mingolla schüttelte den Kopf. Nichts änderte sich. Er rieb seine Stirn. Nichts. Entsetzt preßte er die Augen zusammen. Ihm schien, als sei er das einzig sinnvolle Teil in einem sinnlosen Puzzlespiel, verletzbar seiner Einzigartigkeit wegen. Er atmete stoßweise und schnell, seine linke Hand bebte.

»David? Willst du es nicht hören?« Debora klang verärgert.

»Was hören?« Er hielt die Augen weiter geschlossen.

»Von dem Traum. Hast du nicht zugehört?«

Er blinzelte sie an. Alles war wieder normal. Sie hockte da, halb auf ihren Knien, war klar zu erkennen. »Es tut mir leid«, sagte er. »Ich habe nachgedacht.«

»Du sahst verängstigt aus.«

»Verängstigt?« Er tat, als sei er verblüfft. »Nein, mir kam bloß ein Gedanke, das ist alles.«

»Er kann nicht besonders angenehm gewesen sein.«

Er zuckte die Achseln und überging die Bemerkung. Um seine Aufmerksamkeit zu beweisen, setzte er sich schnell aufrecht. »Erzähl mir von dem Traum!«

»Okay«, sagte sie zweifelnd. Eine Brise wehte ein paar feine Haarsträhnen in ihr Gesicht, und sie strich sie zurück. »Du warst in einem Raum in der Farbe von Blut, mit roten Stühlen und einem roten Tisch. Sogar die Gemälde an der Wand waren in Rottönen gemalt, und ...« Sie brach ab und blickte ihn an. »Willst du es wirklich hören? Du hast wieder diesen Ausdruck.«

»Sicher«, sagte er. Aber er hatte Angst. Wie konnte sie von dem roten Raum wissen? Sie mußte eine Vision gehabt haben, und ... Dann wurde ihm klar, daß sie vielleicht nicht über den Raum selbst sprach. Er hatte ihr von dem Angriff erzählt, oder nicht? Und falls sie Kontakte zu den Guerillas hatte, wüßte sie, daß während eines Angriffs immer die Notbeleuchtung eingeschaltet war. Das mußte es sein! Sie versuchte wieder, ihm Angst einzujagen, damit er desertierte, ihn zu beeinflussen auf die Art, wie Prediger es tun, wenn sie Sünder mit Bildern von Folter und feurigen Flüssen ängstigen. Es machte Mingolla schrecklich wütend. Wer, zum Teufel, war sie, daß sie ihm sagen durfte, was richtig und vernünftig sei? Was immer er auch tat, es würde *seine* Entscheidung bleiben!

»In dem Raum waren drei Türen«, fuhr sie fort. »Du wolltest raus aus dem Raum, aber wußtest nicht, welche der Türen sicher sei. Du versuchtest es mit der zweiten Tür, aber sie war nur eine Attrappe. Der Knopf der zweiten Tür ließ sich leicht drehen, aber die Tür selbst klemmte. Statt Gewalt anzuwenden, gingst du lieber zur dritten Tür. Der Türknopf war aus Glas und schnitt in deine Hand. Danach bist du immerzu hin und her gegangen, wußtest nicht, was du tun soltest.« Sie wartete auf eine Antwort von ihm, und als er keine gab, sagte sie: »Verstehst du?«

Er schwieg weiter, hielt seinen Zorn zurück.

»Ich will ihn dir deuten«, sagte sie.

»Bemüh dich nicht!«

»Der rote Raum bedeutet den Krieg, und die falsche Tür ist der Weg aus deinem kindischen ...«

»Halt!« Er packte ihr Handgelenk, preßte es fest.

Sie funkelte ihn wütend an, bis er sie losließ.

»... aus deinem kindischen Zauberglauben«, sagte sie.

»Was geht das dich an?« fragte er. »Mußt du eine bestimmte Quote erfüllen? Fünf Deserteure pro Monat, und du bekommst einen Orden?«

Sie zog ihren Rock über die Knie, spielte mit einem losen Faden. Von der Art, wie sie sich gab, hätte man schließen können, er habe eine peinliche Frage gestellt und sie suche nach einer taktvollen Antwort. Schließlich sagte sie: »Das also ist es, was du von mir glaubst?«

»Stimmt es nicht? Warum solltest du mir sonst diesen Scheißdreck erzählen?«

»Was ist los mit dir, David?« Sie beugte sich vor, nahm sein Gesicht in ihre Hände. »Warum ...«

Er schob ihre Hände weg. »Was mit mir los ist? Dies alles ...« – seine Handbewegung umschloß den Himmel, den Fluß, die Bäume – »das ist los mit mir. Du erinnerst mich an meine Eltern. Sie stellen die gleichen dämlichen Fragen.« Plötzlich wollte er ihr mit einer Antwort weh tun, eine Antwort finden, die er ihr wie Salzsäure ins Gesicht schleudern könnte, zusehen, wie ihre Gelassenheit weggefressen würde. »Weißt du, wie ich es bei meinen Eltern mache?« sagte er. »Wenn sie solch saudumme Fragen stellen wie ›Was ist los?‹ Ich erzähl' ihnen eine Geschichte. Eine Kriegsgeschichte. Willst du eine Kriegsgeschichte hören? Vor ein paar Tagen ist was passiert, das eignet sich wunderbar als Geschichte.«

»Du brauchst mir überhaupt nichts zu erzählen«, sagte sie müde.

»Kein Problem«, sagte er. »Ist mir sogar ein Vergnügen.«

Die Ameisenfarm war ein großer zuckerhutförmiger Hügel, der sich über den dichten Dschungel an der östlichen Grenze des Frontabschnitts Smaragd erhob; auf dem Gipfel lagen Raketen- und Geschützstellungen, was von weitem wie eine Dornenkrone aussah, die in einen grünen Skalp gedrückt war. Im Umkreis von einigen hundert Metern hatte man jegliche Vegetation beseitigt. Die schweren Geschütze waren so tief wie möglich nach unten gerichtet worden und hatten in einem einzigen wilden Augenblick riesige Dschungelflächen weggefegt, Regimenter wuchtiger Baumstämme wenige Fuß über dem Boden abgetrennt, so daß ein Wall aus geschwärzten Baumstümpfen und verbrannter roter Erde zurückblieb, von tiefen Rissen durchzogen. Ein Gewirr von Stacheldraht ersetzte jetzt die Bäume und Sträucher, bildete surreale Hecken aus blauem Stahl, und unter dem Draht lag im Boden eingegraben eine Vielzahl von Minen und Alarmvorrichtungen. Sie nützten jedoch wenig, denn die Kubaner besaßen technische Hilfsmittel, um die meisten von ihnen auszuschalten.

In klaren Nächten gab es kaum Ärger; aber in nebligen Nächten konnte man damit rechnen. Im Schutz des Nebels krochen dann Kubaner- und Guerillatruppen unter dem Draht durch und versuchten, in die Tunnel einzudringen, die das Innere des Hügels durchzogen. Hin und wieder explodierte eine der Minen, und dann konnte man in dem wirbelnden Weiß einen geisterhaften Feuerball aufstrahlen sehen und winzige schwarze Gestalten, die aus seinem Zentrum nach außen geschleudert wurden. Vor kurzem hatte man festgestellt, daß einige dieser Toten rote Barette und Messingabzeichen in der Form eines Skorpions trugen, und wußte daher, daß die Kubaner die Alacran-Division einsetzten, mit deren Hilfe die amerikanischen Streitkräfte in Miskitia vernichtend geschlagen worden waren.

Im Innern des Hügels gab es neun Tunnelebenen. An den meisten der Gänge lagen kleine runde Räume, die als Wohnquartiere dienten (außer auf der untersten Etage, wo das Computerzentrum und die Büros untergebracht waren); alle Räume und Gänge waren mit einem flockigen weißen Plastik überzogen, das mit seinen unzähligen Bläschen wie gehärteter Meeresschaum aussah und für Fremdsprengstoff unzerstörbar sein sollte.

In Mingollas Zimmer, in dem er und Baylor und Gilbey schliefen, war eine scharlachrote Papierlaterne über das Deckenlicht gestülpt, was den Eindruck erweckte, als wohnten sie in einer Blutzelle: Baylor hatte auf diese Laterne bestanden, er behauptete, das Licht an der Decke sei zu grell, seine Augen täten weh davon.

Drei Feldbetten standen an den Wänden, so weit voneinander entfernt, wie es der Platz zuließ. Der Boden rings um Baylors Bett war mit Zigarettenkippen und schmutzigen Papiertaschentüchern übersät; unter seinem Kopfkissen verwahrte er eine Blechdose mit gehorteten Pillen und Marihuana. Wenn er sich einen Joint ansteckte, bot er stets auch Mingolla einen Zug an, doch Mingolla lehnte immer ab, überzeugt, daß selbst Drogen das Erlebnis der Front nicht überbieten könnten. Über Gilbeys Bett war eine Collage von Nacktfotos geklebt, und jeden Tag nach Dienstende, ob Mingolla und Baylor im Raum waren oder nicht, lag er unter diesen Fotos und masturbierte. Seine Schamlosigkeit verwirrte Mangolla um so mehr, als er selbst es nur heimlich tat, und er schämte sich auch der jungenhaften Dinge wegen, die er über seinem Bett angebracht hatte: ein Wimpel der Yankees; ein Foto seiner alten Freundin und ein anderes, auf dem das Baseball-Team vom letzten Schuljahr in der High School war; ein paar Zeichnungen, die er vom Dschungel gemacht hatte. Gilbey zog ihn dauernd mit diesen Sachen auf, nannte ihn

»den Jungen von nebenan«, was Mingolla überraschte, denn zu Hause hatte man ihn für eine Art Sonderling gehalten.

Mingolla befand sich gerade auf dem Weg zu diesem Raum, als der Angriff begann. Große Lastenaufzüge mit einer Kapazität, um bis zu sechzig Mann zu transportieren, fuhren in den Ost- und Westhängen des Hügels hinauf und hinunter; um aber eine schnelle Verbindung zwischen den direkt übereinanderliegenden Ebenen herzustellen und auch aus Sicherheitsgründen bei Stromausfall, schraubte sich wie ein riesiger weißer Darm ein Hilfstunnel in Windungen von oben nach unten durch das Zentrum des Hügels. Er war etwas mehr als doppelt so breit wie die Elektrowagen, mit denen Offiziere und VIPs, die zur Besichtigung kamen, dort entlangfuhren.

Mingolla hatte sich angewöhnt, den Tunnel für sein Training zu benutzen. Jeden Abend zog er Joggingzeug an und lief alle neun Etagen rauf und runter. Er tat das, weil er glaubte, daß völlige Erschöpfung vor Alpträumen schütze. In jener Nacht nun, als er beim letzten Aufwärtslauf gerade an Ebene Vier entlangjoggte, hörte er ein Grollen: eine Explosion ganz in der Nähe. Sirenen heulten, die schweren Geschütze oben auf der Kuppe des Hügels begannen zu donnern. Direkt über ihm ertönte Schreien und das Knattern von Maschinengewehrfeuer. Das Licht im Tunnel flackerte, erlosch, und die Notbeleuchtung schaltete sich ein.

Mingolla drückte sich flach gegen die Wand. Das rote Licht ließ die schaumige Oberfläche der Tunnelwand so glatt aussehen wie eine Kammer in einem ungeheuren Nautilus, und diese Ähnlichkeit steigerte in ihm das Gefühl von Ausweglosigkeit, er kam sich wie ein Kind vor, das in einem schrecklichen Unterwasserpalast gefangen ist. Er konnte nicht klar denken, sich nur das Chaos vorstellen, das ihn umgab: Mündungsfeuer, Armeen von

Ameisenmännern, die durch die Tunnel strömten, gellende Schreie, spritzendes Blut und das wütende Feuern der großen Kanonen, jeder Einschlag den Himmel meilenweit entflammend.

Am liebsten wäre Mingolla nach oben weitergelaufen, um ins Freie zu gelangen, wo er vielleicht eine Chance hätte, sich im Dschungel zu verstecken. Aber seine einzige Hoffnung bestand darin, nach unten zu kommen. Er stieß sich von der Wand ab und rannte so schnell er konnte und mit schwingenden Armen, nur in den Kurven abbremsend, wobei er fast stürzte, an Ebene Vier vorbei, an Ebene Fünf. Dann, auf halbem Weg zwischen Ebene Fünf und Ebene Sechs stolperte er beinahe über einen Toten: ein Amerikaner mit einer Bauchwunde, der zusammengekrümmt in einer schnell größer werdenden Blutlache lag, neben seiner Hand eine Machete. Als Mingolla sich bückte, um die Machete aufzuheben, dachte er nicht über den Mann nach, außer wie sonderbar es doch für einen Amerikaner war, sich mit einer solchen Waffe gegen Kubaner zu verteidigen.

Er erkannte, daß es keinen Zweck hatte weiterzulaufen. Wer immer diesen Mann getötet hatte, würde irgendwo tiefer unten sein, und das Sicherste wäre, sich in einem der Räume auf Ebene Fünf zu verstecken. Die Machete vor sich haltend, bewegte er sich vorsichtig tunnelaufwärts zurück.

Die Ebenen Fünf bis Sieben waren Offiziersgebiet, und obgleich die Gänge genauso aussahen wie die weiter oben gelegenen – acht Fuß hohe und zehn Fuß breite leicht gekurvte Röhren – waren die Räume größer und enthielten lediglich zwei Betten. Die Zimmer, in die Mingolla hineinschaute, waren leer, und das gab ihm, trotz des Kampfgetöses ein Gefühl von Sicherheit. Aber gerade als er um die Biegung des Tunnels gegangen war, hörte er hinter sich Rufe in Spanisch. Vorsichtig spähte er um die Kurve zurück. Ein dürrer schwarzer Soldat in grauem Drillichzeug und mit rotem Barett bewegte sich langsam auf die erste Tür zu; dann, das Gewehr im Anschlag, preschte er in den Raum. Zwei andere Kubaner – schlanke bärtige Männer, ihre Haut fahl in dem blutigen Licht – standen neben dem gewölbten Eingang zum Hilfstunnel; als sie den schwarzen Soldaten wieder aus dem Raum auftauchen sahen, entfernten sie sich in entgegengesetzter Richtung, vermutlich um die Räume am äußersten Ende dieser Etage zu überprüfen.

Trotz Panik begann Mingolla einen klaren Gedanken zu fassen. Er erkannte, daß er den schwarzen Soldaten töten mußte. Schnell und ohne Geräusch mußte er sein Gewehr nehmen und hoffen, daß er die anderen beiden überraschen konnte, wenn sie zurückkamen, um nach ihrem Kameraden zu sehen. Er huschte in das nächste Zimmer und stellte sich rechts neben der Tür an die Wand. Der Kubaner hatte sich, wie er beobachtet hatte, beim Betreten des Raumes zuerst nach links gewandt, er wäre Mingolla gegenüber verletzbar, verletzbar für den Bruchteil einer Sekunde. Weniger, als daß man bis eins zählen könnte. Die Ader an Mingollas Schläfe pochte, und er umklammerte die Machete fest mit der linken Hand. Im Geist ging er alles durch, was er zu tun hatte: Zustechen; die andere Hand dem Kubaner auf den Mund pressen; sein Knie hochstoßen, um das Gewehr loszubekommen. Und alles mußte gleichzeitig getan werden, perfekt ausgeführt.

Perfekt ausgeführt, perfekte Technik.

Beinahe hätte er laut gelacht, weil ihm sein dickbäuchiger alter Baseballtrainer einfiel, wie er sagte: »Perfekte Technik, Jungs. Das bringt den Sieg. Vergeßt all das Drumherum! Habt euer Ziel vor Augen, rennt los, euern Plan im Kopf und landet eure Würfe!«

Kinderspiele sind nichts anderes als das Leben in kurzen Hosen – nicht, Trainer?

Mingolla atmete tief ein und stieß die Luft durch die Nase hörbar wieder aus. Er wollte nicht glauben, daß er jetzt sterben müsse. Er hatte sich die letzten neun Monate mit Gedanken an den Tod herumgequält, aber nun, da es so weit war, daß die Umstände seinen Tod wahrscheinlich erscheinen ließen, fiel es ihm schwer, diese Wahrscheinlichkeit ernst zu nehmen. Es war unvorstellbar, daß ein hagerer schwarzer Kerl sein Schicksal werden sollte. Bei seinem Tod müßten ungeheure Lichtexplosionen im Spiel sein, besondere Mingollatötende-Strahlen, astronomische Vorzeichen. Nicht solch ein knochiger kleiner Scheißer mit einem Gewehr.

Er tat einen weiteren tiefen Atemzug, und zum erstenmal nahm er die Einrichtung des Zimmers wahr. Zwei Feldbetten, verstreute Kleidungsstücke, an die Wand geklebte Fotos und Pornobilder. Offiziersquartier oder nicht, dies war die ihm bekannte Ameisenfarm-Grundausstattung; in dem roten Licht wirkte das Zimmer verkommen, lange verlassen. Er war überrascht, wie ruhig er sich fühlte. O ja, er hatte Angst, natürlich! Aber seine Angst verbarg sich in den dunklen Falten seiner Persönlichkeit, versteckt wie das Messer eines Mörders in einem alten Mantel im Fach eines Wandschranks, heimlich vor sich hinschimmernd in Erwartung des großen Augenblicks, wenn es hell aufblitzen darf. Früher oder später würde die Angst ihn überwältigen, aber noch war sie seine Verbündete, half ihm, seine Sinne zu schärfen. Er konnte jedes Bläschen in der weißen Wand klar erkennen, konnte das Kratzen der Stiefel des Kubaners hören, als er in den Raum nebenan sprang, konnte fühlen, wie er das Gewehr schwang, links – rechts, anhielt, sich umdrehte ...

Er *konnte* den Kubaner tatsächlich fühlen! Die Hitze fühlen, die er ausströmte, den heißen Umriß seines Körpers, seine genaue Stellung. Es war, als sei im Innern seines Kopfes ein Scanner mit Wärmesensor eingeschaltet worden, so daß er durch die Wände sehen und fühlen konnte.

Der Kubaner schlich auf Mingollas Tür zu, sein

Kommen spürbar wie ein brennendes Streichholz, das sich hinter einem Blatt Papier bewegt. Mingollas Ruhe zerbrach. Die Hitze des Mannes, seine Körpertemperatur, verwirrten ihn. Er hatte sich das Töten wie im Film vorgestellt, schnell und sauber, ohne Blut und Schmutz; jetzt mußte er an das Abschlachten von Schweinen denken und an Rinder, deren Schädel mit Bolzen zerschmettert wurden. Und durfte er diesem verrückten Wahrnehmungsvermögen trauen? Was, wenn es ihn täuschte? Wenn er zu spät zustieß? Zu früh? – Dann war das heiße lebende Ding da draußen direkt vor der Tür, und Mingolla blieb nichts anderes übrig, als seinen Angriff den Bewegungen dieses Dinges anzupassen. Er stach zu, als der Kubaner eintrat.

Perfekte Technik.

Die Klinge drang unter den Rippen des Kubaners ein, und Mingolla preßte ihm die Hand auf den Mund, um seinen Aufschrei zu ersticken. Sein Knie schlug gegen den Gewehrkolben, so daß die Waffe polternd zu Boden flog.

Der Kubaner schlug wild um sich. Er stank nach fauliger Dschungelluft und Zigaretten. Er verdrehte die Augen, um Mingolla zu sehen, wilde Tieraugen mit gelblichem Weiß und geweiteten Pupillen. Schweißtropfen glitzerten rot auf seiner Stirn. Mingolla drehte die Machete, und der Kubaner schloß die Augen. Aber eine Sekunde später riß er sie wieder auf und stürzte nach vorn. Zusammen taumelten sie tiefer in das Zimmer hinein bis neben eines der Betten. Mingolla drängte den Kubaner zur Seite und drückte ihn gegen die Wand, hielt ihn dort fest. Sich krümmend und windend konnte sich der Mann beinahe losreißen. Er schien stärker zu werden, seine Schreie drangen als Winseln durch Mingollas Hand. Er langte nach Mingolla, zerkratzte ihm das Gesicht, packte ein Büschel Haare und zerrte daran. Verzweifelt sägte Mingolla mit der Machete. Die Schreie des Kubaners wurden lauter, schriller. Er krümmte sich, versuchte, sich an die Wand zu krallen. Mingollas Hand war glatt vom Speichel des Kubaners, seine Nase voll vom widerlichen Geruch des Mannes. Ihm wurde übel, er fühlte seine Kräfte nachlassen und wußte nicht, wie lange er noch durchhalten konnte. Der Scheißkerl wollte einfach nicht sterben, er sog Kraft aus dem Stahl in seinen Eingeweiden, verwandelte sich in eine unsterbliche Macht. Aber in genau dem Augenblick wurde der Kubaner starr, dann schlaff, und Mingolla konnte Kot riechen.

Er ließ den Kubaner zu Boden gleiten, aber bevor er die Machete herausziehen konnte, durchlief ein Zittern den Körper des Mannes, setzte sich im Griff der Waffe fort und vibrierte bis in Mingollas linke Hand. Es hörte nicht auf, in seiner Hand zu zittern, es fühlte sich schmutzig an, sexy, wie ein Beben nach einem Koitus. Irgendwas, irgendein tierartiges Wesen, ein öliges Stückchen böses Leben, glitt in seiner Hand herum, kroch auf das Gelenk zu. Entsetzt starrte er die Hand an. Sie war wie mit einem Handschuh vom Blut des Kubaners überzogen und bebte. Er schlug sie gegen seine Hüfte, und der Schlag schien das Wesen darin, was immer es sein mochte, betäubt zu haben. Aber innerhalb von Sekunden erwachte es wieder und schlängelte sich mit der verrückten Geschwindigkeit einer Kaulquappe in seine Finger hinein und wieder heraus.

»Teo!« rief jemand. »Vamos!«

Aufgeschreckt durch den Ruf, hastete Mingolla zur Tür. Sein Fuß stieß gegen das Gewehr des Kubaners. Er hob es auf, und das Schütteln in seiner Hand ließ nach – ihm kam der Gedanke, daß das Ding darin durch ein ihm bekanntes Gefühl und Gewicht beruhigt worden sei.

»Teo! Donde estas?«

Die Chancen für Mingolla standen schlecht, aber er wußte, daß Abwarten weitaus gefährlicher war als die Initiative zu ergreifen. Er brummte »Aqui!« und trat auf den Gang hinaus, wobei er mit seinen Absätzen laute Geräusche machte.

»Dete prisa, hombre!«

Mingolla eröffnete das Feuer, während er um die Kurve bog. Die beiden Kubaner standen am Eingang zum Hilfstunnel. Ihre Gewehre gingen kurz los, sandten einen harmlosen Kugelregen gegen die Wände; sie drehten sich um ihre Achse; warfen die Arme hoch und sanken zu Boden. Mingolla, zu überrascht darüber, wie einfach es gewesen war, konnte keine Erleichterung spüren. Er beobachtete sie, erwartete, daß sie etwas täten, stöhnen oder zucken.

Als das Echo der Schüsse verstummte, war es, obgleich Mingolla das Krachen der schweren Geschütze und das Geknatter des Feuergefechts hören konnte, als ströme eine tiefe Stille in den Tunnel, als hätten die Kugeln einen Damm durchlöchert, der die Stille gestaut hatte. Die Stille brachte ihm seine Isolation voll zu Bewußtsein. Er hatte keine Ahnung, wo die Kampflinie verlief ... wenn es überhaupt eine gab. Es war möglich, daß kleinere Einheiten in jede Ebene eingedrungen waren, daß die Schlacht um die Ameisenfarm die Schlacht um Guatemala im Mikrokosmos darstellte: ein Konflikt, der kein richtiges Schema kannte, keine richtigen Grenzen, kein ordentliches Aufeinanderprallen der Gegner, aber überall wie eine Seuche jederzeit ausbrechen und dich töten konnte. In Anbetracht der Lage würde es für ihn das Beste sein, sich in Richtung Computerzentrum durchzuschlagen, wo ganz sicher ein paar Leute der eigenen Streitkräfte zu finden wären.

Mingolla ging zum Eingang des Hilfstunnels und starrte die beiden Kubaner an. Sie blockierten seinen Weg, und er zögerte, über sie hinwegzusteigen, halb im Glauben, sie stellten sich bloß tot, würden plötzlich nach oben langen und ihn packen. Die merkwürdige Stellung ihrer Glieder ließ ihn denken, daß sie absichtlich eine unbequeme Haltung eingenommen hätten, damit er sich sicher fühle. Im roten Schein der Notbeleuchtung sah ihr Blut purpurn aus, dicker und glänzender als normales Blut. Er bemerkte an den Männern Leberflecken und Schrammen und Narben, die großen Flickstiche an ihrem Drillichzeug, glitzernde Goldfüllungen in ihren offenen Mündern. Es war komisch, er hätte diese Männer treffen können, als sie noch lebten, und sie hätten nur einen schwachen Eindruck bei ihm hinterlassen; nun, da er sie tot sah, erkannte er ihren physischen Wert mit einem einzigen Blick. Vielleicht, dachte er, enthüllt der Tod das Wesentliche eines Menschen, mehr als das Leben es je könnte.

Er betrachtete die Toten, wollte sie kennenlernen. Zwei schlanke, drahtige Typen. Nette Burschen, die Rum liebten und Mädchen und Sport. Er würde wetten, sie spielten Baseball, Innenfeldspieler wahrscheinlich, eine Zwei-Mann-Combo. Vielleicht hätte er vorhin zu ihnen rüber rufen sollen: »Hallo ihr, ich bin ein Yankee-Fan. Keine Aufregung! Treff' euch nach dem Krieg bei 'nem Baseballspiel. Zum Teufel mit dieser Scheißumbringerei! Wir wollen Baseball spielen.«

Er lachte, und der hohe geborstene Klang seines Gelächters erschreckte ihn. Gott! Das mußte ja kommen, wenn er hier so herumstand. Und als wolle es ihn in seiner Meinung bestärken, erwachte das Ding im Innern seiner Hand zu neuem Leben, schlängelte und zappelte herum. Seine Angst unterdrückend stieg Mingolla über die beiden toten Männer hinweg. Und diesmal, da nichts nach seinen Hosenbeinen griff, fühlte er sich wirklich sehr erleichtert.

Unterhalb von Ebene Sechs war sehr viel Nebel im Hilfstunnel, und Mingolla erkannte daran, daß die Kubaner den Hügelhang durchstoßen haben mußten, wahrscheinlich mit Hilfe einer Bohrmine. Vielleicht hatte er Glück, und das Loch befand sich irgendwo in der Nähe. Wenn er es finden könnte, wollte er es benutzen, um aus der Farm rauszukommen und sich im Dschungel zu verstecken. Auf Ebene Sieben war der Nebel ganz besonders dicht; die Notbeleuchtung färbte ihn blaßrot, daß er aussah wie Operationswatte, die um eine ungeheuer große Arterie gepackt ist. Brandflecken von geborstenen Granaten überzogen die Wände wie primitive Grafiken, und neben den Türen sah er ziemlich viele Tote liegen, die meisten davon Amerikaner, stark verstümmelt. Ängstlich ging Mingolla zwischen ihnen hindurch, und als plötzlich hinter ihm ein Mann sprach und »Nicht bewegen!« sagte, stieß er einen heiseren Schrei aus, ließ das Gewehr fallen und wirbelte herum. Sein Herz schlug ihm bis zum Hals.

Ein Riese von Mann – er mochte etwa einsneunzig oder einsfünfundneunzig sein, mit den Armen und dem Körper eines Gewichthebers – stand in einer Türöffnung und richtete eine 45er auf Mingollas Brust. Er trug eine Khakiuniform mit Leutnantsstreifen, und obgleich er die Stirn runzelte, übermittelte sein Babygesicht den Eindruck von Sanftmut, gepaart mit Sturheit: für Mingolla beschwor er das Bild von Ferdinand dem Stier, der über ein schwieriges Problem nachsinnt. »Ich hab' gesagt, du sollst dich nicht bewegen«, sagte er verdrießlich.

»Alles okay«, sagte Mingolla. »Ich bin auf eurer Seite.«

Der Leutnant fuhr mit der Hand durch sein dichtes braunes Haar; er schien zu zwinkern, weit mehr als normal war. »Ich überprüf' das besser«, sagte er. »Wir wollen rüber zum Lagerraum gehen.«

»Was gibt's da zu überprüfen?« sagte Mingolla, seine Angst wuchs.

»Bitte!« sagte der Leutnant streng. »Es hat schon zuviel Gewalt gegeben.«

Der Lagerraum erwies sich als ein langer, schmaler L-förmiger Raum am Ende der Ebene; er war vollgepackt mit Holzkisten, und durch den Nebelschleier wirkten die Lichter der Notbeleuchtung wie eine Kette sterbender roter Sonnen. Der Leutnant marschierte mit Mingolla auf die Ecke zu, wo der Raum abwinkelte, und als sie um die Biegung kamen, sah Mingolla, daß die Rückwand des Raumes fehlte. In den Hügelhang war ein Stollen gesprengt worden, der sich auf die Dunkelheit draußen öffnete. Gegabelte Wurzeln samt der Erdballen hingen von oben herab, wodurch ein hexenhafter Eindruck entstand, als führe der Stollen in eine Welt schwarzer Magie; Erd- und Gesteinsbrocken häuften sich am Eingang. Mingolla konnte den Dschungel riechen, und er stellte fest, daß die schweren Geschütze aufgehört hatten zu feuern. Es bedeutete, daß, wer auch immer die Schlacht auf dem Gipfel gewonnen hatte, bald Säuberungskommandos herabschicken würde. »Hier können wir nicht bleiben«, erklärte er dem Leutnant. »Die Kubaner werden zurückkommen.«

»Wir sind vollkommen sicher«, sagte der Leutnant. »Geb' dir mein Wort drauf.« Er deutete mit der Pistole an, daß Mingolla sich auf den Boden setzen sollte.

Mingolla tat wie befohlen, aber erstarrte beim Anblick eines Leichnams, eines toten Kubaners, der ihm gegenüber zwischen zwei Holzkisten lag, den Kopf gegen die Wand gelehnt. »Jesus!« sagte er und richtete sich auf seinen Knien wieder hoch.

»Er beißt nicht«, sagte der Leutnant. Mit der Unbefangenheit eines Menschen, der sich in einen U-Bahn-Sitz zwängt, ließ er sich neben der Leiche nieder; zusammen paßten sie genau in die Lücke zwischen den beiden Kisten, Schulter an Schulter und Ellbogen an Ellbogen.

»He«, sagte Mingolla. Ihm war schwindelig, und er fühlte sich elend. »Ich will nicht hier mit diesem Scheißtoten sitzen, Mann!«

Der Leutnant schwenkte die Pistole. »Du wirst dich an ihn gewöhnen.«

Mingolla setzte sich wieder, konnte aber seinen Blick

nicht von dem Leichnam wenden. Genaugenommen sah er, verglichen mit den Leichen, über die er eben gestiegen war, ganz manierlich aus. Die einzigen Hinweise auf Gewalt waren Blut am Mund und an seinem buschigen schwarzen Bart sowie ein bißchen Blut und zerfetzter Stoff in der Mitte seiner Brust. Sein Barett war herabgerutscht, so daß es jetzt keck die eine Augenbraue bedeckte, der Skorpion aus Messing verschrammt und ohne Glanz. Die Augen des Mannes standen offen und reflektierten die Notbeleuchtung in glühenden roten Punkten, was ihm einen unheilvollen Ausdruck von Leben verlieh, aber der Widerschein ließ es unwirklich erscheinen und leichter ertragen.

»Hör mir zu!« sagte der Leutnant.

Mingolla rieb an dem Blut auf seiner zitternden Hand in der Hoffnung, daß es helfen könnte, wenn er die Hand reinigte.

»Hörst du zu?« fragte der Leutnant.

Mingolla hatte die absonderliche Empfindung, daß der Leutnant und die Leiche Puppe und Bauchredner seien. Trotz der glühenden Augen sah der Leichnam viel zu real aus, als daß man über einen Trick des Lichts lange nachgegrübelt hätte. Der Halbmond der Fingernägel war klar zu erkennen, und weil der Kopf des Mannes nach links geneigt war, hatte sich in dieser Gesichtshälfte Blut abgesetzt und Wange und Stirn dunkel gefärbt, während der Rest des Gesichts bleich war. Jetzt war es der Leutnant mit seiner sauberen Khakiuniform, den blankgeputzten Schuhen und dem korrekten Haarschnitt, der unwirklich aussah.

»Hör zu!« sagte der Leutnant heftig. »Ich will, daß du begreifst, daß ich tun muß, was für mich das Richtige ist!« Der Bizeps seines rechten Arms schwoll bis zur Größe einer Kanonenkugel an.

»Das versteh' ich«, sagte Mingolla, fast am Ende mit seinen Nerven.

»Wirklich? Das verstehst du wirklich?« Der Leutnant

schien verärgert über Mingollas Behauptung, er verstünde ihn. »Das bezweifle ich. Ich bezweifle, daß du es auch nur annähernd verstehst.«

»Vielleicht nicht«, sagte Mingolla. »Ganz wie Sie wollen, Mann. Ich versuch' bloß mit allen auszukommen, wissen Sie.«

Der Leutnant saß schweigend, zwinkerte. Dann lächelte er. »Mein Name ist Jay«, sagte er. »Und du heißt ...«

»David.« Mingolla versuchte, sich auf die Pistole zu konzentrieren, und fragte sich, ob er sie wohl mit den Füßen wegstoßen könnte, aber der Funke Leben in seiner linken Hand lenkte ihn ab.

»Wo ist dein Quartier, David?«

»Ebene Drei.«

»Ich wohne hier«, sagte Jay. »Aber ich werde ausziehen. Ich könnte es nicht ertragen, an einem Ort zu wohnen, wo ...« Er brach ab und beugte sich vor, tat verschwörerisch. »Hast du gewußt, daß es lange dauert, bis jemand stirbt, selbst nachdem das Herz stehen geblieben ist?«

»Nein, das hab' ich nicht gewußt.« Das Ding in Mingollas Hand schlängelte auf sein Handgelenk zu, und er preßte dagegen, um es aufzuhalten.

»Es ist wahr«, sagte Jay voller Überzeugung. »Niemand von diesen Leuten«, er stupste den Leichnam sanft mit dem Ellbogen an – eine Bewegung, die Mingolla eine schaurige Vertrautheit anzeigte –, »hat aufgehört zu sterben. Das Leben verlischt nicht einfach plötzlich. Es schwindet ganz ganz langsam. Und diese Leute hier leben noch, wenn auch nur in einer Art Halbleben.« Er grinste. »Das Halbleben des Lebens, könnte man sagen.«

Mingolla verstärkte den Druck auf sein Handgelenk und lächelte, als gefiele ihm das Wortspiel. Blasse rote Nebelschwaden drehten sich zwischen ihnen.

»Du bist natürlich nicht in Einklang gebracht«, sagte

Jay. »Deshalb kannst du es nicht verstehen. Aber ich wäre ohne Eligio verloren.«

»Wer ist Eligio?«

Jay deutete mit dem Kinn in Richtung Leiche. »Wir sind in Einklang gebracht, Eligio und ich. Deshalb weiß ich auch, daß wir hier sicher sind. Eligios Wahrnehmungen sind nicht länger nur auf das Hier und Heute begrenzt. Er ist gerade jetzt mit seinen Männern beisammen, und er erzählt mir, daß sie alle tot seien oder im Sterben lägen.«

»So, so«, sagte Mingolla angespannt. Es war ihm gelungen, das Ding in seiner Hand wieder in die Finger zurückzuquetschen, und er dachte, möglicherweise könnte er an die Pistole langen. Aber Jay störte seinen Plan, indem er die Waffe in die andere Hand nahm. Seine Augen schienen stärker zu reflektieren, nahmen einen Rubinglanz an, und Mingolla erkannte auch warum: er hatte sie weit geöffnet und starrte direkt in die Notbeleuchtung.

»Man muß sich wundern«, sagte Jay. »Wirklich.«

»Worüber?« sagte Mingolla. Er schob sich etwas seitwärts, um die Entfernung für einen Tritt abzukürzen.

»Halbleben«, sagte Jay. »Wenn der Geist ein Halbleben hat, vielmehr all unsere Gefühle auch. Das Halbleben von Liebe, von Haß. Vielleicht bestehen sie noch irgendwo.« Er zog seine Knie an, verdeckte die Pistole damit. »Auf jeden Fall kann ich hier nicht bleiben. Ich denke, ich geh' nach Oakland zurück.« Er senkte die Stimme und flüsterte: »Wo kommst du her, David?«

»New York.«

»Nichts für mich«, sagte Jay. »Aber ich liebe die Bucht. Ich hab' da einen Antiquitätenladen. Besonders morgens ist es schön. Friedlich. Die Sonne fällt durch das Fenster, kriecht über den Boden, wie die Flut, weißt du, schiebt sich langsam über die Möbel nach oben. Es ist, als würde die alte Politur zu neuem Leben erwachen, der ganze Laden ist in altertümliches Licht getaucht.«

»Klingt hübsch«, sagte Mingolla, überrascht von Jays lyrischem Gefühlsausbruch.

»Du scheinst ein netter Kerl zu sein.« Jay richtete sich ein wenig auf. »Aber es tut mir leid. Eligio sagt mir, deine Gedanken seien für ihn zu schwierig zu lesen. Er meint, ich könnte es nicht riskieren, dich am Leben zu lassen. Ich muß dich erschießen.«

Mingolla machte sich bereit, nach der Pistole zu treten, aber dann überfiel ihn Gleichgültigkeit. Was, zum Teufel, würde es nützen? Selbst wenn er die Knarre wegtreten könnte, Jay würde ihn wahrscheinlich in zwei Hälften brechen. »Warum?« sagte er. »Warum mußt du das tun?«

»Du könntest mich verraten.« Jays sanfte Gesichtszüge nahmen einen traurigen Ausdruck an. »Ihnen erzählen, daß ich mich versteckt habe.«

»Niemand gibt einen Scheiß drum, ob du dich versteckt hast«, sagte Mingolla. »Ich hab's auch getan. Ich wette, fünfzig andere Jungs tun genau das gleiche, verdammt noch mal!«

»Ich weiß.« Jay runzelte die Stirn. »Ich will ihn noch mal fragen. Vielleicht kann er jetzt deine Gedanken besser lesen.« Er starrte den toten Mann an.

Mingolla bemerkte, daß die Iris in den Augen des Kubaners aufwärts und nach links gerichtet war – in genau dem gleichen Winkel, in dem vorhin Jays Augen gestanden hatten – und sie reflektierten den gleichen Rubinglanz.

»Tut mir leid«, sagte Jay und zielte mit der Pistole. »Ich muß es tun.« Er fuhr mit der Zunge über die Lippen. »Würdest du bitte den Kopf umdrehen? Mir wär' lieber, du würdest mich nicht ansehen, wenn es passiert, So sind Eligio und ich in Einklang gebracht worden.«

Beim Blick in die Mündung der Pistole war es Mingolla, als schaue er über eine Klippe und spüre die schaurige Verlockung, sich fallen zu lassen, und mehr aus Widerspruch als aus dem Wunsch zu überleben heraus, blickte er Jay groß an und sagte: »Los, mach schon!«

Jay blinzelte, hielt aber die Waffe weiter fest auf Mingolla gerichtet. »Deine Hand zittert«, sagte er nach einiger Zeit.

»Kümmer dich nicht drum!« sagte Mingolla.

»Wieso zittert sie?«

»Weil ich einen damit umgebracht habe«, sagte Mingolla. »Weil ich genau so scheißverrückt bin wie du.«

Jay grübelte darüber nach. »Ich sollte einer Homosexuellen-Einheit zugeteilt werden«, sagte er schließlich. »Aber alles war besetzt, und als ich hierher geschickt wurde, gab man mir eine Droge. Jetzt kann ich ... ich ...« – er blinzelte schnell hintereinander, seine Lippen öffneten sich, und Mingolla spürte, wie es ihn zu Jay hinzog, daß er ihn berühren wollte, irgend etwas tun, um ihn über dieses quälende Hindernis zu stoßen – »... kann ich nicht ... mehr mit Männern zusammensein«, beendete Jay und blinzelte wieder schnell hintereinander; dann kamen die Worte leichter. »Hat man dir auch eine Droge gegeben? Ich meine, ich will damit nicht andeuten, daß du homosexuell bist. Es ist bloß, heute haben sie für alles Drogen, und ich dachte, das sei vielleicht das Problem.«

Plötzlich wurde Mingolla unvorstellbar traurig, ihm war, als seien all seine Gefühle zu einem dünnen schwarzen Draht zusammengedreht, der zerfetzt war und schwarze Funken aus Traurigkeit versprühte. Das war alles, was ihm sein ganzes Leben lang Energie gegeben hatte. Jene kleinen schwarzen Funken.

»Ich habe vorher immer gekämpft«, sagte Jay, »und ich habe auch diesmal gekämpft, aber als ich Eligio erschossen hatte ... ich konnte einfach nicht mehr weitermachen.«

»Es ist mir wirklich scheißegal«, sagte Mingolla, »wirklich.«

»Vielleicht *kann* ich dir trauen.« Jay seufzte. »Ich wünschte bloß, du wärest auch in Einklang gebracht. Eligio ist eine gute Seele. Du würdest ihn mögen.«

Jay redete weiter, erzählte Eligios Tugenden auf, und Mingolla schaltete ab, wollte nichts von der Liebe des Kubaners zu seiner Familie hören, nichts davon, wie er sich noch jetzt, nach seinem Tod, um sie sorgte. Während er auf seine blutige Hand hinabstarrte, erfaßte er in einem magischen Überblick die ganze Situation: Er saß hier im Wurzelkeller dieses blöden Berges, in geheimnisvolles rotes Glühen getaucht, den letzten Rest vom Leben eines Toten in seinem Fleisch gefangen, und lauschte dem Gebrabbel eines geistesgestörten Riesen, der seine Befehle von einem Leichnam erhielt, und wartete darauf, daß Skorpionsoldaten durch einen Tunnel hereinströmten, der in eine Dimension aus Nebel und Finsternis führte. Es war nicht normal, die Dinge so zu sehen. Aber war es nicht die Wirklichkeit? Man kam mit dem Verstand nicht dagegen an. Ein unheimlicher Zauber umgab alles, ein Zauber, der über den Verstand hinausging, jeglichen Verstand überflüssig machte.

»... und wenn du erst in Einklang gebracht bist«, sagte Jay, »kann euch niemals wieder etwas voneinander trennen. Nicht mal der Tod. Deshalb wird Eligio immer in meinem Innern weiterleben. Natürlich muß ich aufpassen, daß die andern nicht dahinterkommen. Ich meine ...« – er kicherte – ein Geräusch, das an klappernde Würfel in einem Becher erinnerte – »ich darf nicht darüber reden, daß ich dem Feind helfe und ihm Unterkunft gewähre.«

Mingolla senkte den Kopf, schloß die Augen. Vielleicht würde Jay schießen. Aber er bezweifelte es. Jay wollte nur Gesellschaft in seinem Wahnsinn haben.

»Schwörst du, daß du es ihnen nicht erzählst?« fragte Jay.

»Ja«, sagte Mingolla, »ich schwör's.«

»In Ordnung«, sagte Jay. »Aber denk daran, mein

Schicksal liegt in deiner Hand. Du trägst die Verantwortung für mich.«

»Mach dir keine Sorgen!«

In der Ferne knatterte Gewehrfeuer.

»Ich bin froh, daß wir miteinander sprechen konnten«, sagte Jay. »Mir geht's jetzt viel besser.«

Mingolla sagte, auch ihm ginge es besser.

Sie saßen schweigend, ohne weiter miteinander zu reden. Dies war nicht die sicherste Art, die Nacht zu verbringen, aber Mingolla legte keinerlei Wert mehr auf den Gedanken an Sicherheit. Er war zu müde, um sich zu fürchten. Jay schien in Trance gefallen zu sein, er starrte gebannt auf einen Punkt oberhalb von Mingollas Kopf, aber Mingolla unternahm keinen Versuch, die Pistole an sich zu bringen. Er war zufrieden, einfach da zu sitzen und zu warten und dem Schicksal seinen Lauf zu lassen. Seine Gedanken entrollten sich mit der Langsamkeit von wachsendem Gemüse.

Sie mußten ein paar Stunden gesessen haben, als Mingolla Hubschrauber hörte und merkte, daß der Nebel sich aufzulösen begann, die Dunkelheit am Ende des Stollendurchbruchs grau geworden war. »He«, sagte er zu Jay. »Ich glaub', jetzt ist alles okay.« Jay erwiderte nichts, und Mingolla sah, daß seine Augen im gleichen Winkel nach links oben starrten wie die Augen des Kubaners, glasiert vom rubinroten Reflex. Mingolla streckte versuchsweise seine Hand aus und berührte die Pistole. Jays Hand fiel nach unten, aber seine Finger umklammerten weiter die Waffe. Mingolla prallte zurück, konnte es nicht glauben. Das war doch nicht möglich! Wieder langte er hinüber, tastete nach dem Puls. Jays Handgelenk war kühl, still, seine Lippen bläulich verfärbt. Mingolla spürte einen Anflug von Hysterie, dachte, Jay habe das mit dem in Einklang bringen falsch verstanden; nicht Eligio wurde Teil seines Lebens, sondern er Teil von Eligios Tod.

Etwas preßte Mingollas Brust zusammen, er glaubte,

er müsse weinen. Er hätte Tränen begrüßt, und als sie nicht kamen, wurde er zornig und verteidigte sich zugleich. Weshalb sollte er weinen? Der Typ hatte ihm nichts bedeutet ... obgleich die Tatsache, daß er derart gefühllos und ohne Mitleid sein konnte, Grund genug für Tränen gewesen wäre. Andererseits, wenn man anfing, über etwas so Alltägliches wie das Sterben eines einzigen Menschen zu weinen, könnte man es jede Minute des Tages tun, und welchen Sinn hätte das?

Er blickte zu Jay hinüber, zu dem Kubaner. Trotz der Glätte von Jays Haut, dem buschigen Bart des Kubaners, hätte Mingolla geschworen, daß sie begannen, einander zu ähneln in der Art wie es lange verheiratete Ehepaare tun. Und ja, alle vier Augen waren nun für immer auf genau den gleichen Punkt gerichtet. Entweder war es ein verdammter Zufall oder aber Jays Wahnsinn war von solcher Stärke, daß sein Wille ihn dahingebracht hatte, auf diese Weise zu sterben, um seiner Theorie von den Halbleben Glaubwürdigkeit zu geben. Und vielleicht lebte er wirklich noch. Lebte in einem Halbleben. Vielleicht waren jetzt er und Mingolla in Einklang gebracht, und falls das stimmte, dann würde er vielleicht ... Voller Abscheu bei dem Gedanken, er müsse sich nun Jay und dem Kubaner in ihrer Totenwache anschließen, kroch Mingolla auf die Füße und rannte durch den Stollen hinaus. Er wäre vielleicht noch weitergerannt, aber als er ins Morgengrauen hinausstolperte, stockte ihm bei dem Anblick, der sich ihm bot, der Atem.

Hinter seinem Rücken ragte die grüne Kuppel des Hügels auf, brokatgleich mit Buschwerk und Ranken überzogen, eine Unendlichkeit von Mustern, das Auge fesselnd wie die feingeschnitzte Fassade eines Hindutempels; oben auf der Höhe war eine der Geschützstellungen getroffen worden: als seien es Schalen schwarzer Baumrinde rollten sich verkohlte Metallfetzen hoch. Vor ihm lag der Wall aus roter Erde mit seinen Stacheldrahthecken, und jenseits davon erhob sich drohend das schwarzgrüne Gewirr des Dschungels. Im Draht gefangen hingen Hunderte von sackartigen Gestalten in blutbefleckten Uniformen; Rauchschwaden stiegen aus den frischen Kratern neben ihnen zum Himmel. Über allem, noch halb vom zerfließenden grauen Nebel verborgen, schwebten drei Sikorskys. Ihre Piloten blieben hinter Nebel und Reflexen unsichtbar, und die Hubschrauber selbst sahen wie ungeheure Aasfliegen mit vorstehenden Augen und wirbelnden Flügeln aus. Wie Teufel. Wie Götter. Sie schienen miteinander zu flüstern in Vorfreude auf das Festmahl, das sie unten erwartete.

Entsetzlich wie sie war, hatte die Szene dennoch die Reinheit einer zum Leben erwachten Strophe einer Ballade, einer Ballade über tragische Geschehnisse in einer Grenzhölle. Man hätte sie nicht malen können, oder, wenn man es gekonnt hätte, hätte die Leinwand die Größe der Szene selbst haben müssen, und man hätte das langsame Wirbeln des Nebels, das Schwirren der Hubschrauberblätter, den dahinziehenden Rauch erfassen müssen. Keine Einzelheit hätte man auslassen dürfen. Es war die perfekte Darstellung des Krieges in all seiner verborgenen magischen Herrlichkeit, und auch Mingolla war Teil dieses Gemäldes, eine Figur, die der Künstler als Scherz hinzugefügt hatte oder um dem Bild Tiefe und Perspektive zu verleihen, seine Weite, seine Wichtigkeit auszudrücken.

Mingolla wußte, daß er sich bei seiner Einheit melden müsse, aber er konnte sich von diesem Blick ins Herz des Krieges nicht losreißen. Er setzte sich auf den Hügelhang, barg seine kranke Hand im Schoß und sah zu, wie die Sikorskys mit dem stolzen Selbstbewußtsein von Idolen, die zur Erde schweben, gegen den Wind ankämpften und dann in einer wilden Wolke von aufwirbelndem roten Staub geschickt zwischen den Toten landeten.

KAPITEL VIER

Halbwegs durch die Erzählung seiner Erlebnisse hatte Mingolla erkannt, daß er eigentlich nicht Debora schokkieren oder treffen, sondern vielmehr sich selbst von einer Last befreien wollte; und ihm wurde weiterhin bewußt, daß er sich durch das Erzählen bis zu einem gewissen Grad von der Vergangenheit gelöst, ihren Griff auf sich geschwächt hatte. Zum erstenmal konnte er Desertieren ernsthaft in Erwägung ziehen. Er war auch jetzt von dem Gedanken nicht begeistert, beabsichtigte nicht, es zu tun, aber er gab die Logik der Idee zu, erkannte die schreckliche Unlogik, ohne irgendeinen schützenden Zauber zu neuen Angriffen, neuem Sterben, zurückkehren zu wollen. Er schloß einen Pakt mit sich selbst: er würde so tun, als wolle er desertieren, und dann abwarten, was für Zeichen sich ihm boten.

Als er zu Ende erzählt hatte, fragte Debora, ob er über seinen Ärger hinweg sei oder nicht. Er war froh, daß sie nicht mit Mitleid reagierte. »Es tut mir leid«, sagte er. »Ich war nicht wirklich ärgerlich auf dich ... zumindest war das nicht allein der Grund.«

»Ist schon in Ordnung.« Sie strich die dunkle Fülle ihres Haares zurück, so daß es auf eine Seite fiel, und schaute hinunter auf das Gras neben ihren Knien. Mit ihrem geneigten Kopf, den halbgeschlossenen Augen, der graziösen Linie von Hals und Kinn dem Buchstaben einer exotischen Handschrift ähnelnd, schien sie selber ein glückbringendes Zeichen zu verkörpern. »Ich weiß nicht, worüber ich mit dir sprechen soll«, sagte sie. »Was ich fühle, das ich dir sagen müßte, macht dich wütend, und oberflächliches Gerede bringe ich nicht fertig.«

»Ich will nicht, daß man mich drängt«, sagte er. »Aber

glaube mir, ich denke darüber nach, was du mir erzählt hast.«

»Ich werde nicht drängen. Aber ich weiß immer noch nicht, worüber ich sprechen soll.« Sie pflückte einen Grashalm, kaute an seiner Spitze herum. Er beobachtete, wie sie ihre Lippen spitzte, fragte sich, wie sie wohl schmecken würden. Ein Mund in der Süße eines Glases, das voll mit Gewürzen war. »Jetzt weiß ich was«, sagte sie munter. »Möchtest du gern sehen, wo ich wohne?«

»Ich würde lieber noch nicht nach ›Frisco‹ zurückkehren.« Wo du wohnst, dachte er; ich möchte alles berühren, wo du wohnst.

»Es ist nicht in der Stadt«, sagte sie. »Es ist ein Dorf, weiter unten am Fluß.«

»Hört sich gut an.« Er stand auf, nahm ihren Arm und zog sie hoch. Einen Augenblick waren sie einander ganz nah, Deboras Brüste streiften sein Hemd. Die Hitze, die von ihr ausging, umflutete ihn, und er dachte, wenn jemand sie sähe, würde er nur zwei Gestalten wahrnehmen, verschwommen wie eine Fata Morgana. Es drängte ihn, ihr zu sagen, daß er sie liebe. Obgleich das meiste, was er fühlte, dem Wunsch nach Rettung entsprang, den Debora vielleicht erfüllen könnte, schien ein Teil seiner Gefühle echt zu sein, und das verwirrte ihn, denn alles, was sie bisher für ihn bedeutet hatte, waren ein paar Stunden ohne Krieg, ein Abendessen in einem billigen Restaurant und ein Spaziergang den Fluß entlang. Es gab keinen Grund für tiefergehende Gefühle. Doch bevor er etwas sagen, etwas tun konnte, wandte sie sich ab und hob ihren Korb auf.

»Es ist nicht weit«, sagte sie und ging los. Ihr blauer Rock schwang wie eine Glocke.

Sie folgten einem Pfad aus braunem Lehm, von Farnen und Schößlingen mit blassen, durchsichtigen Blättern überwachsen, und kamen bald zu einer Gruppe strohgedeckter Hütten an der Stelle, wo ein Bach in den

Fluß mündete. Nackte Kinder wateten in dem Bach, lachten und spritzten einander naß. Ihre Haut hatte die Farbe von Bernstein, und ihre Augen waren feuchtglänzend und purpurn-dunkel wie Pflaumen. Palmen und Akazien ragten über die Hütten, die aus Stämmen junger Bäume, mit Nylonstricken zusammengebunden, errichtet waren, die Strohdächer zu einer Form zurechtgestutzt, die an rundgeschnittenes Haar erinnerte. Fliegen krochen über Fleisch, das in Streifen an einer zwischen zwei Hütten gespannten Wäscheleine hing. Fischköpfe und Hühnerkot bedeckten den ockerfarbenen Boden.

Aber Mingolla bemerkte kaum die Anzeichen von Armut, sah vielmehr in ihnen ein Zeichen jenes Friedens, der ihn in Panama erwarten mochte. Und ein weiteres Zeichen sollte bald kommen. Debora kaufte in einem winzigen Laden eine Flasche Rum und führte Mingolla dann zu einer Hütte dicht neben der Mündung des Baches. Dort stellte sie ihn einem mageren, weißhaarigen Mann vor, der vor der Hütte auf einer Bank saß. Tio Moises. Nach drei Drinks begann Tio Moises Geschichten zu erzählen.

Die erste Geschichte handelte von dem Privatpiloten eines Expräsidenten von Panama. Mit Hilfe der CIA, der er bei zahlreichen Gelegenheiten behilflich gewesen war, hatte der Präsident Milliarden durch Kokainschmuggel in die Staaten verdient. Er war selbst süchtig und befand sich in einer der letzten Stufen geistigen Verfalls. Seine einzige Freude bestand nur noch darin, in seinem Land von Stadt zu Stadt geflogen zu werden, auf der Rollbahn im Flugzeug sitzend aus dem Fenster zu starren und Kokain zu nehmen. Zu jeder Tages- und Nachtzeit rief er den Piloten und befahl ihm, einen Flugplan zu machen für Colon oder Bocas del Toro oder Penonome.

Während der Zustand des Präsidenten sich verschlechterte, erkannte der Pilot, daß die CIA ihn bald nicht mehr brauchen könnte und töten würde. Und die unauffälligste Art, ihn zu töten, wäre durch einen Flugzeugabsturz. Der Pilot wollte aber nicht mit ihm sterben. Er versuchte zu kündigen, doch der Präsident erlaubte es nicht. Er dachte daran, sich selbst zu verstümmeln, wollte aber als guter Katholik Gottes Gesetz nicht mißachten. Auch fliehen konnte er nicht, denn wenn er geflohen wäre, hätte seine Familie leiden müssen. Sein Leben wurde zum Alptraum. Vor jedem Flug verbrachte er Stunden damit, die Maschine nach Hinweisen auf einen Sabotageakt abzusuchen, und nach jeder Landung blieb er vor nervöser Erschöpfung zitternd im Cockpit zurück.

Der Zustand des Präsidenten wurde noch schlimmer. Er mußte an Bord getragen werden, und ein Helfer mußte ihm das Kokain geben, während ein zweiter Helfer mit Wattetupfen bereitstand und sich um das Nasenbluten kümmerte. Da er wußte, daß sein Leben so nur noch ein paar Wochen dauern konnte, bat der Pilot einen Priester um Rat. »Bete«, sagte der Priester. Der Pilot hatte bereits die ganze Zeit gebetet, also brachte dieser Rat nichts. Als nächstes ging er zum Kommandanten seiner Militärakademie, und der Kommandant sagte, er müsse seine Pflicht tun. Auch das hatte der Pilot schon die ganze Zeit getan. Schließlich ging er zum Häuptling der San Blas-Indianer, zu deren Stamm seine Mutter gehörte. Der Häuptling sagte ihm, er müsse sein Schicksal annehmen, ein Rat, der – obgleich der Pilot dies die ganze Zeit noch nicht getan hatte – auch nicht gerade ermutigend war. Nichtsdestoweniger sah er ein, daß es wohl der einzig mögliche Weg war, und er tat, wie der Häuptling geraten hatte. Statt Stunden vor jedem Flug mit Kontrollen zu verbringen, kam er jetzt ein paar Minuten vor dem Start an und hob ab, ohne auch nur den Treibstofftank zu überprüfen.

Sein Leichtsinn wurde zum Gesprächsstoff des Capitols. Jeder Laune des Präsidenten folgend flog er in Sturm und Nebel, betrunken oder mit Drogen aufgeputscht, und während jener Stunden in der Luft, zwischen den Gesetzen von Schwerkraft und Schicksal schwebend, lernte er das Leben neu zu schätzen. Wieder auf dem Boden zurück, begann er mit wilder Gier zu leben, liebte seine Frau voller Leidenschaft, zechte mit Freunden und blieb bis zum Morgengrauen aus.

Dann, eines Tages, gerade als er sich fertig machte, um zum Flugplatz zu gehen, kam ein Amerikaner zu ihm und sagte, er sei abgelöst worden. »Wenn wir den Präsidenten mit solch einem leichtsinnigen Piloten fliegen lassen, wird man uns die Schuld geben, wenn was passiert«, sagte der Mann. Der Pilot brauchte nicht zu fragen, wen er mit »uns« meinte. Sechs Wochen später stürzte die Maschine des Präsidenten in den Darien Mountains ab. Der Pilot war überglücklich. Panama war von einem Schurken befreit, und er selbst hatte sein Leben nicht eingebüßt. Aber eine Woche nach dem Absturz, nachdem der neue Präsident – ein weiterer Schmuggler mit guten CIA-Kontakten – ernannt worden war, bestellte der Kommandant der Luftwaffe den Piloten zu sich, und sagte ihm, der Absturz wäre nie geschehen, wenn er noch den Job gehabt hätte, und bestimmte, die Maschine des neuen Präsidenten zu fliegen.

Den ganzen Nachmittag über lauschte Mingolla diesen Geschichten und trank, und die Trunkenheit verpaßte seinen Augen Linsen, die ihn erkennen ließen, inwiefern diese Geschichten ihn betrafen. Es waren alles Fabeln von Unentschlossenheit, die ihn warnten, nicht zu lange zu zögern, sondern endlich zu handeln, und sie zeigten die Hauptprobleme der mittelamerikanischen Völker, die – genau wie er jetzt – zwischen Magie und Vernunft gefangen waren, ihr Leben von einer Politik äußerster Realität beherrscht, ihr Geist von Mythen und Legenden, mit dem rechteckigen computerisierten Block von Nordamerika über sich und der geheimnisvollen seemuschelförmigen Landmasse Südamerikas unter sich. Er vermutete, daß Debora die Art der Geschichten, die Tio Moises erzählte, bestimmt hatte, aber das lenkte nicht von der Kraft ihrer Zeichen ab: sie klangen wahr und nicht so, als seien sie lediglich auf seinen Bedarf zugeschnitten. Es machte auch nichts, daß seine Hand zitterte, seine Augen ihm Tricks vorspielten. All das würde vergehen, wenn er Panama erreicht hätte.

Schatten breiteten sich aus, das Brummen der Insekten dröhnte wie Trommelwirbel, und Dämmerung überzog den Himmel, ließ die Luft körnig erscheinen, den Wellenschlag des Flusses langsamer, schwerer. Tio Moises' Enkeltochter servierte Teller voll geröstetem Mais und Fisch, und Mingolla langte kräftig zu. Später, als der alte Mann Müdigkeit zeigte, schlenderten Mingolla und Debora den Bach entlang.

An einem Pfosten zwischen zwei Hütten war ein krummes Brett genagelt mit einem Reifen ohne Netz, und einige junge Mänenr spielten Basketball. Mingolla schloß sich ihnen an. Das Dribbeln auf dem holperigen Boden war schwer, aber nie hatte er besser gespielt. Der Rest von Trunkenheit spornte ihn beim Spiel an, und wenn er hochsprang und warf, flog der Ball in perfektem Bogen durch den Reifen. Selbst aus unmöglichen Winkeln gelangen ihm die Würfe. Er war ganz dabei, seine Hände schnellten vor, er machte Scheinangriffe und sprang hoch, um den Ball beim Rückprall zu ergattern, wurde – als die Dunkelheit wuchs – der geschickteste von zehn herumtanzenden, die Arme schwenkenden Schatten.

Das Spiel ging zu Ende, und die Sterne zeigten sich, sahen aus wie feurige Löcher in einer Woge schwarzer Seide, die über den Palmen hing. Lampenlicht warf flackernde Schatten über den Boden vor den Hütten, und als Debora und Mingolla zwischen ihnen hindurchgingen, hörten sie aus einem Radio, das auf den Militärsender eingestellt war, die Übertragung eines Baseballspiels, hörten das Krachen des Schlägers, das Brüllen der Menge, den Ansager rufen: »Er hat's geschafft!« Mingolla stellte sich vor, wie der Ball in der Dunkelheit über dem Stadion verschwand, hinüberflog bis zum Parkplatz Amerika, unter einem Autoreifen liegen blieb, wo ein kleiner Junge ihn finden und an ein Wunder denken würde, oder wie der Ball über die Straße rollte und unter einem abgestellten Gebrauchtwagen zur Ruhe kam, wie er dort schimmernd lag, geheimnisvoll weiß und noch dampfend von Home-Run-Energie. Der Punktestand war im Moment drei zu eins. Mingolla wußte nicht, wer spielte, und es war ihm auch gleich. Die Home-Runs geschahen seinetwegen, symbolische Würfe bewegten sich vorgezeichnete Pfade entlang. Er befand sich mitten im Herzen unberechenbarer Kräfte.

Eine der Hütten mit zwei hölzernen Stühlen davor war unbeleuchtet, und als sie näherkamen, störte ihr Anblick Mingollas Stimmung. Etwas an der ganzen Szene beunruhigte ihn, es war, als sei sie für etwas vorbereitet. Nur Paranoia, dachte er. Bis jetzt waren die Zeichen gut gewesen, oder? Als sie die Hütte erreichten, setzte sich Debora auf einen Stuhl, welcher der Tür am nächsten stand, und schaute zu Mingolla auf. Das Sternenlicht weckte in ihren Augen strahlende Punkte. Hinter ihr, durch die Türöffnung erkannte Mingolla schwach den schattenhaften Kokon einer ausgespannten Hängematte und darunter einen Sack, aus dem die Ecke eines Drahtkäfigs hervorlugte. »Was ist mit deinem Spiel?« fragte er.

»Ich hielt es für wichtiger, mit dir zusammenzusein«, sagte sie.

Auch das beunruhigte ihn. Alles begann, ihn zu beunruhigen, und er wußte nicht, weshalb. Das Ding im Innern seiner Hand zappelte. Er ballte die Hand zur Faust und setzte sich neben Debora. »Was geht vor zwischen dir und mir?« fragte er nervös. »Wird irgend etwas geschehen? Ich denke dauernd ja, aber ...« Er wischte sich den Schweiß von der Stirn und hatte vergessen, worauf er hinauswollte.

»Ich verstehe nicht, was du meinst«, sagte sie.

Ein Schatten bewegte sich über den grellen Lichtschein, der aus der Nebenhütte nach außen drang. Rieselnd wie Wellen. Mingolla preßte die Augen zusammen.

»Wenn du es ... romantisch meinst«, sagte sie. »Das verwirrt auch mich. Ganz gleich, ob du zu deinem Stützpunkt zurückkehrst oder nach Panama gehst, wir beide scheinen kaum eine Zukunft zu haben. Und schon gar keine Vergangenheit.«

Es stärkte sein Vertrauen in sie, in die Situation, daß sie keine beruhigende Antwort gefunden hatte. Aber ihm war schwindelig. Sehr schwindelig. Er zuckte mit dem Kopf, versuchte neue Wellen zu verscheuchen. »Wie ist es in Panama?«

»Ich bin nie dort gewesen. Wahrscheinlich ist es fast wie in Guatemala, abgesehen von den Kämpfen.«

Vielleicht sollte er aufstehen, umhergehen. Vielleicht würde das helfen. Oder vielleicht sollte er nur sitzen und reden. Reden schien ihn zu beruhigen. »Ich wette«, sagte er, »ich wette, es ist schön – in Panama, mein' ich. Grüne Berge, Wasserfälle im Dschungel. Ich wette, es gibt eine Menge Vögel dort. Aras und Papageien. Millionen von ihnen.«

»Ich denk' schon.«

»Und Kolibris. Ein Freund von mir war mal da unten auf einer Kolibriexpedition, sagte, es gäbe da Millionen Arten. Ich dachte, er sei ein bißchen verrückt, weißt du, weil er Kolibris sammelte.« Mingolla öffnete die Augen und mußte sie erneut schließen. »Ich habe wahrscheinlich gedacht, Kolibrisammeln sei etwas sehr Sinnloses im Hinblick auf die wirklich wichtigen Probleme.«

»David?« Ihre Stimme klang besorgt.

»Ich fühl' mich okay.« Der Duft ihres Parfüms war

aufdringlicher, als er sich erinnerte. »Man kommt per Boot dorthin, nicht wahr? Muß ein reichlich großes Boot sein. Ich bin noch nie in einem größeren Boot gewesen, nur in diesem Ruderboot, das meinem Onkel gehörte. Er nahm mich hin und wieder zum Fischen mit, draußen vor der Küste von Coney Island. Wir vertäuten das Boot an einer Boje und fingen all diese Giftfische. Du hättest einige von denen sehen sollen! Wie Mutanten. Augen in allen Farben des Regenbogens, scheußliche Wucherungen am ganzen Körper. Hat mir Höllenangst eingejagt, bloß an Fischessen zu denken.«

»Ich hatte einen Onkel, der ...«

»Ich dachte immer an die vielen anderen, die dort unten sein mußten, zu tief für uns, um sie zu fangen. Gigantische Fische, die sich aufblasen, intelligente Haie, Wale mit Händen. Ich sah vor mir, wie sie das Boot verschlingen würden, wie ...«

»Beruhige dich, David.« Sie massierte ihm den Nakken, ein Schaudern lief sein Rückgrat hinab.

»Ich fühl' mich okay, ich fühl' mich okay.« Er schob ihre Hand weg; er brauchte kein Schaudern zu allem übrigen. »Erzähl mir mehr von Panama!«

»Ich sagte dir doch, ich bin nie dort gewesen.«

»Ach ja. Nun, wie ist es mit Costa Rica? In Costa Rica bist du doch gewesen.« Auf seinem ganzen Körper brach Schweiß aus. Vielleicht sollte er schwimmen gehen. Er hatte gehört, es seien Manatis im Rio Dulce. »Je einen Manati gesehen?« fragte er.

»David!«

Sie mußte sich nahe an ihn gelehnt haben, denn er konnte fühlen, wie die Hitze, die sie verströmte, ihn völlig durchdrang, und er dachte, vielleicht könnte das helfen, ganz in diese Hitze einzutauchen; körperliche Anstrengung, endlich diesen Schwindel, dieses Zittern loszuwerden. Er würde sie mit sich in die Hängematte dort nehmen und nur mal sehen, wie heiß sie würde. *Wie* heiß *sie* würde, *wie* heiß *sie* würde. Die Worte hämmerten in seinem Kopf im Rhythmus eines fahrenden Zuges. Aus Angst, die Augen zu öffnen, langte er blind nach ihr und zog sie an sich. Ihre Gesichter kamen zusammen, er suchte nach ihrem Mund. Küßte sie. Sie küßte zurück. Seine Hand tastete nach oben, um eine ihrer Brüste zu umfassen. Gott, sie fühlte sich gut an! Sie fühlte sich an wie die Rettung selbst, wie Panama, wie etwas, in das man hineinfallen kann, um zu schlafen.

Und dann änderte es sich, änderte sich langsam, so langsam, daß es ihm nicht bewußt wurde, bevor die Umwandlung fast vollendet war und ihre Zunge sich unförmig und seelenlos wie der Fuß einer Schnecke in seinem Mund krümmte, und ihre Brust, o verdammte Scheiße, ihre Brust zitterte, bebte mit den gleichen wurmigen Kräften, die in seiner linken Hand saßen. Er stieß sie weg, öffnete die Augen. Sah Lider mit groben Stichen an ihre Wangen festgeheftet, geteilte Lippen, einen Mund voller Knochen. Ein leeres Gesicht aus nacktem Fleisch. Er sprang auf, packte in die Luft, wollte den Schleier aus Häßlichkeit, der sich über ihn gelegt hatte, fortreißen.

»David?« Sie sprach seinen Namen verzerrt aus, verschlang die Silben, als versuche sie, gleichzeitig zu schlucken und zu sprechen.

Froschstimme, Teufelsstimme.

Er wirbelte herum, erhaschte einen Blick auf schwarzen Himmel und dornige Bäume und einen von Narben zerfressenen Knochenmond, in einer Falle aus verwobenen Ästen gefangen. Dunkle warzige Hüttenumrisse, Türen, die sich auf gelbe Flammen öffneten, bucklig verwachsene Schattenmänner in ihrem Innern. Er blinzelte, schüttelte den Kopf. Es verging nicht, blieb Wirklichkeit.

Was war dies für ein Ort? Kein Dorf in Guatemala, nein, o nein. Er hörte das erstickte Grunzen eines Wilden aus seiner Kehle kommen und wich zurück, wich zurück vor allem. Sie folgte ihm, krächzte seinen Namen. Perücke aus schwarzem Stroh, Kleckse aus blankem Gelee als Augen. Einige der Schattenmänner stürzten aus ihren Türen, versammelten sich um sie, redeten über ihn in Teufelssprache. Langbeinige, lakritzhäutige Dämonen mit dröhnenden Trommelschlagherzen, gesichtslose Wesen aus Krankheitsdimensionen. Er wich noch ein paar Schritte zurück.

»Ich kann dich sehen«, sagte er. »Ich weiß, was du bist.«

»Es ist alles gut, David«, sagte sie und lächelte.

Sicher! Sie dachte, er würde ihr das Lächeln abkaufen, aber er ließ sich nicht täuschen. Er sah, wie es sich über ihr Gesicht ausbreitete gleich etwas Verfaultem, das durch den Boden eines nassen Lebensmittelsacks dringt, wenn er eine Woche im Abfall gelegen hat. Hämisches Grinsen der Königin Teufelshure. Sie hatte ihm das angetan, hatte sich mit dem bösen Leben in seiner Hand verbündet und seinen Kopf verhext. Zwang ihn, hinunterzusehen bis auf die Schicht von Scheißmagie, in der sie lebte.

»Ich seh' dich«, sagte er.

Er stolperte, taumelte um sich schlagend rückwärts, wankte, fing sich wieder und rannte fort in Richtung Stadt.

Farn peitschte seine Beine, Zweige schnitten ihm ins Gesicht, Schattengespinste überzogen den Weg, und die schrillenden Insekten klangen, als würden Metallkanten geschliffen. Direkt vor sich bemerkte Mingolla einen einzelnen großen Baum, der voll im Mondlicht auf einer Anhöhe nahe am Wasser stand. Ein Großvaterbaum, ein Baum Weißer Magie. Der Baum rief ihn. Mingolla blieb stehen, schnappte nach Luft. Das Mondlicht kühlte ihn ab, tauchte ihn in Silber, und er erkannte den Zweck dieses Baumes. Eine weiße Fontäne im dunklen Wald, die allein für ihn leuchtete.

Er ballte seine linke Hand zur Faust. Das Ding darin

zappelte verzweifelt, als ahnte es, was kommen würde. Er studierte die tief eingegrabenen, mystischen Zeichen der Rinde und fand die Stelle, wo sie zusammenflossen. Er nahm all seinen Mut zusammen. Dann schmetterte er die Faust gegen den Baumstamm. Fürchterlicher Schmerz schoß seinen Arm hoch, und er schrie auf. Aber er schlug abermals auf den Baum ein, schlug ein drittes Mal zu. Er drückte die Hand fest an seinen Körper, um den Schmerz zu betäuben. Sie schwoll bereits an, wurde zu einer gelenklosen Karikaturhand; aber nichts bewegte sich mehr darin. Das Flußufer mit seinem Rauschen und seinen Schatten drohte nicht länger; es hatte sich in einen Ort mit normalen Lichtern, normaler Dunkelheit verwandelt, und sogar das Weiß des Baumes sah nur hell aus ohne jeglichen Zauber.

»David!« Deboras Stimme und nicht weit weg.

Etwas in ihm wollte warten, wollte sehen, ob auch sie sich wieder in das Unschuldige verwandelt hätte, das Normale. Aber er konnte ihr nicht trauen, konnte sich selbst nicht trauen, und er begann wieder zu rennen.

Mingolla erwischte die Fähre zum Westufer und dachte, daß er Gilbey finden müsse, daß ein Schuß von Gilbeys Streitlust ihn wieder fest auf den Boden der Realität brächte.

Er saß im Bug in der Nähe einer Gruppe von fünf Soldaten, von denen einer über Bord lehnte und sich erbrach, und um einer Unterhaltung aus dem Wege zu gehen, wandte Mingolla sich ab und schaute hinunter auf das schwarze, vorbeischießende Wasser. Mondlicht säumte die kleinen Wellen mit Silber, und ihm war, als spiegele sich in jenem Schimmer der zerbrochene Bogen seines Lebens: ein kleiner Junge, der sich das Jahr über nur auf Weihnachten freut, der Bilder malt, gelobt wird, der es, ohne viel nachzudenken, bis zur High School bringt, zu Sex und Drogen, älter wird, wieder anfängt,

Bilder zu malen, und dann, gerade wenn man glaubt, daß der Bogen einen bedeutungsvolleren Schwung nähme, wird er abgeschlagen, im Nichts hängen gelassen, sein weiterer Verlauf aller Geheimnisse beraubt und erklärbar. Mingolla erkannte jetzt, wie töricht sein Glaube an das Ritual gewesen war. Wie ein sterbender Mann ein Fläschchen Weihwasser umklammert, hatte er sich, als die Logik aller Existenz sich als unhaltbar erwies, an Magie geklammert. Nun war das zerbrechliche Gestänge jenes Zaubers zerstört worden, und nichts gab ihm mehr Halt: er stürzte durch die dunklen Zonen des Krieges hinab, nur darauf wartend, daß eines seiner Ungeheuer ihn packte.

Mingolla hob den Kopf und starrte zum westlichen Ufer hinüber. Die Küste, auf die er zufuhr, war schwarz wie der Flügel einer Fledermaus, mit einer geheimnisvollen Inschrift aus violettem Licht. Dachfirste und Palmen standen silhouettenhaft vor Neondunst in den Farben des Regenbogens; Bögen aus Gas, blutrot und limonengrün und indigo, waren zwischen ihnen zu sehen: Bruchstücke von glühenden Tieren. Der Wind trug Geschrei und wilde Musik herüber. Die Soldaten neben ihm lachten und fluchten, und der eine Kerl übergab sich immer noch. Mingolla lehnte seine Stirn gegen die hölzerne Reling, nur um etwas Festes, Solides, zu spüren.

Im Demonio Club räkelte sich Gilbeys vollbusige Dirne an der Bar und starrte in ihren Drink. Mingolla schob sich durch die Masse der Tänzer, durch Hitze und Lärm und Schleier aus Lavendelduft; als er auf die Dirne zutrat, setzte sie ein professionelles Lächeln auf und versuchte, ihm zwischen die Beine zu fassen. Er wehrte sie ab. »Wo ist Gilbey?« schrie er. Sie schaute ihn verständnislos an; dann dämmerte es bei ihr. »Miin-golla?« sagte sie. Er nickte. Sie fummelte in ihrer Tasche herum und zog ein zusammengefaltetes Stück

Papier heraus. »Iist voon Giil-bii«, sagte sie. »Fürr miich, füünf Dollarrs.«

Er gab ihr das Geld und nahm das Blatt Papier. Es erwies sich als ein christliches Pamphlet mit der Federzeichnung eines stangendürren, betrübt dreinblickenden Jesus auf der Vorderseite und unter der Zeichnung ein Traktat, der mit den Worten begann: »Die letzten Tage sind gekommen.« Mingolla drehte das Blatt um und fand auf der Rückseite eine handgeschriebene Notiz. Sie war typisch Gilbey. Keine Erklärung, keine Gefühlsduselei. Nur Fakten.

> *Bin nach Panama gegangen. Wenn du den Trip*
> *auch machen willst, frag nach einem Typ mit*
> *Namen Ruy Barros in Livingston. Der hilft dir.*
> *Vielleicht treffen wir uns mal. Also bis dann.*
>
> G.

Mingolla hatte geglaubt, daß er sich über nichts mehr wundern könne, aber die Tatsache von Gilbeys Fahnenflucht wollte ihm einfach nicht in den Kopf, und als er versuchte, sich damit abzufinden, war er verwirrter als je zuvor. Nicht, als hätte er nicht verstehen können, was geschehen war. Er verstand es sehr gut; er hätte es sogar voraussehen müssen. Einer schlauen Ratte gleich, die ihr Lieblingsloch blockiert vorfindet, hatte Gilbey sich einfach ein neues Loch genagt und war durch dieses Loch entwischt. Was Mingolla verblüffte, war, daß nichts in Gilbeys Benehmen darauf hingewiesen hatte. Immer schienen er und Gilbey und Baylor die Realität in Dreiecke aufgeteilt zu haben, um einander jederzeit innerhalb eines übersichtlichen Lageplans aus Pflichten und Orten und Geschehnissen aufspüren zu können, und nun, da die beiden ihn verlassen hatten, war Mingolla aufs äußerste bestürzt.

Er trat vor den Club hinaus und ließ sich von der Menschenmenge draußen einfach vorwärtsschieben und starrte hinauf zu den leuchtenden Neontieren über den Bars. Ein riesiger blauer Hahn, ein grüner Bulle, eine goldene Schildkröte mit feurig roten Augen. Mächtige Wesen, die mißbilligend auf ihn herabsahen. Farbgüsse strömten gleich Blut von den Zeichen, tauchten alles in ein bleichbuntes Licht, ließen die Gesichter der Menschen mehligblaß erscheinen. Erstaunlich, dachte Mingolla, daß man diese Luft, dieses streifig verfärbte Zeug, einatmen kann, ohne daß man anfängt zu würgen. Alles war erstaunlich, ergab keinerlei Sinn. Alles, was er sah, erschien ihm einzigartig und unergründlich, selbst die alltäglichsten Dinge. Er merkte, wie er die Leute anstarrte – Dirnen, Straßenkinder, einen MP, der mit einem anderen MP redete und dabei den Kotflügel seines Jeeps streichelte als liebkose er ein übergroßes, olivgrünes Haustier – und wie er dahinterzukommen versuchte, was sie in Wirklichkeit taten, welch ganz besonderer Sinn für ihn in ihrer jeweiligen Tätigkeit liegen mochte, welchen Fingerzeig sie enthielt, der ihm vielleicht helfen könne, das durcheinandergeratene Knäuel seiner eigenen Existenz zu entwirren.

Schließlich, als ihm klar wurde, daß er unbedingt Frieden und Ruhe brauchte, machte er sich auf in Richtung Flugplatz, in der Hoffnung, dort eine leere Koje aufzutreiben und seine Verwirrung überschlafen zu können; als er jedoch die Abzweigung, die zur unvollendeten Brücke führte, erreichte, bog er dort ein, da er sich irgendwelchen Erklärungen gegenüber Torposten und Offizieren vom Dienst noch nicht gewachsen fühlte. Dichter Dschungel, von Insektengesumm erfüllt, drängte die Abzweigung zu einem bloßen Pfad zusammen, und an seinem Ende stand eine Reihe Sägeböcke. Er kletterte hinüber und folgte kurz darauf einer jähen Steigung, die zu einer Stelle fast unterhalb der silbernen Masse des Mondes zu führen schien.

Trotz Schutt, herumliegender Steine und Pappverschalungen sah der Beton im Mondschein völlig rein aus, strahlend hell gleich einer Spur schneeweißen Lichts, noch nicht ganz mit der Materie verbunden; und während er weiter hinaufstieg, glaubte er unter seinen Füßen zu spüren, wie die Brücke mit der Sensibilität feinster Nerven zitterte. Ihm war, als ginge er geradewegs in Dunkelheit und Sterne hinein, in eine Einsamkeit, groß wie die Schöpfung selbst. Es war ein angenehmes und verdammt einsames Gefühl, vielleicht sogar ein bißchen zu einsam, mit dem Wind, der in den Pappresten spielte, und den leiser werdenden Geräuschen der Insekten hinter sich.

Nach wenigen Minuten erblickte er vor sich den ins Leere ragende Endpunkt der Brücke. Als er die Kante erreichte, setzte er sich vorsichtig hin und ließ seine Beine baumeln. Ein heftiger Wind fuhr zwischen den offenliegenden Trägern hindurch, zerrte an seinen Knöcheln. Seine Hand pochte und war fiebrigheiß. Tief unten überzog vielfarbiges Gefunkel gleich einer Kolonie biolumineszierender Algen den schwarzen Saum des Ostufers. Er fragte sich, wie hoch oben er wohl sein mochte. Nicht hoch genug, dachte er. Leise Musikfetzen wurden vom Wind heraufgetragen – Beweis des unermüdlichen Fiebertaumels von San Francisco de Juticlan –, und ihm war, als würde das Flimmern der Sterne durch diesen feinen Hauch von Musik, der wie ein Nebel vor ihnen hertrieb, entstehen.

Er überlegte, was er tun könnte. Viel fiel ihm nicht ein. Er stellte sich Gilbey in Panama vor. Wie er herumhurte, soff und sich prügelte. Genau das, was er auch in Guatemala getan hatte. Das war der Punkt, an dem für Mingolla der Gedanke an Fahnenflucht scheiterte. In Panama würde er sich fürchten: In Panama würde ihn, auch wenn seine Hand vielleicht nicht mehr zitterte, irgendein anderes bösartiges Geschick befallen; in Panama würde er wieder auf Zaubermittel zur Heilung seiner Leiden zurückgreifen, denn die Realität wäre zu bedrohlich für ihn, als daß er aus ihr Kraft schöpfen könnte. Und schließlich käme der Krieg auch nach Panama. Die Fahnenflucht hätte ihm keinerlei Nutzen gebracht.

Er starrte über den mondversilberten Dschungel, und ihm war, als ströme ein lebenswichtiger Teil seines Selbst aus seinen Augen und würde vom Wind fortgetragen, hinweg über die Ameisenfarm und ihre rauchenden Krater, das Guerillagebiet, hinweg über die verschwommene Grenze, wo Himmel und Horizont sich vereinigen, unaufhaltsam angezogen auf einen Punkt hin, in den sich die ganze Lebenskraft der Welt ergoß. Er fühlte, wie auch aus seinem Innern alles herausströmte, wie er kalt und leer und langsam wurde. Sein Geist konnte keinen Gedanken mehr fassen, war nur fähig, sinnliche Wahrnehmungen zu registrieren. Der Wind trug frische grüne Gerüche zu ihm herüber, die seine Nasenlöcher weit öffneten. Die Schwärze des Himmels umhüllte ihn völlig, und die Sterne wurden zu goldenen Nadelstichen aus Gefühl. Er schlief nicht, aber etwas in ihm war eingeschlafen.

Ein Wispern riß ihn vom Ende der Welt zurück. Zunächst glaubte er, er bilde es sich ein, und fuhr fort, den Himmel anzustarren, der jetzt das kurz vor Tagesanbruch typische intensive Blau angenommen hatte. Dann vernahm er es wieder und schaute hinter sich.

Quer über die Brücke, etwa sechs Meter entfernt, bemerkte er wie aufgereiht etwa ein Dutzend Kinder. Einige standen aufrecht, einige kauerten geduckt am Boden. Die meisten waren in Lumpen gekleidet, ein paar trugen Hüllen aus Ranken und Blättern, und andere waren völlig nackt. Lauernd, schweigend. Messer blinkten in ihren Händen. Alle waren ausgemergelt, ihre Haare lang und verfilzt, und Mingolla, dem die toten Kinder einfielen, die er morgens gesehen hatte, fürchtete sich einen Augenblick lang. Aber nur für einen Augenblick. Die Angst loderte in ihm auf wie eine Kohle, die von einem Windstoß zum Glühen gebracht wird, und erstarb im nächsten Moment, nicht verdrängt durch irgendeine vernünftige Überlegung, sondern durch die Erkenntnis, daß jene zerlumpten Gestalten ihm eine Gelegenheit zur Kapitulation boten. Er war nicht verrückt darauf zu sterben, aber er wollte sich auch nicht weiter abmühen, um zu überleben. Weiterzuleben, hatte er gelernt, war nicht der höchste Vorzug der Seele. Er fuhr fort, die Kinder anzustarren. Die Art, wie sie sich dort aufgebaut hatten, erinnerte ihn an eine Neandertalergruppe im Museum of Natural History. Der Mond stand noch immer am Himmel, und ihre schwachumrissenen Schatten glichen verwischten Graphitklecksen. Schließlich wandte Mingolla sich ab. Am Horizont zeigte sich jetzt eine deutlich erkennbare Linie aus tiefdunklem Grün.

Mingolla hatte erwartet, erstochen oder gestoßen zu werden, sich überschlagend hinabzustürzen und auf die Oberfläche des Rio Dulce aufzuschlagen, dessen Wasser unter dem heller werdenden Himmel einen stählernen Farbton angenommen hatten. Aber statt dessen sagte eine Stimme nahe an seinem Ohr: »Hey, Macho.«

Neben ihm hockte ein Junge, etwa vierzehn oder fünfzehn Jahre alt, mit einem dunkelhäutigen, affenähnlichen Gesicht, das von einem Gewirr aus schulterlangem, dunklem Haar umrahmt war. Er trug zerfetzte Shorts. Eine sich windende Schlange war auf seine Stirn tätowiert. Er neigte den Kopf erst zur einen, dann zur anderen Seite. Verblüfft. Es war, als versuche er, den echten Mingolla durch Lagen von vorgetäuschtem Äußeren zu erkennen. Er knurrte tief in seiner Kehle und hielt ein Messer hoch, drehte es hierhin und dorthin, ließ Mingolla sie scharfe Schneide sehen, wie das Mondlicht an der Klinge hinabglitt. Ein Armeemesser mit einem Schlagring am Griff. Mingolla rümpfte amüsiert die Nase.

Der Junge schien durch diese Reaktion beunruhigt; er

senkte das Messer und rückte ein wenig ab. »Was machst du hier, Mann?« fragte er.

Mingolla fielen mehrere Antworten ein, aber die meisten erforderten zu viel Energie, um sie in Worte zu fassen; er wählte die einfachste. »Es gefällt mir hier. Ich mag die Brücke.«

Der Junge schielte mißtrauisch zu Mingolla hinüber. »Die Brücke ist Zauber«, sagte er. »Du wissen das?«

»Es gab einmal eine Zeit, da hätte ich dir vielleicht geglaubt«, sagte Mingolla.

»Du müssen langsam sprechen, Mann.« Der Junge runzelte die Stirn. »Zu schnell, kann nicht versteh'n.«

Mingolla wiederholte seine Bemerkung, und der Junge sagte: »Du glauben dran, Gringo. Sonst wären nicht hier, oder?« Mit einer gleitenden Armbewegung deutete er den imaginären Fortlauf der Brücke in ihrem aufwärtsgerichteten Schwung an. »Dahin geht Brücke jetzt. Hat nichts zu tun mit Überqueren von Fluß. Ist 'n Stück weißer Stein. Bedeutet nicht, was sonst bedeutet 'ne Brücke.«

Mingolla war überrascht, seine eigenen Gedanken von jemandem, der so sehr einem Hominiden glich, in Worte gefaßt zu hören.«

»Ich komm' hier her«, fuhr der Junge fort. »Ich hören dem Wind zu, hören ihn singen in Eisen. Und dann ich weiß Dinge. Ich kann sehen die Zukunft.« Er grinste, entblößte schwärzliche Zähne und wies gen Süden in Richtung Karibik. »Zukunft liegt da drüben, Mann.«

Mingolla gefiel der Scherz; er empfand eine Art Zuneigung für den Jungen, wie er sie für jeden empfinden würde, der es in einer solchen Lage noch fertigbrachte zu scherzen, doch er wußte nicht, wie er seine Sympathie zeigen sollte. Schließlich sagte er: »Du sprichst gut Englisch.«

»Scheiße! Was glaubst du denn? Weil wir leben in Dschungel, wir reden wie Tiere? Scheiße!« Der Junge stieß die Spitze seines Messers in den Beton. »Ich sprechen Englisch mein ganzes Leben lang. Gringos, die zu dumm, zu lernen Spanisch.«

Die Stimme eines Mädchens erklang hinter ihnen, hart und bestimmt. Die anderen Kinder hatten sich bis auf zehn Fuß genähert, ihre wilden Gesichter gespannt auf Mingolla gerichtet, und das Mädchen stand ein Stückchen vor ihnen. Es hatte hohle Wangen und tiefliegende Augen; verfilzte ineinandergewundene Haarsträhnen fielen über seine kleinen runden Brüste. An seinen Hüftknochen hingen die Fetzen eines Rockes, den der Wind ihm zwischen den Beinen hindurch nach hinten wehte. Der Junge ließ das Mädchen zu Ende reden und gab dann eine ziemlich lange Antwort, deren Worte er unterstrich, indem er mit dem Schlagring seines Messers heftig auf den Beton schlug, so daß bei jedem Schlag Funken stoben.

»Gracela«, sagte er zu Mingolla, »sie will dich töten. Aber ich sag', manche Männer, die schon hab'n einen Fuß in Welt von Toten, und wenn du sie umbringst, dann dich auch schnappen der Tod. Und weißt du was?«

»Was?« fragte Mingolla.

»Es stimmt. Du und der Tod« – der Junge verschränkte seine Hände – »ihr so.«

»Vielleicht«, sagte Mingolla.

»Nicht ›vielleicht‹. Die Brücke es mir erzählen. Mir sag'n, ich dankbar, wenn ich dich lassen leben. So bedank' dich bei Brücke. Zauber, an den du nicht glaubst, hat geredet, hat gerettet deinen Arsch.« Der Junge ließ sich aus der Hocke auf den Boden nieder und saß jetzt mit übereinandergeschlagenen Beinen. »Gracela, ihr egal, ob du lebst oder stirbst. Sie sich bloß stellt gegen mich, weil sie wird Anführer, wenn ich weggeh' hier. Sie ungeduldig, weißt du.«

Mingolla schaute das Mädchen an. Kalt erwiderte es seinen Blick: ein schlitzäugiges Hexenbalg mit struppigem Haar und vorstehenden Rippenknochen.

»Wo willst du denn hin?« fragte er den Jungen.

»Ich hab' einen Traum, ich leben im Süden; ich träum', mir gehören ganzes Lagerhaus voll Gold und Kokain.«

Das Mädchen begann erneut auf ihn einzureden, und er zischte eine ganze Reihe zornig klingender Antworten.

»Was hast du gesagt?« fragte Mingolla.

»Ich hab' gesagt, ›Gracela, wenn du mir machen Scheißtheater, ich dich nehmen, hab'n meinen Scheißspaß mit dir und schmeißen dich in Fluß, wenn fertig‹.« Er blinzelte Mingolla an. »Gracela, sie noch Jungfrau, so das erste machen ihr Angst.«

Der Himmel färbte sich jetzt leicht grau, hellrosa Streifen durchzogen ihn von Osten her; Vögel stiegen vom Dschungel auf, schlossen sich über dem Fluß zu Schwärmen zusammen. Im dämmrigen Licht bemerkte Mingolla, daß die Brust des Jungen kreuz und quer mit wulstigen Narben überzogen war: falsch behandelte Messerwunden. Pflanzenstückchen hatten sich in seinem Haar verfangen und glichen primitivem Schmuck.

»Sag mal, Gringo«, meinte der Junge. »Ich hör', in Amerika sie hab'n Maschine mit der Seele von 'nem Menschen drin. Stimmt das?«

»Mehr oder weniger«, sagte Mingolla.

Der Junge nickte ernst, weil seine Vermutung bestätigt wurde. »Ich auch hören, Amerika hat gebaut 'ne Welt aus Metall in den Himmel.«

»Da bauen sie jetzt dran.«

»In Haus von eurem Präsidenten gibt es da 'nen Stein, der Geist von totem Zauberer gefangen hält?«

Mingolla dachte eingehend darüber nach. »Das bezweifle ich«, sagte er. »Aber möglich ist es schon.«

Dumpf dröhnend schlug der Wind gegen die Brücke, schreckte ihn auf. Er spürte die frische Brise auf seinem Gesicht und genoß das Gefühl. Dies – die Tatsache, daß er noch immer an solch einfachen Dingen des Lebens

Freude empfand – überraschte ihn weit mehr als der plötzliche Lärm.

Im Osten begannen die rosa Streifen sich zu Karmesin zu vertiefen und fächerartig über den Himmel auszubreiten; Lichtstrahlen stießen nach oben, färbten die Unterseiten tiefhängender Wolken malvenfarben. Einige der Kinder fingen jetzt an zu murmeln. Einen Singsang. Sie redeten Spanisch, aber die Art, wie ihre Stimmen die Wörter ausstießen, ließ es kehlig heiser und bösartig klingen, als sei es eine Sprache für Trolle. Mingolla hörte ihnen zu und stellte sich vor, wie sie in Bambusdickichten um ihre Feuer hockten, blutige Messer über den Körpern der erlegten Beute zur Sonne hochreckten, wie sie sich in den grünen Nächten hingaben, während bernsteinäugige Pythons sich über ihren Köpfen um die Äste ringelten.

»Weißt du, Gringo«, sagte der Junge, offensichtlich immer noch über Mingollas Antworten grübelnd, »dies sein wirklich böse Zeiten.« Traurig starrte er hinab auf den Fluß. In dem verfilzten Gewirr seiner Haare spielte der Wind.

Ihn so zu beobachten, ließ Mingolla neidisch werden. Trotz der Trostlosigkeit seiner Lage hatte dieser kleine Affenkönig sich mit seinem Platz in der Welt abgefunden, überzeugt, daß es für ihn der einzig richtige sei. Vielleicht gab er sich einer Illusion hin, aber Mingolla beneidete ihn dieser seiner Illusion wegen, und besonders beneidete er ihn wegen seines Traums von Gold und Kokain. Seine Träume hatte der Krieg zerschlagen. Der Gedanke herumzusitzen und Farben auf eine Leinwand zu klecksen, barg keinerlei wirklichen Reiz mehr für ihn. Auch nicht die Vorstellung, nach New York heimzukehren. Obgleich in all diesen Monaten das Wichtigste für ihn gewesen war zu überleben, hatte er nie aufgehört darüber nachzudenken, was das Weiterleben tatsächlich für ihn bedeutete, und jetzt glaubte er nicht mehr daran, daß er je zurück könnte. Ihm wurde klar, daß er sich an den Krieg gewöhnt, sich akklimatisiert hatte, die Toxine des Krieges ohne weiteres einatmen konnte; er würde sich über Heimatluft und Frieden lustig machen. Der Krieg war seine neue Heimat, der Platz, wo er wirklich hingehörte.

Die Wahrheit dieser Erkenntnis traf ihn wie ein Blitz, und er wußte plötzlich, was er zu tun hatte.

Baylor und Gilbey hatten ihrer Natur gemäß gehandelt, und er mußte seiner Natur gemäß handeln, die von ihm verlangte, sein Schicksal anzunehmen und den Weg zu gehen, der ihm bestimmt war. Er dachte an Tio Moises' Geschichte von dem Piloten und lachte in sich hinein. In gewisser Weise hatte sein Freund – dieser Typ, den er in dem nicht abgeschickten Brief erwähnte – recht gehabt mit seiner Ansicht über den Krieg, über die Welt. Alles war voll von Zeichen, Mustern, Zusammenhängen und Zyklen, was das Wirken einer unbekannten magischen Macht anzudeuten schien. Aber diese Dinge waren lediglich das Resultat eines subtilen natürlichen Prozesses. Je länger man lebte, je mehr Erfahrungen man machte, desto komplizierter, unüberschaubarer wurde das Leben, und schließlich fand man sich inmitten so vieler Wechselwirkungen, einem Netz aus Umständen und Emotionen und Geschehnissen, gefangen, daß überhaupt nichts mehr einfach war und alles von der jeweiligen Interpretation abhing. Eine Interpretation wäre jedoch reine Zeitverschwendung. Selbst die logischste Interpretation bliebe lediglich ein Versuch, das Geheimnis in einen Käfig zu sperren und die Tür hinter ihm abzuschließen. Sie würde das Leben nicht weniger mysteriös machen. Und ebenso zwecklos wäre es zu versuchen, den Verlauf der Muster zu entziffern, ihm zu folgen, den mystischen Regeln, die daraus zu erwachsen schienen, zu gehorchen.

Der einzig erfolgversprechende Weg lag in der Verschanzung, in der Errichtung eines Schutzwalls. Man mußte das Geheimnis als solches, die Unbegreiflichkeit der jeweiligen Situation, annehmen, und sich dann davor schützen. Das Netz absichern, in dem man gefangen saß, unübersichtliche Ecken beseitigen, Alarmanlagen bauen. Man mußte zum Ungeheuer im eigenen Labyrinth werden, genauso brutal und verschlagen wie das Schicksal, dem man zu entkommen suchte. Dies war der Weg kriegerischen Akzeptierens, den Tio Moises' Pilot keine Chance gehabt hatte einzuschlagen und den Mingolla – obgleich sich ihm die Gelegenheit bot – zu wählen versäumt hatte. Jetzt erkannte er es. Immer hatte er nur einfach auf die Gefahr reagiert, sich ihr entsprechend verhalten, sie aber nie herausgefordert oder Vorsorge gegen sie getroffen. Aber jetzt würde er es können, dessen war er sicher.

Er wandte sich dem Jungen zu in der Annahme, daß diesem sein Verständnis von »Magie« gefiele, und bemerkte aus den Augenwinkeln eine schnelle Bewegung. Gracela. Ihr Messer nach unten gerichtet, tauchte sie hinter dem Jungen auf, bereit zuzustechen. Mit einer Reflexbewegung stieß Mingolla seine kranke Hand vor, um den Stoß abzufangen. Das Messer erwischte sie an der Seite, glitt nach oben ab und ritzte die Schulter des Jungen.

Der plötzliche Schmerz in Mingollas Hand war unerträglich heftig, so daß ihm einen Augenblick schwarz vor Augen wurde. Und dann, gerade als er Gracelas Unterarm packte, um sie zu hindern, erneut zuzustechen, spürte er etwas anderes, ein Gefühl, vom Schmerz fast überlagert. Er hatte geglaubt, das Ding im Innern seiner Hand sei tot, aber jetzt konnte er fühlen, wie es sich am Rand der Wunde aufgeregt hin und her bewegte, mit dem breiten Blutstrom, der über sein Handgelenk rann, nach außen sickerte. Es mühte sich ab, nach innen zurückzukriechen, wand und schlängelte sich zappelnd gegen den Strom, aber Mingollas Herz pumpte zu stark, und schon war es fort, tropfte mit dem Blut auf den weißen Stein der Brücke.

Doch noch ehe er Erleichterung oder Überraschung empfinden konnte oder völlig aufnehmen, was geschehen war, versuchte Gracela sich loszureißen. Mingolla ging auf die Knie nieder, zerrte das Mädchen nach unten und schmetterte die Hand, die das Messer hielt, gegen die Brücke. Das Messer schoß fort. Gracela kämpfte wie eine Wilde, versuchte, ihm das Gesicht zu zerkratzen. Die anderen Kinder schoben sich näher. Mingolla preßte seinen linken Arm unter Gracelas Kinn, würgte sie, mit seiner rechten Hand hob er das Messer auf und drückte die Spitze leicht in ihre Brust. Die Kinder blieben stehen, und Gracela hörte auf, sich zu wehren. Er konnte fühlen, wie sie zitterte. Tränen zogen streifige Spuren durch den Schmutz auf ihren Wangen. Sie sah wie ein verängstigtes kleines Mädchen aus, nicht wie eine Hexe.

»*Puta!*« sagte der Junge. Er war aufgestanden, hielt seine Schulter und durchbohrte Gracela mit Blicken.

»Ist sie schlimm«, fragte Mingolla, »die Schulter?«

Der Junge prüfte das hellrote Blut an seinen Fingerspitzen. »Sie tut weh«, sagte er. Er trat näher, blieb vor Gracela stehen und lächelte zu ihr hinunter; er öffnete den obersten Knopf seiner Shorts.

Gracela erstarrte.

»Was tust du?« Mingolla fühlte sich plötzlich für das Mädchen verantwortlich.

»Ich werd' tun, was ich ihr hab'n angedroht, Mann.« Der Junge öffnete die übrigen Knöpfe und fuhr aus seinen Shorts; er war bereits aufs äußerste erregt, als habe die Gewalt sein sexuelles Verlangen aufgepeitscht.

»Nein!« sagte Mingolla und erkannte, noch während er sprach, daß dies alles andere als klug war.

»Hau ab!« sagte der Junge finster. »Geh weg!«

Ein langer starker Windstoß traf die Brücke; Mingolla schien, als würde das Vibrieren der Brücke, das Schlagen seines Herzens und Gracelas Zittern von dem gleichen flimmernden Impuls angetrieben. Er verspürte eine fast körperliche Verpflichtung dem Augenblick gegenüber, die nichts mit seiner Sorge um das Mädchen zu tun hatte. Vielleicht, dachte er, ist dies eine Folge meiner neuen Überzeugung.

Der Junge verlor die Geduld. Er schrie die anderen Kinder an, trieb sie mit scheuchenden Handbewegungen fort. Widerstrebend zogen sie ab, ein wenig die Brücke hinunter, reihten sich am Geländer entlang auf, eine freie Gasse zwischen sich lassend. Weit hinter ihnen erstreckte sich unter dem lavendelfarbenen Himmel bis zum Horizont der Dschungel, unterbrochen nur von der rechteckigen Lichtung des Flugstützpunktes. Der Junge kauerte neben Gracelas Füßen. »Heut' nacht«, sagte er zu Mingolla, »die Brücke hat uns gebracht zusammen. Heut' nacht wir sitzen, wir reden. Jetzt das vorbei. Mein Herz sag'n, ich sollen dich töten. Aber weil du aufgehalten Gracela, daß sie nicht stechen tiefer, ich dir geben 'ne Chance. Gracela, sie soll machen Urteil. Wenn sie sagt, geh'n mit dir, dann wir« – er winkte zu den anderen Kindern hinüber – »dich töten. Wenn sie will bleiben, dann du müssen geh'n. Nicht mehr reden, kein Scheiß mehr. Du bloß geh'n. Verstand'n?«

Mingolla fürchtete sich nicht, und das Fehlen von Angst erwuchs nicht aus Gleichgültigkeit dem Leben gegenüber, sondern aus Erkenntnis und Vertrauen. Es war Zeit, daß er aufhörte, allen Herausforderungen auszuweichen, Zeit, daß er sich ihnen stellte. Er hatte einen Plan. Es bestand kein Zweifel daran, daß Gracela ihn wählen würde, eine Chance zu leben, wie schwach auch immer. Aber ehe sie sich entscheiden könnte, würde er den Jungen töten. Dann wollte er geradewegs auf die anderen losgehen: ohne ihren Anführer hielten sie vielleicht nicht zusammen. Es war kein besonders guter Plan, und er haßte es, dem Jungen das antun zu müssen; aber, dachte er, vielleicht schaffe ich es. »Ja, ich verstehe«, sagte er.

Der Junge sprach auf Gracela ein; er befahl Mingolla,

118

sie loszulassen. Sie setzte sich auf, rieb die Stelle, wo Mingolla sie mit dem Messer verletzt hatte. Sie warf zunächst ihm, dann dem Jungen, einen scheuen Blick zu; sie schob ihr Haar in den Nacken und streckte ihre Brüste vor, als wolle sie zwei Freier locken. Mingolla war von ihrem Benehmen überrascht. Vielleicht, dachte er, will sie Zeit gewinnen. Er stand auf und tat, als klopfe er seine Kleidung ab, wobei er sich näher an den Jungen, der immer noch neben Gracela hockte, heranschob. Ein roter Feuerball hatte sich im Osten vom Horizont gelöst; ein blutigglühendes Licht spornte Mingolla an, bestärkte ihn in seinem Entschluß. Er gähnte und schob sich noch näher, umklammerte das Messer fester. Er würde den Jungen beim Haar packen, ihm den Kopf nach hinten zerren, ihm dann die Kehle durchschneiden. Nerven zuckten in seiner Brust. Der Druck in seinem Innern nahm zu, drängte ihn zu handeln, sofort aktiv zu werden. Er kämpfte dagegen an. Ein weiterer Schritt war nötig, ein weiterer Schritt, um absolut sicher zu sein. Aber gerade, als er den Schritt tun wollte, streckte Gracela die Hand aus und tippte dem Jungen auf die Schulter.

Die Überraschung mußte sich auf Mingollas Gesicht gezeigt haben, denn der Junge sah ihn an und brach in lautes Lachen aus. »Du denk'n, sie nimmt dich?« sagte er. »Scheiße! Du nicht kennen Gracela, Mann. Gringos haben verbrannt ihr Dorf. Sie eher leck'n Teufel den Arsch als dir geb'n die Hand.« Er grinste, streichelte ihr übers Haar. »Und dann sie auch denk'n, wenn sie es machen scheißgut, vielleicht ich sag'n, ›Oh, Gracela, davon ich muß hab'n noch viel mehr!‹ Und wer weiß? Vielleicht sie hat recht.«

Gracela legte sich zurück und wand sich aus ihrem Rock. Zwischen den Beinen war sie fast unbehaart. Ein Lächeln umspielte ihre Mundwinkel. Mingolla starrte sie an, sprachlos.

»Ich dich nicht werden töten, Gringo«, sagte der Junge,

ohne aufzusehen; er fuhr mit der Hand über Gracelas Bauch. »Ich dir doch gesagt, ich nicht töten Mann, so nah am Tod.« Wieder lachte er. »Du sahen schön ulkig aus, wie du da versuch'n heranzuschleichen. Hat mir gemacht Spaß.«

Mingolla war wie betäubt. Die ganze Zeit über, da er sich zum Töten bereit machte und Bedenken und Abneigung beiseite schob, hatte er lediglich dem Jungen zur Unterhaltung gedient. Das Gewicht des Messers in seiner Hand schien seinen Zorn in eine bestimmte Richtung zu lenken, ihm eine kompakte, massive Form zu geben, und er wollte seinen Angriff durchführen, dieses kleine Tier da, das sich über ihn lustig gemacht hatte, niederstechen; aber ein Gefühl tiefster Demütigung mischte sich in seinen Zorn, kämpfte ihn nieder. Das Gift der Wut in seinem Innern schüttelte ihn; er konnte Schmerz und Müdigkeit im ganzen Körper spüren. Seine Hand pochte, aufgedunsen und bleich wie die Hand einer Leiche. Schwäche erfüllte ihn. Und Erleichterung.

»Geh!« sagte der Junge. Er legte sich neben Gracela hin und begann, auf einen Ellbogen gestützt, an einer ihrer Brustwarzen zu zupfen.

Mingolla machte zögernd ein paar Schritte. Hinter ihm gab Gracela ein maunzendes Wimmern von sich, und der Junge flüsterte etwas. Mingollas Zorn entbrannte aufs neue – die beiden hatten ihn bereits vergessen! –, aber er ging weiter. Als er an den anderen Kindern vorbeikam, spuckte eines ihn an und eines schleuderte einen Kieselstein. Er jedoch hielt seine Augen nur auf den weißen Beton gerichtet, der unter seinen Füßen dahinglitt.

Als er den Brückenbogen zur Hälfte hinabgestiegen war, drehte Mingolla sich um. Die Kinder umringten jetzt Gracela und den Jungen am Endpunkt der Brücke, versperrten den Blick auf sie. Der Himmel hinter ihnen hatte eine bläulichgraue Färbung angenommen, und der Wind trug ihre Stimmen herüber. Sie sangen: ein rauhes, schnelles Lied, das merkwürdig feierlich klang. Mingollas Zorn legte sich, das Gefühl von Demütigung verebbte. Er brauchte sich nicht zu schämen, zwar hatte er unklug gehandelt, aber er hatte es aus einer inneren Stärke heraus getan, und auch die größte Verspottung konnte dem keinen Abbruch tun. Alles würde gut werden. Ja, gut werden! Dafür würde er schon sorgen.

Er beobachtete die Kinder noch eine Zeitlang. Aus der Entfernung hatte ihr Singen eine ihn packende unzivilisierte Wildheit, und er verspürte einen Hauch Wehmut, sie zurücklassen zu müssen. Er fragte sich, was wohl geschehen würde, wenn der Junge mit Gracela fertig sei. Er sorgte sich nicht wirklich, er war nur neugierig. Das Gefühl, das man hat, wenn man ein Kino kurz vor Filmende verlassen muß. Wird die Heldin überleben? Wird die Gerechtigkeit siegen? Wird Überleben und Gerechtigkeit schließlich zum Happy End führen?

Kurz darauf wurde das in den Himmel ragende Ende der Brücke in die goldenen Strahlen der jetzt voll durchbrechenden Sonne getaucht; die Gestalten der Kinder schienen schwarz zu werden und sich in himmlischem Feuer aufzulösen. Dies Zeichen genügte Mingolla, ihn in seinem Beschluß zu bestärken. Er schleuderte Gracelas Messer in den Fluß und ging von der Brücke hinunter, an deren Zauber er nicht länger glaubte, zurück in den Krieg, dessen Mysterium er jetzt als sein eigenes angenommen hatte.

KAPITEL FÜNF

Am Flughafen blieb Mingolla neben dem Sikorsky stehen, der ihn nach San Francisco de Juticlan gebracht hatte; er erkannte ihn sofort wieder an den aufgemalten flammendgrellen Buchstaben seines Namens: Flüsternder Tod. Mingolla lehnte den Kopf gegen den Buchstaben T und dachte daran, wie Baylor von diesen Buchstaben in der Annahme, daß sie irgendeine tödliche Substanz übertragen könnten, zurückgeprallt war. Mingolla schreckte die Berührung nicht. Die flammenden Buchstaben schienen vielmehr seinen Kopf tief im Innern zu wärmen, weckten Gedanken, verschwommen und vage wie Rauch. Tröstende Gedanken, die keinerlei Bilder oder Vorstellungen enthielten. Nur ein leichtes Surren geistiger Tätigkeit wie der Leerlauf eines Motors.

Der Stützpunkt rings um ihn erwachte langsam zu Leben. Jeeps fuhren von den Baracken los; ein paar Offiziere inspizierten den Laderaum einer Transportmaschine; ein Typ reparierte einen Gabelstapler. Friedlich, heimelig vertraut. Mingolla schloß die Augen, ließ sich in Halbschlaf lullen und von der Sonne und gemalten Flammen mit wirklicher und imaginärer Hitze umfangen.

Einige Zeit später – wieviel später, dessen war er sich nicht sicher – hörte er eine Stimme sagen: »Hast deine Hand aber schön versaut, was?«

Die beiden Piloten standen neben der Cockpit-Tür. In ihren schwarzen Flugkombinationen und Helmen wirkten sie weder unheimlich noch sonderbar, lediglich wie Wesen rein funktioneller Notwendigkeit. Beherrscher der Maschine. »Stimmt«, sagte Mingolla. »Hab' sie versaut.«

»Wie haste denn das geschafft?« fragte der links stehende Pilot.

»Hab' 'nen Baum verdroschen.«

»Da mußte aber gottverdammt im Eimer gewesen sein, um 'nen Baum zu verdreschen«, sagte der rechte Pilot. »Bäume gehen nicht aus'm Weg, wenn man die verdrischt.«

Mingolla gab ein unverbindliches Murmeln von sich. »Ihr Jungs wollt rauf zur Farm?«

»Aber klar! Was ist denn los, Mann? Hast wohl die Nase voll von den wilden Weibern hier?« Der rechte Pilot.

»Schätze ja. Könnt ihr mich mitnehmen?«

»Aber sicher doch«, sagte der Pilot zur Linken. »Steig schon vorne ein. Du kannst hinter uns sitzen.«

»Wo sind denn deine Kumpels?« fragte der Pilot rechts.

»Weg«, sagte Mingolla, während er ins Cockpit kletterte.

Einer der Piloten meinte: »Glaubten auch nicht, daß wir die Jungs da wiederseh'n würden.«

Mingolla schnallte sich im Beobachtersitz an, direkt hinter dem Co-Piloten. Er hatte gedacht, es würde eine langwierige Instrumentenkontrolle folgen, aber sobald die Motoren warm gelaufen waren, hob der Sikorsky ab und drehte nach Norden. Außer den Waffensystemen war keine der Abwehranlagen eingeschaltet. Das Radargerät, der Wärmesensor-Scanner und der Gelände-Display zeigten leere Bildschirme. Ein nervöser Schauer überlief seine Magenmuskeln, als Mingolla sich die Vielzahl von Gefahren vorstellte, denen sie durch das völlige Vertrauen der Piloten in ihre wunderbaren Helme ausgeliefert waren; aber seine Nervosität ging unter im wispernden Rhythmus der Rotoren und einem Gespür für die Kraft des Sikorsky. Er entsann sich an ein ähnliches Gefühl äußerster Sicherheit und Macht, das ihn überkam, wenn er hinter seinem Geschütz saß.

Aber nie hatte er das Gefühl ihn überwältigen lassen, nie zugelassen, daß es ihn leitete, ihn beherrschte. Welch ein Narr er doch gewesen war!

Sie folgten dem nordöstlichen Lauf des Flusses, der sich zwischen den dschungelbedeckten Höhen wand und schlängelte gleich einer Strecke stahlblauen Stacheldrahts. Die Piloten lachten und scherzten, und schließlich war es Mingoila als flöge er mit ein paar guten alten Kumpels ohne jedes Ziel und vollgetankt mit Freibier schnell und einfach drauf los. Einmal pfiff der Co-Pilot sogar durch die Bordsprechanlage und stimmte ein wehmütiges Volkslied an:

> »Wenn wir uns küssen, Schatz, sich uns're Lippen
> treffen,
> und bist du nicht bei mir, so leid' ich
> großen Schmerz.
> Als du den Hund mir dann zersägtest,
> hat mich tief bekümmert,
> doch als du in die Brust mich schossest,
> da trafst du mein Herz.«

Während der Co-Pilot sang, ließ der Pilot den Sikorsky im Takt wie betrunken hin und her schaukeln, und als das Lied zu Ende war, rief er Mingolla über die Schultern zu: »Kannste dir vorstellen, daß dieser Scheißkerl hier das selbst geschrieben hat? Hat er aber! Spielt auch Gitarre! Der Junge ist 'n Genie!«

»Ist ein tolles Lied«, sagte Mingolla, und er meinte es. Das Lied hatte ihn irgendwie glücklich gemacht, und das war nicht wenig.

Schaukelnd surrten sie über den Himmel, sangen die erste Strophe über und über. Aber dann, als sie den Fluß hinter sich gelassen hatten, noch immer auf nordöstlichem Kurs, wies der Co-Pilot auf einen Dschungelabschnitt direkt vor ihnen und schrie: »Bohnenfresser! Quadrat Vier! Hast du sie?«

»Hab' sie!« sagte der Pilot. Der Sikorsky schwenkte jäh nach unten auf den Dschungel zu, erbebte, und Flammen schossen unter ihnen weg. Einen Augenblick später explodierte ein riesiger Streifen Dschungel in einer Wolke aus Feuer und marmoriertem Rauch.

»Hur-ra!« jubelte der Co-Pilot. »Der Flüsternde Tod hat wieder mal zugeschlagen!« Mit feuernden Geschützen stießen sie durch dahintreibende Schleier aus schwarzem Rauch nach unten. Flächenweise brannten die Bäume, und noch immer brachen sie den Angriff nicht ab. Mingolla knirschte mit den Zähnen gegen den Lärm an, und als das Feuern endlich aufhörte, hockte er, entsetzt über soviel Wahnsinn, zusammengesunken, den Kopf geneigt. Plötzlich bezweifelte er, dem Wahnsinn der Ameisenfarm gewachsen zu sein, erinnerte sich der Gründe für all seine Angst.

Der Co-Pilot drehte sich zu ihm um. »Hast überhaupt keinen Grund, so miese auszuseh'n, Mann«, sagte er. »Bist 'n scheißglücklicher Kerl, weißte das?«

Der Pilot setzte zu einer Kurve nach Osten an, auf die Ameisenfarm zu. »Wie kommst du darauf?« fragte Mingolla.

»Ich hab' 'n ganz klares Bild von dir, Mann«, sagte der Co-Pilot. »Kann dir ganz sicher versprech'n, du bist nicht mehr viel länger auf der Farm. Ist nicht klar, warum oder wieso. Aber ich denk', du wirst verwundet. Doch nicht schlimm. Bloß 'ne Nachhause-Schick-Wunde.«

Während der Pilot beschäftigt war, den Hubschrauber voll in die Kurve zu bringen, fiel ein Sonnenstrahl schräg in das Cockpit, tauchte den Visor des Co-Piloten in Licht, und für den Bruchteil einer Sekunde konnte Mingolla die vagen Umrisse des Gesichts darunter erkennen. Es wirkte klumpig und verformt. Seine Phantasie fügte Einzelheiten hinzu. Bizarre Schwellungen, geborstene Wangen, ein zugewuchertes Flügelfellauge. Ein Gesicht aus einem Spielfilm über Nuklearmutanten.

Mingolla war versucht zu glauben, daß er dies alles tatsächlich gesehen hatte; die Mißbildungen des Piloten wären ein Zeichen für die Richtigkeit seiner Prophezeiung einer sicheren Zukunft für ihn. Aber Mingolla wies die Versuchung zurück. Er fürchtete sich davor zu sterben, fürchtete die Schrecken, die das Leben auf der Ameisenfarm mit sich brachte, dennoch wollte er nichts mehr mit Zauberei zu tun haben ... es sei denn, man brauchte einen Zauber, um ein guter Soldat zu sein, sich der Disziplin zu unterwerfen, um mit äußerster Wildheit zu kämpfen.

»Könnt' seine Hand sein, die ihn nach Hause bringt«, sagte der Pilot. »Die Hand sieht ziemlich im Arsch aus, find' ich. Sieht wie 'ne Millionendollarwunde aus, die Hand da.«

»Nö, ich glaub' nicht, daß es die Hand ist«, sagte der Co-Pilot. »Ist was andres. Aber was auch immer, es wird hinhau'n.«

Mingolla konnte sein eigenes Gesicht verschwommen im schwarzen Plastik des Co-Piloten-Visors ausmachen; es wirkte verzerrt und bleich, so völlig fremd, daß er einen Augenblick lang glaubte, das Gesicht sei ein böser Traum, den der Co-Pilot gerade hätte.

»Was, zum Teufel, ist los mit dir, Mann?« fragte der Co-Pilot. »Glaubst du mir etwa nicht?«

Mingolla wollte erklären, daß sein Verhalten nichts mit Glauben oder Unglauben zu tun habe, daß es lediglich seine Entschlossenheit anzeige, sich eine sichere Zukunft zu schaffen, indem er seine Gegenwart absicherte; aber er hatte keine Ahnung, wie er das in Worte fassen sollte, die der Co-Pilot akzeptieren würde. Der Co-Pilot würde als Beweis für eine magische Realität nur wieder auf seinen Visor verweisen oder vielleicht nach vorn zeigen, wo jetzt die Sonne – weil sich das Plastik des Cockpits durch den Aufprall ihres vollen Lichts undurchsichtig opak gefärbt hatte – in rauchgrauer Dunkelheit zu schweben schien: ein klar erkennbarer, von einer flackernden Korona umfluteter Feuerball, einem jener kabbalistischen Symbole ähnelnd, die man auf uralten Siegeln eingeprägt findet. Es war ein böses, fürchterlich aussehendes Ding, und obgleich es Mingolla nicht schreckte, so wußte er doch, daß der Pilot darin ein machtvolles Zeichen erkennen würde.

»Denkst du, ich lüg'?« sagte der Pilot zornig. »Denkst du, ich würd' dich mit sowas verarschen? Mann, ich belüg' dich doch nicht! Ich geb' dir mein gottverdammtes Ehrenwort!«

Sie flogen, ein flüsternder Tod, nach Osten in die Sonne hinein, in eine Welt, maskiert als seltsame, blutige Verzauberung, über die dunkle, grüne Wildnis hin, wo der Krieg Wurzeln geschlagen hatte, wo Männer in Kampfanzügen ohne vernünftigen Grund gegen Männer mit Messingskorpionen an ihren Baretten kämpften, wo wahnsinnige Männer umherirrend dem mystischen Licht von Frontabschnitt Smaragd folgten und geisteskranke Zauberer über Dingen brüteten, die im Dunkeln lagen. Der Co-Pilot hielt die schwarze Kugel seines Visors nach hinten auf Mingolla gerichtet und wartete auf eine Antwort. Mingolla aber starrte nur vor sich hin, und schließlich wandte der Co-Pilot sich ab.

Zweiter Teil

———

Der gute Soldat

... Ich wollte, ich hätte eine Armee mit einer Million von Kerlen, wie ich einer bin,
ich würde die Ketten sprengen, die das wilde Tier gefangen halten, und die Freiheit ihrer Flügel berauben.
Ich würde die Heilige Stadt erstürmen und zusehen, wie lange die Engel zum Sterben brauchen.
Und wenn ich dann in den Großen Thronsaal einbreche, wäre ich überrascht festzustellen,
daß Gott nichts weiter ist als ein alter grauer Mann, der sich nicht erinnern kann, warum.

aus dem ›Marching Song‹
von Jack Lescaux

KAPITEL SECHS

Pfade, die zu so profunden Zielen führen wie zu Augenblicken der Erleuchtung oder der Verwandlung, dienen nicht der eigentlichen Fortbewegung, sondern gehören vielmehr in den Bereich der geistigen Geografie. Als Mingolla also eines Tages von der Tür eines Hotels auf der Insel Roatán zu einem von dichtem Aguacaste-Gestrüpp umschlossenen Fleckchen Gras vor einer hohen Betonmauer spazierte und sich dort mit überkreuzten Beinen hinsetzte, war das der letzte Schritt sowohl einer räumlichen Fortbewegung als auch einer Transformation, die aus einer Woche voller Tests und einer fünfmonatigen Drogentherapie bestand, obwohl die zurückgelegte Entfernung beinah gleich Null war. Neben ihm wuchs eine Palme so schräg aus der Erde, daß ein Teil ihres faserigen Wurzelwerks frei lag; ihr zur Seite geneigter Stamm war von einem Büschel grüner Kokosnüsse gekrönt, deren glatte Schalen mit den Grübchen von unten aussahen wie die Gesichter böser Puppen. Einige der Palmwedel waren abgestorben und hatten sich bräunlich-orange verfärbt, und die aufgeplatzten Umhüllungen der nachgewachsenen Wedel hatten sich spiralförmig wie Korkenzieher abgelöst und sahen so grau und ausgefranst aus wie ein gebrauchter Wundverband. Mingolla beobachtete, wie sie sich im Wind bewegten, ihm gefiel, wie sie sich wanden und drehten, was seine eigene Trägheit widerzuspiegeln schien, diesen schwebenden Bewußtseinszustand, der ihn bewogen hatte, sich vor seinem Ausbilder zu verstecken.

»Davy!« Der Ruf einer tiefen Stimme. »Hör mit dem Quatsch auf!«

Zwei Cashew-Bäume stachen aus dem Gestrüpp hervor, schrumpelige gelbe Früchte, geborgen zwischen ausgebreiteten dunklen Blättern, und in einiger Entfernung überragte ein Baumwollbaum das Hotel, dessen Dach mit den roten Ziegeln über den Spitzen des Gebüschs zu sehen war, und tauchte die niedrigeren Gewächse in einen Teich aus indigofarbenem Schatten; wo Sonnenstrahlen durch diesen Baldachin fielen, hatte die Luft einen sanften goldenen Schimmer, und die Insekten, die sich dort tummelten, glänzten so strahlend wie Juwelen in einem Schaufenster.

»Mach mir keinen Ärger, Davy!«

Leck mich am Arsch,Tully!

Von der anderen Seite der Mauer drang das Klatschen der Brandung gegen die Klippen herüber, und während Mingolla dem lauschte und sich wünschte, er könnte die Wellen sehen, dachte er darüber nach, wie unwirklich es ihm jetzt erschien, daß er während der ganzen Monate eingesperrt gewesen war. Seine Erinnerung an diese Zeit bestand aus einem Wirrwarr zusammenhangloser Augenblicke, und wenn er versuchte, sie zu ordnen, sie miteinander in Zusammenhang zu bringen, reichte das Material, das er zusammentragen konnte, nur aus, um einige Wochen zu füllen – Wochen, in denen Nadeln in seinen Arm drangen, Gesichter vor seinen Augen verschwammen, als die Drogen zu wirken begannen, Fieberträume in eine fiebrige Wirklichkeit hinüberglitten; in denen er vor dem trüben Spiegel in der Hotelhalle stehenblieb und in seine Augen starrte, nicht etwa, um irgendeiner inneren Wahrheit auf die Spur zu kommen, sondern in der Hoffnung, sich selbst zu finden oder wenigstens einen Teil von sich, der noch unverändert geblieben war.

»Verdammt noch mal, Davy!«

Nur an einen Tag konnte er sich deutlich erinnern. Seinen einundzwanzigsten Geburtstag ...

»Okay, Mann. Du willstes nich' anders.«

... Gleich nach seiner »Schönheits«-Operation.

Dr. Izaguirre hatte die Drogen abgesetzt, damit er einen Anruf seiner Eltern über eine Videoschaltung im Untergeschoß des Hotels entgegennehmen konnte; während er auf den Anruf wartete, lag er auf einer verstellbaren Liege mit dem Gesicht in Richtung eines Bildschirms, der den größten Teil der Stirnwand ausmachte. Die anderen Wände waren mit Bahnen einer Marmorimitation tapeziert, von denen sich einige abgelöst hatten und die feuchte Fläche der schimmeligen Wandpappe bloßlegten, und in der düsteren Notbeleuchtung wirkte die übertriebene Maserung der Tapete in Gelb und Schwarz wie gedrucktes Tigerfell. Mingolla legte den Kopf an die Rückenlehne der Liege und hantierte an der Fernbedienung herum, während er vergeblich versuchte, sich etwas zurechtzulegen, das er seinen Eltern sagen könnte. »Hallo, wie geht's?« Es gelang ihm kaum, sich ihr Bild vor Augen zu rufen, geschweige denn, eine Verbundenheit mit ihnen zu spüren, und als ihr Bild auf dem Schirm aufleuchtete, das sie in ihrem Wohnzimmer zeigte, wo sie so steif wie für ein Foto gestellt herumsaßen, blieb er einfach liegen und ließ es auf sich wirken: die Versicherungsprokuristen-Aufmachung seines Vaters – blauer Anzug mit Krawatte und graues Haar in modischer Länge –, das verbrauchte Gesicht seiner Mutter und ihr Leinenkleid. Er stellte fest, daß die Flachheit des Bildes sie wie Bestandteile der Einrichtung erscheinen ließ, Accessoires in Menschengestalt zu den Ledersesseln und den gekräuselten Lampenschirmen. Er empfand nichts für sie: genausogut hätte er ein Bild von Fremden ansehen können, mit denen er zufällig blutsverwandt war.

»David?« Seine Mutter streckte die Hand nach ihm aus, doch dann fiel ihr ein, daß eine Berührung nicht möglich war. Sie blickte zu seinem Vater hinüber, der ihren Arm tätschelte, ein leeres Lächeln aufsetzte und sagte: »Wir hatten ja keine Ahnung, daß du nach der Behandlung aussehen würdest wie ein ...«

»Wie ein Bohnenfresser?« sagte Mingolla, der sich über das gleichgültige Gebaren seines Vaters ärgerte.

»Wenn du es so nennen willst«, sagte sein Vater kühl.

»Macht euch keine Sorgen. Eine Falte hier, eine Biese dort, ein bißchen eingefärbt. Aber sonst bin ich immer noch euer durch und durch amerikanischer Junge.«

»Es tut mir leid«, sagte seine Mutter. »Ich wußte, daß du es bist, aber ...«

»Schon gut.«

»... aber ich war im ersten Moment überrascht.«

»Schon gut, wirklich.«

Mingolla hatte sich von dem Anruf nicht viel versprochen, obwohl er es gern getan hätte; wie gern hätte er sie geliebt, wäre offen und ehrlich ihnen gegenüber gewesen, doch jetzt, als er sie wiedersah und begriff, daß sie von ihm lediglich eine Unterhaltung erwarteten, die zur Tapete paßte, empfand er gar nichts für sie, und er fragte sich, ob er alte Gefühle krampfhaft heraufbeschwören sollte, um überhaupt auf sie eingehen zu können. Sie erzählten ihm von ihrer Reise nach Montreal. Hört sich an, als ob's dort schön wär', sagte er. Sie sprachen über Gartenparties, berichteten von Segeltouren um die Halbinsel. Ich wollt', ich wär' dabeigewesen, sagte er. Sie jammerten über Asthma und Allergien, und sie fragten ihn, wie er sich jetzt, mit einundzwanzig, fühlte.

»Wenn ihr's genau wissen wollt«, sagte er, da ihm die nichtssagenden Antworten auf die Nerven gingen, »ich fühl' mich, als wär' ich tausend Jahre alt.«

Sein Vater schnaubte durch die Nase. »Verschon uns mit einem Melodrama, David.«

»Melodrama.« Ein Adrenalinschub ließ Mingolla erzittern. »Ist es das, Paps?«

»Ich hatte gedacht«, sagte sein Vater, »daß du dies zu einem erfreulichen Erlebnis machen würdest, daß du zumindest versuchen würdest, dich zivilisiert zu benehmen.«

»Zivilisiert.« Im ersten Moment hatte dieses Wort keine Bedeutung für Mingolla, es rief nur einen bitteren, schalen Geschmack hervor. »Yeah, okay. Ich hatte gehofft, wir könnten miteinander reden, aber zivilisiert zu sein, bedeutet wohl, cool zu bleiben. Also gut! Nur zu! Ihr fragt mich, wie es mir ergangen ist, und ich sage ›prima‹. Und ich frage, wie die Geschäfte laufen, und ihr sagt ›nicht schlecht‹. Und Mam wird mir von meinen Freunden erzählen und was sie zur Zeit so treiben. Und dann – wenn ich ganz, ganz zivilisiert bin – wirst du mir eine kleine Rede halten und verkünden, wie stolz ihr auf mich seid und so weiter.« Er zischte angewidert durch die Zähne. »So, Paps, das war's. Wir können uns das jetzt ersparen. Wir können einfach so dasitzen und uns scheißbescheuert angaffen und so tun, als erlebten wir etwas Schönes.«

Die Augen seines Vaters verengten sich. »Ich glaube, es hat wenig Sinn, daß wir so weitermachen.«

»David!« Seine Mutter pflichtete ihrem Mann ohne Worte bei.

Mingolla hatte nicht die Absicht, sich zu entschuldigen, da er seinen Zornesausbruch genossen hatte, aber nach einer langen Weile des Schweigens lenkte er ein. »Ich bin 'n bißchen gereizt. 'tschuldigung, Paps.«

»Wofür mir einfach jedes Verständnis fehlt«, sagte sein Vater, »ist die Tatsache, daß du ständig versuchst, uns mit dem Ernst deiner Lage zu beeindrucken. Wir wissen, daß sie ernst ist, und wir machen uns Gedanken über dich. Aber wir glauben einfach nicht, daß dein Geburtstag der richtige Zeitpunkt ist, über unsere Gedanken zu sprechen.«

»Verstehe.« Mingolla sprach abgehackt.

»Entschuldigung angenommen«, sagte sein Vater auf die gleiche zackige Art.

Während der weiteren Unterhaltung gab Mingolla auf alle Fragen aalglatte, unehrliche Antworten, und nachdem der Bildschirm zu Grau verblaßt war, war auch sein

Ärger verblaßt. Er lag da und spielte mit den Fernbedienungsknöpfen, schaltete von Autoverfolgungsjagden zu Talkshows und dann auf ein Geflimmer von vielen kleinen Punkten, das sich zu einer Fläche von gebleicht aussehenden Ruinen auflöste. Er erkannte Tel Aviv und dachte, daß es ein schlechtes Omen sei, daß die Stadt ausgerechnet an seinem Geburtstag einem Atombombenanschlag zum Opfer gefallen war. Das Bild verschwand, und er drückte den nächsten Knopf. Die Ruinen erschienen erneut; die Kamera fuhr eine einsame Mauer entlang, schwenkte zu zerstörten Stützpfeilern, zu Stein- und Schutthaufen. Dunkle Gewitterwolken hingen drohend über der Stadt, durch ihre ausgefransten Ränder fiel silberngrell strahlendes Licht; Trümmer von Gebäuden zeichneten sich als Silhouette vor einem blassen Lichtstreifen am Horizont ab wie schwarze Reißzähne, die in den Himmel bissen. Es war kein Ton dabei, aber als Mingolla an der Feineinstellung drehte, hörte er bluesartige Gitarrenklänge, Synthesizer, ein jammerndes Saxophon und eine Frauenstimme – offenbar die Tonüberlagerung von einem anderen Sender.

»... Prowlers neuester Hit ›Blues for Heaven‹«, sagte sie. »Hoffentlich finden Sie ihn nicht allzu schwermütig, meine lieben Musikfreunde. Aber was soll's! Schwermut hat zur Zeit Hochkonjunktur, oder nicht? Nehmen Sie's einfach als eine Art Stimmung hin ... wie eine Droge, meine ich. Ein besonderer Pfiff, der Ihrem üblichen Hochgefühl sozusagen Biß gibt und den Genuß verfeinert.«

In Tel Aviv hatte es angefangen zu regnen, ein leichter Nieselregen, und die Musik wirkte wie die akustische Untermalung des Regens und der Wolken, die ihren schwebenden Weg über die Stadt fortsetzten.

»Prowler«, sagte die Frau. »Den Text singt Jack Lescaux. Los, sag ihnen, wie es in der Welt wirklich zugeht, Jack!«

»Laney's in her half-slip, pacin' up and down,
chain-smokin' Luminieres, watchin' the se-
cond-hand spin 'round.
I'm sittin' at the window, pickin' out a slow gray
tune,
and two shadows walkin' east on Lincoln turn
down Montclair Avenue.
›That mother he ain't comin' back‹, says Laney.
›Y can't trust him when he's broke.
I just know he took my money.‹ She blows a
blue-steel jet of smoke.
I say, ›Take it easy, honey. Why don't you do
some of my frost.‹
She laughs ›cause life without the proper poi-
son is a joke at any cost.‹«*

Das Lied mit seinem traurigen Text, der Erzählung
von zwei Junkies, die eine schlechte Nacht durchma-
chen, war wie ein Geist, der durch die Stadt wanderte,
und es legte sich auf Mingolla und zog ihn mit sich, gab
ihm das Gefühl – mit seinen bruchstückhaften Erinnerungen und zerschmetterten Emotionen –, selbst ein
Geist zu sein; es erweckte in ihm die Vorstellung, daß er
unter den Geistern von Tel Aviv zu Hause sei und in
der Lage, ihnen durch die Gesellschaft eines Wesens
aus Fleisch und Blut Trost zu spenden. Der Gedanke
hatte etwas von einer bedrohlichen Eindringlichkeit,
aber er war zu sehr in der Musik und in der Stadt gefan-

---

* »Laney, im Unterrock, wandert auf und ab, sie raucht eine Lumini-
ere nach der anderen und beobachtet, wie sich der Sekundenzeiger
dreht. Ich sitze am Fenster und zupfe eine langsame, traurige Melodie,
und zwei Schatten gehen ostwärts den Lincoln Tower runter zur
Montclair Avenue. ›Dieser Scheißkerl wird nicht zurückkommen‹,
sagt Laney. ›Man kann ihm nicht trauen, wenn er pleite ist. Ich weiß,
daß er mein Geld genommen hat.‹ Sie bläst eine stahlblaue Rauch-
fahne aus. Ich sage: ›Nimm's leicht, Honey. Warum ziehst du dir nicht
was von meinem Frost rein?‹ Sie lacht, denn das Leben ohne das richtige Gift ist ein Spaß um jeden Preis.«

gen, um sich deswegen Sorgen zu machen. Er erkannte, daß die Ruinen eine erschreckende Übereinstimmung mit ihm aufwiesen, was ihn zu der Einsicht zwang, daß er die Ruine eines menschlichen Wesens war, in dem eine ruinöse Kraft herangezüchtet wurde.

»David!« Dr. Izaguirres Stimme von hinten. »Zeit für Ihre Spritze.«

»Nochn 'ne Minute ... ich möcht' den Song zu Ende hören.«

Izaguirre gab einen Laut des widerwilligen Einverständnisses von sich und ging vor den Bildschirm. Er war blaß, langgliedrig, mit einem graumelierten Spitzbart, schütterem grauen Haar und einem ständig erhitzten Gesichtsausdruck: ein adlergesichtiger, in die Jahre gekommener El-Greco-Christus, der etwas Fleisch angesetzt hatte, bekleidet mit einem gestärkten Guayabera-Hemd und einer Freizeithose. Er suchte die Ruinen ab, als ob er hoffte, Überlebende zu finden, dann zog er eine Brille aus der Tasche und setzte sie sich mit übertrieben gezierten Bewegungen auf der Nase zurecht. All seine Bewegungen waren geziert, und Mingolla war der Ansicht, daß dahinter eine bewußte Absicht steckte. Er hatte den Eindruck, daß Izaguirre sein Leben so vollkommen zu beherrschen glaubte, daß keine Herausforderung ihm etwas anhaben konnte und er sich ein Hobby daraus gemacht hatte, seine Persönlichkeit bis ins kleinste durchzugestalten, aus seiner Existenz ein Spiel zu machen, bei dem eine elegante Erscheinung gegen die öde Uneleganz der Welt eingesetzt wurde.

»Tel Aviv«, sagte Izaguirre. »Schrecklich, ganz schrecklich.« Er ging hinter die Liege und drückte mitfühlend Mingollas Schultern, genau in dem Moment, als ein Geschwader von Kampfhubschraubern von Osten kommend über die Stadt flog. Vielleicht war es dieser Anblick, der Mingollas Reaktion auslöste, vielleicht hatte auch Izaguirres Druck damit zu tun, wie auch immer, Mingollas Augen wurden feucht, und plötzlich wurde er von einer Woge befreiter Gefühle und Gedanken qualvoll überflutet – einer Mischung aus Scham über sein Verhalten gegenüber seinen Eltern, Unbehagen wegen Izaguirres Anwesenheit und Abscheu über seine Ichbezogenheit, die ihn davon abhielt, die Tragödie von Tel Aviv tiefergehend zu betrachten als nur nach trivialen und persönlichen Gesichtspunkten.

> »... rain is falling harder, makin' speckles on the walk,
> blankets stuffed in broken windows glow softly in the dark.
> An old bum his hands in baggies, slumps in a doorway 'cross the street,
> his eyes are brown like worn-out pennies, got bedroom slippers on his feet.
> Somewise-ass stops and says, »Hey buddy! Know where I can get some rags like that?‹
> The bum keeps starin' into nowhere ... he knows nowhere's where it's at.«*

Mingolla war erschüttert von der Verzweiflung, die von den Ruinen und von dem Song ausging. Weiße Blüten lagen im Staub wie zusammengeknüllte Papierfetzen, die Kamera fuhr ganz dicht an eine heran, um zu zeigen, wie sie sich durch die Strahlenverseuchung schwarz färbte, und seine Identifikation mit dem Ort

---

* »... der Regen fällt kräftiger, zeichnet Flecken auf den Bürgersteig, Decken, mit denen man zerbrochene Fenster zugestopft hat, schimmern sanft im Dunkeln. Ein alter Pennbruder, die Hände in ausgebeulten Hosen vergraben, plumpst auf der anderen Straßenseite in einen Eingang, seine Augen sind braun wie abgewetzte Pennies, an den Füßen trägt er Hausschuhe. Ein Klugscheißer bleibt stehen und sagt: ›He, alter Knabe, kannst du mir sagen, wo ich solche Klamotten herkriege?‹ Der Penner starrt ins Nirgendwo ... er weiß, Nirgendwo ist der Ort.«

war so vollständig, daß er fühlte, wie sich die weißen Gedanken, die im Staub seiner Seele lagen, ebenfalls schwarz färbten. Die Verödung von Tel Aviv wirkte auf ihn wie ein Hagel, der ihn durchsiebte, die Saat der Leere in ihm ausstreute. Er erhob sich, seine Boje war diese Leere, und er mußte sich an der Liege festhalten, um nicht davongespült zu werden.

»Möchten Sie nicht weiter zuhören?« Izaguirres Stimme klang belustigt.

»Nö, 's reicht.«

»Sind Sie sicher? Wir haben Zeit.«

Mingolla schüttelte den Kopf, nein, schüttelte ihn weiter, wollte all die vielen Neins loswerden, all das Negative, bei jedem Schütteln wurde die Bewegung heftiger, und als Izaguirre einen Arm um ihn legte, war er dafür sehr dankbar, ihn verlangte danach, von Tel Aviv und Prowler weggeführt zu werden; er war jetzt bereit für seine Spritze.

Ein Rascheln im Gestrüpp. Mingolla sah sich in alle Richtungen um, da er dachte, es müßte Tully sein, aber statt dessen fiel sein Blick auf einen dürren Schwarzen, der etwa sechs Meter von ihm entfernt stand: einer der Eingeborenen von der Insel, die in den Nebengebäuden hausten. Sie hatten die Aufgabe, ihm überallhin zu folgen, doch immer, wenn er eine direkte Konfrontation mit ihnen anstrebte, zogen sie sich zurück, als ob er ihnen Angst einflößte. Der Mann verkroch sich tiefer ins Dickicht, und Mingolla entspannte sich und streckte die Beine aus. Ein Gebirge von Kumuluswolken schob sich vor die Sonne und verwandelte ihre Strahlen in einen Fächer wäßrigen Lichts; der Wind legte die Spitzen der Büsche flach. Mingolla schloß die Augen und ließ sich von der Wärme durchfluten, von einem berauschenden Gefühl von Frieden.

»Du verdammter Idiot, Mann«, sagte eine polternde Stimme über ihm.

Verdutzt setzte er sich auf und blinzelte nach oben. Tully war ein schwarzer Riese, der sich unscharf vor dem Himmel abhob, die Hände in die Hüften gestemmt.

»Echter verdammter Idiot«, sagte Tully. »Ich vergeude bloß meine Zeit, wenn ich so 'nem Blödmann was beibringen will, der da rumsitzt und wie 'ne Scheißwarnlampe blinkt. Was machste denn da, Mann? Träumen?«

»Ich ...«

»Halt dein blödes Maul! Dies ...« – er tippte sich auf die Brust – »dies hier is'n guter Kerl, und du bist kein guter Kerl nich'.« Als ob die Tür eines Ofens aufgerissen worden wäre, schwappte Tullys Hitze auf Mingolla über. »Und das, wasde tust, is' auch nich' gut.« Die Hitze ließ nach, verschwand, loderte wieder auf.»Ich sollt' mal 'n bißchen auf dir rumtrampeln.«

Die Sonne hing direkt hinter Tullys Kopf, eine goldene Korona um ein schwarzes Oval. Mingolla fühlte sich immer schwächer werden, fühlte, wie sich das Gespinst seines Ichs in Fäden auflöste und von einer Schwärze aufgesogen wurde. In Panik geraten und reflexartig handelnd, stieß er Tully nicht mit den Händen weg, sondern mit dem Geist, und seine Panik wuchs noch, als das Gefühl in ihm aufstieg, daß er mitten in einen Schwarm von elektrisierenden Zitterwelsen gefallen war, die an ihm vorbeischossen und ihn dabei streiften. Er sah Tullys Faust auf sich zusausen, aber die Elektrizität und das damit verbundene Empfinden von Erhebung und Stärke waren so zwingend, daß Mingolla wie zu Eis erstarrt war, unfähig auszuweichen, und der Schlag erwischte ihn von oben auf dem Kopf und ließ ihn zu Boden sinken.

»Du hast keine Kraft nich', gegen mich anzukämpfen, Davy.« Tully hockte sich neben ihn. »Aber, Mann, ich hab' nur gewartet, daß du diesen Durchbruch schaffst. Jetzt können wir richtig anfangen.«

Mingollas Kopf pochte, Gras kitzelte ihn an der Unterlippe. Er starrte die Spitzen von Tullys Turnschuhen an und die Aufschläge seiner blauen Hose. Taumelnd kam er auf die Beine, lehnte sich gegen die Wand, zerschlagen.

»Du hast mich total überrascht, Mann, sonst hätte ich Kleinholz aus dir gemacht.«

Tully grinste, Goldkronen blitzten zwischen seinen Zahnreihen; trotz seiner guten Laune glich sein Gesicht einer mürrischen Maske wegen der tiefen Linien, die um seinen Mund und die Augen eingegraben waren. Er war riesig, alles an ihm war riesig: Hände, in denen eine Kokosnuß verschwinden konnte, ein muskelbepackter Brustkorb, und er war umweht von einem Hauch elementarer Männlichkeit, die Mingolla immer wieder aus der Fassung brachte. Sein Haar war von Grau durchzogen, sein Hals faltig, die Augen kränklich, aber seine Arme – die ein weißes T-Shirt prall ausfüllten – schienen zu einem zwanzig Jahre jüngeren Mann zu gehören. Über seinem linken Auge war eine rosafarbene, hakenförmige Nase, die zu seiner pechschwarzen Haut einen überraschenden Gegensatz bildete, wie die Ader eines seltenen Minerals.

»Verdammt«, sagte er. »Aus dir wird was ganz Besonderes. Mit dieser Berührung hätteste mich fast drangekriegt.«

Mingolla ließ den Blick zum Dach des Hotels wandern und beobachtete einen Schwarm Pelikane, der darüber hinwegflog und wie die Auflösung eines geheimnisvollen Rätsels anmutete.

»Ich weiß, du bist erschöpft, Mann«, sagte Tully. »Du bist wie 'n kleiner Junge, und du brauchst Kraft, wenn du's mit mir zu tun bekommst ... das is' ganz natürlich. Diese Drogen, die verfrachten dich in 'ne neue Welt, und das is' für jeden 'ne harte Prüfung, besonders für jemanden, der so was hinter sich hat wie du. Aber ich bin bei dir, Davy. Darauf kannste dich verlassen. Ich muß

einfach hart mit dir umgehen, nur so wirste so abge-
brüht, wie's in der Welt nötig is'.«

Mingollas Mißtrauen muß sich in seinem Gesicht wi-
dergespiegelt haben, denn Tully stieß ein so kehliges,
tonloses Lachen aus, daß es sich anhörte wie das Husten eines Löwen. »Diese Sache zwischen dir und
mir, die wird langsam ganz schön haarig«, sagte er. »Erinnert mich an mich und meinen Vater. Der war vielleicht 'n strenger Mann, kann ich dir sagen. Der kommt
betrunken nach Hause zum Abendessen und sagt zu
mir: ›Junge, du bist so häßlich, daß mir der Appetit ver-
geht. Geh untern Tisch. Ich will dich nich' sehen, solang
ich mampfe.‹ Und wenn ich nich' tu, was er sagt, dann
bringt er mich auf seine Weise untern Tisch.« Er gab
Mingolla einen freundlichen Klaps ans Bein. »Wenn ich
dir sage, du sollst untern Tisch, was tuste dann?«

»Dir sagen, daß du mich am Arsch lecken kannst«,
sagte Mingolla.

»Biste sicher?« Tully kratzte sich im Nacken. »Woll'n
mal sehen, ob's stimmt. Heut' nacht bleibste draußen,
Davy. Kommst nich' ins Hotel. Bleibst hier und denkst
darüber nach, was vor uns liegt.«

»Wie soll ich wissen, was vor uns liegt?«

»Da is' was dran. Also gut, ich laß dich 'nen Blick in
die Zukunft tun. Wenn das Training vorbei is', gibt's ne
Prüfung. Wir schicken dich nach La Ceiba, und du gehst
ins Iron Barrio und tötest Menschen nur durch die Kraft
des Geistes.«

Die Vorstellung, einen Test zu absolvieren, der darin
bestand, einen Menschen durch pure Geisteskraft umzubringen, ließ Mingolla kalt, aber daß Tully das Iron
Barrio erwähnte, stachelte seinen Eifer an.

»Du bleibst schön weg vom Hotel heut' nacht, Davy!«
Tully stand da, entspannte den Rücken und drehte sich
von einer Seite zur anderen. »Kannste schon mal drüber
nachdenken, wie de im Iron Barrio ohne meine Hilfe
klarkommst. Und wenn ich dich vor morgen früh drin-

nen erwische, dann kriegste ernste Schwierigkeiten. Darüber brauchste nich' lang nachzudenken.«

Geduckt an eine Ecke der Betonmauer stand ein Schuppen mit einem Blechdach, der einmal ein Laden für Taucherausrüstung gewesen war, und am späten Nachmittag trat Mingolla hinein, in der Absicht, dort zu warten, bis alle eingeschlafen seien, und dann ins Hotel zurückzuschleichen. Als er durch die Tür trat, huschte eine Krabbenspinne unter dem Holztisch hervor, der mitten im Schuppen stand, und verschwand in einer Lücke zwischen den Brettern, wobei sie eine Spur feinster Striche im Staub hinterließ. Goldene Lichtstrahlen fielen schräg durch Schlitze im Blechdach und zeichneten Tupfer auf den Boden, Staubwolken wirbelten unter Mingollas Füßen auf und tanzten im Licht; sie erweckten den Eindruck, daß jeden Augenblick in den Lichtstrahlen etwas Gestalt annehmen könnte. Verlassen auf dem Tisch standen vier verrostete Sauerstoff-Flaschen, die durch Gespinste von Spinnenfäden miteinander verbunden waren und in der düsteren Beleuchtung wie gewaltige Kapseln mit getrocknetem Blut aussahen.

Mingolla setzte sich angelehnt an die hintere Wand auf den Boden des Schuppens, neben einen Stapel von vergilbten Tiefseetaucher-Zeitschriften. Um sich die Zeit zu vertreiben, blätterte er eine davon durch und amüsierte sich, als er gleich auf den ersten Seiten Anzeigen entdeckte, die verschiedene abgelegene hübsche Winkel der Insel priesen. Zum Beispiel Pirate's Cove, Jolly Roger's und so weiter. Die Häuser dort waren jetzt verlassen, die Strände gesäumt von Patrouillenbooten, und die Touristen hatte die Angst vor Raketen vertrieben ... obwohl die Insel niemals Ziel eines Angriffs gewesen war. Was verblüffend war. Roatán wäre ein logisches Ziel gewesen, bei seiner isolierten Lage und mit seiner CIA-Computerbasis, und dabei innerhalb der Reichweite von Raketen, Bomben oder für direkte

Sturmangriffe gelegen. Die Tatsache, daß hier nie ein Angriff stattgefunden hatte, ergab keinen Sinn, aber sinnvolle Dinge brachte der Krieg nur wenige hervor ... und er vermutete, daß diese Insel ihre Sicherheit irgendeinem vollkommen absurden Grund verdankte, irgendeiner Verflechtung marxistischer und kapitalistischer Unvernunft, vielleicht einem Gegengeschäft in Sachen Immunität, einer Vereinbarung, nach der die Computer der jeweiligen Gegenseite nicht angetastet wurden, damit beide Seiten mit den nötigen Voraussetzungen ausgestattet wären, Tod und Zerstörung nach vorhersehbaren Rastern zu berechnen. Daß er diesen Gedanken hatte, einen offenbar sehr erwachsenen Gedanken, die Art von sarkastischem und leidenschaftslosem Urteil, das die Leute oft als symptomatisch für abgebrühte Reife einschätzen, war – zu diesem Schluß gelangte er – ein Zeichen dafür, daß er sich auf dem Weg der Besserung befand, daß ihm die ätzenden Leiden des Krieges nicht mehr soviel anhaben konnten und daß er zu Klarsicht und Fortschritt fähig war.

Er wandte sich zu einer Großaufnahme um, die Taucher in roten und gelben Taucheranzügen zeigte, in einer türkisfarbenen Tiefe flutend, verloren inmitten von tausenden farbenprächtiger Fische. Irgend etwas an diesem Foto kam ihm bekannt vor, und er dachte an das Erlebnis, das er mit Tully am Vormittag gehabt hatte. So war es wohl gewesen: In Tullys Geist war er zum Taucher geworden, schwebend in solchen elektrisierenden Tiefen, umgeben von Fischen, die seine Gedanken waren. Und er war sicher, daß es darunter noch eine größere Tiefe gab. Einen Ort, den er sich so labyrinthisch wie ein Korallenriff vorstellte und der Gedanken, so fein gesponnen wie Seegras, beherbergte.

In dem Dämmerlicht konnte er nicht lesen. Sturmwolken trieben von Norden heran, ein Wasserschwall klatschte gegen die Klippen; mit den Wolken schlich sich die Dunkelheit an, Mondlicht wurde durch die

Schlitze im Blech hereingefiltert und tünchte den Boden lavendelgrau. Mingolla bemerkte eine Beleuchtungsvorrichtung über dem Tisch. Er ging zur Tür, knipste an einem Wandschalter und war überrascht, als die Glühbirne aufflackerte und mit ihren weißen Strahlen jeden Winkel des Schuppens ausleuchtete. Motten begannen herumzuflattern und bedeckten die Wände mit Splittern von Schatten. Er setzte sich wieder hin und wandte sich wieder den Zeitschriften zu, während er mit halbem Ohr auf den Wind lauschte, auf das Platschen auf den Klippen. Plötzlich quietschte etwas, und als er aufblickte, sah er eine dünne schwarze Frau an der Tür; sie trug ein fadenscheiniges Kleid, das zu einem undefinierbaren, blassen Braun ausgebleicht war. Er war alarmiert und reagierte, wie er es bei Tully gemacht hatte, indem er mit dem Geist einen Vorstoß gegen sie unternahm. Da war wieder dieses Gefühl des Eintauchens, der Macht und der Erhebung. Aber diesmal, da er auf keinen Widerstand stieß, glaubte er zu schwimmen – das war das einzig zutreffende Wort –, zu schwimmen in einem Muster, einem verwickelten Knoten, und anstatt eine unbekannte Tiefe zu durchdringen, wie er es sich vorgestellt hatte, schien es, als ob er durch einen Tunnel kriechen würde, als ob sich der Inhalt des Denkens dieser Frau um sein Muster herum ordnete und sich zu einer Form verhärtete, die er diktierte. Er bewegte sich so schnell, daß er die Zusammensetzung des Musters nicht nachvollziehen konnte, doch da er schließlich durch eine intuitive Wahrnehmung zufriedengestellt war, die ihm sagte, daß es vollständig sei – und daran hatte er keinen Zweifel –, zog er sich von der Frau zurück. Eine Erektion spannte seine Hose.

Die Frau taumelte, fing sich wieder, japsend, offensichtlich wie betäubt. Sie war jung – achtzehn, neunzehn – und von kakaobrauner Hautfarbe mit einigen zarten Sommersprossen auf der Nase und den Wangen; ihr Gesicht war hübsch, mit klugen Zügen, die ihn an

Debora erinnerten, und eingerahmt von struppigen Krauslocken ... Er verlor das Interesse an der Frau, verdutzt darüber, daß er nach all den Monaten Debora zum Vergleich herangezogen hatte. Doch dann erkannte er, daß sie in seinem Geist nicht im Vordergrund gestanden, sondern einen Seitenarm seines Denkens eingenommen hatte, einen Ort, an den er sich im Traum und in Augenblicken des Müßiggangs zurückzog. Und er erkannte auch, daß er seine Kenntnisse über sie vertieft hatte, als ob er ständig einen Dialog mit ihr geführt und sich ein Bild von ihr zusammengesetzt hätte nach Anhaltspunkten, die sich aus ihren Worten, ihrem Duft und ihrem Verhalten ergaben.

»Ich haben gefühlt, du würden kommen«, sagte die Frau in einem verschwörerischen Tonfall.

Mingolla machte einen erneuten Vorstoß auf sie zu, peilte das Verlangen an, das er sich für Debora bewahrt hatte, und er verstand, daß diese Sehnsucht eine fühlbare Form hatte ... er ertastete sie wie ein Baseballspieler, der, in geduckter Stellung auf seinen Einsatz wartend, den Ball hinter dem Rücken im Griff hält und mit den Fingern die Nähte nachfuhr, bis er richtig in seiner Hand lag: ein unbewußter Vorgang, von Erfahrung geleitet. Die Gesichtszüge der Frau wurden weich, ihr Atem beschleunigte sich.

»Haben gefühlt fast die ganze Woche, du würden kommen«, sagte sie und schob sich etwas näher. »Du haben so viel Kraft, Mann!« Sie spielte mit einer Muschel, die an einem Faden um ihren Hals hing und mit roten und grünen Mustern bemalt war.

»Wer bist du?« fragte Mingolla, dem es eigentlich gleichgültig war, wer sie sein mochte, dem jedoch sehr viel daran lag, eine Antwort zu erhalten, die vielleicht etwas Licht darauf werfen würde, was aus ihm werden sollte.

»Ich Hettie.« Sie ließ sich auf Körperlänge von ihm entfernt auf die Knie nieder. »Deine Kraft nun sein voll entwickelt. Du haben mehr Kraft, als ich bisher jemals fühlen, und Gott sei Dank mehr Glück.«

Mingollas Neugier wuchs. »Wovon redest du?«

»Die Kraft bringen Glück. Waren immer schon so. Die Neuen kommen zu Kraft, und sie uns berühren, damit sie sich machen sicher.«

Sein Sinn für Selbstschutz setzte wieder ein, nachdem er das Muster vollendet hatte.

»Und wir euch auch halten sicher.«

»Erzähl mir was über das Glück«, sagte er.

Sie befeuchtete sich die Lippen. »Über Glück man nicht sprechen.«

»Warum nicht?«

»Wenn davon sprechen, man es vertreiben.«

Das brachte eine Saite in Mingolla zum Schwingen, brachte ihm das Ritual in den Sinn, wie er gezögert hatte, davon zu sprechen ... außer mit Debora, in der er eine Verkörperung des Glücks gesehen hatte. »Erzähl mir etwas davon«, sagte er. »Dann werde ich dir Glück schenken, das noch stärker ist.«

Eine Mischung aus Ungläubigkeit und Heiterkeit zerschmolz über Hetties Gesicht, als ob er etwas sowohl Unwahrscheinliches als auch Wundervolles versprochen hätte, wie das Versprechen eines Lebens nach dem Tod. »Das du wirklich tun für mich?«

»Ja.«

Sie sprach in einem gehauchten Flüsterton, während sie mit gesenktem Kopf mit der Muschel an ihrem Hals spielte, und ließ eine Litanei von Erklärungen vom Stapel; sie beschrieb Leben, die magischen Mustern unterlagen, Sicherheit, die durch die Wiederholung eines Verhaltens garantiert sei, und Mingolla machte sich Gedanken über die Ähnlichkeit von Hetties Glück und seinem Überlebensritual, die Überempfindlichkeit der Hubschrauberpiloten und anderer Bekannter damals in Guatemala. In all diesen Verhaltensweisen lag die gleiche Selbsttäuschung, und angenommen, Hettie war im wesentlichen ein Prüfstein, an dem sich flügge werdende Psychomedien maßen, dann könnte es sein, daß das Medium in jedem Augenblick verantwortlich, die Selbsttäuschung jeweils auf seinen Einfluß zurückzuführen ist. Er versuchte, diese Vorstellung als schizophren abzutun, aber es gelang ihm nicht.

Hettie setzte sich zurück in Kauerstellung, schweigend, und wartete, daß ihr Glück beschert würde; ihr Kleid hatte sich hochgeschoben, und er sah die im Schatten liegende Stelle zwischen ihren Schenkeln. Mingolla konnte ihr kein Glück schenken, nur Verlangen, die einzige Empfindung, die er kannte, um zu entkommen. Und das Verlangen war jetzt sehr stark in ihm. Er war dadurch lebendig, lebendig durch die Kraft, die darin steckte. Wohin er sah, schien es ihm, als sei die Welt durch den Druck seiner Vision bereichert. Vielleicht, dachte er, würde das Verlangen, wenn es nur stark genug wäre, Glück heraufbeschwören. Als er es auf sie richtete, sah er, daß das Glück, das Gefühl, vom Schicksal wohlwollend behandelt zu werden, auch eine bestimmte Form hatte, und er verstärkte damit den Druck seines Verlangens.

Hettie sog tief die Luft ein und krümmte den Rücken, und mit gespreizten Händen streichelte sie ihren Bauch, ihre Brüste, drückte die Wölbung flach, knetete sie. Während er sie beobachtete, verstand Mingolla, daß sein Geschenk von Verlangen und Glück erwidert werden könnte, daß er mit ihr kopulieren könnte, daß er hier, umgeben von Motten und Spinnweben, einen Akt des reinen Gebrauchens durchführen konnte, ja sogar fast der Gewalt, der genossenen Lust, ohne dafür zu bezahlen oder es zu bereuen. Und er war in Versuchung. Eine sonderbare Spannung war in seinem Körper, eine Mischung aus Vertrauen und Unentschlossenheit, das gleiche Gefühl, das er bei seinem Durchbruch gehabt hatte, während er die Taille seines Bewachers beobachtete und nicht gewußt hatte, ob er besser nach rechts oder nach links ausbrechen sollte, sich vorbeugte wie ein zaghafter Taucher, der sich langsam der Schwerkraft hingab, abwartend, bis sein Gegner die Andeutung einer Richtung wahrgenommen hatte – oder glaubte, wahrgenommen zu haben – und sein Körpergewicht in einer Vorahnung verlagerte, wodurch er sich in eine ungünstigere Position brachte und Mingolla die Flucht ermöglichte.

Hettie ließ lässig den Kopf baumeln und warf die Lippen auf. Schweiß stand ihr auf der Oberlippe, in der Halskuhle. Hemmungslosigkeit hatte ihrem Gesicht eine animalische Zartheit verliehen, und Mingolla griff nach ihr, wobei er an Debora dachte, an deren Zartheit. Doch in diesem Moment schrie sie auf, ließ sich auf alle viere nieder, ihre Hüften zuckten ins Leere; und wieder schrie sie auf, leiser, heiserer, und in ihrem Geist tobte ein Gestöber wie von einer Million Fische, die auf ein Anzeichen von Gefahr reagierten und wild durcheinander schwirrten, der Raum zwischen ihnen ein träger Strom, eine langsam singende Brandung.

Wind peitschte gegen den Schuppen und ließ das Blechdach erzittern. Hettie verharrte auf allen vieren und starrte Mingolla mit leerem Blick durch die fettigen Lockensträhnen ihres wirren Haares an. Er war froh, daß er sie nicht genommen hatte, sie ähnelte zu sehr einem wilden Tier, sie brauchte jemanden, dessen Geist nicht durch die Zeit hin und her getrieben worden war. Er erhob sich, und sie folgte ihm mit den Augen; er ging um sie herum zum Tisch, und sie wandte den Kopf, wobei ihr Gesicht nicht mehr Empfindung als das einer Kuh zeigte.

»Steh auf!« sagte er verwirrt. Aber die Verwirrung verwandelte sich in Mitleid, und als sie mit schlaff herunterhängenden Händen dastand, fragte er sie, ob alles in Ordnung sei.

»Ich ...« Sie unternahm einen halbherzigen Versuch, ihr zerknittertes Kleid zu glätten. »Ich begreifen Dinge.«

»Was für Dinge?«

»Die mit dem Glück.«

Zweige peitschten gegen die Wände des Schuppens, eine Welle brach sich donnernd an den Klippen.

»Besser, wir gehen zu den anderen.« Hettie machte einen Schritt auf Mingolla zu, mit weit aufgerissenen Augen und an der Muschel herumspielend. »Dies Glück reichen aus, daß alle Feuer fangen.«

Silberblaue Wolken zogen vor dem Mond vorbei, und nahtlose Dunkelheit senkte sich über das Hotelgelände. Dann segelte der Mond ins Klare, und das Gelände wurde zu einem Puzzle aus schwebendem Licht und Schatten: die Spitzen der Farnwedel, die runden Blattsprößlinge der lederartigen Seetraube, Bambusstengel, alle waren beleuchtet durch Streifen von Mondlicht, alle in den Schlingen der Dunkelheit verfangen, raschelnd, brodelnd, ein unklares Geräusch, kaum hörbar neben dem murmelnden Flüstern von Wind und Meer. Hettie nickte Mingolla zu und sagte: »Komm, du mir folgen!« Mingolla antwortete mit einer winkenden Handbewegung, bahnte sich vorsichtig einen Weg durch das Gestrüpp zum Hotel, dessen weißer Putz durch die Bogen der geneigten Palmstämme flackerte und dessen Fenster schwarzen Höhlen glichen. Das Rauschen des tiefschwarzen Laubwerks schien ihm Kraft zu verleihen; er hatte das Gefühl, bei jedem Schritt stärker zu werden, während er in seinem Innern die Wildheit der Nacht speicherte.

Sie schlugen die Richtung weg vom Hotel ein und gingen in dichteres Gebüsch, betraten einen Pfad, der mit Farnkraut und Pflanzen mit fleischigen Blättern überwuchert war, und kamen zu einem großen freien Platz mit plattgestampftem Boden, auf dem eine Baracke aus Holz mit einem spitz zulaufenden Strohdach stand. Kerzen flackerten im Eingang, und jede Flamme war der Mittelpunkt eines orangefarbenen Strahlenkranzes. »Ich sie dir bringen«, sagte Hettie und verschwand in der Baracke. Mingolla blieb neben einer Fächerpalme stehen. Er war kribbelig und wußte nicht, warum. Es mußte am Mond liegen, an der Art, wie er ihn wie ein Scheinwerfer anstrahlte, dachte er, und um sich diesem silbernen Auge zu entziehen, trat er näher an die Palme heran und begab sich in die kitzelnde Umarmung ihrer Wedel.

Ein Inseleingeborener nach dem anderen kam eilig aus der Baracke, fast ein Dutzend schwarzer Männer und Frauen, alt, jung, alle einheitlich unterernährt und zerlumpt, alle hielten bemalte Muscheln oder andere Fetische in Händen. Schatten fing sich in den Falten ihrer Kleidung, in ihren Gesichtsfurchen und Augenhöhlen, und ließ sie wie wandelnde Tote erscheinen. Ihr Schweigen schien die Leuchtkraft des Mondes zu verringern und die Stimme des Windes zu verändern. Hettie drängte sie vorwärts, aber Mingolla ließ sie nicht an sich herankommen, er schleuderte ihnen seine geistige Kraft entgegen und wehrte ihre torkelnde Annäherung ab, indem er in ihren Köpfen jenen unentwirrbaren Knoten knüpfte, mit dem er auch Hettie gefesselt hatte, und dann schoß er Pfeile eines angenehmen Lebensgefühls auf sie ab und andere Empfindungen, deren Formen er nach und nach auf die Spur kam. Während er auf sie einpeitschte, gaben sie grunzende Laute von sich und rollten mit den Augen, die in den klaren Strahlen des Mondlichts aufblitzten. Sie murmelten wie im Gebet, zogen sich zurück und stellten sich am Rand des Platzes auf, von wo aus sie ihn mit gequälten Blicken anstarrten. Jede Erfahrung seiner Kraft belebte ihn aufs neue, und als er fertig war, setzte er sich auf den Boden, unbeweglich inmitten ihrer starren Blicke; er kam sich vor wie das Epizentrum eines außergewöhnlichen Wetters, eines Sturms mit kaum wahrnehmbaren Windstößen, der aus der Welt gleich um die Ecke herüberwehte und vorbeiging, ohne die Spur eines Schadens zu hinterlassen, obwohl er alles verändert hatte. Er spürte ein Verlangen nach Normalität, und als er Hettie im Eingang der Baracke entdeckte, rief er sie zu sich herüber und forderte sie auf, sich zu setzen. Sie ließ sich neben ihm auf die Knie nieder, die Hände abwehrend vor den Schoß gelegt.

»Wo ist dein Zuhause, Hettie?« fragte er.

»Ich hier zu Hause.«

»Ich meine, bevor du hierher gekommen bist ... wo hast du da gelebt?«

Die Bedeutung von »bevor« schien ihr nicht klar zu sein, aber nach einer Weile sagte sie: »Mein Daddy haben kleines Haus in Flowers Bay.« Und dann, nach einer beträchtlichen Pause: »Er züchten Ponies.«

»So?« sagte Mingolla und fand, daß sich Flowers Bay und Ponies nach einer Idylle anhörten. »Warum bist du von dort weggegangen?«

»Wegen Ponies. Die sein kleine Kinder, sein wild. Ganze Zeit wackeln mit Kopf und sehen dich komisch an. Machen mir Angst, in ihrer Nähe zu sein.«

Einer der Eingeborenen – ein Mann, der im Schatten eines Seetraubenbusches saß – stieß einen jämmerlichen Klageton aus und reckte die Hände zum Mond empor.

»Ponies tun dir doch nichts«, sagte Mingolla.

»Oh, doch. Alle Dinge tun was, wenn sie werden komisch und durchdrehen.«

Hettie strich mit den Fingern über sein Knie, eine Bewegung des Beruhigens. »Aber du sein zu stark für komische Sachen, Mann.«

Ihr Gesicht lag zum Teil im Dunkeln, halb vom Mond beleuchtet und halb im Schatten, so daß er ihren Ausdruck unmöglich deuten konnte, aber er entdeckte darin ein vages Bedauern, die Spur einer Traurigkeit, an deren Wesensart er sich nicht mehr erinnern konnte. Er hatte mit ihr sprechen wollen, so tun, als würde er sich auf ganz gewöhnliche Art und Weise mit einem hübschen Mädchen unterhalten; aber sie war nur die Hülle eines hübschen Mädchens, und an ihnen beiden war absolut nichts Gewöhnliches.

Seine Gedanken wanderten wieder zu Debora, und erneut war er verwirrt darüber, wie sehr er auf sie fixiert war. Er glaubte nicht, daß er sie liebte. Aber etwas Ähnliches, eine so eingehende, fast unbewußte Studie eines anderen Menschen hatte schon einmal dazu geführt, daß er sich verliebt hatte, und er hoffte, daß das diesmal nicht der Fall wäre. Er hielt nicht viel von der Liebe, ihrer Macht, zu verwirren und zu verletzen, obwohl er zugeben mußte, daß Verwirrung und Verletzung gute Lehrmeister waren. Die Frau, die er geliebt hatte, war fünf Jahre älter als er, eine jener hübschen Mittelklasse-Hausfrauen, die typisch sind für die besseren Gegenden von Long Island, mit einem Hang zu Kunstgewerbeschmuck und Jeansröcken und Wohltätigkeitsarbeit, um der Langeweile an der Seite ihrer Ehemänner zu entgehen; ständig waren sie auf der Suche nach einem Schimmer von Aufregung, um Glanz in ihr Leben zu bringen, ohne jedoch wirklich etwas zu erwarten, da sie ihre Rolle akzeptiert hatten in dem Glauben, daß ihr Leben vom Maßstab der Mittelmäßigkeit bestimmt und Langeweile ihr Los sei. Er hatte an einer Erwachsenenbildungsstätte Zeichenunterricht erteilt, und zwei Wochen nachdem sie in seiner Klasse erschienen war, hatten sie ein Verhältnis begonnen. Am Anfang war alles wunderbar, als das Verhältnis jedoch länger dauerte, hatte sie Angst bekommen, hatte versucht, den Wert der Liebe zu bemessen, sie gegenüber der Sicherheit und Stabilität ihrer Ehe abzuwägen, und schließlich hatte sie mit Mingolla Schluß gemacht und ihn älter, weiser zurückgelassen; seine Arbeit an der Schule hatte er in solchem Maße vernachlässigt, daß man ihm nahelegte zu gehen.

»Sehen so aus, daß du haben große Sorgen«, sagte Hettie.

»So schlimm ist es auch wieder nicht«, sagte er.

Der Wind rupfte am Stroh der Baracke, und rauchblaue Wolken zogen vor dem Mond vorbei, füllten die Luft mit einem schattigen Film, einer Dunkelheit, die – als die Wolken sich verdichteten – absolut wurde.

»Sorgen werden dich hier nicht finden«, sagte Hettie. »Hier bei uns du sicher.«

Er konnte sie kaum erkennen: Ebenholz vor anthrazitfarbenem Hintergrund.

»Sicher von Krieg, sicher von Wesen, die dich komisch ansehen.«

Sicher, dachte er. Sicher an diesem unheimlichen, lichtlosen Ort, inmitten benebelter menschlicher Relikte, mit dem tobenden Wasser um die Klippen, das so vernichtend wie Artilleriefeuer klang, und dem Wind, der mit seinem Heulen einen geheimen Namen verriet.

»Sicher von allem«, sagte Hettie.

Als Belohnung für Mingollas Durchbruch schenkte ihm Dr. Izaguirre ein signiertes Exemplar von *Das phantastische Gästehaus* von Juan Pastorín, seinem Lieblingsautor. »Ich habe beobachtet, wie Sie es in meinem Regal bewundert haben«, sagte der Arzt, und Mingolla, der Izaguirre nicht die Genugtuung verschaffen wollte, daß er sich ihm gegenüber auf irgendeine Weise als feinfühlig erwiesen hatte, entgegnete, daß er nur neugierig gewesen sei, weil er noch nie von dem Buch gehört habe.

»Es ist eine limitierte Auflage«, sagte Izaguirre, als sie die Empfangshalle des Hotels betraten, einen langen, schmalen Raum – eher ein weitläufiger Korridor –, der nur an der Wand nach Osten Fenster hatte, während die Wand nach Westen von einer Treppe und einer Glastür unterbrochen war, die in einen Speisesaal führten. Ranken und Blätter zierten die Scheiben und ließen graues Licht hindurchfallen; Staub bedeckte alle Flächen wie Samt. Der Teppich war ein Läufer aus einem Material, das sich für drin und draußen eignete, mit einem Muster aus Stockflecken, und über dem Eingang zum Speisesaal hing eine Karte, die die Frühstücksspezialitäten anpries: verblaßte, falsch geschriebene Worte auf englisch, wie *hotcaks* oder *freid potatas*. Es war ein Ort, an dem die Unwiderruflichkeit die Oberhand gewonnen zu haben schien.

Neben der Haupttür hing ein Spiegel, und unter dem Spiegel stand ein Rattanstuhl mit ausgefranster Sitzfläche. Izaguirre staubte den Stuhl mit einem Taschentuch ab und setzte sich; er zupfte sich am Schnurrbart, wobei sich das wachsartige Material seines Gesichts verzog. »Was wollten Sie mich fragen?« sagte er.

Am hellichten Tag war sich Mingolla weniger sicher über seine Theorie bezüglich der Auswirkungen psychischer Manipulationen bei den Truppen in Guatemala, aber er legte sie Izaguirre trotzdem dar.

»Ja, es ist außerordentlich bedauerlich«, sagte Izaguirre. »Die elektrischen Behandlungen, die dazu erforderlich sind, verursachen kleine Veränderungen im Gehirn ... vor allem natürlich bei den Personen, bei denen sie angewendet werden. Aber die Auswirkungen werden auch übertragen, und Personen in unmittelbarer Nähe sind ebenfalls betroffen. Das System der Selbsttäuschung wird in Kraft gesetzt oder verstärkt. Aberglauben und so weiter.«

»Kleine Veränderungen? Sie machen wohl Witze!« Mingolla machte eine Handbewegung in Richtung Boden. »Die Leute dort draußen sind nur noch Wracks, und viele von den Menschen, die ich in Guatemala kennengelernt habe, sind kaum besser dran.«

»Je häufiger die Behandung, desto extremer die Wirkung.« Izaguirre schlug ungerührt die Beine übereinander. »Ich habe Verständnis für Ihre Reaktion, aber man muß die langfristigen Erfolge im Auge behalten.«

Mingolla ging hinüber zu der Empfangstheke, legte sein Buch ab und starrte die mit Spinnweben gefüllten Postfächer an, unfähig, sich über seine Gefühle klarzuwerden. »Ich vermute, dann bin ich wohl noch nicht allzu oft in die Mangel genommen worden?«

»Oft genug. So hat sich zum Beispiel bei der abschließenden Beurteilung Ihres Einsatzes herausgestellt, daß Sie sehr wahrscheinlich kurz vor Ihrer Abreise aus Guatemala auf eine Sombra-Agentin hereingefallen sind.«

»Was ist denn Sombra?«

»Das ist die kommunistische Version des Psicorps. Die Frau hieß ...« Izaguirre tippte sich an die Stirn, um seiner Erinnerung auf die Sprünge zu helfen – »Debora Cifuentes.« Er grinste. »Hier haben Sie ein Beispiel echter Ironie. Denn während sie versuchte, Sie zur Desertion zu überreden, desertierte sie selbst, floh in die Petén-Regenwälder. Jemand im Hauptquartier hat den Vorschlag gemacht, daß wir Sie, vorausgesetzt, Sie schließen Ihre Ausbildung so erfolgreich ab, wie wir das erwarten, auf ihre Spur ansetzen könnten. Sie verfügt zwar über ziemlich starke Kräfte, aber wir halten Sie für mindestens ebenbürtig.«

Mingolla hatte es vor Wut die Sprache verschlagen.

»Hätten Sie Lust dazu?« fragte Izaguirre.

»Yeah«, sagte Mingolla. »Yeah, das geht schon in Ordnung.« Er trat neben die Theke. »Aber wissen Sie, etwas ist mir nicht ganz klar.«

»Ja?«

»Was soll das ganze Aufhebens, das Sie um mich machen, und um sie? Ich meine, das einzige, was das Psicorps macht, ist herumzusitzen und zu raten, wann der nächste Angriff stattfinden wird. Und ähnlichen Mist.«

»Sie und die Cifuentes sind ungewöhnliche Fälle. Es gibt auf der ganzen Welt nicht mehr als dreißig Agenten Ihres Kalibers. Sie werden mehr tun als raten.« Izaguirre beobachtete ihn, wie er auf und ab wanderte. »Sie scheinen nicht besonders glücklich zu sein.«

»Doch, alles okay. Aber warum hat sie mich nicht einfach ... übern Jordan geschickt? Oder irgend so was?«

»Sie hätte Sie unter ihre Kontrolle bringen können,

aber das hätte Ihre Fähigkeiten zerstört, und ich vermute, sie versuchte, Sie für ihre Sache zu gewinnen, anstatt Sie zu zerstören. Es ist ein mühsames Unterfangen für ein einzelnes Medium, einen wohldosierten Einfluß auf ein anderes auszuüben. Diese Art der gegenseitigen Beeinflussung stärkt jeweils die Fähigkeiten der anderen Seite. Es wird ein Feedback-System in Gang gesetzt, dessen Effizienz in Relation zur Intensität der beiderseitigen Konzentration steht. Und da Sie mit dem größeren natürlichen Talent ausgestattet sind und damit mehr Möglichkeiten hatten, sich zu steigern, während sie Sie bearbeitete, nahm Ihre Stärke schneller zu, als sie es vorausgesehen hatte. Darin bestanden die Schwierigkeiten für sie.« Er stand auf und ging auf Mingolla zu.

»Ich bin sicher, irgend etwas betrübt Sie.«

»Es ist nicht wichtig.«

»Ich würde es trotzdem gern erfahren.«

»Pech für Sie.« Mingolla schlug das Buch auf und betrachtete Pastoríns Unterschrift, ein eitles Machwerk aus Kringeln und Schnörkeln.

»David?«

Mingolla klappte das Buch zu. »Ich dachte, ich würde mich in sie verlieben.« Und dann, sarkastisch: »Das hatte vermutlich etwas mit der Intensität unserer beiderseitigen Konzentration zu tun.«

»Schon möglich«, sagte Izaguirre, wobei sein Tonfall distanziert, unbeeindruckt blieb.

Mingolla ging zu einem der Fenster. Die dschungelartigen Gewächse des Geländes wiegten sich träge unter dunklen dahinjagenden Wolken. »Was war das für'n Scheiß, den ich gestern abend mit jenen Leuten da draußen getrieben habe?«

»Was Sie als ›Muster‹ bezeichneten?«

»Yeah.«

»Ein paranoider Mechanismus.« Izaguirre hüstelte geziert. »Sie haben einfach Eindruck auf die Frau gemacht, sie überwältigt. Das ist eine ganz normale erste

Reaktion. Sie haben es schon ganz gut im Griff, die Wirkungsweise Ihrer Fähigkeiten richtig einzusetzen. Zum Beispiel, Gefühle zu Waffen zu machen. Sie brauchen nur noch etwas Übung.«

»Du lieber Himmel«, sagte Mingolla. »Dieser Scheiß mit dem ›Muster‹ hört sich an wie ...«

»Wie?«

»Ich weiß nicht ... wie etwas, das eine Wespe vielleicht tun könnte. Das Verhalten von Insekten oder so.«

»Sie machen sich doch nicht etwa Sorgen um Ihre Menschlichkeit?«

»Würden Sie das nicht?«

»Ich wäre entzückt über die Erkenntnis, daß meine Kräfte über das Menschliche hinausgingen.«

»Warum nehmen Sie dann nicht selbst diese Scheißdroge?«

»Das habe ich gemacht ... wenn auch nicht intravenös. Ich habe sie in ihrem natürlichen Zustand zu mir genommen. Aber ich besitze leider keinerlei Fähigkeiten. Ich wollte, es wäre anders.«

»Ich dachte, das Zeug würde synthetisch hergestellt?«

»Nein, es ist ein Kraut.«

»Aha.« Mingolla zeichnete eine Linie in den Staub auf der Fensterscheibe, erkannte, daß er ein D geschrieben hatte, und wischte es aus.

»Ich möchte diese Aufgabe übernehmen.«

»Die Sache mit der Cifuentes?«

»Genau.«

»Ich kann Ihnen nichts versprechen. Sie haben noch sechs bis acht Wochen hier vor sich. Aber wenn die Frau dann immer noch von Bedeutung ist ... vielleicht.« Izaguirre nahm ihn am Arm. »Schlafen Sie jetzt ein bißchen, David. Sie müssen morgen ausgeruht sein. Ich werde morgen mit der Ribonukleinsäure-Behandlung beginnen, um Ihre Spanischkenntnisse zu erweitern, und Tully kann es kaum erwarten, mit Ihnen die nächsten Schritte durchzugehen.«

Trotz seiner Sorgen und seines Befremdens fühlte sich Mingolla etwas ruhiger. Es kam ihm zwar merkwürdig vor, daß ihn Izaguirres Sandmännchen-Getue so einlullte, denn wenn er es genau bedachte, ging ihm alles an dem Arzt auf die Nerven.

»Oh, vergessen Sie Ihr Buch nicht.« Izaguirre nahm den Pastorín-Band von der Theke und reichte ihn ihm. »Es ist sehr, sehr gut«, sagte er.

Die erste Geschichte in *Das phantastische Gästehaus* handelte von zwei Familien, die wegen des Besitzes einer Zauberblume in Streit geraten waren. Als er sie bis zur Hälfte gelesen hatte, verlor Mingolla das Interesse daran; er fand, daß sie an den Haaren herbeigezogen war, und kam zu dem Schluß, daß sämtliche Mitglieder beider Familien ausgemachte Arschlöcher seien. Die Titelstory fesselte ihn jedoch. Sie gab in allen Einzelheiten einen sehr sonderbaren Vertrag wieder, den ein Schriftsteller mit den Bewohnern einer heruntergekommenen Pension in einem lateinamerikanischen Slumgebiet abgeschlossen hatte. Der Schriftsteller erbot sich, für die Schulbildung der Kinder zu sorgen und ihnen ein angenehmes Leben zu garantieren, wenn sich die Bewohner als Gegenleistung dazu verpflichteten, den Rest ihrer Tage nach der Vorlage einer Geschichte des Schriftstellers zu leben, einer Geschichte, die er Jahr für Jahr ergänzen wollte, um solche Ereignisse einzuarbeiten, die sich seiner Kontrolle entzogen. Da sie sich in einer verzweifelten Notlage befanden, gingen die Bewohner auf den Vorschlag ein, und obwohl sie sich von Zeit zu Zeit auflehnten und versuchten, aus dem Vertrag auszusteigen, wurden ihre individuellen Hoffnungen und Wünsche immer mehr zurückgedrängt und dem Fortgang der Geschichte unterworfen. Als Folge davon bekam ihr Leben eine beinah mythische Bedeutung, und ihr Tod war jedesmal eine leidenschaftliche Offenbarung. Nur der Autor, dessen Gesundheit zwar durch den Aufwand an Energie ausgezehrt war, die er für das Niederschreiben ihrer Leben aufbringen mußte, und der erkannte hatte, daß das Projekt ein Wahnwitz war, es jedoch als Akt transzendentaler Nächstenliebe einstufte, nur er allein hatte ein normales Leben geführt, während er sein schändliches Vernichtungswerk betrieb.

Schläfrig schloß Mingolla das Buch, löschte die Nachttischlampe und legte sich zurück. Das Mondlicht, das zum Fenster hereinströmte, überzog die Wände mit einem bläulich-weißen Schimmer und warf trübe Schatten unter seinen Schreibtisch und seinen Stuhl. An die Wand waren eine Anzahl von Skizzen geheftet, die er während der Monate der Drogentherapie angefertigt hatte. Sie unterschieden sich von allem, das er bis dahin gemacht hatte: Alle zeigten gewaltige barocke Räume aus Stein, mit Brücken, die sich in Bogen von einer zur anderen Wand spannten, und prunkvollen Treppen, die nirgendwohin führten, und gewölbten Decken, die sich zu Ausblicken auf noch ungewöhnlichere Bauwerke öffneten. Die horizontalen Flächen bevölkerten Horden von ameisengroßen Menschen, verloren wie Dreckspritzer zwischen den Bleistiftschraffuren und Linien. Es bereitete ihm Unbehagen, wenn er sie jetzt ansah, nicht wegen ihrer Fremdartigkeit, sondern weil er die psychische Struktur, die aus ihnen sprach, als seine eigene erkannte, und er war sich nicht sicher, ob sie durch Drogen freigelegt worden oder das Produkt einer Transformation war.

Die Augen fielen ihm zu, und er dachte an Debora, mit Wut und gleichzeitig voller Verlangen. Seine Besessenheit von ihr hatte Izaguirres Eröffnungen unbeschadet überlebt, und jedesmal, wenn er ihr etwas vorzuwerfen versuchte, wurde die Tatsache, daß sie ihn betrogen hatte, von seiner Phantasie weggewischt oder auch von seinem beharrlichen Glauben daran, daß sie wirklich etwas für ihn empfunden haben mußte. Und so war es kein bißchen überraschend, daß er in dieser

Nacht von ihr träumte, einen Traum von ungewöhnlicher Deutlichkeit. Sie schwebte in einer weißen Leere, gekleidet in ein Gewand von einem so makellosen Weiß, daß er keinen Faltenwurf oder den Fall des Stoffes erkennen konnte: Es hätte sich um losgelöste Arme und einen freischwebenden Kopf handeln können, klar abgehoben von einem schwarzen Hintergrund. Sie drehte sich langsam um die eigene Achse, deutete in seine Richtung und dann in die entgegengesetzte und erlaubte ihm so, sie aus allen Blickwinkeln zu betrachten, und jeder Blickwinkel gewährte ihm neue Einsichten in ihren Charakter und zeugte von ihrer Anpassungsfähigkeit, ihrer Unempfindlichkeit, ihrer Fähigkeit zur Hingabe. In dem Traum gab es keine Musik, aber ihre Bewegungen waren so anmutig, daß er den Eindruck hatte, als seien sie von einer unhörbaren Musik bestimmt, die die Leere durchdrang, vielleicht auch nur dem Destillat einer Musik, das sich als weißer Strom manifestierte. Sie schwebte näher zu ihm heran, und bald war sie nah genug, daß – wenn der Traum Wirklichkeit gewesen wäre – er sie hätte berühren können. Und noch näher schwebte sie heran, ihre Glieder paßten sich der Lage seiner Arme und Beine an, und in ihren Pupillen sah er winzige Faksimiles von sich selbst, ebenfalls in dem Weiß schwebend. Ein Wehklagen dröhnte in seinem Kopf, und gleichzeitig wuchs sein Verlangen nach ihr; er wollte die Fesseln des Traumes abschütteln und sie an sich ziehen. Ihre Lippen waren geöffnet, die Augen halb geschlossen, als ob auch sie Verlangen spürte. Und dann schwebte sie unglaublich nah heran und verschmolz mit ihm. Er erstarrte, erschreckt von dem Gefühl, in Besitz genommen zu werden. Sie war in seinem Innern, schrumpfte, wurde so klein wie ein Gedanke, ein dämmernder Gedanke in einem weißen Kleid, wandernd durch die Korridore von ...

Er saß aufgerichtet im Bett, schweißgebadet, schwer

atmend, und den Bruchteil einer Sekunde lang, getäuscht von den mondbeschienenen Wänden, glaubte
er, in dem weißen Raum seines Traums aufgewacht zu
sein. Und sogar als er seine Umgebung erkannte,
konnte er den Gedanken nicht loswerden, daß sie mit
ihm im gleichen Raum war. Die Geometrie des Mondlichts und des Schattens schien auf die Gegenwart einer
unsichtbaren Form hinzudeuten. Er lauschte mit äußerster Anspannung auf jedes Knirschen, beobachtete jedes Zittern der Schatten, jedes Seufzen des Windes.
»Debora?« flüsterte er, und als er keine Antwort erhielt,
legte er sich aufs Bett zurück, verkrampft und zitternd.

»O du, verdammt!« sagte er.

KAPITEL SIEBEN

Roatán war kein Tropenparadies. Das Barriere-Riff war zwar reizvoll und hatte einst die Menschen in mehr als einem Dutzend Seebädern ernährt, doch das Landesinnere bestand aus flachen, mit dichtem struppigen Gebüsch bewachsenen Hügeln, und der größte Teil der Küste wurde von Mangrovebäumen beherrscht. Eine unbefestigte Straße führte eine Strecke weit um die Insel und verband die schäbigen Slumstädte Coxxen Hole, French Harbour und West End miteinander, und eine zweite Straße führte quer durchs Land von Coxxen Hole nach Sandy Bay an der Nordküste, wo das Hotel lag: eine langgestreckte Bucht mit einem Strand, der in einem Moment hübsch erscheinen konnte und im nächsten abgrundtief häßlich. Darin bestand nach Mingollas Ansicht der Reiz des Ortes: daß man an einem Strand mit schmutzig gelb-braunem Sand entlangwandern konnte, stets aufmerksam darauf bedacht, nicht in Schweinedreck oder Kuhfladen zu treten, und dann plötzlich, als ob sich ein anderer Filter vor die Sonne geschoben hätte, bemerkte man die Kolibris, die über den Seetrauben dahinhuschten, das üppige Laubwerk der Kokospalmen, das Wasser im Riffbecken, das in Streifen von Jade, Türkis und Aquamarin schillerte, je nach der unterschiedlichen Tiefe und Beschaffenheit des Grundes. Verstreut zwischen den Palmen standen mehrere Dutzend ärmliche Behausungen auf Pfählen, deren Blechdächer vom Rost zerfressen waren; Molen mit lückenhaften Bretterverschlägen, die an ihren seewärtigen Enden errichtet worden waren und über das seichte Wasser hinausragten und die, aus der Ferne betrachtet, die kunstvolle Grobheit der Kohlezeichnungen von Picasso hatten.

An diesem Strand übte Mingolla täglich mit Tully, um die vollkommene Beherrschung seiner besonderen Kräfte zu erlangen. Der Unterricht bestand – nach Izaguirres Anweisung – lediglich darin, daß er jene Kenntnisse immer wieder anwandte, die ihm in jener Nacht im Schuppen bewußt geworden waren, damit er seine Macht über andere Menschen und die Fähigkeit, die Form von Gefühlen zu durchschauen, immer geschickter einsetzen konnte; doch er glaubte, daß er noch eine andere Erfahrung dabei machte, nämlich die persönliche Verantwortung beim Auf-sich-Laden von Macht, das Akzeptieren ihrer Vorzüge und die Ablehnung von Schuld. Obwohl ihm Tully immer noch auf die Nerven ging, erkannte er, daß die Arroganz seines Ausbilders und sein grober Umgang mit dem Leben entscheidende Voraussetzungen für die Beherrschung der Macht waren; und obwohl er immer noch von Debora träumte und mit einem Gefühl des Verlangens an sie dachte, sah er diese Träume und Gedanken schließlich in einem trüben Licht, und er begriff, daß sie das Ziel war, auf das man ihn angesetzt hatte.

Eines Morgens saßen er und Tully in einem kleinen Boot und ließen sich innerhalb des Riffbeckens treiben. Es herrschte Ebbe; eisenschwarze Korallenspitzen stachen durch die Wasseroberfläche wie die Zinnen einer versunkenen Burg, und in ihren Ritzen hausten Schnecken und Kobolde. Jenseits der Klippen hatte das Wasser ein Muster von Sonnenstreifen, schiefer- und lavendelfarben, und es gab so viele kleine Wellen, daß sich das Wasser in alle Richtungen gleichzeitig zu bewegen schien. »Ich hasse das verdammte Meer«, sagte Tully und spuckte über Bord. Er lehnte sich an den hinteren Rand des Bootes und rückte sich seine fettige Baseballmütze tief über die Ohren; seine Haut glühte in der Sonne mit bläulichem Schimmer.

»Ich dachte, du wärst Fischer gewesen«, sagte Mingolla.

»Der beste auf der Insel, Mann. Aber das heißt nich', daß ich das Meer liebe. Is' nix anderes als 'n beschissener Friedhof. Nachdem ich das begriffen hab', wollt' ich nix mehr damit zu tun haben. Sieh mal dort!« Er deutete zu einem anderen kleinen Boot, das in Küstennähe vorüberzog, in einer Entfernung von vielleicht fünfzehn Metern. »Ruf den Mann her, Davy!«

Mingolla versuchte, mit dem Geist des Mannes Verbindung aufzunehmen, aber es gelang ihm nicht. »Ich kann ihn nicht erreichen.«

»Versuch's weiter, bis du 'nen Ansatz findest.« Tully stützte sich mit den Füßen an einem Ruder ab, und das Boot schaukelte. »Ne, nich' mit mir! Als ich die Dinge mal begriffen hatte, hab' ich das Meer ein für allemal verlassen.«

»Wieso?«

Der Mann in dem Boot winkte zu den Hütten hinüber, die sich unter den Palmen duckten, und rief: »Seidenfisch und Meerhecht! Riffbarsch und Blaufisch!«

»Wieso?« Tully schnaubte. »Sechzehn Tage hat mich dieser verdammte Friedhof von Meer festgehalten. Das war auf der *Liberty Bell,* hübsches kleines Schiff. Hatten auch hübsch ordentlich Fische. Elf Sackvoll Königsdorsch, ein paar Sackvoll Barsche.« Er schüttelte betrübt den Kopf. »Sechzehn Tage! Und jeder davon dauerte länger als jeder andere Tag meines Lebens. Hab' Fischblut getrunken und Männer verrückt werden seh'n.«

Das Boot näherte sich bis auf etwa sechs Meter, und Mingolla nahm mit dem Fischer Kontakt auf, indem er freundliche Absichten und Neugier in seinen Geist projizierte. »Erwischt!« sagte er, als der Mann aufhörte zu rudern, die Hand zum Schutz gegen die Sonne über die Augen hielt und zu ihnen herübersah.

»Nicht schlecht«, sagte Tully. »Glaub' nich', daß ich's besser könnt'.«

Mingolla übermittelte dem Mann im Boot ein Gefühl der Dringlichkeit, da er wollte, daß er schneller ruderte.

»Sechzehn Tage«, fuhr Tully fort. »Und als uns endlich 'n Krabbenfischer in Schlepp nahm, war'n nur noch vier von uns übrig. Den Rest hat die Sonne umgebracht, oder sie sind über Bord gegangen.«

Der Mann in dem Boot hatte sich tief über seine Ruder gebeugt und arbeitete kräftig.

»Zog uns bis Bragman Key«, sprach Tully weiter. »War 'n nobler Ort, Bragman. Sie ham uns ins Hotel gebracht und unser Fieber behandelt. Frisches Obst und Rum ham wir gekriegt. Und da war so 'ne Kleine, die hat mich besonders verwöhnt. Glaub' sie konnt's nich' ertragen, dasses mir so schlecht ging. War 'ne tolle Zeit für mich und die Kleine, bis wir wegmußten. Ich hab' ihr gesagt, daß ich wiederkomm', hab's aber nie gemacht ... nie.« Tully spuckte wieder aus. »Wollte schon, aber wie ich zurück auf die Insel komm', sagen alle, ich bin 'n großer Held, und ich erzähl' meine Geschichte und trink'. Hab' einfach die Spur von der Kleinen verloren. Manchmal macht's mich traurig, aber wahrscheinlich ist's besser so.«

Der Mann steuerte mit den Rudern, ließ seinen Kahn nah herangleiten und bekam den hinteren Rand ihres Bootes zu fassen. »Wie geht's, Tully?« fragte er. Er war ein drahtiger brauner Mann in den Dreißigern, mit funkelnden schwarzen Augen, eingebettet in runzelige, zerfurchte Haut. Seine Geschlechtsteile zeichneten sich deutlich unter einem Bein seiner Shorts ab, und Schweiß verklebte das lockige Haar auf seiner Brust.

»Man lebt«, sagte Tully. »Davy, das is' mein Halbbruder, Donald Ebanks.«

Mingolla und der Mann nickten einander zu.

»Was hast'n gefangen, Mann?« fragte Tully.

Donald hob die Ecke eines Segeltuchs an und zeigte einige Dutzend Fische am Boden des Bootes, einige türkisfarben, einige rot, einige gelb und schwarz gestreift, schillernd wie ein Salat aus sonderbar geformten Juwelen, angerichtet um einen Mittelpunkt, einen langen

Fisch mit schwarzen Seiten und weißem Bauch sowie nadelspitzen Zähnen: ein Barracuda.

»Wieviel für den Barra?«

Mingolla machte Anstalten, seinen Einfluß auf Donald zu verstärken, um ihn dazu zu bewegen, ihnen den Fisch zu schenken, aber Tully trat ihn leicht gegen den Knöchel und sagte: »Ne, Mann. So geht's nich'!«

»Warum nicht?« fragte Mingolla.

»Nehmen, was man braucht, und geben, was man kann. Nur so kannste in dieser Welt leben.«

Unter Tullys Blick verlor Mingolla den Mut, und er sah auf Donalds Fische hinunter, deren funkelnde Seiten in letzten Atemzügen pulsierten.

»Ich denk', ich krieg' vier Lempuras für den Barra«, sagte Donald.

»Das glaub' ich«, sagte Tully und lachte. »Ich glaub', du kriegst mehr als das, wennde 'nen großen Blödmann findest.« Er zog ein paar zusammengeknüllte Geldscheine aus der Tasche. »Zwei Lemps, Mann. Mach keine Zicken, mit mir nich'! Das is'n fairer Preis, und du weißt es.«

»Du bist 'n Hurensohn, Tully.« Doland packte den Barracuda und hob ihn in ihr Boot. »Klaust mir die Haare vom Kopf, und ich laß dich auch noch.«

»Ich leg' keinen Wert auf deine verdammten Haare, und wenn, dann würd' ich nie zwei Lemps dafür nich' zahlen.« Tully gab ihm das Geld.

Donald betrachtete die Scheine mit einem gequälten Gesichtsausdruck, schob sie in die Tasche und ruderte ohne ein weiteres Wort in Richtung Küste davon.

»Tut mir leid«, sagte Mingolla. »Ich hätte dran denken sollen, daß er dein Bruder ist ...«

»Halbbruder«, entgegnete Tully spitz. »Und das hat nix damit zu tun. Der Hurensohn is' kein Freund von mir nich'. Versucht mich seit Jahren zu bescheißen. Was ich gesagt hab', gilt für die ganze Welt.«

Mingolla betrachtete die Stielaugen des Barracudas.

»Ich wußte gar nicht, daß man einen Barracuda essen kann.«

»Geht nich' immer. Mußt 'nen Brocken Fleisch davon in 'nen Ameisenhaufen fallen lassen, und wenn ihn die Ameisen fressen, kannst'n essen. Schmeckt gut gebraten mit Feigen.«

Eine Brise aus Richtung Norden kam auf, die kurzen Wellen wurden stärker, die Palmen entlang des Strandes wiegten sich, und das kleine Boot hüpfte auf und ab.

»Nehm's dir nich' so zu Herzen, Davy«, sagte Tully. »Du lernstes noch. Braucht 'n bißchen länger, klug zu sein und nich' nur stark.«

Es war ein nebeliger Abend, der Mond schien als dunstiger, grünlicher Streifen zwischen den Palmwedeln, und die Brandung war gedämpft, sie klang wie Knochen, die im Maul eines wilden Tieres zermalmt werden. Licht drang durch die Fenster einer kleinen Holzkirche heraus, die etwas zurückgesetzt am Strand stand, und süße afrikanische Harmonien drangen ebenfalls heraus, die zu einem abschließenden Amen verklangen. Jungen in weißen Hemden und blauen Hosen und Mädchen in duftigen weißen Kleidchen kamen die Stufen herunter und gingen in einer Entfernung von etwa sechs Metern an dem Baumstamm vorüber, auf dem Tully und Mingolla saßen; ihre Stimmen waren hell und klar. Als sie in die Dunkelheit weitermarschierten, knipsten sie Taschenlampen an, ließen die Strahlen auf den Untiefen tanzen und lackierten die schwarze Wasseroberfläche.

»Dort«, sagte Tully und zeigte auf zwei halbwüchsige Mädchen, die sich ihre Gesangbücher an die Brust drückten. »Die links. Aber laß die Finger von der anderen – das is' meine Cousine 'lizabeth.«

»Versucht sie nicht, dich zu hintergehen?« fragte Mingolla.

Tully grinste. »Red nich' so'n dummes Zeug! Nein, die 'lizabeth bleibt 'n süßes Mädchen, solang ich was zu sagen hab'. Aber die Nancy Rivers, die hat schon mit der halben Insel was gehabt. Wennde willst, kannste mit ihr die verrücktesten Sachen machen.«

Mingolla betrachtete Nancy abschätzend: flachbrüstig, hellhäutig, mit einem mageren Pferdegesicht. Sie regte ihn keineswegs zu Verrücktheiten an, trotzdem berührte er ihren Geist und erfüllte ihn mit Verlangen. Sie sah in seine Richtung, flüsterte Elizabeth etwas zu, und nach ein paar Sekunden kamen sie auch schon herüber zu dem Baumstamm.

»Wie geht's heute abend, Tully?« fragte Elizabeth.

»Ganz gut«, sagte Tully. »Bei dir?«

»Nichts Besonderes, du weißt schon.« Elizabeth war sexy, groß und hatte die gleiche pechschwarze Haut wie Tully; ihre Augen mit den halbgeschlossenen Lidern, der aufgeworfene Mund und die breite Nase erinnerten Mingolla an kleine Statuen, die er in Auslagen afrikanischer Volkskunst gesehen hatte. Nancy versetzte ihr einen Stoß mit dem Ellbogen, und sie stellte ihre Freundin vor.

Mingolla antwortete mit einem grunzenden Laut und zog mit dem Zeh eine Furche in den Sand.

»Also«, sagte Elizabeth nach einer Weile unbehaglichen Schweigens. »Ich denk', wir geh'n weiter. Kommste uns mal besuchen, Tully?«

»Klar doch.«

Die beiden Mädchen schlenderten davon und flüsterten miteinander, während Mingolla das rollende Schwingen von Elizabeths Hüften beobachtete. Tully gab ihm einen Schubs und stieß ihn vom Baumstamm. »Was is'n los mit dir? Dachte, du bist scharf auf'n Weib?«

»Aber nicht auf die, Mann ... die ist häßlich.«

»Scheiße! Haste vielleicht Augen zwischen den Beinen? Los!« Tully zog Mingolla auf die Füße. »Wir geh'n nach Hole. Dort gibt's Weiber, die machen dir 'nen Knoten rein.«

Sie gingen ins Hotel zurück, wo sich Tully umkleidete und eine Freizeithose und ein Hemd aus Kunstfaser anzog, auf dessen Rückenteil im Stoffdruck das Foto einer Blonden im Bikini wiedergegeben war. Er öffnete eine Flasche Rum, und sie tranken, während sie im hoteleigenen Land Rover über die holperige Straße rumpelten, um enge Kurven schleuderten, blind durch Nebelschwaden brausten, vorbei an strohgedeckten Farmhäusern und Bananenfeldern, und beinahe in eine Kuh krachten, deren Hörner sich plötzlich vor ihnen gegen den weniger schwarzen Himmel mit seinen blassen Sternen abhoben. Sie schienen die Nacht hinter sich herzuschleifen, befanden sich in einem deliriumähnlichen Zustand, der in Mingolla die Vorstellung einer Autobahnjagd hervorrief, einer Raserei ins Nichts, mit einem Engel auf dem Rücksitz und einem Vermögen in den Adern: Man folgt der weißen Linie bis zu einem Nullpunkt irgendwo jenseits des Horizonts, zum Ende eines schwarzen Regenbogens, wo sich Autowracks stapelten und lächelnde Leichen goldenes Blut leckten. Tully sang mit heiserer, kratziger Stimme einen Reggae-Song und klopfte den Takt dazu auf dem Armaturenbrett. Dann sang Mingolla einen Song von Prowler: *Got see-thru windows, hyperventilation in my ride, and little Miss-Behaviour in a coma by my side ...*

»Was'n das für'n Geschrei?« sagte Tully. »Soll das 'n verdammter Song sein?«

Und Mingolla lachte, denn er wußte, daß ihnen eine vergnügliche Nacht bevorstand.

In Coxxen Hole waren die gelben Lehmstraßen von grellem Licht beleuchtet, das aus den verwitterten Bruchbuden fiel, die auf ihren Pfählen hockten wie uralte Hennen, die krampfhaft auf ihre leeren Nester starrten. Fensterläden aus losen Latten klapperten an einem einzelnen Scharnier, Plastikvorhänge blähten sich auf, verrostete Blechdächer wellten sich an den Rändern hoch. An der Hauptstraße standen ein zweistöckiges, aus Holz gebautes Hotel, Hotel Coral, rosa gestrichen, mit einem Lichtmast, der am Balkon des oberen Geschosses festgemacht war, und ein Bürogebäude aus Hohlziegeln, vor dem indianische Soldaten in tarnfarbenen Drillichanzügen patrouillierten. Zwischen dem Büro und dem Hotel ragte eine Betonmole in die Schwärze des Meeres hinaus; zwei schaukelnde Boote mit zusammengerollten Segeln waren an ihrem äußersten Ende festgemacht. Ein Hitzegewitter ließ über der honduranischen Küste fünfzig Kilometer entfernt orangefarbene Blitze aufzucken. Musik grölte aus den schäbigen Bars; fette Frauen von stattlichem Umfang in bedruckten Kleidern und mit passenden Turbanen dazu, watschelten in Paaren einher und warfen den Männern, die sich an sie heranmachten – meistens Gestalten so dünn wie Strichmännchen – vernichtende Blicke zu. Hunde schlichen zwischen den Pfählen hindurch, schnupperten an Fischabfällen und zerbrochenen Flaschen.

Es war ein so geschäftiges Treiben, daß Mingolla – der den Frieden im Hotel gewöhnt war – verwirrt war, und um dieser verwirrenden Betriebsamkeit zu entgehen, ging er mit der ersten Prostituierten, die ihm über den Weg lief. Sie führte ihn in ein Hinterzimmer einer großen Spelunke, die sich lediglich dadurch als Bar zu erkennen gab, daß über dem Eingang ein Schild angenagelt war, auf dem stand: *Froinlicher Club – keine Schlegerei.* Sie zog alles aus, was sie anhatte, bis auf den Büstenhalter, legte sich auf die Strohmatratze, die wie Flammen unter ihr knisterte, und streckte die Arme nach ihm aus. Sie hatte schlammfarbene Haut, fette Schenkel und Hüften; ihr Gesicht, das vielleicht einmal hübsch gewesen war, war matronenhaft und abgestumpft, weil – so vermutete Mingolla – sie nichts mehr erwartete. Aus irgendeinem Grund regte ihn ihre Hoffnungslosigkeit an. Er versuchte, ihr den Büstenhalter auszuziehen, aber sie schob seine Hände weg. Er drückte ihre Brüste, und sie schloß die Augen und ließ es über sich ergehen. In ihm stieg die Vorstellung auf, daß der Büstenhalter Krebsgeschwüre oder Narben verhüllte, und er bestand nicht mehr darauf, ihn auszuziehen. Er fickte sie schnell und grob und bildete sich dabei ein, daß die betrunkenen Rufe aus der Bar ihn anfeuerten. Ihre Bewegungen waren mechanisch, ohne Anteilnahme, und als er von ihr herunterrollte, verlor sie keine Zeit, ihr Kleid wieder anzuziehen und sich auf die Matratze zu setzen, um ihre Turnschuhe zuzubinden. Sie hatten kein Wort mehr miteinander gesprochen, seit sie den Preis ausgehandelt hatten. Er nahm ihr ihre Teilnahmslosigkeit übel, und obwohl er während des Geschlechtsaktes ihren Geist nicht berührt hatte, ließ er sie jetzt müde werden. Sie gähnte und legte sich eine Hand über die Augen.

»Bißchen müde?« fragte er. »Warum ruhst du dich nicht etwas aus?«

Sie kratzte sich auf dem Nasenrücken. »Kann nich', is' nich' fürs Zimmer bezahlt.«

»Ich werde dafür bezahlen«, sagte er. »Leg dich schlafen!«

»Warum tuste das, Mann?«

»Ich komme später wieder und sehe nach dir.« Er sagte es mit einem drohenden Unterton, aber sie war zu erschöpft, um es zu bemerken. Sie gähnte wieder und ließ sich auf die Matratze plumpsen. »Schlaf gut«, sagte er und schlug die Tür hinter sich zu.

Er zahlte beim Barmann für das Zimmer und eine Flasche Rum, dann setzte er sich an einen Ecktisch, um auf Tully zu warten, blinzelnd, weil ihn das grelle Licht von der nackten Glühbirne an der Decke blendete. Rote und schwarze Plakate, auf denen lokale Musikbands angekündigt wurden, waren mit Klebestreifen an den Holzwänden befestigt, ein Plattenspieler auf der Theke – unbearbeitete Holzbohlen, die über Kisten gelegt waren – gab krächzend schleppende Reggae-Musik von verzogenen Platten wieder, deren Texte sich im allgemeinen Krach verloren. Ein Schwarzer war mit dem Gesicht nach unten auf dem Tisch neben Mingollas zusammengesunken, und die übrigen Tische bevölkerten dreißig oder mehr weitere Schwarze, die so aussahen, als würden sie es ihm bald gleichtun; sie schwenkten eselsohrige Spielkarten – Asse oder Könige –, ballten die Fäuste und brüllten. Sie rollten mit den Augen, bekleckerten ihre Hemden beim Trinken und bliesen schlängelnde Rauchwolken durch die Nüstern. Kleine Balgereien brachen hie und da aus, wurden geschlichtet, und dann brachen neue Balgereien zwischen den Schlichtern aus. Mingolla goß sich ein Glas nach dem anderen hinein in dem Bemühen, einen Grad der Trunkenheit zu erreichen, der zu der Umgebung paßte. Aber der Krach wurde immer schlimmer. Und es war nicht nur der Krach allein, der ihm zu schaffen machte, es war auch nicht der Katzenjammer oder die schlechte Laune nach seinem Erlebnis mit der Prostituierten. Seine Wut schien auf einer weniger erkennbaren, tiefergehenden Störung zu beruhen. Er hatte das Bedürfnis nach Ruhe, um sich darüber klar zu werden, was es sein mochte. Zu diesem Zweck begann er, in seiner Umgebung besinnliche, wortlose Räusche zu inszenieren, die Lust auf Schlägereien einzuschläfern und grimmige in lächelnde Gesichter zu verwandeln. Es dauerte nicht sehr lange, da bot die Bar ein Schauspiel gedämpfter Unterhaltung und höflicher Diskussion über mögliches Falschspiel.

»Ich weiß, daß die Pik Drei schon draußen is', Byrum«, sagte ein Mann in seiner Nähe. »Ich erinner' mich genau, 's war kurz bevor Spurgeon Kreuz Dame gespielt hat.« Und Byrum, ein grauhaariger alter Mann mit einer Kapitänsmütze, von dessen Litze nicht mehr viel übrig war, sagte, das könne schon stimmen, aber er könne sich einfach nicht erklären, wie sich die Drei in seine Hand gemogelt habe.

Mingolla freute sich darüber, mit welcher Leichtigkeit er das fertiggebracht hatte, war jedoch mit dem Ergebnis in ästhetischer Hinsicht nicht so ganz zufrieden. Was er angestrebt hatte, dachte er, war nicht die Atmosphäre eines leidenschaftslosen Bridge-Clubs, sondern ein sichtbares Nachlassen der vorherigen Querelen, einen vollendeten Beweis seines Könnens. Er veranlaßte die Männer an einem der Tische zu lachen, an einem anderen zu weinen; dann nippte er an seinem Rum und beobachtete die Wirkung, während er über weitere Nuancen nachdachte. Er entzündete einen mit viel Gebrüll ausgetragenen Kampf zwischen Byrum und einem anderen alten Mann mit einem nikotinfleckigen Prophetenbart, provozierte sie dazu, sich mit den Fäusten zu drohen und wirkungslose Schlaggebärden über die Schultern der Männer hinweg zu vollführen, die sie auseinander hielten. Die Nadel des Plattenspielers drehte sich fortwährend in der gleichen Rille, und Mingolla gab dem Barmann die Überzeugung ein, daß alles in Ordnung sei, so daß dieser lächelte und mit dem Kopf im Takt der sich ständig krächzend wiederholenden Textstelle nickte. Nachdem er diese Anpassungsarbeit geleistet hatte, hatte sich Mingollas Wut verzogen. Zufrieden saß er da, machte ein paar spielerische Berührungen, formte hier dekorative Fröhlichkeit, dort Verzweiflung, bis in der Bar eine bühnenhafte Atmosphäre herrschte, wie bei einem Schauspiel, dessen Kulisse der Tagesraum eines Irrenhauses bildet, wo die Verrückten in Abteilungen unterteilt waren und in verschiedenen Bereichen des Raumes saßen, je nach dem Grad und der Art ihrer Krankheit.

»Verdammte Scheiße!«

Tully kam mit fuchtelnden Armen zwischen den Tischen hindurch auf Mingolla zu und sah düster drein; er legte die Faust auf eine Stuhllehne und sagte: »Mann, bist du übergeschnappt? Das bringste jetzt sofort wieder in Ordnung!« Sein Hosenschlitz stand halb offen, das Hemd hing ihm aus der Hose, und sein Blick war verschwommen.

»Mir gefällt es so«, sagte Mingolla.

Einen Augenblick später spürte er das Verlangen, eine Harmonie mit Tully herzustellen, mit seinem guten Freund und Lehrer, einem Mann, der immer nur sein Bestes im Sinn gehabt hatte. Er schämte sich dafür, daß er sich von ihm abgewendet hatte. Aber er erkannte, daß dieses plötzliche Aufkommen solcher Gefühle und ihre Verschwommenheit typisch dafür waren, daß sie auf Tullys Einfluß zurückzuführen waren, und er formte einen Gefühlsball aus Angst und Unsicherheit und schleuderte ihn auf Tully ab. Er sah, wie dieser taumelte und sich am Tisch festhielt, um nicht umzufallen. Tully schlug zurück, und einen Augenblick lang empfand Mingolla eine Schranke zwischen ihnen beiden, einen Ort, an dem zwei Ströme von Hitze und Elektrizität aufeinanderprallten; doch dann zerfiel diese Schranke; Tully hatte einen Rückzieher gemacht und plumpste auf einen Stuhl. Auch Mingolla zog sich zurück. Er nippte an seinem Rum und lächelte Tully an, der sich mit dem Handrücken die Stirn rieb.

»Bringste das nich' endlich in Ordnung?« sagte er.

»Warum sollte ich?«

»Nich' alle auf der Insel sind Freunde, Mann. Weißte nich', dasses Spione gibt, daß die nur auf so was lauern?«

Mingolla ahmte seine Sprache nach. »Dann bringstes besser in Ordnung, Mann, ich hab' nämlich keine Lust nich'.«

Tully sah ihn finster an, dann senkte er den Blick und kratzte mit dem Daumennagel das Etikett von der Rumflasche. Um sie herum stiegen in der Bar der Krach und die Disharmonie wieder auf ihren ursprünglichen Pegel. Es wurde wieder mit Inbrunst Karten gespielt, der

Plattenspieler drehte sich wieder normal, Stimmen wurden bedrohlich laut und angriffslustig. Eine Welle der Normalität schwappte über Mingollas verrücktes Werk. Seine Freude darüber, daß er Tully besiegt hatte, ließ nach. Tullys Überlegenheit war wie ein Puffer gewesen, eine Schutzgarantie; jetzt, nachdem er selbst der Größte war, verspürte er Argwohn und sah sich einem Risiko ausgesetzt.

»Was, zum Teufel, is'n dir innen Arsch gefahren?« sagte Tully und beugte sich dicht zu ihm herüber. »Und geb mir keine so Scheißantworten nich', Mann. Ich bin nich' dein Schulmeister, der fragt, warum du die Schule schwänzt. Dies is'n ernstes Geschäft.«

»Ich weiß nicht«, sagte Mingolla mürrisch.

»Das sollteste aber verdammt besser wissen, Davy. Sonst macht mal jemand Hackfleisch aus dir, wennde so'n Quatsch machst. Verstehste?«

»Ja, glaub' schon.«

»Der ganze Mist macht mir 'nen schlimmen Magen!« Tully schob mit einem verdrossenen Gesichtsausdruck seinen Stuhl zurück und sah Mingolla schief an. »Du hättest mich nie erwischt, wenn ich nüchtern gewesen wär'.«

»Wahrscheinlich.« Mingolla schob ihm die Rumflasche hin. »Los, trink was!«

Tully nahm einen kräftigen Schluck und wischte sich den Mund ab. »Wahrscheinlich! – Nix wahrscheinlich, Mann.« Er nahm noch einen langen Schluck und seufzte. »Sollten bald heimgehen.«

»Ich möchte bleiben«, sagte Mingolla. »Einverstanden?«

Tully ließ es sich durch den Kopf gehen.

»Ich werd' keinen Scheiß mehr machen.«

»Ehrenwort?«

»Ich glaube schon.«

»Du glaubst schon ... so so!« Tully schälte das Etikett vollends ab und zerknüllte es. »Na gut, so'n kleines

Ding wartet 'n Stück weiter unten auf mich, also bin ich einverstanden. Und was machst du?«

»Ich habe hier was vor.«

»Im Hinterzimmer?«

»Hmh.«

»Hab' ich's nich' gesagt? Diese Inselmädchen ham den Dreh raus, was?«

»Na ja, sie sind okay«, sagte Mingolla.

»Ach, zum Teufel!« Tully erhob sich schwerfällig und stützte sich am Tisch ab. »Deinen Spaß sollste ham, Mann. Aber denk dran ... fängste wieder an mit dem Unsinn, dann kannste deine Knochen einsammeln, nich' ich meine.«

Mingolla hatte beabsichtigt, zu der Prostituierten zurückzukehren und sich zu rächen, er wollte sie verrückt vor sexuellem Verlangen machen und hinter das grauenvolle Geheimnis ihrer Brüste kommen. Aber die Lust auf Rache war ihm vergangen. Sie schlief immer noch. Sie lag zusammengerollt auf der Matratze, ihr Kleid war über die Schenkel hochgeschoben; eine schwabbelige, reizlose Frau, gezeichnet von Armut und Erschöpfung. Die Maserung der silbergrauen Bodenbretter schien ein Manuskript zu sein, das ihre traurige Geschichte erzählte. Das Bett war das einzige Möbelstück im Raum, und da Mingolla nicht stören wollte, setzte er sich auf den Boden und lauschte auf das Geschrei aus der Bar, das langsam zu einem Murmeln verebbte. Es begann zu regnen, der kräftige Schauer trommelte so laut auf das Blechdach, daß er befürchtete, die Prostituierte könnte davon aufwachen. Aber sie schlief unter seinem Bann, und der Rhythmus des Regens machte ihn ebenfalls schläfrig. Alle möglichen Gedanken gingen ihm durch den Kopf, ohne logischen Bezug oder Zusammenhang, wie Falken, die am freien Himmel kreisen. Gedanken an Debora, über seine Macht, an Tully und Izaguirre, an zu Hause und über den Krieg. Und aus ihrer Isolation, ihrer tiefgehenden Uneinheit, schloß er, daß der Geist nicht etwas sein konnte, das gewachsen war oder sich entwickelt hatte, sondern ein Mosaik war, ein Elsternnest aus winzigem Nippeskram und kleinen Glasscherben, die das Licht da und dort funkelnd widerspiegelten, die das Ganze für Bruchteile von Sekunden entstehen ließen, zusammenhielten und die Illusion eines Menschen heraufbeschworen, die rationalen und emotionalen Üerzeugungen eines Menschen. Vor Jahren, vor Monaten noch, hätte er diese Selbsterkenntnis abgelehnt und statt dessen eine romantischere Vorstellung verfochten. Aber die Zusammensetzung seines Denkens, sein Elsternnest, hatte sich verändert, Krieg und Prostituierte hatten den heimischen Herd und Freundinnen ersetzt, und während ein jüngerer Mingolla diese trostlose Erkenntnis von sich gewiesen hätte, bedeutete sie für den gegenwärtigen einen Quell der Stärke, eine Rechtfertigung für unbewußtes Handeln, für die Verachtung von Gefühlen. Und doch war diese kalte und nüchterne Betrachtungsweise eng verknüpft mit Emotionen. Er hätte sich gern mit der Prostituierten zusammengerollt, sie in den Arm genommen. Sie paßte gut zu jemandem in seiner Verfassung. Sie würde nach Lehm und Regen riechen; seine Arme würden ihr nachgiebiges Fleisch drücken, darin versinken, mit ihrer Substanz verschmelzen, und sie würden sich im Regen auflösen, in eine braune Flüssigkeit, die sich in die Fugen der Bretter ergoß, unter der Hütte Pfützen bildete, in der Erde versickerte und das Ausschlüpfen aus Insekten- und Echseneiern beschleunigte und damit eine Horde seelenloser Wesen in die Welt schickte, die ihren Platz einnehmen würden.

Er erwachte, als das fahle Licht der Morgendämmerung durch die Ritzen im Fensterladen hereinfiel, und ging in die Bar hinaus. Er hatte Kopfweh und einen üblen Geschmack im Mund. Er nahm sich eine halbvolle Bierflasche von der Theke und ging die Treppe der

Kaschemme hinunter auf die Straße. Der Himmel war milchig weiß, die Regenwasserpfützen waren eine Spur grauer, als ob sie einen säuerlichen Rückstand enthielten; die Neigung der Dächer erschien verschoben und verhext. Ein Hund schlich sich vor Mingolla davon, als er seinen Weg in Richtung Stadtmitte fortsetzte. Krebse wuselten unter einem umgedrehten Boot, und ein Schwarzer war unter einer der Bretterbuden bewußtlos umgefallen, Streifen von getrocknetem Blut auf der Brust. Auf einer Steinbank neben dem rosafarbenen Hotel schlief ein alter Mann mit einem Gewehr im Schoß. Es hatte den Anschein, als ob die Flut der Ereignisse sich zurückgezogen und den Bodensatz zum Vorschein gebracht hätte.

Er ging hinunter zum landwärtigen Ende der Betonmole. Die schaukelnden Boote waren hinausgefahren, und der Himmel über dem Festland hatte sich zu einem blassen Aquamarin aufgehellt. Er konnte eine Kette von langgestreckten, rauchverhangenen Hügeln am Horizont erkennen. Er nahm einen Schluck von dem abgestandenen Bier, würgte und spuckte es aus; er schleuderte die Flasche ins Hafenbecken und beobachtete, wie sie zwischen Öllachen und Tangstreifen schwamm, zurücktrieb und gegen den mit Muscheln bewachsenen Beton stieß. Schmutziggraue Schaumkronen tanzten auf der Dünung, und dicht unter der Oberfläche blies etwas Stengeldünnes und Durchsichtiges etwas aus seinem röhrenförmigen Maul, das aussah wie ein Hauch von ektoplasmischem Dunst. Der vom Land aufs Meer wehende Wind trug den Geruch von Salzwasser und süßer Fäulnis mit sich. Mingolla kam zu dem Schluß, daß er sich alles in allem ganz gut fühlte.

»Hastes also geschafft, Davy!« Tully kam neben ihn. Seine Augen waren blutunterlaufen, und eine kalkige Blässe überzog sein Gesicht.

»Harte Nacht, was?« fragte Mingolla.

»Alles is' hart, wennde in mein Alter kommst. Aber

meistens find' ich 'n Weib, das nett mit 'nem alten Mann umgeht.« Tully machte eine Handbewegung in Richtung Küste. »Guckste zum Iron Barrio rüber?«

»Was meinst du?«

Tully zeigte zu den flachen Hügeln. »Das dort is' Rauch vom Barrio. Feuer vom Frühstück oder vielleicht von 'n paar brennenden Leichen. Sie hängen 'se gern aufs Dach und zünden 'se an.«

»Oh«, sagte Mingolla.

»Ja. Gibt'n großen Gestank dort drüben jeden Morgen.«

Mingolla ging in die Hocke, um den Rauch besser sehen zu können. Jetzt, nachdem er wußte, was es war, glaubte er zu erkennen, daß er flimmerte, rote Blitze ihn durchzuckten und ihm ein dämonischer Geruch anhaftete.

»Dieser Mann, den ich umbringen soll ...«

»Was is' mit dem?«

»Wer ist er?«

»Irgendein Nicaraguaner mit dem Namen Zedeguí. Is'n Top-Agent von Sombra, war früher Professor oder so was, vor der Therapie.« Tully räusperte sich und spuckte aus. »Der is' so verrückt, dasser glaubt, er kann sich im Gefängnis verstecken.«

»Warum versteckt er sich?«

»Is' desertiert, glaub' ich. Aber der Typ muß bescheuert sein, wenn er denkt, im Barrio isser sicher.«

Mingolla starrte zu dem Rauch hinüber und fragte sich, was sich wohl an seinem Fuß befinden mochte.

»Machste dir Sorgen, Davy?«

»Ein bißchen ... aber nicht so schlimm, wie ich erwartet hatte.«

»Das'n guter Standpunkt. Bleib in diesem Zustand, dann kann nix schiefgeh'n. Mach dir einfach keine Sorgen nich'. Wenn du's im Barrio schaffst, biste 'n gefährlicher Mann.« Tully grunzte. »Zum Teufel, du bist jetzt schon 'n gefährlicher Mann.«

Zwischen den Übungsstunden verbrachte Mingolla die Zeit damit, zu lesen oder am Strand entlangzuschlendern; gelegentlich kam Hettie oder jemand anders von den Lumpenwracks herangeschlurft, aber er war ihrer überdrüssig geworden, und seine Bemühungen richteten sich jetzt darauf, sie abzuwimmeln. Zweimal begegnete er am Strand Tullys Cousine Elizabeth, und einmal teilte sie ihr Mittagessen mit ihm, wobei sie ihm beibrachte, wie man Cashewfrüchte aß, indem man die schwarzen Samen mit dem Daumen herausdrückte und das bittere Fruchtfleisch mit Salz bestreute. Sie schien ihn zu mögen, und er spielte mit dem Gedanken, etwas mit ihr anzufangen, aber er zögerte, etwas so gegen Tully Gerichtetes zu tun. Die Wochen vergingen, und er verspürte mehr und mehr Langeweile und Ruhelosigkeit, da er sich jetzt auf der Insel genauso eingesperrt vorkam, wie er hinter der Mauer des Hotels gewesen war. Ihn quälten Träume von Debora, und wenn er aus diesen Träumen erwachte, schaffte er es, wieder einzuschlafen, indem er sich Bilder voll sexueller Rache vorstellte.

Eines Nachmittags, einige Wochen vor seiner geplanten Abreise nach La Ceiba, gab ihm Izaguirre eine letzte Injektion mit Langzeitwirkung. Nach der Spritze hatte er Schmerzen und war nervös, in seinem Kopf fühlte sich alles sehr empfindlich an, und in dieser Nacht, in der er keinen Schlaf fand, da ihn aufblitzende Halluzinationen quälten von unbekannten Straßen mit menschlichen Gesichtern, die zu schnell zerflossen, als daß er sie hätte erkennen können, wanderte er durch das Hotel und kam schließlich zu Izaguirres Büro, das niemals abgeschlossen war. Es war ein kleiner Raum, der direkt von der Eingangshalle abging, ausgestattet mit einem Schreibtisch, zwei Stühlen, einem Bücherschrank und einem Aktenregal. Mingolla setzte sich auf den Stuhl des Arztes und blätterte in den Akten, aber er war zu zerstreut, um wirklich zu begreifen, was er las.

Allem, was mit der Maschine geschrieben war, schenkte er keine Beachtung – die Buchstaben wimmelten vor seinen Augen durcheinander wie Ameisen –, sondern konzentrierte sich auf die Anmerkungen in Izaguirres schnörkeliger Handschrift. Seine Halluzinationen hielten immer noch an, und als er auf eine Notiz stieß, in der Izaguirre seine Besorgnis zum Ausdruck brachte, daß er Mingolla bei der Langzeit-Injektion eine zu große Dosis verabreicht haben könnte, wurden die Halluzinationen noch lebhafter. Er sah den Teil eines Wandgemäldes auf einer verputzten Mauer, der braune Arm einer Frau hing über den Rand einer Matratze, dargestellt mit einer zarten Sinnlichkeit, die ihn an Degas denken ließ; begleitet war das Bild von drückender Hitze und dem Geruch nach Staub und Zerfall. Diese Halluzination hatte die eindringliche Klarheit einer Vorahnung, sie war jedoch entschieden detaillierter als seine üblichen Vorahnungen, so daß er Angst bekam. Er stand auf, verspürte Übelkeit und Schwindel, und ein Schütteln riß seinen Kopf hin und her. Die Wände wurden dunkel, drehten sich, hellten sich wieder auf, und er schloß die Augen und bemühte sich, das Schwindelgefühl zu unterdrücken. Er legte die Hand auf den Schreibtisch und glaubte, warme Haut zu berühren. Er öffnete die Augen, sah eine Pennerin, die ihn aus dem Rinnstein anstarrte, die fetten Wangen durchzogen von geplatzten Äderchen, die Nase angeschwollen. Ein Halstuch war unter ihrem Kinn so fest zugeschnürt, daß es ihr rotangelaufenes Gesicht zu einer gemüseartigen Knolle entstellte.

»Dies is' nich' Amerika«, sagte sie gerade jammernd. »In Amerika würd' niemand nich' so behandelt werden.«

Mingolla taumelte, hatte den Eindruck eines orangefarbenen Himmels, eines nächtlichen Himmels über einer Stadt, krank aussehenden Palmen mit braunen Wedeln und Stufen in den Stämmen, und regennassem

Asphalt, in dem sich nebelhaft Neonlichter spiegelten und über dem Wortbalken aufleuchteten. Zähe Musik, deren Rhythmus im Strom seiner Nerven pochte. Jemand rempelte ihn an und sagte »wupps!«, ein öliger, fetter Mann mit einem Mondgesicht, der ihm die fleischige, rosafarbene Zunge herausstreckte, auf der eine Kobra eintätowiert war. Dann lächelte er ihn an und entschwand in eine Welt, in der er schön war.

»Was hab' ich gesagt«, sagte die Pennerin.

Mit Flitterkram bekleidete Menschen strömten durch die Türen niedriger Gebäude mit Glasfronten ein und aus, die Geschichte amerikanischer Perversion ... Nutten in schillernden Hotpants, Lederknaben, Flittchen mit geschlitzten Röcken, Oben-ohne-Teenager mit dem Wort ENGEL auf die linke Brust gestempelt, und alle Gesichter blaß in der brütenden Hitze. Typen in einer fremden Sprache, kreisrunde Dominos mit einer bedeutungsvollen Anordnung von Augen und Mündern, getragen um den Hals fleischiger Maschinen, ein Gedanke pro Gehirn wie ein Preis in einem Plastikei, die einen langsamen Zug an der teuflischen Reihe von Bars und Sexshops und Arkaden entlang machten, in dem von einer göttlichen Wolke verhangenen Licht, unter dem Geschmiere von roten und gelben Worten, die sich in Luft auflösten; ihre Stimmen ein Gebrabbel, ihr Gelächter ein abscheulicher Krach; das faulige Eidotter ihrer Sinne tropfte streifig durch die Nacht. Und Mingolla wußte, daß die Pennerin nicht recht hatte, daß dies ganz bestimmt Amerika war, die Leere voller Touristenattraktionen, die südkalifornische Schlemmland-Erfahrung, und irgendwo oder überall, vielleicht hinter einer Anschlagtafel lauernd, war ein riesenhaftes, rothäutiges schwabbeliges Satansschwein, dessen Fettwanst ihm über die Schenkel hing, gehörnt und kichernd, das durch ein Guckloch zusah, wie seine Lieblingsnutte das Große Ausziehen betreibt, die Idee Der Ordnung ...

Die Pennerin schüttelte verzweifelt den Kopf. »Wir

brauchen 'nen neuen Kolumbus, jawohl, das brauchen wir.«

»Helfen Sie einem Veteranen aus der Klemme«, sagte eine Stimme hinter ihm, und Mingolla wandte schnell den Kopf, um sich einem wieselgesichtigen Mann mit Stoppelhaarschnitt und auf Krücken gegenüberzusehen, einbeinig, der einen Kampfanzug mit dem Aufnäher FIRST INFANTRY NICARAGUA trug und eine Hand ausstreckte. In der dunklen Tiefe seiner Augen sah Mingolla die Geheimnisse der Schlacht, die geheimnisvolle Wahrheit des Schreckens.

»Hey«, sagte der Veteran. »Hey! Dich kenn' ich doch, Mann. Erinnerste dich nich' an mich? Das Tal, Mann, das Tal bei Santander Jiménez.« Er hüpfte einen Schritt nach vorn und gaffte Mingolla ins Gesicht. »Yeah, du bistes, Mann. Du hast anders ausgesehen, hattes die Haare anders oder so. Aber yeah, ich …«

»Nein, nein.« Mingolla wich zurück, er kam sich unglaublich groß vor und hatte Angst, mit dem Kopf an den orangefarbenen Himmel zu stoßen und sich an der verseuchten Farbe naß zu machen. »Sie verwechseln mich.«

»Einen Scheißdreck tu ich! Du warst dabei, als ich getroffen wurde, Mann. Erinnerst dich? Das Spiel mit dem Bohnenfresser … da mußte dich doch dran erinnern!«

Mingolla trat in die Menge und wurde von langsamem Gedränge weitergeschoben. Er konnte sich an diesen Mann nicht erinnern, aber er konnte sich sowieso an kaum etwas erinnern, und er hatte Angst, daß ihn noch jemand anders erkennen könnte, jemand, der sich das Messer an ihm wetzen wollte.

»Du bist also 'n Vet?« Eine Frau, eine schöne, blasse, schwarzhaarige Frau mit karmesinroten Lippen und hohen Wangenknochen, riesigen Augen und einem wollüstigen Körper, wie er als Vorlage für pornografische Biergläser hätte dienen können, kaum verhüllt unter einem bodenlangen Gewand aus zartem schwarzen

Spitzengeschlängel und durchsichtigem Netzwerk, eine Frau mit Seidenzeichnungen auf den Hüften und wahrscheinlich einer richtig frechen Tätowierung ... Sie nahm seinen Arm und drückte ihn fest. »Ich bin Sexula«, sagte sie. »Für Vets mach' ich's umsonst.«

Das brachte ihn zum Lachen, denn er dachte an den GI-Wohltätigkeits-Fonds.

»Hey, leck mich am Arsch, Junge!« Sie stieß ihn weg. »Ich versuch' nur, wirklichkeitsnah zu sein, verstehste. Du bist mir vielleicht so 'ne Tunte. Beweg deinen Arsch mal rüber, wo kleine Jungs hingehen.«

»Tunte?« Seine Heiterkeit erreichte einen Höhepunkt, äußerte sich in Höhenzügen von stimmlosem Gelächter. »Soll ich dir meinen Dingsbums zeigen, meinen Standpunkt klarstellen? Soll ich mal ziehen und abdrücken ...«

»Diesen Scheiß brauch' ich mir nich' anzuhören. Vielleicht gefällt er den anderen Berittenen, aber mir nich'. Ich ...«

»Was meinst du mit ›Berittenen‹?« Der unbekannte Ausdruck brachte ihn aus der Fassung, erinnerte ihn daran, daß er verloren war, daß er etwas verloren hatte ... wen oder was, zum Teufel, hatte er noch mal verloren? Die Menge schob sie auf ein Fenster zu.

»Berittene, Mann!« sagte sie. »Das is' so, weißte, hier ...« – ihre Handbewegung schloß die ganze Straße ein – »is' Karneval, und ich bin eine der Berittenen.« Sie ergriff seine Hand. »Alles okay mit dir, Mann? Du siehst ziemlich angesengt aus?«

In ihm türmte sich wieder Gelächter auf. Er nahm den Körper der Frau in sich auf, unglaubliche Brüste, Brustwarzen wie wilde Kirschen, die durch die Schlingen der schwarzen Spitze ragten. Ein nettes Mädchen, dachte er. Eine ausländische Studentin wahrscheinlich. Die beflissen ihren Weg durchs Junior College macht.

»Was'n mit dir los, Mann? Haste zuviel Schnee erwischt?«

Seine Erinnerung wurde etwas klarer. »Ich suche jemanden ... jemand sucht mich.«

»Du hastse gefunden«, sagte sie. »Komm, wir nehmen uns 'n Zimmer!«

Ein wenig Ruhe würde ihm nicht schaden, ein Ort, an dem er seine Gedanken etwas ordnen konnte. Weg von diesem orangefarbenen Himmel! Aber er traute ihr nicht richtig. Allerdings schien sie offen und ehrlich. »Warum ich?«

»Hab' ich doch gesagt, Mann, du bist 'n Vet ... Die Stadt zahlt mich für meine Dienste an Vets.« Sie führte ihn um die Ecke, durch Glastüren, über einen Teppich mit Flecken, die einer Landkarte ähnelten, dunkle Kontinente inmitten eines burgunderfarbenen Meeres, und in eine schmale Halle mit Spiegelwänden, an deren entferntem Ende hinter dem Empfangstisch ein buckliger, gnomenhafter alter Mann saß, mit einer rüsselförmigen Nase und weißen Haarbüscheln zu beiden Seiten des Kopfes, Überbleibsel von Koboldohren, und auf dessen Stirn das eingravierte Worte ENDLICHKEIT nicht unpassend gewesen wäre. »Zwanzig fürs Zimmer und wennse was zu trinken wollen mehr«, sagte er ohne Punkt und Komma, ohne aufzusehen, und Sexula sagte: »Aber er is'n Vet, Ludy.«

Ludy sah Mingolla scharf an, er konnte fühlen, wie seine Haut unter dem machtvollen Blick dieser mit Blutäderchen durchzogenen Augen Sprünge bekam. »Hammse die Karte dabei?« fragte er.

»Mhm ... ich bin bestohlen worden«, sagte Mingolla.

»Wennse die Karte nich ham müssense zwanzig zahlen.« Ludy blätterte die Seite seiner Zeitschrift um, und als Mingolla über den Rand des Schreibtisches spähte, sah er die Photos von nackten Jungen in spielerischen erotischen Paarungen. »Haste nich' gehört, wasser gesagt hat?« Sexula schlug mit der Hand auf die Theke, um Ludy von seinen Höhenflügen mit Knaben, die

Jimmy und Butch und Sonny hießen, herunterzuholen. »Er sagt, er is' beklaut worden.«

Ludy runzelte finster die Stirn, ein Gesichtsausdruck, bei dem seine Augen beinah ganz in Falten flammend-rosafarbenen Fleisches versanken, und sagte: »Wenner die zwanzig zahlen will, soller zahlen wenner nich will soller sich verpissen.« Er drohte ihn mit dem Finger zu durchbohren.

Ein Stupsen auf Mingollas Schultern, gefolgt von einem mädchenhaften »Entschuldigung«.

Hinter ihm stand ein dünnes, mäusegesichtiges Mädchen von neunzehn oder zwanzig, das nach Mingollas Einschätzung den Höhepunkt seines Gutaussehens erreicht hatte, den Scheitelpunkt zwischen dem Aufstieg zur nichtssagenden Durchschnittlichkeit und dem Niedergang zur schlichten Häßlichkeit. Sie trug Jeans und ein T-Shirt mit der Darstellung des Abendmahls und dem Aufdruck DIES IST MEIN LEIB, NEHMT IHN HIN. Sie trug eine Einkaufstasche bei sich. Ihr braunes Haar war glanzlos, ihre Brüste glichen umgedrehten Untertassen.

»Das Geschenk der Liebe kann eine transzendentale Erfahrung sein, aber nicht, wenn man dafür zahlt«, sagte sie in einem leiernden Tonfall, als ob sie gerade betete. »Ich möchte dir ein Geschenk machen, Bruder.«

»Mach, daß du rauskommst!« keifte Sexula.

Das Mädchen beachtete sie nicht. »Ich bin befähigt, dir alles zu geben, was sie dir geben könnte, und ich kann dir . . .«

»Kannst ihm 'ne verdammte Krankheit anhängen, bei den vielen Dreckskerlen, die mit dir gebumst haben.« Sexula umkreiste das Mädchen und schüttelte übertrieben angeekelt den Kopf.

»Ich kann dir noch viel mehr geben«, fuhr das Mädchen unbeirrt fort und schluckte die Peinlichkeit hinunter. »Durch den Akt der Liebe kann ich dir zur Vereinigung mit unserem Herrn und Schöpfer Jesus Christus verhelfen, in ...«

»Diese Fotzen kommen daher und behaupten, weilses für Gott machen, isses was Reines«, sagte Sexuela. »In Wirklichkeit kriegt manse nur ins Bett, wennse einem weismachen können, es sei'n Geschenk. Dabei sindse nix als Hüften und 'n Loch!«

Ludy lachte, ein Geräusch, als ob etwas Massiges, Matschiges in einen leeren Pappsack plumpsen würde.

Im Gesicht des Mädchens arbeitete es. »Jesus Christus, in dessen Dienst ich ...«

Sexula schnaubte. »Jesus hat überhaupt nix damit zu tun!«

Dieser Hieb saß bei dem Mädchen. »Mir ist egal, was du von mir behauptest, aber du ... du ...« Sie hob die Einkaufstasche hinter den Rücken, als ob sie die Absicht hätte, damit auf Sexula loszugehen. »Was weißt du schon von Jesus, du hast nie seine Hand auf dir gespürt.«

»Wenn ich die Hand eines Mannes spüre«, sagte Sexula mit einem Blinzeln zu Ludy, »dann kriegt er von mir die gute alte Religion mit 'nem nagelneuen Dreh.«

»Bitte, geh nicht mit ihr!« Die Hände des Mädchens trommelten aufgeregt auf Mingolas Brust. »Die Dinge, die ich den Herrn habe vollbringen sehen, die Dinge, die noch vollbracht werden ... die Wunder. Wunder aus der Asche!«

Sie sprach immer abgehackter, ihr Benehmen wurde immer jämmerlicher, und Mingolla, dem das plötzlich irgendwie naheging, berührte ihren Geist und lauschte auf die Elektrizität ihres Denkens, ein Knistern unvollständiger Bilder und Erinnerungen ...

... *die schmutzigsten Dinge werde ich tun, ich tue alles, egal was, und es wird nicht sein wie damals im Keller, das Licht durch Spinnweben, so wird es nicht sein, durch Spinnweben auf der gesprungenen Fensterscheibe, grau wie sein Herz, welk wie sein Herz, und der Schmerz durchbohrt mich, farbig und strahlend, und ich werde es tun, ich werde es ihn wieder tun lassen, der Schmerz so strahlend, daß Gott darauf aufmerksam wird, Gott wird vergeben, aber nicht im Keller, nicht im Keller ...*

... was für ein Keller, was für ein Schmerz ...

... bist du es ...

... du bist es, du bist es wirklich, o Gott, ich danke dir, ja ...

... was für ein Keller, was für ein Schmerz ...

... der Keller, ja, im heimatlosen Unterschlupf, und ich schlief im Keller, warm, es war warm vom Ofen, und ich wachte auf, und er war auf mir, fast in mir, und nicht die richtige Stelle, die Stelle, die niemand sehen soll, und es tat so weh ...

... wer ...

... einer der Alten, so viele Alte, und ich konnte sein Gesicht nicht sehen, nur seine Hände auf meinen Schultern, seine gelben Hände mit einem gequetschten Fingernagel, purpurn und schwarz, wie eine Klaue, Haken in meinen Schultern, die mich nach unten zwangen, mein Gesicht im Staub, als ich schrie, schmeckte meine Zunge Staub und Asche, und der Ofen bullerte laut, niemand konnte mich hören, nur ich konnte es, ich hörte meine Stimme in den Flammen des Ofens, eine Stimme, die in den Flammen sang, trotz der Schmerzen sang sie, voller Freude, weil es soviel zu fühlen gab, und ich wollte ... bist du es wirklich, wirklich du ...

... was wolltest du ...

... den Staub, den Staub noch einmal schmecken, aber ich konnte nicht, er zog mich an den Haaren, bog meinen Kopf zurück, beugte mich, zerbrach mich, er sagte, er brächte mich um, wenn ich jemandem davon erzähle, aber ich wollte es niemandem erzählen, wollte nicht, daß irgend jemand es wüßte, ich wollte den Staub im Mund ...

... warum ...

... um den Schmerz hinunterzuschlucken, wie bei den Katzen, die ihr Erbrochenes hinunterschlucken, wenn ihnen schlecht ist, und darin sind sie besser, sie lassen es nicht ein-

fach auf dem Boden liegen, sie nehmen es wieder in sich auf und machen es zu einem Teil von sich, und als er gegangen war, tat ich das gleiche, ich leckte den Staub auf, wie eine Katze ihr Erbrochenes aufleckt, bis meine Zunge grau war, und ...

... hörte der Schmerz auf ...

... na, nein, ja, eine Zeitlang, aber er ist immer da, kommt immer wieder hoch, immer dicht und grau, in alle Ewigkeit, und ich muß immer mehr auflecken, und ... bist du es wirklich, bitte, bitte, sage es mir, bist du es ...

...

... bitte o bitte ...

...

... bist du es, ich brauche deine Stimme, ich wußte nicht, daß die Stimme sich so heiß anfühlen würde, bist du es, sage es mir ...

... ja ...

... o Gott, nimm es weg, bitte, gib mir eine Farbe, die strahlt ohne Schmerzen, bitte ...

... ja ...

... oh, oh, ich ...

... hör zu ...

... ich werde, ich werde ...

... gib mir eine Beschreibung von dem Mann, der dich angegriffen hat ...

... ich kann nicht ...

... er ist alt, gelbhäutig, sein Haar grau und wirr, sein Gesicht eine Landkarte aus Furchen und Sorgen, aus Falten und Schlechtigkeit, seine Kleidung besteht aus Lumpen, seine Zähne sind ausgefallen, sein Gaumen hat die Farbe von Blut, und seine Augen sind grau, wäßrig, verweint, siehst du ihn ...

... ja, aber ...

... paß auf ...

... er löst sich auf, zerspringt, Sprünge durchziehen ihn von oben bis unten, und seine Haut, sie schuppt sich ab, und ...

... und was ...

... Licht ...

... paß auf ...

... er beginnt zu glühen in den Rissen, und das Licht ...

... was geschieht mit dem Licht ...

... reinigend, sauber ...

... ja, und jetzt ist er gegangen, nur noch Licht erfüllt mich ...

... wie fühlst du dich ...

... ich weiß nicht, anders, ich fühle mich anders ...

... stärker ...

... ja ...

... stark genug, wegzugehen, von neuem zu beginnen, um ein neues Leben zu führen, ein neues Leben ...

... aber wo ...

... du mußt weggehen ...

... wie ...

... geh weg von diesem Ort, du mußt jetzt sofort weggehen, bald, und dir einen anderen Ort suchen, eine kleine Stadt, das Land, weiße Häuser und Farmen, und dort wirst du schön sein, wirst du dich öffnen, eine Blume, ein Herz, dein Körper rein und süß, und du wirst neue Luft atmen, neue Gedanken, neue Liebe ...

... Liebe ...

... die Liebe wird dich aufnehmen, wird dich erheben, dich heilen, und du wirst den Keller vergessen, den Schmerz, du wirst das alles jetzt vergessen, du wirst niemals mehr daran denken, und wenn der alte Schmerz wieder anfängt, ohne daß du daran denkst, wenn er einfach anfängt, die schlimmen Gefühle, die Angst, wirst du meine Stimme hören und wissen, daß nur die Freude wirklich ist, spürst du die Freude ...

... ja, ja ...

... und höre niemals auf eine andere Stimme, nur diese Stimme ist wirklich, ist die Freude ...

... das werde ich tun, ich verspreche es ...

... und deine Schönheit wird ein süßer Duft sein, ein Ge-

danke, ein Wissen, ein Feuer, und du wirst nur einen einzigen
beschenken, einen, der die Schönheit sieht, dessen Berührung
Wertschätzung bedeutet, dessen Herz dein Herz erkennen
wird, und wenn er zu dir kommt, wird meine Stimme bestäti-
gen, daß er es ist, wird dein Wissen spüren lassen und seinen
Namen aussprechen ...
... Liebe ...
... geh jetzt, jetzt, und suche deine neue Heimat ...
... aber ...
... ich werde bei dir sein ...
... immer ...
... ja, immer, geh jetzt ...
... ich habe Angst ...
... ins Licht, geh ins Licht, ins Versprechen der Freude,
geh ...

Das Mädchen wich zurück, ihr Gesicht war verstört, aber strahlend. »Ich ... ich muß gehen.« Sie lächelte. »Es tut mir leid, ich muß wirklich gehen.«

Sexula lächelte bösartig.

»Hier!« Das Mädchen griff in die Einkaufstasche, nahm etwas heraus und drückte es in Mingollas Hand: Ein Plastiksockel, auf dem die holografische Figur eines bärtigen Mannes in einem weißen Gewand im Kreis lief, die Hände zum Gebet gefaltet. Er dankte ihr, aber sie hatte sich schon in Richtung Tür entfernt, sie lief schnell und begann zu rennen, als sie auf die Straße hinausstürmte.

Ludy sagte: »Wennse die zwanzig nich zahlen machense dasse rauskommen.«

Sexula rieb sich an Mingolla und sagte: »Kannste nich' irgendwie beweisen, daßde 'n Vet bist?« Und jetzt konnte er sich an alles erinnern, seine Erinnerung lief auf Hochtouren nach dieser Erprobung der Macht. Er war verloren, verloren in Amerika, in Traurigkeit und Verwirrung, und als er fand, wen er suchte, waren sie beide verloren, obwohl sie gewonnen hatten, ohne Plan und Absicht, ja sogar ohne zu verstehen, was gewonnen war.

Ludy verlangte die zwanzig, und Sexula gab Mingolla zu verstehen, wenn sie nicht zusammenkommen könnten, dann würde sie jetzt gehen, denn Vet oder nicht, sie hatte nicht die Absicht, es auf der Straße zu machen, und Mingolla starrte durch die Glastür in sein Geburtsland, in ein lebendiges Wandgemälde des Prunks und der Zersetzung, das ihm gleichzeitig fremd und bekannt erschien, in bemalte Gesichter und blinde Augen, und er überlegte, was er tun sollte, während der kleine Jesus in seiner Hand beständig seine Kreise drehte ...

... die Wände von Izaguirres Büro verschwammen, und Mingolla sprang vom Stuhl auf, krank und mit einem tiefen Gefühl der Verlorenheit, stärker als je in der windigen Stille des Hotels. Seine Gedanken wirbelten wild durcheinander, als er versuchte zu verstehen, was geschehen war. Es war so wirklich gewesen! Die Zukunft ... das mußte es gewesen sein! Doch es hatte so viel gegeben, das ihn wie eine Halluzination getroffen hatte. Die Art, wie seine Gedanken verschwunden waren, die Verzerrungen. Und die Sache mit dem Mädchen. Wie er ihre Gedanken gehört und darauf geantwortet hatte. Aber das Unglaubliche war, wie er sie behandelt hatte. Er kannte seine Paranoia und Verwirrtheit. Aber diese ruhige, mitfühlende Seele, darin hatte er seine Person absolut nicht erkannt. Er würde Izaguirre am Morgen davon erzählen, und ... Aber wenn er darüber nachdachte, würde er es doch lieber für sich behalten. Nur für den Fall, daß es sowohl eine Halluzination als *auch* Wirklichkeit war.

Das Meer bestand aus Streifen von Aquamarin, hellem Purpur und Braun über dem Sand, Tangflächen und schlammigen Untiefen. Schaumkronen, strahlend weiß wie Zahnpasta, umspülten Korallenspitzen, und darunter war das Wasser gekräuselt und dunkel. Krebse spreizten die knochenbleichen Scheren und hasteten unter einer Mole hervor in den Tangstreifen am Rand der Küste: ein Kranich stelzte mit orientalischer Grazie durch eine glitzernde Wasserfläche über einer Sandbank. Hähne krähten, Ruf und Antwort. Eidechsen huschten unter die Strandreben. Ein Fischer in Shorts und einem roten Filzhut ruderte mit einem Kahn vorbei in Richtung Kanal. Angebunden an eine Kokospalme, wühlte ein gesprenkeltes Schwein im kotverschmutzten Sand, nicht weit entfernt von einer aus grünen Hohlblocksteinen zusammengestückelten Mauer mit einem eingelassenen Holztor. Mingolla setzte sich auf den Stumpf einer Palme, ungefähr fünfzehn Meter seewärts von dem Schwein entfernt, und hielt einen frisch ausgeschlüpften Kolibri in der Hand. Flaschengrün mit rubinroter Kehle, kaum so groß wie seine Daumenkuppe.

Wütende Stimmen am Strand weiter unten, wo Izaguirre und Tully stritten. »... keinen Grund ...« war alles, was Mingolla verstehen konnte.

Ein lebendiger Juwel in seiner Hand; der Kolibri bebte vor Leben, vor Angst, heftiges Pulsieren in der kleinen Kehle. Mingolla hatte nach seinem Nest gesucht, erfolglos. Er wünschte, er könnte etwas für den Kolibri tun, er konnte ihn doch nicht einfach auf den Sand setzen und zurücklassen.

»Scheiße!« sagte Tully und wackelte mit dem Kopf.

Izaguirre stand mit verschränkten Armen da.

Mingolla überlegte, ob er den Kolibri irgendwie beruhigen könnte. Er berührte vorsichtig sein Wesen und spürte den elektrisierenden Kontakt als winziges Feuer, das an den Rändern seines Denkens aufflackerte und abrupt erlosch. Das Pulsieren in der Kehle des Kolibris hatte aufgehört.

»Okay,Mann, von mir werdense nix mehr nich' darüber hören!«

Tully stapfte herbei und ließ sich neben Mingolla in den Sand fallen, während dieser die Faust um den Kolibri schloß. Er war warm, sein Schnabel piekste ihm in die Handfläche. Ein Schauder durchfuhr ihn, der Hauch eines Gefühls.

»Muß schon sagen, dieser verdammte Krieg is' verrückt«, sagte Tully grimmig.

Mingolla streckte die Hand nach hinten aus, schaufelte eine kleine Kuhle und bereitete dem Kolibri verstohlen eine Beerdigung.

»Ich mein', hier is' Krieg« – Tully klatschte mit der flachen Hand auf den Sand – »und da is' nich'.« Er klatschte daneben noch einmal auf den Sand. »Und so 'n paar verdammte Idioten schicken andere verdammte Idioten aus und mischen sich in Sachen, die se nix angehen.«

»Wo liegt das Problem?« fragte Mingolla.

»Dieses Weib Cifuentes hat mit dir rumgemacht ...«

»Yeah?«

»Sie woll'n dich auf se hetzen, dich innen Petén schicken, damit du se herbringst zum Verhören.« Tully seufzte aufgebracht. »Ich sag' zu Izaguirre: ›Mann, das is'ne Verschwendung vom Talent des Jungen. Er taugt zu was Besserem.‹ Aber der Doktor sagt, so wird's gemacht.«

»Mir soll's recht sein«, sagte Mingolla. »Ganz recht.«

Tully sah ihn schief an. »Hört sich an, als ob dir nich' viel an ihr liegen tät'.«

»Mir liegt sehr viel an ihr«, sagte Mingolla mit tonloser Stimme, während er Staren zusah, die aus der hochstehenden Sonne herabstießen wie Krümel geflügelter Materie, die aus ihrem Kern bröckelte. Ein Geier landete mit einem Knacken im Wipfel einer Palme.

»Du wirst 'n bißchen komisch, Davy«, sagte Tully. »Muß 'n Auge auf dich haben.«

»Hörst du niemals Worte, wenn du den Geist eines anderen berührst?« fragte Mingolla.

»Worte? Ne, nix ... aber ich hab' mal von 'nem Typen gehört, der Worte aufgeschnappt hat. Warum fragste?«

»Mir war im Traum so.«

»Was für'n Traum?« Tully war äußerst interessiert.

Mingolla hob die Schultern, dachte an seine Halluzination zurück und überlegte, ob seine Unterhaltung mit dem religiösen Mädchen der Beweis für irgend etwas war oder nichts als Einbildung. »Wolltest du mir nicht fürs Iron Barrio Anweisungen geben?«

Wieder ein Seufzen, und Tully zog einige Blatt Papier aus seiner Gesäßtasche. »Yeah, stimmt. Dies sind die Pläne, aber bevor du se dir ansiehst, gehen wir lieber rein. Is' kein besonderer Trick bei. Die Nutten, die's dort gibt ...«

»Nutten?«

»Klar. Gibt viele Leute im Barrio, die ham Familie draußen als Geiseln, und um 'n bißchen Extrageld zu verdienen, schicken die Gefängniswärter 'n paar von den Frauen auf die Straße. Sie wissen, daß die Frauen nich' viel Getue machen, solang ihre Familien dafür büßen müssen.«

Stimmen hinter ihnen.

Ein gedrungener Schwarzer und ein kleiner Junge kamen durch das Tor in der zusammengestückelten Wand. Der Mann hatte eine Machete und eine Pistole dabei.

»Sieht so aus, als ob Spurgeon sein Schwein abmurkst«, sagte Tully. »Jedenfalls, 's gibt 'ne Nutte ... Alvina Guzman. Die anderen Gefangenen behandeln se wie was Besonderes, wegen ihrem Vater, Hermeto Guzman, der die Armee der Armen droben in Guatemala angeführt hat. Sind beides Helden für die Leute im Barrio. Also mach dich an sie ran, dann läuft alles wie geschmiert.«

Das Schwein sah dem Mann, der sich ihm näherte, mit einem leisen Grunzen entgegen, als erwartete es, gestreichelt zu werden. Der Mann hielt einige Meter vor ihm an und lud die Pistole.

»Wird nich' schwer sein, sie ausfindig zu machen. Sie

is' fast jede Nacht in einer der Bars an der Avenida de la Republica.«

Mingolla berührte das Wesen des Schweins, fand, daß es stark war, und verharrte schwebend an seinem Rand.

»Du kriegst 'n paar Drogen zum Tauschen, zum ...«

»Warum, ich kann doch jedem meinen Willen aufzwingen, wem immer ich will.«

»Das is' nich' immer der beste Weg. Das schaffste auch nich' bei jedem. Und wenn dich wer beobachtet, wird der vielleicht mißtrauisch, warum du dir's so gutgehen läßt.«

Der Mann ließ die Pistole einschnappen, und der Junge sagte etwas mit einer hohen, piepsigen Stimme.

»Ab da hören meine Ratschläge auf, dann mußte allein zurechtkommen. Aber 's Reinkommen is' kein Problem nich'. Mit den Wächtern kommste leicht klar.« Tully stieß ihm den Ellbogen in die Seite. »Hey, Mann, hör doch zu! Dachte, du wolltest 'n paar Anweisungen.«

Ein Schuß krachte, und Tully machte einen Satz. Mingolla, der ihn erwartet hatte, zeigte mit keiner Miene, daß er ihn gehört hatte.

Am Nachmittag vor seiner Abreise nach La Ceiba schloß sich Mingolla in seinem Zimmer ein mit der Absicht, noch eine Weile zu lesen und früh einzuschlafen. Er las noch einmal die Titelgeschichte aus *Das phantastische Gästehaus*, verweilte bei seinen Lieblingsstellen, zum Beispiel der Beschreibung des Gebäudes mit dem uralten Swimmingpool, dessen Wasser so verdreckt war, daß es wie Rauten aus Jade aussah, und seinen Besitzers, eines alten Koreaners, der den ganzen Tag im Rollstuhl saß und Figuren auf Papierstreifen zeichnete, die er als Glücksbringer an die Rebstöcke in seinem Garten band, und des Hausmädchens Serenita, der letzten

Überlebenden des Vertrages, deren Ende dem Autor als Vorlage für den Tod diente. Es war merkwürdig, dachte er, daß ein und derselbe Autor zwei Geschichten schreiben konnte, die eine so gegensätzliche Wirkung auf ihn hatten, denn die Story über die beiden in Fehde liegenden Familien ärgerte ihn immer noch. Diesmal gelang es ihm jedoch, sie bis zu Ende zu lesen, und er war angewidert, daß das Ende der Geschichte keine Auflösung brachte. Er schleuderte das Buch in seinen Seesack, zog sich ein Kissen übers Gesicht und versuchte einzuschlafen. Aber der Schlaf wollte ihn nicht überkommen, und schließlich, als er es aufgegeben hatte, stand er auf, um am Strand spazierenzugehen. Er beobachtete, wie sich die untergehende Sonne mit wildem Geglitzer im Meer spiegelte und zu einer gewellten Linie auf dem von Purpur angehauchten Wasser im Riffbecken schrumpfte. Dunkelheit. Er setzte sich gegen die Wand des Hotels gelehnt nieder und blickte hinauf zu den blassen Wolkengebilden, die zwischen den Sternen kreuzten, während er gedankenverloren mit einem Stöckchen auf den Sand klopfte.

»Paß nur auf, daß du keine Kröte mit dem Stock erwischst«, sagte eine Mädchenstimme.

Elizabeth trat aus dem Schatten der Palmen auf ihn zu, ihr weißes Sonntagskleid schimmerte streifig im Mondlicht, und sie hielt ihr Gesangbuch in der Hand. »Warum?« fragte er.

»Das is'n Maniokastock«, erklärte sie. »Wennste 'ne Kröte damit erwischt, jagense dich von der Insel.«

Er lachte. »Ich werde versuchen, es zu vermeiden.«

»Das is' nich' zum Lachen«, sagte sie. »So was is' letztes Jahr dem Jungen von Nadia Dilbert passiert. Die Kröten ham ihn mit Milch bespritzt, und jetzt is' sein Leben nix mehr wert.«

»Ich werde vorsichtig sein«, sagte er und ging auf ihre Ernsthaftigkeit ein.

Sie kam ein paar Schritte näher an ihn heran, und

sein Blick fiel auf die gefälligen Wölbungen ihrer Brüste, die sich unter dem Spitzenbesatz abzeichneten.

»Wo ist denn deine Freundin?« fragte er.

»Meinst du Nancy? Sie is' mit 'nem Jungen unterwegs.« Sie sah sich um. »Ich glaub', ich muß jetzt ...«

»Bleib doch, und laß uns ein bißchen reden.«

»Oh, ich darf nich' zu spät in die Kirche kommen.«

Mingolla öffnete ihren Sinn für die Möglichkeit einer Verspätung und projizierte Verlangen in sie. »Komm«, sagte er. »Nur eine oder zwei Minuten.«

Sie senkte die Augenlider, und ihr Geist schien abzuschweifen, als ob sie auf eine innere Stimme lauschte. »Also gut, vielleicht 'ne Minute.« Sie legte das Gesangbuch neben Mingolla in den Sand und ließ sich vorsichtig darauf nieder, darauf bedacht, ihr Kleid nicht schmutzig zu machen. Sie warf ihm einen Blick von der Seite zu, dann sah sie schnell weg, spannte den Körper, und ihr Atem ging schneller. »Tully«, sagte sie, »er hat erzählt, daß du bald weggehst?«

»Hast du ihn über mich ausgefragt?«

»O nein ... also gut, doch. Aber das war wegen Nancy. Sie hat's auf dich abgesehen.«

»So so.« Mingolla verfolgte die purpurroten Positionslampen eines Krabbenfängers, der sich langsam am Horizont entlangschob. »Yeah, ich gehe weg.«

»Das is' schade ... dann biste beim Karneval in French Harbor nich' dabei.«

Er blickte in Elizabeths hübsches Gesicht: die breite, ebenmäßige Nase, der stolze Mund und die ausgeprägten Wangenknochen, ein Gesicht, das – wenn er es zeichnen würde – zum Ausdruck reifer Sinnlichkeit geraten würde, obwohl es in diesem Moment vollkommen jugendlich erschien, neugierig, doch etwas gehemmt, und er erkannte, daß er sie nicht besitzen wollte, sondern daß ihm daran lag, sie zu brandmarken, um dadurch Tully zu brandmarken. Er war sich nicht sicher, warum er das wollte. Trotz ihrer gemeinsam verbrachten Monate war Tully immer noch eine unbekannte Größe, verschanzt hinter einer Mauer aus Aufschneiderei und Grobheit ... obwohl Mingolla den Verdacht hatte, daß die Mauer errichtet worden war, um ein schlichtes, einfältiges Ich zu bemänteln, zu dem Tully sich seit langem nicht mehr bekannte. Und vielleicht, dachte Mingolla, ging sein Bestreben in Wirklichkeit dahin, seine eigene Überlegenheit zu manifestieren, indem er diese Mauer niederriß und die Tatsache enthüllte, daß Tully empfindsamer war, als er zugeben wollte. Es war jedoch gleichgültig. Daß er es wollte, war Grund genug.

»Elizabeth«, sagte er und verlagerte dabei sein Gewicht, drehte sich halb zu ihr um und legte ihr eine Hand auf den Bauch. Sie verkrampfte sich, zog sich aber nicht zurück, und als seine Hand weiterfuhr und über ihre Brust strich, einen Knopf öffnete, dann den zweiten, hielt sie den Atem an und reckte sich seiner Handfläche entgegen. Als er jedoch anfing, ihr das Kleid von den Schultern zu streifen, klammerte sie sich an den Stoff und hielt die beiden Seiten zusammen. »Ich kenn' mich nich' aus mit so was«, sagte sie. »Ich weiß nix davon.« Er flüsterte ihren Namen wie eine Beschwörung, drängte ihr Verlangen auf und liebkoste mit den Lippen ihren Nacken und ihre Wangen. Sie warf den Kopf zurück, lockerte den Griff am Kleid und gab seinem Mund den Weg frei zum oberen Ansatz ihrer Brüste.

»Ah, was das für'n schönes Gefühl is', Davy.«

Er hob eine Brust aus der Spitze, sie lag in seiner Hand wie ein voller Weinbeutel, und bewunderte seine Schwärze, die vor Schweiß und Sternenlicht glänzte, schmeckte die Schwärze in den Brustwarzen.

»Davy, o Davy.«

Er entfernte sich von ihr, entfernte sich sogar von seinem eigenen Verlangen. Die Sterne, das Klatschen der Wellen, diese liebeshungrige Sonntagsschülerin, das vermischte sich zu einem Gepansche aus Kinokitsch und Pennälerromantik, und er fing an, sich zu langweilen. Es war eigentlich mehr als Langeweile. Seine ganze Grundeinstellung zum Bösen und Unheilvollen geriet ins Wanken.

»O Gott ... Davy! Du machst das so schön.«

Christus, dachte er, *laß uns die Sprache der Liebe umgestalten, sie in die Welt des Intellekts verfrachten: Wenn Du Mich Berührst, Löst Sich Mein Selbstverständnis In Nichts Auf. Oder zumindest in eine Welt schlechter Poesie: Dieser Stille Augenblick Des Glücklichseins, Nachdem Du Hineingeglitten Bist, Diese Süße Fracht, Mit Geschlossenen Augen In Die Raserei, Und Später Die Lichter Neben Unseren Geöffneten Lippen Sind Überbeanspruchte Sinne. Oder ...*

Er hatte eine Idee! Eine Inspiration! Er erhob sich mühsam auf die Beine und half ihr, ebenfalls aufzustehen. Dann stellte er sich dicht hinter sie, legte ihr die Hände auf die Hüften. Und sandte Liebe in ihren Geist, die geformte Strömung all dessen, das er damals für seine Long-Island-Dame empfunden hatte, und für Debora. »Laß uns ins Wasser gehen«, sagte er. »Ich möchte dich im Wasser dicht bei mir spüren.« Es war erstaunlich, daß sie sich nicht übergab, bei der triefenden Süße, die er in diese Worte gelegt hatte. Aber nein, sie kaufte sie ihm hundertprozentig ab, die Liebe verwandelt nun mal Dummes in Erhabenes. Auch sie wollte mit ihm im Wasser sein. Was immer das für sie bedeuten mochte. Eine Reise ins Paradies, eine Fahrt mit dem märchenhaften Sexmobil, der Ausflug in ein Disneyland der Drüsen. Sie entkleidete sich mit dem Rücken zu ihm, und der Anblick ihres Hinterteils, die anmutigen Säulen ihrer Schenkel, erweckten sein Verlangen aufs neue. Aber er wich nicht von seinem Kurs ab. Händchenhaltend wateten sie hinaus, traten in weiß Gott was für Aasreste, Schweinedärme und Fischgehirne, tausend groteske Möglichkeiten, händchenhaltend, und tauchten bis zur Brust in seichtes Gewässer, machten Schwimmzüge und näherten sich den Klippen bis auf sechs Meter, nahe genug, daß die weiße, im Sternenlicht glitzernde Gischt kalt ihre Haut besprühte, doch nicht so weit hinaus, daß ihre Füße nicht mehr den Boden berühren konnten. Er zog sie an sich, küßte sie heftig, und das Gefühl ihrer glatten Hüften, ihrer Brustwarzen, die sich an seiner Brust rieben, sein Schwanz, der in die kühle, nachgiebige Schwellung ihres Bauches stach, entzündete die Begierde wieder, ließ in ihm die Überlegung aufkeimen, daß er sich doch ruhig ein Stück vom Kuchen abschneiden und es auch essen könnte. Nein, nein! Weiche nicht vom Plan ab! Ohne dafür zu bezahlen, ohne es zu bereuen! Ihre Augen strahlten mit fischigem Glanz, aus ihrem schwarzen Mund stand die aalschmale Zunge heraus. Als er sie auf diese Weise betrachtete, schaffte er es, sich freizumachen.

»Davy!« Sie versuchte, ihn wieder an sich zu ziehen, aber er entwand sich ihr, glitt weiter weg, bis er sie vor dem Hintergrund der schwarzen Wand des Riffs nicht mehr sah.

»Ich kenn' mich mit so was nich' aus«, sagte er. »Ich weiß nix davon.«

»Davy!« Panik war in ihrer Stimme.

Er tauchte und stieß sich mit kräftigen Schwimmzügen vorwärts, um fünfzehn Meter weiter wieder an die Oberfläche zu kommen.

»Was hast du, Davy? Mach dir keine Sorgen.«

Sein Gelächter ging in der Brandung unter, in einer phosphoreszierenden Gischt, die wie Zähne eines gewaltigen Kammes aufspritzte. Er ließ sich von der Strömung an den Fuß der Klippen treiben, versteckte sich in einer Felsnische und griff nach einem mit Muscheln überwucherten Vorsprung.

»Davy!« Sie näherte sich ihm. »Brauchst keine Angst haben, Davy, ich liebe dich.«

Sie schwamm in ein paar Metern Entfernung an ihm vorbei, rief seinen Namen und suchte ihn, und heimtückisch wie ein Haifisch tauchte er unter die Oberfläche und schwamm unter Wasser zur Küste. Er konnte sie immer noch nach ihm rufen hören, als er sich wieder anzog. Es würde nicht lange dauern, dann würde sie voller Sorge, daß er durch den Kanal hinausgetrieben worden sei, jenseits der Klippen suchen. »Davy! Davy!« würde sie rufen, in Richtung Afrika weiterflattern, und ihr dunkler Kopf würde in die Mulden zwischen den Wellen tauchen, mit der Liebe als Boje. Vorbeikommende Schiffe würden ihr Rettungsringe zuwerfen, aber sie würde fragen: »Habt ihr meinen Davy gesehen?« Und wenn sie nein sagten, würde sie ihnen erklären, sie könnten ruhig weiterfahren, sie würde nicht anhalten, bevor sie nicht ihren Mann gefunden hätte. Er sah sie, wie sie an arabischen Küsten an Land gespült wurde, durch tiefe Wälder wanderte, gejagt, gehetzt, von Terroristen geschändet, von internationalen Managern und Ölscheichs verwöhnt. »Wer«, würden diese fragen, »ist dieser Davy?« Und sie würde seufzen, würde weinen, gedankenverloren zum Engel des Westens blicken, und die Scheichs würden ungeduldig und wütend, da sie wußten, daß sie sie niemals wirklich besitzen konnten, daß sie dieser geheimnisvolle Davy für alle Männer verdorben hatte, daß ein vollkommener Augenblick in Marmor gemeißelt und als Denkmal auf einen hohen Podest gehoben worden war, der alle anderen überschattete, und daß die wahre Liebe niemals sterben würde.

KAPITEL ACHT

Die Avenida de la Republica in La Ceiba war eine Straße der Nacht, breit, mit vielen Schlaglöchern und geteilt durch ein Eisenbahngleis, das der United Fruit Company gehörte. Sie führte am Wasser entlang zwischen Reihen stuckverzierten Bars und heruntergekommener Hotels hindurch; von den Hotels waren die meisten dunkelgrün gestrichen, als ob während einer lang vergangenen Anstreich-Saison diese Farbe im Sonderangebot zu haben gewesen wäre. Die Hotels hatten spitze Dächer, gebrechliche Außentreppen an den Seiten und Innenhöfe, wo fette Conciergen an Resopaltischen residierten und Salvavida-Bier tranken, mit Bekannten scherzten und den Prostituierten Gemeinheiten an den Kopf warfen, die in den stickigen Räumen den Nachmittag verschliefen. Während des Tages bot die Straße ein Bild extremer Lähmung. Fetzen von Zellophan und weggeworfenem Papier wirbelten bei Windstößen in den Rinnsteinen auf, und außer den Hunden gab es wenig Verkehr, höchstens hie und da einen Bettler, der einen Türeingang zum Schlafen suchte, und schwarzgekleidete Witwen mit rostig wirkender Haut, die auf den Bordsteinstraßen saßen und auf dem Schoß Zigaretten auf Tabletts feilboten. Von den Docks hinter der zum Meer hin gelegenen Reihe von Hotels drang das ständige helle Kreischen von bearbeitetem Metall herüber, und die Hitze war bedrückend, jeder Lufthauch brachte Staub mit sich und rieb wie eine rauhe Tierzunge auf der Haut. Mingolla nahm amüsiert zur Kenntnis, daß in den Hotels ein Zimmer ohne alle Extras fünf Lempira kostete, ein Zimmer mit Frau zehn und eins mit Klimaanlage fünfundzwanzig, was ein eindeutiges Zeugnis davon ablegte, wie hoch die Bürger der Stadt Kühlung einschätzten.

Er wählte ein ziemlich billiges Zimmer im dritten Stock eines Hotels und verbrachte den Nachmittag damit, die Anlage des Barrio zu studieren, das einige Kilometer weiter im Norden lag; es war so groß wie eine ganze Stadt, und, wenn man den Gerüchten glaubte, waren darin mehr als vierzigtausend Seelen untergebracht. Außerdem betrachtete er sich eingehend die Fotos von Alvina Guzman und seiner Zielperson, Opolonio de Zedeguí. Der Nicaraguaner war ein gesund aussehender Mann Mitte Dreißig, mit schwarzem Haar, einer hohen Stirn und Haut in der Farbe von Sandelholz. Seine empfindsamen Züge machten es Mingolla schwer, in ihm einen abscheulichen Gegner zu sehen, aber andererseits bezweifelte er auch, daß ein Foto von ihm selbst bei irgend jemandem Angst und Schrecken hervorrufen könnte, und er hütete sich vor leichtfertiger Vertrauensseligkeit. Als die Dunkelheit hereinbrach, verstaute er diese Dinge in einer Schublade und setzte sich ans Fenster, um zu beobachten, wie die Straße zum Leben erwachte. Prostituierte strömten in die Bars, dicht gefolgt von Trauben von Seeleuten und Dockarbeitern. Händler mit ihren Karren verkauften Eis und Fleischspieße und Zwiebeln von fahrbaren Grills; Kinder boten Süßigkeiten und Aufziehspielzeug und Ketten aus schwarzen Korallen feil. Die Löcher in den Billardtischen der Bars waren verstopft, und die Filzauflagen der Tische wurden für Würfelspiele benutzt; die Musikautomaten trugen das Aufschreien der Gewinner auf dichten Wolken von Melodie und Rhythmus davon. Die Eingänge zu den Bars waren einladend breit und hell erleuchtet, wie ein Rahmen um die Tänzer und Spieler und Nachtschwärmer im Inneren, und Mingolla kam es so vor, als sei die Straße der Schauplatz für Dutzende von kleinen Theatern, in denen allen das gleiche Stück aufgeführt wurde.

Um neun Uhr spazierte er zwei Häuserblocks süd-
wärts und betrat die Cantina Las Vegas 99, die Bar, in
der Alvina Guzman ihrem Gewerbe nachging. Er schob
sich durch die Menge ans Ende der Bartheke und bestellte einen Rum. Mehrere Männer hatten sich an der
Bar entlang aufgereiht; der, der Mingolla am nächsten
stand, erübrigte einen trüben Blick für ihn, dann starrte
er wieder in sein Glas. Alle Männer an der Theke starrten in ihre Gläser, alle gleich trübsinnig, und Mingolla
hatte das Gefühl, daß, wenn er sie imitieren würde,
seine Gedanken mit rumartiger Geschwindigkeit in eine
innere Dunkelheit davondriften würden. Er begann
eine oberflächliche Unterhaltung mit dem Barkeeper,
plauderte über die Fußballweltmeisterschaft und das
Wetter und unterzog gleichzeitig das Gemälde an der
Wand über der Musikbox einer kritischen Betrachtung:
Würfel und Roulettescheiben mit dramatischen Lichtreflexen, Spielkarten und Pokerchips – all das vermittelte
den Eindruck von Großartigkeit im Gegensatz zu den
winzigen Menschlein, die darunter gemalt waren, alle
mit kummervoll emporgereckten Händen. Alle paar
Minuten ließ er den Blick über die Menge schweifen, um
Alvina zu entdecken, und schließlich sah er sie. Sie
stand bei der Musikbox und fütterte sie mit einer Münze. Eine breitschultrige, untersetzte Indiofrau mit lehm-
farbener Haut, vollen Brüsten und üppigen Hüften. Ihr
schwarzes Haar war zu einem einzelnen Zopf geflochten, der ihr bis zur Mitte des Rückens fiel, und ihre Kleidung – eine weiße Bluse und ein Rock aus bedrucktem
Stoff – zeigte Spuren langen Tragens. Wie es bei Hettie
der Fall war, rief ihr Gesicht in ihm das Bild von Debora
hervor, nicht weil es so hübsch gewesen wäre – Alvina
war nicht hübsch –, sondern weil es so leidenschaftslos
war. Sie stand unbeweglich da, ihr fast quadratisches
Gesicht zeigte keine Regung, und als aus dem Automaten eine romantische Ballade erklang, begann sie, allein
zu tanzen; sie drehte sich anmutig in engen Kreisen,

wobei sie die Augen fest auf den Boden gehaftet hielt. Mingolla war drauf und dran gewesen, auf sie zuzugehen, aber jetzt hielt er sich zurück, als er sie tanzen sah; sie drückte Traurigkeit und Verlorenheit aus, und ihr Tanz paßte gut zu dem melodramatischen Spanisch des Textes. Das wollte er nicht unterbrechen.

> »Heute wie gestern und genau wie morgen,
> ich sitze da und sehe zu, wie der Mond aufgeht,
> das zerknüllte Bettuch, gefroren in seinem
> Licht wie Schneeverwehungen.
> Um neun Uhr abends, nur noch eine Zigarette
> übrig,
> und wenn ich sie aufgeraucht habe,
> wirst du nur noch eine Erinnerung sein ...

Alvina sah verloren aus, als die Platte zu Ende war, als ob sie gerade erwacht wäre und sich in einer fremden Welt wiedergefunden hätte. Mingolla bahnte sich einen Weg durch die Menge, legte ihr die Hand auf den Arm, und aus ihrem Gesicht schien eine Energie zu weichen, die er bis dahin nicht bemerkt hatte. »Zehn Lempira«, sagte sie.

»*Si, pues*«, antwortete er. »*Y por la noche?*«

»Dein Akzent«, sagte sie. »Er ist guatemaltekisch.«

»Ja, ich stamme aus dem Petén. Aus San Francisco de Juticlan.«

»Ich bin auch aus Guatemala. Aus der Hochebene, dem Altiplano.« Ihr Interesse flaute ab. »Für die Nacht kostet's fünfzig. Hast du ein Hotel?«

»Es ist ganz in der Nähe.«

Sie machte einen Schritt in Richtung Tür, dann hielt sie inne und sagte: »Ich mache nichts mit dem Mund ... verstehst du?«

Mingolla sagte, darauf komme es ihm nicht an.

Ohne zu sprechen, gingen sie zu Mingollas Hotel und zu seinem Zimmer hinauf. Es war eingerichtet mit einem Feldbett, einem angeschlagenen Waschbecken, einem Nachttisch und einer Deckenbespannung. Die Wände bestanden aus dunkelgrünen Brettern, mit Lichtstreifen, die von den angrenzenden Räumen hindurchfielen, und aus dem Zimmer rechts drangen außerdem die Geräusche eines angestrengten Liebesaktes herüber. Alvina machte sich daran, ihre Bluse aufzuknöpfen, aber Mingolla bat sie, zu warten.

»Was gibt's?« fragte sie nervös.

»Setz dich!« Er schaltete das Licht an. »Ich möchte mit dir reden.«

»Warum?« Sie war sehr nervös. »Was möchtest du wissen?«

»Bitte, setz dich doch!«

Sie folgte seiner Aufforderung, warf aber einen Blick in Richtung Tür.

»Ich heiße David, und ich weiß, daß du Alvina Guzman bist.«

»Das ist kein Geheimnis«, sagte sie scheinbar ruhig, ließ dabei aber die Tür nicht aus den Augen.

»Ich möchte dich um Hilfe bitten«, sagte er und infizierte sie mit einem Gefühl der Freundschaft und des Vertrauens.

Sie hob die Hand, als wollte sie damit ihr Gesicht berühren, führte die Bewegung aber nicht zu Ende. »Wie kann ich helfen? Ich bin eine Gefangene.«

»Ich gehe ins Barrio.«

»Dafür brauchst du keine Hilfe.« Sie legte eine Hand aufs Kopfkissen, klopfte darauf, als wollte sie seine Weichheit prüfen, seine Festigkeit, als wäre es ein ganz besonders wertvoller Gegenstand. »Warum willst du das machen?«

»Es gibt dort einen Mann, einen Nicaraguaner namens de Zeduguí ...«

»Nie von ihm gehört.«

»Er hat meine Familie umgebracht.« Mingolla spulte seine Geschichte ab, erklärte seinen Drang nach Rache, übte weiterhin Einfluß auf Alvina aus und erläuterte ihr seinen Plan, daß er sich als ihr Cousin ausgeben wollte, um damit von der Immunität zu profitieren, die ihre Familie genoß.

»Ich habe einen Bekannten, der vielleicht diesen de Zedeguí kennt.« Sie sah ihn besorgt an. »Man wird dich vielleicht foltern, und du wirst sehr wahrscheinlich nie mehr rauskommen.« Im Nebenzimmer gab eine Prostituierte einen offenkundig unechten Schrei der Lust von sich, und Alvinas Kopf fuhr mit einem Ruck in die Richtung, aus der der Schrei kam. »Aber wenn du darauf bestehst«, sagte sie, »dann treffen wir uns kurz vor drei im Neunundneunzig.«

»Was wirst du in der Zwischenzeit treiben?«

»Arbeiten ... die Wächter erwarten ihr Geld.«

Gemurmelte Gesprächsfetzen aus dem Nebenzimmer, das Geräusch von splitterndem Glas.

»Hier.« Er reichte ihr eine Klammer, die ein dickes Bündel Geldscheine zusammenhielt.

»Das ist zuviel«, sagte sie, nachdem sie es gezählt hatte.

»Es ist nicht genug.«

Sie erhob keine weiteren Einwände, verstaute das Geld in der Tasche ihrer Bluse und saß mit um die Knie gefalteten Händen da, starr und stumpf wie ein Götze. »Könnte ich bis drei vielleicht schlafen?« fragte sie.

»Sicher.«

Sie drehte ihm den Rücken zu, knöpfte ihre Bluse auf und streifte sie ab. Rote vernarbte Striemen überzogen ihre Schultern, und als sie den Rock fallen ließ, sah er, daß noch weit schlimmere Narben ihre cellulitischen Hinterbacken und Schenkel bedeckten. Die Narben verrieten ihre Geschichte, waren Zeugnis von hoffnungslosem Kampf und Terror, vom Verstecken im Urwald und entbehrungsreichen Umherziehen. Sie faltete ihre Sachen zusammen, legte sie an den Fuß des Bettes und schlüpfte unter die Decke. Sie blieb jedoch sitzen, und ihre Augen begegneten Mingollas Blick. Ihre Brüste hingen weit herunter, die Warzenhöfe waren groß und braun. Eine runzelige Stelle auf der rechten Schulter zeugte von einer alten Schußwunde.

»Du hast gezahlt«, sagte sie.

Er wußte, daß sie ihm damit nur anbot, einen Vertrag zu erfüllen, und doch, angeregt durch den Kontakt, den er mit ihrem Geist aufgenommen hatte, hätte er gern mit ihr geschlafen. Sie war nicht attraktiv, aber sie war unverfälscht, so unverfälscht wie die Geschichte selbst, deren Erfindungsreichtum der Welt eine Symmetrie verlieh, die eine verborgene Schönheit andeutete; und es schien ihm, daß ihre Leidenschaftslosigkeit symptomatisch war für das stille Vertrauen, mit dem Schönheit der Welt gegenübertritt. Es war eine Schönheit in ihr, dachte er, und die Narben unterstrichen das. Er wollte sie jedoch nicht benutzen: ihre Schönheit war nicht von der Art, die er mit Wohlbehagen benutzt hätte.

»Du verstehst, deine Narben zu tragen«, sagte er.

Das mißfiel ihr. »Einige Männer mögen sie.«

»So habe ich es nicht gemeint.«

Sie wich seinem Blick nicht aus. »Du hast meine Frage nicht beantwortet.«

»Doch, das habe ich.«

Ein Klatschen auf Fleisch im Nebenzimmer, ein Schrei, der nicht gespielt war.

»Ich mache gleich das Licht aus«, sagte Mingolla.

Er setzte sich auf die Bettkante, öffnete die Schublade des Nachttischs und entnahm ihr ein Messer in einer kalbsledernen Hülle und ein größeres Päckchen, das mit einem weißen Pulver gefüllt war. Er schüttete etwas von dem Pulver auf den Überschlag des Päckchens und begann, es mit dem Messer in Streifen zu teilen.

»Was ist das?« Alvina beugte sich über seine Schulter.

»Frost.« Er zerstieß ein zusammengeklumptes Stück. »Ähnlich wie Kokain ... nur stärker. Möchtest du etwas? Du kannst dann aber nicht schlafen.«

»Nein, jetzt nicht. Wirst du nicht schlafen?«

»Ich möchte um drei fit sein.«

Er steckte sich einen Trinkhalm in die Nase und sog fünf breite Streifen schnell hintereinander ein. Die Haut über seiner Stirn straffte sich.

»Die Wächter werden dir das abnehmen.«

»Wir werden sehen«, sagte er.

Er nahm noch drei Streifen. Seine Gedanken begannen einen lebhaften Tanz, und er hatte die Vorstellung von blau-weißen elektrischen Funken, die durch seine Schläfen zuckten. Der Speichel in seiner Kehle schmeckte bitter.

»Schlaf jetzt ein bißchen«, sagte er zu ihr.

Er löschte das Licht und setzte sich neben die Tür. Die Lichter im Nebenzimmer waren ebenfalls ausgegangen, und nur von der Straße her drang gedämpfter Lichtschein ins Zimmer, zusammen mit schwacher Musik und Stimmengemurmel. Flecken von glänzendem Schwarz schienen durch die Dunkelheit zu schweben wie abgewetzter Samt, und Mingolla fragte sich, ob – genau wie das angeschlagene Porzellan das Waschbeckens, das durchhängende Feldbett, der rissige Tisch – die Dunkelheit in billigen Hotelzimmern die Spuren früherer Bewohner trug. Er dachte an den Nicaraguaner und machte sich etwas Sorgen. Obwohl er stärker war als Tully und Tully immerhin zu den Besten gehörte, mußte er dem Nicaraguaner auf dessen Territorium begegnen – einem gefährlichen Territorium. Er würde sehr vorsichtig vorgehen müssen. Was ihn am meisten beunruhigte, war die Verrücktheit des Nicaraguaners, die Todesverachtung, die ihn veranlaßt hatte, ausgerechnet im Iron Barrio Zuflucht zu suchen. Verrücktheit war eine variable Größe, auf die er sich nicht vorbereiten konnte, und er hoffte nur, daß sie sich als Schwäche erweisen würde.

Alvina schnarchte leise. Er hatte ein klares Bild ihrer Körperformen vor Augen, wie sie da so mit dem Rücken zu ihm auf der Seite lag. Der Frost hatte seine natürliche Geilheit verstärkt, und er mußte ständig an sein steifes Glied fassen und es in eine angenehmere Lage bringen. Er hätte sie wirklich gern gefickt. Hätte gern die Geschichte gefickt, auf die Art der Hunde, kniend und mit den Eiern tief drin im Fleisch der Geschichte, mit dem Blick auf ihren nackten, vernarbten und stämmigen Arsch. Und er dachte, daß darin eigentlich das Wesen seiner Arbeit für das Psicorps bestand: die Geschichte der Rebellion zu ficken, die Armee der Armen, der brutalisierten Landmenschen und Indios. Er stand jetzt auf der Seite des Bösen. Dieser Gedanke kam ihm nicht zum ersten Mal in den Kopf, doch hatte er nie diese Direktheit gehabt, und beflügelt durch eine vom Frost hervorgerufene glasklare Heiterkeit, stellte er sich selbst auf einem Filmplakat vor, mit seinem Namen MINGOLLA in flammenden Buchstaben; seine Gestalt überragte brennende Dörfer und schreiende Menschenhorden, und Mentalblitze zuckten aus seinen Augen. Dann sah er die Sache aus einem anderen Blickwinkel. Sah sich über eine leichenübersäte Landstraße schleichen, auf der Jagd nach einem Opfer. Er konnte nicht begreifen, wie er auf diesen Weg geraten war; er hatte eine Ahnung von den Ereignissen, die dazu geführt hatten, aber das allein erklärte noch gar nichts. Er hatte den Eindruck, daß man ihn hereingelegt hatte oder daß er sich selbst hereingelegt hatte oder ... Alvina murmelte im Schlaf. Verdammt, er wollte sie ficken! Oder nicht mal unbedingt ficken, ihr einfach nah sein, jemandem nah sein. Er hatte Angst, und er schämte sich nicht, das einzugestehen. Jeder hätte Angst, wenn ihm das Barrio bevorstand. Er würde sich neben sie hinlegen, sonst nichts, sich neben sie legen und sie festhalten und fühlen, wie sein Herz unter dem Einfluß der Droge gegen ihren vernarbten Rücken pochte, und er würde wissen, daß er, wenn es ihr gelänge, Schrecken und Not zu überleben, es ebenfalls schaffen würde. Er brauchte diesen Trost, diese elementare Geborgenheit. Er zog sich aus, schlüpfte ins Bett und kuschelte sich neben sie. Sie bewegte sich, aber sie wachte nicht auf. Als er jedoch einen Arm um ihre Schulter legte, blitzte das Weiße in ihren Augen auf. »Schlaf weiter«, sagte er. Er konnte sich nicht zurückhalten, die Hand um ihre Brust zu wölben, die Brustwarze zwischen die Finger gleiten zu lassen und sie steif werden zu lassen. Sein aufgerichtetes Glied drückte in ihr Hinterteil. Ohne ein Wort hob sie ein Knie an, und er glitt zwischen ihre Beine, rieb sie und spürte, wie sie feucht wurde. Er schob einen Finger in ihre Scheide, dann zwei, ließ sie spielen, und ihre Muskeln zogen ihn tiefer hinein, während sich ihre Hüften stoßartig bewegten. Sie wollte ihn, bestimmt, dachte der. In ihrer Vorstellung wären sie Bruder und Schwester, Verbündete im Kampf gegen ein nicaraguanisches Monster. Und er wollte sie, nicht irgend jemanden, sie; er wollte, daß ihr üppiges kommunistisches Hinterteil allen Saft aus ihm saugte, er wollte Vereinigung und Erfüllung und Beherrschung. Er drehte sie auf den Bauch, kniete sich über sie und schob sich glatt und mühelos in sie hinein, glitt in sie, bis nichts mehr von ihm zu sehen war. Er hielt sie um die Taille umfaßt und genoß es, als sie sich etwas hochhob, mit einem Gefühl engster Vertrautheit und gleichzeitig der Distanz. Er zog sich ein wenig zurück, um zu beobachten, wie er hinein und heraus glitt. Er fuhr ihr mit den Händen über die Hinterbacken und knetete sie. Er griff nach unten und quetschte eine der baumelnden Brüste, worauf sie das Gesicht ins Kopfkissen drückte. Kein Ton von ihr, aber das war Guerillataktik, sich lieber die Zunge abzubeißen, als zu schreien, um sich nicht zu verraten, während sie im Schutze der Nacht und des Farns bumsten. Er stieß unsanft in sie, versuchte, ihr einen Schrei zu entlocken, sie zum Aufkreischen zu bringen; er genoß es, wie ihr Hintern in Stößen kreiste, und er vergaß auf ihr Schreien zu lauern, und alles, die

Angst, die Lust und die Droge verdichtete sich zu einem Flammenbündel, formte sich zu einem Feuerball und löste sich dann in Fasern süßer Mattigkeit auf. Schwitzend und keuchend sank er schwer auf sie.

Nachdem er sich zurückgezogen hatte, wandte sie sich ab, aus ihrer verkrampften Körperhaltung sprach Abneigung. »Ich hatte es nicht gewollt ...«, setzte er an.

»Du hast gezahlt«, sagte sie kalt.

Er schämte sich, und er erkannte, daß er den Schaden wiedergutmachen mußte, ihr Vertrauen wieder aufbauen, vielleicht sogar Zuneigung erreichen. Aber andererseits war er auch zufrieden, angetan davon, daß er die Geschichte besiegt hatte. Die Wiedergutmachung konnte warten, dachte er; denn im Moment wollte er ihr erst mal genau zeigen, mit wem sie es zu tun hatte, auch wenn er es selbst nicht so richtig wußte.

Um halb vier standen Mingolla und Alvina inmitten einer Gruppe von Frauen – bestimmt einigen Dutzend –, die alle auf den Bus warteten, der sie ins Barrio bringen sollte. Niemand sprach. Die Nacht war sternenlos, mondlos, und der Wind zerzauste das Gras entlang der Straße, fegte über die gestaltlose Dunkelheit des Meeres hinweg. Hinter ihnen lag eine Ansammlung von Hütten, ein wirkliches Barrio*, dessen Strohdächer im düsteren Licht ihrer Eingangslampen so gerupft wie Gefieder in der Mauser aussahen. Scheinwerfer näherten sich aus Norden, wurden größer, und schließlich war ein weißer Schulbus zu erkennen, über dessen Frontscheibe in ordentlichen schwarzen Buchstaben geschrieben stand MINISTERIUM FÜR UMERZIEHUNG. Der Bus bremste quietschend, die Tür schwang auf, und drei kleine, drahtige Männer sprangen mit gezogenen Pistolen heraus. Sie trugen normale Straßenkleidung, doch als Kopfbedeckung rote Masken wie Ringkämpfer.

---

* Stadtviertel

Mingolla sah, daß die Masken nicht nur schlicht rot waren, sondern hautlose Gesichter mit anatomisch korrekt wiedergegebenen Muskeln und Sehnen darstellten. Die schrecklichen Dinger ließen die Augen der Männer glitzern und unecht erscheinen, und wenn sie sprachen, glichen ihre Münder schwarzen Löchern. Als sie Mingolla entdeckten, trennten sie ihn von dem Gewühl der Frauen, stießen ihn ins Gras und richteten die Pistolen auf ihn. »Wartet!« sagte er und projizierte Kameradschaft und Vertrauen in sie. Die Pistolen gerieten ins Wanken, wurden gesenkt.

»Wer bist du?« fragte einer der Männer und half ihm beim Aufstehen.

Mingolla nahm sie beiseite, nannte ihnen seinen Namen und sagte, daß er im Auftrag der Regierung handele, daß er geheimdienstlich im Barrio tätig zu werden beabsichtige und auf einen bestimmten Gefangenen angesetzt sei. Er fragte nach ihren Namen.

»Julio.«

»Martin.«

»Carlito.«

Er fragte, ob sie in der kommenden Nacht Dienst hätten, und sie sagten ja; er sagte, sie sollten damit rechnen, daß er sich in den Reihen der Frauen befände, wenn es Zeit sei, sie zur Arbeit zu fahren. Es kam ihm seltsam vor, daß er mit solcher Leichtigkeit Männern seinen Willen aufzwingen konnte, die so entsetzliche Gesichtsmasken trugen, und seine Herrschaft über sie legte die armselige Quelle des Bösen bloß, die sie speiste. Sie drängten ihn in den Bus und wiesen ihm den Platz neben Alvina zu, genau wie er es ihnen eingegeben hatte. »Wie hast du das geschafft?« flüsterte sie ihm zu, als der Motor angesprungen war.

»Bestechung«, sagte er.

Sie nahm es ihm ab und nickte. »Du wirst im Barrio gut zurechtkommen.«

Eine halbe Stunde lang fuhren sie an Kokosnußplantagen und mit niedrigem Gestrüpp bewachsenen Ebenen vorbei, dann bogen sie in eine unbeschilderte Straße; die Straße wurde breiter und ging in die Fläche aus gestampftem Lehm über, die vor dem Barrio lag. Mingolla hatte Luftfotos des Ortes gesehen, die zeigten, daß es sich um ein einstöckiges Gebäude handelte mit einem Dach aus Wellblech, das sich über viele Quadratkilometer von entlaubtem Urwald erstreckte. Vom Boden aus betrachtet war das Gebäude weit weniger eindrucksvoll, es machte den Eindruck einer langgestreckten Lagerhalle, auf der maskierte Wachtposten aufgestellt waren – kein ungewöhnlicher Anblick in Lateinamerika; doch er erahnte die Größe des Gebäudes, mehr als er sie mit den Sinnen wahrnahm, als ob es eine Gewichtigkeit und Atmosphäre besäße, die es auf subtile Weise von seiner Umgebung abhob. Aus der Nähe, tiefer im Einflußbereich des Gefängnisses, wo er in der Lage war, Einzelheiten zu erkennen, begriff er die Bedrohung, die davon ausging. Scheinwerfer aus dem nahen Urwald schwenkten über das Dach und ließen die blutigen Masken der Wachtposten wie Streichhölzer aufflammen, und sie erhellten dicke Rauchsäulen, die sich blau und massig emporschlängelten wie Schwänze von Dämonen, deren Körper sich unsichtbar im Himmelsgewölbe verloren. Über dem Haupteingang – einem Schiebetor aus Metall – hingen, ebenfalls von den Scheinwerfern angestrahlt, die Leichen von acht Männern und Frauen an rohgezimmerten Galgen; sie alle waren so zerschunden und verbrannt, daß sich Mingolla nicht vorstellen konnte, wie auch nur einer von ihnen noch am Leben gewesen sein sollte, als sie gehängt worden waren. Durch die Fenster des Busses drang ein abscheulicher Gestank herein, eine Mischung aus dem Holzkohlenfeuer der Kochstellen, aus Rauch, der satten Schalheit des Todes, des süßlichen Siechtums von Menschen, die eng zusammengepfercht lebten, und Gott weiß was noch allem … ein Parfüm aus tausend

Düften, das in Mingolla einen Würgereiz auslöste. Und als der Bus auf das Tor zufuhr, das halb offenstand, hörte er ein Geräusch, das – genau wie der Geruch – eine Zusammensetzung aus den verschiedensten Bestandteilen war, aus Gelächter und Gemurmel und Geschrei; das Bemerkenswerte daran waren jedoch weder die einzelnen Bestandteile noch die Zusammensetzung als Ganzes, sondern sein Rhythmus, der anschwoll und verebbte wie die wechselhafte Melodie des Dschungels, ohne Einheit, erzeugt durch Vögel und Insekten, die den Mustern und Prinzipien einer organischen Umgebung gehorchten.

»Bleib in meiner Nähe!« sagte Alvina, als sie durch das Tor getrieben wurden, und Mingolla drückte kurz ihre Hand. Das Gittertor schloß sich hinter ihnen, überließ sie der schwülen Hitze und Düsterkeit, und ihre drei Bewacher verschwanden durch eine Tür in einer seitlichen Mauer. Vor ihnen war eine weitere Tür mit vielen Schlitzen, die das Geräusch und den Geruch aus dem Innern und eine orangefarbene Strömung herausließen: Mingolla hatte das Gefühl, von einem wilden Tier mit metallenen Kiefern und Feuer in den Gedärmen verschlungen worden zu sein. Mit einem Quietschen wurde das innere Tor hochgezogen, und sie huschten schnell in die Schatten auf der rechten Seite. Sie wären fast gegen eine rauhe Steinmauer geprallt, und Alvina flüsterte: »Leon?«

»Wer ist bei dir?« fragte eine gereizte Stimme.

»Mein Cousin ... er ist in Ordnung.«

»Angenehm«, sagte die Stimme.

Mingolla erwiderte die Begrüßung, aber er war so sehr gefangengenommen von den Mustern aus Rauch, Flammen und Schatten innerhalb des Barrio, einer ständigen Bewegung von Dunkelheit und Licht, verbunden mit dem An- und Abschwellen der Laute, daß es einige Sekunden dauerte, bis er sich ein zusammenhängendes Bild von dem Ort machen konnte. Ein Wald aus geschwärzten Balken diente als Stütze für das Dach, und schließlich gewann das, was zunächst unendliche Tiefe zu sein schien, eine klarere Perspektive. Unter den Balken standen alle Arten von Unterkünften: angelehnte Verschläge mit Pultdächern, Zelte, Hütten, aufgestapelte Steine mit höhlenartigen Eingängen, kleine Häuser mit verputzten Mauern und vernagelten Fenstern. In anderen Teilen des Barrio, so ging es aus Mingollas Plan hervor, gab es Labyrinthe aus solchen Häusern, den Überbleibseln der Stadt, die hier einmal gestanden hatte. Überall loderten Feuer. Entlang der Mauern, auf Kochstellen und in Ölfässern. Dadurch entstand eine rauchige, orangefarbene Beleuchtung, durch die Gruppen von Gefangenen schlurften, viele mit einem Messer in der Hand.

»Ziemliche Scheißheimat, was?« sagte Leon und trat aus den Schatten. Ein Indio in mittleren Jahren, fast so klein wie Alvina, mit einem runzeligen Gesicht, eingefallenen Wangen und schwarzem Haar, das wie mit dem Kochtopf geschnitten war. Trotz der Hitze waren seine Schultern in eine Decke gehüllt.

»Dies ist der Freund, von dem ich dir erzählt habe«, sagte Alvina. »Du kannst auf seine Hilfe vertrauen.«

»Biete meine Dienste nicht umsonst an.« Leon grinste und entblößte sieben oder acht Zahnstummel, die kreuz und quer durcheinander standen wie alte Grabsteine.

»Du bekommst Geld dafür«, sagte Mingolla.

Leons Gesicht verhärtete sich, als er Mingollas barsches Verhalten bemerkte. »Was brauchst du?« Und als ihm Mingolla de Zedeguís Foto zeigte, sagte er: »Ich werde ihn finden ... wir werden morgen früh darüber sprechen.« Er zog ein Messer unter seiner Decke hervor. »Hast du eine Waffe, Mann?«

Mingolla zog sein Messer ebenfalls aus der Hülle. »Dann laß uns gehen«, sagte Leon.

Während sie durch das Barrio gingen, durch Gebiete voller Feuer, Stellen, die in klebrig aussehender Dunkelheit lagen, und unter Schichten unerträglichen Gestanks, sah Mingolla viele Dinge, die sich in sein Gedächtnis hefteten, viele Dinge, die eine Erklärung verlangten; aber er bat nicht um Erklärung, er erkannte, daß das Barrio seine eigene Erklärung war, obwohl ihn der Anblick im Herzen krank machte; es war eine Welt mit ihren eigenen Gesetzen des Handelns und ihrer eigenen Bewertung von Gut und Böse. Das Barrio schien sich ihm darzulegen, ihm eine Auswahl aus seinen Schätzen anzubieten. Wenn er den Kopf umwandte, wurde beispielsweise ein ausgefranster Vorhang vor einer Baumhütte zurückgezogen, oder eine Gruppe von Leuten, die um ein Ölfaß herumstanden – Silhouetten wie in Lumpen gehüllte Krähen –, trat zur Seite und gab seinem Blick Wege frei, die seine Augen entlangwanderten bis zu einem entsetzlichen oder jämmerlichen oder – seltener – schönen Anblick oder Ereignis. Er sah vergewaltigende Banden und Schlägereien, das ganze Spektrum Verkrüppelter und Kranker. Er begegnete einem Mann, dessen Hand durch einen Holzstumpf mit einer daran befestigten Gabel ersetzt worden war, und einem anderen Mann mit einem Tablett voller Mäusekadaver, die er wie winzige blutige Süßigkeiten vor sich hertrug. Er sah zwei matronenhafte Frauen, die das Symbol des Halbmondes auf ein Kind malten, und neben ihnen eine junge Frau, die an einen Balken gebunden war und deren wachsbleiche Brüste mit dem gleichen Zeichen bemalt waren. An einer Stelle wurde ein Teil des Daches angehoben und eine Schlinge senkte sich herab und legte sich um den Hals eines schlafenden Mannes, dann zogen ihn eine Handvoll Wächter nach oben, während er sich strampelnd im Todeskrampf wand. Ein Stückchen weiter wurde ebenfalls das Dach etwas angehoben und ein Faß Wasser über einige Kinder ausgeleert, die lachten und sich gegenseitig die

Tropfen von der Haut leckten. Und das fensterlose Einraumhaus, in dem Alvina mit ihrem Vater wohnte, bot ein weiteres Beispiel vom Wesen des Barrio. Ein Junge von ungefähr zwölf Jahren war an die Tür angekettet, er war mit einer Machete bewaffnet; er schien ganz damit zufrieden zu sein, daß er angekettet war, und streckte Leon das Schloß entgegen. Dieser öffnete es und schenkte dem Jungen eine Mangofrucht. Dann wünschte ihnen Leon eine gute Nacht und erinnerte Mingolla an ihr für den nächsten Morgen vereinbartes Treffen.

Die Wände im Innern waren blaßblau, fleckig, beschmiert mit allen möglichen Kritzeleien; der Raum wurde von zwei dünnen Kerzen beleuchtet und von zwei Matratzen beherrscht. Auf der einen davon lag Hermeto Guzman: ein uralter, weißhaariger Mann mit einer Haut von der rötlich-dunklen Farbe wie Roheisen; sein knochiges Gestell beulte das Leintuch, in das er gewickelt war, kaum aus. Der Gestank nach Fäkalien war stark, und Alvina brachte fast eine ganze Stunde damit zu, den alten Mann zu säubern, während Mingolla auf der anderen Matratze saß und einen Stapel von Liebesromanen durchblätterte. Alvina machte sich nicht die Mühe, sie miteinander bekannt zu machen, und es war fraglich, ob ihn der alte Mann überhaupt gesehen hatte, aber als sie seinen Kopf etwas anhob, damit er aus einer Flasche Mineralwasser trinken konnte, starrte er Mingolla an, mit Augen, die gleichzeitig dunkel und in Licht getaucht waren, abwesend und lebhaft. Sie schienen ihn mit der gleichen Gier in sich aufzusaugen, mit der er das Wasser hinunterschluckte. Unter dem Blick dieser Augen fühlte sich Mingolla unerfahren und unwissend, und er hatte den Eindruck, daß das schwache Flüstern des alten Mannes ihn betraf.

»Was sagt er?« fragte er Alvina.

»Er sagt, daß das Wasser gut schmeckt ... ihn an frühere Zeiten erinnert.«

»Damals, gleich nachdem wir diesen Bastard Arenas getötet haben.« Hermeto kämpfte sich hoch, fiel aber gleich wieder zurück. »Kannst du dich erinnern, Alvina?«

Sie besänftigte ihn, machte ihm ein Zeichen, lieber ruhig zu sein.

»Sie mag es nicht, wenn ich über die alten Zeiten spreche«, sagte Hermeto.

»Was gibt es darüber zu sprechen?« sagte sie unwirsch.

»Der Kampf«, sagte Hermeto. »Der Kampf war ...«

»Der Kampf!« Alvina tat so, als ob sie ausspuckte. »Wir haben nichts anderes getan als zu sterben.«

Der alte Mann tat Mingolla leid. »Ich weiß nicht«, sagte er. »Du ...«

»Nein, sie hat recht. Wir haben nichts erreicht.« Hermetos Stimme stieg am Ende des Satzes an, so daß er sich wie eine Frage anhörte, als ob er es selbst nicht glauben könnte. »Wir dachten, wir kämpften gegen Menschen, und weil wir so viele getötet haben, glaubten wir zu gewinnen. Aber wir haben nicht gegen Menschen gekämpft. Wir haben gegen die Gezeiten gekämpft – Gezeiten, die von zwei Riesen verursacht wurden, die in Tausenden von Kilometern Entfernung mit Wasser herumplanschten. Wir hatten keine Chance.«

»Wir hatten auch keine Wahl.« Alvina öffnete eine Blechbüchse und nahm Brot und Käse heraus. »Sie haben uns umgebracht.«

Selbst Alvina konnte nicht mehr verstehen, was der alte Mann sagte, und sie bat ihn, seine Worte zu wiederholen.

»Mein Bruder ...« – er machte das Zeichen des Kreuzes – »Gott möge ihn bei sich aufnehmen.«

Alvina streichelte ihm übers Haar.

Er bat noch mal um etwas Wasser, schluckte es gierig hinunter. »Erinnerst du dich denn nicht mehr, Alvina? Droben in den Cuchumatanes?«

»Ja, ich erinnere mich«, sagte sie matt.

»Wir waren ihnen auf den Höhenzügen der Berge in die Falle gegangen«, erklärte er Mingolla. »Wir hatten kein Wasser und kaum etwas zu essen. Wir konnten den Fluß im Tal sehen, aber wir konnten nicht hingelangen. Der Himmel war angefüllt mit dem Brummen der Hubschrauber. Wir hatten so großen Durst, daß wir die Blüten der Buschpalmen aßen, und alle bekamen Magenkrämpfe. Einmal stießen wir auf eine Viehtränke, einen kleinen Tümpel mit Brackwasser. Endlich zogen die Hubschrauber ab, und wir taumelten zum Fluß hinunter. Es war ein sehr sonderbarer Tag – gewitterig und neblig. Wir sahen wie Skelette aus, aber als uns die Sonnenstrahlen trafen, schimmerten wir wie Engel, unser Fleisch war wie durchsichtig. Wie Engel, die sich in den Fluß stürzten.«

»Wenn du es erzählst, hört es sich direkt schön an«, sagte Alvina verächtlich.

»Es war schön«, sagte der alte Mann.

Sie fütterte ihn mit Brocken von Brot und Käse. Mingolla war froh über die Unterbrechung, denn die Schilderung des alten Mannes war für ihn schwer zu ertragen. Er lehnte sich an die Wand zurück, lauschte auf die Geräusche draußen und dachte über den Kampf nach, die Armee der Armen; um sich die Gedanken zu vertreiben, öffnete er ein Päckchen mit Frost und nahm eine Brise. Er füllte in ein kleines Päckchen etwas für Leon um, dann legte er sich hin und schloß die Augen. Durch seine Lider hindurch nahm er die Kerzenflammen als gedämpftes Rot wahr, und die blutähnliche Farbe veranlaßte ihn, über Hermeto und Alvina nachzudenken. Es wurde ihm bewußt, daß er Mitleid mit ihnen empfinden würde, falls er nicht auf der Hut wäre, und Mitleid zu haben wäre genauso naiv und fehl am Platze wie totales Desinteresse. Er konnte nun mal nicht verstehen, wie es gewesen sein mußte, in den Bergen zu hungern. Die schlechten Zeiten, die er durchgemacht hatte, schienen im Vergleich dazu eine überaus gelinde Form der Qual zu sein, und diese Erkenntnis ließ in ihm den Wunsch nach einer gewissen Buße aufkommen.

Die Kerzen wurden ausgepustet, und Alvina legte sich neben ihn hin. Er zog sich ganz an die Kante zurück aus Angst vor einer Berührung, aus Angst, sie könnte ihn mit Prinzipien vergiften und ihn auf einen gefährlichen Pfad führen. Sie roch nach Erde, nach Moschus und Hitze, und diese Duftmischung und dazu die Wirkung der Droge entfachte sein Verlangen. Und als ob sie das spürte, sagte sie: »Wenn du mich noch mal willst, mußt du zahlen.«

Er brachte keine Antwort zustande, um seinen Gemütszustand auszudrücken, aber schließlich sagte er: »Ich kann dich hier rausbringen.«

»Nein, das kannst du nicht.«

»Doch, ich kann es.« Er stützte sich auf einen Ellbogen und versuchte, sie im Dunkeln zu sehen. »Ich ...«

»Die Regierung hat meine Schwester und deren Kinder. Wenn wir fliehen würden, müßten sie sterben.«

»Wir könnten sie ausfindig machen, sie ...«

»Hör auf!« sagte sie.

Sie lagen schweigend da, und die Schreie und das Gemurmel des Barrio machten die Dunkelheit bedrückkend, quetschten schwarze Luft aus seiner Lunge.

»Ich verstehe etwas nicht«, sagte sie.

»Was?«

»Du ... ich kenne dich kaum, und ich mag dich nicht besonders, aber dennoch traue ich dir.«

»Es tut mir leid, daß du mich nicht magst.«

»Sei nicht eingeschnappt«, sagte sie. »Ich mag die meisten Leute nicht.«

Aus dieser Erklärung sprach, so dachte Mingolla, eine aus der Erfahrung erwachsene Ablehnung des Lebens, und er stellte sich vor, wie sie damals gewesen sein mußte, als die Politik noch in den Bergen gemacht wurde, als alles noch möglich erschien: ein durchschnittlich hübsches Indiomädchen, erfüllt von außergewöhnlicher Überzeugung und Leidenschaft. Er wollte, er hätte ihr helfen können, etwas für sie zu tun, und dachte an den Stapel Liebesromane.

»Gefällt es dir, mit einem Mann zu schlafen?« fragte er. »Ich meine nicht, ob dir ... deine Arbeit gefällt, sondern ob du gern mit jemandem schläfst, der dir etwas bedeutet.«

»Geh zum Teufel!« sagte sie.

»Ich meine es ernst.«

»Ich auch.«

»Ich könnte dich dazu bringen, daß es dir gefällt.«

Sie lachte. »Das habe ich schon öfter gehört.«

»Nein, wirklich. Angenommen, ich könnte dich hypnotisieren, Leidenschaft in dir erwecken? Möchtst du, daß ich das tue?«

Die Matratze raschelte, als sie sich zu ihm umdrehte, um ihm ins Gesicht zu sehen, und er spürte, wie ihre Augen ihn forschend musterten. »Zehn Lempira«, sagte sie. »Dafür krähe ich wie ein Hahn, wenn du willst.«

»Davon rede ich nicht.«

Sie griff nach unten und spielte mit seinen Geschlechtsteilen. »Komm, Mann«, sagte sie verbittert. »Zehn Lempira. Und du wirst alle anderen Frauen vergessen.«

Er fühlte sich gedemütigt und schob ihre Hand weg.

»Nein?« sagte sie. »Vielleicht ein andermal, wenn du in besserer Verfassung bist.«

Er war versucht, ihr Lust aufzuzwingen, konnte sich aber nicht dazu überwinden, weil er einfach die Überzeugung nicht abschütteln konnte, daß sie ihm überlegen war.

»Ich verstehe das Ganze einfach nicht«, sagte Alvina nach einer Weile. »Ich blicke einfach nicht mehr richtig durch.«

Der Tagesanbruch im Barrio unterschied sich von der Nacht nur dadurch, daß Teile des Daches angehoben wurden, Sturzbäche grauen Lichts hereinfielen und die Menschen unter dem freien Himmel standen, wobei sie Todesgefahren riskierten, um einen kurzen Blick auf die Freiheit zu erhaschen; ansonsten herrschte die gleiche rauchige, orangefarbene Düsterkeit zwischen den schwarzen Balken und Feuerstellen. Den Mittelpunkt des Barrio, wo Leon und Mingolla in einer lichtlosen Ecke saßen, bildete eine Reihe von verputzten Häusern, wie sie sich über das ganze Gelände des Gefängnisses erstreckten, und in einem davon, einem Haus mit weißen Wänden und schwarzen Fensterläden, in dessen einer Ecke in einem Ölkanister Feuer brannte, wohnte Opolonio de Zedeguí. »Siehst du die drei Kerle vor dem Eingang?« sagte Leon, der mit der Spitze seines Messers in seinem Päckchen Frost stocherte. »Die sind immer da. Seine Leibwächter. Du mußt dir etwas einfallen lassen, damit du sie los wirst. Irgendein Ablenkungsmanöver vielleicht.« Er sog den Frost von der Messerklinge ein. Seine schwarzen Augen weiteten sich, und seine Wangen fielen ein. »*Chingaste!* Das ist ein gutes Zeug!«

Die vier Männer, die vor de Zeguís Haus aufgereiht waren, waren jung und muskulös, und Mingolla erkannte an ihrer schlaffen Haltung, daß sie unter psychischer Beeinflussung standen. De Zedeguí war äußerst unvorsichtig: Diese Männer konnten leicht dazu geführt haben, amerikanischen Agenten als Hinweis auf seinen Aufenthaltsort zu dienen.

»Wenn du noch mehr von dem Zeug hast, dann weiß ich ein paar Typen, die dir helfen können«, sagte Leon.

»Wir reden später darüber.« Mingolla nahm eine Klinge voll Frost und sah sich um. Langsam gewöhnte er sich an die Geräusche und den Geruch, und er fragte sich, ob ihm der Ort womöglich ans Herz wachsen könnte. Er kicherte, und Leon fragte, was so lustig sei. »Nichts«, sagte Mingolla.

Leon lachte auch, als ob ›Nichts‹ ein wahnsinnig komischer Einfall gewesen sei. Tiefe Falten setzten sich von seinen Augenwinkeln aus fort und ließen seine rötlichbraune Haut wie Papier erscheinen. »Also«, sagte er nach einer Weile des Schweigens, »du bist ihr Cousin, wie? Seltsam, daß sie nie etwas von dir erzählt hat. Sie redet doch sonst die ganze Zeit von ihrer Familie.«

»Sie kannte mich nicht«, sagte Mingolla. »Ich stamme aus einem anderen Zweig der Familie.«

»Ach so«, sagte Leon. »Das ist eine Erklärung.«

Mingolla nahm noch etwas von der Droge. Es rief in seinem Kopf einen angenehmen Zustand hervor, aber es reizte seine Nase, und er dachte, langsam sollte er anfangen, es unter der Zunge zu nehmen. Oder ganz damit aufhören. Aber er hatte sich so daran gewöhnt, unter der Droge zu stehen, daß ihm der Genuß ganz natürlich vorkam.

»Ich dachte, ihre Leute leben alle in der Gegend von Cobán«, sagte Leon.

»Wohl doch nicht.«

»Weißt du«, sagte Leon, »es ist schon komisch, daß du hierher kommst, um diesen Kerl umzubringen. Hier drin ist er doch schon tot.«

»Kann sein.«

»Was sind also deine wirklichen Gründe?«

Mingolla erkannte, daß er sich bald etwas einfallen lassen mußte, um Leons Mißtrauen zu beruhigen, aber im Moment fühlte er sich zu losgelöst und abgehoben, um sich darüber Gedanken zu machen. »Laß uns von hier verschwinden«, sagte er und stand auf.

Sie machten sich in Richtung Alvinas Haus auf, und Mingolla fragte sich, ob ihm der Ort tatsächlich etwas ans Herz gewachsen war, obwohl es eher an der Droge lag, daß ihm das Barrio ... nun, nicht gerade schön, aber immerhin malerisch vorkam. Überall taten sich Bilder vor ihm auf, die von innen heraus strahlten und mit einer bedeutungsvollen Stille wirkten, wie er es bei den

Werken alter Meister erlebt hatte. Dort zum Beispiel belästigten drei Männer grob eine Frau, die kratzte und strampelte, und alle sahen sie nach oben, als sich plötzlich das Dach über ihnen öffnete und einen Strahl weißes Sonnenlicht hereinließ, der auf ihnen spielte und ihr Tun erstarren ließ und verklärte. Und dort, beinah untergegangen im Schatten einer strohgedeckten, an einen Baum gelehnten Hütte, saß die Schreckensgestalt eines alten Weibs, wie geradewegs einem Goya-Gemälde entstiegen, das zerfurchte Gesicht von einem schwarzen Schal eingerahmt, und starrte mit verdutztem Staunen auf eine Feder in ihrer Hand. Und der ganze Ort mit seinen schwarzen Trennlinien, seinen rauchigen orangefarbigen Abschnitten des Elends, züngelnder Flammen und flüchtiger Kobolde war eine Sammlung von Triptychen der Frührenaissance. Er hätte es dem Typen gleichtun können, der die Mauern in zerbombten Dörfern mit Wandgemälden schmückte, er hätte hier in alle Ewigkeit bleiben und die Unsterblichkeit sicherstellen können, indem er dem Schrecken und dem Elend ein Denkmal setzte ... Eine Veränderung des Geräusches um sie herum, eine Welle von lauterem und lebhafterem Krach, die auf sie zurollte, weckte seine Aufmerksamkeit. In einiger Entfernung sah er eine Reihe von maskierten Wächtern mit Peitschen und Gewehren, die eine Meute vor sich hertrieben.

»Hier entlang!« Leon packte ihn am Arm und zerrte Mingolla an die Häuserwand. »Dort drin sind wir sicher.«

Mingolla hatte ein ungutes Gefühl. »Warum dort drin?«

»Sie sind nicht hinter jemand Bestimmten her ... es ist nur die allgemeine Streife.« Leon zog ihn weiter. »Das machen sie immer um die Zeit; es gibt dabei keine Hausdurchsuchungen.«

Menschen rannten in alle Richtungen, schreiend, kreischend, grelle Klangspitzen, die am höchsten Punkt abbrachen, und Mingolla wurde von irgend jemandes Schulter gegen einen Balken gestoßen. Von Krankheit befallene Blumen wirbelten und schwirrten um ihn herum, alle von der gleichen Art, mit Mustern von schwarzen Mündern und leeren Augen und braunen, wie sommersprossige Haut gesprenkelten Knospen, und ein verwelkter Strauß wurde einen Abfluß hinuntergespült. Eine gegabelte Asthand umklammerte seinen Arm, ein runzeliger Mund sagte »Bitte, bitte« und wurde weggetrieben. Er versuchte sich einen Weg zu Leon zu bahnen, wurde aber von der Flutwelle der Menschenmeute aus der Bahn geworfen. Die Wächter schlossen dicht auf, er konnte die Muster blutiger Muskeln auf ihren Masken erkennen und ihre Peitschen knallen hören, und jetzt mischten sich Schreie des Schmerzes mit denen der Panik. Ein kleiner Junge klammerte sich an sein Bein, verzweifelt wie ein kleines Tier, das im Sturm auf einem Ast Schutz sucht, er wurde jedoch abgestreift, als sich Mingolla gewaltsam eine Schneise durch eine Menschentraube schlug, die dem Strom im Wege stand. Die Schreie fraßen sich in das rauchige Licht, ließen es pulsieren und die Flammen in den Ölfässern höher lodern, und Mingolla verspürte den Drang, sich gehen zu lassen, mit dem Messer um sich zu stechen und in das Schreien einzufallen. Er erreichte die Tür, durch die Leon verschwunden war, und stieß sie ein Stück auf. Ein halbwüchsiger Junge glitt an ihm vorbei in den dämmerigen Raum ... glitt an ihm vorbei und schrie auf, als ein Messer quer vor seiner Kehle aufblitzte. Leons überraschtes Gesicht starrte heraus. Mingolla stürmte hinein und warf Leon mit einem Handstreich zu Boden. Leon rollte sich in die Hocke hoch und balancierte das Messer in der Hand. Doch er zögerte, sein Gesicht drückte Verblüffung aus und dann Kummer, als ihm Mingolla eine Ladung von Schuldgefühl über eine verratene Freundschaft verpaßte. Das Messer fiel ihm aus der Hand.

Mingolla verriegelte die Tür, kniete sich neben dem Jungen nieder und fühlte dessen Puls; er zog seine Finger rot gefärbt zurück. Leon war gegen die hintere Wand gesunken und weinte, das Gesicht hatte er in den Händen vergraben. In der Ecke neben ihm, eingerahmt von tropfenden Kerzen und eingehüllt in eine Decke von der gleichen grauen Farbe wie ihre Haut, zitterte eine alte Frau und starrte Mingolla ängstlich an. Er schnappte sich eine ihrer Decken, um den toten Jungen zu bedecken. Er hob Leons Messer auf und kauerte sich neben ihm nieder. »Für wen arbeitest du?« fragte er. Leon schluchzte nur, und Mingolla stupste mit dem Messer gegen sein Bein und wiederholte die Frage.

»Niemanden, niemanden.« Leons Adamsapfel zitterte, und seine Stimme brach. »Ich wollte den Rest von den Drogen.«

Leons heimtückische Tat offenbarte Mingolla das ganze Ausmaß seiner Unverfrorenheit. Der Knabe, der durch die Hölle spaziert, in die Betrachtung ihrer Schönheit versunken, und ohne Überzeugungskraft den guten Samariter mimt. Er hatte verdammtes Glück gehabt, daß er noch lebte. *Schluß mit dem ganzen Scheiß,* dachte er. Er würde seine Aufgabe hier erfüllen und dann verschwinden. Leons Tränen glitzerten, er schluchzte hemmungslos, und Mingolla verstärkte seinen Einfluß und steigerte Leons Schuldgefühl bis an die Grenze von Selbstmordgedanken. Er hielt das Messer seitlich an Leons Hals.

»Nein, bitte ... o Gott, nein!« Die alte Frau kroch auf ihn zu, wobei sie eine Spur von Decken hinter sich herschleifte. »Ich werde sterben! Ich werde sterben!« Ihre Stimme war artikuliert, aber brüchig, wie knirschender Schmerz, wie gebrochene Rippen, die gegeneinander rieben. Ihr Gesicht glich einer grauen Totenmaske mit behaarten Malen und massigen Wangenknochen. Ihr Tod wäre ein zu spät gekommener Verbündeter ihres nicht gelebten Lebens. Mingolla wandte den Blick von ihr ab, zog sich von ihr zurück, bereit, Leon die Kehle durchzuschneiden, in kühler Beurteilung der Lage.

»Es ist nicht seine Schuld«, winselte die alte Frau. »Er kann nichts dafür.«

Mingolla hätte eine Antwort darauf gewußt, einen Grundkurs in Philosophie erteilen können, aber er hielt sich zurück. »Wessen Schuld ist es dann?« fragte er und deutete mit dem Messer auf den Jungen.

»Du weißt nicht«, sagte sie, »du weißt nicht, wer er ist ...« Eine Träne in der Größe einer Perle tropfte aus einem ihrer dunklen Triefaugen. »Die Dinge haben ihn dahin gebracht, die schrecklichen Dinge ... aber er hat zurückgeschlagen. Zehn Jahre in den Wäldern. Zehn Jahre leben wie ein Tier und die ganze Zeit kämpfen. Du weißt gar nichts.«

Leons Schluchzen dehnte seine Brust.

»Wer bist du?« fragte Mingolla.

»Er ist mein Sohn ... mein Sohn.«

»Wußtest du, was er vorhatte?«

Sie zögerte nicht. »Ja. Und du hättest das gleiche getan. Diese vielen Drogen, und das viele Geld. Du bist nicht anders als wir.«

»Nein«, sagte Mingolla und deutete wieder auf den Jungen. »Ich hätte das nicht getan.«

»Narr«, sagte die alte Frau, und die Schreie und Rufe draußen, die etwas nachließen, aber immer noch chaotisch waren, schienen das Wort in vielfachem Echo wiederzugeben. »Was weißt du schon? Nichts, du weißt gar nichts. Leon ... Leon, o Gott! Als er gerade siebzehn war, frisch verheiratet, kamen die Soldaten in unser Dorf. Sie griffen alle jungen Männer auf, bewaffneten sie mit Gewehren und brachten sie in einem Lastwagen ins nächste Dorf, wo die Leute einen Großgrundbesitzer seiner gerechten Strafe zuführen wollten. Er war ein echter Schurke. Und die Soldaten befahlen den jungen Männern, alle jungen Frauen des Dorfes umzubringen. Sie hatten keine Wahl. Wenn sie nicht gehorcht hätten,

hätten die Soldaten ihre Frauen getötet.« Sie sah traurig die grauen Wände an, als ob sie Erklärungen liefern könnten, Gründe. »Du weißt nichts.«

»Vergib mir«, sagte Leon. »O Gott, bitte vergib mir!«

»Ich weiß, daß er mich umbringen wollte«, sagte Mingolla. »Mir ist es egal, was ihn dazu gebracht hat.«

»Warum sollte dich das auch interessieren?« Leons Mutter blickte mit flehentlich erhobenen Händen zur Decke. »Laß ihn doch meinen Sohn töten, laß mich verhungern. Warum sollte ich noch länger leben?« Sie warf Mingolla einen mit tiefstem Haß erfüllten Blick zu. »Na los!« kreischte sie schrill. »Bring ihn doch um! Sieh doch« – sie deutete mit knorrigen Fingern auf Leon – »ihm macht es auch nichts aus. Was macht es schon aus, ob man lebt oder tot ist, an diesem Ort ist es dasselbe.« Sie schrie ihn mit sich überschlagender Stimme an. »Ich hoffe, du wirst ewig in diesem gottverdammten Loch leben! Ich hoffe, das Leben wird dich Stück für Stück anfressen.«

Sie zerrte an ihrer Bluse, riß die Knöpfe ab und entblößte die schlaffen Säcke ihrer Brüste. »Töte mich zuerst! Na los, du Teufel! Töte *mich*! Mich!« Und als er nichts unternahm, versuchte sie, seine Hand von Leons Hals wegzuziehen und das Messer in ihre Brust zu stoßen. Ihre Augen glänzten ihm Wahn wie die eines Vogels, der klammernde Griff ihrer Hände war unnatürlich kräftig. Ihr Atmen erzeugte ein Pfeifen in ihrer Kehle. Er stieß sie zu Boden, und sie blieb japsend liegend, mit gefletschten Zähnen, eine alte, graue Wölfin, über die die Angst gekommen war, mehr als die Angst, eine Art von irrem Frohlocken, ein Lechzen nach dem Tod. Er empfand keine Gnade für sie, Gnade wäre unpassend gewesen. Sie wollte sie weder, noch brauchte sie sie. Er schickte sie in den Schlaf, um sich von einem lästigen Ärgernis zu befreien. Er verzichtete auf eine Verurteilung Leons und setzte sich in der hinteren Ecke auf die Decken – sie rochen sogar grau.

Um die Erschöpfung abzuwenden, nahm er noch etwas Frost. Er verwarf den Gedanken, zu Alvinas Haus zurückzukehren. Dort wäre er gezwungen, sich Hermetos Erinnerungen anzuhören, und seine Anerkennung für Alvina bekäme neue Nahrung, und das würde ihn nur schwächen. Er würde hier bis Mitternacht warten und sich dann um de Zedeguí kümmern. Würde sich ohne Umschweife um ihn kümmern. Keine Ablenkungsmanöver, keine Tricks. Er wollte eine Auseinandersetzung mit Waffen, ein Messen der Kräfte. Listenreiches Vorgehen war nicht seine Stärke, und er neigte mehr zum Draufgängertum, bis er mehr Erfahrung gewonnen hätte; er mußte sich der Wirksamkeit brutaler Gewalt versichern. Das war ein gewisser Mangel an Mut. Und falls diese Einstellung einen verkümmerten Überlebensdrang widerspiegelte – nun, sei's drum: Ein derart verkümmerter eigener Überlebensdrang konnte nur ein Vorteil für einen Mörder sein, denn jemand, der seinem eigenen Leben einen zu hohen Wert beimaß, konnte auch in bezug auf fremde Leben nur schwer von dieser Wertvorstellung abgehen.

Leons Weinen ging ihm langsam auf die Nerven, und er schickte ihn wie seine Mutter in den Schlaf. Er zog de Zedeguís Foto heraus und untersuchte es nach irgendwelchen aufschlußreichen Merkmalen. Aber dieses gütige Professorengesicht verriet gar nichts, wenn nicht diese Unergründbarkeit an sich ein Anzeichen für Gerissenheit war. Er hoffte, daß das der Fall wäre, daß ihre Auseinandersetzung ein Kampf zwischen Kraft und Gerissenheit sein würde: Das wäre der beste Boden, um sich zu beweisen. Er nahm mit einer Ecke des Fotos noch einen Tupfer Frost. Die Droge hatte in seinem Kopf eine feste Form angenommen, eine gefrorene elektrische Ader, die bald jeden Gedanken verhinderte und nur noch die Wahrnehmung seines chemisch hervorgerufenen Wohlgefühls zuließ. Mingollas Nasenschleimhäute brannten, sein Herz raste, und er saß unbeweglich da. Er starrte auf einen Fleck an der Wand, seine Entschlossenheit schlug in Wut um, wie bei einem Krieger, der einer bevorstehenden Schlacht entgegensieht, sie im voraus durchlebt, obwohl er im Augenblick noch sicher am heimischen Herd weilt, wo seine Hunde zu seinen Füßen schlafen.

Kurz vor sechs Uhr begann es zu regnen, ein kräftiger Wolkenbruch, der wie ein Kugelhagel auf das Eisendach trommelte und alle anderen Geräusche verschluckte. Über das ganze Barrio verteilt wurden Teile des Daches angehoben, damit Regenbäche über die Schräge in die orangefarbene Düsternis fließen konnten, jeder einzelne Tropfen heiß und klar unterscheidbar. Die Leute rissen sich die Lumpen vom Leib und tanzten, mit offenen Mündern, das Wasser machte ihre Körper glatt und glänzend; andere fingen das Wasser in Eimern auf, und wieder andere fielen mit zum Himmel erhobenen Händen auf die Knie. Feuer zischten und schwelten nur noch schwach. Rauch stieg auf, und eine feuchte Kälte erfüllte die Luft. Ringsum fand eine allgemeine Aufhellung der Stimmung statt, ein karnevalistisches Treiben, und Mingolla, der sich diesen Umstand zunutze machte, schlenderte zu dem Ölfaßfeuer an der einen Ecke von de Zejeguís Haus und gesellte sich zu den drei alten Männern, die darum herumstanden, während er ihnen die Überzeugung eingab, daß seine Anwesenheit erwartet und begrüßt wurde. Aus einem Augenwinkel beobachtete er die vier Wachtposten vor de Zeguís Haus. Er errichtete eine geistige Blockade, um für die außergewöhnlichen Sinne des Mannes, den er zu töten beabsichtigte, nicht wahrnehmbar zu sein, und überlegte sich, wie er am besten mit den Wächtern verfahren sollte.

Die alten Männer brieten Schlangen, die der Länge nach auf Drähte aufgespießt waren; die Schlangen waren knusprig und angekohlt, ihre Augen gesplitterte trübe Kristalle, aus ihren Kiefern stieg dünner Rauch auf, und die Gesichter der Männer, die von dem Feuerschein schwach beleuchtet wurden, glichen kadaverhaften Masken aus Schatten und glühender Haut. Sie boten Mingolla ein Stück Fleisch an, aber er schlug ihnen statt dessen vor, sie sollten ihre Großzügigkeit den Wachtposten zugute kommen lassen. Die drei alten Männer waren von dieser Idee begeistert. Warum waren sie nicht selbst darauf gekommen? Sie sandten flüsternd ihre Einladung aus, und de Zedeguís Wachtposten kamen herbeigeeilt. Als die Wächter auf den Boden plumpsten, von Mingollas Einwirkung in den Schlaf geschickt, zeigten sich die alten Männer erschüttert und waren besorgt, das Fleisch könnte verdorben sein; aber Mingolla überzeugte sie, daß es nicht so war, und drängte sie dazu, die Wächter hinter einen Stapel Bruchsteine zu ziehen, wo sie etwas bequemer liegen würden. Nachdem das erledigt war, kehrten die alten Männer zu ihren Schlangen zurück, schnitten Scheiben vom Fleisch ab, kosteten und entschieden, daß die Schlangen noch nicht ganz durch waren, genau so, als ob nichts geschehen sei.

Fünf Minuten später erschien de Zedeguí an seiner Tür. Er trug Jeans und ein grünes Hemd mit aufgekrempelten Ärmeln; er war schlanker, als Mingolla angenommen hatte, sein Haar war lang gewachsen und fiel ihm in schwarzen Locken über die Schultern und sein dunkles Gesicht drückte Gelassenheit aus. Auch er hatte eine Blockade errichtet, aber als er sah, daß seine Wächter nicht da waren, hob er die Blockade auf. Seine Hitze war sehr stark, aber nicht so stark wie die von Tully, und das gab Mingolla so viel Selbstvertrauen, daß auch er seine Blockade aufhob. De Zedeguí suchte ihn zwischen den Männern bei dem Ölfaß und spreizte die Hände, um seine Hilflosigkeit auszudrücken; dann nickte er ihm zu, und Mingolla, der das Konzept direkter Herausforderung verfolgte, ging auf ihn zu. Das

Trommeln des Regens schien aus seinem Körper zu kommen, ein Maßstab für seinen Adrenalinschub.

»Ich habe Sie erwartet«, sagte de Zedeguí mit leiser, gepflegter Stimme.

Mingolla sagte nichts, aus Angst, daß, wenn er spräche oder irgend etwas wechselseitig Wirkendes geschähe, sein Entschluß ins Wanken geraten könnte.

»Ich wußte, daß sie irgendwann jemanden schicken würden, und ich wußte, daß es jemand Starkes sein würde. Aber Sie ...« – de Zedguís Lächeln war dünn und kläglich – »mir scheint, damit haben sie zu schwere Geschütze aufgefahren.« Er rieb sich mit dem Zeigefinger übers Kinn, als wollte er etwas Störendes entfernen. »Sie *sind* doch gekommen, um mich zu töten?«

Mingolla blieb bei seinem Schweigen.

»Nun, ja ...« Wieder streckte de Zedeguí die Arme mit nach oben zeigenden Handflächen aus. »Ich verspreche Ihnen, ich leiste keinen Widerstand. Selbst wenn ich es täte, hätte ich keine Chance ... Ich bin sicher, das ist Ihnen klar.« Er lachte nervös. »Falls Sie es also nicht eilig haben, warum kommen Sie nicht herein, gönnen mir ein letztes Mal zu rauchen und etwas Wein zu trinken. Ich halte mich gern an die Formen, und ich war immer der Ansicht, daß der Tod eines Menschen streng nach den Formen ablaufen sollte.«

Nichts lief so, wie Mingolla es sich vorgestellt hatte. De Zeduguís Kapitulation hatte ihn aus der Fassung gebracht, und er konnte nicht umhin, eine gewisse Sympathie für den Mann zu empfinden.

»Niemand lauert dort drin auf Sie«, sagte de Zedeguí. »Sehen Sie durchs Fenster, und überzeugen Sie sich selbst, wenn Sie möchten.«

Mingolla ging zum Fenster, schlug den Fensterladen zurück und blickte ins Innere. An der hinteren Wand stand ein Feldbett, in der gegenüberliegenden Ecke lagen Kissen auf dem Boden, und an einem Haken hing eine Kerosinlampe von der Decke, die einen flackernden orangefarbenen Lichtschein verbreitete. Am Boden stapelten sich Lebensmittelkonserven, Flaschen und eine große Anzahl Bücher. Alles war sehr sauber.

»In Ordnung«, sagte Mingolla. »Gehen wir!«

Als sie im Innern waren, drehte de Zeduguí die Flamme der Lampe bis auf einen kleinen Halbmond herunter und tauchte den Raum beinah in völlige Dunkelheit. »Seien Sie nicht beunruhigt«, sagte er. »Das sind keine Tricks. Ich finde es einfach dunkel angenehmer.« Er nahm eine Weinflasche und setzte sich auf das Feldbett. »Ich werde Ihnen nichts anbieten, ich möchte Sie nicht kompromittieren. Es ist tatsächlich so, daß ich Ihr Erscheinen ungeduldig erwartet habe.«

»Möchten Sie sterben?« fragte Mingolla, während er sich auf den Kissen niederließ.

Ein Streichholz flammte auf, einer ausgeglühten Zigarette wurde wieder Leben eingepafft, und de Zeduguí legte sich zurück und verschmolz mit den Shatten. »Nicht direkt. Es ist nur so, daß ich keinen Wert mehr darauf lege, der zu sein, der ich bin.«

Mingolla fühlte sich im Nachteil, er erkannte, daß er sich mit dem Problem von de Zeduguís Existenz befaßt hatte; er fragte sich, ob er die Sache jetzt noch durchziehen konnte.

»Vielleicht kommen Sie eines Tages zu dem gleichen Schluß wie ich«, fuhr de Zeduguí fort. »Sie sind nicht anders als ich.«

Der Regen ließ nach, das Trommeln verebbte, und die brutale Musik des Barrio gewann wieder die Oberhand. »Was hat Sie veranlaßt, hierher zu kommen?« fragte Mingolla.

»Mir wurde klar, daß ich zum Kriminellen geworden war«, sagte de Zeduguí. »Es hätte mir viel früher klar werden sollen, aber ich war zu ...« – er lachte – »zu verliebt in meine Kriminalität, um sie als solche zu erkennen. Als es jedoch soweit war, wollte ich mitten im Herzen des Gesetzes sein, mich seinen Lektionen unterziehen, seinen weisen Institutionen fügen. Wie gesagt, ich bewahre gern die Form.«

»Buße?« sagte Mingolla.

»Gerechtigkeit. Natürlich wurde Gerechtigkeit immer mit Bestrafung verwechselt. Die Menschen haben ihren schöpferischen Geist seit Jahrhunderten in den Dienst der Bestrafung gestellt. Wußten Sie zum Beispiel, daß ein Autor namens Bexon einst vorschlug, ein komplettes Verzeichnis von Bestrafungszeremonien zu erstellen? Er regte an, daß zum Tode verurteilte Gefangene in Rot oder Schwarz gekleidet zum Galgen geführt werden sollten, daß Landesverräter schwarze Schleier mit aufgestickten Königslilien zu tragen hätten, und die Hemden von Giftmördern mit Schlangen verziert sein sollten. Erstaunlich! Was kümmert mich die Farbe meines Hemdes bei meinem Tod? Ich will nichts als die Gerechtigkeit, die meine Verbrechen verlangen, und jetzt ...« – er prostete Mingolla mit der Flasche zu – »jetzt sind Sie gekommen.«

»Wenn Sie ein so starkes Gefühl haben, warum haben Sie sich dann nicht selbst getötet?«

»Sie haben nicht richtig zugehört. Ich möchte Gerechtigkeit, und ich wäre sicher gnädiger mit mir verfahren als Sie.« De Zedeguí nahm einen tiefen Schluck Wein. »Es hat keinen Sinn, Ihnen etwas zu erklären. Sie sind zu jung, zu unerfahren. Aber wenn Sie den Sektor Jade erreichen, werden Sie verstehen ... werden auch Sie sich vielleicht nicht darum scheren. Die meisten von uns scheren sich nicht darum.«

»Den Sektor Jade? Was ist das?«

»Sie werden früh genug dahinterkommen«, sagte de Zedeguí. »Und ich bezweifle, daß Sie mir jetzt glauben würden.«

»Ich kann Sie dazu bringen, daß Sie es mir sagen.«

»Warum tun Sie es nicht? Ich kann Ihnen sagen, warum. Weil Sie Mitleid für mich empfinden ... oder vielleicht nicht direkt Mitleid, aber irgend etwas empfinden

Sie für mich. Und Sie sind durch den Prozeß, der Sie hervorgebracht hat, so sehr aller Gefühle beraubt worden, daß Sie sich an jedes Gefühl klammern, gleichgültig, wie inkonsequent es auch sein mag. Aber schließlich werden Sie Ihre Pflicht tun. Sie sind ein Geschöpf der Gewalt, und Sie sind jetzt zu sehr in deren Anwendung verliebt, um den Schaden zu begreifen« – er sprach jetzt mühsam –, »den grauenvollen Schaden, den Sie sich selbst zufügen.«

Mingolla, der sich über de Zedeguís Beschreibung seiner Person ärgerte, bekam Angst vor der Leidenschaft, die aus dieser letzten Bemerkung sprach.

De Zedeguí sprang von dem Feldbett, und Mingollas Haltung spannte sich. Aber der Nicaraguaner schritt nur auf und ab, wanderte aus dem Schatten ins Dämmerlicht und zurück. Er drückte seine Zigarette aus. »Gefängnisse ... ein faszinierendes Thema. Es wurden Bücher geschrieben über die Psychologie ihrer Konstruktion. Zum Beispiel Bentham. Das Panopticon. Eine wundervolle Anlage! Ein rund angelegtes Bauwerk mit einem Turm in der Mitte eines Innenhofes, und der Turm hat große Fenster, die auf die Innenwand des Rings blicken, und in die Zellen im Ring fällt das Licht von hinten, so daß sie von dem Turm aus wie Tausende von kleinen Bühnen einsehbar sind. Und natürlich sind die Beobachter im Turm den Augen der Gefangenen verborgen. Ihre Unsichtbarkeit garantiert Ordnung. Wer würde schon einen Fluchtversuch wagen, wenn er sich die ganze Zeit beobachtet wähnt? Das Panopticon ähnelt der Arrest-Idee, die in Sektor Jade entwickelt wird, obwohl es nicht halb so wirkungsvoll ist. Aber in Wirklichkeit ist Sektor Jade ein Witz ... ein Witz, den die Gewalt über sich selbst gerissen hat.« Er wackelte mit dem Zeigefinger. »Warten Sie nur, bis Sie hinkommen. Sie werden es nicht glauben, was sich dort abspielt. Die kleine Familienfehde, die in diesem Krieg eine Rolle spielt. Die Madradonas und die Sotomayors.«

»Diese Namen habe ich schon mal gehört«, sagte Mingolla und stöberte in seiner Erinnerung. »In einer Geschichte, die ich gelesen habe ... glaube ich.«

De Zeduguí lachte. »Das ist keine Geschichte, glauben Sie mir. Sie werden es merken.« Er wanderte weiter auf und ab, wobei er die Füße so kräftig aufsetzte, als wollte er kleine Feuer austreten, und seine Worte kamen in leidenschaftlichen Ausbrüchen. »Wußten Sie, daß einst das Geständnis als ursprüngliche Form der Gerechtigkeit angesehen wurde? Menschen, die ihre Schuld vom Galgen herunter bekannten. ›O Gott! Vergib meine verabscheuungswürdige Tat, meine erbärmliche Sünde!‹ Hier in Honduras halten wir an der Tradition fest. Viehdiebe werden fotografiert, wie sie Fleischstücke in der Hand halten, und ihr Vergehen wird in der Presse angeprangert. Ich habe selbst einmal gesehen, wie zwei Mörder den Leichnam ihres ertrunkenen Opfers hoch hielten. Was für ein grauenhafter Anblick! Die Augen des Toten sahen wie hartgekochte Eier aus, weiß und hervortretend ... die Kinder, die vorbeikamen, waren wahrscheinlich für ihr ganzes Leben davon geprägt. Aber wer würde mir glauben, wenn ich ein Geständnis machte? Welchen Beweis sollte ich hochhalten?« Er schleuderte die Weinflasche gegen die Wand, und das zersplitternde Glas riß an Mingollas Nerven. »Wir leben im finstersten Mittelalter. Die Landschaft ist übersät mit Schandpfählen und Galgen und Folterrädern. Eine Fiesta der Strafen! Und ich habe dazu beigetragen ...« Er hielt im Laufen inne, blieb bei der Tür stehen. »Ich glaube, Sie sollten jetzt anfangen, wirklich.«

Mingolla senkte den Kopf, er war geschlagen. Der Nicaraguaner war verrückt, erschütternd, seine Empfindsamkeit durch seine Schuldgefühle wundgescheuert, und es würde keine Schlacht geben, keinen Kampf mit Waffen. Ihn zu töten wäre ein Akt der Ausrottung.

»Worauf warten Sie?«

»Hören Sie doch auf, ja?!« sagte Mingolla.

»Oh, habe ich Ihre Seele berührt?« sagte de Zedenguí in einem Tonfall spöttischer Besorgnis. »Ein Stückchen Menschlichkeit freigeschaufelt? Haben wir vielleicht ein kleines Problemchen mit unserer Motivation, wie? Also gut, ich werde Ihnen helfen.« Er ging zu Mingolla und trat ihm mit voller Wucht gegen den Schenkel.

Mingolla schrie auf und griff sich an die verletzte Stelle.

»Brauchen Sie noch mehr Motivation?« sagte de Zedeguí. »Na gut.« Er spuckte Mingolla ins Gesicht.

Aufgebracht wischte sich Mingolla die Wange am Ärmel ab, hielt sich jedoch vor einer Reaktion zurück.

»Welche Selbstbeherrschung!« De Zedeguí klatschte in die Hände. »Ich muß schon sagen, Sie kommen bemerkenswert nah ans Menschliche heran. Aber ...« – er senkte die Stimme zu einem bösartigen Flüstern – »Sie und ich, wir wissen beide, daß wir es nicht sind. Los jetzt, du Arschloch! Die ganze Kraft, die dort drin herumkriecht, dieser ganze kranke wurmartige Saft, und du hast noch nie richtig Gebrauch davon gemacht. Du weißt doch, daß du es willst ... also los! Hier bin ich! Blende mich mit deinen Blitzen!« Er brach in ein übermütiges Lachen aus, das bis zum Himmel drang, und trat Mingolla in die Hüfte.

»Verdammt!« Mingolla rollte zur Seite und richtete sich in die Hocke auf; seine Augen verengten sich zu haßerfüllten Schlitzen.

»Wundervoll!« sagte de Zedeguí. »Der Wolfshund knurrt, seine Augen röten sich.«

Mingollas Zorn steigerte sich gefährlich, genährt durch den Widerwillen gegen sich selbst, den Zedeguí in ihm hervorrief, und er überlegte, wie sinnvoll es wäre, sich zu revanchieren. Der Nicaraguaner spuckte erneut, diesmal trafen Mingolla nur ein paar versprühte Tröpfchen. »Es ist äußerst unterhaltsam, hier zu stehen und zu beobachten, wie du so tust, als seist du schon ein richtiger Junge, obwohl du doch nichts bist als eine dreckige kleine Spinne, mit der Absicht, einem schwächeren Bruder Gift ins Essen zu kotzen.« Wieder ein Tritt. »Halte dich doch nicht zurück! Denk doch nur an die Ekstase, die dir ein Mord beschert, während mich deine Gedanken durchbohren ... wie würden die Amerikaner dazu sagen? Meine Seele ficken? Welch treffender Ausdruck! Genau das wirst du tun, du wirst dich von oben bis unten bespritzen, während du meine Seele zu Tode fickst. Wie kannst du es aushalten zu warten? Oder ist das nur ein Vorspiel, die freudige Erwartung?«

Er holte zu einem weiteren Tritt aus, aber als er das Bein nach hinten zog, schlug Mingolla mit seiner ganzen Kraft zu, mit einer Kraft, über die zu verfügen er nicht geahnt hatte, und die Wellen des Widerwillens gegen sich selbst und gegen de Zedeguí hochschwappen ließ. Der Nicaraguaner taumelte zurück in den Schatten neben der Tür, und Mingolla hörte ein Zischen wie von Dampf, ein Wimmern, das höher und höher wurde, wie das Geräusch eines Pfeifkessels, in dem das Wasser kocht. De Zedeguí schlug sich mit den Händen an den Kopf und wankte durch die Tür, taumelte von einer Seite zur anderen, eine schwarze Wahnsinnsgestalt vor dem orangefarbenen Dunst, dann bog er um die Ecke, gefolgt von Mingolla.

Die drei Männer standen immer noch um das Feuer in der Öltonne, und Zedeguí, torkelnd und von Sinnen, schob sie zur Seite. Er stand neben der Tonne und zitterte heftig, dann griff er mit beiden Händen nach dem Rand der Tonne. Das Metall mußte glühendheiß sein, doch kein Schrei entfuhr ihm. Einer der Männer kam mit gezogenem Messer auf ihn zu, aber bevor er zustechen konnte, machte Zedeguí eine genau berechnete Bewegung, duckte sich tief – und tauchte den Kopf in die Tonne. Das Glühen, das sich an den Innenwänden der Tonne widerspiegelte, leuchtete auf, und als de Zedeguí sich aufrichtete, brannte sein Kopf, brannte sein Hemd, halbmeterhohe Flammen züngelten aus seiner

Kopfhaut wie gespenstische orangerote Haare, durchzogen von schwarzen Strähnen. Schreien, ein Gewirr von Stimmen, viele Stimmen schwebten so leicht wie der Wind im Wald davon und verbreiteten die Nachricht. Einen Augenblick lang dachte Mingolla, de Zedeguí würde überleben, daß er die Hände in die Taschen schieben und lässig ins Barrio davonschlendern würde. Doch dann stürzte er zu Boden, Funken schlugen kraftvoll aus ihm, und bald war er nicht mehr zu sehen, vor lauter Neugierigen und Leuten, die ihm die Schuhe und die Uhr abnehmen wollten.

Mingolla konnte keinen klaren Gedanken fassen und hatte eine Zeitlang Angst, daß er vom Tode de Zedeguís mit fortgespült worden sei, in einem Wirbel mitgerissen zu einem Müllberg von fauligen Gehirnwindungen. Er taumelte rückwärts ins Haus zurück, und in dem dunklen Raum fühlte er sich besser. Es war noch früh ... was sollte er mit all der Zeit anfangen? Jemand gaffte zur Tür herein, und er brüllte ihn an. Er zog das Päckchen mit Frost heraus und war zutiefst erschreckt, als er darin das Foto mit dem lächelnden de Zedeguí fand; er ließ es in die Ecke flattern und setzte sich auf das Feldbett. Er häufte etwas von dem weißen Pulver auf die Messerspitze und schaufelte es in sich hinein. Zu schnell; er verstreute Pulver auf seinen Knien und auf dem Boden. Er senkte die Nase vorsichtig auf das Messer. *Beruhige dich!* sagte er zu sich selbst. *Du kannst nichts dafür.* Er hatte nicht gewollt, daß de Zedeguí den Kopf ins Feuer tauchte. Er wußte nicht, was er gewollt hatte. Daß der Mann umkippte, schnell und schmerzlos. Yeah, das wäre annehmbar gewesen. Er nahm noch mehr Frost. Und mehr. Schaufelte es schneller in sich rein; Blut mischte sich mit dem Pulver auf der Messerklinge und verkrustete. O Gott, war er zu! Geflimmer wie Sterne, wie brennende Miniaturköpfe, die durch die Dunkelheit schwebten, und sein Herz hüpfte polyrhythmisch. Schmerzlos. So hatte er es gewollt. *Genau, stimmt,* sagte er. *Du hast dich gesonnt im Glanz der Vielfalt der Gewalt, hast dir vorgestellt, wie Schädel von gedanklichen Heugabeln gespalten werden, und an dem Kerl lag dir nicht das geringste. Also, na und? Der Kerl war ohnehin des Todes. Noch ein bißchen Frost? Aber klar. Kann nicht schaden. Schmerzlos, wirklich. Wie das Nasenbluten, das du jetzt hast, Mann?* Herrje, das hatte er gar nicht bemerkt. Sein ganzer Mund war verschmiert, und das Kinn. In der Hölle, schrieb er in sein geistiges Tagebuch, wurde Mingolla von einem Nasenbluten heimgesucht und ging einer ernsthaften Auseinandersetzung aus dem Weg, er trank weder das Wasser, noch nahm er eine Kostprobe der Küche, und ... *Halt's Maul! Warum gibst du's mir nicht? Blase einen häßlichen Gedanken in mein Gehirn, und – wusch! Ich stehe vollkommen in Flammen. Aufhören!* Wusch, knirsch! *Hast du das gerochen? Schlimmer als die Scheißschlangen. Besser, du ziehst dir den Stoff auf dem Messer rein, Mann, sonst verschüttest du ihn noch, so wie du zitterst. Yeah, so ist es richtig. Noch ein bißchen ... Merkst du, wie es die Stimmen zum Schweigen bringt, die Erinnerungen? Alles schön glättet? Den Mund des Gehirns mit Draht verschließt, mit Stichen aus blauweißer Elektrizität? Und bald wird nichts mehr da sein außer kalter, blauweißer funkensprühender Stille. Aber weißt du was, David, Davy, Dave, Mister Mingolla, weißt du was?*

Nein, was?

Sogar das wird zur Verdammung führen.

Auf der Rückfahrt nach La Ceiba durch die mondlose Dunkelheit saß Mingolla vorn, mit den Wächtern Carlito, Martín und Julio. Er vermied es, Alvina anzusehen, die ein paar Reihen weiter hinten saß, und betrachtete statt dessen eingehend die Masken der Wächter. Er hatte das Gefühl, daß er langsam in der Lage war, in ihnen zu lesen, einen Ausdruck in den Landkarten aus blutigen Sehnen und Muskeln zu erkennen. Er haßte die Masken, aber das war kein Zeichen von Neid oder einer speziellen inneren Regung. Haß war etwas, das er neuerdings in einer besonderen Abteilung untergebracht hatte, etwas Statistisches und Unpersönliches, aber dennoch ein Zeichen seiner Identität, wie ein Waffenschein zum Beispiel. Er hörte den Wächtern zu, die über die Banalitäten ihres Lebens Witze rissen, die lustigen Dinge, die sie im Barrio erlebt hatten, und er kam zu einem Entschluß. Es war nur fair, dachte er. Auge zum Auge, genau so.

Der Bus hielt am Rande der Stadt an, und die Nutten marschierten im Pulk davon in Richtung der Lichter der Avenida de la Republica. Mingolla saß mit gesenktem Kopf da und wartete, daß irgendein Beweggrund an die Oberfläche kommen würde, irgend etwas, das ihn zum Handeln veranlassen würde: Er war so schrecklich leer. »Mußt du keinen Bericht abliefern?« fragte einer der Wächter.

Mingolla sah, daß sich die drei anonymen Gesichter ihm zugewandt hatten. »Gefahr ist im Verzug!« sagte er und verlieh der Behauptung mit emotionalen Beweisen mehr Gewicht. »Verlaßt sofort den Bus!« Er wies sie an, ihre Gewehre zurückzulassen, nahm sich eins davon und entsicherte es.

Der Wind wehte vom Meer her, in seinem alten, ungebrochenen Rhythmus, fegte durch das Gras am Straßenrand und kräuselte seine Arme mit Gänsehaut. Die Wächter hatten sich an der rechten Tür zusammengekauert, ihre Hemdzipfel flatterten, und sie schlugen sich gegen die Kälte die Arme um den Körper. Ihre Gesichter waren verworrene Knäuel von Sehnen, ein wirres Geflecht von Muskeln. »Ihr dürft nicht gesehen werden«, erklärte ihnen Mingolla. »Legt euch ins Gras, und ich sage euch Bescheid, wenn die Gefahr vorüber ist.«

Zwei von ihnen gingen ins Gras hinüber, aber einer fragte: »Was für eine Gefahr?«

»Eine schreckliche Gefahr«, sagte Mingolla und verstärkte seinen Einfluß. »Schnell jetzt! Schnell!«

Sie warfen sich ins Gras, waren nicht mehr zu sehen, und er hatte das Gefühl, sie seien von der Erde geplumpst, in einem langen, dunklen, geschweiften Fall. Warum tat er das? fragte er sich. Was erreichte er damit? Welchem moralischen Befehl gehorchte er? Schwärze überall, wohin er sich auch wandte. Schwarzes Meer, schwarzes Gras, schwarze Luft. Nur der Bus war weiß, und das war verlogen. Ein Wächter streckte den Kopf hoch, und dieses kleine rote Gesicht mit dem überraschten Mundloch, das sich aus dem schwarzen Gedicht des vom Wind zerzausten Grases heraushob ... es irritierte Mingolla. »Hinlegen!« schrie er. »Hinlegen!« Und er eröffnete das Feuer. Die Schüsse waren kaum hörbar in dem Wind. Er löcherte das Gras, bis der Patronenvorrat erschöpft war. Er packte das Gewehr am Lauf und schleuderte es ins Meer. Er lauschte. Nichts, kein Jammern, keine Schreie. Das tödliche Schweigen war von erschreckender Tiefe. Alles, was da je gelebt haben mochte, war jetzt tot. Das gefiel ihm. Das Schweigen berührte sein Herz mit einem kalten Schlangenkuß, und er überlegte, ob er die Leichen durchsuchen sollte. Prüfen, ob noch einer atmet. Nö, dachte er; nicht nötig. Er schnupperte die Luft. Salzig und sauber. Er hatte seine Pflicht erfüllt, gut erfüllt. Er hätte ewig an dieser Stelle bleiben können, guter Dinge und mit sich zufrieden, aber schließlich kletterte er in den Bus zurück und fuhr ihn in die Stadt.

Er schlenderte über die Avenida de la Republica, schaute in die Bars, fühlte sich weit entfernt von der Musik und dem Gelächter, immun gegenüber der allgemeinen Atmosphäre. Er kaufte bei einem Händler eine Zitroneneiswaffel und lutschte beim Weitergehen an den Eisbrocken, lächelte jedem zu und schüttelte den Kopf über Kinder, die ihm Schmuck aus schwarzer Koralle vors Gesicht hielten. Eine Nutte taumelte aus einer Bar, stieß ihn an, und er faßte sie um die Taille, damit sie nicht hinfiel. Sie war dürr, mit einer hellen, gesprenkelten Haut, die ihn an Hettie erinnerte, und sie war sehr betrunken. Er führte sie zurück in ihr Hotel, ohne den Griff um ihre Taille zu lockern, und als sie vor der Tür angekommen waren, fragte sie, ob er Lust hätte, mit hinauf zu kommen.

»Ich wollte, ich könnte«, sagte er. »Aber ich habe eine Verabredung.«

»Also dann« – sie brachte ihr Haar in Form und lächelte froschartig – »'s war sehr nett von dir, daßde mir geholfen has'.«

»Es war mir ein Vergnügen«, sagte er und trollte sich.

Am Ende der Straße war ein öffentlicher Platz mit großen Hibiscusbüschen in den Ecken, die rosafarben und rot blühten. Kokospalmen säumten bedrohlich hoch die Betonwege, die diagonal über den Platz führten, überragten Steinbänke und einen Brunnen in der Mitte, der wie eine Lilie aus Stein geformt war. Frontal zu diesem Platz stand eine große, weiß verputzte Kirche mit zwei Treppenaufgängen an der hell erleuchteten Fassade. Mingolla entschied sich für eine Bank in der Nähe des Brunnens und nahm etwas Frost, um alles besser in sich aufnehmen zu können, genug, um dem platschenden Wasser einen Extraglanz zu verleihen. Im Schatten eines Hibiscusbusches etwas weiter unten am Weg lungerte eine Gruppe von Schuhputzjungen in einem Knäuel zusammen. Sie plapperten und rauchten Zigaretten. Ihre Schuhputzkästen waren mit Mosaiken aus Glasscherben geschmückt, und für Mingolla sahen sie aus wie Zwerge mit diamantenbeschlagenen Tornistern. Er wollte, er hätte eine Zigarette gehabt; er hatte noch nie geraucht, aber wenn er an Freunde dachte, die es taten, hatte er den Eindruck, daß dies genau der richtige Augenblick für eine Zigarette sein müßte, dieses bedeutungsvolle Wegdösen, bei dem das Rauchen hilft, die Gedanken zu ordnen. Statt dessen nahm er noch eine Ladung Frost. Die Schuhputzjungen beobachteten ihn interessiert, machten aber keine Anstalten, die Polizei zu holen. Nicht, daß ihm das etwas ausgemacht hätte. Er konnte mit der Polizei umgehen. Der Frost ging angenehm rein, und er lehnte sich zurück, schlug die Beine übereinander und dachte, daß er auf de Zedeguís Tod zu empfindlich reagiert hatte. Es war ihm jedoch klar, daß ein gewisses Maß an Reaktion unvermeidbar war. In Zukunft wäre er besser vorbereitet. Er würde in den Petén gehen, sich um Debora kümmern, und danach ... nun, danach würde sich die Zukunft von selbst ergeben.

Der leise Hauch von Musik aus den Bars rief ihm Nächte am Strand von Florida ins Gedächtnis, wo er mit seiner damaligen Freundin die Autotür aufgelassen hatte, damit sie die Musik hörten, während sie sich im Sand oder im seichten Wasser liebten. Man konnte hundert Meter weit gehen, dann reichte einem das Wasser immer noch erst bis zu den Schenkeln. Lauwarmes, stilles Wasser. Mit blinkenden Leuchtbojen wie Sternschnuppen. Jugendliche, die in den anderen Autos tranken und die Flaschen gegen die Strandmauer schleuderten. Diese Gedanken heiterten ihn auf. Er hatte eine schlimme Zeit durchgemacht, aber die lag jetzt hinter ihm, und er hatte seine Erinnerungen wieder. Alle. Er nahm eine Messerspitze voll Frost, um das zu feiern, und plötzlich kam ihm zu Bewußtsein, daß er David Mingolla war, David Scheißmingolla, der Kerl, dessen Spur er beinah verloren hätte, der Kerl, dem man Großes vorausgesagt hatte, er war wieder der alte ... jetzt erst recht.

DRITTER TEIL

Frontabschnitt Smaragd

... Nach der Überlieferung war der Grund für den Krieg zwischen den Madradonas und den Sotomayors die Schmach der Entführung von Juana Madradona de Lamartine durch Abimeal Sotomayor im Jahre 1912, aber lassen sich Jahrhunderte des Blutvergießens und der Feindseligkeit mit emotionalen Reaktionen auf diesen einzigen Vorfall erklären? Kann man die Schuld an dem Gemetzel der Kinder in Bogotá im Jahre 1915 oder an der Bombardierung des Sotomayor-Gebietes in Guatemala-City im Jahre 1949 den Exzessen eines Mannes zuschreiben, der drei Jahrhunderte zuvor gestorben war? Nein, die Fehde zwischen den Familien wurde – wie alle größeren Konflikte – genährt von der Lust an der Macht, der Macht, die in einem harmlos aussehenden Kraut begründet lag, das nur in einem Tal westlich von Panama City wuchs, durch das die Grenze ihrer beider Anwesen verlief.

aus *Der Krieg zwischen den*
Madradonas und den Sotomayors
von JUAN PASTORÍN

KAPITEL NEUN

In ihrer letzten gemeinsamen Nacht in den Petén-Regenwäldern erzählte Santos Garrido Mingolla eine Geschichte. Das geschah nicht aus Kameradschaft und auch nicht als Belehrung, es war lediglich die Antwort auf eine beiläufig aufgetauchte Frage; aber aufgrund der Ereignisse, die kurz darauf eintreten sollten, maß Mingolla der Sache mehr als nur eine beiläufige Bedeutung bei.

Drei Tage lang waren sie durch den Urwald gewandert und hatten das Dorf Sayaxché hinter sich gelassen, einst ein Stationierungsgebiet der kubanischen Infanterie, aber jetzt – nachdem sich der Kampf entlang der mexikanischen Grenze nach Norden verlagert hatte – zurückgefallen in verschlafene Bedeutungslosigkeit als Zwischenstation für umherziehende Händler, die unterwegs waren nach Rio de la Pasión, um Blechlaternen, Ramschposten billiger Kleidung und gestreifte Plastikbecher zu verkaufen. Mingollas bisherige Erfahrung mit dem Urwald beschränkte sich auf Spaziergänge in der näheren Umgebung der Ameisenfarm, und dieses Gebiet hier, das Herz der Regenwälder, überraschte ihn durch die Entbehrungen, die es denen abverlangte, die darin eindrangen. Sie gingen auf schmalen Pfaden aus brauner Erde voran, die von schmalen Furchen durchkreuzt waren, den Spuren von Blattschneiderameisen, und jedesmal, wenn Mingolla anhielt, um Atem zu schöpfen, krabbelten die Ameisen an seinen Beinen hoch und bissen ihn; und da Garrido – sein Führer – nicht wartete, damit er sie abheben konnte, schlug er beim Weitergehen auf sie drauf und verursachte so tiefe Schrammen in seinen Schenkeln. Sie stießen auf Matten abgestorbener Rankengewächse, aus denen Wolken von Stechmücken und Moskitos aufstiegen, die in Mingollas Haar schwirrten und in seine Nase und seinen Mund drangen. Sie versanken in felsigen Schluchten, krochen unter umgestürzten Baumstämmen hindurch, der Behausung von Tausendfüßlern und Spinnen, die sich ihnen ins Genick fallen ließen. Am Anfang war die Hitze überwältigend. Mingollas Moskitoabwehrmittel war nach wenigen Minuten weggeschwitzt, und er wusch sich mit Wasser, in dem Garrido Zigarettentabak aufgelöst hatte, getreu seiner Theorie, daß Nikotin das wirkungsvollste aller Abwehrmittel sei ... eine Theorie, die Mingolla zu seiner eigenen Befriedigung widerlegte. Als sie jedoch tiefer in den Petén eindrangen, wurde es kühler, klamm und tropfend feucht. Jedes Blatt, das er streifte, hinterließ eine nasse Spur auf seiner Kleidung, und sogar die Schreie der Affen klangen feucht. Langsam bekam er einen Blick für die Schönheit des Dschungels. Grünes Licht, grüner Schatten. Riesige Feigen- und Baumwollbäume stützten einen gewölbten Baldachin, ihre Stämme waren mit einem Fell orangefarbenen Bärlapps überzogen, und Schmetterlinge mit einer Flügelspannweite von zehn Zentimetern schmückten sie mit einem gesprenkelten Muster. Schiffsförmige Keile aus Kalkstein wuchsen aus dem Dschungelboden, umhüllt mit einem Rankennetz, wie versteinerte Schoner, geschützt gegen das Versinken in einem lang verschwundenen See. Überall fand man den Abfall des Krieges, und das verlieh der Natur zusätzlich eine unorganische Schönheit. Ein Kampfhelm mit einem gesprungenen, spinnwebenüberzogenen Visier lag in einer Mulde wie ein sonderbares Ei; der verrostete Gefechtsturm eines kleinen Panzers stach aus einer Reihe von Bambusstengeln hervor, herausgeputzt mit blühenden Schmarotzern; ein Raketenblindgänger war so üppig mit Kletterpflanzen und Algengewächsen überwuchert, daß er wie ein Gemüse aussah, als ob der Urwald die Geschöpfe des Krieges einer Mimikry unterzogen und daraus Wesen geschaffen hätte, die in ihrer Umgebung bestehen konnten.

In dieser dritten Nacht errichteten Mingolla und Garrido ihr Lager im Schutze eines hohen Kalksteingebildes und banden ihre Hängematten zwischen drei Sapottillabäumen fest; sie bereiteten sich ein Mahl aus kalten Bohnen und Tortillas. Garrido war ein runzeliger, aber noch sehr rüstiger Mann Anfang sechzig, sein Haar war noch schwarz, und seine dunkelbraune Haut hatte einen rosigen Schimmer. Die einzigen Worte, die er mit Mingolla gewechselt hatte, betrafen Vorsichtsmaßnahmen oder Richtungsweisungen, und er ließ keinen Zweifel daran, daß er nicht viel von Mingolla hielt, weder als Kollege noch als Mann. Doch Mingolla machte sich nichts aus der Meinung des anderen, in seinen Augen war Garrido nur ein Mittel zum Zweck.

Er verbrachte die Stunde nach dem Abendessen damit, seine Maschinenpistole zu säubern; dann holte er ein Päckchen Frost aus der Tasche und machte sich high. Das Mondlicht wurde durch den Baldachin gefiltert, der Kalkstein und das Laubwerk ringsum waren silbern getupft, und es sah aus, als säßen sie in einem Faltenwurf schwarzen Stoffs, der mit einem abstrakten Muster bedruckt war. Insekten und Frösche stimmten einen unheimlichen Chorgesang an, eine Musik, die klang, als würde sie auf ausgehöhlten Bambusstäben und von blubberndem Wasser erzeugt. Mingolla hörte nicht mehr hin und balancierte vorsichtig ein Häufchen des weißen Pulvers auf der Messerspitze.

»Warum nimmst du das?« fragte Garrido.

Mingolla atmete das Pulver tief ein, warf den Kopf zurück, damit der Frost gut reinging. »Die Dinge bekommen dadurch schärfere Konturen.« Er stieß ein brüchiges Lachen aus. »Und es hält Ungeziefer fern.«

»Bist du süchtig?«

»Ich bin leicht abhängig davon.«

Garrido schwieg eine Weile. »Als wir aufbrachen«,

sagte er schließlich, »dachte ich nicht, daß ich dich verstehen könnte. Ich hielt dich für anders als die anderen Amerikaner, die ich geführt habe. Warum, fragte ich mich, jagt dieser junge Mann mit solchem Feuereifer einem Ziel nach? Ich spürte etwas an dir, das nicht zu dieser Art von Jagerei paßte. Aber ich habe mich getäuscht. Du bist genau wie die anderen. Du hast die gleiche Einstellung zu den Dingen.«

»Und wie ist die?«

»Ohne Gefühle.«

Mingolla zog die Nase hoch, einerseits, um sie freizubekommen, andererseits war das eine Reaktion: gefühllos zu sein betrachtete er als ein Ideal.

»Als ob«, fuhr Garrido fort, »Gefühle ein Hindernis für deinen perfekten Plan darstellten.«

»Warum erzählst du mir das?«

»Es ist weitaus besser, die Standpunkte vorher zu klären, wenn man sich in gefährliches Territorium begibt.«

»Willst du damit sagen, daß du mir nicht den Rücken deckst?«

»Ich lege nur die Grenzen meiner Verantwortlichkeit fest.«

Die Musik des Dschungels wurde lauter, umzingelte sie, und Mingolla hatte die Vorstellung, daß die Dunkelheit aus einer Billion aufgerissenen Mäulern bestand, die das Lager umringten. »Warum machst du dir darüber Gedanken?« fragte er.

Garrida tastete in seiner Hemdtasche nach einer Zigarre, zog sie heraus und zündete sie an. Die Glut beleuchtete seinen Mund und ließ seine Augen funkeln. »Ein Freund und ich fanden einmal einen Jadebecher in einem unerschlossenen Grabhügel. Einen Maya-Becher. Unser Glück war gemacht. Aber ich wollte alles für mich allein, und ich haute damit ab. Später erfuhr ich, daß mein Freund am Fieber gestorben war – er hatte kein Geld für Medikamente gehabt. Seit dieser Zeit war ich immer ehrlich mit meinen Kameraden. Ehrlichkeit beugt solchen Mißverständnissen vor.«

Er sprach mit ziemlich gefühlvoller Stimme, und Mingolla versuchte, seinen Gesichtsausdruck zu erkennen, aber es gelang ihm nicht. »Was geschah mit dem Becher?«

»Er wurde gestohlen ... von einem Amerikaner.«

»Womit sich erklärt, daß du uns nicht leiden kannst.« Mingolla tauchte wieder mit dem Messer in das Päckchen mit Frost.

»Daran liegt es nicht. Ich durchschaue die Amerikaner, und es ist schwer, etwas zu mögen, das man durchschaut.«

»Das muß ja wirklich eine große Belastung für dich sein, voll von so'nem Mist die ganze Zeit herumzulaufen. Ich weiß, daß es das für mich ist. Ich weiß es, wenn ich in mich hineinblicke und den ganzen lächerlichen Quark und die Ansichten sehe, die ich für weise halte, und ich krieg' das verdammte Kotzen, wenn ich mir vorstelle, daß ich das alles mal für bare Münze genommen hab'. Aber dann, im nächsten Moment, verbreite ich meine Weisheit schon wieder.« Er sog Pulver von der Messerklinge ein und spuckte Schleim aus. »Entschuldige. Es ist nur so, wenn ich solche Kuhkacke höre wie ›Ich durchschaue die Amerikaner‹, dann kann ich mich amüsieren. Besonders wenn dann noch der Satz folgt ›Es ist schwer, etwas zu mögen, das man durchschaut‹. Das ist wirklich ungemein tiefsinnig, das ist, weißt du, schon fast Philosophie.«

»Vielleicht hast du recht«, sagte Garrido. »Aber was ich gesagt habe, stimmt zumindest für dich und mich.«

»Von mir aus.«

Vielleicht, so dachte Mingolla, während er wieder etwas einsog, würde er die ganze Nacht aufbleiben und die Tiefsinnigkeit des Dschungels in sich wachsen lassen, wie Garrido. »Warum arbeitest du für uns, wenn du uns nicht leiden kannst?«

Garrido blies Rauch aus und hustete. »Ich werde dir eine Geschichte erzählen.«

»Ach du Schande!« sagte Mingolla. »Dazu brauch' ich 'ne Tüte Popcorn. Wie heißt sie?«

»Ich habe ihr nie einen Titel gegeben«, sagte Garrido mit etwas schärferer Stimme. »Aber man könnte sie vielleicht mit ›Der Geist des Konquistadoren‹ überschreiben.«

»Hört sich nach Spuk an!« Mingolla beugte sich vor und machte eine alberne Geste übertriebener Aufmerksamkeit. »Ich bin ganz Ohr.«

»Mehr sage ich dazu nicht«, erwiderte Garrido steif. »Willst du sie hören oder nicht?«

»Klar doch ... is' ja wohl nichts im Fernseh'n heut' abend, oder?«

Garrido seufzte verärgert. Insekten schwärmten in gezackten Flugbahnen um die Glut seiner Zigarre, glitzerten weiß in ihrem Schein auf.

»Vor gar nicht so langer Zeit«, begann er, »gab es einen Jäger, er war Maya wie ich, der in einem Dorf nicht weit von den Ruinen von Yaxchilán lebte. Jeden Morgen stand er vor Sonnenaufgang auf, frühstückte mit seiner Frau und seinem Sohn und machte sich mit seinem Gewehr auf den Weg in den Urwald. Er jagte den ganzen Morgen, verfolgte die Fährte von Tapir und Wild, ging den Spuren des Jaguars aus dem Weg, und als die Sonne hoch am Himmel stand, suchte er sich ein Plätzchen zum Ausruhen und verzehrte sein Mittagessen. Dann machte er seine Siesta. Eines Nachmittags schlief er im Schatten eines verschütteten Tempels ein, und er wurde vom Geist eines Maya-Königs geweckt, seines Urahnen, einem Mann, der ein rotes Tuch um die Taille trug und ein Halsband aus Gold und Türkis.

›Hilf mir!‹ schrie der König. ›Mein Feind verfolgt mich!‹

›Wie kann ich helfen?‹ fragte der Jäger. Er hatte keine Ahnung, welche Hilfe er gegen einen Feind anbieten konnte, der gegenüber Schüssen und Gewehrkugeln immun wäre ... denn er kam zu dem Schluß, daß der Feind diese Eigenschaften haben mußte, da ja niemand ein Geschöpf der Geisterwelt bedrohen kann außer einem ähnlichen Wesen.

›Du mußt mir gestatten, daß ich dir die Hand auf die Stirn lege‹, sagte der König. ›Wenn ich das getan habe, wirst du in einen Traum sinken, und ich werde ihn betreten und mich darin verstecken.‹

Der Jäger war erfreut, seinem Vorfahr einen Dienst erweisen zu können, denn er war ein Mann, der die Tradition in Ehren hielt, der große Hochachtung vor den alten Mayas hatte. Er ließ den König die Hand auf seine Stirn legen und versank sofort in einen Traum von Palästen mit einem Labyrinth von Gängen und Räumen mit Geheimtüren. Der König ging durch einen der Gänge und verschwand aus der Sicht. Der Traum verblaßte, und andere, gewöhnlichere Träume traten an seine Stelle.

Nicht lange danach wurde der Jäger von einem weißen Mann geweckt; er trug eine Rüstung mit goldener Filigranarbeit und ritt auf einem schwarzen Pferd mit feurigen Augen und dampfenden Nüstern. Der Geist eines Konquistadoren. ›Ich weiß, daß du den König versteckt hast‹, sagte er mit einer Stimme, die klang wie eine Glocke aus Eisen. ›Öffne mir deine Seele, und ich werde ihm folgen.‹

›Nein‹, sagte der Jäger. ›Das werde ich sicher nicht tun.‹

Der Geist des Konquistadoren zog sein Schwert und schwang es in einem gewaltigen Bogen durch die Luft, so daß die Bäume zitterten und ein dampfender Schweif in der Luft hängen blieb. Aber der Indio hatte keine Angst, er war bereit zu sterben, um die Tradition zu retten. Als der Geist des Konquistadoren sah, daß er keine Angst hatte, schob er sein Schwert in die Scheide zurück, beugte sich hinunter, lächelte und sagte mit honigsüßer Stimme: ›Ich werde dir eine Goldmünze schenken, wenn du mich eintreten läßt.‹

Das war nun allerdings eine große Versuchung für den Jäger, denn sein Haus war eine armselige Hütte aus Stroh und Buschwerk, und obwohl er seine Familie nicht Hunger leiden lassen mußte, war er doch, wie alle Männer, bestrebt, das Los seiner Lieben zu verbessern. Er widerstand jedoch der Versuchung und lehnte erneut ab. Mit vor Zorn verzerrtem Gesicht gab der Geist des Konquistadoren seinem Pferd heftig die Sporen, drehte es um und galoppierte davon, schrumpfte zu einem Punkt in der Dunkelheit, der rot aufblitzte wie ein Stern in dem Moment, in dem er verglüht.

Der Jäger war zufrieden mit sich, und an diesem Abend spielte er glücklich mit seinem Kind und umarmte seine Frau mit Inbrunst, da er sicher war, daß seine Hilfsbereitschaft dem König gegenüber ihm viel Gutes einbringen würde. Als er jedoch am nächsten Tag auf einen Hirschen anlegte, hörte er ein Trampeln wie von eisenbeschlagenen Hufen, und aus dem Nichts tauchte der Geist des Konquistadoren auf, ritt direkt auf den Hirschen zu und führte ihn in das Buschwerk, wo er geduckt Schutz fand. Mit wildem Gelächter gab der Geist seinem Pferd die Sporen und verschwand auf die gleiche Weise wie am Tag zuvor. Der Jäger sichtete an diesem Tag kein weiteres Wild mehr und kehrte mit leeren Händen nach Hause zurück. Es war noch Essen in seiner Vorratskammer, und er war sicher, daß er bald wieder mehr Glück haben würde. Aber auch in den folgenden zwei Wochen erschien jedesmal, wenn er im Begriff war, seine Beute zu töten – ob es sich um einen Hirschen, einen Tapir oder ein Aguti handelte – der Geist des Konquistadoren aus dem Nichts und warnte die Tiere. Hartnäckig versuchte es der Jäger immer wieder, aber als zwei Wochen vergangen waren, wurden seine Frau und sein Kind krank vor Hunger, und seine Verzweiflung wuchs. Er hatte keinen Mittagessenproviant mehr, den er mit auf die Jagd nehmen konnte, aber er behielt seine Gewohnheit bei, Siesta zu halten, und am fünfzehnten Tag, nachdem er dem König geholfen hatte, weckte ihn der Geist des Konquistadoren aus einem Traum voller Totenschädel und sagte mit einer Stimme wie Asche: ›Laß mich eintreten, oder ich werde deine Tage verhexen, bis deine Familie vor Hunger stirbt.‹

Der Jäger erkannte, daß er keine Wahl hatte, und er gestattete dem Geist, daß er mit dem Schwert seine Brust berührte, worauf er wieder in den Traum mit dem labyrinthischen Palast sank. Der Geist galoppierte den Gang hinunter, und als der Jäger aufwachte, fand er eine Goldmünze in seiner Hand. Seine erste Regung war, die Münze wegzuwerfen, als ihm jedoch die Notlage seiner Familie einfiel, verwendete er die Münze, um Essen zu kaufen. In dieser Nacht erfreute es sein Herz, als er sah, wie die Farbe auf ihre Wangen zurückkehrte und sie mit vollen Bäuchen unter den Sternen lagen, aber er schämte sich wegen seiner Handlungsweise, und er fragte sich, ob er je wieder ein anderes Gefühl haben könnte.

Am nächsten Tag träumte er wieder von dem Palast, und zu seinem Erstaunen erschien der König an der Pforte seines Traums und bat um Auslaß, und er verriet ihm das Geheimnis, wie man die Tore eines Traums öffnete. Der Jäger war entzückt darüber, eine Möglichkeit zu bekommen, seine Schwäche wiedergutzumachen, und er tat genau, wie ihn der König anwies. Aber kurze Zeit darauf kam der Geist des Konquistadoren aus der Tiefe des Palastes herangaloppiert und verlangte, ausgelassen zu werden. Guter Dinge, verschloß der Jäger die Tore seines Traums und ging seinem Tagewerk nach. Aber während seiner Siesta am folgenden Tag quälte ihn ein Alptraum mit solch stürmischer Heftigkeit, daß er unter normalen Umständen schreiend aufgewacht wäre. Er wachte jedoch nicht auf. Dämonen zerfetzten seine Haut, Insekten mit Stahlstacheln fütterten sich gegenseitig mit Brocken aus seinem Fleisch und pieksten in seine freigelegten Nerven, und dabei schlief er immer weiter. Und im Hintergrund des Traums sah er den Geist des Konquistadoren, der ihn anschaute und lächelte, mit dem Arm lässig auf seinen Sattelknauf gestützt. Schließlich preschte der Geist vor und sagte mit einer Stimme wie Eis: ›Gewähre mir Durchlaß, oder ich werde dich deinen eigenen Tod träumen lassen!‹ Und wieder hatte der Jäger keine Wahl, er öffnete die Tore seines Traums und ließ den Geist hinausstürmen.

Als er aufwachte, fand er wieder eine Goldmünze in seiner Hand, und er war so mit den Nerven am Ende, daß er in die nächste Cantina ging und sich sinnlos betrank. Er hatte begriffen, daß er von den Geistern als Boden ausgesucht worden war, auf dem sie ihre uralten Kämpfe austragen wollten, und er konnte nur hoffen, daß diese spezielle Auseinandersetzung nicht zu lange dauern würde. Aber am folgenden Nachmittag begehrte der König erneut Einlaß in die Träume des Jägers, und als kurze Zeit später auch wieder der Geist des Konquistadoren in Sicht kam, entsprach der Jäger seinem Begehr, wenn auch mit großen Gewissensbissen, und nahm eine weitere Goldmünze an. Monate vergingen, dann Jahre. Der Jäger dachte sich Listen gegen den Geist des Konquistadoren aus, doch der Geist fiel auf keine herein. Dank der täglichen Zahlungen wurde er wohlhabend, und als die Zukunft seiner Familie gesichert war, erwog er einen Selbstmord. Aber sein moralisches Empfinden war den Verlockungen des guten Lebens zum Opfer gefallen, und er sagte sich, wenn er es nicht wäre, der als Schlachtfeld diente, dann wäre es eben ein anderer: Wie konnte er es verantworten, daß jemand anderem dieser entsetzliche Konflikt aufgeladen würde?

Eines Tages schließlich, als der König mal wieder seinem Traum entfloh, sagte er zum Jäger: ›Mein Freund, hab Dank für deine jahrelangen Dienste. Ich verlasse dich jetzt, um mir einen neuen Traum zu suchen, denn der Geist des Konquistadoren hat alle Geheimnisse des Palastes gelüftet und ich kann mich ihm nicht mehr entziehen.‹

Von Schuldgefühlen gequält, bat der Jäger um Vergebung, aber der König erklärte ihm, daß es nichts zu vergeben gäbe und daß der Jäger ihm das beste Versteck zur Verfügung gestellt hätte, das er je gehabt hatte. Er verschwand eilends im Urwald, und bald darauf tauchte der Geist aus dem Traum auf. Auch er sprach mit dem Jäger.

›Von allen Jagden, die ich bisher erlebt habe‹, sagte er mit einer Stimme, die wie ein Vulkan grollte, ›war die bei dir am faszinierendsten. Ich bedaure, daß ihre Möglichkeiten erschöpft sind.‹

Der Jäger zitterte vor Haß, beschränkte sich aber darauf, zu sagen: ›Ich bin dankbar, daß du mir nun nie mehr unter die Augen kommen wirst.‹

Das Gelächter des Geistes füllte den Himmel mit dunklen Wolken. ›Du hast ein unschuldiges Gemüt, mein Freund. Jedes brachliegende Feld wird eines Tages wieder fruchtbar sein, und was wertlos ist, wird unbezahlbar werden. Früher oder später wirst du einen neuen Traum träumen, und wir werden zurückkommen, um damit unseren Spaß zu haben.‹

›Niemals!‹ sagte der Jäger. ›Lieber würde ich sterben!‹

›Dann stirb!‹ sagte der Geist mit flammender Stimme. ›Vielleicht besitzt dein Kind die Gabe des Träumens.‹

Der Jäger war entsetzt über diese Möglichkeit, und er wußte, daß er alles tun würde, um seinem Kind dieses schwere Los zu ersparen.

Der Geist lachte wieder, und Blitze zuckten über den Himmel, deren gespaltenes Licht die Tausende von Formen des Schreckens in der Sprache der Götter wiedergab. ›Hier!‹ Der Geist stieß dem Jäger eine Goldmünze mit eingelassenen Smaragden vor die Füße, eine

Münze, die das Vielfache seiner üblichen Bezahlung wert war. ›Ich gebe dir den Auftrag, mir einen neuen Traum zu erstellen, einen noch ausgeklügelteren als den mit dem Palast. Wenn ich zurückkomme, erwarte ich, daß er fertig ist.‹ Und mit diesen Worten ritt der Geist davon, dem König hinterher, und sein Roß ließ eine Spur von Hufabdrücken hinter sich, aus denen ein unbeschreiblicher Qualm aufstieg als deutliche Zeichen für jeden Geist, der möglicherweise aus dem Himmelsgewölbe herabblickte, damit er ihn nicht übersehen konnte und ihm folgen würde.«

Garrido drückte seine Zigarre aus und hinterließ ein Nest von Funken auf dem Kalkstein. Er schien auf eine Reaktion zu warten.

»Hätt'n paar mehr Dialoge haben können«, sagte Mingolla. »Aber sonst nicht schlecht.«

Garrido stieß ein angewidertes Zischen aus und zog sich an der Kordel seiner Hängematte hoch. »Gute Nacht«, sagte er. Er schlüpfte in die Hängematte und zog sich das Moskitonetz über den Kopf.

Ohne daß er es wollte, war Mingolla von der Geschichte beeindruckt, obwohl seine nächste Reaktion war, daß er Garrido eigentlich hätte fragen sollen, warum er nicht schlicht und einfach gesagt hatte: »Wegen des Geldes.« Aber er merkte, daß das nicht fair gewesen wäre. Er hätte Garrido gerne noch mehr gefragt, denn ihm kam der Verdacht, daß es nicht nur vieles gab, das er nicht verstand, sondern daß es noch viele andere Dinge geben mochte, für deren Vorhandensein er bisher blind gewesen war. Er spielte mit dem Gedanken, die Bekanntschaft mit Garrido zu einer Freundschaft auszubauen, aber nach einigem Nachdenken entschied er sich dagegen, da er befürchtete, eine Freundschaft könnte sein Urteilsvermögen beeinträchtigen, und da die Streitereien zwischen ihnen beiden auf die Dauer sicher unterhaltsamer wären als Gespräche, in denen Übereinstimmung herrschte.

Es gelang ihm, trotz des Frosts einzuschlafen, obwohl es kein erholsamer Schlaf war sondern ein Webteppich aus Träumen voller Ängste, und als ihn ein grelles Licht aufweckte, das ihm in die Augen schien, fragte er sich, ob er vielleicht laut geschrien und Garrido gestört hätte. »Was ist los?« fragte er und hob die Hand schützend über die Augen, wobei sich seine Finger in dem Moskitonetz verfingen.

»Verdammter Hurensohn«, sagte eine Stimme mit Hillbilly-Zungenschlag. »Dieser Bohnenfresser spricht amerikanisch.«

»Ich bin Amerikaner.« Er strampelte sich hoch. »Was'n hier los, verdammte Scheiße?« Jemand versetzte ihm einen kräftigen Stoß vor die Brust und warf ihn zurück; durch die weißen Maschen sah er einen Gewehrlauf und eine Hand, die eine Gaslaterne hielt.

»Sieht aber genau wie'n Bohnenfresser aus«, sagte jemand anders.

»Ich bin Agent ... Spion. Wer seid denn ihr?«

»Uns gehört dieser Ort, Mann«, sagte die Hillbilly-Stimme mit einem drohenden Unterton. »Und du hast ihn unbefugt betreten.«

Ein Frösteln spülte den Schlamm von Mingollas Dösigkeit weg, und er machte einen Vorstoß mit dem Geist; aber statt auf einen schwachen elektrisierenden Widerstand zu stoßen, der seinem Willen Auftrieb gegeben hätte, prallte er ab, wurde zurückgestoßen: Es war, als ob er am Steuer eines Autos gesessen hätte, während der Fahrt ausgestiegen wäre, und der Wagen, anstatt sanft auszurollen, hoch in die Luft geschleudert worden wäre. Er versuchte es noch einmal, mit dem gleichen Ergebnis.

»Du hast dich verkleidet, wie?« fragte Hillbilly. »Wie können wir da sicher sein? Viele Kubaner geben richtig gute Amerikaner ab. Vielleicht kratzen wir mal'n bißchen von der Farbe ab, mal seh'n, was drunter is'.«

Ein Chor dümmlich klingenden Gelächters.

»Warum machstes nich' wie in den alten Kriegsfilmen, Sarge? Frag ihn doch mal über Baseball aus und so'n Zeug.« Eine andere Stimme.

»Yeah.« Das war Hillbilly. »Was hältste davon, Freundchen? Kannste uns mal erzählen, wer im Innenfeld bei den Chicago Bears spielt?«

»Is' dein Kamerad da auch verkleidet?« Wieder eine andere Stimme.

»Was wollt ihr Kerle eigentlich?« Mingolla versuchte, das Gewehr wegzuschieben. »Laß mich mal aufstehen.«

»Ich glaub', sein Freund is'n echter Bohnenfresser«, sagte Hillbilly. »Los, besorg's ihm!«

Ein Schuß aus einem Schnellfeuergewehr.

Mingolla erstarrte. »Garrido?«

»Wenn der dir 'ne Antwort gibt, Mann«, sagte Hillbilly, »dann bin ich sofort hier draußen.«

»Du blödes Arschloch!« sagte Mingolla. »Wir sind ...«

Der Gewehrlauf wurde ihm in die Brust gedrückt. »Du bist auch noch nich' raus aus den Wäldern, mein Junge. Willste jetzt wohl meine Frage beantworten?«

Mingolla hatte das dringende Verlangen zu schreien, aus der Hängematte aufzustehen. »Was für eine Frage?«

»Wer bei den Bears im Innenfeld spielt.«

Kichern.

»Die Bears sind 'ne Fußballmannschaft«, sagte Mingolla.

»Okay, ich bin überzeugt. Muß schon 'n richtiger Amerikaner sein, der das weiß«, sagte Hillbilly, bestärkt von erneutem Gelächter. »Das Dumme is' bloß« – in seiner Stimme war nun keine Spur von Belustigung mehr – »wir halten auch nich' viel von Amerikanern.«

Schweigen, zirpende Insekten.

»Wer seid ihr?« fragte Mingolla.

»Coffee is' mein werter Name, sind 'ne Spezialeinheit, gehörte früher zur Ersten Infanterie. Aber man kann sagen, wir ham Licht gesehen und uns gegen's Militär entschieden. Haste auch 'n Namen Junge?«

»Mingolla ... David Mingolla.« Er glaubte jetzt zu wissen, wer sie waren, und um sicherzugehen fragte er: »Was meinst du damit: ›Licht gesehen‹?«

»Licht is' was Heiliges in Smaragd, Mann. Du sitzt unter den Strahlen, die wo durch die Bäume scheinen, saugst dich mit ihnen voll, und sie graben die Wahrheit aus deinem Geist aus.«

»Ach ja?« Mingolla machte wieder einen Vorstoß, und wieder erreichte er nichts.

»Du glaubst, wir ham'se nich' alle, was?« sagte Coffee. »Du erinnerst mich an meinen Leutnant. Der sagte immer zu mir: ›Du bist verrückt‹, und ich sag zu ihm: ›Ich bin nich' normal verrückt, Sir. Ich bin verrückt abgefahren auf Jesus.‹ Und ich erzähl' ihm was von dem Königreich, das wir hier errichten wollen. Ohne Maschinen, ohne Umweltzerstörung. Nur so kannste hier zu was kommen, David, wenn de die Voraussetzungen erfüllst. Wenn de lernst, mit 'nem Messer zu jagen und 'nen Tapir am Geruch aufzuspüren. Wenn de hörst, wie's Wetter wird, wenn 'n Vogel ruft.«

»Was war mit dem Leutnant«, fragte Mingolla ablenkend, um in Coffees Geist Boden zu gewinnen. »Hat er das alles gelernt?«

»Du weißt ja, wie das is' mit Leutnants, David. Manchmal haut's einfach nich' hin mit ihnen.«

Das Moskitonetz wurde zurückgeschlagen, und er wurde aus der Hängematte gehoben, auf die Knie runtergedrückt, ein Seil um seine Handgelenke gebunden. Er sah den Schatten des Kokons, der Garridos Hängematte war, im indirekten Schein der Taschenlampe: er erschien jetzt tiefer ausgebeult als zuvor, als ob der Tod schwerer wöge als das Leben. Er wurde auf die Füße gezerrt und herumgestoßen, um einem schauerlichen Wrack von Mann ins Gesicht zu sehen, mit verfaulten Zähnen und verdrehten Pupillen; ein struppiger Bart fiel ihm wie ein Lätzchen auf die Brust, und dunkles Haar kringelte sich bis auf seine Schultern hinab. Er hielt die Taschenlampe unter sein Kinn, so daß Mingolla sein Grinsen erkennen konnte. Hinter ihm standen seine Männer, alle vom gleichen Schlag, bärtig und dürr, doch kleiner als ihr Anführer. Ihre Drillichanzüge waren durchlöchert, ihre Gewehre veraltet.

»Freut mich, dich kennenzulernen, David«, sagte Coffee und ließ die Taschenlampe sinken. »Biste bereit für'n kleinen Nachtmarsch?«

»Vielleicht sollte er sich 'n bißchen was reinziehen?« schlug einer der anderen vor.

»Yeah, vielleicht.« Coffee wühlte in seiner Tasche, dann richtete er die Taschenlampe auf seine Handfläche und beleuchtete zwei kleine Kugeln in Silberfolie. »Schon mal Sammy probiert?«

»Hör zu«, sagte Mingolla. »Ich habe ...«

Coffee versetzte ihm einen Faustschlag in die Magengrube, so daß er sich zusammenkrümmte. Nur die Tatsache, daß jemand das Seil um seine Handgelenke festhielt, verhinderte, daß er hinstürzte. Er bekam einige Sekunden lang keine Luft, und als er sich so weit erholt hatte, daß er wieder durch den Mund atmen konnte, packte ihn Coffee am Kinn und hob seinen Kopf hoch. »Das war die erste Lektion«, sagte er. »Du antwortest gefälligst auf Fragen. Also, schon mal Sammy probiert?«

»Nein.«

»Schon gut, brauchst nich' gleich nervös zu werden ... es macht Spaß und gibt dir 'n Erfolgsgefühl.« Coffee hielt eine der Ampullen hoch. »Atme tief ein, wenn ich sie knacke, kapiert? Sonst ist noch 'ne Lektion fällig.« Er zerdrückte die Ampulle zwischen Daumen und Zeigefinger, und Mingolla inhalierte den beißenden Dampf. »So, hier kommt Nummer zwei«, sagte Coffee vergnügt.

Die Dinge um ihn herum wurden schärfer, kamen näher. Mingolla konnte die spinnenförmigen Umrisse von Affen hoch oben in dem Baldachin erkennen, vor dem Hintergrund faserigen Mondlichts und eingerahmt von filigranem schwarzen Laub; er hörte hundert neue Klänge, und er vernahm auch, wie sie die Dunkelheit zu einem begreifbaren Muster aus raschelndem Farn und ächzender Zweige verwoben. Der Wind war kühl, seine einzelnen Stöße leckten an ihm und zerfledderten sein Haar.

»Ich liebe es, beim erstenmal zuzusehen«, sagte Coffee. »O Gott, ich liebe es!«

Mingolla empfand Verachtung für Coffee, und seine Verachtung äußerte sich in einem heftigen, irren Lachanfall.

»Jetzt kommste dir vor, als ob du vom höchsten Berggipfel runtergucken würdest, was? Vertrau diesem Gefühl nich', David. Komm nich' auf die Idee, abzuhauen oder mich austricksen zu wollen!« Coffee packte Mingollas Hemdbrust und zwang ihn, ihm ins Gesicht zu sehen. »Ich bin jetzt seit zwei Jahren hier in Smaragd, und ich weiß, wenn 'ne Fliege scheißt. Was dich betrifft, bin ich der Herr des Scheißdschungels!« Er gab Mingolla mit einem Stoß frei. »Also gut, los jetzt!«

»Wohin gehen wir?« fragte Mingolla.

»Du fragst?« Coffee sah ihm wieder direkt ins Gesicht, und Wahnsinn sprach aus seinen erweiterten Pupillen, während eine Vibration auf Mingollas Kopf einhämmerte. »Du hast nix zu fragen, du tust, was ich sage!« Coffee entspannte sich und grinste. »Aber weil du neu bist, werd ich dir's sagen. Wir geh'n zum Licht der göttlichen Rechtsprechung, dort wird entschieden, ob du dich der Gruppe anschließen darfst oder nich'.« Er warf sich das Gewehr über die Schulter. »Hoffentlich beruhigt dich das.«

Der Mann, der das Seil an Mingollas Handgelenken hielt, zerrte daran und führte Mingolla zu Garridos Hängematte; er wich entsetzt zurück, weil sie ihm den halben Kopf weggeschossen hatten, und der Mann sag-

te: »Haste noch nie 'nen toten Bohnenfresser gesehen?«

Ein chemisch hervorgerufener Zorn baute sich in
Mingolla auf, eine zornige Entschlossenheit und unbekannte Neigung zu Ehre und Charakterfestigkeit. Er
entwand das Seil dem Griff des Mannes, und als der
Mann mit seinem Messer nach ihm stach, wich er ihm
mit geschickten Bewegungen aus, schob das auf ihn ge-
richtete Gewehr beiseite und trat dem Mann so fest gegen die Beine, daß dieser umfiel. »Ich werd' dir den
Arsch aufreißen!« schrie er. »Faß mich noch ein einziges
Mal an, und ich reiß' dir den Arsch auf, und zwar ganz
schnell!«

»Na, na«, sagte Coffee hinter ihm. »Sieht so aus, als
hätten wir 'nen Tiger beim Schwanz gepackt.« Sein
Tonfall war heiter, ironisch, aber als sich Mingolla umdrehte, erkannte er in der Art, wie Coffe grinste, eine
gefährliche Drohung, und er begriff, daß er einen Fehler
gemacht hatte.

Während ihres Marsches knackten die Männer neben
Mingolla jede halbe Stunde eine Ampulle unter seiner
Nase, und im Innern seines Kopfes machte sich ein Gefühl der Schwere und ein drängendes Verlangen bereit,
als ob sich seine Gedanken zu einem geistigen Klumpen
zusammengeballt hätten. Er versuchte, die Männer unter seinen Einfluß zu bringen, wandte all seine Kraft auf,
doch ohne Erfolg. Auch wenn die Einflußnahme nicht
schwieriger als sonst gewesen wäre, hätte er es wahrscheinlich nicht geschafft, denn seine Konzentration
war nicht so, wie sie hätte sein sollen. Die Unebenheit
des Geländes beanspruchte einen Teil seiner Aufmerksamkeit, und das Empfinden seiner eigenen Persönlichkeit als mystischer Kriegsheld, das durch die Droge hervorgerufen worden war, ließ die Taktik des Einfluß-
nehmens in einem unehrenhaften Licht erscheinen.
Anstatt seine Bemühungen zu verstärken, ging er dazu

über, sich mit wilder Entschlossenheit die raffiniertesten Fluchtpläne auszuhecken. Seine Sinne waren auf verwirrende Weise geschärft – er verwendete einen großen Teil der Zeit darauf, Gerüche und Geräusche zu identifizieren –, und die Droge wirkte beim erstenmal mit solcher Intensität, daß er zu der Überzeugung gelangte, die meisten seiner Wahrnehmungen müßten Halluzinationen sein. Er konnte zum Beispiel nicht glauben, daß das heftige Trommeln, das aus seiner Brust drang, sein Herzklopfen sein sollte, genausowenig wie er einsehen wollte, daß das hohe, schrille Pfeifen in seinen Ohren die Schreie der Fledermäuse sein sollten, die wie Scherenschnittfiguren durch die Mondstrahlen flitzten. Und als er zum erstenmal ein Gfühl von Deboras Anwesenheit bekam, beachtete er es entsprechend gar nicht. Aber der Eindruck blieb stark, und mit einemmal, als er seine Sinne in die Dunkelheit richtete, aus der dieser Eindruck zu kommen schien, hatte er keinen Zweifel mehr daran, daß er den Rand ihres Geistes gestreift hatte, er verspürte das vielsagende Anschwellen der elektrischen Strömung, und er spürte auch eine geistige Färbung – obwohl er bisher keinerlei Erfahrungen auf dieser Bewußtseinsebene gemacht hatte –, die er als die ihre erkannte. Doch nach diesem einen Kontakt errichtete sie entweder eine Blockade oder entzog sich seiner Reichweite. Was tat sie? fragte er sich. Spürte sie ihn auf? Wenn es so war, kannte sie seine Aufgabe? Warum hatte sie ihn dann nicht in einen Hinterhalt gelockt? Vielleicht, dachte er, war sie doch gar nicht da gewesen.

Sie erreichten eine große runde Lichtung, die mit Farn überwuchert und von riesigen Feigen- und Mahagonibäumen gesäumt war; der Laubbaldachin war hier weniger dicht, und ein einziger Mann, hielt Wache; alle anderen – fünfzehn an der Zahl – ließen sich in der Mitte der Lichtung nieder. Die Szene erinnerte an ein Aquarium, das mit einer blassen milchigen Flüssigkeit gefüllt ist und an dessen Boden sonderbare gefiederte

Wesen in der schwachen Strömung herumschwammen. Wie Menschen aussehende Dinge waren an die Baumstämme gebunden, aber die Dunkelheit verhüllte ihre Erscheinung. Mingolla wurde zu Boden geworfen und der Obhut des einzelnen Wächters überlassen. Der Wächter zwang Mingolla, noch zwei Ampullen zu nehmen, und dieser lag in stiller Wut auf dem Rücken und bearbeitete den Strick. Die gedämpften Stimmen der Männer, die Insekten und der sanfte Wind vermischten sich zu einem dumpfen Klangwirrwarr, und es steigerte seine Wut, wenn er daran dachte, daß an diesem dreckigen Ort über ihn gerichtet werden sollte.

»Da wirste nix von haben, wenn de die Seile abstreifst«, sagte der Wächter. »Dann machen wir dich nieder.« Er war ein Mann mit sich lichtendem Haar, einem rötlichbraunen Vollbart und einer dreieckigen Spiegelscherbe, die ihm um den Hals hing. »Ne, der alte Sarge läßt dich nich' abhau'n, schon lang wartet der auf'n Zeichen, und sieht so aus, daß du's bist.«

Mingolla verdoppelte seine Bemühungen. »Vielleicht bin ich nicht das Zeichen, auf das er wartet.«

Der Wächter lachte höhnisch. »Sarge wartet auf gar nix. Er liest se einfach, wenn se da sind. Gibt keinen, der besser Zeichen liest als Sarge.«

»Doch, ich«, sagte Mingolla und hoffte, den Wächter in die Irre führen zu können. »Deshalb bin ich gekommen ... um zu lehren, Anweisungen zu geben.«

Der Wächter lachte wieder, aber unsicher; er hob die Spiegelscherbe und ließ den Widerschein des Mondlichts in sein Gesicht fallen.

Mingolla war gerade dabei, mit dem Seil einige Fortschritte zu machen, da kam Coffee zu ihnen herüber, schickte den Wächter weg und hockte sich neben ihm hin. Er saugte Luft durch die Zähne und machte dabei ein weinerliches, schmatzendes Geräusch. »Haste mal über den Garten Eden nachgedacht, David?«

Coffees schmachtender Tonfall – als ob er den Sündenfall bereue – nahm Mingollas Wut die Spitze und machte ihn sprachlos.

»Hab mal so'n Artikel gelesen«, fuhr Coffee fort. »Da hieß es, der Garten is' irgendwo in der Antarktis. Se hätten all solche gefrorenen Beeren und Wurzeln von vor vielen tausend Jahren gefunden. Man soll sich vorstellen, daß, als die Eva sich mit der Schlange eingelassen hat, alles Leben an dem Ort verödet und alles zu Eis geworden is'. Glaubste das?«

»Ich weiß nicht.« Mingolla versuchte, Coffee zu beeinflussen, ohne Erfolg. Es schien, als ob die Droge die elektrischen Strömungen des Gehirns beschleunigte, und damit konnte er einfach nicht in Einklang kommen, auch wenn er selbst unter dem Einfluß des Mittels stand.

»Yeah, ich auch nich'. Man kann sowieso nix glauben, was in den Zeitungen steht. Wie der ganze Scheiß, den se über Politik verzapfen.« Coffee knackte eine Ampulle und schnüffelte den Dampf ein. Er blickte über die Lichtung. Nur noch drei Männer saßen dort.

»Wo is'n der Rest deiner Leute?« fragte Mingolla argwöhnisch.

»Erkunden die Gegend.« Coffee ließ seine Fingerknöchel knacken. »Yeah, was die alles für'n Zeug über Politik verzapfen ... Mannomann! Alles Scheiße! Mußte dir selber raussuchen, was wahr is'. Die Hälfte der First Ladies sind Kerle in Weiberkleidern. Das siehste auf'n ersten Blick nich'. Häßliche Typen! Ich mein', wenn du'n Präsident wärst, tätste dir da nich' was Besseres als Frau aussuchen als so 'ne alte Vogelscheuche? Eben, die Präsidenten sind alle schwul ... Mitglieder vonner geheimen Schwulenorganisation.«

»Das wußte ich nicht«, sagte Mingolla, während er einen erneuten fruchtlosen Versuch geistiger Kontaktaufnahme machte.

»Hätt' ich auch nich' erwartet, daß de das weißt. Is' mir inner Vision erschienen. Das is' das einzige Wissen, worauf de dich verlassen kannst.« Coffees tiefer Seufzer schien sein Verständnis der ganzen weiten Welt und ihrer großen Probleme auszudrücken. »Haste je 'ne Vision gehabt, David?«

»Kommt darauf an, was du damit meinst.«

»Wenn de dir das nich' vorstellen kannst, dann haste auch nie eine gehabt.« Coffee kratzte sich am Bart. »Glaubste an irgendwas ... so was wie 'ne höhere Macht?«

»Nein«, sagte Mingolla. »Das tue ich nicht.«

»O doch, ich schon, David. Du bist 'n Mann mit 'nem Plan, 'n Mann, der wo so mit 'nem Schema beschäftigt is', dasser nich' anhalten und nachdenken kann. Dann kommen nämlich die Visionen, wenn man anhält.« Coffee sah wieder über die Lichtung, sein lincolnhaftes Profil zeichnete sich im blassen Licht ab. »Daran glaub' ich, David. Wer nich' anhält, der kann nich' glauben.«

Die drei Männer auf der Lichtung waren so reglos und stumm wie Propheten bei der Meditation, Schatten in einem milchigen Globus, und die mystische Anmutung der Szene überzeugte Mingolla einen Moment lang, daß Coffees Behauptung richtig war, daß im Zentrum des Lichts die Inspiration über einen käme.

»Der letzte Mann, der mit 'nem Plan nach Smaragd gekommen is', war ich«, sagte Coffee. »So wie's von hier aus aussieht, kann ich dich nich' beurteilen, weil du 'ne Prüfung für mich bist. Mein Geist war nich' ganz so klar in letzter Zeit, hab' meine Arbeit 'n bißchen vernachlässigt. 's scheint, daß du mir als Prüfung geschickt worden bist, und ich bin froh drüber.«

»Was für 'ne Prüfung?«

»Mit Zähnen und Klauen, David. Mit Zähnen und Klauen.« Coffee nahm eine Handvoll Ampullen aus der Tasche und legte sie auf den Boden. »Hier is' was zum Nachladen für die Nacht. Dreh dich mal rum, dann schneid' ich dich frei.«

»Kannste mir mal sagen, was hier vorgeht?«

Coffee drehte Mingolla um und schnitt die Stricke mit einem Messer durch. »Ich hol' dich morgen früh, wenn's hell is'. Ich nehm' dich mit, David.«

Mingollas Magen krampfte sich zusammen. »Was ist, wenn ich dich töte?«

»Du bist 'ne Prüfung, David, keine Herausforderung.«

Mingolla setzte sich auf, rieb sich die Gelenke und sah Coffee an. Der Mond schien jetzt heller, und er hatte das Gefühl, daß er mehr als ihre Gesichter und Kleidung anstrahlte, er zwang ihnen Ehrlichkeit wie eine gemeinsame Haltung auf. Er dachte, er könnte Coffees Wahrheit sehen, sah ihn angelehnt an eine Tankstellenmauer an der Straßenkreuzung eines Provinzkaffs, der Leithund in einer Meute von Kötern, der Alkohol in sich reinschüttet und Beschränktheit verkörpert, und er hatte den Eindruck, daß Coffee, obwohl er irregeleitet, verrückt war, immerhin eine ehrenhafte Form der Beschränktheit erreicht hatte. Er fragte sich, was Coffee wohl in ihm sehen mochte. »Wie steht's mit Waffen?« fragte er.

»Wie ich gesagt hab'.« Coffee hielt die Hände hoch. »Zähne und Klauen.« Er deutete auf die Männer auf der Lichtung. »Die Jungs sorgen dafür, daß niemand 'n Verbrechen begeht, und der Rest hat sich verteilt, falls jemand davonrennt.« Er tat erschöpft, als er sich auf die Füße erhob, und aus Mingollas Blickwinkel schien sein Kopf mit dem Baldachin über ihnen zu verschmelzen, er wirkte so groß und geheimnisvoll wie die Bäume. »Bis morgen dann«, sagte er.

»Das is' doch Scheiße, der Quatsch mit der Prüfung«, sagte Mingolla; seine Angst brach aus ihm heraus wie der Mond, der durch die Wolken bricht. »Du mußt einfach jemanden umbringen, um dich vor deinen Männern zu beweisen.«

Coffee trat mit dem Fuß gegen einen Farn und setzte seinen Weg fort. »Warum läuft ein Automotor, Mann?

Weil du den Schlüssel ins Zündschloß steckst? Weil die Lichtmaschine Funken abgibt? Weil dir eingefallen is', daß de Gasgeben mußt? Weil's ein paar physikalische Gesetze so wollen? Ne, es is', weil wir von all dem und von 'ner Million mehr Sachen nix wissen.« Er schlenderte weiter, war nur noch als Schatten zwischen Schatten zu erkennen. »So was wie Ursache und Wirkung gibt's nich', gibt kein Gesetz auf dieser Welt, das nich' Scheiße is'.« Seine Stimme kam aus tiefster Dunkelheit und erschien wie die Summe aller dunklen Stimmen, die von der anderen Seite der Lichtung herüberdrangen. »Alles is' wahr, David«, sagte er. »Alles is' wirklich.«

Coffee hatte ihm sechzehn Ampullen dagelassen, und da sich Mingolla verwirrt und schwindelig fühlte – Symptome, deren Spur zu dem Päckchen Frost an seinem Lagerplatz führten –, knackte er gleich einige davon. Eine Regenbö fegte über ihn hinweg, und als sie vorbei war, hörte sich das Plitschplatsch des tropfenden Wassers in Mingollas Ohren wie plappernde Stimmen an; er stellte sich vor, daß Dämonen unter den Blättern säßen, auf ihn heruntergafften und sich über ihn das Maul zerrissen, aber er hatte keine Angst. Die Ampullen bewirkten Wunder, räumten die Hemmnisse beiseite, die die Wucht seines Zorns gebremst hatten. Selbstvertrauen durchströmte ihn mit Hochspannung, erschloß neue Quellen der Stärke, und er lächelte, als er an den bevorstehenden Kampf dachte: Sogar das Lächeln war ein Ausdruck zorniger Kraft, gespannter Muskeln und vibrierender Nerven.

Die Morgendämmerung brach grau und feucht herein, die Vögel begannen ein schnatterndes Gezwitscher und unternahmen ihre ersten Flüge, indem sie über den Köpfen der drei Männer auf der Lichtung ihre Runden drehten. Das niedere Gestrüpp hatte Formen wie kunstvoll zurechtgestutzte Parkbüsche. Violetter Schein umkränzte den Farn in flüchtigen Schwaden, Schattentümpel wogten. Mingolla erkannte, daß die menschenähnlichen Dinge an den Baumstämmen Kampfanzüge waren, zehn schlaffe, behelmte Figuren, die alle einen tödlichen Riß oder Sprung aufwiesen. Obwohl sich ihm der Schluß aufdrängte, daß diese Anzüge soviel bedeuteten wie Kerben in Coffees Gürtel, war er nicht beunruhigt. Die Droge verlieh seinen Gedanken eine magische Färbung, und in seiner Vorstellung bewegte er sich bewundernswert athletisch, tötete Coffee, wurde Herrscher über die Illusionen dieses toten Mannes und befehligte die Verlorene Patrouille, gewandet in Farn und gekrönt mit einem Lorbeerkranz. Aber der Kampf an sich, nicht sein Ausgang, war das Entscheidende. Diesen höchsten Augenblick zu erreichen, in dem die Vollkommenheit zu Fleisch und Blut wird, wenn die Verwirrung der Muskelkraft gewichen ist und – so gewaltig wie die Vereinigung mit dem All, so voller Sterne und Schwärze und ursprünglicher Bedeutung – man auf die Welt hinabsehen und sich sagen kann, daß man das Gewöhnliche überwunden hat. Dies war der Weg, der ihm vorbestimmt war, der Weg des Muts und der Charakterfestigkeit. Ein mystischer Stern leuchtete durch eine Spalte im Baldachin, einsam und verlassen in einem lavendelfarbenen Strahl über dem Rosa des Sonnenaufgangs. Mingolla starrte ihn an, bis er seine funkelnde Botschaft begriffen hatte.

Es wurde heller, und Schmetterlinge flatterten aus dem Dickicht auf und schwebten dicht über dem Farn. Es gab, dachte Mingolla, unwahrscheinlich viele davon. Tausende und Abertausende, seine Schätzung ging immer höher, bis er die Zahl von einigen Millionen erreicht hatte. Und es kam ihm auch ungewöhnlich vor, daß so viele verschiedene Arten an einem Ort versammelt waren. Sie waren überall in den Büschen, saßen schwankend auf Blättern und Zweigen, als ob ein plötzlich hereingebrochener Frühling über Nacht Blüten hervorgezaubert hätte: Einige der Büsche waren vollständig darunter versteckt, und die Stämme waren dick damit übersät. Hin und wieder erhoben sie sich in Schwärmen von den Büschen und glitten flügelschlagend in ordentlichen Formationen über die Lichtung. Mingolla hatte so etwas noch nie gesehen, obwohl er davon gehört hatte, daß sich Schmetterlinge während ihrer Paarungszeit in solch großer Anzahl zusammentaten, und er vermutete, daß sich hier etwas Ähnliches abspielte.

Sonnenstrahlen fielen in einem flachen Winkel aus Osten in die Lichtung, sie wirkten so komplex durch winzige Tropfen von Feuchtigkeit, daß sie wie Flächen mit Rissen und Sprüngen aussahen, wie Kunstwerke aus Kristall, in freiem Flug eingefangen. Die drei Männer erhoben sich und stellten sich am Rand der Lichtung auf. Eine Ahnung krabbelte Mingolla übers Rückgrat wie eine Spinne, und er knackte zwei Ampullen, um einen klaren Kopf zu bekommen. Dann hatte er keine Lust mehr zu warten und ging in die Mitte der Lichtung; seine Nerven reagierten auf jede Bewegung der Schatten, jedes raschelnde Blatt. Wolken schoben sich vor die Sonne und verwandelten die Farbe des Himmels in ein Platingrau; eine spürbare Vibration unterstrich die Stille.

Keine Minute später kam Coffee im Laufschritt aus Richtung Osten auf ihn zu, ein Grinsen unterteilte das wilde Gestrüpp seines Barts. Mingolla hatte erwartet, daß sie sich irgendwie begrüßen würden, doch Coffee kam auf ihn zu gerannt, und er hatte kaum noch Zeit, den Stoß abzufangen, als der Mann auf ihn prallte, ihm den Kopf in die Seite bohrte und ihn zu Boden warf. Er ließ sich fallen, rollte sich aber ab und kam wieder auf die Füße; er entwand sich mit einer Drehung und war überrascht über die Geschmeidigkeit seiner Bewegungen, und obwohl seine Rippen von dem Aufprall schmerzten, lachte er vor Begeisterung.

»Ach, David!« Coffee balancierte auf einer Hand und einem Knie und grinste immer noch. »Tut mir leid, daß ich dir deinen Spaß verderben muß.« Er sprang auf die Füße und streckte beide Fäuste hoch über den Kopf, als ob er Kraft aus der Luft beziehen wollte.

Lachen blubberte aus Mingolla. »Du bist zu verrückt, um weiterzuleben, Mann. Dies ist keine Prüfung ... ich bin gekommen, um dir den Befehl zu entziehen.«

»So, biste das, ohne Scheiß?« Coffee ging in Hockstellung.

»Is' mir im Traum erschienen«, sagte Mingolla. »Deine Seele ist zum Lichte aufgestiegen, dein Körper war ausgehöhlt und voller Maden.«

Coffee schüttelte betont gutmütig den Kopf und patschte nach einem Schmetterling, der ihm ins Gesicht flatterte. »Ich liebe dich, David. Ehrlich.« Er sah Mingolla bewundernd an. »Ich wollt', es gäb' 'nen anderen Weg.«

Er holte aus, schwang die linke Faust; der Schlag erwischte Mingolla am Backenknochen und ließ ihn taumeln; ein zweiter Schlag landete mit voller Wucht auf dem Mund, aber es gelang Mingolla, auf den Beinen zu bleiben. Vor seinen Augen drehte sich alles, seine Kiefer schmerzten. Er spuckte Blut und Bruchstücke eines Zahns.

»Verstehste, was ich mein', David?« Coffee winkelte die linke Hand ab und wischte einen Schmetterling weg, der ihm vor den Augen herumtanzte; zwei hatten sich auf seinen Kopf gesetzt, wie eine Schleife, die in sein strähniges Haar gebunden war. »Es is' nur 'ne Frage der Zeit.«

Er griff wieder an, duckte sich unter dem Schwung von Mingollas Rechten hindurch und hämmerte Mingolla zweimal auf den Kopf, worauf der zu Boden ging. Er versetzte ihm einen Fußtritt in die Rippen, genau an der Stelle, die er mit dem Kopf gerammt hatte. Mingolla jaulte und kroch weg; ein weiterer Fußtritt ließ ihn platt zu Boden sinken. Coffee zerrte ihn auf die Knie und verpaßte ihm einen leichten Schlag, als wollte er seine Aufmerksamkeit auf sich lenken.

»So, David«, sagte er. »Zeit zum Weinen.«

Einige Dutzend Schmetterlinge putzten sich auf Coffees Kopfhaut – eine bizarre lebende Perücke –, und andere hingen in seinem Bart; eine dichte Wolke von ihnen schwirrte in Kreisen dicht über seinem Kopf wie eine wirbelnde Milchstraße abgeschnittener Blumen. Coffee bemerkte die, die in seinem Bart saßen, und mit wirrem Blick schlug er nach ihnen. Zwei weitere ließen sich auf seiner Stirn nieder. Er schenkte ihnen keine Beachtung, sondern holte zu einem Schlag aus, der Mingolla mit ungeheurer Kraft seitlich am Hals traf. Und noch mal zu einem, der ihn am Kiefer erwischte. Er ballte die Faust für einen dritten Schlag. Mingolla kämpfte darum, bei Bewußtsein zu bleiben, aber dunkle Schatten flimmerten an den Rändern seines Gesichtsfeldes, und als sein Kopf am Boden aufschlug, verlor er die Besinnung.

Als er wieder zu sich kam, hörte er das Geräusch von schallgedämpften Pistolen und sah einen Himmel mit einer halluzinativen Farbenpracht. Alle Abstufungen von Rot, Blau und Gelb. Er begriff nichts. Etwas Merkwürdiges huschte vorbei, wandte sich um, taumelte. Mingolla setzte sich auf und beobachtete, wie das Ding über die Lichtung wankte. Es war ausgestattet mit zarten Flügeln und hatte eine menschenähnliche Gestalt, war allerdings zu dick und wuchtig, um ein Mensch zu sein. Es schrie, riß an den verkrusteten Flügeln, die dreimal so groß waren wie sein Kopf, und vertrieb Schwärme von Schmetterlingen, und dann wurde das Schreien gedämpft, als ob ein Stöpsel in die Öffnung gesteckt worden wäre. Schmetterlinge stießen trichterförmig herab und verdichteten die Schicht auf ihm, es fiel in sich zusammen, baute sich wieder auf, seine Oberfläche bewegte sich ständig, was den Anschein erweckte, als atmete es flach. Sein Umfang vergrößerte sich immer weiter, immer mehr Schmetterlinge hafteten ihm an, der Himmel leerte sich, und das Gebilde wuchs mit der unnatürlichen Geschwindigkeit einer Zeitrafferaufnahme, bis es sich zu einer vielfarbigen Pyramide von neun Metern Höhe entwickelt hatte, wie ein Tempel, der unter Millionen schöner Blumen begraben war.

Mingolla starrte es an, ungläubig und gleichzeitig ängstlich, daß es auf ihn fallen könnte und ihn unter einer Tonne zerbrechlicher Zartheit begraben würde. Das Geräusch von schallgedämpften Pistolen war jetzt häufiger zu hören, und eine Kugel zischte neben ihm in den Farn. Er warf sich flach hin, wobei er vor Schmerzen in den Rippen wimmerte, und kroch auf dem Bauch durch den Farn. Verlauste Farnwedel fuhren ihm ins Gesicht, strichen mit Unterwasser-Trägheit an ihm vorbei. Er schien sich durch ein Mosaik wechselnder Braun- und Grüntöne zu wühlen, dem sich sogar das Gesetz der Isoliertheit der Dinge unterordnete, und deshalb bemerkte er den Stiefel erst, als seine Hand ihn berührte: Es war der verfaulende braune Stiefel eines Mannes, der auf dem Bauch lag, an den Knöcheln durchlöchert und mit Schlinggewächsen als Schnürsenkel. Mehrere Schmetterlinge wippten auf dem Absatz herum. Er arbeitete sich näher und entdeckte einen Gewehrschaft, der aus einem Schmetterlingshügel ragte. Vorsichtig, darauf bedacht, die Tiere nicht zu berühren, zog er das Gewehr zu sich her. Ungefähr ein Dutzend Schmetterlinge blieben daran hängen, hafteten am Kolben und am Abzug. Einer flatterte ihm auf die Hand, er kreischte auf und schüttelte ihn ab. Dann kroch er zaghaft um den Körper herum und zum Rand des Dschungels.

Schüsse waren jetzt nur noch gelegentlich zu hören, und es schlugen auch keine Kugeln mehr in seiner Nähe ein. Mingolla zog sich hinter einen umgestürzten Baumstamm. Er knackte eineAmpulle und spürte einen

Energieschub, aber er fühlte sich immer noch beschissen. Seine Rippen brannten wie Feuer, und die verkrusteten Schrammen in seinem Gesicht waren geschwollen und fühlten sich entzündet an, voller Gift. Er spuckte erneut Blut und befühlte mit der Zunge die Lücke, wo der Zahn gewesen war. Dann drehte er sich auf den Rücken und dachte an Coffee, Opfer der Unmengen von Schmetterlingen, die ihn mit krabbelnden Beinen und flatternden Flügeln in der Kehle kitzelten. Er blickte durch eine Wand aus Dickicht auf die Lichtung. Überall Schmetterlinge, ein Riesenschwarm, ein ständiges Wirbeln. Bald würden sie zu ihm kommen. Und das war in Ordnung so. Er blieb ausgelaugt und gedankenleer liegen und beobachtete die Schmetterlinge, ohne sie eigentlich zu sehen; statt dessen sah er nur die Nachempfindung ihrs Fluges, Farbstreifen, die in der Luft hingen. Die Zeit um ihn herum schien zusammenzubrechen und ihn unter einer Tonne absterbender Geräusche zu begraben.

In dem Busch zu seiner Linken hörte er ein schnappendes Geräusch, und ein Mann kam taumelnd aus seinem Schutz. Der rotbärtige Mann, der ihn bewacht hatte. Er hatte die kleine Spiegelscherbe verloren. Seine Backen waren mit Dreckspritzern gesprenkelt und Farnstreifen wie Bänder in sein Haar gewoben. An einer seiner Hände baumelte ein Überlebensmesser. Er blinzelte Mingolla an. Wankte. Sein Drillichanzug klebte ihm an den Rippen, und ein großer Blutfleck markierte seine Magengrube. Seine Backen waren aufgepustet: Es sah aus, als ob er sprechen wollte, aber Angst hätte, daß außer Worten noch etwas anderes herauskommen würde. »Herrje«, sagte er lallend. Seine Augen verdrehten sich nach oben, die Knie gaben nach. Dann straffte er sich, er schien Mingolla bemerkt zu haben, und messerschwingend kam er auf ihn zu.

Mingolla wollte das Gewehr in Anschlag bringen und stellte fest, daß der Schaft unter seiner Hüfte verklemmt war. Aber jemand anders feuerte einen Schuß ab. Das Geschoß klebte einen roten Stern unter das Auge des Mannes, drückte seinem Gesicht einen hingerissenen Ausdruck auf, und er fiel quer über Mingollas Brustkorb und nahm ihm den Atem. Schreie in der Ferne. Mingolla wälzte den Mann von sich herunter, mit fest zusammengepreßten Augen wegen der Schmerzen. Die Anstrengung pflanzte in ihm den Kern der Benommenheit ein. Er wehrte sich dagegen, aber dann erkannte er, daß nichts Verlockendes daran war, bei Bewußtsein zu bleiben, er hatte kein Bedürfnis, mehr über denjenigen zu erfahren, der für den Tod und die Schmetterlinge verantwortlich war, und er ließ sich trudelnd versinken in Schichten der Dunkelheit und glänzender Flügel, der Dunkelheit und des mystischen Lichts, und in einer Erinnerung des Schmerzes, so strahlend hell, daß daraus weiße Dunkelheit entstand, in der er die Spur des Daseins verlor.

KAPITEL ZEHN

Laternenlicht spülte Schatten von einem Blechdach, fächerte über einen Lehmboden, schien auf Wände aus Palmgeflecht, bei dem die einzelnen Wedel wie zu einer grünlich-braunen Stufenleiter verwoben waren. Es roch nach Regen und Fäulnis. Ein Holzstuhl und ein Tisch waren das einzige Mobiliar außer der Pritsche, auf der Mingolla lag, mit verbundenen Rippen und schmerzendem Kiefer. Etwas Helles hing von der Decke. Bänder ... oder Pappfiguren. Er rieb sich die Augen, kniff sie zusammen und sah Hunderte von Schmetterlingen mit sanft schlagenden Flügeln am Dachgestänge haften. Er verhielt sich ganz still. Draußen hörte er einen Mann und eine Frau sprechen. Ihre Worte konnte er nicht verstehen, aber er glaubte, bei der Sprache des Mannes einen Akzent zu erkennen. Vielleicht deutsch. Kurz darauf betrat der Mann die Hütte. Er war mit einer lässigen dunklen Hose und einem blauen Polohemd bekleidet und strahlte unnatürlich viel Hitze aus. Mingolla tat so, als ob er schliefe.

Der Mann setzte sich an den Tisch und sah Mingolla nachdenklich an. Er war dünn, aber muskulös, sein kurzgeschnittenes blondes Haar war von grauen Strähnen durchzogen, und er sah auf eine kühle, asketische Art gut aus, die einen, zusammen mit seinem Akzent, an die bösen SS-Offiziere in alten Kriegsfilmen denken ließ. Einer der Schmetterlinge flatterte herab und ließ sich auf seinen Fingerknöcheln nieder. Er ließ ihn über seinen Handrücken spazieren und warf ihn dann mit einer raschen Handbewegung in die Luft, so wie man etwa einen Falken losschickt. »Durchscheinende Formen, zu edel für sterbliche Sicht«, sagte er. »Ihre flüchtigen Körper halb aufgelöst in Licht.« Er beobachtete den Schmetterling, der auf einer Dachstange im Licht erstrahlte. »Und doch können sie ziemlich erschreckend sein, nicht wahr?«

Mingolla spielte weiter den Schlafenden.

»Ich glaube, Sie sind wach«, sagte der Mann. »Ich heiße Nate, und Sie sind, so wurde mir gesagt, David.«

»Wer hat Ihnen das gesagt?« fragte David und gab sein Spiel auf.

»Eine Freundin von Ihnen ... eine, die davon überzeugt ist, daß Sie *ihr* Freund sind.«

»Debora?« Mingolla hob die Schulter an und stöhnte, als ihm ein stechender Schmerz in die Seite schoß. »Wo ist sie?«

Nate zuckte die Achseln, eine sehr sparsame Bewegung, bei der er die Schulter nur ein winziges bißchen anhob. »›Sie flattert wie ein prächtig bemalter Schmetterling auf den Pfaden des Waldes von Schneise zu Schneise.‹ Aus *Das Licht Asiens* von Matthew Arnold.« Er lächelte. »Wissen Sie, ich glaube, ich könnte eine ganze Unterhaltung bestreiten nur mit Zitaten zum Thema Schmetterlinge.«

Mingolla machte einen geistigen Vorstoß in Richtung Nate, richtete seinen Einfluß auf ihn, und mehrere Dutzend Schmetterlinge flatterten von der Decke herab und umschwirrten sein Gesicht.

»Bitte, tun Sie das nicht«, sagte Nate. »Draußen sind noch jede Menge davon.«

Irgend etwas war merkwürdig an Nates Geist, ein vorherrschendes Muster in der elektrischen Strömung von ungewöhnlicher Komplexität und Widerstandskraft gegenüber einer Einflußnahme; Mingolla hatte das Gefühl, daß dieses Muster ein Netz mit zu feinen Maschen war, als daß sein Geist es zu durchdringen vermochte. Er war fasziniert davon, aber er wollte nicht das Risiko weiterer Erforschung eingehen. »Das waren Sie, da draußen auf der Lichtung, nicht wahr?« sagte er.

Nate sah ihn mißbilligend an. »Das war keine gute

Arbeit ... gar keine gute Arbeit. Aber sie sagte, Sie seien die Sache wert.«

Das einzig Richtige wäre, dachte Mingolla, sich bei Nate anzubiedern, sein Vertrauen zu gewinnen. »Sie haben offenbar die Therapie durchgemacht«, sagte er. »Was hat Sie hierher verschlagen? Sind Sie desertiert?«

»Absolut nicht«, sagte Nate. »Nach Ansicht des Psicorps war ich ein Fehlschlag. Bis zu meiner Entlassung ist es mir nicht gelungen, irgendeine Wirkung zu erzielen. Um Ihnen die Wahrheit zu sagen, ich bezweifle, daß die Therapie entscheidend zur Entwicklung meiner Fähigkeiten beigetragen hat. Ich war in der Nähe von Tel Aviv, als es zerstört wurde, und nicht lange danach machten sich bei mir die ersten Zeichen bemerkbar, die darauf hindeuteten, daß ich mit der Kraft begabt war. Ich glaube, das war ein Produkt meines Zorns.« Er blickte zum Dachgestänge hinauf. »Schmetterlinge. Wohl kaum das geeignete Mittel, Zorn abzureagieren. Wenn es mir gelungen wäre, zu Tigern oder Schlangen Zuneigung zu fassen ...« Er unterbrach sich und betrachtete seine zusammengelegten Hände.

»Wie war es?« fragte Mingolla.

»Wie war was?«

»Tel Aviv.« Mingolla stattete seine Worte mit Sympathie aus. »Zu Hause in den Staaten haben wir von den Selbstmorden, von der Apathie gehört.«

»Die Bombe ist ein mächtiges Symbol, viel mächtiger, als es nach ihren unmittelbaren Auswirkungen den Anschein hat. Das zu sehen ... Ich kann es nicht erklären.« Er machte eine Handbewegung, mit der er ausdrückte ›Lassen wir das!‹, und sah Mingolla eindringlich an. »Warum sind Sie hinter Debora her?«

Mingolla traute sich nicht zu, erfolgreich lügen zu können. »Die Dinge haben sich geändert«, sagte er.

»Das haben sie in der Tat, mehr als Sie ahnen.«

»Ich werde jetzt mit ihm sprechen«, sagte Debora. Sie stand an der Tür, hatte eine Blockade um sich errichtet, mit einem Automatikgewehr unter dem Arm; als Mingolla sie sah, lösten sich alle Vorbereitungen in Luft auf, die Mingolla für diesen Augenblick getroffen hatte. Natürlich waren die Umstände andere als die, die seinen Plänen zugrunde gelegen hatten, aber er hatte das Gefühl, daß auch wenn alles wie erwartet abgelaufen wäre, seine Reaktion nicht anders ausgefallen wäre. Seine Besessenheit schien durch ihren Anblick neue Nahrung zu bekommen, er saugte alles in sich hinein: wie lässig ihre Jeans saßen, die Mulden ihrer Wangen, ihr Haar – lang, ohne Schnitt –, das ihr bis zur Taille fiel; aus diesen Teilen setzte er sich ein neues Bild für seine Besessenheit zusammen, das Bild einer schlankeren, intensiveren Debora. Ihre dunklen Augen erinnerten ihn mit ihrer Unbeirrbarkeit an die von Hermeto Guzman, und die deutliche Abgrenzung zwischen der weißen Bluse und der dunklen Haut erinnerte ihn an seinen Traum. Erst nachdem er zu seiner eigenen Zufriedenheit festgestellt hatte, daß sie mehr oder weniger so war, wie er sie in Erinnerung hatte, gewannen seine Unmutsgefühle wieder die Oberhand, doch auch dann waren sie nicht von Rachelust bestimmt, sondern von den schwächeren, wehmütigen Empfindungen eines betrogenen Liebhabers.

Nate bot ihr seinen Stuhl an, und ging mit einem warnenden Blick auf Mingolla hinaus, gefolgt von einem Wirbelsturm von Schmetterlingen. Debora legte ihr Gewehr auf den Tisch und sagte: »Deine Verkleidung ist nicht schlecht, aber mir hast du als Amerikaner besser gefallen.«

»Ich mir selbst auch«, sagte er, und nach einiger Zeit des Schweigens fragte er: »Warum hast du mich gerettet? Woher wußtest du, daß ich kommen würde?«

Sie blickte ihn an und sah dann weg. »Es ist kompliziert. Ich bin nicht sicher, wieviel ich dir davon erzählen möchte.«

»Warum reden wir dann überhaupt miteinander?«

»Auch darüber bin ich mir nicht sicher.«

Mingolla empfand eine aufwühlende Mischung aus Wut und Begehren.

»Sind meine Rippen gebrochen?«

»Nur gequetscht, glaube ich. Für deinen Mund konnte ich nicht viel tun. Du mußt vorsichtig damit sein ... ihn sauber halten.«

»Hast du mich zusammengeflickt?«

»Es war niemand anderes da. Nate taugt nicht viel als Doktor.«

»Yeah, aber mit Schmetterlingen kennt er sich aus.«

»Ja.« Das klang traurig.

»Was ist er überhaupt für'n Typ?«

»Er war mal Journalist.« Sie warf ihm wieder einen schnellen Blick zu. »Und er kommt mit mir nach Panama.«

»Panama, so?«

Sie nickte und spielte an der Abzugssicherung ihres Gewehrs herum.

»Warum erklärst du mir nicht, was hier gespielt wird?«

»Ich kann dir nicht trauen.«

»Was steht mir bevor ... soll ich zehn Zillionen Scheißschmetterlinge überwältigen?«

»Dein Geist ist sehr stark«, sagte sie. »Du kannst vielleicht etwas tun.«

»Irgendwann mal müssen wir miteinander reden.«

»Vielleicht.«

Ein Dutzend Absichten prallten in seinem Kopf aufeinander, stießen zusammen, prallten zurück, wie Polizisten in einer Karikatur, die jemanden zu schnappen versuchen, der sich gerade in Luft aufgelöst hat; und was sich in Luft aufgelöst hatte, so wurde ihm klar, was sich immer wieder in einem anderen Teil des Raumes zu Materie verdichtete und lockte: »Hey, hierher!« und damit wieder einen erneuten Aufprall verursachte, war seine vordringliche Absicht, die ihr Anblick in ihm erweckte ... und das war etwas, mit dem er sich nicht auseinandersetzen wollte und das er infolgedessen immer wieder verschwinden ließ. Doch der Kern aller Absichten war und blieb das Bestreben und das drängende Verlangen nach Verführung. Sie hob den Kopf, und in dem flackernden Licht glaubte er tief in ihren Augen dunkle Formen toben zu sehen, als ob auch ihre Wünsche im Widerstreit lägen.

»Du solltest mir gegenüber nicht mißtrauisch sein«, sagte er, und da ihm klar war, wie albern diese Bemerkung war, obwohl er jedes Wort ernst gemeint hatte, lachte er. »Sieh mal, mir ist es ganz schön beschissen ergangen. Ich ... hm ...«

»Ich weiß, wie das ist«, sagte sie. »Glaub mir, ich weiß, was sie einem antun können.«

Darauf hatte er eigentlich nicht hinaus wollen, aber er ging darauf ein. »Yeah.« Er ließ einige Sekunden verstreichen. »Warum bist du desertiert?«

Sie beschäftigte sich weiterhin mit der Abzugssicherung. »Ich habe Dinge erfahren, die mich erkennen ließen, daß das, was ich tat, verlogen war. Dadurch verlor die Revolution jede Bedeutung.«

Mingolla dachte an Alvina und Hermeto. »Der Kampf!« sagte er und stieß ein verächtliches Lachen aus.

»Darüber gibt es nichts zu lachen!« Sie schlug mit dem Gewehrschaft auf den Tisch.

»Wahrscheinlich nicht. Es ist nur so ungeheuer ergreifend, wie die Menschen immer wieder mit dem Kopf gegen Steinmauern anrennen.«

Ihre Züge spannten sich. »Was würdest du tun?«

»Das ist nicht meine Angelegenheit. Ich wurde zufällig in diesen Krieg verstrickt.«

»Aber nicht in das Psicorps.«

»Das stimmt, aber wenn ich jetzt die Wahl hätte, würde ich desertieren. Ich habe es satt, zu töten und daß andere mich zu töten versuchen.« Seine Gedanken

schweiften ab in Erinnerungen an Coffee, an de Zede-
duí und all die anderen, und die tiefe Bedeutung ihres
Todes wurde ihm bewußt. Er hatte das Gefühl, daß ihm
eine Waffe weggenommen worden sei, die es ihm er-
möglicht hatte, mit den Nachwirkungen seiner Handlungen fertigzuwerden. »Ich möchte nur noch hier
rauskommen.«

»Heim nach Amerika!« So wie sie es sagte, klang es
wie etwas Unanständiges.

»Was ist daran schlimm?«

»Nichts ... wenn du mit dem, was du gesehen hast,
leben kannst, wenn du das Wissen von deiner Unterdrückung unter dein Kopfkissen stopfst und wieder
kleine Bildchen malst.« Sie packte das Gewehr und
stand auf. »Ich kann das nicht ertragen. Wir reden morgen weiter.«

»Was kannst du nicht ertragen?«

»Dein In-dich-selbst-Versunkensein«, sagte sie.
»Deine Gabe, von allem wegzusehen, was dein Auge
beleidigen könnte. Langsam kommt mir der Verdacht,
daß das eine nationale Charaktereigenschaft ist.«

»Dies ist nicht mein Krieg.«

Jetzt lachte sie. »O doch, das ist er! Aber du mußt dich
entscheiden, auf welcher Seite du stehst.« Sie hielt an
der Tür inne und sagte – ohne sich zu ihm umzudre-
hen –: »Ich hatte die Absicht, dich von den Soldaten töten zu lassen.«

»Warum?« fragte er nach kurzem Schweigen.

»Du warst hinter mir her. Vielleicht hättest du mich
getötet.«

»Woher wußtest du, daß ich dir auf der Spur war?«

»Das tut nichts zur Sache.«

Sie trat durch die Tür.

»Was hat dich denn abgehalten?« schrie er hinter ihr
her. »Was, zum Teufel, hat dich abgehalten?«

Einige Sekunden später kam Nate in die Hütte, begleitet von Bändern flatternder Schmetterlinge. Sie lie-

288

ßen sich auf den Dachstangen nieder, und mit ähnlicher Präzision setzte sich Nate auf die Kante des Stuhles. Seine Augen musterten Mingolla prüfend, und dann nickte er zufrieden. »Ich glaube, jetzt wird alles in Ordnung gehen.«

Mingolla war mit den Gedanken ganz woanders, er wünschte, er hätte sich gegenüber Debora nicht wie ein Arschloch benommen, und er fragte: »Was denn?«

»Alles.« Die Schlichtheit der Antwort war von einer Schlichtheit in Nates Gesichtszügen begleitet, die Mingolla bis dahin nicht aufgefallen war. Er streckte die Hand aus, und zwei Schmetterlinge schwebten heran und schmückten seinen Zeigefinger. »»Zwischen purpurnem Schatten und dem Gold der Sonne‹«, sagte er, »»lassen sich zwei braune Schmetterlinge leicht nieder, schaukeln schläfrig.‹«

Das Dorf, eine Indiosiedlung, von Fliegen umschwärmt und von Kuhmist und Mangobaumrinden beschmutzt, erstreckte sich entlang der Biegung eines jadegrünen Flusses und bestand aus etwa dreißig Hütten, die alle kleiner waren als Nates. Der hohe Wall der Vegetation, der es zum Fluß hin abschirmte, war ein Gewebe aus üppigen Grüntönen, und einen krassen Gegensatz dazu bildeten die Hütten aus geschwärzten Stäben, die mit verrotteter Schnur zusammengebunden waren; sie sahen heruntergekommen aus, mit Rußflecken an allen Ecken, wie Überreste von mißlungenen Freudenfeuern. Blasser Rauch kräuselte sich aus Löchern in den Dächern, und die Art, wie die Wölkchen zerzaust und vom Wind auseinandergerupft davonschwebten, bis sie nicht mehr zu sehen waren, erweckte den Eindruck, als seien sie dafür verantwortlich, daß der Himmel immer weißer wurde. Hängematten waren in den Hütten angebunden und beulten sich aus, Kindergesichter spähten über die Seiten, und Hühner und Schweine spazierten durch die Türen ein und aus. Abgesehen von ein

paar plattgedrückten Dosen und von der Sonne ausge-
bleichten Bieretiketten hätte man es für eine Siedlung
aus dem finstersten Mittelalter halten können.

Mingolla schlenderte durch das Dorf, auf der Suche
nach Debora, und da er sie nirgends fand, blieb er am
Flußufer stehen und sah zu, wie die Sonne Streifen von
gespenstisch grauem Nebel wegbrannte. Nate gesellte
sich zu ihm; Schmetterlinge hingen ihm in Trauben an
der Hose, andere umschwirrten ihn. Da Mingolla nichts
Besseres zu tun hatte, versuchte er, eine Unterhaltung
in Gang zu bringen. »Debora hat mir erzählt, daß Sie
Journalist sind«, sagte er.

»Das war ich«, sagte Nate.

»Aha«, sagte Mingolla, nachdem er genügend Zeit
hatte verstreichen lassen, daß eine detailliertere Erklärung hätte folgen können.

»Korrespondent?«

Nate schien aus einem inneren Urlaub zurückzukehren. »Ja, ich war Kriegsberichterstatter. Heutzutage eine
Beschäftigung ohne allzugroße Pespektiven.«

Mingolla war das Rätselraten leid und machte keine
Anstalten, hinter den tieferen Sinn dieser Bemerkung
zu kommen. »Wie heißen Sie mit Nachnamen? Vielleicht habe ich mal etwas von Ihnen gelesen?«

»Lubove.«

Mingolla ließ den Namen in seinem Kopf nachklingen
und hörte eine vertraute Resonanz. »Ach du Scheiße!
Dann sind Sie der Typ, der die Geschichte über den Kerl
geschrieben hat, der die Ruinen bemalt ... den Kriegsmaler! Haben Sie herausgefunden, wer er ist?«

»Ja. Ich habe erfahren, daß er Skandinavier ist. Däne.
Aber was seine genaue Identität angeht, hatte ich kein
Glück. Haben Sie seine Arbeiten gesehen?«

»Nur was in den Fernsehnachrichten und auf Fotos
gezeigt wurde. Hat man irgend etwas davon erhalten
können?«

»Soviel ich weiß nicht. Er hat ziemlich dilettantische

Selbstzünder-Fallen eingebaut. Wer hätte gedacht, daß der Beruf des Konservators einmal ein Spiel um Leben und Tod würde?«

»Yeah. Einmal habe ich eine der Wandmalereien in Großaufnahme im Fernsehen gesehen.« Mingolla trat mit dem Fuß gegen einen Dreckklumpen und horchte, wie er ins Wasser platschte. »Warum gehen Sie und Debora nach Panama?«

»Sie wird es Ihnen sagen, wenn sie es für richtig hält.«

»Wo ist sie?«

»Beschäftigt«, sagte Nate. »Sie bat mich, Ihnen heute morgen Gesellschaft zu leisten.«

»Sie sagten, wir würden miteinander reden.«

»Dann wird es auch so sein ... aber nicht heute morgen.« Nate machte eine Handbewegung in Richtung Dschungel. »Ich schlage vor, wir machen einen Spaziergang und besuchen einen meiner Freunde.«

»Prima.« Mingolla warf die Arme in die Höhe. »Wir wollen einen Proviantkorb packen! Machen wir doch ein Picknick!« Schmetterlinge wirbelten vor seinem Gesicht herum. »In Ordnung«, sagte er, »machen wir einen Spaziergang.«

Sie brachen auf und folgten einem Pfad, der hügelabwärts durch dichtes Bambus- und Palmbuschgestrüpp führte, und Mingolla fragte, wen sie besuchen würden.

»Gott«, sagte Nate.

Mingolla sah ihn aufmerksam an, ob er irgendwelche Anzeichen von Geistgesgestörtheit entdeckte. Dann fragte er sich, ob ein Spaziergang im Dschungel soviel bedeutete wie anderswo jemanden um die Ecke zu bringen.

»Eigentlich ist es nur ein Computer«, sagte Nate. »Aber seine Göttlichkeit macht aus ihm einen faszinierenden Fall.«

»Ein Computer ... was für ein Computer?«

»Ein Versuchsmodell in einem Ihrer Hubschrauber. Er wurde von einer russischen Rakete abgeschossen, und der Pilot kam ums Leben. Aber die Rakete explodierte nicht, sondern durchdrang lediglich das Computerdeck. Der Computer zerlegte die Rakete in Einzelteile und reparierte sich selbst. Nach seiner eigenen Darstellung entstand durch diesen syncretischen Vorgang die Inkarnation.«

»Und Sie haben sie gekauft?«

»Diese Frage ist nicht leicht zu beantworten«, sagte Nate. »Lange Zeit habe ich nur an jenen Gott geglaubt, der sich eines Morgens über Tel Aviv erhoben hatte. Aber jetzt, nun ... warum bilden Sie sich nicht selbst ein Urteil?«

Als sie den Ort des Aufpralls erreichten – eine farnbewachsene Mulde von beträchtlicher Größe, eingerahmt von Granitgeröll – war die Sonne vollends aufgegangen, und im Licht des frischen Morgens sah der Platz aus wie von Göttlichkeit angehaucht. Der Hubschrauber hatte eine schlanke Form und war schwarz, einer Zigarre ähnlich, und er war nicht bis auf den Boden heruntergefallen, sondern hing etwa sechs Meter über dem Grund der Mulde in einem Geflecht von Ranken und zerbrochenen Ästen; mit seinen von Sprüngen durchzogenen Cockpit-Augen und verbogenen Drehflügeln erschien er vor der tiefstehenden Sonne als Halbsilhouette eines mystischen Embryos, das ungeborene Kind einer gigantischen außerirdischen Rasse. Die Lücken, die sein Absturz in den Laubbaldachin gerissen hatten, waren wieder zugewachsen, und Streifen grünlichgoldenen Lichts spielten über den Metallflächen, zu Leben erweckt durch die von Staub und Feuchtigkeit gebrochenen Strahlen und eine leichte Luftbewegung. Schmarotzerpflanzen quollen wie das Wasser eines Springbrunnens aus den Drehflügeln, mit Tropfen von karmesinroten und lavendelfarbenen Blüten, und Schmetterlinge schienen sich in den Lichtreflexen auf den Plastikteilen des Cockpits zu materialisieren und sich in Flocken aus weißem Gold zu verwandeln. Aus einem bestimmten Blickwinkel konnte man das Skelett des Piloten sehen, das noch angegurtet war, doch dieses Mahnmal des Todes nahm der Mulde nichts von ihrer Schönheit, es hatte eher die Wirkung einer formellen Signatur, wie die Kartusche am Ende einer mit kunstvollen Zeichen versehenen Schriftrolle. Das Ganze schien weniger ein geographischer Punkt zu sein als vielmehr der absolute Moment eines Ortes, eine Landschaft, die einen an die Werke von Jan van Eyck denken ließen, eine mystische, pastorale Szene, in der jeden Augenblick Quellen aus den Felsen sprudeln und die Vögel die Fähigkeit der menschlichen Sprache erlangen konnten.

Sie standen auf einem Felsbrocken, von dem aus sie in das Loch hineinsehen konnten, das die russische Rakete drei Meter tief gegraben hatte, und auf die glitzernden blauen und grünen Kontrollampen des Computers im Innern des Hubschraubers. »Was geschieht jetzt weiter?« fragte Mingolla, und Nate legte sich einen Finger auf die Lippen.

»Guten Morgen, Nate«, erklang eine trockene Verstärkerstimme aus dem Hubschrauber. »Geht es dir gut?«

»Ganz gut, danke.«

»Und David«, sagte der Computer, »ich freue mich, dich endlich kennenzulernen.«

Obwohl Mingolla vermutete, daß der Computer ihn mit Hilfe der von seinen Sensoren übermittelten Daten identifizierte, aufgrund von Informationen, die ihm Debora und Nate eingegeben hatten, war er doch durch die kalte Unermeßlichkeit der Stimme aus der Fassung gebracht. »Ganz meinerseits«, sagte er und kam sich sehr albern dabei vor. »Wie geht's?«

»Danke der Nachfrage«, sagte der Computer. »Um dir die Wahrheit zu sagen, die Dinge entwickeln sich vortrefflich. Ich erwarte, daß es bald zu einer Resolution hinsichtlich des Krieges kommen wird, und ...«

Mingolla lachte. »Wirklich?«

»Ich nehme an, David, daß du über mein wahres Wesen in Kenntnis gesetzt wurdest und meine Authentizität anzweifelst.«

»Da nimmst du ganz richtig an.«

»Und für was hältst du mich?«

»Für einen Zusammenstoß von Mißgeburten mit Stimme.«

Der Computer ließ ein leises Kichern vernehmen. »Ich habe schon weniger scharfsinnige Definitionen von Gott gehört, wenn auch vielleicht keine weniger schmeichelhafte. Natürlich könnte die gleiche Definition für den Menschen zutreffen.«

»Das möchte ich nicht bestreiten«, sagte Mingolla, dem die umgängliche Art des Computers langsam sympathisch wurde.

»Aha!« sagte der Computer. »Ich gewinne den Eindruck, daß ich es mit einem praktizierenden Existentialisten zu tun habe, einem Mann, der – volkstümlich gesprochen – philosophisch ohne Rücksicht auf Verluste spielt, der Gefühle ablehnt, es sei denn, sie treffen zufällig mit seiner Vorstellung von romantischem Fatalismus zusammen. Habe ich recht?«

»Weißt du das nicht?«

»Ich kann dir versichern, daß ich es weiß. Aber dies soll eine Unterhaltung sein, David. Und ich bezweifle, daß du es sehr unterhaltsam finden würdest, wenn ich meine Omnipotenz und Unfehlbarkeit herauskehren würde. Außerdem werden zur Zeit derartige Beweise nicht verlangt.«

»Was wird denn zur Zeit verlangt?«

»Ich«, sagte der Computer. »Nicht mehr, nicht weniger. Bist du interessiert an einem Überblick über meine Funktion? Ich möchte dich auf keinen Fall langweilen.«

»Ich bitte darum«, sagte Mingolla und dachte dabei,

daß der Computer durch seine geschliffenen Umgangsformen diesem gespenstisch schönen Ort die elegante Atmosphäre eines Gesellschaftssalons verlieh.

»Es ist ganz einfach. Gott erscheint von Zeit zu Zeit in äußerst sichtbaren Inkarnationen ... wenn die Zeiten danach verlangen. Die meisten Perioden verlangen jedoch nur eine angenommene Erscheinung, und die jetzige Periode ist ein typischer Fall dafür.«

»Es ist schwer, sich Gott als eine angenommene Gestalt vorzustellen«, sagte Mingolla.

»Wir haben bereits festgestellt, David, daß du nicht gerade ein Experte bist, was Gott betrifft.«

»Jetzt hat er es Ihnen aber gegeben.« Nate stieß Mingolla jovial den Ellbogen in die Rippen, worauf dieser vor Schmerzen aufheulte. »Oh, es tut mir leid.«

»Hoffentlich nichts Ernstes?« sagte der Computer.

»Es geht schon.« Mingolla setzte sich auf den Rand des Felsbrockens. Unter ihm veränderten sich die Lichtbänke wellenförmig, was aussah, als ob die Ordnung der Sterne einer weit entfernten Galaxis plötzlich in Bewegung geraten sei.

»Wie ich schon sagte«, fuhr der Computer fort, »die meisten Zeiten verlangen nur ein minimales Einschreiten meinerseits, um die Dinge ins rechte Lot zu bringen. Die Arbeit, die in solchen Zeiten getan wird, findet kaum Beachtung, und meine geht – abgesehen von einer kurzen Unterbrechung der Eintönigkeit – nicht in die Geschichtsschreibung ein. Das Erscheinen von Jesus und Buddha waren notwendige Feuerwerke. Aber zum überwiegenden Teil« – wieder ein Kichern – »arbeite ich im geheimen.«

»Und worin besteht deine Arbeit?«

»Sie ist vollendet. Der Copilot dieses Hubschraubers, ein junger Mann namens William, wurde bei dem Unfall Opfer eines Traumas. Meine Aufgabe war es, ihn davon zu heilen, ihn auszubilden und vorzubereiten auf die wichtige Arbeit, mit der er jetzt befaßt ist.«

»Wie praktisch, daß er nicht da ist«, sagte Mingolla.

»Den Menschen etwas zu beweisen war das Evangelium Jesu, nicht das meine. Ich verlange Glauben von niemand anderem als von William, und William kann nichts anderes tun, als Glauben zu praktizieren. Dein Glaube, David, ist nebensächlich. Meine Arbeit ist getan, und bald muß ich gehen und meinem Schicksal entgegentreten ... ein überaus schmähliches Schicksal, doch dem Zeitalter angemessen.«

»Verrätst du mir, was es ist?«

»Selbstverständlich. Nach dem Krieg wird ein Geschäftsmann aus Guatemala City im Laufe eines Jagdausflugs über mich stolpern, und da er mich für eine Kuriosität hält, wird er mich in sein Haus bringen lassen. Er wird versuchen, Gewinn aus mir zu schlagen, ohne zu wissen, daß er im Besitz des wahrhaft echten Gegenstandes ist, und wird den Zorn der Kirche auf sich ziehen, die ihrerseits die Massen aufwiegeln wird. Eines Tages wird eine Meute in das Haus des Geschäftsmannes dringen, ihn umbringen und mich zerstören. Der Glanz meiner Himmelfahrt wird durch ein elektrisches Feuer verfinstert.«

»Wenn du die Zukunft kennst«, sagte Mingolla und tat so, als ob er vor Lachen erstickte, »dann kannst du mir vielleicht erzählen, was das nächste Jahr oder so auf Lager hat.«

»Es hat keinen Sinn, deine Zukunft zu enthüllen.«

»Aha, na gut.«

»Es hat jedoch einen Sinn, daß du hier bist. Ich möchte, daß du in mich hereinkommst.«

Mingolla blickte in die Kuhle, auf die flackernden Lichtbänke; ein Frösteln fuhr ihm durch die Schultermuskulatur. »Warum?«

»Fürchte dich nicht«, sagte der Computer.

»Ich fürchte mich nicht, ich sehe nur keinen Sinn darin.«

»Der Sinn wird sich weisen. Ich versuche nicht, irgend etwas zu beweisen, David. Ich habe einfach das Gefühl, daß eine kurze enge Verbindung zwischen uns beiden dir in den Tagen, die vor dir liegen, zum Vorteil gereichen würde.«

»Es liegt ganz an Ihnen«, sagte Nate. »Aber ich fand es sehr erholsam.«

»Sie sind drin gewesen?«

»Mehrmals.«

Mingolla sah erneut in das Loch und beschloß, daß es dumm wäre, sich von Nervosität leiten zu lassen. »Warum nicht, verdammte Scheiße?«

Nate zog ihn an den Armen nach unten, ließ ihn aber los, als er festen Halt gefunden hatte. Der Hubschrauber bewegte sich, Ranken knirschten, und Pflanzenteile rieselten herab. Mingolla fiel auf die Knie und Hände, kroch zu dem Loch und krabbelte mit dem Kopf voran hinein, wobei er den scharfen Metallkanten vorsichtig auswich. Er glitt bis ans Ende des Decks und nahm gegenüber der Computerfront Platz.

Er hatte erwartet, daß – trotz der gegenteiligen Beteuerungen – der Computer die Unterhaltung weiterhin bestimmen würde, aber es herrschte Schweigen; und obwohl er sich albern vorkam, da so zu sitzen, wollte er auch nicht den Eindruck erwecken, daß er Angst hätte, indem er wieder hinausgekrochen wäre. Die Luft war kühl, trockener als die Außenluft, wie der Tonfall der Computerstimme, und, wie Nate gesagt hatte, es war erholsam in dem Hubschrauber, mit den blinkenden Lampen, dem schwachen Summen des Energiesystems und der ganzen Umrahmung, einem ausgefransten Kreis aus grünlichgoldenem Licht, wie ein Eingang zum Paradies. Bei diesem angenehmen Eindruck war es schwer vorstellbar, daß in diesem Licht Wahnsinnige und Jaguare und Giftschlangen hausen könnten. Und vielleicht war das die Wahrheit, die in der Wahnidee des Computers steckte, in allen religiösen Wahnideen: daß man sich nur auf eine derart eingeengte Sicht beschränken mußte, in sich selbst einen Strahl grünlich-goldenen Lichts festzuhalten und eine Tasche voll kühler trockener Luft zu nehmen brauchte, um einen Grad der Unschuld zu erlangen, der einen großen Teil der Gewalt in der Welt verhinderte. Vielleicht hätte er, wenn er mit der Gabe des Glaubens anstatt mit der seiner Kraft ausgestattet gewesen wäre, viel von dem abwenden können, das ihn quälte. Er verschränkte die Arme, schloß die Augen und ließ sich in den Frieden des toten Hubschraubers und seines wahnwitzigen Orakels sinken, das Abbild Gottes, das dem Zeitalter angemessen war. Er ließ die Gedanken schweifen. Erinnerungen an das Barrio, die Verlorene Patrouille und die Ameisenfarm flimmerten vorüber wie Szenen eines alten Stummfilms auf einer schadhaften Kopie, mit verblaßten Farben und übertrieben dargestellten Charakteren getreu der alten Schule der Schauspielerei, und er erkannte in jedem Augenblick, wie hoffnungslos falsch seine eigene Handlungsweise gewesen war.

»Das sollte reichen, David.« Die Stimme des Computers schien rings um ihn herum zu sein. »Wenn du dich jetzt auf den Rückweg ins Dorf machst, wirst du vermutlich eine Debora vorfinden, die dir zur Verfügung steht.«

Mingolla wollte gerade fragen, woher der Computer Deboras Angelegenheiten kannte; doch dann wurde ihm klar – ob es nun eine Sache des logischen Nachdenkens oder des inneren Wissens war –, daß seine Beurteilung unmaßgebend war. Er war bereit, diesen Teil der Wahnidee zu akzeptieren, und kroch aus dem dunklen Computerdeck, um sich hinauf ins Licht ziehen zu lassen.

Debora wartete am Fluß, und ihre Körperhaltung – sie saß mit angezogenen Knien da und hatte das Kinn auf die verschränkten Arme gelegt – ließ vermuten, daß sie schon seit geraumer Zeit wartete. Sie war blockadefrei und sandte Hitzewellen aus wie die Abstrahlung von einem offenen Feuer, und als sie ihn ansah, entdeckte er Zeichen der Anspannung in ihrem unnatürlich standhaften Blick. Er stellte fest, daß der Gewichtsverlust ihrem Gesicht eine wie von Künstlerhand modellierte Schönheit verliehen hatte, was einen noch passenderen Rahmen für ihre sinnlichen Züge schuf. Seine Träume und Phantasien hatten sich vor allem auf ihre Schönheit gerichtet, und sie *war* schön, wenn auch nicht ganz so wie in seiner Erinnerung; wenn er sie allerdings jetzt betrachtete, dann nahm er ihre strahlende Einzigartigkeit wahr, von der die Schönheit nur ein geringer Teil war. Die Bewegungen ihres Körpers, die schwarzen Locken, die über das Vorderteil ihrer Bluse fielen wie die Schwanzfedern exotischer Vögel, die Art, wie der Wind den Stoff an ihre Brüste drückte: All diese Dinge waren bedeutender und wertvoller in ihrer Vertrautheit als die Tatsache, daß sie gut aussah. Er wehrte sich gegen diese Reize und versuchte, in seinem Innern das Gefühl der Wut und des Betrogenseins wiederzuerwecken, aber langsam begriff er, daß es nichts mehr ausmachte, daß es gleichgültig war, welches die Gründe für die Anziehung waren, er wollte sich ihr hingeben, sich die Flekken abwaschen, die immer zahlreicher geworden waren, seit er sie verlassen hatte.

Sie lud ihn ein, Platz zu nehmen, aber als er es tat, rückte sie zur Seite und schuf zwischen ihnen einen großen Zwischenraum. Er blickte hinüber zum Dschungel, der das gegenüberliegende Ufer säumte. Die Sonne war ein explosives weißes Glitzern, das den Himmel in Weiß tauchte und das Grün der Vegetation als einheitliche lebhafte, saftige Farbe erscheinen ließ. Vögel mit sichelförmigen Flügeln drehten ihre Runden dicht über den Baumwipfeln; ein silberner Bogen aus Spritzern spannte sich über dem Wasser. »Werden wir miteinander sprechen?« fragte er.

»Ja.« Die Antwort blieb in der Luft hängen.

Das Ufer fiel steil ab, und die Wasseroberfläche zu

Mingollas Füßen kräuselte sich zu kleinen Strudeln rund um die glitschigen braunen Spitzen eines untergetauchten Astes; schwarze Fliegen schwebten darüber hin, und schattenhafte kleine Fische flitzten durch das düstere Grün der Untiefen. Ein Stück weiter am Ufer entlang beugte sich eine Reihe von Baumfarnen über den Fluß, mit drei bis dreieinhalb Meter langen Stengeln und wippenden fedrigen Wedeln: das Wippen ließ sie wie lebende Tiere erscheinen, die zustimmend zu den Vorgängen nickten, die sich vor ihren seltsamen augenlosen Köpfen abspielten, als Maßstab für den Frieden im Frontabschnitt Smaragd.

»Also gut«, sagte Mingolla schließlich. »Ich fange an. Du hast mir erklärt, daß du Dinge erfahren hast, die dein früheres Tun bedeutungslos machten. Was war das?«

Sie zog mit dem Zeigefinger eine Linie in den lockeren Erdboden. »Es wird noch ein Krieg geführt. Ein Krieg innerhalb des Krieges.«

Seine erste Regung war, sie auszulachen, aber ihre bitterernste Miene war überzeugend. »Was für ein Krieg?«

»Nicht direkt ein Krieg«, sagte sie. »Ein Machtkampf. Zwischen zwei Gruppen von Psychoexperten, glaube ich.«

Vielleicht war sie doch verrückt. »Wie hast du das herausgefunden?«

»Meine Vorgesetzten haben es mir gesagt. Das ist ihre Taktik. Sie bauen dich auf, geben dir Macht und beobachten, wie du damit umgehst. Und wenn sie den Eindruck haben, daß man so von der Macht abhängig ist, daß man kein anderes Bedürfnis mehr hat als mehr Macht, dann nehmen sie dich auf in ihre ...« – ihre Stimme bebte – »ihre gottverdammte Bruderschaft! Sie klären dich immer ein kleines bißchen mehr auf, sie lassen dich Schlußfolgerungen ziehen, um zu sehen, wie du reagierst. Und mir haben sie verdammt *zu* viel erzählt!« Sie sah Mingolla aufgebracht an. »Ich habe an die Revolution geglaubt. Ich habe ihr alles geopfert ... alles! Doch es gibt gar keine Revolution! Es gibt nicht einmal eine Konterrevolution! Es ist alles eine große Täuschung!«

Mingolla erinnerte sich an Tullys Ausbruch über den Unsinn des Krieges, erinnerte sich an de Zedeguís rätselhafte Bemerkungen. Er erzählte Debora von Tully, und sie sagte: »Das ist es, genau! Auf diese Weise fangen sie an, indem sie Zweifel säen. Und als nächstes erzählen sie dir etwas über besondere Operationen, lassen Andeutungen über gewisse Absichten fallen, die angeblich dahinterstecken. Dann präsentieren sie das gesamte Bild – keine Einzelheiten, denn sie trauen dir immer noch nicht. Keiner traut irgend jemandem. Das ist die einzige Wahrheit. Alles ist verdächtig, jeder ist auf der Jagd nach Macht. Und niemand schert sich einen Dreck um irgend etwas anderes. Das Ganze ist ein schlechter Witz!« Sie sah ihn wieder an, inzwischen etwas ruhiger. »Weißt du, warum ich desertiert bin, was den letzten Ausschlag gegeben hat? Es war wegen der Dinge, die sie mir über dich erzählt haben.«

Er wartete, damit sie fortführe.

»Sie sagten, daß man dich auf die Aufgabe vorbereiten würde, mich zu töten. Ich weiß, wie die Ausbildung vor sich geht, wie isoliert man dabei ist. Nie mehr als ein paar Leute um einen herum. Wenn du einen Auftrag bekommen hättest, wüßten nur dein Ausbilder und derjenige davon, der die Therapie durchführt. Und das bedeutet, daß einer von den beiden gemeinsame Sache mit einem meiner Vorgesetzten hätte machen müssen. Zusammen mit all den anderen Informationen, die ich hatte, erkannte ich, daß sich die wirklichen Vorgänge innerhalb einer so kleinen Elite abspielen mußten, so kompliziert und voller Intrigen, daß ich niemals ganz dahinterkommen würde ... jedenfalls nicht, solange ich noch selbst dazugehörte.«

Mingolla hielt den Blick auf das gekräuselte Wasser gesenkt und beobachtete Streifen dunklen Schaums, die sich von einem Schlammklumpen lösten, der an einer Spitze des untergetauchten Astes festhing. »Das ist ein harter Brocken, der schwer zu schlucken ist«, sagte er. »Aber auch ich habe so einiges gehört.«

»Das ist noch nicht alles«, sagte sie. »Amalia weiß noch mehr.«

»Amalia?«

»Sie ist ebenfalls eines Rätsels Lösung. Ein kleines Mädchen. Sie ist in meiner Hütte und schläft. Etwas anderes macht sie jetzt nicht mehr.« Debora rieb sich den Nacken, als ob sie das Thema ermüdete. »Und deshalb habe ich dich gerettet. Ich habe nicht die Kraft, sie wiederzuerwecken. Ich brauche deine Hilfe.«

»Ist das alles ... ist das der einzige Grund?«

»Aus welchem anderen Grund hätte ich es tun sollen? Du hast Jagd auf mich gemacht.« Sie sagte es trotzig, aber er konnte die Lüge heraushören.

»Jetzt nicht mehr ... ich mache keine Jagd mehr auf dich.«

»Nein, aber das war nicht deine Entscheidung.«

»Debora«, sagte er. »Ich war doch nur ...«

Sie sprang auf und entfernte sich einige Schritte weit.

»Ich war nicht bei klarem Verstand«, sagte er.

Der Wind wehte ihr einen Schleier dunklen Haares vor den Mund; hinter ihr saßen drei alte Indios mit nackten Oberkörpern neben einer der Hütten und starrten sie gebannt an. »Willst du helfen oder nicht?« fragte sie knapp.

»Na klar«, sagte Mingolla. »Das will ich.«

Amalia war ein dickliches Indiomädchen von zwölf oder dreizehn, mit der Hitze eines Psychomediums und einem Melaninmangel, der ihre rötlichbraune Haut mit rosafarbenen Flecken gesprenkelt hatte; in der düsteren Kerzenbeleuchtung in Deboras Hütte stachen die Flekken deutlich und abstoßend hervor, wie Narben, die vergiftete Blumen auf ihrem Gesicht hinterlassen hatten. Sie lag in der Hängematte, ein Arm hing über den Rand; sie trug ein schmutziges weißes Kleid mit einem Muster von aufgedruckten blauen Kätzchen. Sie atmete tief und gleichmäßig, ihre Augenlider zuckten, und nach Deboras Aussage schlief sie seit fast einer Woche.

»Sie ist einfach abgelaufen«, sagte Debora. »Wie ein aufziehbares Spielzeug, das immer langsamer wird. Dann hörte sie ganz auf. Aber auch vorher war sie nicht ganz in Ordnung. Ich dachte, sie sei zurückgeblieben. Sie pflegte dazuliegen und die Wände anzustarren und Geräusche von sich zu geben. Dann bekam sie heftige Anfälle ... zertrümmerte Sachen und kreischte. Hin und wieder hatte sie lichte Momente, und ich konnte sie zum Sprechen bringen. Sie sprach über Panama, einen Ort, den sie als ›Sektor Jade‹ bezeichnete ... sie sagte, daß dort alles entschieden würde. Vieles von dem, was sie sagte, klang wie ein mechanischer Singsang, wie Teile von Gedichten oder Geschichten, die sie auswendig gelernt hatte.«

Mingollas letzte Zweifel schwanden. »Ich habe auch etwas über Sektor Jade gehört.«

»Was hast du gehört?«

»Eigentlich nur den Namen, und daß es etwas Wichtiges damit auf sich habe.«

Eine verhungert aussehende Kuh blieb an der Tür stehen und glotzte in die Hütte, ihr aufdringlicher Geruch strömte herein. Ihre rot und weiß gescheckte Haut war über den Backenknochen eingesunken, wie ein Landschaftsrelief, und ihre ungekappten Hörner waren zu Ringen gewachsen, die ihr fast bis in die Augen reichten. Sie schnaubte, dann trottete sie davon.

»Was hat sie sonst noch gesagt?« fragte Mingolla.

»Sie sprach davon, wo sie früher lebte. Bei einem von ›den anderen‹ sagte sie. Sie bezeichnete sich als eins seiner ›kaputten Spielzeuge‹. Ich fragte sie, was sie mit

›den anderen‹ meinte, und sie sagte, sie seien wie wir, nur nicht so stark ... obwohl sie in mancher Hinsicht auch wieder stärker seien. Weil sie sich versteckt hielten, weil sie nicht ausfindig gemacht werden könnten.«

Fliegen summten im Stroh, ein Huhn gackerte. Es war heiß, und Schweiß juckte Mingolla in den Halsfalten. Er atmete durch den Mund. »Es ist komisch«, sagte er. »Als ich die Therapie durchmachte, habe ich mir niemals Sorgen über Aussetzer oder Filmrisse oder so 'nen Scheiß wegen der Drogen gemacht ... obwohl sie mir einmal eine Überdosis verpaßt haben. Ich ging einfach davon aus, daß alles bestens war. Keine Ahnung, wie ich darauf kam, aber so war's.«

»Glaubst du, daß so etwas mit Amalia passiert ist ... eine Fehlreaktion auf die Drogen?«

»Glaubst du das nicht?«

»Vielleicht. Aber vielleicht war sie auch schon vorher nicht gesund, bevor man sie damit behandelte.«

»Wie dem auch sei, sie bietet keinen schönen Anblick.«

»Ich muß dich warnen«, sagte Debora. »Sie ist stark ... sehr stark. Und ihr Denken ist chaotisch.«

Er sah sie an, hielt ihren Blick fest. Ihre Haut hatte fast die gleiche aschbraune Farbe wie die Luft, und einen Moment lang schienen die Augen vom Körper losgelöst, auf ihn zuzuschweben. Sie wich zurück, nervös, und legte eine Hand auf die Stricke der Hängematte.

»Ich stoß' mal hinein«, sagte er.

Chaotisch war eine entschieden zu harmlose Beschreibung dessen, was sich in Amalias Denken abspielte; in ihrem Schädel schien ein flammendes Schrapnell herumzutoben. Die elektrische Energie war überwältigend, das dadurch ausgelöste Aufbäumen in seiner Plötzlichkeit erschreckend. »Du lieber Himmel!« sagte er.

»Schaffst du es nicht?« Deboras Stimme klang ängstlich.

»Ich bin nicht sicher.« Er rieb sich die Schläfen, sie fühlten sich ehcr entflammt an, als daß sie schmerzten.

Nach mehreren Versuchen hatte er sich entsprechend eingestellt und fing an, Aufgeschlossenheit und Wohlbefinden in sie zu projizieren. Obwohl das Unterfangen schmerzhaft und schwindelerregend war, erwies sich der Kontakt mit Amalias Geist als aufschlußreich. Langsam wurde ihm klar, daß das, was er als zufällige Strömung wahrgenommen hatte, in Wirklichkeit vielen unendlichen Mustern folgte, von denen die meisten so winzig waren, daß sie sich gegenseitig überdeckten, und er stellte fest, daß das, was er intuitiv tat, ihn in seiner Sicherheit über sie bestärkte, indem er seine Energie und Kraft in ihre Bahnen lenkte. Einige von Amalias Mustern waren – wie das von Nate – kraftvoll, leicht wahrzunehmen, und je länger er sich mit ihr befaßte, desto beherrschender wurden sie. Es verging jedoch eine halbe Stunde, ohne daß er es schaffte, sie aufzuwecken.

»Ich könnte den ganzen Tag hierbleiben«, sagte er zu Debora. »Warum arbeiten wir nicht gemeinsam an ihr?«

Debora runzelte die Stirn und zupfte an der Hängematte. »Es ist wohl einen Versuch wert«, sagte sie. Sie duckte sich unter den Stricken hindurch und stellte sich auf die andere Seite der Hängematte. »Also los!«

Mingollas Aufmerksamkeit war auf Amalia gerichtet, auf das Gebrodel ihrer Gedanken, und zunächst nahm er das Auftauchen einer neuen und gezielteren elektrischen Strömung nicht wahr, eine, deren Grenzen ständig vor seiner zurückwichen. Und als er sie wahrnahm, deutete er sie fälschlicherweise als eins von Amalias Mustern und machte mit aller Wucht einen Vorstoß darauf zu. Im Augenblick des Kontakts hatte er den Eindruck, als ob zwei Ströme knisternder Energie einander verschlängen, sich wieder entzweiten und wieder verknüpften und eine Art von flüssigem Knoten bildeten, der immer komplexer wurde, sich in sich zusammen- und aus sich herausdrehte, und der Brennpunkt seines Bemühens war jetzt nur noch die Vollendung dieses Knotens, die Schaffung seines endgültigen Ausdrucks, bis auch dieses Bestreben in einer Flamme der Sexualität aufging: wie ein Mann, der sich an einen Lebensrettungsdraht klammert, dessen Gedanken Funken schlagen, und dessen ganzes Bewußtsein von der Spannung erfüllt ist, die ihn durchströmt. Dann merkte er, daß er Debora anstarrte, und er war sich nicht sicher, wer den Kreislauf unterbrochen hatte und wie es vor sich gegangen war. Sie sah erschreckt aus, ihr Mund stand offen, sie atmete mühsam und schien dicht davor, aus der Hütte zu stürzen. Er wollte etwas zu ihrer Beruhigung sagen, sie aufhalten, denn er sah, daß die Barriere zwischen ihnen niedergerissen war. Er sah das ganz deutlich, und er glaubte, auch in den Kern ihrer Gemeinsamkeit hineingesehen zu haben; er begriff nicht, was er gesehen hatte – seine Form war so kompliziert wie die des Knotens, den sie geschaffen hatten –, aber die Tatsache, daß er das alles sah, machte die Vorstellung zunichte, daß seine Gefühle für sie künstlich hergestellt worden seien. Verstärkt vielleicht. Ihre Entwicklung beschleunigt, angetrieben. Aber nicht künstlich hervorgerufen. Er glaubte, daß auch sie das erkannte.

»Debora?« Amalias Stimme, schwach und flüsternd.

Sie hatte die Augen geöffnet und warf sich hin und her, als ob die Hängematte sie geschluckt hätte.

»Wie fühlst du dich?« Debora beugte sich zu ihr hinunter und strich ihr übers Haar.

Amalia starrte Mingolla an. Obwohl sie alles andere als hübsch war, hatte sie im Schlaf doch immerhin jugendliche Gesundheit verkörpert; jetzt wurden ihre Züge von einer griesgrämigen Widerspenstigkeit beherrscht, und sie sah aus wie ein fetter kleiner Klotz von Mädchen, die Sorte, mit der niemand spielen will.

»Warum liebst du ihn?« fragte sie Debora. »Er tut den Leuten Böses an.«

»Er ist Soldat und muß manchmal Böses tun. Und ich liebe ihn *nicht*.«

»Du kannst mir nichts vormachen«, sagte Amalia. »Ich weiß es.«

»Glaub, was du willst«, sagte Debora geduldig. »Jetzt wollen wir erst mal mehr über Panama von dir hören.«

»Nein!« Amalia drehte sich auf die Seite, zu Mingolla hin, und die Maschen der Hängematte drückten sich in ihren dicken kleinen Bauch. »Ich möchte mit dir spielen.«

»Bitte, Amalia, wir spielen später.«

Mingolla machte Anstalten, seinen Einfluß auf sie wirksam werden zu lassen, aber in dem Moment, als er Amalias Geist berührte, tauchte ein Muster auf, das er bis dahin nicht bemerkt hatte, das tief unter der Oberfläche verborgen gewesen sein mußte; es flutete vor und zurück, bildete eine endlose Schlaufe, die sich wie ein Faden durch seine Gedanken zog und sich daran mit Stichen der strahlenden Kraft festheftete. Ein Hitzepunkt glühte im Zentrum seiner Stirn und wuchs zu einer glühendheißen Sonne an, die seinen Schädel mit Schmerz füllte. Er fühlte, wie er fiel und hart aufschlug, und er hörte Debora schreien. Der Schmerz ließ nach, und er sah, daß sich Amalia aufsetzte und ihn mit einem triumphierenden Schweinchenblick durchbohrte.

»Er soll auch spielen«, sagte sie.

»Nachher spielen wir beide mit dir«, sagte Debora. »Nachdem du uns etwas über Panama erzählt hast.«

»*Du* kannst mit ihr spielen.« Mingolla rappelte sich hoch. Er betastete vorsichtig seinen Hinterkopf und fand eine Beule. Alarmiert durch Amalias ärgerliches Stirnrunzeln wich er zur Tür zurück.

»Tu ihm nicht weh«, sagte Debora.

Ein gerissenes Lächeln huschte über Amalias Gesicht. »Sag, daß du ihn liebst, dann tu ich's nicht.«

Debora warf Mingolla einen finsteren Blick zu.

»Los, sag schon!« beharrte Amalia.

»Ich liebe ihn.«

»Und du wirst ihn immer und ewig lieben, nicht wahr?«

»Ja.«

»Kann ich nachher etwas zu essen bekommen?«

Mingolla mußte beinah lachen über den gierigen Ausdruck, den Amalias Gesicht annahm, er war so ungeheuer komisch.

»Ich werde dir Huhn mit Reis machen«, sagte Debora. »Ich verspreche es dir.«

»In Ordnung.« Amalia legte sich in die Hängematte zurück und verschränkte die Arme vor den unterentwickelten Brüsten. »Was wollt ihr wissen?«

»Erzählt uns was über Sektor Jade«, sagte Mingolla.

Sie starrte ihn an, dann wandte sie den Blick zur Decke. Die Unschuld des Schlafes schien wieder von ihr Besitz zu ergreifen. Sie schwieg eine ziemlich lange Zeit, und Mingola sagte: »Ist sie ...«

»Pst!« Debora machte ihm ein Zeichen, ruhig zu sein. »Sie wird uns etwas sagen.«

»In ...« Amalia benetzte ihre Lippen. »... Verschwunden ... alles verschwunden unter ... glatt wie ein Stein, wie ein Stück Jade mitten unter den glänzenden Kacheln, und er hatte sich vorgestellt, daß sie niemals wieder erscheinen würden, daß sie sich auf die Reise gemacht hätten in eine unermeßliche Ferne, in ein Land unter der Kruste der Welt, mit dem Panama verbunden war wie eine sonderbare Nadel in einem Streifen blauen Samts, und dort, in diesem weit entfernten Land, würde der Blutknoten gelöst und der Frieden geschmiedet.« Ihr Vortrag wurde sicherer. »Nicht der Frieden, der sich dem Verständnis entzieht, nein, dies wäre ein sehr begreifbarer Frieden, einer, für den man mit Blut und Schande bezahlt, mit jener Münze, die diejenigen ausgegeben haben, die endlich erkannt haben, daß die Dinge, die im Krieg gerecht sind, auch in die Spielregeln des Friedens übernommen werden müssen, und diese Einsicht wäre der Grundstein für eine unnatürliche, aber stabile Ordnung, die Falschmünze der Erlösung, die in sich die Falschmünze der Hoffnung ist, und einst ... und einst ...« Sie seufzte und versank wieder in Schweigen.

»Das hab ich schon einmal gehört ... diese Worte.« Mingolla konnte seiner Erinnerung nicht auf die Sprünge helfen.

»Wo?«

»Es wird mir wieder einfallen. Frag sie nach ›den anderen‹!«

Diesmal entstand eine noch längere Pause, nachdem Debora ihre Frage gestellt hatte, aber als Amalia anfing zu sprechen, klang sie noch sicherer.

»... nur der jüngste Vorfall in der Jahrhunderte dauernden Fehde, den die Madradonas den Krieg der Blume nannten, und diese poetische Bezeichnung war typisch für ihre Neigung, die Realität zu beschönigen. Nun, Diego Sotomayor de Cabrillo, dessen Nichte geschändet worden war, zögerte nicht, Rache zu üben, wobei er jedoch in der für die Sotomayors typischen Art vorging und es vorzog, sich eine raffinierte und abgefeimte Vergeltungsmaßnahme auszudenken, anstatt zu einem direkten Gegenschlag auszuholen. Er war zu jener Zeit ein einflußreicher Mann in der Regierung von Panama, und unter Ausnutzung seines hohen Amtes schickte er den Madradronas ein Heer von Steuerinspektoren und anderen Beamten auf den Hals, um durch diese Belästigung ihre Aufmerksamkeit voll in Anspruch zu nehmen, während er seinen Plan vorbereitete. Aus der Bevölkerung des Barrio Clarín wählte er sich ein perfides Werkzeug, einen gutaussehenden jungen Mann mit beschränkten natürlichen Fähigkeiten, dessen Gehirn bei einem Sturz in der Kindheit Schaden genommen hatte, und aus diesem ungehobelten Jugendlichen schliff er im Lauf der Jahre eine Waffe von erlesener Eleganz, stattete ihn mit den Gaben der Poesie und Sangeskunst aus und verwandelte ihn in ein hübsches Spielzeug, das mit Sicherheit Serafina entzücken würde, die jüngste Tochter seiner Widersacher. In das tiefste Labyrinth der Gedanken des Knaben grub er den Kern unbändiger Gewalt ein, die durch den Anblick ihres nackten Körpers ausgelöst werden würde ...

»Hundesohn!« Mingolla schlug sich mit der Faust in die Handfläche.

»Nicht doch!« Debora beugte sich über Amalia, die in einen tiefen Schlaf versunken zu sein schien. »Du darfst sie nicht unterbrechen. Dann hört sie ganz auf. Verdammt! Jetzt müssen wir sie wieder aufwecken.«

»Macht nichts. Sie hat genug gesagt.« Mingolla stand an der Tür und beobachtete die träge Geschäftigkeit des Dorfes. Frauen rieben Mehl auf Holzplatten, schläfrige Kinder in Hängematten nuckelten am Daumen, Schweine watschelten einher und schnaubten. »Es ist genau, wie du gesagt hast. Auflösungen. Izaguirre hat mir Auflösungen gegeben.«

Debora stellte sich zu ihm an die Tür. »Ich verstehe nicht.«

»Die Menschen, die sie ›die anderen‹ nennt, sind Charaktere in einer Geschichte über zwei Familien, die süchtig sind nach einem Kraut, das ihnen geistige Macht verleiht. Sie sind in der Lage, Menschen zu beeinflussen, wie wir, aber sie brauchen sehr lange dazu, bis sie es schaffen. Sie sind schwach.« Er stieß ein klägliches Lachen aus. »Aber sie wirken im Verborgenen. Ihre Macht ist nicht aufspürbar.«

»Bist du sicher?«

»Weck ihren Arsch noch mal auf, melk den letzten Tropfen aus ihr heraus, und geh von dem Scheißpanama ab!«

»Das bringt nichts. Sie benutzt immer wieder die gleichen Wendungen. Wahrscheinlich ist sie darauf programmiert und kann nichts anderes. Ich habe bisher nur nie den Teil mit den beiden Familien verstanden.« Sie sah zu Mingolla auf, schien durch seine Nähe verwirrt und ging in Richtung Fluß davon.

»Wohin gehst du?« rief er ihr hinterher.

Sie setzte ihren Weg fort. »Spazieren ... glaube ich.«

Er holte sie ein und ging neben ihr her. »Ich begleite dich.«

»Nein.« Sie hielt neben einer Hütte an, in dessen Eingang zwei nackte kleine Mädchen spielten, indem sie aus Schlamm zwischen den Händen flache Kuchen formten. »Ich möchte lieber allein sein.«

»Wir müssen noch über vieles mehr sprechen.«

»Ich glaube, wir haben alles behandelt.«

»Wir haben dich und mich nicht behandelt.«

»Das ist kein Thema.«

»Scheiße! Ich weiß doch genau, was du so empfindest.«

Sie trat einen Schritt zurück, nicht aus Angst, sondern als ob sie eine gewisse Distanz brauchte, um das vollständige Bild erfassen zu können. »Es tut mir leid«, sagte sie kühl. »Vielleicht habe ich dich in die Irre geführt. Es gibt ...«

»Ach! Du ...«

»... nicht die geringste Chance für eine tiefergehende Beziehung zwischen dir und mir.«

»Du kannst doch deine Gefühle nicht verleugnen.«

»Genau das beabsichtige ich zu tun.«

Sie hatte die Stimme erhoben, und die beiden kleinen Mädchen starrten sie erschreckt an.

»Gewiß, du hast mir das Leben gerettet und mir erklärt, das sei geschehen, damit ich dir bei Amalia behilflich sein kann. Dann haben wir sie aufgeweckt, und du sagtest, sie hätte dir schon alles erzählt, was sie weiß. Du brauchtest meine Hilfe also gar nicht. Also, warum hast du mich gerettet?«

»Ich fühlte mich verantwortlich«, sagte sie. »Ich habe dich in die Sache hineingezogen.«

»Verschließ dich doch nicht vor der Wirklichkeit! Es

war keine Amalie notwendig, die sagte, daß du mich liebst, damit es wahr wurde.«

Zorn furchte ihre Stirn. »Wenn du glaubst, daß ich mich von Gefühlen beherrschen lasse, dann kennst du mich nicht. Die Revolution, das ist ...«

»Es gibt keine Revolution«, erinnerte er sie.

»Vielleicht nicht. Aber ich werde dahinterkommen, was sich abspielt, und nichts, kein Gefühl für dich wird mir in die Quere kommen.«

»Ich kann es gar nicht glauben, daß ich einen solchen Scheiß höre«, sagte er. »Mir scheint, du hast diesen Dialog aus einem schlechten Film. ›Vergib mir, Manuel. Aber bevor nicht Unrecht zu Recht geworden ist, gehört mein Herz der Sache.‹!«

Sie gab ihm eine kräftige Ohrfeige, und noch eine; sie schlug mit solcher Wucht zu, daß beide Seiten seines Gesichts heftig brannten. Er packte sie am Handgelenk, und als sie mit dem Knie zustoßen wollte, schob er sie weg. »Du Mistkerl!« sagte sie und stand mit zu Klauen verkrampften Händen vor ihm, während sie ihn wie eine Wahnsinnige durch wilde Haarsträhnen anstarrte. »Blöder Mistkerl!« Dann drehte sie sich auf dem Absatz um und verschwand mit großen Schritten hinter einer der Hütten.

Er ballte eine Faust in dem dringenden Bedürfnis, irgendwo draufzuschlagen, aber er erwischte nur Luft. Die kleinen Mädchen beobachteten ihn, mit großen Augen und feierlichen Gesichtern. »Hört auf meinen Rat«, sagte er. »Entwickelt euch zu Lesbierinnen.«

Sie warfen sich Blicke zu und kicherten.

»Ich meine es ernst«, erklärte er ihnen. »Ihr werdet es leichter haben als mit diesem Scheiß.« Er ging langsam zum Fluß und rieb sich die brennenden Backen, während er zu der Hütte sah, hinter der Debora verschwunden war.

»Und ich liebe dich«, sagte er.

KAPITEL ELF

An manchen Tagen schien es, als ob er sich durch ein Vakuum bewegte, ein luftloses Grau, hervorgerufen durch seine Antriebslosigkeit, an anderen Tagen schien es, als ob er sich überhaupt nicht bewegte, daß das Leben unter einem Felsvorsprung vorbeifloß, auf dem er gestrandet war. Er hatte nichts zu tun, nirgends hinzugehen. Er hatte das Ende seines Zielbewußtseins erreicht, und obwohl die Enttäuschung über Deboras Zurückweisung ihn veranlaßt hatte, seine Gefühle für sie mit einer stärkeren Stütze zu versehen, war sie doch ein Problem, für dessen Lösung ihm die Energie fehlte. Er dachte, daß sie vielleicht recht hatte, die Werte von Bestimmung und Gefühl gegeneinander abzuwägen, und er beneidete sie um ihre Fähigkeit, Gefühle zu verleugnen, denn ihn trieb es zur Verzweiflung, daß er sie jeden Tag sah. Wann immer sich ihre Wege kreuzten, genoß er bis ins kleinste – wie ein Vampir in Vorfreude auf einen heißen Leckerbissen – den Duft und die Tautropfen der Aufregung; er stellte sich vor, daß er ihr nach Panama folgte, ihr das Leben rettete und unendliche Dankbarkeit erntete. Er bildete sich ein, daß sie ihre Abreise aufschob, daß sie Schwierigkeiten hatte, ihn zurückzulassen; aber obwohl das ein gutes Zeichen für seine Chancen bei ihr gewesen wäre, wußte er doch, daß er, um diese Chancen auszunutzen, eine Verlängerung des Krieges hätte ertragen müssen, und er bezweifelte, daß er eine Verlängerung würde ertragen können. Die Erinnerung an die toten Männer, die ihn in schlaflosen Nächten quälten, waren Gewichte, die sein Herz beschwerten und ihn lähmten. Er konnte sie spüren. Es waren grundsätzliche und sehr handfeste Hindernisse. Und noch grundsätzlicher, noch handfester war die

Vorstellung, daß er eine Marionette in einer jahrhundertealten Fehde war. Er war sich nicht ganz sicher, ob er wirklich glaubte, daß das der Fall war: Wenn er es laut aussprach, hörte es sich zu sehr nach einem phantastischen Hirngespinst an. Doch wenn er die Einzelteile seiner Erfahrungen zusammensetzte, schien es eindeutig, daß sich Phantasie und Wahrheit deckten. Er erkannte, daß die zerstrittenen Familien in Pastoríns Geschichte, die Art, wie man ihn wie eine Spielfigur hin und her geschoben hatte und vieles von dem, was sich um ihn herum abspielte, eine gewisse Gemeinsamkeit aufwiesen, eine schrullige Arroganz, und das bestärkte ihn wieder in seinem Glauben. Dieser Glaube machte ihn wütend, und die Wut machte ihn begierig zu erforschen, welche Perversität hinter dem Krieg steckte. Aber seine Wut und sein Eifer wurden von seiner geistig-seelischen Erschöpfung zu Fall gebracht, und also unternahm er gar nichts.

Er ging oft zu der Mulde, gelegentlich begleitet von Nate Lubove. Gegen Sonnenuntergang war die beste Zeit. Die Lichtstreifen, in die der Hubschrauber getaucht war, brannten rot und orangefarben durch den Baldachin aus Laub, ließen glitzernde Strahlen im Cockpit aufblitzen, verzierten das schwarze Metall mit Glimmereffekten, und die riesige Silhouette sah aus wie ein teuflisches Osterei, das darauf wartete, von einem Monsterkind aufgehoben und mitgenommen zu werden. Mingolla hatte dann das Gefühl, daß das Licht um ihn herum feste Gestalt annahm und ihn wie eine Rüstung aus Orange und Schwarz umgab, und er erging sich in düsteren romantischen Phantasien über einsame Abenteuer und edelmütige Taten. Wenn ihn der Computer ansprach, weigerte er sich, darauf einzugehen: Er wollte weder seinen Trost noch seine Kameradschaft. Das Skelett des Piloten und die göttliche mechanische Stimme erschienen ihm wie Symbole für den ganzen Schwindel des Krieges, und er setzte sich daneben hin, um sich selbst den Stand der Dinge ins Gedächtnis zu rufen.

Hin und wieder versuchte er, Nate in ein Gespräch zu verwickeln, aber meistens entzog dieser sich ihm. Er war schon von Anfang an eine wenig ergiebige Seele gewesen, und er wurde immer weniger ergiebig, immer weniger geneigt sowohl zu sprechen als auch zu handeln, zufrieden, wenn er seine Schmetterlinge beobachten konnte, und Mingolla, der genau wie jener eine gewisse Resonanz zwischen ihnen beiden spürte, führte seine Schweigsamkeit auf seine grüblerische Natur zurück. Einmal jedoch sprach Nate mit ihm und erzählte ihm Geschichten aus den Kriegen, über die er zu berichten hatte. Afghanistan, Kambodscha und Angola. Er wurde zu einem Kriegstouristen, der seine Tage in Luxushotels verbrachte, wo er mit anderen gelangweilten Berichterstattern sprach und den gegenwärtigen Konflikt mit verschiedenen anderen Kriegen, die sie an anderen Schauplätzen erlebt hatten, verglich, Bruchstücke sentimentalen menschlichen Interesses sammelte und sich mit Expräsidenten betrank, während Mörsergeschosse die Umgebung ringsum in Ruinen zermalmten.

»Ich habe jedoch nie einen Krieg wie diesen erlebt«, sagte er und ließ die Absätze gegen einen großen Bruchstein baumeln. »Er ist verrückt. Und das Verrückteste daran spielt sich in Panama ab.«

»Sind Sie dort gewesen?« fragte Mingolla.

»Ja, vor einem Jahr. Der Ort war mir ein vollkommenes Rätsel. Im größten Teil der Stadt lief das Leben ganz normal ab, aber ein Barrio – Barrio Clarín – war durch eine Barrikade vom Rest abgeschnitten. Nach der offiziellen Darstellung stand es unter Quarantäne, aber niemand konnte einem sagen, welche Krankheit der Grund für diese Quarantäne war. Es war unmöglich, eine Erlaubnis zum Betreten zu bekommen, aber wir hörten so einiges. Gerüchte über regelrechte Straßenkämpfe. Und sogar noch schlimmere Dinge. Vieles hörte sich geradezu lächerlich an, aber man hörte es immer wieder, und man konnte nicht umhin, dem Ganzen eine gewisse Aufmerksamkeit zu schenken.

»Erzählen Sie mir davon!« sagte Mingolla.

»Da gibt es nicht viel zu erzählen. Die Leute sagten lediglich, daß bestimmte Verhandlungen im Barrio Clarín stattfanden, etwas, das mit dem Krieg zu tun hatte. Das ist alles. Ich habe keinerlei Bestätigung dafür, natürlich nicht. Aber ich habe Dinge beobachtet, die ... ah ... obwohl sie keine direkte Bestätigung waren, doch den Gerüchten erhebliches Gewicht verliehen. Zum Beispiel beobachtete ich den Arzt, der meine Therapie durchführte, beim Betreten des Barrio. Es war zwar aus einiger Entfernung, aber ich konnte Izaguirre mit niemandem verwechseln.«

»Izaguirre?«

»Kennen Sie ihn?«

»Er war auch für meine Therapie zuständig.«

»Dann waren Sie in Mexico City?«

»Nein«, sagte Mingolla. »Auf Roatán.«

»Hmm.« Nate sah zu dem Hubschrauber hinunter. »Der Doktor kommt ganz schön rum, wie?« Er ließ ein gequältes Seufzen vernehmen. »Nun, ich denke, in Panama wird sich alles aufklären.«

»Was ...« Mingolla setzte an, er wollte Nate weiter über Izaguirre ausfragen, aber Nate schnitt ihm das Wort ab.

»Ich bin dieses ganze Blutvergießen, die ganzen Wirren gründlich leid«, sagte er. »Mir scheint, mein ganzes Leben bestand bis jetzt aus Blutvergießen und Wirren. Neulich versuchte ich, mich an irgend etwas Angenehmes während meiner langen Zeit an Kriegsschauplätzen zu erinnern, und mir kam nur eine einzige Begebenheit in den Sinn. Außerdem war es etwas sehr Kleines. Doch weil es so einzigartig war, habe ich es wahrscheinlich größer gemacht.«

Mingolla bat Nate, ihm die Sache zu erzählen, beeindruckt durch die Tatsache, daß er sich an irgend etwas Angenehmes im Zusammenhang mit dem Krieg erinnern konnte.

»Es war im Sommer neunundachtzig in Afghanistan«, sagte Nate. »Im Bamian-Tal. Kennen Sie es?«

»Nein.«

»Es war schön. Staubstürme fegten in Richtung Süden, und die Sonnenuntergänge ... Unglaublich! Dramatische rote und gelbe Himmel, die Farben verschmolzen vor den Augen des Betrachters, und die Hügel setzten sich schwarz davor ab. Wie eine prähistorische Landschaft. Da war ein Junge, noch ein ziemlich kleiner Junge, der hatte sein Bein durch eine russische Mine verloren, und er hatte auch seine Stimme verloren. Jedenfalls sprach er mit keinem Menschen mehr. Nicht einmal mit mir ... Obwohl ich ihn mit meinem blonden Haar neugierig machte. Das machte sie alle neugierig. Ich hatte ein kleines Daumenklavier dabei. Kennen Sie so etwas? Das ist ein kleiner Holzkasten, innen hohl, mit Metallstreifen als Tastatur. Es waren zwölf Tasten, glaube ich. Man schlägt sie mit dem Daumen an, und sie geben eine dünne, glöckchenhelle Musik von sich. Ein afrikanisches Instrument. Der Junge war fasziniert davon. Ich war kein besonders guter Spieler, müssen Sie wissen. Ich benutzte es nur dazu, meine Gedanken zu begleiten, meine Träumereien. Und als ich merkte, wie sehr sich der Junge dafür interessierte, schenkte ich es ihm.« Nate gähnte und lehnte sich auf einen Ellbogen zurück.

»Ich brachte ihm bei, wie er die Tasten anzuschlagen hatte, und er konnte stundenlang dasitzen und es auf dem Schoß halten. Natürlich war ich mit anderen Dingen beschäftigt. Russische Kampfflugzeuge feuerten Raketen auf unsere Unterkünfte ab, und ich arbeitete mit einem Filmteam zusammen, das die Kampfhandlungen aufnahm. Deshalb vergaß ich eine Zeitlang den Jungen und das Daumenklavier. Eines Nachts dann machte ich einen Spaziergang am Rande des Lagers. Es war eine herrliche Nacht.« Nate rutschte tiefer und legte den Kopf auf einen Arm. Er blinzelte schläfrig. Seine Sprache wurde undeutlicher, langsamer. »Sterne, viel mehr Sterne, als man hier je sieht, weil die Luft so klar war. Ein sichelförmiger Mond, kalt und silbern. Kühle Luft. Eine Nacht voller Klarheit. Und ich traf den Jungen, der auf einem Felsen saß und über das Tal blickte. Er spielte auf dem Daumenklavier. Seine Schultern waren nach vorn gesunken, sein Gesicht konzentriert über das Instrument gebeugt – ein Schatten vor dem dunkelblauen Himmel und den Sternen. Mein Gott, wie er spielte! So fließend, so ausdrucksvoll! Die Beschränkung der zwölf Töne galt für ihn nicht. Kühl plätschernde Akkorde, die die Sterne zum Tanzen bringen schienen, von einfachen Melodien überlagert. Eindringliche Melodien, traurige Melodien. Sie hatte Kraft, diese Musik. Kraft wie bei Bach, auch wenn sie keine große Klangfülle oder Reichweite hatte. Einen Moment lang war ich nicht sicher, ob es wirklich der Junge war, der spielte. Ich dachte, er müßte ein Geist sein und daß ich beim Näherkommen feststellen würde, daß er ein Schattenwesen war, ohne Augen oder Mund oder Gliedmaßen. Der Krieg lag in der Musik, die Stärke des Volkes.« Nate richtete sich etwas auf und holte tief Luft. »Sie waren kein bewundernswertes Volk, wissen Sie ... obwohl viel Getue um ihren Edelmut und ihren Kampfgeist gemacht wurde. Sie waren Mörder und Diebe, jedenfalls viele von ihnen. Zum Beispiel hatte ich mit einem Mann gesprochen, der mir erzählte, daß er Jahre zuvor erfahren hatte, wie junge Reisende ihr Blut an die Krankenhäuser von Kabul verkauften. Das hatte ihn auf die Idee gebracht, Reisende, die den Kaibarpaß überquerten, in einen Hinterhalt zu locken. Dann schnitt er ihnen die Kehle durch und fing ihr Blut in Ledersäcken auf. Und als er so viel zusammen hatte, daß er annahm, es sei ein Vermögen wert, ging er mit den Säcken nach Kabul. Das Blut war natürlich unbrauchbar, und er war schrecklich enttäuscht, daß das Krankenhaus es nicht kaufen wollte. Schließlich hielt er das Ganze für großen Unsinn und glaubte, man habe sich mit ihm einen Scherz erlaubt. Und so waren viele von ihnen. Aber was immer sie auch an Gutem in sich haben mochten, es lag in der Musik, die der Junge spielte. Die Reinheit ihrer Bestimmung, ihre Liebe zum Land. Ich ...« – erneutes Gähnen – »ich höre sie immer noch manchmal. Sie scheint in meinen Nerven nachzuklingen. Vor allem, wenn ich schläfrig bin, wie jetzt.«

Er schien für ein paar Sekunden einzudösen, und Mingolla, der sich wunderte, wie sehr ihn das an Amalia erinnerte, schüttelte ihn wach.

»Alles in Ordnung mit ihnen?« fragte er.

»Die Luftfeuchtigkeit«, sagte Nate. »Ich kann mich einfach nicht an die Luftfeuchtigkeit hier gewöhnen. Ich bin ständig leicht benommen.«

»Sie sahen aus, als ob es Ihnen irgendwie nicht gut ginge.«

»Nein, es ist nur die Feuchtigkeit. Die Hitze macht mir nichts aus ... in Israel ist es nämlich trocken, verstehen Sie?«

Mingolla war nicht überzeugt, aber ließ es auf sich beruhen. »Wie sieht es heutzutage in Israel aus?«

»Ich habe keine Ahnung. Es ist Jahre her, seit ich ... Jahre.« Nate starrte auf einen unbestimmten Punkt im Baldachin. »Ich kann mich kaum noch erinnern.«

Normalerweise hätte Mingolla auch diese letzte Bemerkung auf sich beruhen lassen, aber in Nates Stimme schwang ein so aufgeregter Unterton mit, daß es den Anschein hatte, als ob er außerordentlich betroffen sei. Er fragte Nate, an was er sich denn noch erinnerte, und Nate, dem die Frage unbehaglich war, murmelte etwas von Inflation und Kriegslust und weigerte sich, weiter über dieses Thema zu sprechen.

»Es ist kein besonderes Vergnügen für mich, mich daran zu erinnern«, sagte er, und Mingolla, der sich etwas schuldig fühlte, ihn bedrängt zu haben, antwortete, daß er das verstehen könne.

Als er sich eines Abends auf dem Heimweg von der Mulde befand, entdeckte er einen Pfad, der nach Süden führte, weg vom Dorf, doch in einem Bogen in Richtung Fluß, und einer Eingebung folgend schlug er ihn ein. Der Pfad war dicht überwuchert und führte die meiste Zeit bergauf, und als er einen mit Dickicht bestandenen schroffen Felsen erreichte, von dem aus er den Fluß übersehen konnte, war er verschwitzt und verschmiert. Die Dämmerung hatte das Wasser und den Urwald zu einem grauen Mischmasch verwischt, und Nebel stieg von der Mitte des Flusses auf; aber bis zum Einbruch völliger Dunkelheit würde es noch eine halbe Stunde dauern, und Mingolla hatte Lust zu schwimmen. Er bahnte sich einen Weg den Felsen hinunter und war gerade im Begriff, durch das Gebüsch zu stoßen, das den Fluß begrenzte, als er Debora entdeckte. Sie knöpfte sich das Kleid zu, und er erhaschte einen Blick auf ihre hohen kleinen Brüste, bevor sie die weiße Baumwolle umschloß. Ein Handtuch war um ihr Haar gewickelt, und nachdem sie alle Knöpfe geschlossen hatte, nahm sie das Handtuch ab und ließ das Haar über ihren Rükken fallen. Sie saß am Ufer und ließ die Beine über den Rand baumeln. Neben ihr stand ein Zelt, sein First bildete eine scharfe Linie gegen ein Band von rosafarbenem Licht, das über die Baumwipfel auf der anderen Seite des Flusses herüberfiel. Mingolla blieb einen Moment stehen und zog verschiedene Möglichkeiten in Betracht, kam jedoch zu dem Schluß, daß es nur eine gab, und stieß durch das Gebüsch.

Sie erschrak bei dem Geräusch und drehte sich zu ihm um. Er hatte erwartet, daß sie ungehalten reagieren würde, aber sie sagte nur: »Was machst du denn hier?«

»Spazierengehen«, sagte er. »Ich wußte nicht, daß dies deine Stelle ist.«

»Ich bleibe manchmal nachts hier. Es gibt eine heiße Quelle.«

Er setzte sich neben sie hin. Das Wasser unter ihnen war kristallklar, blubberte in einer Aushöhlung im Kalkstein, und er sah kleine Fische, die über den gesprenkelten Grund flitzten. »Wie heiß ist sie?«

»Da, wo sie entspringt, ist sie zu heiß zum Anfassen. Aber ein Stück weiter ist sie nur noch warm. Du solltest es selbst probieren.«

Ihre Besorgnis erweckte in ihm den Eindruck, daß er mit ihr reden könnte, aber er merkte, daß er ihr nicht viel zu sagen hatte. Er fühlte ihren Blick auf sich.

»Ich gehe bald weg«, sagte sie mit eisiger Stimme.

Die Quelle verursachte ein lautes gurgelndes Geräusch, das über das Tosen des Stromes noch zu hören war.

»Möchtest du mit mir kommen?«

Überrascht wollte er ihr in die Augen sehen, aber sie hatte den Blick abgewandt.

»Es wäre leichter, wenn jemand dabei wäre.« Sie zuckte mit dem Kopf, als ob sie ihn ansehen wollte, aber gegen den Wunsch ankämpfte. »Es liegt an dir.«

Ihr Hemd lag an den nassen Kurven ihrer Brust und ihrer Rippen an, und er sah eine Spannung dort, eine Spannung auch in der Biegung ihres Halses und dem unbewegten Kopf.

»Nun?« sagte sie.

»Ich habe keine Kraft mehr dafür.«

»Das ist nicht wahr«, sagte sie. »Du bist nur müde … wie nach einer langen Wanderung, und wenn du dich hinlegst, schmerzen deine Muskeln, und du glaubst, du kannst nicht weitergehen. Aber wenn du dich aufraffst, geht es doch wieder.«

»Du hast Nate«, sagte er. »Er wird dir einen Teil der Last abnehmen.«

»Ich weiß, aber …«

»Aber das ist nicht dasselbe, stimmt's? Warum bist du

nicht ehrlich, warum sagst du mir nicht den wahren Grund, aus dem du mich dabei haben möchtest?«

Er fuhr der Linie ihres Kinns nach, und sie zitterte – zitterte am ganzen Körper, wie ein Fohlen, das etwas Fremdes in der Luft wittert –, aber sie wich nicht zurück. »Weil ich dich will, weil ich mit dir schlafen möchte ... ist es das, was du von mir hören möchtest?«

»Wenn es wahr ist.« Er ließ die Hand auf ihre Schulter gleiten, tiefer, fühlte ihren Herzschlag. Das rosafarbene Band im Westen hatte sich karmesinrot verfärbt, war breiter geworden und sah aus wie eine Flamme, die von einem kräftigen Wind zerzaust wird, und auf der Linie ihrer Wange lag ein roter Schein.

»Natürlich ist es wahr. Ich kann es nicht verbergen, ich konnte es nie verbergen. Vielleicht ist das ein Teil des Grundes, aber es ist der kleinste Teil.«

»Weil es verdächtig ist, weil alles verdächtig ist.« Er hörte die lockende Herausforderung in seiner Stimme.

»Ja.«

»Der einzige Weg, daß es nicht verdächtig ist, ist der, daß du lernst, darauf zu vertrauen.«

»Ich ... ich weiß nicht.«

»Warum willst du mich also dabei haben? Glaubst du, wir könnten gute Freunde sein? Ist es das?«

»Nein ... ich ...«

»Du mußt darauf vertrauen, du mußt auf irgend etwas vertrauen.«

»Ich möchte ja«, sagte sie. »Wirklich. Aber ich kann nicht.«

Er drehte sie um, seine Hand ging zu ihrer Taille. »Warum nicht?«

Ihre Worte kamen stoßweise. »Es war einfach nie gut, nicht mit ... und ... ich möchte ... ich möchte so gern ...«

Er ließ eine Hand unter ihr Hemd gleiten, und sie hielt die Luft an, bewegte sich nicht.

»Nein«, sagte sie schwach.

»Ich liebe dich«, sagte er und ging mit der Hand Stück für Stück höher. »Und du liebst mich.«

»Ich versuche, es nicht zu tun«, sagte sie.

»Weswegen?«

Er fuhr sanft mit dem Daumen über die Wölbung ihrer Brust, rieb langsam hin und her, in einem fast schläfrigen Rhythmus. Ihr Kopf sank zur Seite, als ob ihre Aufmerksamkeit von einem schwachen Geräusch am gegenüberliegenden Flußufer in Anspruch genommen sei, und er küßte sie in die Kuhle, wo sich ihr Hals und die Schulter trafen. Der kühle grüne Geschmack des Flusses und die Wärme ihrer Haut mischten sich auf seiner Zunge. Wie ein Hypnotiseur hielt er ihre Augen gefangen, während er ihre Bluse aufknöpfte. Sie formte einen Ton, der ein Einwand werden sollte, aber er erstarb ihr in der Kehle. Er schob die beiden Teile der Bluse zur Seite, beugte sich zu ihren Brüsten hinunter, schmiegte sich daran, küßte die Spitzen, streichelte die Warzen hart. Als er eine in den Mund nahm und sanft mit den Zähnen daran spielte, durchlief sie ein Schauder, und sie legte ihm eine Hand auf den Hinterkopf, um ihn zu führen.

»Warte«, sagte sie. »Warte.«

Aber er hatte lange genug gewartet und warf sie auf das Ufer, seine Hand fuhr zu ihrem Bauch, tiefer, und er spürte sie weich unter den Jeans, wußte, daß sie offen war, bereit.

»Warte!«

Diesmal schrie sie es fast schrill, und erschreckt und erstaunt, unsicher, ob er ihr weh getan hatte, ließ er sie los. Sie rollte sich von ihm weg, stand auf und hielt sich die Bluse zu. »Ich kann nicht«, sagte sie. »Ich kenne dich nicht einmal.«

Darüber könnte man streiten, dachte er, aber warum darauf eingehen? Er richtete sich auf, seine Eier taten weh. Er war verwirrt, wenn auch nicht wegen ihrer Reaktion. Frauen machten immer diesen Fehler, daß ihnen plötzlich mittendrin einfiel, daß sie noch gar nicht bereit waren, daß man sie hier oder dort oder sonstwo anfaßte, und einen schmerzgekrümmt auf der Strecke ließen. Nein, er war einfach ganz allgemein verwirrt. Als er auf die blubbernde Oberfläche der Quelle sah, kam es ihm vor, als blicke er auf die verschiedenen Schichten seiner Lebensumstände hinab: mit schmerzenden Eiern, an einem Flußufer im Sonnenuntergang, mitten in einem Regenwaldgebiet, mitten im Krieg, umgeben von Verrückten und Indios, in Guatemala. Und all das gebündelt in dem sonderbaren Netz seiner Beziehung zu dieser Frau. Er wunderte sich, daß er nicht noch viel verwirrter war.

»Du hast recht«, sagte er. »Vergessen wir es.« Er drehte sich um und ging ein Stück am Ufer entlang, und als er sich nach einer Minute umsah, stellte er fest, daß sie gegangen war.

Dunkelheit senkte sich herab, der Mond war noch nicht aufgegangen, und da er keine Taschenlampe hatte, um den Pfad auszuleuchten, krabbelte er in das Zelt. Es roch nach ihr, und das gab ihm ein Gefühl der Einsamkeit, begleitet von den Schreien der Nacht und dem gurgelnden Wasser des Flusses. Schade, daß das Zelt nicht mit einem Telefon ausgestattet war. Er könnte ein paar Leute anrufen. Seine Eltern natürlich. Nur, um wieder mal auf amerikanische Wellenlänge eingestellt zu sein, eine Prise Salz und etwas Süßstoff. Hallo, Mam, hallo Paps, hier bin ich mit Gewehr und Kamera in Mangoland, der Krieg ist nicht schlimmer als ein Disney-Abenteuer, lebensecht erzählt von einer angenehmen Stimme, und ich komme bald heim und bringe Souvenirs mit, bye Mam, bye Paps. Und dann würde er vielleicht bei Sparky's anklingeln, seiner Stammkneipe zu Hause. Er konnte es sich gut vorstellen. Sparky, der alte Furzer, würde griesgrämig ans Telefon watscheln und sagen: »Yeah, was willst du?« und er würde antworten: »Hey Spark, hier ist David Mingolla, ich rufe aus Guatemala an.« Und Sparky würde den Namen ein paarmal wiederholen und sagen: »Natürlich ... Davy! Cheeseburger und Lemon-Cola, stimmt's? Wie geht's dir, zum Teufel?« Er würde es mit falscher Herzlichkeit sagen, weil er sich erinnerte, daß Mingollas Vater ein ziemlich hohes Tier war, und Mingolla würde sagen: »Ich geb' den Bohnenfressern hier unten 'nen Tritt in den Arsch, verstehst du?« Denn Sparky war ein zutiefst überzeugter Patriot, und warum sollte er sich auf eine Diskussion einlassen? Dann würde er fragen, wer so alles da sei, und Sparky würde sagen: »Niemand, den du kennst, deine Clique hat sich in alle Richtungen zerkrümelt.« Aber vielleicht würde er doch nicht bei Sparky's anrufen, er mußte ja nicht unbedingt daran erinnert werden, daß die alten Zeiten vergangen waren. Wen könnte er sonst noch anrufen? Ein Licht ging ihm auf. Klar! Er würde seine Long-Island-Dame anrufen. Daß es ihr heiß und kalt würde! Was für ein Tag war heute? Er zählte an den Fingern ab. Freitag! Verdammt! Sie wären ausgegangen, zum Pizzaessen und ins Kino, ihre Vorstellung von einem tollen Abend, und dann so gegen Mitternacht nach Hause für eine Runde einfallslosen Sex. Viermal in der Woche, regelmäßig wie die Sünde. Weniger wäre ungesund. Er erinnerte sich daran, wie sie das erstemal miteinander geschlafen hatten und sie, gerade als sie zur Tat ansetzten, zurückwich und sagte: »Zu Hause machen wir es immer auf der Seite. Auf diese Art muß keiner das Gewicht des anderen ertragen.« Ihre sexuelle Unerfahrenheit hatte ihn überrascht, doch daß er das wußte, gab ihm ein Gefühl der Überlegenheit, und vielleicht war das der Grund, daß er sie liebte. Man brauchte jedoch nicht nach Gründen für Liebe zu suchen, das hatte sich bei Debora wieder bewiesen. Und vielleicht war mangelndes Wissen ein Stimulans für Gefühle, vielleicht waren die Dinge besonders anregend, wenn sie etwas unreal blieben ... ne, auf diesen Anruf würde er auch verzichten. Er mußte mit

Debora sprechen. Auf gewisse Weise klammerte er sich mit der gleichen Gier an die Revolution wie die Long-Island-Dame an die Ehe. Aber es bestand Hoffnung für sie. Er würde sie über den heißen Draht des Dschungels anklingeln. »Hör zu«, würde er sagen und den Hörer ausstrecken, damit er die elektrische Botschaft der Nacht auffinge, die Grillen und die Frösche mit glühenden Augen, die rotschädeligen Affen mit Vibrationszungen, die schwarzen Zaubervögel mit schwülstigen Schnäbeln, und sie würde in ihren Chor einfallen, in dem jeder für sich allein und alle zusammen sprachen, durch Musik sprachen, verschlüsselt sprachen, mit Schnalzen und Kreischen und in schillernden Klangbogen: Es gibt keinen Grund Es gibt keinen Grund Es gibt keinen Grund, und sie wäre wie hypnotisiert, und sie würde verstehen, und sie würde ihre Angst aufgeben.

Mingolla erwachte aus einem beklemmenden Traum, er bekam in der stickigen Hitze in dem Zelt keine Luft. Er krabbelte hinaus, stand auf und reckte sich. Es hatte während der Nacht geregnet und die Wolken vom Himmel gespült, und die Sonne glitzerte auf dem Fluß und verlieh dem jadefarbenen Anstrich einen schimmernden Glanz. Blau und silbern gemusterte Fische schubsten Kieselsteine über den Grund unter der heißen Quelle. Es sah einladend aus. Er hätte, dachte er, eigentlich auch Lust, Kieselsteine zu schubsen und im Schlick kleine Insekten zu jagen. Er zog sich aus und watete hinein, hüpfte schnell weg von der brodelnden Strömung, die blubbernd aus dem Ufer quoll. Die Kalksteinbank reichte etwa drei Meter weit ins Wasser, und an ihrem Rand stand das Wasser nur ein paar Zentimeter hoch über einem glatten Grund. Er kniete sich hin, bespritzte sich und reckte das Gesicht der Sonne entgegen, seine Gedanken wurden von der Strömung fortgetragen. Er hörte ein Platschen am Ufer, und er drehte sich nach dem Geräusch um. Sah Debora im Wasser stehen, ihre Bluse aufknöpfen; ihre Jeans lagen zusammengefaltet am Ufer. Wasserperlen glitzerten auf ihren Schenkeln, in ihrem Schamhaar. Sie streifte die Bluse ab und hielt sie zusammengeknüllt vor sich, dann schleuderte sie sie zu den Jeans. Für einen Augenblick schien ihr Körper in das Grün eingelassen zu sein, ein Schlüsselloch, durch das man in einen sandfarbenen Wüstenort sah.

Seine Sinne machten sich selbständig, wickelten sich um sie. Sie war ein wenig zu dick um die Taille, und ihre Brüste waren klein im Gegensatz zu ihren üppigen Hüften, so daß sie aussahen, als seien sie noch nicht voll entwickelt, und das verlieh ihr eine erotische kindliche Ausstrahlung. Sie kniete sich mit dem Gesicht zu ihm hin, ihr Ausdruck war unentschlossen, ein vielfältiger Ausdruck, den sie in Einklang zu bringen versuchte, und er hatte das Gefühl, daß er selbst ähnlich aussehen mußte, denn jetzt war er unsicher, hatte Angst, etwas falsch zu machen.

»Ich konnte nicht ...«, sagte sie. »Ich mußte ...«

Er war sich nicht klar darüber, welche Unsicherheit genau sie überwinden wollte, aber um ihre Verwirrung zu überspielen, küßte er sie, suchte ihre Zunge und strich mit einer Hand über die Innenseite ihres Schenkels. Sie kam seiner Berührung entgegen, und er tastete mit einem Finger zwischen ihre Beine, fand sie offen; sie schob sich nach vorn, ließ seine Finger eindringen, und er begriff, daß sie nicht mehr warten wollte, sie wollte den Anfang hinter sich bringen, wollte alles wissen. Er hob sie rittlings auf sich, und während ihr Kopf an seiner Schulter ruhte und ihr Haar seine Sicht streifig verdeckte, führte sie ihn an die richtige Stelle, ließ sich behutsam sinken, bis er ganz in ihr drin war. Auf diese Art gehalten zu werden, ganz eingebettet in ihre Wärme, fest umschlossen, das war – herrje! – das war so gut, so gut, er zerschmolz in ihr, löste sich auf, so gut paßte das. Er spürte, wie ein reines, sorgenfreies Gesicht durch seine alte Maske des Krieges und des Zorns hervorbrach, die Bruchstücke fielen von ihm ab und wurden von der Sonnenflut weggetragen, verschwanden im glitzernden Wasser. Alles zerfloß, der Dschungel und der Fluß verschmolzen, glänzend vor Hitze und Leuchtkraft; Grün- und Blautöne verwischten sich zu einer Einheit aus Licht, das seine Lider durchdrang. Sie zitterte, ihre Fingernägel gruben sich ihm in den Rükken, und allein das Zittern hätte ihn schon fast zum Höhepunkt gebracht.

Er mußte sich bewegen, aber sie waren in einer ungünstigen Stellung. Er hielt sie mit einer Hand und schob sie sanft ein Stück zurück, bis ihr Haar sich übers Wasser breitete; mit dem freien Arm stützte er sich am Boden ab, um ihrer beider Gewicht zu tragen. Ihre Beine umklammerten seine Taille, und sie bewegte sich vor und zurück, daß er noch etwas tiefer in sie glitt, und dann kam er, all die schlimmen Zeiten, das Verlangen befreiten sich in einem Erguß, der sein Herz zum Stillstand brachte und ihn beben und nach Luft schnappen ließ. Aber sein Glied blieb steif, er wollte sie noch einmal. Schweiß rann ihm über den Rücken wie sich ausbreitende Risse; salzige Tropfen brannten ihm in den Augen. Sein abstützender Arm machte sich wegen ihrer ungewöhnlichen Stellung langsam schmerzhaft bemerkbar, doch dann, als ob sich seine Muskeln mit der Kraft des Kalksteins verbündet hätten, ließ der Schmerz nach. Er bearbeitete ihre Hüften, rieb sie, schob sie vor und zurück, führte sie zum Höhepunkt. Auch bei ihr kam es schnell. Ihr Bauch spannte sich, sie stieß einen hellen Schrei aus und klammerte sich an seine Schulter. Dann wurde sie locker, ihr Mund entspannte sich, und sie schloß die Augen gegen das grelle Licht. Er zog sein Glied fast ganz heraus, glitt sachte wieder hinein. Fühlte sich gut an, dieser seidige Muskel. Gut wie der liebe Gott, wie alles Ruhige und Süße in einem. Ein einziges Wort erfüllte mit seinem Klang seinen Kopf. *Debora, Debora, Debora,* aber das war es eigentlich gar nicht, nicht ihr Name, ihr Name stand nur für das wirkliche Wort, das viel mehr bedeutete, ein geheimes Königreich der Bedeutung, des Meisterns und Schenkens. Er blickte zu ihr hinab. Auf die Ranken aus schwarzem Haar, das auf Jade schwebte, das verträumte östliche Gesicht. Er sah, wo sie zusammenkamen. Er hätte ihr gern etwas gesagt, ihr etwas erklärt, aber er fand keine Worte ... laut ausgesprochene Worte hatten das Gewicht von Beweisen, man konnte sie gegen einen benutzen, und obwohl sie jetzt zu Liebenden geworden waren, bestand immer noch Mißtrauen zwischen ihnen. Aber das war in Ordnung, in diesem Augenblick war es in Ordnung. Er sah an ihrem Kopf vorbei über das glitzernde Wasser zu den Baumwipfeln, und als er sich wieder bewegte, als alles einen Augenblick lang für alle Ewigkeit in Ordnung war, blitzte vor seinen Augen das Bild auf, wie es war, nachdem sie den Urwald um die Ameisenfarm herum abgeholzt hatten: die ganze Tragweite der Eindringlichkeit und der Stille des Lichts, die klare, unschuldige Luft über Palmen, die wie Streichhölzer verkohlt waren, die aufgerissene Erde, aus der es dampfte, und wie sie über das tote Land gegangen waren und dabei die versengten, brüchigen Halme unter ihren Füßen zertrampelt hatten, ohne Angst, denn all die Schlangen, die im verborgenen gelauert hatten, waren jetzt nur noch Schatten in der Asche.

Sie lagen seitlich in der warmen Flut der Quelle, und während er zum gegenüberliegenden Ufer blickte, zu den winzigen Baumwipfeln, hatte Mingola das Gefühl, daß sie ungeheuer gewachsen waren, daß sie zwei erschöpften Riesen glichen, die erneut aus einer Tiefe an die Oberfläche gekommen waren. Debora warf den Kopf zurück, und genau in diesem Moment flitzte etwas Silbernes hoch oben am Himmel vorbei; eine Sorgenfalte durchfurchte ihre Stirn. Er zog sie an sich, aber sie wich zurück und sagte: »Nein ... das Zelt. Laß uns ins Zelt gehen.« Mit einem Platschen kam sie auf die Füße und rannte ihm voraus ans Ufer.

Als sie die Seitenteile geschlossen und sich in der Enge mit ihrem Halbdunkel und einer unbewegten Luft wie angehaltener Atem verschanzt hatten, fühlte er sich noch mehr mit ihr allein, seltsamerweise noch lebendiger. Ihr Körper glänzte vor Feuchtigkeit, ihre Augen funkelten. Er kniete sich zwischen ihre Beine, beugte sich hinunter und kostete ihren Geschmack. Schmeckte sie, erkundete jede Falte ihrer Scheide, leckte und stellte sich vor, daß er sich den Mund mit Honig beschmiere. Eine Minute oder länger bewegte sie sich nicht, aber er merkte, wie sehr sie es genoß, wie verstanden und geachtet sie sich fühlte. Ihre Hüften bäumten sich vor, ihre Beine umklammerten seinen Kopf. Ihr Atem ging in heftigen Stößen. Ihre Bauchmuskeln zogen sich zusammen, und sie wühlte ihre Hände in sein Haar, so daß er sich nicht mehr bewegen konnte, als ob sie, wenn er den Mund wegzöge oder noch etwas weitermachen würde, in Stücke brechen müßte. Danach lag er neben ihr, küßte sie, und sie sagte: »Ich kann mich selbst schmecken ... ich dachte, es müßte fürchterlich sein, sich selbst zu schmecken.«

»Und ist es das nicht?«

»Nein, weil ich gleichzeitig dich schmecke.«

Die Ernsthaftigkeit in ihrer Stimme erregte ihn, und er drang wieder in sie. Und diesmal folgte er einer Eingebung und stieß gleichzeitig in ihren Geist vor und errichtete jenen flammenden geistigen Kreislauf, den sie schon mit Amalia erlebt hatten. Sein Körper war wie galvanisiert, seine Bewegungen standen im Einklang mit den Drehungen und Windungen des elektrischen Knotens, den sie gegenseitig in ihren Köpfen knüpften, und von diesem Zeitpunkt an wurde ihm nur noch das bewußt, was in den Unterbrechungen der Verbindung geschah. Er merkte, daß er auf sie einhämmerte, ihre

Handgelenke über dem Kopf festhielt, oder daß sie auf ihm war und ihm mit den Fingernägeln die Brust zerkratzte. Stundenlang, bis in die Nacht hinein. Brutaler, schweißiger, animalischer Sex. Er wußte, daß es ihn fertigmachen würde, aber jede Erneuerung des geistigen Kontakts richtete ihn wieder auf, entflammte in ihm ein Gefühl mitreißender Stärke und Lebenskraft.

Im Morgengrauen, als graues Licht in den Falten der Zeltumschläge hing, ging Debora hinaus und kam ein paar Minuten später wieder zurück; ihr Körper war feucht vom Fluß, und sie trug ein Tuch und eine volle Feldflasche. Sie wusch ihm die Brust und die Leistengegend, und dann, nachdem sie die Feldflasche beiseite gestellt hatte, nahm sie sein Glied in den Mund. Sie war ein Schatten, der sich über ihn beugte, ihr Tun war von ihrem herabfallenden Haar verschleiert, und da sie ihn vollkommen unvorbereitet überrascht hatte, war ihm seine eigene Reaktion zunächst weniger bewußt als ihre. Finger gruben sich ihm in die Schenkel, ihr Mund umschloß seine Eichel. Sie war auf süße Weise unerfahren, ging zu sanft mit ihm um, aber sie lernte schnell, als sie weitermachte, denn seine Gedanken begleiteten ihre zögernden Bewegungen, und es war angenehm, schön, die besorgte Zartheit ihrer Gedanken, die flüchtigen Erinnerungen an andere, erfahrenere Frauen, die Botschaft, die er an sie aussandte, sie anhielt, es so und so zu machen, ja, o Gott, ja, genau so, und seine Befürchtung, daß es ihr unangenehm wäre, wenn es käme, er wollte, daß es ihr gefiel. Dann wurde seine Einstellung zu ihr beherrscht von der Lust, Macht über sie zu haben, und von einem drängenden Verlangen, dem Verlangen, sie zu überfluten, sich in sie zu ergießen; Bilder ihrer Lippen, zwischen denen sein Schwanz war, und ihrer eingesogenen Wangen mischten sich mit dem Gefühl ihrer Zunge, die sich um ihn kringelte, und er sah Blitze durch die dunkle Luft zucken; er folgte ihnen mit den Augen, mit den Stößen seiner Lenden, mit seinem ganzen Wollen, jeder Muskelfaser, er hob die Hüften ihrem Mund entgegen und sagte: »Debora, o Gott!«, legte ihr die Hände auf den Hinterkopf und leitete sie noch das letzte bißchen, bis es soweit war. Leer und starr hob er ab ins Licht, in ein Nervenflackern der Lust, das eine größere Erfüllung war als alle früheren, wilden. Sie schmiegte sich dicht an ihn, lächelte ein stolz-zufriedenes Lächeln und küßte ihn, wobei sie nun ihm den eigenen Salzgeschmack zum Mund brachte. Sie flüsterte etwas.

»Ich habe nicht verstanden«, sagte er.

»Nichts.«

Er war sicher, daß sie geflüstert hatte: »Ich liebe dich«, und er war glücklich, daß ihnen die Worte zugänglich wurden, daß sich Vertrauen aufbaute; gleichzeitig war er jedoch erschreckt über den Anspruch, der in den Worten enthalten war, erschreckt durch ihre Kraft, und wieder einmal fragte er sich, wer sie war, diese Fremde, die die Liebe so vertraut erscheinen ließ, und warum sie hier waren und was sie tun würden.

Das Beunruhigendste daran, wenn sie miteinander schliefen, war nicht die Intensität ihres geistigen Kontakts – Mingolla war sich klar darüber, daß er etwas Derartiges erwartet hatte –, sondern es waren die Nachwirkungen, das Gefühl der Stärke und Lebenskraft, das es ihnen vermittelte. Er erinnerte sich daran, was Izaguirre gesagt hatte über die Gegenseitigkeit der Wirkung zwischen zwei Psychomedien, die zu einer Steigerung ihrer Kräfte führte, und um herauszufinden, ob daran etwas Wahres war, ging er mit Debora noch einmal zu Amalia. Sie beide weckten sie jeweils mit geringster Anstrengung auf, und als sie Mingolla angriff, wehrte er sie ohne Schwierigkeit ab. Amalia nahm die Niederlage nicht so ohne weiteres hin. Sie gaffte sie ängstlich über den Rand der Hängematte hinweg an, die rosafarbenen Flecken in ihrem Gesicht glühten wie

Radium in dem Dämmerlicht der Hütte, und sie weinte. Debora versuchte, sie zu trösten, aber Mingollas Interesse war eher klinischer Natur, und er arbeitete daran, die etwas weniger dominierenden Muster ihres Geistes hervorzulocken und ihnen Kraft einzugeben, da er neugierig war, was sie ihnen wohl aus ihrer Vergangenheit würde erzählen können.

»Ich kann mich nicht erinnern«, sagte sie trotzig, als sie nach ihrer Therapie gefragt wurde. Aber er sah deutlich, daß sie log, und drängte sie, nicht widerspenstig zu sein.

»Wir waren viele«, sagte sie. »In einem sehr großen Haus.«

»Jungen und Mädchen wie du?« fragte Debora.

»Niemand ist wie ich«, sagte Amalia.

»Ich meine, waren sie ... krank?«

»Kaputt«, sagte sie, und das Wort schien von den Wänden der Hütte widerzuhallen, als ob alles, was irgendwo kaputt war, auf ihr Signal reagierte.

Mingolla legte sich eine andere Frage zurecht, aber bevor er sie stellen konnte, begann Amalia zu sprechen. »... Und das Licht des wilden Tieres, das losgelassen worden war, war das Licht der Vernunft für die Madradonas und die Sotomayors, und sie trafen sich in der Stadt Cartagena, um Frieden zu vereinbaren, und als sie die Stadt verließen, hatten sie sich auf ein gemeinsames Ziel geeinigt. Während der folgenden Jahre schufen sie sich bei den Mächtigen Gehör und bereiteten die Vereinigung der Welt zu einer einzigen Nation vor. Aber nicht alle waren damit einverstanden. Die Leidenschaft schlug immer noch hohe Wellen bei den Jugendlichen der Familien, und es wurde weiter gemordet und geschändet, betrogen und übervorteilt, wie es in zahllosen Generationen vorher der Fall gewesen war, und deshalb wurde beschlossen, daß ... daß auch sie ... daß auch sie ...«

Amalia sank in der Hängematte in sich zusammen,

die Muster ihres Geistes waren in einem Maße aufgewühlt, das über das hinausging, bis zu dem Mingolla
ordnend eingreifen konnte. Einen Moment lang war das
einzige Geräusch das Quietschen der Seile der Hängematte, und Mingolla, der ein Gefühl der Verzweiflung
empfand, erkannte, daß er und Debora gefangen waren
in Umständen, die sich ihrer Kontrolle oder ihrem Verständnis entzogen ... für Mingolla eröffnete das Quietschen der Seile eine Vision eines Raumes mit sanft
schimmernden Wänden, in dem das Licht von kaum
wahrnehmbaren Zellen ausging, die in ein Muster von
Magentawirbeln auf der Tapete eingebettet waren, und
er lag auf einem Bett in einem Motel; der Raum war möbliert mit einem verchromten Tisch unter einem großen
Spiegel und passenden Chromstühlen mit malvenfar-
bener Polsterung, ein Dekor, das gleichzeitig steril und
prächtig wirkte. Im Badezimmer lief Wasser. Ein Klik-
ken, die Badezimmertür öffnete sich, und Debora kam
heraus; sie trocknete sich die Hände mit einem Handtuch ab. Sie trug ein T-Shirt und einen Slip. Er hatte
sich noch immer nicht an die Veränderungen gewöhnen
können, die die plastische Chirurgie in ihrem Gesicht
bewirkt hatte, und jedesmal,wenn sie nach einer Zeit
der Abwesenheit – und wenn sie auch noch so kurz war
– wieder erschien, hatte er ein paar Sekunden lang
Mühe, sie zu erkennen, mußte erst wieder die vertrau-
ten Flächen und Linien suchen, sich die Regelmäßigkeit
ihrer Züge wegdenken und wieder auf die exotische
Asymmetrie stoßen, die ihn von Anfang an so angezogen hatte. Nur ihr unterwürfiges Verhalten war vertraut, die Art, wie sie sich im Raum bewegte, sich immer
dicht an den Wänden hielt wie eine Katze auf Erkun-
dung, den Blick zu Boden gerichtet, in sich zurückgezogen. Sie drehte an einer Scheibe neben der Tür und
dämpfte die Beleuchtung, dann legte sie sich neben ihn
hin.

»Wie geht es dir?« fragte er.

»Ich habe mich immer noch nicht an das hier gewöhnt«, sagte sie. »Es gibt so viel ...«

»So viel was?«

»Alles. Essen, Licht, Kühle. Alles, was man will.«

»Es ist das Land, wo Kies und Kohle fließen. Der Luxus läßt nichts zu wünschen übrig.«

»Mir gefällt es nicht«, sagte sie.

In früheren Jahren hätte er einen Scherz über ihre asketische Einstellung gemacht, aber die Zeiten des Scherzens waren vorbei, die Zeiten jeder Art von Leichtigkeit waren vorbei.

»Es dauert nicht mehr lange«, sagte er. »Nur noch morgen, und dann ...« Der Rest blieb unausgesprochen, sie wußten beide über morgen Bescheid.

Sie schliefen miteinander in dem kühlen, trockenen Raum, und ja, es gab Hitze, und ja, es gab Lust, und es gab diese elektrische Verbindung der Geister, doch es war keine Liebe mehr, es war weniger und es war mehr, es war eine Bestätigung ihrer Aufgabe, ein Training der Macht, eine erotische Gymnastik, die den Kern der Leidenschaftslosigkeit in sich trug, die – wie die Liebe – selbst die Begründung für ihre Existenz war. Als sie fertig waren, hingen ihre Kräfte so wahrnehmbar und rauh wie Ozon in dem Raum, und ohne große Mühe drang Mingolla durch die Wände und in den Geist eines gequälten Geschäftsmannes ein, der auf dem Weg zur Bar war, um bei einem Drink Papiere zu wälzen, sich Gedanken über Verkaufstechniken zu machen und die Moral der Kellnerinnen abzuschätzen ... – und in den Geist vorbeikommender Autofahrer, die die in der Ferne sichtbaren Lichter von Love City verwirrten, verstreut über einen lohfarbenen Wüstenstreifen wie Sterne, deren Konstellation die Hoffnung auf einen besseren Himmel aufgegeben hatte. Und Mingolla pflückte die Gedanken aus ihren Köpfen, überlagerte sie mit seinen eigenen Gedanken, die im Vergleich zu ihrer glühwürmchenmäßigen Zartheit stark wie Gott waren, und er fiel ein in die Billionen-Watt-Verschwendung des amerikanischen Westens ... *Mach, daß du aus dem Weg kommst, du Scheißkerl, mir so die Vorfahrt zu nehmen, ich reiß' dir den Arsch auf ... wenn ich voll in die Bremsen steige, dann fliegt sie durch die verdammte Windschutzscheibe, das geschieht der Arschgeige recht, was jammert sie auch die ganze Zeit, verdammte Pißnelke, alle fünfzehn Minuten muß sie pinkeln ... Gott, laß nicht die Schlechtigkeit dieser Welt, daß die Schlechtigkeit dieser Welt, laß nicht ...* in diesem Geist erstrahlte Gott in einem perligen sexuellen Licht, eine bösartige Verleumdung ... und ein wortloses Brummen der Gedanken, ein elektrisches Knistern der Einbildung und der Wünsche und der Hoffnungen, so geistlos und unsinnig wie die Erinnerungen eines Kindes, so zufällig wie das Einschlagen eines Blitzes bei einem Gewitter, und nirgends ein Geist mit echter Stärke oder Substanz.

Jedenfalls nicht innerhalb seiner Reichweite.

In dem blassen Licht, das durch die Gardinen fiel, sah Debora besorgt aus, und er fragte sie, ob sie an den kommenden Tag dachte.

»Nein ... an den Tag danach. An das, was wir dann tun werden.«

»Uns wird nichts geschehen.«

»Ich weiß«, sagte sie und wandte sich von ihm ab.

Sie wachten vor dem Morgengrauen auf und frühstückten in einem neben dem Motel gelegenen Schnellrestaurant mit dem Namen – so besagte es die Leuchtschrift aus dreireihigen Neonbuchstaben – ISS VERNA'S TEX-MEX KÖSTLICHKEITEN. Sie aßen Spiegeleier und Schinken mit Toast und Kaffee und saßen in einer Nische mit glitzerndem Venyl; sie starrten durch ihre in den Scheiben widergespiegelten Gesichter auf den Highway, auf den Strom der Scheinwerfer und die polierten Traummaschinen, die sich westwärts bewegten, flüsternd auf den falschen Sonnenaufgang von Love City zu, gefahren von Männern und Frauen, die

die Erlösung darin suchten, sich eine tolle Zeit zu machen, und immer noch an diese Möglichkeit glaubten und dachten, ein Eintauchen in die Wäscheabteilung des Lebens könnte ihre Hoffnungen versilbern, ihre Wünsche in Stromlinienform bringen, und sie würden nach Hause zurückkehren in die Langeweile, verchromt und aufgeladen mit der Pferdestärke sexueller Erfahrung. Sie blieben vor ihren leergegessenen Tellern sitzen. Es gab keinen Grund zur Eile. Izaguirre würde nicht weggehen, er war sicher hinter seinen Mauern mit seinen Bewachern. Sie waren die einzigen Gäste, und als die Kellnerin die Rechnung brachte, lehnte sie sich an die Brüstung der Nische und sagte: »Na Leute, im Kommen oder Gehen?«

»Kommen«, sagte Mingolla.

»Das erste Mal in Love City?«

»Mhm.«

Sie nickte, eine dürre Frau in den Vierzigern, mit Linien trauriger Weisheit im Gesicht und Regenbogenstreifen im kräuseligen, kükengelb gefärbten Haar, eine alternde Hillbilly-Amateurnutte, über die eine späte reuevolle Moral gekommen war, eine Verkleidung, die durch eine gestärkte grüne Uniform vervollständigt war. »Dort gibt's nix, auf das ihr nich' selbst auch kommen könnt ... wenn ihr meine Meinung hören wollt«, sagte sie. »Versteht mich nich' falsch, ich halt' keine Predigt gegen L.C., Gott weiß, daß ich's dort auch 'n paarmal ganz schön hab' krachen lassen. Aber 's macht keinen glücklich. Macht einen auch nich' traurig. Es is' einfach ... na ja, gar nix, wißt ihr. Was soll das Ganze also?«

Debora murmelte zustimmend; ihre Reaktion erschien beiläufig, aber Mingolla spürte zwischen ihr und der Kellnerin einen Austausch von Frau zu Frau, in den er nicht einbezogen war.

»Woher kommt ihr denn?« fragte die Kellnerin und mimte großes Interesse.

»Mexiko«, sagte Mingolla. »Und davor Honduras.« Durch die Frage stutzig geworden, forschte Mingolla in ihrem Geist nach Zeichen von Intrige, und er stellte fest, daß sie in dieser Welt ein Unikum war.

»Mexiko!« So, wie sie das sagte, hätte man meinen können, Mexiko läge irgendwo am Ende des Boulevards der Träume, fern und schillernd wie das Paradies. »Wißt ihr, ich verkauf' hier mexikanischen Schmuck« – sie zeigte mit dem Daumen zu einem Schaukasten unter der Registrierkasse; er war voller billigem Onyx- und Silberkram – »und mexikanisches Essen. Zum Teufel, ich hab' auch schon mal 'nen mexikanischen Freund gehabt. Vor dem Krieg, versteht ihr. Aber ich bin noch nie dort drunten gewesen. Wollte immer mal hin. Wollte mal die hübschen Jungs und die Eidechsen am Strand sehen und all das. Auch die Ruinen. Die Ruinen wollt' ich auch immer mal sehen.«

Sie war jetzt aufgedreht und fühlte sich eng vertraut mit ihnen, nachdem sie ihnen ihren Herzenswunsch verraten hatte, und sie fragte, ob sie noch etwas Kaffee wollten ... auf Kosten des Hauses. Sie brachte die Kanne, goß ein und ließ sich neben Debora plumpsen. Sie fragte sie über dies und jenes aus ihrem Leben aus und sagte »hm-hm, hm-hm« als Antwort auf ihre knappen Erklärungen, ungeduldig, begierig, ihre eigene Geschichte loszuwerden, die Geschichte, die sie einmal in jedem schleichenden Vormorgengrauen zum besten geben mußte, die Geschichte, die ihr das Gefühl gab, den Tag gelebt zu haben.

»Dieser miese Ort hier sieht für euch wahrscheinlich nach nix aus«, sagte sie. »Aber glaubt mir, man kann hier so manches erleben. Die Vorstellung, sie könnten sich in Love City ihren kleinen Mann in Ordnung bringen lassen, führt die sonderbarsten Typen hier vorbei.«

»Ach?« sagte Debora mit höflichem Interesse. Sie sah schuldbewußt zu Mingolla hinüber, und er schaute auf die Uhr. Sie hatten noch Zeit, und es wäre nichts dagegen einzuwenden, hier zu sitzen und zuzuhören und für eine Weile so zu tun, als hätten sie kein besonderes Ziel, sich soviel Normalität zu gönnen.

»Manche sind echt unglaublich«, sagte die Kellnerin. Und sie erzählte ihnen von einem Mann und einem äußerst ungewöhnlichen Hund, und von zwei Frauen, die einander glichen wie eine Bohne der anderen, hübsche Mädchen, wirklich, wie Starlets, Blondinen, echte Blondinen, und sie hatten sich durch eine Operation so gleich machen lassen, das hatten sie ihr erzählt, wie sie sich aufs Haar glichen, bis zum kleinsten Muttermal, und sie hatten sich die Stimmen verändern lassen, so daß sie genau übereinstimmten, wenn sie bloß sprachen, nich' etwa sangen oder so, und sie hörten sich wie'n Summen an, ganz hoch, wie'n Pärchen Vögel, die Englisch gelernt haben. Das war wirklich toll, wenn man hörte, wie die beiden gleichzeitig das gleiche bestellten, Waffeln und Sahne und Schinken, das aßen sie, und sie haben sich all das machen lassen, damit sie in Love City 'nen großen Hit landen.

Mingolla schaltete sich aus der Kellnerin aus, beobachtete Debora und bemerkte, daß sie ihn beobachtete. Er hatte das Gefühl, daß er mit ihr eine Verbindung hatte wie damals in San Francisco de Juticlan, daß er sie ganz plötzlich wahrnahm, sie kannte, und einen Moment lang kam es ihm vor, als blicke sie durch jüngere Augen, als sähe sie das Kind, das er gewesen war. Es war ein sehr reines Gefühl, dieses verblüffende Erkennen, und es verwirrte Mingolla ... und auch das war Teil des Moments, Teil der Vergangenheit, denn er hatte schon lange gelernt, sich der Verwirrung zu verweigern. Der Moment war vorbei, fast bevor er da war, und er wußte, daß es keinen Sinn hatte zu versuchen, ihn festzuhalten. Er erschien einfach nur bei bestimmten Gelegenheiten, eine ihrer kleineren Kraftquellen. Es erheiterte ihn, daß Izaguirre – in seiner Gestalt als Göttlichkeit – ihnen gesagt hatte, der Augenblick sei stets

eine Erlösung. Sie hatten ihm nicht geglaubt; was er gesagt hatte, klang viel zu salbungsvoll, um wahr zu
sein ... obwohl Mingolla jetzt erkannte, daß er über einen grundlegenden philosophischen Gegenstand gesprochen hatte. Er überlegte, ob die Tatsache, daß Izaguirre ihn angeführt hatte, Beweis dafür war, daß er ihnen den Gedanken eingegeben hatte, daß er sie immer
noch manipulierte. Alles blieb verdächtig. Aber welcher
Natur auch immer er war, der Moment erlöste Mingolla
wirklich. Er fing an, der Kellnerin zuzuhören, sie zu
mögen, das Gute zu sehen, nach dem sie strebte, die
süße Dummheit, die hinter ihren Wünschen steckte,
und er beteiligte sich an der Unterhaltung, beteiligte
sich mit ganzem Herzen, dachte nicht mehr daran, wer
er war und was er zu tun hatte, und sie redeten bis in
den grauen Morgen hinein, während schmutzige Wolken sich wie Schaumkronen am Horizont auftürmten;
sie sprachen über Alltagssorgen und berührten gegenseitig ihre Herzen, sie erzählten Lügen und glaubten sie,
sie machten sich das Vergessen zur Leidenschaft, und
sie lachten.

Malvenfarbene Streifen zogen sich über den östlichen
Himmel, ein paar Lastwagenfahrer kamen zum Essen
herein, die Zigarettenqualm wie Dampf ausstießen und
nach Kaffee und Steak brüllten. Die Kellnerin gab die
Bestellung ebenfalls brüllend in die Küche weiter,
brachte noch mehr Kaffee und setzte sich wieder hin,
immer noch voller Geschichten. Aber immer mehr
Kundschaft strömte durch die Glastüren herein, alle vor
Müdigkeit so grau wie der Himmel, ihre Haut juckte
vom Highway-Staub, die Unterhemden waren vom
langen Sitzen die Rücken hochgeschoben, und die Kellnerin mußte wieder arbeiten. Mingolla und Debora warteten und hofften, sie könnte wieder eine kleine Pause
machen, aber sie mußte immer mehr und mehr arbeiten. Sie gingen zur Kasse, standen mit dem Geld in der
Hand da und warteten, und schließlich knallte sie Steak

und Eier vor einen der Lastwagenfahrer hin und eilte atemlos herbei, um zu kassieren. Sie sagte ihnen, sie sollten auf dem Rückweg wieder vorbeikommen und ihr erzählen, wie ihnen L.C. gefallen hat, es habe ihr großen Spaß gemacht, sie beide kennenzulernen, und ob es nicht komisch sei, daß man manchmal Leuten begegnet, vollkommen Fremden, und kurze Zeit drauf säße man da und unterhielt sich wie uralte Freunde? Sie versprachen, wieder hereinzusehen, gaben ihr reichlich Trinkgeld und winkten zum Abschied. Dann gingen sie zurück ins Motel und verfrachteten die Automatikgewehre ins Auto ...

Verwirrt und voller Ablehnung dessen, was er allmählich zu verstehen begann, verließ Mingolla die Hütte, stand da und ließ die trostlosen Einzelheiten des Dorfes auf sich einwirken. Sonnenstrahlen glitzerten auf dem Dachstroh, das noch naß war vom Regen der vergangenen Nacht; die Pfützen, die wie Pockennarben die gelbe Erde bedeckten, sahen bleiern aus wie Quecksilberteiche. Ein Mann und ein Huhn begegneten sich auf der Straße, der Indio ging in Richtung Dschungel und das Huhn zum Flußufer, wo es am flachen Rand im hellgrünen Gras Würmer picken würde. Mingolla erkannte alle Einzelheiten der Szene, kannte ihre Namen und ihren Zweck, und doch fehlten irgendwie die Zusammenhänge, und er kam zu dem Schluß, daß diese Zusammenhanglosigkeit nicht in einem dem Dorf eigenen Fehler begründet lag, sondern in dem Fehler, daß er hier war. Er blickte zurück zu Debora, die sich mit Amalia beschäftigte. Bei ihr war nichts zusammenhanglos.

Panama.

Er erinnerte sich an eine Darstellung in einer Broschüre: weiße Wolkenkratzer und ein aquamarinblauer Hafen, und irgendwo dahinter Barrio Clarin, labyrinthisch und schweigend.

Plötzlich kam es ihm vollkommen richtig vor, daß er

nach Panama ging. Mehr als richtig. Es war, als ob es ihm ein moralischer Imperativ befohlen hätte, und während er Debora ansah, fragte er sich, ob ein Nebeneffekt der Liebe sein könnte, daß sie einem einen moralischen Haken lieferte, an dem man seine Ängste aufhängen konnte, und unannehmbare Risiken vernünftig begründete. Vielleicht war sein Wunsch, zu gehen, aber auch angestachelt von einem Gefühl des verzweifelten Triumphes, das seine Vision begleitet hatte, vielleicht brauchte er einfach einen Sieg, irgendeinen Sieg, und jetzt glaubte er, er könnte einen erringen. Nein, dachte er. Das glaubte er nicht. Trotz der Dinge, die er gesehen hatte, war er der Ansicht, daß die Zukunft niemals ganz feststand, gleichgültig, wie klar man sie vor Augen sah.

Debora kam aus der Hütte, schüttelte den Kopf, als er nach Amalia fragte, und sie gingen zum Flußufer. Der Fluß führte nach dem Regen viel Wasser, und die Ränder der Ufer waren aufgeweicht; sie setzten sich auf ein umgedrehtes Kanu, und sie fing an, zerstreut von ihrem Zuhause zu erzählen, ihrer Kindheit in einem wohlhabenden Viertel von Guatemala City, wo die Häuser Springbrunnen hatten und Mauern mit einem Wall aus Glasscherben. Er wußte, daß ihre Gedanken sich vordringlich mit Panama beschäftigten, aber jetzt, da sie Liebende waren, wollte sie noch weniger Ansprüche an ihn stellen, war sie sich weniger sicher, was sie wollte.

Er hörte ihr glücklich zu; er hatte keine Lust, sich mit irgendeinem ernsten Thema zu befassen, und er genoß es, etwas über ihr Leben zu erfahren. Aber ein noch größerer Quell der Freude waren die Dinge, die er seinerseits ihr während der letzten Tage erzählt hatte, Erinnerungen, die ihm ohne Bedeutung erschienen waren, die jedoch ein Bestandteil des Menschen zu sein schienen, der er an ihrer Seite wurde. Zum Beispiel der Sommer, den er auf der Farm seines Onkels in Nebraska verbracht hatte. Er war fasziniert gewesen vom Mais. Für ihn waren es bis dahin nichts anderes als vor Butter triefende gelbe Kolben gewesen, als er aber mitten in einem Maisfeld stand, stellte er fest, daß die Pflanzen seltsame Geschöpfe waren mit Blättern, die wie festes Papier schnitten, und so kräftigen weißen Wurzeln, daß man sie nicht aus dem Erdboden ziehen konnte. Und man konnte sie wachsen hören. Das dicke Ende jedes Blattes, wo es an den Halm angewachsen war, gab ein leise knackendes Geräusch von sich; manchmal verursachte das der Wind, der die Pflanzen wiegte, aber manchmal knackte es auch, wenn kein Wind wehte, wenn es überhaupt keinen Grund dafür gab. Er war umgeben von so viel Grün, daß ihn eine Klaustrophobie befiel. Und dann war da der Winter, in dem seine Urgroßmutter starb. Krebs. Er ging auf die Zwölf zu, und er hatte sich mit seiner Mutter und seiner Großmutter abgewechselt, sie zu pflegen. Sein Vater war zu soviel Fürsorge nicht bereit. Sie hatte harte Geschwülste im Nacken. Er mußte sie massieren. Ihre Muskeln waren so verhärtet, daß sie sich anfühlte wie ein Fels, unter dem noch ein Funken Leben flackerte. Ihre Zähne knirschten, und die Wimpern wuchsen ihr in die Lider, was ihre Schmerzen noch vergrößerte. Ihre Augen blickten so hoffnungslos und leer wie durchgestrichene Kreise. Er erinnerte sich, wie sie in besseren Zeiten gewesen war. Sie hatte nie viel Worte gemacht, um sie herum verbreitete sich stets Ordnung in Form von Backwaren oder Flächen, die plötzlich sauber waren. Sie hatte einen Kunstflieger geheiratet, einen Kerl, der durch Scheunen flog und Whiskey aus Canada mitbrachte. Aber sie konnte sich an all das nicht mehr erinnern, sie hatte sich ins Nichts verkrochen. Einmal hatte er aufgehört, sie zu massieren, und ihre Hand war vorgeschossen, hatte ihn gepackt und festgehalten, und in jener Nacht hatte er davon geträumt, daß er versuchte, einen Tiger mit einem Speer zu töten. Einen schönen jungen Tiger mit geschmeidigen Muskeln. Er hatte sich nicht schnell bewegt, aber wohlüberlegt, und er hatte gesehen, daß er ihm etwas zu zeigen versuchte, als er ihn tötete. Später fiel ihm auf, daß die Muskeln des Tigers genauso hart waren wie die Geschwülste im Nacken der Urgroßmutter.

Der aufgewühlte Strom führte Stücke von Pflanzen mit sich, die irgendwann am Ufer anstießen und dort hängenblieben, und Mingolla, der beobachtete, wie sie von dunkelgrünen Strudeln verschlungen wurden, faßte einen Entschluß.

»Debora«, sagte er unvermittelt. »Wann willst du abreisen?«

Sie sah verständnislos auf.

»Nach Panama«, sagte er.

Ihr Gesicht blieb ausdruckslos, aber nach ein paar Sekunden erschien darauf ein Lächeln, und sie nahm ihn in die Arme. Es war eine zurückhaltende, beschützende Umarmung, und zusammen mit dem Lächeln sah es so aus, als wollte sie ihn in die Arme ihrer Traurigkeit aufnehmen.

»Ich brauche ein paar Tage, um meine Sachen zu regeln«, sagte er, und dann, nach einer Pause des Nachdenkens, fragte sie, was dazu geführt habe, daß er seine Meinung geändert hatte.

»Ist das wichtig?«

»Nein, ich bin bloß neugierig.«

Er wußte, daß sie hören wollte, er habe sich der Wahrheit und Gerechtigkeit verschrieben oder irgend so einen Scheiß, aber er konnte nicht lügen. »Es geschieht deinetwegen, weil ich dich nicht allein gehen lassen kann.«

Sie nahm seine Hand, spielte mit seinen Fingern, und schließlich sagte sie mit der Stimme eines kleinen Mädchens, schüchtern und etwas verdutzt: »Danke.«

Zwei Tage bevor sie aufbrachen, besuchte Mingolla den Computer. Obwohl er ihn ablehnte, wollte er doch zumindest seine Existenz anerkennen, indem er von ihm

Abschied nahm, denn es hatte eine Rolle dabei gespielt, daß er viele Dinge klarer sah. Debora machte sich über diese Idee lustig, ihre Vernunft war beleidigt, aber sie ging mit ihm, um ihm einen Gefallen zu tun. Es war später Nachmittag, als sie die Mulde erreichten, und die Dolche aus goldenem Licht, die den Hubschrauber aufspießten, waren so deutlich abgegrenzt durch Staub und Feuchtigkeit, daß sie wie verwandelte Musikakkorde aussahen, die Art von Licht, wie es sich über Orgeln und dem Chorgestühl in großen Kathedralen verdichtet. Das Skelett des Piloten sah vergoldet und lächelnd aus, und die Stimme des Computers schien das Ende eines reichhaltigen Schweigens zu sein, Worte, die jahrhundertelang aufgespart worden waren.

»Ihr habt meinen Segen für eure Reise«, sagte er.

»Das ist lächerlich«, sagte Debora.

»Du irrst dich«, sagte der Computer. »Liebende brauchen Segen. Ihre Aufrichtigkeit reicht nicht aus, um mit den lieblosen Zuständen in der Welt fertigzuwerden. Sie müssen sich auf die Kraft des Augenblicks verlassen, und wenn sie das tun, dann sind sie gesegnet. Seht euch um! Eine Maschine ist jetzt der Höchste. Das Licht hat sich in etwas Geläutertes verwandelt. Sogar der Tod hat eine andere Gestalt angenommen. Was ihr hier seht, ist gewöhnliche Schönheit, zu etwas Außergewöhnlichem gemacht durch einen Moment, der das Ereignis überdauert hat. Und das ist die treffendste Definition von Liebe, die passendste für euch in eurer gefährlichen Situation. Früher oder später werdet ihr hinabgezogen werden, aber diese Höhe steht euch immer offen. Sie ist jederzeit für euch erreichbar, bietet euch immer Erlösung an. Was das Herz erschafft, kann der Geist nicht zerstören.«

Debora gab einen verächtlichen Laut von sich.

»Ihr glaubt mir«, sagte der Computer. »Aber ihr wollt nicht, daß euer Glauben in Worten ausgedrückt wird von einem ungläubigen Etwas, für das ihr mich haltet.«

Die Schlinggewächse, die sich an dem Hubschrauber hochrankten, knirschten, das Licht zitterte, als ob ein mächtiger Gedanke das Gefüge der Mulde im tiefsten Innern erschüttert hätte.

Die Dämmerung brach herein, als sie sich auf den Heimweg ins Dorf machten. Vögel zwitscherten, Affen plapperten, Lichtbalken zogen sich vom Dschungelboden zurück. Von dem Geröll aus, das die Mulde umgab, führte der Weg abwärts, verengte sich in einen Bogengang unter tiefhängenden Zweigen, ein Laubtunnel, der nach Westen abbog und sich auf eine Lichtung mit Palmbüschen und Sapotillabäumen öffnete. Die Lichtung war zu jeder Tageszeit schön, als sie jedoch aus dem Bogengang traten, stellten sie fest, daß sie durch die Anwesenheit von Millionen von Schmetterlingen noch schöner gemacht worden war; auf jedem Zweig und auf jedem Blattwedel saßen welche. Es war eine solche Vielfalt von Farben und Mustern, daß Mingolla Nate nicht wahrnahm, der auf der anderen Seite der Lichtung stand, auch er mit Schmetterlingen geschmückt; einige umschwirrten seinen Kopf und bildeten eine Wolke, durch die sein unergründliches Gesicht hin und wieder sichtbar wurde.

»Nate!« Deboras Stimme klang schrill vor Panik, und Mingolla, den ebenfalls Panik ergriffen hatte, versuchte einen Vorstoß auf Nate, aber ohne Erfolg. Dieses ungewöhnliche Muster, auf das er am ersten Tage im Dorf gestoßen war, widerstand seinen Bemühungen und schuf eine fließende Barriere, die er nicht durchdringen konnte.

Noch mehr Schmetterlinge wirbelten heran, die Wolke füllte die ganze Lichtung aus, und Debora zerrte Mingolla mit sich, als sie zurück in Richtung Mulde rannte. Er blickte sich um und sah, daß der Bogengang von einem erstickenden Schwarm Schmetterlinge überflutet war, eine Flut von Blüten, die durch eine grüne Röhre strömte und ein flüsterndes Geraschel verursachte, bei dem ihn fröstelte und seine Beine nachgaben. Sie erreichten den großen Bruchstein, von dem aus sie auf den Hubschrauber hinabsehen konnten, und balancierten auf seinem Rand, während Schmetterlinge um ihre Köpfe schwirrten, und Debora schrie: »Spring!« Sie sprangen gleichzeitig, und Mingolla landete in der Hocke und fiel nach vorn. Aus dem Augenwinkel sah er Debora, die von der Seite des Hubschraubers abglitt, der heftig schaukelte. Er bekam ihren Arm zu fassen. Schmetterlinge flogen Angriffe auf seinen Mund, seine Augen. Er wehrte sie ab. Er zog Debora zu dem Loch, das durch den Einschlag der Rakete entstanden war, und folgte ihr hinein, wobei er sich die Hand an dem scharfkantigen Rand aufriß. Er schlüpfte an den blinkenden Kontrollampen vorbei bis an das dunkle Endes des Computerdecks und spähte durch die Luke des Cockpits. Debora kam zu ihm, rüttelte an dem verrosteten Metall und versuchte, die Finger in einen Riß in der Verriegelung zu bekommen. Überall waren Schmetterlinge. Leichte Berührungen in seinem Gesicht und den Händen. Er versuchte, sie von den Lippen zu spucken. Sein Herz vollführte ein wildes Pochen gegen seinen Brustkasten. Die Luke öffnete sich quietschend, und sie huschten hindurch, um sie hinter sich kräftig zuzuziehen. Einige Schmetterlinge waren mit in das Cockpit eingedrungen, und wie von einem Wahn besessen, fing Mingolla an, sie zu töten; er zerquetschte sie an der Plastikkuppel, fing sie und zerdrückte sie zu einer klebrigen Masse gebrochener Flügel. Als er sie alle getötet hatte, lehnte er sich an den Cockpitsessel und starrte das Skelett an, dessen Rippen sich unter den Fetzen der Pilotenjacke abzeichneten. Der Schädel war pergamentgelb, mit braunen Schmierern; vertrocknete Sehnenstränge hafteten in den Mundwinkeln und verliehen dem Grinsen eine groteske Blödheit. Auf Mingolla machte es den Eindruck, als stünde der Pilot im Begriff, einen Witz zu erzählen; dann flatterte ein blauer

Schmetterling aus einer der leeren Augenhöhlen auf, und der Ausdruck des Schädels bekam etwas eher Finsteres. Mit einem Aufschrei versetzte Mingolla dem Schädel einen Rückhandschlag, daß er vom Hals gehauen wurde und über den Boden kullerte; weißer Staub wirbelte aus der zersplitterten Wirbelsäule auf.

Schweratmend wandte er sich zu Debora um. Sie war an der Luke zusammengesunken, mit angezogenen Knien, auf die sie die Stirn gelegt hatte. »Es kann uns nichts mehr passieren«, sagte er. »Jetzt kann uns nichts mehr passieren.«

Das Licht verfinsterte sich, verfinsterte sich mit solcher Plötzlichkeit, daß sich Mingolla schnell umdrehte, um die Ursache zu erfahren. Tausende von Schmetterlingen ballten sich auf dem von Sprüngen geäderten Plastik zusammen und verdüsterten die rötliche Beleuchtung mit einer geschlossenen Fläche aus Flügeln und zerbrechlichen Körpern. Es sah aus wie ein Schmetterlings-Puzzle, das auf einem roten Tisch ausgelegt ist und bei dem nur noch ganz wenige Teile fehlen. Die Lücken wurden jedoch schnell aufgefüllt, und das Cockpit war vollkommen verdunkelt, nur noch der schwache Strom eines rötlichen Schimmers fiel gefiltert durch die sich überlappenden Flügel. Er spürte förmlich, welches enorme Gewicht auf dem Plastik lastete, und ein paar Augenblicke später konnte er das Knarren des überstrapazierten Materials hören, die Kuppel gab nach.

»Los!« Er tastete nach Debora, packte sie an der Schulter. »Such Nate! Mach, daß er aufhört!«

Er schickte seinen Geist aus, nahm sofort Kontakt mit Nate und bündelte seine Angst zu einem Messer, mit dem er sich verteidigen würde. Aber selbst als Debora ihn mit ihren Kräften unterstützte, widerstand dieses uneinnehmbare Muster ihren Versuchen einzudringen. Das knarrende Geräusch wurde lauter, scharfkantige Plastikstückchen fielen Mingolla ins Gesicht, und er spürte die Last über ihnen, als ob sie ihm auf die Brust drückte, ein zermalmendes Gewicht, das ihm die Luft nahm. Verzweifelt versuchte er, sich in ein Verteidigungsmuster zu versenken, und – ein dreieckiges Plastikstück fiel von oben herab und kratzte über seine Backe – er entdeckte, daß es ihm gelang. Flügel raschelten, Krabbelbeine kitzelten ihn auf der Stirn; er biß auf etwas, das knirschte, und spuckte es aus. Die Ränder seiner Angst zerflossen in komplizierten Schleifen und Bögen, stichelten die Linie von Nates Muster nach, mit einer Geschwindigkeit wie eine Nähmaschine, und er richtete all seine Kraft auf dieses Fließen, um es zu beschleunigen. Deboras Geist gesellte sich zu seinem, und der Schlüsselknoten ihrer Betroffenheit verknüpfte sich selbst, wurde zum Muster, überwältigte es und verschlang es zu einer bizarren Dreierverbindung von Schmerz und Sexualität. Dann erscholl ein Schrei außerhalb des Cockpits, und mit der Plötzlichkeit eines gebrochenen Zauberbanns löste sich die Verbindung auf.

Schmetterlinge hoben von dem Plastik ab; das sterbende Tageslicht strömte zwischen den Matten zermalmter Körper und übriggebliebener Flügel herein und zeichnete Schattentupfen auf den Boden. Durch eine Lücke sah Mingolla Nates blonden Kopf, der auf dem Felsbrocken über ihnen lag, und er spürte, wie sein Geist im dumpfen Chaos des Unbewußten wühlte. Schmetterlinge ließen sich in Deboras Haar nieder, als sie sich zitternd an den Pilotensessel lehnte, und weitere Dutzende schwärmten in das Cockpit, aber Mingolla hatte keine Energie mehr, sich mit ihnen zu befassen; er beobachtete sie, wie sie gegen das kopflose Skelett prallten, einige flatterten durch den neuentstandenen Riß in der Kuppel, mit flammenden Farben im Sonnenuntergang, sie schwebten höher und höher, wie glühende Asche, bis sie in einer zarten Spitze aus den schwarzen Blättern und dem karmesinroten Himmel der Sicht entschwanden.

Sie kletterten vom Hubschrauber hinauf zu dem Stein, auf dem Nate lag. Er trug eine Waffe an der Seite, und Mingolla zog die Pistole aus der Hülle. Dann machten sie sich daran, ihn zu wecken. Sein Geist war in ein Chaos ähnlich wie bei Amalia gesunken, doch offensichtlich war ihre Kraft in den letzten Tagen gewachsen, denn sie schafften es ohne Anstrengung. Die Muster von Nates Gedanken – ebenfalls wie bei Amalia – befanden sich in ständiger Auflösung, aber Mingolla gelang es, es immer wieder herzustellen. Er erkannte, daß es kein Problem sein würde, den Vorgang umzukehren, nämlich die Muster eines gesunden Geistes zu schwächen und aufzulösen, und er fragte sich, ob das vielleicht mit Nate geschehen war. Bald darauf setzte sich Nate auf und sah sich mit trüben Augen um; er glättete sich das Haar.

»Ich ... äh ...« Er rieb sich mit dem Finger den Nasenrücken. »Ich bin nicht sicher, was da schiefgegangen ist.«

»Sie wollten uns umbringen«, sagte Mingolla. »Können Sie sich daran nicht erinnern?«

»Doch, natürlich. Aber ich hätte Sie eigentlich nur beobachten sollen, Ihnen beistehen.« Er starrte zu dem Hubschrauber hinunter. »Es passieren immer so viele Fehler.«

»Was heißt das, ›Fehler‹?« fragte Debora.

»Kann ich irgendwie behilflich sein?« fragte der Computer.

Mingolla hatte den Eindruck, daß die Stimme des Computers drängend klang, und er ignorierte ihn und wiederholte Deboras Frage.

»Sie sind geschickt, sehr geschickt«, sagte Nate. »Sie brauchen lange, um jemanden unter ihre Kontrolle zu bringen. Aber sie haben eine jahrhundertelange Übung. Allerdings sind sie unvorsichtig. Sie verlassen sich zu sehr auf ihre Macht, und das macht sie empfänglich für alles Grandiose, für breitangelegte Taktiken. Sie neigen dazu, kleinere Einzelheiten außer acht zu lassen ... Einzelheiten, die Ihnen und mir niemals entgehen würden.«

»›Die anderen‹?« sagte Mingolla. »Was meinen Sie damit?«

Nate entdeckte die Pistole in Mingollas Hand und griff danach. »Bitte, geben Sie sie mir.«

»Sie machen wohl Witze!«

»Sie müssen es«, sagte Nate. »Er wird mich finden, mich erneut benutzen.«

»Ich glaube wirklich, daß ich ihm helfen kann«, sagte der Computer.

»Haben Sie eine Ahnung, was es heißt, so gut wie ein Nichts zu sein?« sagte Nate. »Dinge zu sehen, die nicht da sind, Stimmen zu gehorchen, die nur im eigenen Kopf existieren?« Seine Blicke schossen in alle Richtungen, und er raufte sich die Haare; er wurde von Sekunde zu Sekunde nervöser. Es war nicht gut mitanzusehen, wie er sich selbst aufzuziehen schien und die Spiralen seiner Federn immer gespannter wurden.

»Wer benutzt Sie?« fragte Debora.

»Izaguirre.« Nate streckte die Hand erneut nach der Pistole aus, aber Mingolla stieß sie weg. »Bitte, ich habe die Dinge seit Jahren nicht mehr so klar erkannt. Vielleicht ist dies meine letzte Chance.«

»Erzählen Sie uns etwas über Izaguirre«, sagte Debora. »Dann werden wir Ihnen helfen.«

»Also gut.« Nate legte eine Hand auf den Stein, plazierte sie mit Bedacht und Präzision, als wollte er ihn genau kennenlernen, seine Kühle in sich aufnehmen. »Also gut. Ich vertraue Ihnen.«

Dunkelheit senkte sich herab, das Mondlicht schmückte das schwarze Metall des Hubschraubers mit den Intarsien seiner Strahlen, und Nate sprach ruhig, gleichmäßig, mit zurückgeworfenem Kopf und gesenkten Lidern, wie ein entrückter Heiliger. Er erzählte ihnen, daß er während der Therapie einen Zusammenbruch erlitten habe, und anschließend hatte er lange Zeit in einem Haus mit anderen zu Schaden gekommenen Rekruten unter Arrest gestanden. Irgendwo in den Staaten mußte das gewesen sein, glaubte er, aber er war sich nicht sicher.

»Izaguirre war zuständig«, sagte er. Tatsächlich war er der einzige, der von den Familien anwesend war.«

»Die Familien?« sagte Mingolla. »Das Zeug, das Amalia erzählt hat ... stimmt es?«

»O ja. Izaguirre pflegte uns Geschichten über die Familien zu erzählen, über die Fehde. Er schüttelte dabei den Kopf, als ob die ganze Sache ihm schwer auf der Seele lastete, aber er genoß die Geschichten, und ich glaube, ihre blutige Vergangenheit bereitete ihm Vergnügen. Man erkannte es an der Art, wie er sie ausschmückte. Bei ihm klang der Horror elegant.« Nate warf einen Blick auf die Pistole. »Es war ein eigenartiger, versponnener Ort, dieses Haus. Man mußte vorsichtig sein. Es gab dort gefährliche Leute. Izaguirres Spielzeug, seine Waffen.«

Langsam reimte sich für Mingolla alles zusammen. Die Auflösungen, Nate und Amalia, und die Geschichten von Pastorín. Hinter all dem stand Izaguirre ... wenn das sein richtiger Name war, was wahrscheinlich nicht zutraf. Sotomayor und Madradona. Seine Überheblichkeit verlangte bestimmt danach, daß er in der Geschichte die echten Namen verwendete. Er mußte Pastorín vernichtet haben. Und vielleicht *war* er Pastorín. Der Autor verschanzte sich verbissen hinter seinem Privatleben, und wenn Mingolla es sich richtig überlegte, dann hatte er niemals eine Fotografie des Mannes gesehen.

»Welche Pläne hat er mit uns?« fragte er.

»Ich weiß es nicht genau. Ich sollte Sie beide beobachten, Sie schützen. Aber irgend etwas ist schiefgegangen.«

»Hat er irgend etwas davon erwähnt, daß wir ›stärker werden‹ sollten? Etwas von ›gegenseitiger Beeinflussung, die jeweils die Kräfte der anderen Seite stärkt‹?«

»Ach ja«, sagte der Computer, »das hatte ich ganz vergessen.«

Sie wandten sich alle zu dem Hubschrauber um.

»Ich dachte einfach, es wäre ganz amüsant, dich auf Debora anzusetzen«, fuhr der Computer fort. »Ich habe eine Schwäche für Ironie. Und ich bin froh, daß ich dich ausgesandt habe. Bis jetzt ist es noch niemandem gelungen, Nate in die Knie zu zwingen. Seine Fehlfunktion hat deutlich gezeigt, wie wertvoll ihr beide sein werdet. Wir freuen uns auf eure Ankunft.«

»Izaguirre«, sagte Mingolla. »Du Scheißkerl!«

Der Computer stieß ein seichtes Lachen aus. »Hallo, David. Überrascht, mich zu treffen?«

»Eigentlich nicht.« Mingolla stand da und sah zu dem Hubschrauber hinunter, und dabei wünschte er sich, Izaguirre wäre in seiner normalen Gestalt da. »Wo bist du?«

»Ärgere dich nicht, David. Ich habe nur die besten Absichten für dich und Debora. Und was die Frage betrifft, wo ich bin, nun, ihr werdet mich in Panama treffen.«

»Wie kommst du auf die Idee, daß wir nach all dem noch nach Panama gehen?«

»Wohin solltet ihr sonst gehen? Ihr seid beide Deserteure, also könnt ihr nicht nach Hause gehen. Und außerdem wollt ihr ja etwas über Panama erfahren. Ihr wollt doch herausfinden, was dort gespielt wird, oder nicht?«

»Warum fliegst du uns nicht einfach jetzt gleich dorthin?« fragte Debora.

»Normalerweise würde ich das wohl tun«, sagte der Computer. »In eurem Fall halte ich es jedoch für klüger, eure Kräfte gezielt einzusetzen. Unterwegs werdet ihr einige Prüfungen zu bestehen haben, und ich zum Beispiel bin außerordentlich interessiert daran zu beobachten, wie ihr damit fertig werdet.«

»Du bist wahnsinnig!« sagte Mingolla. »Du machst uns zu deinem Spielball, wie alle anderen auch.«

»Mitnichten«, sagte der Computer. »Ich bin lediglich auf der Hut.«

»Und was *wird* nun in Panama gespielt?«

Schweigen; das schwarze Netz aus Ranken straffte sich um den gewaltigen Rumpf des Hubschraubers. Mingolla spürte innerlich seine Größe und Macht, spürte, daß auch sein Körper ein Netz war, das einen schwarzen Körper umspannte, ein Potential, das Izaguirre in seiner Überheblichkeit nicht erwartete. Wenn er dieses Potential verborgen halten könnte, wenn Debora ihres verbergen könnte, dann hätten sie vielleicht eine Überraschung für Izaguirre auf Lager.

»Bitte«, sagte Nate und machte eine Handbewegung zu der Pistole.

»Wenn ihr Nate hier zurücklaßt«, sagte der Computer, »dann muß ich dafür sorgen, daß sich jemand seiner annimmt.«

»Nein!« Nate sprang auf die Füße. »Ich werde nicht zurückgehen.«

»Beruhige dich, Nate!« sagte der Computer. »So schlimm ist es auch wieder nicht.«

Debora streckte die Hand zu Mingolla aus. »Gib mir die Pistole.«

Zurückweichend sagte er: »Was willst du tun?«

Sie antwortete nicht, sondern hielt weiterhin die Hand ausgestreckt.

»Das brauchst du nicht zu tun«, sagte Mingolla. »Vielleicht ...«

»Geben Sie sie ihr!« sagte Nate. »Sie müssen es tun!« Er sah krank aus, übernervös; in Deboras Gesichtsausdruck spiegelte sich Resignation.

»Wenn es wirklich geschehen muß, dann tue ich es«, sagte Mingolla.

»Es gibt nicht die geringste Veranlassung, es *überhaupt* zu tun«, sagte der Computer. »Nate übertreibt die Schrecknisse seiner Bestimmung. Man wird sich um ihn kümmern, das verspreche ich.«

»Sich um mich kümmern?« Nate trat an den Rand des Steins und ballte die Faust. »Ja, man wird sich um mich kümmern. Ich kann den ganzen Tag in einem Raum sitzen, ohne daß ein Gedanke mich belästigt. Und wenn ich aufgeweckt werde ... ha! Wenn ich aufgeweckt werde, dann werde ich so überaus dankbar sein, daß ich umgewandelt werde ... daß man mich ...« Er schien den Faden seines Gedankens verloren zu haben und starrte den Hubschrauber an. Insekten schwirrten aus dem dunklen Gestrüpp hinter dem Geröll auf.

Debora ergriff die Pistole am Lauf. »Warte auf der Lichtung auf mich.«

Zögernd ließ Mingolla den Griff los, und mit einem letzten Blick zu Nate ging er durch den Bogengang aus Laub und blieb im Schatten eines federigen Palmbusches stehen. Es verursachte in ihm ein sonderbares Gefühl, zu wissen, daß Debora jemand tötete, besonders bei einer solchen Mischung aus Gnadentod und Exekution. Er versuchte, sie mit ihrer Guerilla-Erfahrung zu entschuldigen, er wollte sie im Lichte der Ehrenhaftigkeit sehen. Minuten verstrichen, und er bekam langsam Angst, daß etwas passiert sein könnte, daß es Nate gelungen wäre, ihr die Pistole zu entreißen. Er wollte gerade wieder zu der Mulde zurückgehen, da krachte der Schuß. Affen kreischten, und Tausende von dunklen Flügeln schlugen hoch in der Luft. Ein paar Sekunden später kam Debora durch den Bogengang; die Pistole hatte sie sich in den Gürtel geschoben. Er wollte lieb zu ihr sein, aber sie ging ohne ein Wort an ihm vorbei und bewegte sich so schnell durch das spärliche Buschwerk, daß er Mühe hatte, mit ihr Schritt zu halten.

Ihren letzten Tag in Smaragd verbrachten sie damit, ein Kanu mit Proviant und Waffen zu beladen und die letzten Reisevorbereitungen zu treffen. Auf dem Fluß wollten sie zum Petén-Highway gelangen. Dann per Bus bis in die Stadt Réunion. Dann zu Fuß durch den Dschungel bis zum Rio Dulce südlich von San Francisco de Juticlan und anschließend wieder per Boot stromabwärts nach Livingston. Sie gaben Amalia – die kurz nach Deboras Ankunft ins Dorf spaziert kam, wahrscheinlich von Izaguirre dazu angeleitet – in die Obhut einer kinderlosen jungen Witwe; sie hatten wenig Hoffnung, daß Izaguirre sie nicht wieder in Anspruch nehmen würde, aber jedenfalls wäre sie in der Zwischenzeit gut versorgt. Dann paddelten sie im Kanu zu der heißen Quelle, wo sie ihre letzte Nacht zu verbringen gedachten.

Der frühe Abend war eine stille Zeit. Debora saß am Ufer, mit verdrossenem Gesicht, und ließ die Beine baumeln; mit den Zehen berührte sie das brühend heiße Wasser, als ob sie probieren wollte, wo ihre Schmerzgrenze lag. Mingolla saß neben ihr, reinigte ihre Gewehre und dachte an die Tage, die vor ihnen lagen. Er blickte in Richtung Süden den Fluß hinunter. Dort unten sah die Dunkelheit dichter aus, eine schwarze Gaswolke, die auf sie zuwallte, und er meinte, den genauen Verlauf ihrer Reise zu spüren, die Wege bergauf und bergab, das Untertauchen in Verstecken, das Davonlaufen vor dieser oder jener Gefahr; sein Denken wehte wie der Wind aus ihm heraus, streifte über alle Formen der Landschaft und der Ereignisse. Hin und wieder redeten sie miteinander, meistens Belangloses, indem sie zum Beispiel fragten, ob der andere hungrig, durstig oder müde sei. Nur einmal entstand eine richtige Unterhaltung zwischen ihnen, als Debora nämlich Mingolla fragte, was er denke.

»Nicht viel ... ich denke nur an die Apfelbäume und unseren Garten hinter dem Haus. Bei uns daheim, weißt du.«

»Ich hätte eher gedacht, du denkst über unsere Reise nach.«

»Das habe ich auch getan, aber dann fiel mir ein, wie ich die Apfelbäume beschnitt, abgestorbene Äste heraussägte.«

»Ich habe noch nie einen Apfelbaum gesehen.«

»Sie sind irgendwie nett. Ich habe nie viel davon gehalten, bis ich anfing, mich mit ihnen zu beschäftigen. Wenn man stundenlang damit beschäftigt ist, sie zu beschneiden, dann merkt man plötzlich allerlei Dinge.«

»Zum Beispiel?«

»Zum Beispiel: wenn das Sägemehl heiß wird, riecht es wie heiße Äpfel.«

»Und was noch?«

Er dachte nach. »Wenn zum Beispiel ein langer absterbender Ast vor der Wahl steht, an welcher Stelle er ein neues Blatt hervorbringt, dann setzt er das Blatt stets ans Ende, an seine äußerste Spitze.«

Sie planschte mit den Zehen im Wasser. »Genauso war Nate.«

»Wie meinst du das?«

»Ach, etwas, das er sagte, bevor ...« Sie kräuselte die Lippen und starrte auf ihre Hände. »Ich wollte«, sagte sie nach einer langen Pause, »ich könnte wirklich glauben, daß er sterben wollte, daß es nicht nur Wahnsinn war.«

»Ich glaube, es war beides.«

»Nein«, sagte sie. »Es war nur Wahnsinn.«

»Er hätte vielleicht wieder versucht, uns zu schaden.«

»Das ist ein ausreichender Grund.«

»Es gab immer mal schon so etwas, aber ...« Sie stampfte auf die Wasseroberfläche, daß es spritzte. »Ich empfinde zu viel«, sagte sie und sah ihn wie anklagend an. »Ich will nicht, daß das ... das mit dir und mir ... mich schwächt.«

Er wollte sie aufmuntern. »Mir scheint, es bewirkt genau das Gegenteil.«

Sie sah ihn verdutzt an, und er erklärte, daß er von der Steigerung ihrer Kräfte sprach.

»Das meine ich nicht!« Sie stampfte wieder aufs Wasser. »Ich meine, welche Wirkung Gefühle auf die Entschlußkraft haben.«

»Wenn man jemanden tötet, sollte man auch etwas dabei empfinden.« Er erzählte ihr vom Barrio und de Zedeguí, was der Mangel an Gefühl in ihm ausgelöst hatte, und als er zu Ende gesprochen hatte, sagte sie: »Er hatte recht. Wir sind Geschöpfe der Macht. Aber wir haben über nichts die Herrschaft. Izaguirre hat die Herrschaft, oder vielleicht hat auch jemand die Herrschaft über ihn.«

»Wahrscheinlich«, sagte er. »Und eins steht fest, daß wir manipuliert worden sind. Aber das bedeutet nicht, daß wir nicht auch eine gewisse Herrschaft ausüben können.« Er legte das Gewehr aufs Ufer und nahm sie in den Arm. »Mir geht einfach nicht aus dem Sinn, was Nate gesagt hat.«

»Was denn?«

»Daß den anderen immer wieder Fehler unterlaufen, daß sie geschickt, aber unvorsichtig sind. Alles, was geschieht, unterliegt irgendwie dem Zufall. Ich habe es an mir selbst festgestellt, an meinem Verhalten im Barrio. Ich hatte angenommen, daß ich zu allem, was ich tat, getrieben wurde, daß ich vollkommen gelenkt sei, und dann ließ ich mich am Ende auf dumme Risiken ein und wurde fast getötet. Und ich erkenne es an all dem Scheiß, der mir passiert ist. Zum Beispiel damals, als Izaguirre mir die Langzeitspritze verpaßte und sich dann anschließend Sorgen machte, er könnte mir zuviel gegeben haben. Es ist in den Geschichten vorgegeben, in ihrer Verspieltheit. Der Hubschrauber ist ein ideales Beispiel. Ich meine, es war doch eine beschissene Energieverschwendung, so etwas zu inszenieren. Es war vollkommen unnötig, eine Anmaßung, eine Gelegenheit für Izaguirre, den lieben Gott zu spielen. Diese

Leute nehmen seit Jahrhunderten Drogen, das ist zu einem festverwurzelten Wesenszug geworden. Sie haben Macht, aber sie sind Dünnscheißer. Wenn wir es schaffen, einen kühlen Kopf zu behalten, wenn wir niemandem trauen als uns gegenseitig, vielleicht können wir sie dann überrumpeln. Vielleicht sind wir ihr größter Fall von Dünnschiß. Ich habe das Gefühl, daß es so ist.«

Sie sagte nichts.

»Wirklich«, sagte er. »Es ist sogar mehr als ein Gefühl.«

»Ich hoffe, daß es kein Dünnschiß, wie du sagst, wird«, meinte sie. »Ich hoffe, daß ihr Tun die Dinge verändern wird.«

»Heißt das, du ...«

»Mir ist es egal, wer hier unten das Sagen hat«, erklärte sie, »solange es nicht die amerikanische Handelskammer in Guatemala City ist. Oder die United Fruit Company oder Standard Fruit oder die Banco Americano Desarollo, oder irgendeine andere US-Gesellschaft. Wenn Izaguirre gegen sie arbeitet, dann will ich mit ihm arbeiten.«

Ihre Mutlosigkeit war gewichen, und sie war jetzt kurz vor einem Zornesausbruch; Mingolla wollte nicht streiten.

»Yeah, also ... wie auch immer. Wir wollen vorsichtig sein, ja? Wir wollen keinen Menschen trauen, bevor wir uns über sie nicht ganz sicher sind. Einverstanden?«

»Einverstanden«, sagte sie. »Aber früher oder später müssen wir irgend jemandem trauen, und ich hoffe, es werden Izaguirres Leute sein.«

Das Sternenlicht tauchte den Fluß in einen silbernen Schimmer und hob die Strudel hervor. Der Wind vertrieb die Moskitos, und Debora und Mingolla breiteten ihre Schlafsäcke vor dem Zelt aus und legten sich hin. Als sie so dicht neben ihm lag, wirkten ihre Züge sanfter als sonst, mädchenhafter, und als er ihre Brüste berührte, berührte ihn ihr Atem warm und in schnellen Stößen an der Wange. Trotz ihrer engen Vertrautheit fühlte er sich ihr entfremdet, zu sehr von Aufregung über ihre Reise erfüllt, um sich zu verlieren, und er erforschte die Form ihrer Brüste, ihrer Hüften, ihrer Scheide; er versuchte, in der genauen Kenntnis ihres Körpers eine wahrhaftigere Kenntnis ihres Geistes und ihrer Seele zu finden; eine topographische Gegebenheit, die ihm die gute Nachricht seiner Gefühle bestätigen würde, die sie erklärten und das Risiko rechtfertigen würde, das er einging. Das einzige Ergebnis war jedoch, daß er eine Erektion bekam. Ihre Haut fühlte sich wie Sternenlicht an, glatt und von Kühle überzogen. Als er sich zwischen ihre Beine senkte, eingegrenzt von ihren langen Schenkeln, legte sie den Kopf in den Nacken, blickte in den Himmel hinauf und rief: »Gott!«, als ob sie eine geheimnisvolle Erscheinung gesehen hätte. Aber er wußte, wem dieser Schrei wirklich galt. Diesem Empfinden von Hitze und Schwäche, das sie umgab. Dieser Erhebung von Hoffnung und Angst zum Verlangen. Dem gedankenlosen, sich selbst bewundernden Geschöpf, zu dem sie wurden, ganz Hüfte und Mund und Herz. *Das* war Gott.

———

VIERTER TEIL

Das Durchqueren der Wildnis

*Menschen sind Unkraut in
dieser Gegend.*

THOMAS DE QUINCY

KAPITEL ZWÖLF

Ruy Barros war ein schlechter Mensch. Das könnten in Livingstone alle bezeugen. Man braucht nur daran zu denken, würden sie beispielsweise sagen, daß man Ruy schon häufig mit Uhren und Goldketten gesehen hat, die sehr denen ähnelten, die seinen Passagieren gehörten. Oder daran, daß seine Frau hochschwanger eine Seereise machte und weder mit einem dicken Bauch noch mit einem Baby zurückkam. Legte das nicht den Verdacht nahe, daß Ruy, der keine Geduld mit Schwachen und Kranken hatte, das Kind als Belastung empfunden und es über Bord geworfen hatte? Wird dieser Verdacht nicht noch erhärtet durch die Tatsache, daß seine Frau ihn kurz darauf verließ und zurück zu ihrer Familie nach Puerto Barrios ging? Und dann die Frau, mit der er seither zusammen ist, ein Flittchen mit einer geheimnisvollen Rose an der Stelle ihres mit Hexenkraft ausgestatteten Auges! Brauchte man noch weitere Beweise für seine Schlechtigkeit, denke man nur an seine Fracht! Kokain, Deserteure, Altertümer. Nein, hatte man Mingolla empfohlen, es wäre bestimmt besser, die Fahrt auf einem anderen Boot zu machen ... obwohl die *Ensorcelita* das einzige Schiff im Hafen ist, das einen nach Panama bringen kann, und niemand außer dem lieben Gott weiß, wann vielleicht mal ein zweites auftaucht. Es wäre überhaupt das beste, Señor, Ihre Reisepläne noch einmal zu überdenken.

Die Männer und Frauen, die diese Warnungen aussprachen, waren Kariben, die in weißen *Casitas* hausten und die in dem mehrstufigen Wasserfall in den grünen Hügeln oberhalb der Stadt badeten, und die Friedlichkeit ihres Lebens in so unmittelbarer Nähe der Kampfzone war ein deutlicher Beweis für die Künstlichkeit des

Krieges. Ihre Worte hatten in Mingolla ein piratenhaftes Bild von Ruy Barros entstehen lassen – grauhaarig, vernarbt, tätowiert, mit Goldzähnen –, und die *Ensorcelita* war ein verhauener alter Fischerkahn, der sehr gut zu einer solchen Gestalt paßte: zwölf Meter lang mit einem dunkelgrünen Rumpf, vier engen Kabinen unter Deck und im hinteren Teil einem Tiefkühllagerraum. Ihr Steuerhaus, das um etwa fünf Grad aus dem rechten Winkel verzogen war, war seit Jahren nicht mehr gestrichen worden, hatte sich jedoch einige gelbe Farbflecken bewahrt, die ihm, aus der Ferne gesehen, ein fröhliches Tupfenmuster verliehen. Das Deck war übersät mit Lumpen, schmierigen Maschinenteilen, Seilrollen und löcherigen Benzinkanistern, und ein großer Teil der Plankenbretter war gesprenkelt von trockener Fäulnis. Aber während Ruys Persönlichkeit durchaus im Einklang stand mit der Baufälligkeit des Schiffes, so war das bei seiner Erscheinung nicht der Fall. Er war ein hohlwangiger Mann Ende zwanzig. Verbrechertyp, mit modisch geschnittenem schwarzen Haar, das ihm im Nacken flach anlag, einem mageren Pferdegesicht, das – trotz seiner Heimatlosigkeit – von einer guten Abstammung zeugte und Mingolla bekannt vorkam. Vielleicht erinnerte ihn Ruys scharfgeschnittenes Gesicht an Goyas Hofporträts von mürrischen, langnasigen, dicklippigen Grafen und Marquisen.

Am Morgen, als sie an Bord gingen, einem kalten Morgen mit Nebelschwaden über dem Meer, erwartete sie Ruy an der Reling und machte eine formvollendete Verbeugung, dessen Wirkung allerdings durch seine Begrüßungsworte aufgehoben wurde. »Ich hab' doch gesagt, sieben Uhr«, sagte er. »Was glaubste eigentlich, Mann? Is' das vielleicht 'n gottverdammtes Taxi? Meine anderen Passagiere sind schon seit 'ner Stunde an Bord.«

Mingolla wollte gerade fragen, was für andere Passagiere, als ein hochgewachsener Schwarzer hinter dem

Steuerhaus auftauchte und strahlend auf sie zukam. Graue Strähnen durchzogen sein struppiges Haar, und er trug eine rote Baseballmütze, Jeans und ein T-Shirt, das seine muskulösen Arme und der Brustkasten spannten. Über einem Auge eine hakenförmige rosafarbene Narbe – Mingolla konnte es kaum glauben, daß es Tully war, als er die Tatsache jedoch als solche akzeptiert hatte, zog er schnell die Automatikwaffe heraus, die unter seinem Hemd steckte.

»Nimm das Scheißding weg!« sagte Ruy und wich zurück.

Tully blieb stehen. »Siehst ganz schön stark aus, Davy. Und fühlst dich auch stark, das sieht man.« Er ließ den Blick schnell an Debora auf- und abgleiten. »Is' das die Cifuentes, hm? Alles andere als scheußlich, Mann.«

»Was machst du denn hier?« sagte Mingolla.

»Das gleiche wie du, Mann. Panama!« Die Art, wie Tully den Namen aussprach, ließ ihn wie die Endstation des Schicksals klingen, nach bevorstehenden großen Taten. »Hab' zwei und zwei zusammengezählt, und bin auf Panama gekommen.«

Ruy war bis ans Steuerhaus zurückgewichen und war im Begriff, hineinzuhuschen. Mingolla sagte ihm, er sollte draußen bleiben.

»Wer ist das?« fragte Debora, die ebenfalls ihre Waffe gezogen hatte.

»Hat dir Davy nie was von Tully Ebanks erzählt?«

Tully machte einen Schritt auf sie zu, und Mingolla, der merkte, daß er keine Waffe brauchen würde, schob sie zurück in seinen Taillengurt. »Mach kein' Quatsch, Tully«, sagte er. »Ich werde mit dir fertig, mit Leichtigkeit.«

»Das hab' ich immer gewußt, Davy. Hab' ich nich' immer gesagt, daß aus dir was Besonderes wird? Hab' diesen Augenblick in der Vergangenheit vorausgesehen. Und hab' immer noch Angst vor dir, Mann.«

»Aha, na klar.«

Ruy machte wieder einen Ansatz, in sein Steuerhaus zu kommen, und Mingolla warf ihm einen warnenden Blick zu. »Ich werf' das Scheißding jetzt in Gang«, sagte Ruy. »Und wenn ihr zwei Scheißtypen auch gegenseitig umbringen wollt, nur zu! Ich mach' mir mehr Sorgen wegen des Nebels.« Er schlüpfte gebückt ins Steuerhaus; einen Moment später ließ ein Brummen den Schiffsrumpf erzittern, und schwarzer Qualm stieg aus dem Schornstein.

»Willste mich erschießen, Davy?« fragte Tully und grinste.

»Kann sein«, sagte Mingolla. »Sag mir, warum du nach Panama fährst.«

»Wo soll ich'n sonst hingeh'n? War ganz schön blöd, daß ich so lang gebraucht hab', bis ich durchgeblickt hab'.«

»Was meinst du?«

»Was ich so alles gehört hab' ... von Izaguirre und den anderen. Mit einemmal bring' ich alles in die Reihe.«

Mingolla bahnte sich einen Weg durch das Gerümpel auf dem Deck und blieb in Armlänge Entfernung vor Tully stehen. Tully grinste zu ihm herunter, sein zerfurchtes Gesicht so massig wie ein Götzenbild. Dann verschwand sein Grinsen, als Mingolla einen Vorstoß in seinen Geist machte, seine Abwehrbereitschaft zur Seite wischte und ihn beeinflußte, ehrlich zu sein. Er fragte Tully noch einmal nach den Gründen für seine Reise nach Panama, und Tully antwortete mit bruchstückhaften Auflösungen, Andeutungen, kleinen Bemerkungen, die allesamt zu dem gleichen Schluß führten, zu dem Debora und Mingolla schon gekommen waren.

»Herr im Himmel!« sagte Tully anschließend und starrte sie gequält an. »Was, zum Teufel, is'n mit dir passiert?«

»Übung«, sagte Mingolla. Bei seiner flüchtigen Berührung mit Tullys Geist hatte er ein Bild von Gier und Stärke gewonnen, und dahinter eine grundlegende Gutmütigkeit, die durch Drogen und den Einfluß von Macht geschwächt worden war. Er kam zu der Überzeugung, daß er ihm trauen konnte, doch er hatte Schwierigkeiten, sich über seine Gefühle zu ihm klarzuwerden: ein Mischmasch aus Kameradschaft und Rivalität.

»Hör mal, Davy!« Tully nahm einen verschwörerischen Tonfall an. »Wir müssen miteinander sprechen, Mann. Uns etwas ausdenken wegen dieser Panama-Sache. Ich hab' nämlich so'n Gefühl, daß wir da ganz schön tief in was reingeraten. Wir werden uns gegenseitig brauchen.«

»Yeah, wir reden miteinander.« Mingolla wandte sich an Debora. »Er war mein Ausbilder, er ist okay.«

Sie ließ ihre Waffe in eine Einkaufstasche fallen, schenkte Tully einen Blick, der immer noch voller Mißtrauen war, und kam näher. Die *Ensorcelita* ratterte und stampfte in dem grauen aufgewühlten Wasser und ließ Livingstone hinter sich. »Verdammt, ich hasse es!« Er ging näher an Mingolla heran und legte ihm einen Arm um die Schultern. »Is' zu lange her, was, Davy?«

Mingolla murmelte zustimmend, schüttelte Tullys Arm aber ab. »Worüber willst du sprechen?«

»Also ...« Tully lehnte sich an die Reling und nahm einen bitterernsten Ton an. »Zuerst mal, vielleicht willste mir erklären, warum du den Mist mit meiner 'lisabeth gemacht hast.«

Mingolla konnte mit dem Namen im ersten Moment nichts anfangen. »Oh, yeah ... das weiß ich auch nicht, Mann. Ich war damals ganz schön von der Rolle, Mann. Tut mir leid.«

»Mann, die Kleine hat 'nen ganzen Monat wegen dir geweint.«

»Ich sagte doch, es tut mir leid«, sagte Mingolla, dem das Ganze unangenehm war. »Was soll ich jetzt deiner

Meinung nach tun? Zurückgehen auf die Insel und sie in Ordnung bringen?«

»Das hätt' ich ja machen können. Aber ich denk, laß se mal, wie se is'. Wahrscheinlich halten ihre verletzten Gefühle die anderen Fliegen ab. Ne, ich will bloß wissen, ob dir dein Gewissen mal 'n bißchen zu schaffen gemacht hat.«

»Nicht sehr«, sagte Mingolla. »Ich war sehr beschäftigt.«

»Du hast immer gern den harten Mann markiert«, sagte Tully. »Und jetzt biste so ganz richtig hart. Aber 's gibt auch was Gutes in dir, Mann. Das is' mal klar.«

»Ich brauche keine Analyse meines Charakters, Mann. Sag mir, was du im Schilde führst ... du führst doch etwas im Schilde, oder?«

Ruy kam aus dem Steuerhaus und stellte sich neben Debora, die auf die entschwindende Stadt zurückblickte.

»Yeah, ich hab' schon was vor«, sagte Tully. »Damals, als ich noch gefischt hab', hab' ich mal 'n paar Monate in Panama verbracht. Müßte das Land eigentlich 'n bißchen kennen. Falls der Boden da unten zu heiß wird, weiß ich noch 'nen Ort dorben in Darién. Die Art von Ort, wo sich 'n Mann so richtig verlieren kann.«

Ruy sagte etwas, gestikulierte lebhaft, und seine Hand fuhr über Deboras Brust, worauf sie einen Satz zurück machte.

Mingolla schob Tully grob zur Seite, stieß Gerümpel aus dem Weg und stapfte auf Ruy zu. »Paß du bloß auf, wo du deine Hände hintust, Mann!«

»Es war ein Versehen, David.« Debora trat zwischen ihn und Ruy, und Ruy lächelte achselzuckend.

»Reg dich nich' so auf, *Hombre*«, sagte er. »Ich hab' selbst 'ne Frau. Hey, Corazon! Komm mal her!«

Eine Frau steckte den Kopf unter dem Strohdach hervor, das den Gang zu den Kabinen überdeckte. Ruy nickte ihr zu, und sie kam auf Deck. Sie war zwar ein wenig plump, aber dennoch sexy, mit einer indianischen Hautfarbe, ebenmäßigen Mestizenzügen und langem schwarzen Haar, das zu einem einzelnen Zopf geflochten war. Sie strahlte psychische Hitze aus, und in ihrem linken Auge war die Holografie einer taubenetzten Rose, die in einem sternenlosen Himmel schwebte.

»Yeah«, sagte Ruy. »Wenn ich was drücken will, kann ich's bei Corazon haben.« Er schwenkte den Finger vor ihr hin und her. »Mach's auf!«

Corazon senkte den Blick und fing an, die Knöpfe ihrer Bluse zu öffnen.

»Laß das!« sagte Mingolla.

Aber Corazon hörte nicht auf.

»Du kannst deiner Frau sagen, was se tun soll«, sagte Ruy, »nich' meiner.«

Die Blusenteile fielen auseinander, und Corazons schwere Brüste quollen heraus.

»Laß uns gehen«, sagte Mingolla und führte Debora zu dem Strohdach.

Hinter sich hörten sie Ruys von Heiterkeit erfüllte Stimme. »Los, komm zurück und drück mal dran, Mann. Du weißt ja nich', was dir entgeht.«

Sie fuhren in der Nähe der Küste und vermieden die Reihen von Kriegsschiffen, die das tiefe Gewässer bewachten. Der Himmel klarte nicht auf, und wenn einmal die Sonne kurz die Wolken durchdrang, zauberte ihr blasses Licht einen seichten, gleichförmigen Glanz auf das Meer und erweckte den Eindruck, als ob sie durch einen Ozean frischaufgetragener grauer Anstrichfarbe kreuzten. Die einzige Unterbrechung der Eintönigkeit der Reise waren Ruys unablässige Versuche, Debora zu verführen. Jedesmal, wenn sie an Deck kam, drängte er sie gegen die Reling und erging sich in Beteuerungen über seine revolutionären Absichten und erzählte ihr wilde Geschichten über seine schurkischen Heldentaten im Dienste der Sache. Als Mingolla sie fragte, ob sie wünschte, daß er seinem Treiben ein Ende bereiten sollte, sagte sie: »Er ist abscheulich, aber er ist harmlos. Und ein ganz so schlechter Mensch ist er auch wieder nicht. Jedenfalls ist sein politisches Bewußtsein ehrenwert.« Ihre Einstellung stand ganz im Gegensatz zu Mingollas: *ehrenwert* wäre das letzte Wort gewesen, das Mingolla benutzt hätte, um Ruy zu beschreiben, und im übrigen war er angewidert von der Art, wie Ruy Corazon behandelte.

Sein erster Eindruck von ihr war, daß sie mehr als hübsch war, aber von diesem Eindruck nahm er das ungewöhnliche Kinkerlitzchen, das in ihr Auge eingelassen war, aus. Als erstes war der Blick von diesem Auge gefangen genommen, und erst dann nahm man den Rest von ihr wahr, und es schien, daß die surreale Schönheit der Rose eine Illusion von allgemeiner Schönheit hervorrief, daß sie in Wirklichkeit nichts Besonderes war. Der zweite Eindruck wurde durch ihre hübsche Folgsamkeit gegenüber Ruys Launen bestärkt. Einmal zum Beispiel hatte er ihr befohlen, schwarze hochhackige Schuhe und ein Abendkleid anzuziehen und ihr Haar hochzubauschen und mit glitzernden, juwelenbesetzten Nadeln festzustecken, die kleinen Blumensträußen glichen, und dann mußte sie das Deck schrubben, eine Arbeit, mit der sie den größten Teil der Nacht beschäftigt war und bei der ihr Kleid in Fetzen ging. Mit gesenktem Kopf schlich sie herum, sprach kaum mit jemandem und zuckte bei Ruys Schritten zusammen.

Aber eines Nachts, als Mingolla über das Mannschaftsdeck unten spazierte, um in seine Kabine zu gehen, hörte er Corazons Stimme durch Tullys Tür dringen, die ein paar Zentimeter offen stand. »Ne, ich fühl nix«, sagte sie.

»Gibt's doch gar nich'«, sagte Tully. »Kannst mir doch nix vormachen.«

Durch die Tür sah Mingolla Corazon, die bei Tullys

Klappbett stand, nur mit einem knappen Slip bekleidet. Laternenlicht spiegele sich funkelnd in der Rose in ihrem Auge.

»Warum soll ich denn was fühlen?« sagte sie. »Fühlen bedeutet doch gar nix. Ich will nix fühlen.«

»Das is' doch Scheiße«, sagte Tully. »Das is' doch genau so, wie Ruy dich möchte ... er mag's so. Und aus irgend'nem Grund, den ich nich' versteh', glaubst du, das is' was Tolles.«

»Ich muß gehen.« Sie schlüpfte in ihre Bluse.

Tullys Stimme klang hoffnungslos: »Kommste wieder?«

Mingolla wartete die Antwort nicht ab, sondern huschte geduckt in die freie Kabine nebenan. Als er Corazons Schritte sich entfernen hörte, ging er hinüber zu Tullys Tür und schob sie auf. »Du spielst mit dem Feuer, Mann«, sagte er. »Wir können keinen Ärger mit Ruy gebrauchen.«

»Wird keinen Ärger nich' geben«, sagte Tully und legte sich auf seinem Klappbett zurück. »Und wenn doch, dann rücken wir ihm den Kopf schon zurecht.«

»Ich möchte lieber keinen Brei aus dem Gehirn eines Mannes machen, der uns durch die Riffgewässer schippert«, sagte Mingolla.

»Mach dir keine Sorgen nich'.« Tully ließ ein jämmerliches Seufzen hören. »Der Mann weiß alles von mir und Corazon. War ja seine Idee, dasse zu mir kommt. Er mag's, wenn sie mit anderen Männern vögelt und ihm dann erzählt, wie's mit ihn'n is'.« Er ließ die Faust auf die Matratze niedersausen.

»Was ist denn los?«

Die Furchen in Tullys Gesicht schienen jetzt tiefer eingegraben zu sein als zuvor, wie Risse, die sich durch seine Substanz zogen. »Bin 'n verdammter Narr«, sagte er. »Sich mit 'nem Weib einzulassen, die so alt is' wie ich ... und dann noch eine, die sich noch nich' mal mit sich selbst einläßt.« Er ließ die Muskeln seines Unterarms spiele und beobachtete, wie sie sich zusammen- zogen und entspannten. »Macht ihr Spaß, sich selbst als Türstopper zu seh'n oder irgend so was. Und das Blöde is', ich weiß genau, dasse was für mich empfindet, bloß dasses nich' zugibt.«

»Vielleicht empfindet sie doch nichts«, wandte Min- golla ein. »Vielleicht machst du dir was vor.«

»Ne, sie fühlt was, verlaß dich drauf. Aber sie schämt sich. Verdammte Frauen, ihr Gefühl is' so ziemlich die einzige Macht, die se ham, also treiben se lauter so'n Scheiß damit. Probieren, wie sehr es sich verzwirbeln läßt, und dann seh'n se zu, daß sich 'n Mann drin ver- fängt.« Er schlug wieder auf die Matratze. »Versteh' gar nich', wie se so werden konnte.«

»Das ist vielleicht Ruys Werk.«

»Das glaub' ich nich'. Die Frau is' durch die Therapie gegangen, hat keinen Grund, Ruy innen Arsch zu krie- chen. Ne, ich glaub', sie war immer schon so.« Tully hielt seine Faust ins Licht hoch, wie ein Alchimist, der eine seltsame Wurzel in den Strahlen seines Destillier- kolbens prüft. »Aber, Mann, ich könnt' ganz schön Spaß kriegen, wenn ich 'n paar Minuten mit diesem Hundesohn allein wär'.«

»Das wäre nicht so besonders klug«, sagte Mingolla. »Wir brauchen ihn noch eine Weile.«

»Was hatt'n ›klug‹ damit zu tun?« Tully funkelte Mingolla an. »Denkste, dasses klug is', was du mit der Cifuentes treibst? Meinste nich', daß das deinen klaren Verstand 'n bißchen trübt?«

»Wenigstens gehört sie zu niemandem.«

»Das nich', aber Ruy hat 'n Auge auf sie geworfen.«

»Er flirtet doch bloß.«

»Da hat Corazon aber was ganz anderes gesagt, sie sagt, dasser richtig verknallt is'.«

»Sein Pech.«

Tully schnaubte und starrte zur Decke hoch. »Eins steht mal fest, Davy, du mußt noch 'ne Menge lernen.«

Mingolla saß auf der Kante des Klappbetts. »Also, dann erzähl mir mal was über Panama, Mann. Dieser Ort, von dem du gesprochen hast.«

»Das hat Zeit.«

»Hast du was Besseres zu tun? Grübeln vielleicht?«

Tully schwieg ein paar Sekunden lang, doch schließlich setzte er sich auf. »Hast wohl recht. Also, ich erzähl's dir. 's gibt da so'n kleines Dorf droben in den Darién-Bergen, das heißt Tres Santos. Hier« – er nahm einen Bleistift und ein Stück Papier vom Tisch neben dem Klappbett – »ich mal' dir's mal auf.« Während er zeichnete, sprach er weiter. »Das is' so etwa vier oder fünf Stunden von Panama City ... wenn's nich' neblig is'. Dann kann's auch 'ne Woche dauern, bis man hinkommt. Oder man nimmt die Küstenstraße am Pazifik entlang, dann kommt man von Westen nach Tres Santos. So rum gibt's weniger Nebel.«

»Und was ist dann dort?« fragte Mingolla.

»Nix außer Indios. Aber falls in Panama City die Hölle losgeht, is' Tres Santos 'n guter Platz, um sich zu verpissen.«

»Das ist doch Scheiße, man würde uns dort finden.«

»Stimmt schon ... Tres Santos is' zum Himmel hin offen. Aber von dort aus gibt's 'n Pfad innen Wolkenwald. Und wenn de erst mal in den Wolken bist, dann kannste dort auch nich' bleiben. Aber deine Spuren kannste verwischen. Die Indios, die helfen dir dabei, mußt ihnen bloß meinen Namen nennen. Die zeigen dir versteckte Pfade, und egal, wer hinter dir her is', nimm die Pfade, dann biste weit weg, bevor die Hunde deine Fährte riechen.« Er hielt das Papier hoch und sah es prüfend an. »Hier ... heb dir das gut auf, falls in Panama was schiefläuft.«

Mingolla steckte die gezeichnete Karte in seine Hemdentasche. »Was hast denn du da oben in den Bergen gemacht? Ich dachte, du wärst fischen gewesen.«

»Stimmt, ich war fischen ... hab' unter dem erbärm-

lichsten Scheißkerl gefischt, der je 'ne Litzenkappe auf-
hatte. Wir sind nach Colón gekommen, Mann, und ich
bin runtergeklettert und an der Seite mitgerannt, weil er
die Motoren gedrosselt hat. War aber auch irgenwie 'ne
tolle Zeit. Darién is'n wildes Land.«

»Wie ist es?«

»Das meiste is' Wildnis, aber der Wolkenwald, der is'
was ganz Komisches, wirklich.« Tully verschränkte die
Arme hinter dem Kopf. »Da droben gibt's Dörfer, da
kommt die Sonne nie hin ... auch an 'nem noch so
strahlenden Tag is' da Nebel, und die Luft sieht aus, als
wär' se voller glitzernder Atome, verstehste? Und
wenn 'n Mann auf dich zukommt, mit lauter Nebelschwaden um sich rum und 'nem Heiligenschein von der
Sonne, dann meinste, du begegnest Jesus. Und ruhig isses. Jeder Ton wird vom Nebel geschluckt, und du
kannst keine Entfernung nich' abschätzen. Du hast das
Gefühl, der ganze Ort besteht aus Nebel, und daß die
Entfernungen sich dauernd ändern. Da hörste Flügel
schlagen und siehste nix als Schatten, und der Dschungel sieht aus, als ob er sich langsam bewegt, die Ranken
winden und drehen sich wie Schlangen. Und 's gibt
Brujos. Hexer. In der Nacht kannste ihre Feuer sehen,
die irgendwo in der Einsamkeit glühen, an so was wie
heiligen Plätzen. Und dann hörste ihren Singsang. Und
wenn se aufhören mit Singen, dann kommt vielleicht 'n
schwarzer Hund durchs Dorf spaziert, 'n Hund, der
keinem gehört, und man sagt, wenn de ihm in die
Augen guckst, dann erfährste was über die Mysterien.«

Eine kalte Ruhelosigkeit hatte Mingolla ergriffen,
während Tully sprach, aber er wollte es nicht wahrhaben und sagte lediglich, daß sich das nach einem recht
interessanten Ort anhörte.

»Ja, das isses. Aber deswegen hab' ich dir das nich'
erzählt.« Tully stützte sich auf einem Ellbogen auf und
blickte Mingolla ins Gesicht. »Hab' so'n Gefühl, daß du

da eines Tages hinkommst, und deswegen hab' ich dir die Karte gemacht.«

»Kann schon sein, daß mich mein Weg mal dorthin führt«, sagte Mingolla, und bemühte sich, seine Worte beiläufig klingen zu lassen.

»So hab' ich's nicht gemeint, Davy«, sagte Tully. »Du weißt genau, wovon ich spreche. Ich hab' da so'n ganz deutliches Gefühl.«

Erst in der zweiten Woche ihrer Reise begann Mingolla wieder ein Gespräch mit Ruy. Er saß neben Debora, die sich in einem blassen Lichtstrahl sonnte, der durch die Wolkendecke fiel, und betrachtete die schwärzlichgrüne Linie der honduranischen Küste, als Ruy aus dem Steuerhaus kam, einen Kassettenrecorder unterm Arm, und sich neben der Tür hinsetzte; er zündete sich eine Zigarette an und schaltete den Recorder ein. Er war auf leise gestellt, aber Mingolla erkannte Prowlers Rhythmus und den Singstil von Jack Lescaux. Er schlenderte an der Reling entlang und näherte sich Ruy bis auf sechs Meter, wobei er immer noch so tat, als betrachte er die Küste; es freute ihn, etwas Vertrautes zu hören in all dieser fremden Leere.

»... a big red moon had squirted straight up from hell,
and under it I spotted my friend Rico,
who was not my friend, then, owin' me twenty,
and I chased after him, yellin' as we ran away ...
from that electric sun of midnight flashin'
Twenty-Four-Hour Topless Girls! Girl! Girls!
Yeah ... Twenty-Four-Hours ...«*

---

* ... ein großer roter Mond war direkt aus der Hölle heraufgeschossen, und darunter entdeckte ich meinen Freund Rico, der damals nicht mein Freund war, weil er mir zwanzig schuldete, und ich jagte hinter ihm her, brüllte beim Rennen ... in dieser elektrischen Mitternachts-Sonne ein Aufblitzen Vierundzwanzig-Stunden-Oben-Ohne-Mädchen! Mädchen! Mädchen! Yeah ... Vierundzwanzig-Stunden ...

»Gefällt dir die Musik, Mann?« sagte Ruy und stellte das Gerät leiser. »Mir gefällt sie.«

Mingolla sagte, daß sie ganz gut sei.

»Möchte wetten, die junge Dame dort drüben, ihr gefällt sie. Vielleicht sollte ich sie einladen herüberzukommen zum Zuhören. Sie sieht so traurig aus, ich möchte wetten, das wird sie aufheitern.«

»Das bezweifle ich.« Mingolla warf Ruy einen finsteren Blick zu.

»Diese Debora, die ist eine sehr nette junge Dame«, sagte Ruy laut. »Wirklich nett! Sie sagt, du bist in sie verliebt, aber ich weiß schon, das ist der Quatsch, den man ihnen erzählen muß, damit man sie rumkriegt.«

Mingolla sah ihn noch drohender an, sagte aber nichts.

»Liebe!« Ruy schnaubte verächtlich und schnippte die Zigarette über die Reling; er beschattete die Augen gegen das grelle Licht und sah zu Debora hinüber. »Yeah, sie ist wirklich nett. Und ich sag' dir was, Mann, für mich ist das nicht nur so'n Spielchen. Ich empfinde wirklich was für sie. Ich glaub' schon, daß der alte Ruy ein Lächeln auf ihr Gesicht zaubern kann.«

»Bis jetzt hast du sie höchstens zu Tode gelangweilt.«

»Dann muß ich mich vielleicht mehr ins Zeug legen.« Ruy blinzelte ihn an. »Ich sag' dir was, wir machen 'nen Handel, einverstanden? Ich schick' dir Corazon heut' abend in die Kabine, und du läßt mich mal probieren, was ich für die junge Dame tun kann.«

Angewidert wandte sich Mingolla ab.

»Hey, du schneidest bei dem Handel am besten ab«, sagte Ruy. »Die Corazon hat 'n paar Tricks auf Lager, die vergißt man so schnell nicht.«

Mingolla fiel etwas ein, eine Frage, die er Ruy die ganze Zeit schon hatte stellen wollen. »Kannst du dich an einen Kerl namens Gilbey erinnern?« sagte er. »Ein kleiner, blonder Typ, etwa in meinem Alter. Er ist mit dir vor etwa acht oder neun Monaten gefahren.«

»Gilbey«, sagte Ruy. »Ne, hm.«

Mingolla sah ihn forschend an, um in seinem Gesicht ein Anzeichen des Lügens zu entdecken. »An den würdest du dich erinnern. Er war nämlich ... er hatte eine schlechte Angewohnheit. Er steckte von niemandem was ein.«

»Was meinst du denn?« sagte Ruy drohend. »Meinst du, ich hab' ihn über Bord geschubst?«

»Hast du das?«

»Du hast mit den bescheuerten Fotzen in Livingstone geredet, was?« Er rappelte sich auf und nahm eine herausfordernde Haltung ein. »Hör mal zu, Freundchen! Ich bin zwar kein braver Mann, ich bin ein Scheißkrimineller. Aber ich schmeiß' niemand über Bord, wenn er es nicht verlangt.«

»Vielleicht hat Gilbey es verlangt.«

»Dann würd' ich mich an ihn erinnern.«

»Was ist mit deinem Baby passiert? An dein Baby kannst du dich doch wohl erinnern, oder?«

Ruy spuckte Mingolla vor die Füße. »Mein Baby ist tot auf die Welt gekommen, Mann. Ich hab's fortgeschafft, weil meine Frau den Anblick nicht ertragen konnte.«

»Wenn du es sagst.«

»Ja, das sage ich. Diese Scheißwilden in Livingstone, was wissen die schon von Ruy Barros. Was wissen die über meine Arbeit im Dienst der Sache. Ich reiß' mir den Arsch auf für die Sache, ich erledige Dinge, für die sonst niemand die Nerven hat.«

»So ist das?«

»Ja, so ist das.« Ruy stellte sich jetzt dicht vor Mingolla, Brust an Brust. »Aber was weiß ein Scheißgringo schon? Du ...«

Mingolla schob Ruy mit einem Stoß weg. »Woher weißt du, daß ich Amerikaner bin?«

Ruy grinste. »Von Debora. Sie hat es mir gesagt.«

»Das ist Quatsch«, sagte Mingolla. »Woher weißt du es?«

»Pah! Ruy Barros kann einen Scheißgringo riechen. Deine Bemalung ist zwar nicht schlecht, und du hast die Sprache ganz gut drauf ... aber du gehst wie ein Gringo, du handelst wie ein Gringo, und was du sagst, kann nur ein Gringo sagen. Und du begreifst nicht, daß die Sache für das ganze Volk ist. Für Pfarrer und Mörder und jeden.« Er ballte die Faust in Richtung Sonne. »*La Violencia!* Laß dir eins sagen, Mann! Dieser Krieg hört erst auf, wenn wir ihn gewonnen haben.«

Unwillkürlich war Mingolla von Ruys Heftigkeit beeindruckt, von der ehrlichen Absicht, die er zu verkörpern schien.

»Du verstehst überhaupt nichts, Gringo«, fuhr Ruy fort. »Und deshalb werden ich und die junge Dame die Dinge unter uns ausmachen. Denn mit dem Herzen fühlt sie, daß ich sie verstehe.«

Die Zeit war gekommen, so entschied Mingolla, die Grenzen abzustecken. »Du redest viel, Mann. Das gefällt mir. Kerle, die viel reden, richten sonst nicht viel an.«

Ruy rieb sich das Kinn, sein langes Gesicht nahm einen nachdenklichen Ausdruck an. »Willst du damit sagen, daß du es mit mir aufnehmen kannst, Mann?«

»Absolut.« Mingolla machte eine Handbewegung zu Debora. »Und weißt du, was? Sie kann es auch mit dir aufnehmen. Du bist alles andere als ein erfreulicher Zeitgenosse, Bohnenfresser. Also gib's auf, belästige uns nicht!«

Ruys Schultern spannten sich, als ob er einen Schlag vorbereitete, aber er mußte es sich wohl anders überlegt haben. Er zog sich den Hosenbund ein Stück hoch, warf Mingolla einen mürrischen Blick zu und ging ins Steuerhaus. Mingolla hob den Kassettenrecorder auf und hielt ihn hoch, um ihn Ruy zu zeigen, doch der sah weg und tat so, als ob seine Aufmerksamkeit völlig mit Steuern in Anspruch genommen wäre. Dann ging er zurück zum Heck und drehte die Ballade laut.

»Come and live with me ...
Aw, girl, there ain't no better place for you,
'cause you just hangin' on
to somethin' old when your mind is onto somethin'
new.

Listen to that jukebox pla-ay-ay,
one of them sad ol' Sentimental Journey tunes,
somebody's singin' 'bout, Hey, girl,
I guess it wasn't ment to be for me and you ...

But though you say we're through,
I guess it all depends upon your point of view,
'cause when I look into your eyes,
I can see clear through ya and dont't ya know ...

You Can't Hide Your Love From Me
You Can't Hide Your Love From Me
Well, y'can run but ...
You Can't Hide Your Love From Me
Y'ain't no mystery, Lady ...«*

»Was ist das?« sagte Debora und sah stirnrunzelnd
den Recorder an, während sich Mingolla neben sie setzte.
»Prowler ... gefällt es dir?«
»Es ist ganz nett.«

---

* Komm und leb mit mir ... Ach, Mädchen, es gibt keinen besseren
Ort für dich, denn du hängst doch nur einer alten Sache nach, obwohl
dein Sinn schon auf eine neue gerichtet ist. Hör der Musikbox zu, die
spielt eine von den traurigen alten Schnulzen, jemand singt da, Hey,
Mädchen, mir scheint, das war nicht für mich und dich gedacht ...
Aber wenn du auch sagst, daß es mit uns Schluß ist, glaube ich, hängt
das von deiner Einstellung ab, denn wenn ich dir in die Augen sehe,
dann durchschaue ich dich, und weißt du nicht ...
Du Kannst Deine Liebe Nicht Vor Mir Verbergen, Du Kannst Deine
Liebe Nicht Vor Mir Verbergen; Klar, du kannst weglaufen, aber ...
Du Kannst Deine Liebe Nicht Vor Mir Verbergen, Du bist nicht die ge-
heimnisvolle Lady ...

»Es ist schon älter«, sagte er. »Vier oder fünf Jahre alt,
und nicht typisch. Meistens machen sie schnellere Sachen. Ich suche was anderes.«
»Nein, es fängt an mir zu gefallen.«

»... that stranger over there,
sittin' all alone, so sad and blue,
he's playin' solitaire and losin' bad,
drinkin' gin and feelin' sad 'bout missin' you.
But dont'cha see, somewhere in his heart,
he knows there's still a trace
of lovelight in your eyes tonight
and foolish dreams you can't deny
each time you look his way ...«*

»Worüber hast du mit Ruy gesprochen?« fragte sie.
»Ach, nichts.«
»Du hast einen ärgerlichen Eindruck gemacht.«
»Er ist ein Arschloch.«

»... he don't believe in fate,
and to win at Solitaire
you just lay the red queen down
upon the diamond ace,
y'cant lose that way and ...
You Can't Hide Your Love From Me ...«**

---

* ... der Fremde dort drüben, der da so allein rumsitzt, traurig und
verlassen, er spielt mit sich selbst Karten und verliert dauernd, trinkt
Gin und hat ein trauriges Gefühl, weil er dich vermißt. Aber siehst du
nicht, irgendwo in seinem Herzen weiß er, daß immer noch ein Funken Liebe heute nacht in deinen Augen glitzert, und törichte Träume,
die du nicht verleugnen kannst, jedesmal, wenn du in seine Richtung
siehst ...
** ... er glaubt nicht an das Schicksal, und um beim Ein-Mann-Kartenspiel zu gewinnen, muß man einfach die Herzdame ablegen, auf das
Karo-As; auf die Art kann man nicht verlieren und ... Du Kannst
Deine Liebe Nicht Vor Mir Verbergen ...

Deboras Haar wehte ihm ins Gesicht, und er glaubte es im Rhythmus der Wellen einzuatmen, die die *Ensorcelita* anhoben. Seetang schwamm auf den Wellen, Bündel rötlichbrauner Bartsträhnen mit schwarzen, bohnenförmigen Samenhüllen. Die Sonne knallte herunter, fiel in schmalen Silberstreifen durch die Wolken, und ein dunkler Vogel drehte seine Kreise über der Küste, stieß herab und verschwand in den Palmen.

»Wahrscheinlich ist er eins«, sagte sie.

»Was?«

»Ruy ... ein Arschloch. Aber ich glaube trotzdem, daß er gute Absichten hat.«

»Gute Absichten zu haben bedeutet gar nichts, wenn man ein so großes Arschloch ist.«

»Come on, girl!
Can't ya find it in your heart
to take a chance,
and see if there's a world where we
could live and never have to take
a backward glance?
Maybe I'm a dreamer, maybe I'm a fo-oo-ool,
or maybe I'm just a lonely man,
but maybe I've got the answers to
all those questions that are troublin' you ...
All ya gotta do is ask ...«*

Ruy streckte den Kopf aus dem Steuerhaus und sah sie an, sein mageres, grausames Gesicht war ein Sinnbild des Hasses, ein Mahnmal für alles, was sie schon

---

* Komm, Mädchen! Findest du nichts in deinem Herzen, damit wir es probieren könnten und sehen, ob es nicht eine Welt gibt, wo wir leben könnten und niemals zurückblicken müßten? Vielleicht bin ich ein Träumer, vielleicht bin ich ein Narr, oder vielleicht bin ich nur ein einsamer Mann, aber vielleicht habe ich die Antworten zu all den Fragen, die dich quälen ... Du brauchst nur zu fragen ...

durchgemacht hatten und was noch vor ihnen lag. Aber Mingolla fühlte sich so entspannt, der Welt der Schicksalsschläge und Prüfungen derart entrückt, daß er – ohne dabei zu vergessen, wie Ruy es auffassen konnte – ihn angrinste und ihm freundlich zuwinkte.

Am nächsten Tag wurden sie von einem Patrouillenboot angehalten, aber das war keine große Affäre. Ruy bezahlte ein Bestechungsgeld, und sie setzten ihren Weg entlang der honduranischen Küste fort. Den darauffolgenden Tag verbrachten sie allerdings in einer kleinen Bucht vor Anker liegend, und Ruy teilte ihnen mit, daß sie von jetzt ab eine Zeitlang nachts weiterfahren würden; er behauptete, er sei »illegal« in diesem Teil von Honduras, und er wollte nicht riskieren, von der Miliz entdeckt zu werden. Er verfolgte Debora weiterhin, und obwohl seine Bemühungen jetzt etwas dezenter geworden waren, hatte Mingolla das Gefühl, daß sie in Wirklichkeit intensiver und drängender waren. Aus dem, was er an ihm beobachtete, und aus einigem, was Debora Tully erzählt hatte, erkannte er, daß als Nebenprodukt seiner Auseinandersetzung mit Ruy dessen Gefühle an Qualität gewonnen hatten, und er dachte, daß dahinter eine ganz bewußte Absicht von Ruy steckte, daß er nämlich einfache Begierde auf eine Ebene der Besessenheit erhoben hatte, als ob die Vorstellung von etwas Unerreichbarem seine Leidenschaft beflügelte.

Um Ruy aus dem Weg zu gehen, blieben er und Debora meistens in ihrer Kabine, und infolgedessen vertieften sie sich mehr und mehr in hitzige geistige Vereinigung. Es gab greifbare Beweise dafür, daß sich ihre Kräfte immer weiter steigerten, aber auch wenn es keine Beweise gegeben hätte, hätte Mingolla es gewußt. Als sie eines Abends am Bug des Schiffes standen, am äußersten Ende einer Spur von gekräuseltem goldenen Licht, die sich über das schwarze Wasser bis zum eben aufgegangenen Mond zog, hatte er das gleiche Gefühl wie an ihrem letzten Abend im Frontabschnitt Smaragd, daß er nämlich über den Horizont hinwegsehen und das Wesen der Zeit, die vor ihnen lag, erfassen konnte; diesmal war das Gefühl von großer Klarheit, und er war überzeugt, daß er sich mit einem geringsten Maß an Anstrengung erneut in eine Vision katapultieren könnte. Er wollte diesen langen Augenblick auf dem Meer bis zur Neige auskosten und niemals irgendwo ankommen, und deshalb widerstand er der Versuchung, seine Kraft zu erproben.

Eine weitere Folge ihres zurückgezogenen Lebens war, daß sie jeweils tiefere Einsichten in den anderen gewannen. Obwohl alles, was Mingolla über Debora erfahren hatte, auf die Existenz einer sehr komplexen Persönlichkeit deutete, erkannte er jetzt, daß ihre Entwicklung durch den Krieg aufgehalten worden war; ihre Komplexität wurde schließlich nur noch in einen pragmatischen Kanal, den der Revolution, gelenkt. Ihre Verkörperung des Geistes der Revolution war von kindlicher Naivität, sie konnte all ihre Wahrnehmungen in schlichte Kategorien einordnen: schwarz und weiß, pro und contra; und ihre Weiterentwicklung hing allein davon ab, wie lange ihr natürlicher Prozeß noch eingeschränkt bliebe. Er spürte ein ähnliches Hemmnis bei sich selbst, aber nach seiner Ansicht war sein Prozeß nicht so sehr eingeschränkt als vielmehr durch eine entsprechende Erziehung ein bestimmtes Muster gezwungen, etwa so, wie japanische Gärtner die Äste von Bäumen festbinden, damit sie sich gekrümmt und nur zur Seite ausbreiteten.

Der Geruch von Benzin war in der Kabine ständig sehr stark, und sie spürten, wie die Wellen gegen den Schiffsrumpf schlugen. Es gab zwei Klappbetten und kein Licht, und die Nähe der Lager und die Dunkelheit förderten unwillkürlich die Intimität. Als sie eines Nachts beieinander lagen, Deboras Hinterbacken im Löffel-Stil vor Mingollas Hüften, und er gerade dabei war, sie auf den Bauch zu drehen, damit er von hinten in sie eindringen konnte, hörte er in seinem Kopf ein schrilles *Nein!* Er hörte es deutlich, es war Deboras Stimme, die das äußerte. Die Botschaft war so scharf und gebieterisch, daß sie ihn zu einer ebenso gearteten Antwort anregte. *Was ist denn los? Stimmt was nicht?*

»Ich habe dich gehört«, sagte sie und wandte ihm das Gesicht zu.

»Ich habe dich auch gehört. Laß es uns noch einmal versuchen.«

Nach einigen Minuten gaben sie es auf.

»Vielleicht hat es gar nicht stattgefunden«, sagte sie.

»Es hat stattgefunden, und es wird wieder stattfinden, wir können es nur nicht erzwingen.«

Das Dröhnen der Maschine, die massigen Wellen, in denen der Schiffsrumpf schlingerte. Debora schmiegte sich an ihn, und er legte einen Arm um sie. »Was *hat* den nun nicht gestimmt?« fragte er. »Was habe ich gemacht?«

»Es ist nicht wichtig.«

»Wenn du es mir nicht sagen willst ...«

»Nein, darum geht es nicht. Es ist nur so, alles zwischen uns ist so gut, daß ich es nicht dadurch verderben möchte, daß ich die Vergangenheit heraufbeschwöre.«

Das Stampfen der Maschine mäßigte sich zu einem gleichförmigen Brummen, und Ruy schrie etwas.

»Vielleicht sollte ich es dir sagen«, meinte sie. »Vielleicht erklärt das, warum ich am Anfang dir gegenüber so zurückhaltend war.«

»Damals in Smaragd?«

»Ja ... weißt du, es gab viele Gründe, warum ich mich nicht auf diese Weise mit dir einlassen wollte, und einer davon war, daß ich Angst hatte, es würde zwischen uns nicht gutgehen.«

»Meinst du, im Bett?«

Sie nickte. »Es war für mich noch niemals schön gewesen, und ich dachte, das könnte sich nie ändern, auch nicht durch wahre Liebe. Aber jetzt ist es schön, und ich bekomme immer mehr Angst, daß es nicht andauern könnte.«

»Warum?«

»Weil es etwas so Vollkommenes ist ... wie du zu mir paßt, die Art, wie du mich berührst. Alles, was davor passiert ist, war so unvollkommen.« Sie wandte sich ab, als ob ihr diese Äußerung peinlich wäre. »Als man uns verhörte ... die Regierung ...«

»Deine Familie?«

»Ja.« Sie seufzte tief. »Als man uns zum Verhör brachte, wußte ich, daß sie mich vergewaltigen würden. Das tun sie immer. Ich bereitete mich innerlich darauf vor, und ein Tag nach dem anderen verging, ohne daß es geschah. Meine Angst wurde immer größer. Ich dachte, daß sie mich für eine ganz besondere Gelegenheit aufhöben, für etwas besonders Schreckliches. Dann kam schließlich dieser Mann zu mir. Dieser Major Armangual. Er war sehr jung für einen Major, und er sah gar nicht mal so übel aus. Er sprach höflich mit mir, sogar sanft. Er ließ Hoffnung in mir aufkeimen. Er erklärte, daß er sich bei der Regierung für mich verwendet hätte und daß er mich noch am selben Tag aus dem Gefängnis entlassen würde, wenn ich mit ihm zusammenarbeiten würde. Ich war überzeugt davon, daß eine Zusammenarbeit auch Sex bedeuten würde, aber mir war es egal. Das Gefängnis war entsetzlich. Andere Frauen schrien die ganze Zeit, Leichen wurden an meiner Zelle vorbeigetragen. Und ich dachte, wenn ich erst einmal draußen wäre, könnte ich meiner Familie helfen. Also sagte ich ja, ich würde alles tun. Er lächelte darüber und sagte, allzuviel hätte ich nicht zu tun, seine Anforderungen wären begrenzt und klar umrissen. Nur etwas Büroarbeit.«

Debora gab ein müde klingendes Lachen von sich und schüttelte das Kissen unter ihrem Kopf aus. »Es war Wochenende, und er hatte keinen Dienst, also gingen wir zu seinem Haus. Ein schmuckes Haus in Zone Eins, in der Nähe der großen Hotels. Es gab einen Swimmingpool und Hausangestellte. Er brachte mich in einem Zimmer im oberen Stockwerk unter, und ich erwartete, daß er in der Nacht zu mir kommen würde. Aber nichts Derartiges geschah. Ich aß mit ihm zu Abend, und anschließend sagte er, er habe noch einige Papiere durchzusehen, und empfahl mir, schon schlafen zu gehen. Das ganze Wochenende verlief auf diese Art. Es war, als ob ich Gast des Hauses sei. Ich erwog die Möglichkeit einer Flucht, aber das Grundstück war von Hunden bewacht, und außerdem dachte ich immer noch, ich könnte etwas für meine Familie tun ... obwohl ich nicht mehr viel Hoffnung hatte.« Ihre Stimme drohte zu versagen, fing sich jedoch wieder. »Montag früh fuhr ich mit ihm zur Arbeit. Er gehörte zur Luftwaffe, und sein Büro befand sich am Flughafen. Kennst du dich in Guatemala City aus?«

»Nicht besonders.«

»Es gibt gegenüber dem Zivilflughafen einen militärischen, und dort war sein Büro. Den ganzen Morgen saß ich bei seinem Adjutant im Vorzimmer und starrte die Wände an. Gegen Mittag brachte mir der Adjutant ein Sandwich und Sodawasser. Ich aß und wartete weiter. Langsam dachte ich, der Major wollte vielleicht nichts anderes, als daß ich da rumsäße und hübsch aussähe. Gegen zwei Uhr dann erschien er in der Tür seines Büros und sagte: ›Debora, ich brauche Sie jetzt.‹ Genau so, als ob er seine Sekretärin zum Diktat bäte, genauso beiläufig. Ich folgte ihm ins Büro, und er sagte, ich sollte meine Unterwäsche ausziehen. Immer noch sehr höflich. Lächelnd. Ich hatte Angst, aber wie gesagt, ich war auf so etwas vorbereitet, und also tat ich, was er verlangte. Er wollte, daß ich mich neben dem Schreibtisch auf Hände und Knie niederließ. Auch das tat ich. Mir traten Tränen in die Augen, daran kann ich mich erinnern, aber es gelang mir, sie zurückzudrängen. Er nahm

eine Tube aus einer Schublade, irgendein Gelee, und …
und er schmierte mich ein. Das war das Schlimmste
daran. Dann ließ er seine Hose fallen und schob sich
von hinten in mich hinein, so wie du …«

»Es tut mir leid«, sagte Mingolla. »Ich habe
nicht …«

»Nein, nein!« Deboras Hände tasteten im Dunkeln,
fanden sein Gesicht und legten sich darum. »Manchmal
möchte ich, daß du es tust, aber …« Sie seufzte wieder.
»Laß mich die ganze Geschichte erzählen.«

»In Ordnung.«

»Ich dachte, er würde grob mit mir umgehen. Ich
weiß nicht warum. Vielleicht stellte ich mir vor, daß
seine anfängliche gute Behandlung mich nur hatte
nachgiebig machen sollen, meinen inneren Widerstand
brechen. Aber es war nicht so. Eine ganze Zeitlang bewegte er sich überhaupt nicht. Er kniete nur hinter mir,
war in mir drin; seine Hände lagen auf meinen Hüften.
Auf seinem Schreibtisch stand eine Flasche Whiskey,
und nach ein paar Minuten nahm er einen Schluck daraus. Dann bewegte er sich ein wenig, aber nur ein
paarmal. Er trank wieder einen Schluck, bewegte sich
wieder etwas. So ging es etwa eine halbe Stunde lang.
Dann klopfte es an der Tür. Der Major schrie: ›Herein!‹
Es war ein weiterer Offizier. Er sah mich an, schien aber
über das, was sich abspielte, nicht überrascht zu sein.
Nach diesem ersten Blick schenkte er mir keine weitere
Beachtung mehr, sondern besprach mit dem Major geschäftliche Angelegenheiten, irgendwelche Planungen,
dann ging er wieder. So ging es den ganzen restlichen
Nachmittag weiter. Der Major trank zwischendurch
immer mal wieder was, bewegte sich ein bißchen und
führte seine Geschäfte. Gegen Abend zog er sein Glied
aus mir heraus und masturbierte. Er bestand nicht darauf, daß ich zusah, es schien ihm gleichgültig zu sein,
was ich tat. Er kam und wischte sich mit einem Tuch ab.
Dann fuhr er mich zurück zu seinem Haus, und auch an

diesem Abend behandelte er mich beim Essen, als ob ich Gast in seinem Haus sei.«

Mingolla legte den Kopf auf ihre Schulter, verbittert; er wollte, er hätte ihr die Erinnerung abnehmen können.

»Jeden Werktag war es das gleiche«, sagte sie. »Anfangs war ich erleichtert, daß er mir nicht weh tat, aber bald ... ich weiß nicht, wie ich mein Gefühl erklären soll. Es war eine Erniedrigung, ich wurde benutzt wie ein Möbelstück. Ich fühlte mich fast schuldig, daß es nicht schlimmer war. Ich empfand mich als Nicht-Person. Manchmal haßte ich mich selbst dafür, daß ich es nicht mehr haßte, als ich es tat, und manchmal machte es mir sogar beinah Spaß. Irgendwie hatte ich das Empfinden, daß ich dadurch befreit würde, daß ich, sobald er in mir drin war, in ein anderes Universum davonschwebte, unsichtbar, verändert, einzigartig. Schließlich bekam ich Angst, daß er meiner überdrüssig werden könnte und mich zurück ins Gefängnis schicken würde. Ich erinnere mich, daß ich einmal, als ich mir derartige Sorgen machte, anfing, ihm entgegenzukommen, aktiv zu werden ... du weißt schon, es ihm schön zu machen. Aber das wollte er nicht. Er schalt mich und sagte, ich solle stillhalten oder er würde mich bestrafen. Meine Gefühle für ihn schwankten. Hin und her. An einem Tag widerte er mich an, und ich träumte davon, ihn umzubringen. Am nächsten Tag war ich dankbar, daß er mich vor Schlimmerem bewahrte. Manchmal freute ich mich direkt aufs Büro, auf die Gelegenheit, mich ihm zu beweisen. Ich versuchte, beim Abendessen charmant und unterhaltsam zu sein, machte ihm Geschenke. Eine Zeitlang war ich tatsächlich in ihn verliebt, jedenfalls empfand ich etwas in der Art. Und ich glaube, deswegen hat er mich dann eines Tages abgeschoben, ich glaube meine Bindung an ihn entsprach nicht seinen Bedürfnissen. Ich war total verstört, einem Zusammenbruch nahe, und ich erklärte ihm, was ich empfand. Ich versuchte, den Bereich unserer Kommunikation auszuweiten. Wahrscheinlich dachte ich, er hätte ein Interesse daran. Wie ein Wissenschaftler, weißt du. Ich bildete mir ein, daß er vielleicht Aufzeichnungen über den Zwiespalt in meiner Persönlichkeit machen wollte. Aber er hatte nicht das geringste Interesse daran. Gott weiß, woran er Interesse haben mochte.«

Sie schwieg lange, und Mingolla fragte, was anschließend geschah.

»Eines Morgens wartete ich auf ihn, doch an seiner Stelle erschienen zwei Soldaten. Sie fuhren mit mir aus der Stadt hinaus, nach Norden, in Richtung Antigua. Ich wußte, daß sie mich töten und meine Leiche in eine Schlucht werfen würden. Aber sie warfen mich einfach irgendwo am Straßenrand hinaus. Ich fühlte mich vollkommen verlassen, wußte nicht, was ich tun sollte. Ich ging hin und her, lachte und weinte. Ich hatte gar nicht bemerkt, daß sie mich an einer Bushaltestelle ausgesetzt hatten, bis der Bus kam. Ich stieg ein ... ich schien keine andere Wahl zu haben. Den Major habe ich nie wiedergesehen. Zwei Jahre später, nachdem ich die Therapie hinter mir hatte, versuchte ich, ihn zu finden. Aber ich erfuhr, daß er tot war. Umgebracht.«

»Wolltest du ihn töten?«

»Das allein war es nicht. Ich glaube, ich wollte begreifen, was er mit mir zu tun versuchte ... falls es nicht einfach eine Frage persönlicher Perversität war. Ich weiß nicht, wie ich mich ihm gegenüber verhalten hätte. Wahrscheinlich hätte ich ihn umgebracht.«

Die Maschinen liefen jetzt mit halber Kraft, und Mingolla konnte das Blubbern der Strudel um die *Ensorcelita* hören; er war dankbar für dieses Geräusch, denn sein unvermitteltes Einsetzen befreite ihn davon, etwas sagen zu müssen. Minuten vergingen, in denen sie alles, was sie sich zu sagen hatten, mit Berührungen ausdrückten. Deboras Atem wurde tief und gleichmäßig. Dann sagte sie: »Liebe mich.«

»Ich dachte, du wärst eingeschlafen.«

»Das war ich ... aber ich habe geträumt, wir liebten uns.«

»Bist du nicht zu müde?«

»Vielleicht, aber wir können es ja mal versuchen.«

Er zog sie an sich und küßte sie. Sie reagierte zuerst zurückhaltend, und er fragte sich, ob sie gegen ihre schlimmen Erinnerungen ankämpfte. Bald jedoch ging sie ganz im Vorspiel auf. Aber als er in sie eindrang, blieb sie reglos unter ihm liegen, und er wollte sich zurückziehen.

»Ich möchte, daß du fertig machst«, sagte sie.

»Du bist doch zu müde.«

»Nein, es ist schön. Manchmal kann ich dich besser fühlen, wenn ich mich nicht bewege. Es gefällt mir.«

Er empfand ein irrationales Gefühl des Abhebens, des sich von ihr Entfernens, und das rief in ihm eine unbestimmte Besorgnis hervor, doch dann schwand die Besorgnis, als er in der Stille seines Geistes ihre Stimme rufen hörte.

Als sie eingeschlafen war, legte er sich zurück und horchte auf die Maschinen. Irgend etwas störte ihn, und ihm wurde klar, daß er immer noch das Gefühl hatte, von ihr entfernt zu sein. Er wußte, wenn er sich wieder ihr zuwenden und sie in den Arm nehmen würde, wäre diese Entfernung aufgehoben und er würde sich schwebend und friedlich vorkommen. Aber er wußte auch, daß das nichts ändern würde. Er hatte den Verdacht, daß seine Einsichten in ihre Persönlichkeit irgendwie irrig waren. Genau wie ihre Einsichten in ihn. Er hatte den Einruck, daß sie füreinander vage Gestalten geworden waren, daß ihre Art der Ehrlichkeit – diese plötzlichen Ausbrüche von Enthüllungen und Geständnissen – Rauchkulissen waren. Nicht, daß es Lügen gewesen wären, sondern vielmehr wurden sie durch die dramatische Umrahmung zu weniger gewichtigen Wahrheiten, ein Mittel, um vielleicht eine große

Wahrheit zu verschleiern, die sie selbst nicht verstanden. So mußte es wohl sein, sagte er sich. Sie verstanden sich selbst nicht gut genug, um Wahrheit zu praktizieren – da sie Angst hatten vor einer Selbstentlarvung. Selbstentlarvung war ein unerfreuliches Unterfangen. Er brauchte bloß über ein paar Wochen zurückzublikken, um zu erkennen, was für ein Idiot er gewesen war. Wie zum Beispiel in Smaragd. Seine Rolle als Arschkriecher, sein Liebeskummer. Schlecht ausgedachte Rollen, schlecht gespielt. Und Gott mochte wissen, was für ein Idiot er gerade jetzt wieder war. Er drehte sich auf die Seite, weg von ihr. Ihre Probleme hatten sehr wahrscheinlich etwas damit zu tun, wie sie begonnen hatten; denn wenn er es auch meistens geschafft hatte, das zu verdrängen, so blieb es doch immer unter der Oberfläche, rief immer wieder Zweifel hervor. Er seufzte, und sein Seufzen geschah zufällig gleichzeitig damit, daß die *Ensorcelita* von einer großen Woge hochgehoben wurde, und einen Augenblick lang hatte er das Gefühl, daß die Gleichzeitigkeit des Seufzens und des Seegangs sie in eine Senke der Schwerelosigkeit unter Panama tragen würde, in ein dunkles Land, wo schweigende Gestalten in Kutten ihre Ankunft erwarteten. Er drehte sich wieder auf den Rücken, was bewirkte, daß auch Debora sich bewegte und vor sich hin murmelte. Er versuchte, die Spur seines Gedankens wieder aufzunehmen, aber er hatte keine Bedeutung mehr. Nichts von alledem hatte Bedeutung, nichts hatte Gewicht. Er lag lange wach, und es fiel ihm absolut nichts ein, bei dem es anders gewesen wäre.

In der nächsten Nacht setzten die Maschinen immer wieder aus, während Ruy wieder mal einen Versuch mahte, Debora mit der Kraft seiner revolutionären Überzeugung zu beeindrucken. Der Mond, der fast voll war, hing niedrig über der Küste, und sie befanden sich dicht genug an der Küste, daß Mingolla die einzelnen

Kronen der Palmen im silbrigen Licht erkennen konnte. Ruy lehnte an der Tür des Steuerhauses, und im Innern sah man durch die matte Scheibe Corazon am Steuer stehen. Sie drehte sich zu Mingolla um, ihr linkes Auge glitzerte rötlich. Er versuchte, ihren Gesichtsausdruck zu ergründen, und sie hielt seinem Blick ohne die Spur von Herausforderung stand, als ob sie ihn gern alles erfahren lassen wollte, soweit er es vermochte.

»Yeah«, sagte Ruy gerade. »Mir ist es egal, ob die Revolution tot ist. Ich fang' ganz für mich allein noch mal von vorn damit an, verstehst du? Und überhaupt« – er schwenkte einen Finger vor Debora hin und her –, »warum erzählst du mir dauernd diesen Scheiß, daß sie tot sei? Was glaubst du denn, warum du nach Panama gehst? Läufst du weg? Nein, das ist es nicht. Du und dieser Yankee, ihr kommt an Bord, führt euch auf, als wolltet ihr den Schwarzen umbringen, und in der nächsten Minute benehmt ihr euch wie alte Freunde. Das ergibt doch keinen Sinn. Ihr führt doch was im Schilde. Das sieht ja ein Blöder. Und in letzter Zeit sind überhaupt zu viele Scheißkerle nach Panama gefahren. Dort muß sich irgendwas Großes zusammenbrauen.«

»Wie kommst du denn darauf?« fragte Mingolla.

»Hab' ich dir doch gesagt, sind zur Zeit so viele Scheißer unterwegs.« Ruy angelte mit zwei Fingern eine Zigarette aus seiner Hemdtasche. »Möchte wirklich mal wissen, was da vor sich geht.«

»Du weißt ja nicht, wovon du sprichst«, sagte Debora. »Seit der Krieg begann, gehen Leute nach Panama.«

»Aber nicht die Art von Leuten.« Ruy rieb ein Streichholz an, steckte die Zigarette an. Er warf den Kopf zurück und blies Rauch aus, wobei er Debora sein markantes Profil darbot.

Mit jeder Bewegung – so dachte Mingolla – beschwor er das Bild des romantischen Schmugglers herauf und legte noch eine Schicht Zorro drauf. Eine lächerliche Pose, aber langsam stieg in Mingolla der Verdacht auf, daß Ruy das selbst wußte und diese Verkleidung benutzte, um seine eigentlichen Hintergründe zu verschleiern. Er hatte zu lange in gefährlichen Gewässern sein Unwesen getrieben, als daß er dieser Hanswurst sein konnte, als den er sich ausgab, und überhaupt hatte Mingolla ein ungutes Gefühl bei ihm, bei allem, was er tat.

»Yeah«, sagte Ruy und tippte sich seitlich gegen die Nase. »Ich riech' schon seit einiger Zeit so komische Sachen. Hör' auch so allerhand.«

»Du hast nix als Scheiße im Kopf, Mann.« Tully, der auf der Reling hockte, drehte den Kopf um; das Mondlicht erhellte eine Hälfte seines Gesichts. »Niemand erzählt einem Widerling wie dir nix.«

Ruy beachtete ihn nicht. »So ein Typ, den ich nach Süden gebracht hab', der hat nicht viel von mir gehalten. Und das ist immer gut, denn wenn jemand nicht viel von einem hält, dann ist er unvorsichtig.« Er hüllte Tully in Zigarettenrauch. »Also sagt er zu mir: ›Ruy, an diesem Krieg ist mehr dran, als man auf den ersten Blick sieht.‹ Und ich sag: ›So? Wieso?‹ Ich tu so, als ob mich das gar nicht richtig interessiert. ›Also‹, sagt er, ›eigentlich soll ich wohl nicht darüber reden, aber bald kommt Frieden, und er kommt aus Panama.‹ Und ich sag: ›Menschenskind! Frieden, Mann! Is' ja toll!‹ Und der Mann ist ganz hingerissen, weil er mich so überraschen konnte, versteht ihr? ›Genau‹, sagt er. ›Leute, die ich kenne, arbeiten genau in dieser Sekunde am Frieden. Verhandlungen, verstehst du?‹«

Ruy verschränkte die Arme, neigte den Kopf, und an dieser Pose, der Pose eines verwirrten Professors, der innehält, um die Wirkung seiner Worte zu genießen, erkannte Mingolla den Mann, an den ihn Ruy erinnerte. Es hätte ihm eigentlich, so dachte er jetzt, von Anfang an klar sein müssen. Die vielen kleinen Auflösungen, die Ruy geboten hatte, waren so angelegt, daß er sich verraten hatte.

»Jedenfalls«, fuhr Ruy fort, »hab' ich weitere Dinge aus dem Mann rausgequetscht ... nicht so, daß er es gemerkt hat, versteht ihr. Hab' ihn einfach bearbeitet. Und er erzählt mir, daß, yeah, daß die in Panama an einem Frieden arbeiten, aber es wird immer noch gekämpft. Armeen in den Straßen. Ich frag' ihn, wer denn kämpft, und er benimmt sich, als wäre das ein ganz großes Geheimnis, als ob er mir einen Riesengefallen tut, daß er mir was erzählt, versteht ihr, und er sagt, daß er nichts Genaues weiß, aber er nennt mir einen Namen und sagt, daß dieser Name viel damit zu tun hat.« Er setzte ein Lächeln auf und ließ den Blick von einem zum anderen schweifen. »›Sotomayor‹, sagt er zu mir. ›Vergiß den Namen nicht. Sotomayor. Dieser Name, das ist der Schlüssel zu dem Ganzen.‹«

Mingollas Augen trafen seine, und obwohl Ruy nicht mehr lächelte, spürte Mingolla bei ihm eine versteckte Heiterkeit. Er wollte sich gerade in Ruy versenken, eine Offenbarung verlangen, doch in dem Moment gaben die Maschinen vollends ihren Geist auf.

»Scheiße!« Ruy warf seine Zigarette weg und stieß die Tür zum Steuerhaus auf. »Was hast du gemacht?«

»Nichts«, sagte Corazon. »Ich hab' nichts gemacht. Plötzlich war Schluß.«

Ruy stapfte vorwärts und nahm die Abdeckung des Niedergangs zum Maschinenraum ab; er stemmte sich die Hände in die Hüften und starrte hinunter in die Dunkelheit. »Corazon!« brüllte er. »Bring die Taschenlampe.«

Corazon kam mit einer Taschenlampe herbei; Ruy schnappte sie sich und stieg hinab in den Maschinenraum. Die anderen standen um Corazon herum. Unten ließ Ruy den Lichtstrahl über ein Durcheinander von ölverschmiertem Metall gleiten. Einen Moment lang hielt er den Strahl auf eine bestimmte Stelle gerichtet, dann schlug er gegen die Wand des Maschinenraums. »Verdammte Scheiße. Jetzt leck mich doch am Arsch!«

»Kannst du es nicht reparieren?« fragte Debora.

Ruy schlug wieder gegen die Wand und hievte sich wieder an Deck. »Sind Ersatzteile nötig, um diese Fotze von Schiff zu reparieren. Und ich hab' keine Ersatzteile.« Er machte den Eindruck, als wollte er die Taschenlampe zu Boden schleudern, schlug sie sich jedoch nur gegen die Hüfte. »Mann, das ist 'ne ganz große Scheiße!«

»Sieht so aus, als müßten wir innen Hafen, wie?« sagte Tully.

Ruys Gesicht sah wild aus, die Muskeln in seinen Mundwinkeln arbeiteten. »Ich hab' euch doch gesagt, ich bin hier in der Gegend 'n Illegaler. Die reißen mir den Arsch auf, wenn sie mich erwischen.«

»Hiß doch die Segel«, schlug Mingolla vor.

»Na klar, Mann. Dann sind wir genau vor Trujillo, wenn es Tag wird, und dieser Hurensohn Dominguez wird von einem Ohr zum anderen grinsen, wenn er die *Ensorcelita* sieht. Scheiße!« Ruy raufte sich die Haare. »Was soll ich jetzt machen, verdammt?«

»Bist du sicher, daß du es nicht reparieren kannst?« fragte Mingolla.

»Hast du nicht zugehört, Mann?« Ruy drehte sich drohend zu ihm um und ballte die Faust.

»Dann ham wir wohl keine andere Wahl, als diesen Waschzuber zu verlassen«, sagte Tully. »Ich such' schon mal was, mit dem wir die Gewehre verpacken können.«

Ruy gab ihm einen Stoß. »Scheiße verlassen wir, Mann!«

Tully schleuderte ihn mit einem Faustschlag gegen die Seite des Steuerhauses, umspannte seine Kehle mit einem einhändigen Klammergriff. »Treib keinen Mist mit mir, Mann! Verstanden?« Er drückte mit der Hand fester zu, und Ruys Augen traten hervor. »Wenn du beim Schiff bleiben willst, is' das dein Bier. Wir brauchen dich nich'.«

Mingolla sah zur Küste hinüber, zu den im Schatten liegenden Hügeln im Land. »Was ist dort drüben?«

»Zu viele Scheißsoldaten«, sagte Ruy und rieb sich den Hals. »Das ist dort!«

»Olancho«, sagte Tully. »Berge, Urwald. Dort hat der Krieg angefangen, aber jetzt wird dort nich' mehr gekämpft. Schwer zu sagen, was dort ist.«

»Vielleicht gibt es einen Weg«, sagte Ruy. »Wenn wir durch die Kontrollen kommen, kann ich euch vielleicht nach Panama bringen. Und vielleicht bring' ich das Geld für ein anderes Boot zusammen.«

»Wir kommen gut allein zurecht, Mann«, sagte Tully.

»Einen Scheiß werdet ihr!« Ruy entfernte sich einige Schritte von ihm. »Ihr seid verloren, bevor ihr zehn Kilometer weit gekommen seid. Aber ich kenne Wege. Militärstraßen, alte Nachschubwege. Bevor ich die *Ensorcelita* hatte, hab' ich die Strecke benutzt.«

Mingolla starrte zur Küste hinüber und sah dann Ruy an. Vielleicht wäre es das beste, zunächst noch nicht in Ruy zu dringen, sondern erst mal abzuwarten, was er im Schilde führte. »Sind diese Wege noch brauchbar?«

»O yeah«, sagte Ruy. »Aber wir brauchen 'n Fahrzeug. Vielleicht so'n Geländewagen. Dürfte nicht schwer sein, etwas zu finden. Viele von den Farmern hier bauen Extra-Benzintanks in ihre Wagen, damit sie in den Bergen jagen gehen können.«

»Wie lange wird das dauern?« fragte Debora.

»Kommt drauf an, in was wir da hineingeraten«, sagte Ruy und scharwenzelte an ihre Seite, Besorgnis im Blick. »Aber eins sag' ich dir, wenn wir in Panama ankommen, können wir 'n paar gute Geschichten erzählen.«

Drei Kilometer von der Stelle entfernt, an der sie an Land gegangen waren, lag inmitten vieler Reihen von Kokospalmen eine Kopra-Plantage: große Holzgestelle, auf denen die Kokosfasern getrocknet wurden, drei

Schuppen mit Blechdächern, die als Lagerhäuser dienten, und ein langgestrecktes Gebäude im Ranchstil aus weißgetünchten Steinen und mit einem roten Ziegeldach. Dieses letztere diente als Wohnhaus und Büro für den Besitzer, Don Julio Salvidar. Hinter einer Ecke des Gebäudes war ein betagter Ford Bronco abgestellt, in dessen Kofferraum ein zusätzlicher Tank eingebaut worden war. Don Julio empfing sie mit einer Automatikpistole in der Hand an der Tür, aber Mingolla überredete ihn zu einem freundlichen und großzügigen Entgegenkommen, indem er ihn wissen ließ, daß sie Regierungsabgesandte in einer geheimen Mission seien. Daraufhin bot ihnen der Besitzer an, seinen Bronco zu benutzen, stellte ihnen eine Camping-Ausrüstung zur Verfügung und gab Debora, deren Kleider beim Schwimmen zur Küste verlorengegangen waren – auf der *Ensorcelita* hatte es kein Rettungsboot gegeben – abgelegte Kleider seiner Tochter, die an der Universität von San Pedro Sula studierte. Mingolla hatte Ruy und Tully die Anweisung gegeben, den Bronco zu untersuchen, und saß nun mit Don Julio in der Küche, einem unordentlichen Raum mit einem altmodischen Gasofen und einer Motel-Kühlbox; die fleckigen Wände waren mit Fotos geschmückt, auf denen Don Julio sich mit den verschiedensten erlegten Wildtieren präsentierte. Don Julio machte sich daran, eine Landkarte der Hügel im Küstenstreifen anzufertigen, in die er alle Straßen einzeichnete, auf denen sie die Kontrollpunkte umgehen konnten.

»Was ist hier?« fragte Mingolla und deutete auf einen Teil der Karte, wo die Straßen verschwanden. »Hier haben Sie nichts eingezeichnet.«

»Da gibt es nichts einzuzeichnen«, sagte Don Julio. »Nichts als Gespenster und Dschungel.«

Er war klein und dickwanstig, Ende fünfzig, mit einer mahagonifarbenen Haut und bekleidet mit ausgebeulten Shorts und einem nicht zugeknöpften Guyabera-

Hemd, unter dem seine glatte Brust schimmerte. Sein Kopf war massig, mit einem Doppelkinn, und sein dickes schwarzes Haar war an den Schläfen silbergrau. Die verbissenen, stolzen Züge in seinem Gesicht erinnerten Mingolla an seinen Vater, und der übertriebene Stolz, mit dem Don Julio von der Ergebenheit seiner Tochter sprach, erweckte in Mingolla den Verdacht, daß er log und seine Tochter ihn in Wirklichkeit haßte. Don Julio lenkte die Unterhaltung auf das Thema Politik. Er tätschelte seine Waffe und gelobte Kampfbereitschaft bis zum letzten Blutstropfen gegen die Rote Gefahr: Es steckte mehr als eine Neigung zum Pathos hinter seinem Macho-Verhalten, seiner Selbstdarstellung mit toten Jaguaren und Tapiren und dem leeren Haus. Er erzählte von seiner Jugend. Er hatte eine Ranch im Petén besessen. Es war ein schwieriges Unterfangen, sagte er, die Guerillos von dem Land fernzuhalten, aber er hatte es geschafft. Und, oh, welchen Schlag er bei den Damen gehabt habe! Sein Cadillac, seine Nächte in den Discos von Guatemala City! Gab es eine Stadt auf der Welt, die so schön war wie Guatemala City? Mingolla verzichtete auf einen Kommentar. Er hatte einmal drei Tage in der Stadt verbracht. Eines Abends war er in einem Spielsaal an der Sixth Avenue, einer der Hauptschlagadern des Stadtzentrums, gestanden und hatte an einer Maschine gespielt; er hatte die ganze Zeit verloren, und als er sich umdrehte, um sich noch mehr Kleingeld zu besorgen, stellte er fest, daß nicht nur der Spielsaal menschenleer war, sondern daß auch die Sixth Avenue, durch die sich kurz zuvor noch Menschenmengen und ein chaotischer Verkehr gewälzt hatten, vollkommen verlassen war. Er war den ganzen Weg zu seinem Hotel zurück gerannt, und keiner von den Guatemalteken, die er dort ansprach, wollte ihm erklären, was vorging. Nach Mingollas Einschätzung war Guatemala City ein Hexenkessel. Todesschwadronen patrouillierten in neutralen Toyotas durch die Stadt, Sirenen und entfernte Schüsse waren nichts Besonderes, und droben in der Zone 5, wo die Menschen in Häusern aus Autoreifen und Lehm hausten, träumten Jungen davon, reiche Männer bluten zu lassen.

»Ich habe meine Freunde vor den Roten gewarnt«, sagte Don Julio. »Leute von der Regierung verbringen dort ihre Sommer. Aber das hinderte die Kommunisten nicht daran, ihre Zeichen zu hinterlassen. Sie beschmierten die Wände mit Parolen. Jedenfalls, ich nahm meine Freunde mit zum Strand. Diese Freunde, das waren Liberale« – er sprach das Wort wie etwas Unanständiges aus – »sie glaubten an die freie Rede! Pah! Und ich zeigte auf die Parolen an den Wänden der Bars. Seht euch das an, sagte ich zu ihnen. Jetzt, nachdem der Kommunismus bis in tiefste Gefilde vorgedrungen ist, ist seine ganze schöne Philosophie auf diese falsch geschriebenen Worte geschrumpft. Dummer Fanatismus wie der, der bei einem Fußballspiel geweckt wird, hat Eingang in die Politik gefunden. Ein Hoch der Freiheit! Nieder mit Gerechtigkeit! Als ob Armut und Elend Dinge seien, die man mit einem Punktestand von zwei zu null abschaffen könnte. Hat uns die Geschichte denn nicht genug gelehrt, fragte ich sie. Man braucht doch nur an Nicaragua zu denken. Sie haben die Kubaner ins Land geholt, und jetzt ist das ganze Land nichts anderes mehr als ein bewaffnetes Lager von brav marschierenden Verrätern und Mördern. Und was hat die Revolution für die Armen gebracht? Der einzige Unterschied ist, daß sie heutzutage, wenn sie sich auf der Straße zusammenrotten, es in Reih und Glied tun und Lieder über Brüderschaft singen.« Don Julio seufzte. »Aber sie wollten nicht auf mich hören, und Sie wissen ja, was geschehen ist. Sechs Jahre wie die Hölle.« Er klopfte Mingolla auf den Arm. »Gott sei Dank gibt es Männer wie Sie und mich. Die Kommunisten sind klug genug, uns aus dem Weg zu gehen, sie wissen, was ihnen sonst blühen würde.«

In diesem Moment kam Debora in den Raum und hörte gerade noch die letzten Worte; sie warf Don Julio einen giftigen Blick zu. Sie hatte einen grauen Rock und eine bedruckte Bluse an, und ungeachtet ihrer offenkundigen Feindseligkeit sagte Don Julio: »Sie sehen atemberaubend aus, Señorita. Sehr schön!«

Sie ließ den Kommentar über sich ergehen. »Der Wagen ist fertig.«

»Sie wollen schon weiter?« Don Julio erhob sich. »Wie bedauerlich. Seit dem Tod meiner Frau habe ich so selten Gesellschaft hier. Nun denn!« Er drückte mehrmals fest Mingollas Hand. »Ich bin stolz, Ihre Bekanntschaft gemacht zu haben, und ich bete für den Erfolg Ihrer Mission.«

Er stand in der Tür und winkte ihnen nach, als sie um die Ecke gingen. Die Morgendämmerung brach herein, und ihr graues Licht zeigte, daß der Strand voller Unrat war, Tierexkrementen und Abfällen von der Kopraproduktion, am Rand des Wassers türmten sich Schaumberge und Seetangknäuel, die aus der Ferne wie angeschwemmte Leichen aussahen. Die *Ensorcelita* war ein dunkler Fleck, der am Rande des Brackwassers dümpelte.

Mingolla öffnete die Fahrertür, dann fiel ihm ein, daß er die Karte vergessen hatte. »Ich habe was vergessen«, sagte er, »bin gleich zurück.«

Ruy, der auf dem Rücksitz neben Corazon und Tully saß, sah so aus, als wollte er etwas sagen, wandte sich dann jedoch ab.

Die Vordertür stand offen, und als Mingolla eintrat, hörte er Don Julio in der Küche sprechen. Mit monotoner Stimme sagte er: »Ich habe eine Nachricht für ihn.«

Mingolla schlich vorsichtig in die Küche. Der Plantagenbesitzer sprach in ein Wandtelefon, mit dem Rücken zur Tür.

»Ja«, sagte er. »Sie sind gerade abgefahren.«

400

»Legen Sie auf!« sagte Mingolla.

Don Julio drehte sich blitzartig um, seine linke Hand fuhr zur Pistolenhülle, und Mingolla, der einen leichten Sieg erwartete, richtete seinen Einfluß auf ihn. Aber als er in Don Julios Geist drang, war er verblüfft, daß er auf ein kraftvolles Muster stieß. Eine sanfte Gefühlswelle schwappte über ihn, sein Zorn versickerte, und es schien, als ob das Muster – das er als eine Schlangenform aus gesprungenem Silber wahrnahm – in seinem Schädel sein Abbild schuf und seine Gedanken beeinflußte, in einen langsamen, hypnotischen Rhythmus zu verfallen. Es war so leicht, sich einfach von dem Muster davontragen zu lasen, Schlaufe um Schlaufe, mit dem Kopf auf und ab und hin und her zu wippen, dem Dröhnen zuzuhören, das aus dem Innern seines Kopfes an die Ohren drang, ein schriller, schwingender Klang wie das Wimmern eines kranken Nervensystems. Und vielleicht war es das, vielleicht war es das, vielleicht war es ... Er sah, wie Don Julios Hand zur Pistole fuhr, und er versuchte, sich wachzurütteln. Aber der verführerische Rhythmus des Musters erfüllte ihn ganz, schläferte ihn ein und redete ihm ein, er sei in Sicherheit. Don Julio, der sich sehr langsam bewegte, als ob er durch einen dicken Sirup watete, ließ die Pistolentasche aufschnappen. Mingolla machte einen zaghaften Schritt auf ihn zu, taumelte und schlug mit dem Kopf hart gegen die Wand; vor Schmerz konnte er einen Augenblick lang nichts mehr sehen, doch gleichzeitig löste sich das Muster auf, und bevor es sich wieder neu formen konnte, befrachtete er es mit einem Angstgefühl. Don Julio wankte zurück, und Mingolla griff weiter an, sandte Wellen der Angst aus, der Abscheu davor, auf so intime Weise von einem fremden Geist berührt zu werden. Der Plantagenbesitzer wimmerte und fiel zu einem kläglichen Häufchen zusammen, seine Augen rollten nach oben.

Mingolla nahm den Hörer auf und horchte.

»Hallo«, sagte eine Stimme mit dem verfremdeten Klang wie bei einem Ferngespräch. »Hallo.«

»Wer spricht denn?« fragte Mingolla.

»Aber David! Herzlichen Glückwunsch! Dann hast du also den Test bestanden!«

»Izaguirre?«

»Zu Diensten.«

»Hast du das hier inszenziert?«

»Ich bin nicht sicher, worauf du hinauswillst. Ich vermute, Don Julio hat versucht, dich mit dem Gift seines Geistes zu besiegen ... habe ich recht?«

»Nein«, sagte Mingolla. »Ich kam herein, und er telefonierte, also habe ich ihn zusammengeschlagen.«

»Ich glaube, du flunkerst, David. Wie geht es Don Julio? Ist er zu retten?«

Mingolla sah hinunter zu dem Plantagenbesitzer: Er war in ziemlich schlechter Verfassung, kreidebleich, schwitzend und schwach atmend. Ein kleiner Spielzeugreaktionär mit einer Silberschlange im Kopf.

»Egal«, sagte Izaguirre. »Ich werde jemanden zum Nachsehen vorbeischicken.«

»So verdammt schlau bist du auch wieder nicht«, sagte Mingolla. »Glaubst du, ich weiß nicht, daß uns Ruy hierhergeführt hat? Ich sehe, was hier gespielt wird.«

»Schlauheit ist gar nicht erforderlich. Ob du deine Lage durchschaust oder nicht, hat keine Auswirkung auf die Gefahren, die auf dich warten.«

»Und ich bin sicher, du hast noch jede Menge andere Fallen aufgestellt.«

»Die ganze Welt ist eine Falle. Zufällig bist du in eine der meinen gestolpert. Vielleicht umgehst du die anderen.« Izaguirre kicherte. »Ich habe etwas anderes zu tun, als mir um dich Sorgen zu machen. Du bist sehr stark, David, aber du bist eigentlich nicht so wichtig. Von deiner Sorte gibt es nur wenige, dafür um so mehr von uns. Wir können dich beherrschen.«

Er hängte ein, und Mingolla kniete sich neben Don Julio nieder, der die Brauen hob und angestrengt versuchte zu sprechen. Er stöhnte. Mingolla machte sich daran, ihn aufzuwecken, aber als er eine Verbindung hergestellt hatte, gab der Geist des anderen auf ... wie bei dem Kolibri am Strand von Roatán. Er fühlte seinen Puls. Don Julios Haut war erstaunlich kalt, als ob er schon seit einiger Zeit tot sei.

»Was ist denn hier los?« sagte Ruy von hinten; er wurde von Tully und Debora links und rechts begleitet.

»Ein Herzanfall oder so etwas«, sagte Mingolla.

Er stellte sich in Ruys Gesicht noch einen grauen Kinnbart und Falten vor. Kein Zweifel. Die Ähnlichkeit mit Dr. Izaguirre war unübersehbar.

»Ist er tot?« fragte Debora.

»Yeah.« Mingolla hob Don Julios Waffe auf und stand auf. »Ich habe das Gefühl, die Rechten sind auch nicht mehr das, was sie mal waren«, sagte er und forschte in Ruys Gesicht nach einer Reaktion.

Ruy stieß den Arm des toten Mannes mit dem Fuß an. »*Cono!*« sagte er und spuckte aus. Er lächelte Mingolla an. »Was hast du gemacht, Mann? Haste ihn zu Tode erschreckt?«

KAPITEL DREIZEHN

Im grauen Licht zeigten die Hügel von Olanchito ein gespenstisch anmutendes Grün. Lehmpfade schlängelten sich durch sie hindurch, verloren sich in Gestrüpp und Stein, als ob das, zu dem sie einstmals geführt hatten, weggezaubert worden wäre. Die Hügel in der Nähe der Küste waren aufgeworfene Kegel, auf ihren Kämmen standen borstige Palmen, die von der Küstenstraße aus wie elektrisiert zu Berge stehendes Haar aussahen; weiter im Landesinneren wurden die Hügel schroffer, mit einer Oberfläche aus Granit und von Regenwolken verhangenen Gipfeln. Zwei Tage lang folgten sie den Straßen, und als diese aufhörten, fuhren sie weiter durch eine Wildnis, deren Dschungel die schlimmsten Verwüstungen des Krieges überwuchert hatte, die aber den Weg, den er genommen hatte, immer noch ebenso andeutungsweise wie unmißverständlich bloßlegte. Zum größten Teil – obwohl sie gelegentlich an einer Ruine oder einem mit Farn bewachsenen Krater vorbeikamen – sah alles ganz normal aus. Die Bäume waren grün, Vögel und Insekten vollführten ihren Spektakel, Flüsse stürzten zu Wasserfällen ab. Und doch lag ein böser Zauber auf der Gegend. Man hatte den Eindruck, als ob die Hügel mit ihren Vorsprüngen und Hängen auf einer Reihe von riesenhaften Skeletten errichtet worden wären, deren zerfallende Knochen alles Wachstum mit Falschheit durchtränkten. Diese Falschheit lag in der Luft, bedrückte sie, verlieh dem strahlendsten Tag einen bleiernen Beigeschmack, machte ihre Glieder schwer und das Atmen zu einer Last.

Die honduranischen Hügel gingen ohne wahrnehmbare Abgrenzung in die nicaraguanischen Hügel über, und ihre Überquerung forderte einen weiteren Tribut von ihrer guten Laune; sogar Ruy wurde schweigsam und in sich gekehrt. Es ging langsam voran. Sie arbeiteten sich Meter für Meter steile Abhänge hinab, steckten in Flußbetten fest und brauchten Stunden, um den Wagen wieder freizubekommen, Windböen raubten ihnen die Sicht und machten die Windschutzscheibe zu einer verschmierten, undurchsichtigen Fläche. Jedesmal, wenn sie an einem zerbombten Dorf vorbeikamen, kam es ihnen wie eine Erleichterung vor, daß durch diese knallharten Zeugnisse des Krieges der Bann des Übernatürlichen gebrochen wurde. Einige der Dörfer waren noch bewohnt, und dort kauften sie Dieseltreibstoff, der in Ölfässern aufbewahrt wurde und voller Verunreinigungen war. Die Leute in den Dörfern waren verängstigt, sie lebten wie Affen in ihren Ruinen und spähten hinter den Mauerresten hervor, bis ihre Besucher weg waren; nirgendwo wurde ihnen ein ehrlich freundlicher Empfang geboten.

Es gab nur wenig Gelegenheit zur Intimität, besonders weil Ruy immer noch vernarrt in Debora war und Tully unvermindert das Verlangen hatte, seine Probleme mit Corazon zu besprechen; aber manchmal schafften es Mingolla und Debora, sich nachts davonzuschleichen, sich von ihrem Lagerplatz zu entfernen, zu reden und sich zu lieben. Mingolla war immer noch verwirrt über ihre Beziehung. Die Tatsache, daß die Liebe für sie eine wirkliche Macht darstellte, verdunkelte die handfestere Tatsache, daß die Liebe eine Reihe von Entscheidungen erforderte, um gedeihen zu können; und in Anbetracht der verzwickten Gegebenheiten verdiente keine der üblichen Entscheidungen, ernsthaft erwogen zu werden. Aber er konnte es nicht verhindern, daß er trotzdem dauernd daran dachte, und wenn das der Fall war, sah er sie an und versuchte, sich eine Zukunft vorzustellen; es war fast undenkbar, daß sie eine haben würden. Sie waren, so erkannte er, kaum mehr als Kinder mit Gewehren, konfrontiert mit einem

Problem, dessen phantastische Natur zum Ausgleich nach Logik verlangte; trotz aller Beweise durchlebte er Augenblicke, in denen er sicher war, daß alles, das er gelernt hatte, irgendwie ein Irrtum war. Wenn er all das nicht aus den Augen verlor, konnte er sich einigermaßen entspannt fühlen, und wenn er den Krieg vergaß und die Unzuverlässigkeit ihrer Begleiter, konnte er sich an Debora halten, wie sie sich an ihn hielt.

Neun Tage, nachdem sie die Kokosplantage verlassen hatten, kreuzten sie eine Straße. Keinen Pfad oder alten Nachschubweg, sondern eine wahrhaftige Straße aus gelbem Lehm, breit und herrlich zu befahren, die irgendwo mitten im Nichts begann und sich durch die Hügel dahinschlängelte. Mingolla vermutete, daß es eine Militärstraße war, angelegt, um Stützpunkte zu verbinden, die nie gebaut worden waren. Und obwohl das wilde Wuchern des angrenzenden Dschungels deutlich dafür sprach, daß sie seit langem verlassen war, so deutete doch die Tatsache, daß kein Unkraut oder irgendwelche andere Pflanzen ihre glatte Oberfläche unterbrachen, darauf hin, daß man hier Chemikalien angewandt hatte, die Armeeingenieuren für diesen Zweck zur Verfügung standen. Sie erreichten die Straße gegen Sonnenuntergang, und obwohl sie auf einer solchen Straße gut bei Nacht hätten weiterfahren können, beschloß Mingolla, daß es psychologisch klüger wäre, ihr Lager aufzuschlagen; denn falls die Straße nach ein paar Kilometern aufhören würde, dann hätten sie immerhin einen kleinen Halt, der ihnen die Fahrt den restlichen Tag über leichter erscheinen lassen würde. Er steuerte den Bronco auf eine Anhöhe einige hundert Meter über der Straße, und sie schlugen ihre Zelte an einem Fluß auf, der eine farnbewachsene Furche in den Felsen gegraben hatte.

In dieser Nacht gingen Mingolla und Debora den Hügel hinunter und setzten sich an den Rand des Dschungels; von diesem Aussichtspunkt aus konnten sie die

Straße bis zu der Stelle überblicken, wo sie in eine Einkerbung zwischen den beiden aneinandergrenzenden Hügeln abbog. Ein eiförmiger Mond lag seitlich in der Einkerbung, und in seinem Licht erschien der gelbe Lehm sehr mineralienhaltig und feucht, nicht gerade wie Gold, sondern wie irgendein Düngemittel oder wie die Spur einer Riesenschnecke, die vor ihnen nach Süden gekrochen war. Es gab keine Insekten, nur die zischenden Beteuerungen des Windes. Die Existenz der Straße machte die Leere erträglich, und die Stille war so allgegenwärtig und tief, daß Mingolla sich einbildete, er könnte die große summende Vibration der Erde hören. Es schien falsch, in dieser Stille zu sprechen, und sie saßen umschlungen beieinander und bewunderten die Straße, als wäre sie etwas ganz Wundervolles. Debora schmiegte den Kopf an seine Brust, und als er ihr Haar roch und die gleichmäßigen Schläge ihres Herzens spürte, die in der Stille geradezu hörbar waren, schien es ihm, als ob alles, was zu seinem Leben gehörte, einen greifbaren Wert angenommen hätte. Er glaubte, die Liebe zu verstehen. Nicht so, daß er in der Lage gewesen wäre, eine schriftliche Definition zu liefern. Aber er glaubte, daß er von diesem Moment an in der Lage sein würde, sie sich jederzeit als Mischung aus imaginären und sinnlich wahrnehmbaren Einzelheiten zu vergegenwärtigen. Was Liebe auch immer sein mochte, sie war hier, in diesem Augenblick, in eine identifizierbare Form gebracht durch die Stille und die Straße und Deboras Herzklopfen und durch tausend andere veränderliche Größen.

Sie setzte sich auf und warf das Haar zurück. »Ich habe etwas gehört.«

»Wahrscheinlich der Wind.«

Sie erhob sich auf die Knie, glättete ihren Rock und wischte Tautropfen ab. Sie deutete zu der am entferntesten liegenden Kehre, wo sich der Nebel zu breiten Streifen verdichtete. »Wir werden bald nichts mehr sehen.«

»Es gibt sowieso nichts zu sehen.«

»Ich habe nachgedacht«, sagte sie nach kurzem Schweigen. »Darüber, wie ich mich verändert habe. Wir sind noch gar nicht so sehr lange zusammen, aber gemessen an den Veränderungen erscheint es wie Jahrhunderte.«

»Inwiefern hast du dich verändert?«

»Ich bin nicht mehr so sicher über einige Dinge, wie ich es war. Als ich zum erstenmal den Gedanken faßte, nach Panama zu gehen, wollte ich einfach wissen, was gespielt wird. Und nachdem wir langsam anfingen zu begreifen, was gespielt wird, wollte ich ein Teil davon sein ... auch wenn es nicht mehr meine Revolution war; jedenfalls war es eine Revolution, und ich wußte, daß es eine geben mußte. Das glaube ich immer noch. Aber jetzt frage ich mich manchmal, ob sie die Mühe lohnt. Ich habe ständig die Vorstellung, daß wir weglaufen, uns verstecken und alle anderen mit den Problemen der Welt fertigwerden lassen.«

Er lachte. »Bei mir ist es genau umgekehrt.«

»Wirklich?«

»Yeah. Ich wollte vor allem davonlaufen. Aber je näher wir an Panama kommen, desto mehr erkenne ich, daß ich nicht fliehen kann, daß ich betroffen bin. Und desto wütender werde ich auf Izaguirre.« Er lachte wieder. »Vielleicht meint man das damit, wenn man sagt, man wächst zusammen.«

»Vielleicht«, sagte sie mutlos. »Wenigstens veränderst du dich in die richtige Richtung.«

»Was weiß ich? Ich habe den gleichen Stoff genommen wie die Dünnscheißer, die sich einbilden, hier die Regie zu führen.«

»Glaubst du immer noch, daß sie Dünnscheißer sind?«

»Daran gibt es gar keinen Zweifel. Die Art, wie sie mit uns umgehen, die ganzen Spielchen. Wenn ihr Ziel der Frieden ist, wird daraus auch Dünnschiß. Denk doch mal darüber nach! Da gibt es diese beiden Familien, die seit Jahrhunderten die Droge nehmen. Diese viele Macht, und jetzt versuchen sie einfach, sie zusammenzuballen. Das sind keine guten Vorzeichen für einen Frieden.«

»Wahrscheinlich nicht.«

Er sah ihr forschend ins Gesicht, dessen exotische Ausstrahlung so eindringlich war wie die Rose in Corazons Auge. Genau die Art von kleinem Einod, das Ruy anmachte, den Mann, der alles hat ... besonders, wenn es unerreichbar für ihn war, wenn seine Macht nicht so weit reichte. Und Mingolla war überzeugt, daß sie beide so stark geworden waren. Sie mußten aufpassen, daß sie vor Ruy nicht zuviel preisgaben, denn Izaguirre hatte bestimmt Kontakt mit ihm, und er könnte in Panik geraten, wenn er auf den Gedanken käme, sich könnten zu stark geworden sein. Versuch, sie unschädlich zu machen! Vielleicht war es Zeit, sich mit Ruy auseinanderzusetzen. Mingolla hatte immer noch gehofft, Ruy würde irgend etwas verraten, irgendeine Information liefern, aber vielleicht wäre es die beste Taktik, ihm kräftig eins draufzugeben.

»Du machst den Eindruck, als ob du ganz woanders wärst, David.«

»Ich komme gleich zurück ... ich denke nur nach.«

»Also ...« Sie lehnte sich an ihn. »Wenn sie wirklich Dünnscheißer sind, dann können wir vielleicht etwas unternehmen.«

»Angenommen, sie spielen den lieben Gott, dann ist das Dümmste, das wir tun können, die Situation auch nur im geringsten als realistisch zu betrachten.« Er blickte auf die Straße hinunter und versuchte, den schwarzen Gegenstand zu identifizieren, der in der Einkerbung aufgetaucht war. »Da kommt etwas.« Er half ihr aufzustehen, und sie zogen sich weiter in den Rand des Gebüsches zurück.

»Es hat angehalten«, sagte sie.

»Ne, sieh nur! Es kommt wieder in unsere Richtung.«

Nach einigen Minuten erkannte er, daß der Gegenstand in Wirklichkeit zwei Gegenstände waren, einer hell, einer dunkel, und daß sie sich gemächlich voranbewegten, indem sie fünfzehn oder zwanzig Meter näher kamen, dann wieder anhielten und sich dann wieder weiterbewegten. Und als noch ein paar Minuten vergangen waren, erkannten sie, daß es sich um ein Pferd und einen Wagen handelte. Der Wagen war ein kleines Haus auf Rädern mit einem steilen Dach, die Wände waren dunkelblau gestrichen, und darauf leuchteten fünfzackige Goldsterne und ein Halbmond; das Pferd war weiß mit grauen Flecken. Niemand führte das Gefährt. Die Zügel waren um einen Haken am Fahrersitz geschlungen, und das Fenster und die Tür lagen im Schatten kleiner Schutzdächer. Ein unbestimmtes Grauen ging von dem sich nähernden Gefährt aus, die Art, wie es sich führerlos voranschleppte, wie ein Körper ohne Knochen, und dazu seine archaische Erscheinung, all das hatte die Wirkung einer düsteren Verheißung.

Als der Wagen auf einer Höhe mit ihnen war, stoppte er. Das Pferd stampfte in seinen Zugriemen, mit rollenden Augen und vom Mondlicht angestrahlt; es war ein altes Pferd, das keuchend schnaufte. Als Mingolla auf die Straße hinaustrat, neigte das Pfed den Kopf, blieb aber auf der Stelle stehen: Es war, als ob es wegrennen wollte, aber einem vorgegebenen Muster gehorchend, das ihm befahl, anzuhalten und weiterzugehen, und Mingolla trat genau im richtigen Augenblick darauf zu. Er griff nach dem Zaum und hielt seinen Kopf fest. Die Augen des Pferdes gingen im Kreis, sahen ihn ängstlich an, und Mingolla – ergriffen von seiner skulpturhaften Schönheit, seinem Wahn – wußte, daß jemand wie er selbst mit dem Pferd seinen Schabernack trieb, irgendein unter Drogen stehendes Genie der neuen Art, und es war gezwungen, mit regelmäßigen Unterbrechungen auf dieser öden Straße voranzugehen, und zwar aus keinem anderen Grund, als um auf diese jämmerliche Weise eine verrückte Laune zu befriedigen. Das berührte ihn mehr, als wenn ein menschliches Wesen auf ähnlich jämmerliche Weise Opfer einer verrückten Laune geworden wäre. Die menschliche Kreatur war verantwortlich für so etwas, aber Pferde, die ebenso schön wie dumm waren, sollten vor einem solchen Quatsch verschont bleiben.

Debora kam und stellte sich neben ihn, und er reichte ihr den Zaum. »Probier mal, ob du es besänftigen kannst!« Dann hievte er sich auf den Fahrersitz und duckte sich, um in den Wagen zu kriechen.

Bevor er den Inhalt des Wagens erkundete, wußte er intuitiv, daß er nichts Gutes enthalten würde, daß er überhaupt nicht viel enthalten würde und daß alles, was er finden mochte, Zeugnis für ein Wissen wäre, das zu erlangen nicht erstrebenswert war. Einen Moment später beschlich ihn ein Grauen. Aber er wußte, daß das seiner Einbildung entsprang. Er erkannte, daß seine erste Eingebung das wahre Wesen des Schreckens verkörpert hatte, das Begreifen, daß alles, was uns Grauen einflößt, nur eine Erinnerung an die Bedeutungslosigkeit ist, eine, der wir eine übernatürliche Wertigkeit beimessen, um unserer Moral Auftrieb zu geben. Ein Dreieck aus Mondlicht lag auf einem Strohlager am Boden. Ein schwacher, ekelerregender Geruch hing in der Luft, wie von etwas einst Lebendem und Ungesundem. Mingolla zögerte, er wußte nicht, ob er sich weiter umsehen sollte. Er entdeckte etwas Schimmerndes in der hinteren Ecke und griff danach. Seine Finger berührten eine glatte Papierfläche, und er hob einen Stapel hochglänzender Fotos auf, die alle eine schwarze Frau und einen weißen Mann in intimer Vereinigung zeigten. Er stieß mit einem Fuß gegen etwas, das rasselnd gegen die Wand rollte. Er bückte sich danach und hatte die Hand voller Knochen. Es waren menschliche Knochen, die weder gebrochen waren noch irgendein anderes Anzeichen von Gewalteinfluß zeigten. Fingerknochen und Teile des Rückgrats. Sie schluckten das Licht und erweckten den Eindruck eines modernden Gewebes, das zwischen Boden und Fenster ausgebreitet war. Und das war alles. Nichts als Staub und die Darstellung von Vergänglichkeit. Ob der Wagen und sein Inhalt nun ein ausgedachter Schabernack waren, die Botschaft eines verspielten Wahnsinnigen an einen anderen, und ob man sie auch als solches erkannte – Mingolla war davon überzeugt, daß die Wirkung auf jeden gleichermaßen die sein würde, daß man die eigene Trivialität erkannte, seine unschöne organische Beschaffenheit. Er kletterte auf den Fahrersitz zurück und empfand eine leichte Benommenheit und ein Schwindelgefühl. Im Gegensatz zu der Dunkelheit im Innern war das Licht hier draußen so lebhaft, daß er glaubte, er könnte es einatmen und Schatten ausatmen.

»Was hast du gefunden?« fragte Debora.

»Er ist leer.« Er sprang herunter.

»Es geht ihm jetzt besser«, sagte Debora und strich dem Pferd über die Nüstern.

»Ich werde es losmachen«, sagte Mingolla. »Damit es grasen kann.«

Sie führten das Pferd durch die dichten Nebelschwaden den Hügel hinauf bis zu einer Lichtung, die eingegrenzt war von knorrigen, breiten Bäumen mit schwarzer Rinde, die zerfurcht war wie die Gesichter von sehr, sehr alten Männern, und sahen zu, wie es graste, sich einen Schritt bewegte, mahlte, sich wieder bewegte. Hier sah es aus, als ob es heimisch wäre, friedlich und natürlich. Sein geflecktes Fell vermischte sich mit den Nebelschwaden, und es sah so aus, als ob es sich entweder daraus materialisierte oder sich verband mit den gespenstisch weißen Bändern, die seine Schultern und Keulen umwallten; wenn es sich vorbeugte, um ein Büschel Gras zu rupfen, verschwand sein Kopf zeitweise ganz. Das Mondlicht fiel schräg durch den Nebel und versah alle Gegenstände mit einem Heiligenschein, schuf Zonen eigentümlicher Tiefe, schimmernde Rauchspiralen, als ob eine magische Kraft die Lichtung beherrschte und seine Formen der Macht beleuchtete. Zum Teil lag es an diesem Empfinden von etwas Magischem, das Mingollas Lust erweckte, in der Hoffnung, daß er selbst eine Magie heraufbeschwören könnte, die ihn die Fäulnis des Wagens vergessen ließ. Er drückte Debora gegen einen der Bäume, knöpfte ihre Bluse auf und half ihr, den Slip abzustreifen. »Es ist zu feucht«, sagte sie und deutete auf das taubenetzte Gras. Er hob sie ein Stückchen hoch, um ihr eine Alternative zu demonstrieren. Ihre Brüste waren kühl, schimmernd vor Feuchtigkeit, und er fühlte in der Hand, wie erregt sie waren; in ihren Augen funkelte es feucht. Er zog ihren Rock hoch, hob sie wieder an, und als er in sie eindrang, warf sie die Arme zurück und umfaßte den Baumstamm, während ihre Beine scherenförmig seine Taille umklammerten. Die Stille der Nacht war aufgehoben. Das Pferd schnaubte und mahlte, und die gedämpften Geräusche des Dschungels verdichteten sich um sie, als Orchesteruntermalung zu den feuchten Geräuschen ihres Liebesaktes, ihr keuchendes Atmen. Es war ein Akt in Weiß, der dem Mondlicht neue Leuchtkraft verlieh. Nebel kringelte sich aus Deboras Mund, verwandelte ihr Haar in Ranken, und als Mingolla ihre Verwandlung sah, fühlte er, daß auch er sich verwandelte, zu einem wilden Tier mit goldenen Augen und Krallen wurde, dessen Kraft bei jedem Stoß zunahm, bei jedem Schrei, den sie ausstieß. Anschließend stützte er sie eine ganze Weile noch so, gegen den Baum gelehnt, zu geschwächt, um zu sprechen oder sich zu bewegen. Und als er sich schließlich aus ihr löste und auf die Lichtung zurückging, erwartete er, daß das Pferd verschwunden wäre, daß es durch ihren guten Zauber aufgelöst worden sei. Aber es war noch da, schultertief in einem weißen Meer, und starrte sie ohne Neugier an, nur aufmerksam; es wußte genau, Zeuge welchen Vorgangs es geworden war, und seine Augen waren gleichmütig und dunkel und stellten keine Fragen.

Einige Abende später lud Ruy Mingolla und Debora zum Kaffee in sein Zelt ein, während Tully und Corazon in ein hitziges Gespräch vertieft waren. Ruy hatte offensichtlich auf alle Ansprüche an Corazon verzichtet und zog es vor, sich auf Debora zu konzentrieren, und obwohl er es aufgegeben hatte, eindeutige Verführungsversuche zu unternehmen, ruhten seine Augen ständig auf ihr, und seine Worte waren meist irgendwie anzüglich. Nebelschwaden waberten um den Zelteingang, schimmernd im Strahl der Taschenlampe, und Ruy lag auf seinem Schlafsack; eine Kaffeetasse schwankte auf seinem Bauch, und er sprach über Panama, erzählte ihnen mehr von den Informationen, die er seinem Passagier vor langer Zeit entlockt hatte. Während er redete, wurden seine Sprache und seine Ausdrucksweise immer gewählter, und schließlich, als feststand, daß er sich ihnen zu erkennen gab, daß jedes Versteckspiel überflüssig geworden war, fragte Mingolla: »Wer bist du, Mann. Madradonna oder Sotomayor?«

Ruy setzte seine Tasse zu Boden und richtete sich auf; Schatten füllten die Furchen in seinem Gesicht auf. »Sotomayor«, sagte er. »Natürlich haben sich die meisten von uns angewöhnt, andere Namen zu benutzen.«

»Warum ...?« setzte Debora an.

»Warum ich euch das nicht schon früher gesagt habe? Warum ich es euch jetzt erzähle? Weil ich ...«

»Weil er ein Spiel spielt«, sagte Mingolla. »Für sie ist alles ein Spiel.« Er wollte Ruy nach dem Pferd fragen, aber er hatte Angst, er könnte vor Wut außer sich geraten. »Und wir sollen glauben, daß ihr verspielten Scheißer in der Lage seid, miteinander Frieden zu schließen.«

»Wir haben keine Wahl«, sagte Ruy hochmütig. »Jetzt wißt ihr schon eine ganze Menge. Wollt ihr auch noch den Rest hören?«

»Aber sicher«, sagte Mingolla. »Unterhalte uns!«

»Sehr wohl.« Ruy schlürfte Kaffee. »Anfang des letzten Jahrhunderts kamen die klügeren Köpfe unter uns zu dem Schluß, daß die Welt auf eine Katastrophe zusteuerte. Nichts Unmittelbares, versteht ihr. Zumindest nichts, das das Glück der damaligen Generation zerstören würde. Aber sie sahen die Entwicklung von Konflikten und Kräften, die alle bedrohen würden. Sie erkannten, daß die Fehde beendet werden mußte, daß wir unsere Kräfte darauf verwenden mußten, mit diesen Fragen fertigzuwerden. Und deshalb trafen wir uns in Cartagena und schlossen Frieden zwischen den beiden Familien.«

Mingolla stieß ein höhnisches Lachen aus. »Wie uneigennützig!«

»Das stimmt«, sagte Ruy. »Du hast ja keine Ahnung, wieviel Uneigennutz nötig war, um einen jahrhundertelangen Haß zu überwinden. Es war ja nicht damit getan, daß wir die Fehde beilegten, wir mußten Verbündete unserer erbittertsten Feinde werden, denn die Logistik zur Schaffung einer weltweiten Revolution bestand darin ...« Er fand nicht die richtigen Worte und schüttelte den Kopf. »Zunächst einmal mußten wir ein Nachwuchs-Programm erstellen. Die Familien damals waren nicht sehr groß, und wir brauchten mehr Menschen, um in der politischen Arena mitreden zu können, ebenso im militärischen und geheimdienstlichen Bereich. Das war der Grund für Programme wie Psicorps und Sombra – unseren Einflußbereich zu vergrößern. Dafür haben wir mehr als hundert Jahre gebraucht, aber schließlich waren wir zur Machtübernahme bereit. Es gibt keine geheimdienstliche Organisation von einiger Bedeutung, weder in Rußland noch in den Vereinigten Staaten, deren Fäden wir nicht in Händen halten.«

»Warum habt ihr dann nicht daran gezogen?« fragte Debora.

»Wir haben im Lauf der Jahre viele Fehler gemacht. Trotz der Übereinkommen von Cartagena waren viele von uns nicht in der Lage, die alten bitteren Gefühle zu überwinden, und von Zeit zu Zeit loderte die Fehde immer wieder auf. Wir hatten dieses Auflodern unter Kontrolle. Schließlich verliefen die Dinge im großen und ganzen gut. Aber dann ...« – Ruy stieß einen langen, unregelmäßigen Atemzug aus – »dann machten wir einen schrecklichen Fehler. Ungefähr zwanzig von uns waren damit beschäftigt, die Bedrohung durch die palästinensischen Terroristen abzuwenden, als die Fehde wieder aufflackerte. Diese zwanzig Leute kümmerten sich mit so viel Hingabe der Behandlung persönlicher Querelen, daß sie ihre Aufgabe vernachlässigten. Und das Ergebnis war, daß ein Terroristenanschlag mit Atomwaffen auf Tel Aviv durchgeführt werden konnte.«

»Herrje!« Mingolla war im Begriff, mehr zu sagen, aber jede Art von Sarkasmus oder der Beschimpfung schien dem enormen Ausmaß dieses Wahnwitzes nicht angemessen.

Ruy tat so, als ob er seinen Ausbruch gar nicht bemerkte. »Wir erneuerten die Vereinbarungen, nachdem das in Tel Aviv passiert war, aber auch dann noch kam es immer wieder zum Aufflackern der Schwierigkeiten, besonders unter der jüngeren Generation. Schließlich wurde beschlossen, daß all diejenigen, die immer noch an der Fehde festhielten – gemeinsam mit denjenigen von euch von Sombra und Psicorps, die stark genug waren, um uns bei der Schaffung einer neuen Welt zu helfen – sich in Barrio Clarín niederlassen und über einen getrennten Frieden verhandeln sollten. Wenn diese Friedensverhandlungen erst einmal zum Erfolg geführt hatten, dann – und erst dann – wollten wir die Machtübernahme in die Wege leiten.«

»Was geschieht, wenn ihr versagt?« fragte Debora.

»Dann müssen wir sterben, und die Machtübernahme wird ohne uns stattfinden. Ich weiß nicht, wie das Urteil vollstreckt wird, Carlito ist dafür zuständig. Ein Luftangriff, nehme ich an. Aber wir *werden nicht* versagen. Wir machen täglich Fortschritte.«

»Wer ist Carlito?« fragte Mingolla.

»Dr. Izaguirre«, sagte Ruy. »Mein Onkel.«

»So ist es richtig!« sagte Mingolla. »Wir gehen nach Panama, damit uns dieser Hurensohn in die Luft jagen kann. Genau so ist es.«

Ruy hob die Schultern. »Wenn ihr davonlauft, wird man euch aufspüren. Und außerdem . . .« – er blickte zu Debora – »wollt ihr bei der Schaffung einer neuen Welt ja wohl ein Mitspracherecht, oder nicht?«

»Ich halte mich da raus«, sagte Mingolla. »Was ihr bis jetzt zustande gebracht habt, sieht noch nicht sehr nach einer Verbesserung aus.«

»Du hast doch keine Ahnung, was wir erreicht haben.«

»Ich habe eine Ahnung von diesem gottverdammten Krieg.«

»Wir haben den Krieg nicht begonnen. Das wart ihr! Was wir während der vergangenen Jahre gemacht haben, war, ihn auf einen Bruchteil seines ursprünglichen Ausmaßes zu reduzieren. Wir müssen ihn bis zu einem gewissen Grad aufrecht erhalten, damit unsere Operationen gedeckt sind, und wir haben nicht genug Leute, den Ausgang einzelner Kampfhandlungen zu beeinflussen, nur die Struktur der Kriegsführung. Aber wenn der Friede beschlossen ist, dann *werden* wir ihn beenden. Und dann werden wir an den Fäden ziehen und alle Kriege beenden.« Ruy nahm noch einen Schluck Kaffee und machte ein bekümmertes Gesicht. »Wir haben schändliche Dinge getan, wir haben es zugelassen, daß weiterhin schändliche Dinge geschahen. Aber das ist die Verantwortlichkeit, die mit der Macht einhergeht.

Und wenn das Ergebnis gut ist, dann ist alles andere gerechtfertigt.«

»Weißt du was, Mann?« sagte Mingolla. »Ich glaube, du meinst es sogar ernst. Mann, das glaube ich wirklich. Und das macht mir Angst. Du meinst es so gottverdammt ernst, und du bildest dir ein, Ernsthaftigkeit rechtfertigt alles. Jede Laune und jede Greueltat.«

»Dein Problem hat nichts mit uns zu tun, Mann.« Ruy zog die Knie an und legte die Arme darauf. »Sondern mit mir. Debora hier, sie versteht, daß sich die Welt ändern muß. Sie weiß, wie blutig der Pfad auch sein mag, daß die Dinge nicht so weitergehen können wie bisher. Aber du ...« – er stieß einen Finger auf Mingolla zu – »du kannst das nicht sehen. Du hast auch nicht dort unten gelebt. Du hast nicht mitansehen müssen, wie dein Land von Entwicklungs-Finanziers, von Gesellschaften und ihren kleinen Hitlern erschüttert wurde. Früher oder später wird dieser Mangel an Verständnis euch beide trennen.«

»Und dann übernimmst du meinen Platz, was?«

Ruy lächelte.

»Ich würde mich nicht darauf verlassen«, sagte Debora steif.

»Ich verlasse mich auf deinen Auftrag, *Guapa*«, sagte Ruy. »Ich weiß, wie tief deine Verpflichtung geht. Und du kannst dich auf meine Ehrlichkeit verlassen.«

Mingolla kommentierte das mit einem Schnauben.

»Ihr glaubt, wir waren nicht ehrlich mit euch, weil wir euch mit Vorsicht behandelt haben?« sagte Ruy. »Wißt ihr nicht, wie schwer es für uns war, Vertrauen zu Leuten aufzubauen, die zu stark waren, als daß wir sie hätten kontrollieren können? Aber um der Revolution zu dienen, taten wir es.« Er zündete sich eine Zigarette an und blies eine bläuliche Rauchwolke aus, um seine Bemerkung mit einer sichtbaren Pause zu unterstreichen. »Wir genossen eine besondere Art von Macht – alles zu bekommen, was wir wollten. Auf die Dauer tröpfelt da eine unanfechtbare Moral zusammen. Die Dinge dieser Welt verlieren ihren verlockenden Reiz, und die Arbeit wird zur einzigen Leidenschaft. Und deswegen wird unsere Revolution rein sein.«

»Was passiert mit dieser Moral«, fragte Debora, »wenn sie auf etwas stößt, das sie nicht haben kann?«

»Sprichst du von dir und mir?« fragte Ruy.

»Nur von dir ... von einem Mangel an Ernsthaftigkeit, die bei einem Menschen vorhanden ist, der sich einer Leidenschaft zu etwas hingibt, das für ihn unerreichbar ist. Das ist kindisch.«

Ruy drückte seine Zigarette an seiner Schuhsohle aus. »Du vermutest, daß das bei mir der Fall ist?«

»Ich weiß es.«

»Was macht es aus, auf welche Art eine Leidenschaft beginnt?« sagte er. »Glaube mir, Debora. Ich meine es ernst.«

»Wir können nicht mit diesen Leuten zusammenarbeiten«, sagte Mingolla.

»Nein, in einem Punkt zumindest hat er recht«, sagte sie. »Wir müssen es.«

»Warum, zum Teufel?«

»Ich glaube«, sagte sie, »es ist sinnvoller, Teil dieser Revolution zu sein, als zu leugnen, daß sie stattfindet. So habe ich immer gedacht ... du weißt das.«

»Das sind Verrückte. Sie sind ...«

»Und dein Präsident, ist das vielleicht keiner? Nein, wir müssen mit den Familien zusammenarbeiten. Aber vielleicht müssen wir nicht mit Ruy zusammenarbeiten.« Die letzten Worte sagte sie kalt, während sie in Ruys Bündel griff und seine Handwaffe herausnahm.

»Ihr werdet keine ruhige Minute mehr haben, wenn ihr mich umbringt«, sagte Ruy unbeeindruckt.

Mingolla nahm Debora die Waffe ab und richtete den Lauf auf Ruys Leistengegend. »Wir werden sehr wahrscheinlich ohnehin keine ruhige Minute mehr haben.«

Ruy konnte den Blick nicht von der Waffe wenden.

»Erzähl mir noch was über Panama«, sagte Mingolla.

»Du benimmst dich wie ein Narr«, sagte Ruy. »Töte mich doch, dann werden sie nicht aufhören, dir das Leben schwer zu machen.«

Mingolla ließ ein verunglücktes Lachen vernehmen. »Du kannst mich ruhig verantwortungslos nennen.« Er entsicherte die Waffe. »Los, erzähl mir was, Ruy, oder ich schieße dir deinen besten Teil in Fetzen!«

»Was möchtest du wissen?«

»Damals auf dem Schiff hast du etwas von Armeen in Barrio Clarín erwähnt. Armeen, die die Kämpfe ausfochten, wenn die Familien sich wieder mal in die Haare gerieten. Laß uns was davon hören!«

Ruys Worte kamen stoßweise, seine Augen waren immer noch auf die Waffe fixiert. »Die Armee, ja ... es sind ungefähr tausend, vielleicht auch mehr. Wir hatten keine Wahl, verstehst du. Wir konnten nicht anders, als uns gegenseitig umzubringen, die Wellen der Leidenschaft schlugen so hoch. Wir mußten irgend etwas tun.«

»Beruhige dich«, sagte Debora. »Laß dir Zeit!«

»Wird er schießen?«

»Man weiß nie, was er tun wird«, sagte sie. »Jetzt also zu diesen Armeen.«

»Sie sind angeschlagen, sie sind hoffnungslos angeschlagen. Es sind die, deren Geist zum größten Teil zerstört ist.«

»Was heißt ›angeschlagen‹?« fragte Mingolla.

»Angeschlagen von Leuten wie dir ... und mir. Ihr Geist ist durch zu viele Kontakte in Mitleidenschaft gezogen. Du weißt schon. Wie die Menschen in Roatán bei dir am Hotel. Nur daß sie noch viel mehr heruntergekommen sind. Sie können kaum noch ohne Hilfe Nahrung aufnehmen.« Ihre starren Blicke machten Ruy noch nervöser. »Wir hatten keine Wahl, versteht ihr das nicht? Wenn wir uns nicht ihrer bedient hätten, dann hätten wir uns immer weiter gegenseitig umgebracht und es hätte keine Chance für einen Frieden zwischen uns gegeben. Wir sind nicht stolz darauf, das könnt ihr mir glauben! Aber es funktioniert. Ich schwöre euch! Seit mehr als einem Monat hat es keinen Kampf mehr gegeben.«

»Du lieber Gott«, sagte Debora.

»Wir geben ihnen keine Waffen«, sagte Ruy schwach. »In Barrio Clarín sind keine Waffen gestattet.«

»Meine Güte, das ist ja toll von euch.« Mingolla zielte mit dem Lauf auf Ruys Brust.

Ruys Stimme brach. »Tu das nicht!«

Die Waffe schien in Mingollas Hand immer schwerer zu werden, und er war versucht, sie um eine Kugel zu erleichtern. Aber Ruy war lebend mehr wert. Wenn sie ihre Kraft vor ihm verbergen konnten, könnte er zu ihren Gunsten aussagen, wenn sie in Panama ankämen; er könnte Izaguirre und dem Rest bestätigen, daß Mingolla und Deobra zwar stark seien, aber durchaus beherrschbar. Mingolla war über sich selbst überrascht, daß er Debora gegenüber nicht heftiger den Standpunkt vertreten hatte, ihre Reise nicht fortzusetzen, und er erkannte, daß der Grund dafür sein Zorn auf die Sotomayors und Madradonas war. Es war ihm rätselhaft, wie Zorn ein solches Gewicht haben konnte, aber die Stärke der Empfindung reichte aus, um ihn zufriedenzustellen, um die Notwendigkeit einer Selbstanalyse zu untermauern.

»Ich werde dich am Leben lassen, Ruy«, sagte er. – »Glücklich?«

Ruy behielt sein feindseliges Schweigen bei.

»Aber wir ziehen dir die Reißzähne.« Er hob Ruys Gewehr hoch und klemmte es sich unter einen Arm. »Es hat keinen Sinn, dich bewaffnet und so herumlaufen zu lassen, als ob du erwachsen wärst.«

»Du hast . . .« Ruy unterbrach sich gleich wieder.

»Was wolltest du sagen, Mann?«

»Nichts.«

»In deinem Kopf spuken niederträchtige Gedanken

rum, Ruy. Das merke ich.« Mingolla stieß mit dem Gewehrlauf gegen Ruys Knie. »Los, Mann, spuck's aus!«

Ruy starrte ihn an.

»Also ...«

Mingolla ging in die Hocke und bewegte den Lauf vor Ruys Brust hin und her. »Wann immer du das Gefühl hast, daß du reden möchtest, tu dir keinen Zwang an.« Er legte einen Arm um Debora. »Versuch es allerdings während des Tages zu erledigen, wenn's geht. Nachts sind wir anderweitig ziemlich beschäftigt.«

Nach diesem Gespräch erfuhr die Art von Ruys Hingabe an Debora eine Wandlung. Er ging dazu über, sie mit glühenden Blicken und schmachtendem Gesichtsausdruck zu verfolgen, Gedichte in ein Notizbuch zu kritzeln und seine Umgebung mit leeren Augen anzustarren: die vollendete Darbietung von Liebeskummer. Es war, als ob mit der Preisgabe seiner wahren Natur auch der lächerliche Kern seiner Leidenschaft bloßgelegt worden wäre. Nichts anderem als Debora galt sein Interesse, und obwohl Mingolla dankbar war für Ruys Schlaffheit, die seiner früheren Aggressivität unbedingt vorzuziehen war, war ihm klar, daß er auf seine Hilfe beim Überwinden der Wildnis nicht mehr zählen konnte. Ruy antwortete Mingolla einsilbig oder gar nicht, und auch wenn sie auf ernste Hindernisse stießen – Hindernisse wie die Stadt Tecolutla – stellte er totales Nichtbetroffensein zur Schau und zuckte als Antwort auf Mingollas Fragen höchstens die Achseln und sagte, ihm wäre es egal, was er täte.

Mingolla wollte nicht nach Tecolutla hinein. Schon von dem pinienbewachsenen Hügelkamm aus spürte er, daß der Ort Feindseligkeit ausstrahlte, und ein Blick durch sein Fernglas widerlegte diesen Eindruck nicht. Die Stadt war groß für einen Ort des Hochlandes, sie breitete sich auf der Ebene zwischen zwei Hügeln aus, und ihr markantester Punkt war eine Kathedrale aus verwittertem grauen Stein mit geneigten, rankenüberwucherten Glockentürmen, die aussahen wie Schachspieler aus Grünzeug, deren Brett kurz davor stand, umgekippt zu werden. Die anderen Gebäude, die Wohnhäuser und Läden, waren nicht so eindrucksvoll, wenn auch genauso heruntergekommen – angekohlt, von Rissen durchzogen und von Schlingpflanzen überwuchert –, und unter dem dünnen Nebel, der das Tal ausfüllte, machte die Stadt einen körperlosen Eindruck, als ob sie gerade aus der Existenz verblaßte oder darin auftauchte.

»Gibt keinen Weg drumrum«, sagte Tully. »Aber immerhin kriegen wir dort unten vielleicht'n bißchen Treibstoff.«

»Ich sehe überhaupt keine Bewegung.« Debora ließ das Fernglas sinken. »Wahrscheinlich ist sie verlassen.«

»Schon mal jemand hier gewesen?« Mingolla richtete die Frage an alle.

»Es ist ein indianischer Marktflecken.« Corazon deutete mit einem Nicken zu Debora hin. »Sie hat wahrscheinlich recht. Ich bezweifle, daß dort jemand lebt. Wenn die Indios mal einen Ort verlassen, dann kommen sie selten zurück.«

»Okay«, sagte Mingolla. »Wir wollen es untersuchen.«

Sie durchkreuzten zweimal die ganze Stadt, bevor sie es wagten anzuhalten; sie brausten durch die verlassenen Straßen, die Gewehre in den Wagenfenstern im Anschlag, und der Motor des Bronco dröhnte in der Stille unglaublich laut. Schließlich fuhren sie zu der Kathedrale, deren Vorderseite auf einen halbzerfallenen Brunnen auf dem Hauptplatz blickte. Die Türen der Kathedrale waren massiv und standen einen Spalt breit offen; das Holz war dunkel und mit Eisen beschlagen wie die Tore eines altertümlichen Gefängnisses, als ob der Gott der Katholiken etwas sei, das man unter Verschluß halten mußte. Der Platz war mit Pflastersteinen belegt, in deren Ritzen Unkraut hervorsproß, und gegenüber der Kirche lag der rosafarbene Zuckerbäckerbau eines Hotels, dessen Fassade wie ein Zirkuszelt die Aufschrift schmückte: HOTEL CANCION DE LAS MONTANAS. Einige verrostete Tische und zerfetzte Sonnenschirme standen davor, die Überreste eines Straßencafés.

»Manchmal ham solche Hotels Generatoren«, sagte Tully. »Gibt vielleicht 'n bißchen Treibstoff irgendwo.«

Den üppigen Stoffbehängen, der Größe der Empfangstheke und dem Silberstreifen in der Samttapete nach zu urteilen, mußte das Hotel einst für die Wohlhabenden dagewesen sein, aber jetzt beherbergte es nur noch Eidechsen und Insekten. An tausend Stellen raschelte es, als sie die Eingangshalle betraten; ihre Schritte lösten überall Staubgeriesel an den Mauern aus. Als sie in der Halle weitergingen und an einem von Schmarotzerpflanzen überwucherten Aufzugschacht vorbeikamen, wandte sich Mingolla um und wollte etwas zu Tully sagen, und dabei stellte er fest, daß Corazon fehlte. Er fragte, wo sie sei, aber Tully hatte ihre Abwesenheit gar nicht bemerkt und hatte keine Ahnung.

»Ich hol' sie«, sagte er.

»Nein, das mache ich.« Mingolla wollte zum Eingang zurückgehen, aber Tully packte ihn.

»Was'n los, Mann? Wahrscheinlich läuft se bloß 'n bißchen rum.«

»Vielleicht«, sagte Mingolla.

»Du kannst ihr vertrauen«, sagte Tully.

»Wer sagt denn, das ich das nicht tue?«

»Dein Gesicht sagt das, Mann.«

Mingolla befreite sich aus Tullys Griff. »Ich seh' mal nach. Such du weiter nach Treibstoff!«

»Sie führt nix im Schilde!« sagte Tully, aber Mingolla winkte ab und rannte hinaus auf den Platz. Corazon stand vor den Türen der Kathedrale und spähte hinein. Er rief ihren Namen, und sie zuckte zusammen.

»Du hast mich erschreckt«, sagte sie, als er auf sie zuging.

»Warum hast du dich davongeschlichen?«

»Ich wollte in die Kirche sehen.«

Die Rose in ihrem Auge erschien ihm – wie schon in der ganzen letzten Zeit – als ein Sotomayor-Zeichen, ein geschicktes Symbol für Macht und Verrücktheit. »Wer bist du?« fragte er.

»Niemand.«

»Mich interessiert deine gottverdammte Philosophie nicht. Ich will wissen, was du treibst ... für wen du arbeitest.«

Sie starrte ihn ausdruckslos an.

»Ich traue dir nicht«, sagte er. »Es wäre also besser, du würdest mir etwas erklären.«

»Wenn du etwas erfahren willst«, sagte sie, »warum siehst du dann nicht einfach in mich hinein. Du bist doch stark genug zu tun, was du willst.«

»Das habe ich schon gemacht.«

Sie sah verblüfft aus.

»Auf dem Schiff schon«, sagte er. »Ich habe dich einige Male unter die Lupe genommen. Du schienst okay zu sein. Aber es könnte sein, daß in dir Dinge verborgen sind, die sich mir entziehen. Fallen. Befehle. Dinge, von denen nicht einmal *du* etwas weißt.«

»Na also, wenn ich selbst nichts davon weiß, dann kann ich dir auch nicht helfen.« Sie schob die Tür weiter auf. »Ich geh' jetzt rein.«

Er folgte ihr ins Mittelschiff, und sie standen sich vor einem Taufbecken von Angesicht zu Angesicht gegenüber. In der dämmerigen Beleuchtung schien die Rose tief in ihrem Schädel herumzuschweben, und das Ende ihres Zopfes, das ihr seitlich über eine Schulter hing, schien sich in einen tintenfarbenen Schatten aufgelöst zu haben. »So, jetzt erzählt mir was von dir!« sagte er.

»Mach dir keine Sorgen«, sagte sie. »Ich stelle mit Tully nichts an.«

»Was tust du dann?«

»Ich lebe nur.«

Mingolla dachte über ihr auf das Minimale beschränktes Wesen nach und verglich sie mit Nate und Don Julio und Amalia. Es schien durchaus wahrscheinlich, daß sie das gleiche war wie jene, ein zerbrochenes Spielzeug, und die Tatsache, daß sie dem Minimalismus als Ideologie anhing, wäre genau die Art von Verwicklung, die Izaguirre bei seinen Geschöpfen anzuwenden beliebte. Aber er konnte nicht sicher sein, und moralische Hemmungen hinderten ihn immer noch bei seiner Beurteilung; er konnte nicht aufgrund reinen Verdachtes handeln, schon gar nicht, wenn es um Tullys Gespielin ging.

Corazon schob die inneren Türen auf, und Mingolla huschte hinter ihr her; ein aufdringlicher Fäkaliengestank reizte ihn zum Würgen. Grunzende, gackernde Geräusche. Er wollte Corazon gerade noch eine Frage stellen, doch dann bemerkte er, daß der Altar von vier Kandelabern beleuchtet war: eine Insel des Lichts, die in schwarzer Leere schwebte und deren Mittelpunkt ein filigran gearbeitetes Silberkreuz bildete, groß genug, um daran ein Kleinkind zu kreuzigen. Flügel schlugen über ihren Köpfen, und hinter sich hörten sie ein widerhallendes Knallen: die Außentüren waren zugeschlagen worden und wurden verriegelt. Das Scharren von Schuhen auf rauhem Stein ganz in der Nähe, und dann versuchte jemand, Mingolla das Gewehr zu entreißen. Doch es gelang ihm, es dem Zugriff des anderen zu entwinden; er hörte trippelnde Schritte davoneilen und duckte sich hinter einen Betstuhl. Als er seinen Geist in die Dunkelheit aussandte, traf er auf mehrere Wesen. Vielleicht ein Dutzend. Er hätte sie alle lahmlegen können, aber er wollte seine Begabung nicht vor Corazon zur Schau stellen. Er hob das Gewehr und schoß einen Feuerstoß in die Luft.

»Nicht!« Corazon zerrte an dem Gewehr. »Hier drin gibt es nichts Schlechtes. Das fühle ich.«

Er schüttelte sie ab und schoß einen zweiten Feuerstoß in die Luft. »Ich möchte, daß hier drin Licht gemacht wird!« schrie er. »Oder ihr könnt eure Eingeweide einsammeln.«

»Bitte!« sagte Corazon. »Fühlst *du* es nicht? Hier ist keine Gefahr.«

»Nicht schießen!« Eine männliche Stimme, die Englisch sprach, ertönte irgendwo in der Nähe des Altars.

»Dann macht die verdammten Lichter an.«

»Schon gut, schon gut ... einen Moment!«

... David ...

Deboras Stimme in seinem Geist.

... Bei mir ist alles okay ... bleib, wo du bist!

... Was geht da vor ...

... Ich weiß noch nicht ...

... David! ...

... Gedulde dich ein bißchen ...

»Los, beeilt euch mit dem Licht!« schrie Mingolla.

»Wart'n Moment, ja?«

Die Stimme, so erkannte Mingolla, sprach Amerikanisch ... und zwar nicht einfach Amerikanisch, sondern sie hatte einen ausgeprägten New Yorker Akzent.

Düsteres Licht von Leuchtern entlang den Wänden durchflutete die Kirche, wobei die gewölbte Decke im Schatten blieb, und obwohl Mingolla erwartete hatte, etwas Ungewöhnliches zu sehen, so war er doch auf den unglaublich verdreckten Zustand der Kirche nicht vorbereitet. Stroh lag auf dem Boden verstreut, Haufen von Tierexkrementen überall, und Vogelkot sprenkelte die Bänke. Schwalben schwebten im Gleitflug über ihn hinweg und im Sturzflug zwischen den gewaltigen Pfeilern hindurch, leuchteten im Schein der Lampen auf und verschwanden. Im Mittelgang lagen zwei Schweine aneinandergerollt, ein schwarzer Hahn pickte in einer Erdritze zwischen den Steinen, und eine Ziege spazierte den Altargang entlang. Niemand war zu sehen, aber

Mingolla spürte, daß sich jemand zwischen den Bänken versteckte.

»Herrje!« sagte Corazon.

Ein Priester in einer schwarzen Soutane kam aus dem Eingang zu einem Seitenaltar etwa fünfzehn Meter von ihnen entfernt in der östlichen Wand und näherte sich ihnen zögernd. Er war dürr und hatte schulterlanges graues Haar. Selten hatte Mingolla ein derart sonderbares Antlitz gesehen. Seine Gesichtszüge waren straff und sein Fleisch war fest, jugendlich, doch seine Haut hatte Falten und Furchen wie bei jemandem, der gut über sechzig war: wie ein Schauspieler, der für die Rolle eines alten Mannes geschminkt war. Er trug eine Halskette aus weißen Steinen, in die Zeichen eingeritzt waren, und er fuhr mit den Fingern daran entlang, als wäre sie ein Rosenkranz.

»Bitte«, sagte er. »Ihr könnt hier nicht bleiben.«

Mingolla machte mit dem Gewehr eine Bewegung in Richtung der Bänke. »Sag den anderen, daß sie aufstehen sollen.«

»Sie haben Angst«, sagte der Priester. »Es sind alles Mädchen.«

»Allzugroß kann ihre Angst nicht sein«, sagte Mingolla. »Eine hat versucht, mir das Gewehr wegzunehmen.«

»Sie versuchen nur, mich zu beschützen.«

Mingolla machte wieder eine Bewegung mit der Waffe. »Sag's ihnen!«

Der Priester rief etwas auf Spanisch, und ein Mädchen nach dem anderen erhob sich. Sie waren alle jung, keine zwanzig, und mehrere waren schwanger. Sie trugen weiße Baumwollkutten. Mit ihrer dunklen Haut, dem schwarzen Haar und den starren Gesichtern hätten sie alle Schwestern sein können.

»Was ist das hier für eine Geschichte?« fragte Mingolla.

»Ha! Ich erzähl' dir, was das für eine Geschichte ist!«

Corazon bohrte einen Finger fast in das Gesicht des Priesters. »Dieser Scheißkerl hat den Frauen lauter Lügen verzapft, damit sie sich für ihn hinlegen.«

»Nein, das ist nicht ...«

»Erzähl mir keine Lügen nich'!« sagte Corazon. »Ich bin von solchen Bastarden, wie du einer bist, großgezogen worden. Die beschissene katholische Kirche hat doch die Leute verarscht, seit es sie hier gibt!«

»Ich kann nicht leugnen ...«, setzte der Priester an.

»Nein, gottverdammich, das kannst du bestimmt nicht!« Corazon machte ein paar Schritte zurück.

Mingolla war weniger interessiert an der Erklärung des Priesters als an Corazons untypischem Gefühlsausbruch, aber er sagte: »Laß ihn doch mal reden!«

»Ich kann die Exzesse der Kirche nicht leugnen«, sagte der Priester. »Doch vor dem Krieg haben wir auf der Seite des Volkes gekämpft.«

Corazon schniefte.

»Aber ich versichere euch, ich nutze die Mädchen nicht aus.« Er machte eine Geste der Hilflosigkeit. »Hier geht etwas vor sich ... etwas Außerordentliches. Es ist schwer zu erklären.«

»Darauf möcht' ich wetten«, sagte Corazon.

»Wer ist der Vater?« Mingolla deutete auf die schwangeren Mädchen.

»Ich«, sagte der Priester. »Aber ...«

»Was hab' ich gesagt?« Corazon näherte sich dem Priester wieder auf Brustnähe. »Diese *heiligen* Männer ... ich kenne welche, die vögeln alles, was sich bewegt. Frauen, Jungen.« Sie schob ihr Gesicht auf Nasenlänge zu dem des Priesters. »Tiere!«

Irgend etwas an Corazons Heftigkeit klang in Mingollas Ohren unecht. Es war, als ob sie für ihn eine Schau abzöge, eine Darbietung ihrer Menschlichkeit gab, ihrer unverdorbenen Seele. Und vielleicht war es das, wovor ihn sein ungutes Gefühl bei diesem Ort warnen wollte. Nicht, daß die Gefahr einer körperlichen Verletzung bestanden hätte, sondern daß er auf Izaguirres Machenschaften hereinfallen könnte.

»Du bist aus New York, stimmt's?« sagte Mingolla.

Der Priester sah ihn einen Moment lang ausdruckslos an, dann nickte er. »Brooklyn.«

»Ich bin aus Long Island.«

»Ich kann mich kaum an die Stadt erinnern«, sagte der Priester geistesabwesend. »So viel ist inzwischen geschehen.«

»Yeah? Zum Beispiel? Und was geschieht hier?«

... David ...

... alles in Ordnung ... komme gleich raus ...

Der Priester stieß einen Seufzer aus. »Vielleicht stimmt es, was sie über mich sagt.« Er nickte zu Corazon hin. »Vielleicht baue ich mir nur eine Rechtfertigung auf dafür, daß ich die Gesetze des Zölibats nicht einhalte. Ich wäre nicht der erste Priester, der unter Selbsttäuschung leidet.«

»Selbsttäuschung ... Blödsinn!« sagte Corazon. »Der Kerl leidet nicht unter Selbsttäuschung, der ist nur geil auf kleine Mädchen.«

»Aber selbst wenn es sich um Selbsttäuschung handelt«, fuhr der Priester fort, »so hat sie doch eine gewisse Substanz. Dieser Ort«, er sah zur Decke hinauf und verfolgte mit den Augen den Flug der Schwalben, »die Fundamente sind aus einem gewaltigen Felsbrokken gehauen, dem die Indios magische Eigenschaften zuschreiben. Vielleicht ist es wahr. Gleich als ich hierherkam, spürte ich Leben in diesen Steinen. Sie scheinen das Leben anzuziehen. Wie die Schwalben. Generationen von ihnen haben diese Mauern schon nicht verlassen.«

»Gibt viele Kirchen wie die hier«, sagte Corazon.

»Sicher, aber die Schwalben hier ...« Der Priester winkte ab. »Ihr würdet mir ja doch nicht glauben.«

»Darauf kannste deinen Arsch verwetten«, sagte Corazon.

»Halt's Maul!« fuhr Mingolla sie an.

»'nen Scheiß werd' ich! Du kennst diese Bastarde nicht!«
Sie wollte noch mehr sagen, aber Mingolla schnitt ihr
das Wort ab und bat den Priester, weiterzureden.

»Habt ihr jemals die Wandgemälde gesehen, die man
hier macht?« fragte der Priester. »In Bars und Hotelhallen? Da gibt's alles, Ozeandampfer und Vulkane und
Rennwagen und Jesus, und alles ist im gleichen Stil gemalt. Zunächst erscheint das zusammenhanglos, zufällig. Doch ich bin zu der Ansicht gelangt, daß diese Erscheinung das Herzstück eines religiösen Verschmelzungsprozesses ist, der in dieser Region stattfindet.
Man kann ihn – diesen Prozeß – in allen Bereichen des
Lebens beobachten, und ich glaube, all das ist nur die
Spiegelung von etwas viel Wichtigerem, das den gleichen Prozeß durchmacht.«

»Und was ist das?«

»Gott ... oder zumindest die Idee Gott.« Der Priester
hob eine Hand, als wollte er Hohn und Spott abwenden. »Ich weiß, ich weiß! Das klingt absurd, wahnwitzig. Aber wir – die Mädchen und ich – erleben diesen
Prozeß jeden Tag, das Verschmelzen der christlichen
Religion mit indianischem Geisterglauben.« Er sprach
schnell weiter, um Corazon daran zu hindern, ihn zu
unterbrechen. »Ihr müßtet hierbleiben, um zu verstehen, um die Wahrheit meiner Worte zu erkennen. Aber
ihr müßt mir glauben! Ich habe die Mädchen zu nichts
gezwungen ... wenigstens nicht wissentlich. Es hat sie
hierher gezogen, genau wie es mich dazu gezogen hat,
mein Zölibatsgelübde zu mißachten. Gezogen durch
Träume, Stimmen, Zeichen. Das Muster des neuen Gottes formt sich in uns. Heidnisch und gütig.« Er berührte
seine Halskette und murmelte etwas in einer Sprache,
die Mingolla nicht kannte. Er deutete auf die Mädchen.
»Fragt sie, wenn ihr wollt. Sie werden es bestätigen.«

»Natürlich werden sie das«, sagte Corazon. »Sie haben 'ne Scheißgehirnwäsche durchgemacht.«

»Was hat es mit deinem neuen Gott auf sich?« fragte Mingolla.

»Das ist noch nicht klar«, sagte der Priester. »Wir fügen immer wieder neue Teile zu dem Bild hinzu, und eines Tages wird es vollendet sein. Aber ...«

»Was für ein Bild?«

»Hier, ich zeige es dir.«

Der Priester setzte sich entlang des Ostgangs in Bewegung und winkte ihnen, worauf sie ihm in den Seitenaltar folgten. Hinten in dem Altar stand auf einem Sockel in Kopfhöhe, angestrahlt von mehreren Reihen von Kerzen davor, eine Statue der Jungfrau in doppelter Lebensgröße, gekleidet in ein steifes vergoldetes Gewand, dessen Faltenwurf wie ein goldener Lavastrom aussah. Edelsteine schmückten das Mieder, und an ihrem Hals hing ein goldenes Kreuz. Spinnweben verbanden die Statue mit den Wänden, zarte, vergängliche Stützen, die in der von den Kerzen aufsteigenden Hitze leicht schwankten, und ein Käfer kroch über die geschnitzte Stirn. In ihrer linken Hand war ein Messer festgebunden, und in der rechten hielt sie ein Bündel blühender Gräser. In der dämmerigen Beleuchtung wirkte sie gespenstisch und verfallen, obwohl eine Art von organischer Großartigkeit von ihr ausging; Mingolla hatte den Eindruck, daß die Bewegung der Spinnweben und die huschenden Schatten, die die Kerzen an die Wände warfen, von einem nicht wahrzunehmenden Atem herrührten.

»Ihr habt jetzt alles gesehen, was es zu sehen gibt«, sagte der Priester. »Würdet ihr jetzt gehen ... bitte?«

»Warum willst du uns so schnell loswerden?« fragte Corazon. »Was verbirgst du?«

»Nichts, absolut gar nichts. Aber ihr stört den Prozeß. Wir brauchen die Abgeschiedenheit, wir müssen uns auf den Aufbau konzentrieren.«

»Ich denke, wir könnten jetzt wirklich gehen«, sagte Mingolla.

»Unternimmst du nichts wegen dieser Frauen?« Corazon war fassungslos.

»Was soll ich denn tun?«

»Hol sie hier raus! Bring sie weg von diesem geilen Bock!«

Mingolla machte kehrt, um in den Hauptteil der Kirche zurückzugehen, da sah er, daß sich die Mädchen am Eingang zum Seitenaltar versammelt hatten. »Na, meine Damen, gefällt es euch hier?« fragte er. »Oder habt ihr Lust mitzukommen?«

Sie wichen zurück, schweigend, und ihre Augen waren hart wie Obsidian.

»Ich nehme an, sie sind ganz glücklich«, sagte Mingolla.

»Danke«, sagte der Priester.

»Du weißt ja nicht, was du tust!« Corazon wackelte mit dem Finger vor Mingollas Gesicht. »Diese Scheißpfaffen – die sind verrückt! Sie vertiefen sich so sehr in Gott, daß sie schließlich denken, sie sind selbst Gott. Daß sie alles über Gott wissen. Und dann machen sie mit dir, was sie wollen. Ich weiß das!«

»Warum weißt du das so genau?«

Corazon holte tief Luft. »Als ich klein war, dreizehn, nahm mich der Pfarrer immer mit in seine Wohnung ... gab mir besondere Anweisungen und sagte, wenn ich nicht folgte, würde er es meiner Mama sagen. Er sagte, er sähe etwas Spirituelles in mir. Zuerst hat er mir was von den Mysterien erzählt. Aber dann hat er mir was gezeigt. Die Mysterien! Pah! Nach einem Jahr wußte ich mehr über diese Mysterien als die meisten verheirateten Frauen.«

Mingolla fand, daß sie sich ziemlich überzeugend anhörte, und wenn das, was sie sagte, wahr war, dann würde das vieles an ihr erklären. Aber er konnte es nicht schlucken. Es kam zu plötzlich, daß sie sich ihm öffnete, und es war zu verdächtig, daß es genau zu dem Zeitpunkt geschah, als er das Vertrauen in sie verloren hatte. Am besten wäre es, impulsiv zu handeln und sie loszuwerden. Aber dann, das war ihm auch klar, bekäme er es mit Tully zu tun, und das wollte er nicht. Er könnte sich schließlich auch täuschen, und selbst wenn er sich nicht täuschte, wäre sie keine ernsthafte Gefahr, solang er ein Auge auf sie hielt.

Er achtete nicht auf ihr Schimpfen und Toben, sondern schob sie vor sich her auf die Haupteingangstür zu.

»Geht mit Gott«, sagte der Priester und lachte dann. »Oder mit wem auch immer.«

Mingolla hielt im Eingang inne und sah zu ihm zurück; ein plötzliches Gefühl der Sympathie für einen, der ebenfalls aus New York stammte, stieg in ihm auf. »Mir kommt das ganz schön komisch vor, weißt du das, Mann?« sagte er.

»Manchmal geht es mir auch so«, sagte der Priester. »Aber ...« – er zuckte die Achseln und grinste – »ich kann nicht aus meiner Haut.«

»Also ... alles Gute dann.«

»Hey«, sagte der Priester. »Wie machen sich die Mets?«

»Ich hab' mit denen nichts am Hut, ich bin 'n Yankee-Fan.«

Der Priester setzte ein strenges Gesicht auf. »Gotteslästerer«, sagte er, und dann schloß er mit einem freundlichen Winken die Tür hinter ihnen.

Bald sahen sie den Krieg am Himmel, gespenstisches Sonnenuntergangsglühen zeigte sich zu jeder Tageszeit, wenn Wirbel aus rosafarbenem und goldenem Licht die Wolken färbten. Die Leute in dem Dorf, in dem sie Treibstoff kauften, erzählten ihnen, daß sich die Kampfzone viele Kilometer weit erstreckte und daß es keinen Weg gäbe, sie zu umgehen. Daß der Krieg so hübsche Erscheinungen hervorrufen konnte, machte die Aussicht, ihm zu begegnen, auch nicht weniger bedrohlich, doch sie konnten nichts anderes tun als weiterzufahren. Der Dschungel wurde weniger dicht, die Zeichen von Kampfhandlungen immer deutlicher. Einmal kamen sie an einen grasbewachsenen Abhang, über den Dutzende von gelblichbraunen Formen verstreut lagen, die aus der Ferne wie die Fußstapfen eines Riesen aussahen, aber bei näherem Hinsehen entpuppten sie sich als ausgetrocknete Leichen, die flachgedrückt worden waren, vielleicht durch darüberfahrende Panzer; die Gesichter waren augenlose Masken und die Hände gespreizt wie bei den Männchen aus Knetmasse, die Mingolla als Kind geformt hatte. Keine Tagesreise davon entfernt stießen sie auf ein Massengrab, das man offen gelassen hatte, und am Abend des gleichen Tages erreichten sie den Fuß eines Vulkans, der sich mitten zwischen weitläufigen Reihen von Mahagonibäumen erhob. Mingolla entdeckte hoch oben in den Bäumen große Holzplattformen, und als er den Bronco zwischen den Stämmen hindurchsteuerte, sah er, wie sich vor ihnen Männer an Seilen aus den Baumwipfeln herabließen. Obwohl die Männer dem Anschein nach unbewaffnet waren, entsicherte er sein Gewehr und sagte Debora, sie solle anhalten. Er und Tully und Debora stiegen aus und richteten die Gewehre auf die beiden Männer, die auf sie zukamen.

»Hallo!« rief einer von ihnen. Es war ein glatzköpfiger, stämmiger Amerikaner Mitte der Fünfzig, bekleidet mit Shorts und einem zerknitterten Khakihemd mit einem Generalsstern am Kragen; aus seinem Gesicht sprach die Art von gesunder Offenheit, die Mingolla mit Pfadfinderführern und Jugendlagerleitern in Verbindung brachte. Sein Begleiter war ein Indio, älter, faltiger, der Jeans und ein Mickymaus-T-Shirt anhatte. »Mein Gott, es ist wirklich schön, mal auch andere Gesichter zu sehen«, sagte der stämmige Mann. »Wohin seid ihr unterwegs?«

»Nach Panama«, sagte Debora.

»Nun, dann müßt ihr die Nacht über ja hierbleiben, nicht?« sagte der Amerikaner. »»Ich heiße Blackford. Frank Blackford, US-Army, im Ruhestand. Und dies ...« – er deutete auf den Indio – »ist Gregorio, mein Schwager. Man kann sagen, wir sind die Co-Bürgermeister in unserer kleinen Gemeinde. Kommt! Wir geben euch was zu essen und ...«

»Danke«, sagte Mingolla. »Aber wir möchten noch ein paar Kilometer hinter uns bringen, bevor es dunkel wird.«

Blackfords freundliche Heiterkeit verpuffte. »Das geht nicht. Ihr würdet in große Gefahr geraten.«

»Wieso?« fragte Tully.

Gregorio murmelte etwas in seiner Sprache. Blackford nickte und sagte: »Es gibt ziemlich große Tiere hier in der Gegend. Nachtschwärmer, und sehr grimmig. Waffen richten nicht viel gegen sie aus. Darum haben wir uns auch in die Höhe verzogen.«

»Was für Tiere?« fragte Debora.

»*Malo*«, sagte Gregorio. »*Muy malo.*«

»Das ist eine lange Geschichte«, sagte Blackford. »Also hört zu, ihr kommt heute nicht mehr viel weiter. Ihr kämt dann genau mitten rein in die gefährlichste Gegend. Warum bleibt ihr nicht bei uns, dann erzähle ich euch davon.«

Er schien sich echte Sorgen um sie zu machen, aber Mingolla, der kein Risiko eingehen wollte, verstärkte seine Sorge und die Gregorios. »Na gut«, sagte er. »Was machen wir mit dem Wagen?«

»Dem passiert hier nichts.« Blackford schmunzelte. »Das Biest hat keine Verwendung dafür.«

»Das Biest?« Debora warf Mingolla einen beunruhigten Blick zu.

»Verrückte Scheißkerle!« zischte Tully mit angehaltenem Atem zwischen den Zähnen hervor.

Blackford hatte es dennoch gehört. »Verrückt vielleicht. Aber am Leben! Am Leben! Und in diesen Zeiten ist das der einzige Geisteszustand, den man anstreben sollte.«

Vom Rand einer Holzplattform, die um den Stamm eines Mahagonibaumes herum errichtet worden war, konnte Mingolla durch die Zweige hindurch weitere Plattformen sehen. Holzkohlenfeuer in eisernen Feuerschalen glommen wie geschliffene orangefarbene Juwelen zwischen den Tupfen der dunkelgrünen Blätter; Frauen kauerten daneben, und Kinder saßen in kleinen, an den Stamm angebauten Baumbuden. Der leichte Wind trug den Geruch nach Essen mit sich, der sich mit dem frischen Duft der Bäume vermischte. Männer glitten an einem System von Seilen von Plattform zu Plattform, wobei sie sich manchmal in der Luft begegneten. Direkt unter ihnen quoll Wasser wie ein silberner Fisch aus dem ausgezackten Ende eines Rohrs und ergoß sich in eine Rinne, die von Baum zu Baum führte; irgendwo in der Nähe hörte man das dumpfe Schlagen einer Pumpe. Die Luft war befrachtet mit Gesprächsfetzen und Babygeschrei. Die Plattform, auf der Mingolla stand, hatte ein Dach aus verflochtenen Zweigen, und die Möblierung bestand aus Liegen und Kissen. In einer Ecke hingen ein verblaßter grüner Kampfanzug und ein Helm, und als sie ihr Mahl aus Bohnen und Reis, serviert auf Bananenblättern, verzehrt hatten, fragte Mingolla Blackford nach dem Anzug.

»Der gehört mir«, sagte Blackford.

»Ich wußte gar nicht, daß Generäle aktiv am Kampf teilnehmen«, sagte Mingolla.

»Das tun sie auch nicht«, bestätigte Blackford. Er schnipste mit dem Finger gegen seinen Kragen mit dem Stern. »Das bekommt man für fünfundzwanzig Jahre Dienst als Quartiermeister. Der Anzug ...« – er schien nach dem passenden Wort zu suchen – »war Teil einer Phantasie, der ich einst nachhing. Und jetzt tut er gute Dienste.«

»Warum lebt ihr Leute denn wie die Scheißvögel?«
wollte Tully wissen. Er saß an den Baumstamm gelehnt
da und hatte den Arm um Corazon gelegt. Ruy lag auf
einer Liege und blickte unverwandt Debora an, die mit
überkreuzten Beinen neben Mingolla saß. Dunkelheit
senkte sich langsam über das Dorf in den Bäumen, und
durch die Lücken im Laub hindurch konnte man ein
paar Sterne sehen; im Westen leuchteten unter einem
Ast die letzten Strahlen des Sonnenuntergangs wie ein
Neonstreifen am Horizont.

Blackford streckte die Beine aus und nahm einen
Schluck aus einer Rumflasche. »Die meiste Zeit, die ich
hier unten verbracht habe«, sagte er, »war ich in Salvador stationiert. Ich war ein verdammt guter Organisa-
tor, aber absolut kein militärisches Talent, und das hat
mich immer gestört. Ich bildete mir jedoch ein, daß ich,
wenn sie mir nur eine echte Chance geben würden, genauso gut wie jeder andere unserer heldenhaften Jungs
sein könnte. Was war denn der Krieg anderes, so fragte
ich mich, als das Organisieren von Gewalt? Wenn ich in
der Lage war, Transporte und Verschiffungen zu organisieren, wäre ich dann im Kampf nicht genauso lei-
stungsfähig? Ich bewarb mich um eine Aufgabe an der
vordersten Front, aber immer wieder wurde ich abge-
wiesen, mit der Begründung, daß ich mehr leisten
könnte an der Stelle, wo ich war. Aber ich hörte, wie sie
sich über mich lustig machten. Bei der Vorstellung von
Frank T. Blackford im Kampf konnten sie sich kaputtla-
chen. Also faßte ich den Entschluß, es ihnen zu zeigen.«

Blackfords Seufzen wurde durch das plötzliche Erlö-
schen des Dämmerlichts im Westen untermalt. »Rückblickend muß ich erkennen, was für eine törichte Idee
das war. Ich glaube, ich war zu der Zeit ein echter Narr.
Zumindest war ich ein echter Ignorant, was den Krieg
betraf. Obwohl ich es hätte besser wissen müssen, betrachtete ich den Krieg als eine Gelegenheit, ein Gebiet,
wo sich Männer beweisen konnten. Um also meinen

Zwischendurch: ▬▬▬▬▬▬▬▬▬▬▬

▬▬▬▬▬▬▬▬▬▬▬▬▬▬▬▬▬▬▬▬▬
▬▬▬▬▬▬▬▬▬▬▬▬▬▬▬▬▬▬▬▬▬
▬▬▬▬▬▬▬▬▬▬▬▬
▬▬▬▬▬▬▬▬▬▬▬▬▬▬▬▬▬▬▬▬▬
▬▬▬▬▬▬▬▬▬▬▬▬▬▬▬▬▬▬▬▬▬
▬▬▬▬▬▬▬▬▬▬▬▬▬▬▬▬▬▬▬▬▬
▬▬▬▬▬▬▬▬▬▬▬▬▬▬▬▬▬▬▬▬▬
▬▬▬▬▬▬▬▬▬▬▬▬▬▬▬▬▬▬▬▬▬

▬▬▬▬▬▬▬▬▬▬ Ein schöner Anblick, der sich
Mingolla durch die Zweige des Mahagonibaumes hindurch bietet:
Holzkohlenfeuer in eisernen Feuerschalen glimmen wie geschliffene orangefarbene Juwelen... Und dann dieser Geruch nach Essen,
der über der Idylle lagert! ▬▬▬▬▬▬▬▬▬

▬▬▬▬▬▬▬▬▬▬▬▬▬▬▬▬▬▬▬▬▬
▬▬▬▬▬▬▬▬▬▬▬▬▬▬▬▬▬▬
▬▬▬▬▬▬▬▬▬▬▬▬▬▬▬▬▬▬▬▬▬
▬▬▬▬▬▬▬▬▬▬▬▬▬▬

▬▬▬▬▬▬▬▬▬▬▬▬▬▬▬▬▬▬▬▬▬
▬▬▬▬▬▬▬▬▬▬▬▬▬▬▬▬▬▬▬▬▬
▬▬▬▬▬▬▬▬▬▬▬▬▬▬▬▬▬▬▬▬▬
▬▬▬▬▬▬▬▬▬▬▬▬▬▬▬▬▬▬▬▬▬
▬▬▬▬▬▬▬▬▬▬▬▬▬▬▬▬▬▬▬▬▬
▬▬▬▬▬▬▬▬▬▬▬▬▬▬▬▬▬▬▬▬▬

▬▬▬▬▬▬ Da überkommt vielleicht auch den Leser das Verlangen nach einer kleinen Essenspause vor der nächsten spannenden
Episode des Romans. Er braucht nur ein wenig heißes Wasser und
5 Minuten Geduld – und schon wird ein köstlicher Duft den
Appetit auf die kleine Zwischenmahlzeit noch steigern... ▬▬▬▬

▬▬▬▬▬▬▬▬▬▬▬▬▬▬▬▬▬▬▬▬▬
▬▬▬▬▬▬▬▬▬▬▬▬▬▬▬▬▬▬▬▬▬
▬▬▬▬▬▬▬▬▬▬▬▬▬▬▬▬▬▬▬▬▬
▬▬▬▬▬▬▬▬▬▬▬▬▬▬▬▬▬▬▬▬▬

Zwischendurch: ▬▬▬▬▬▬▬▬▬▬▬
▬▬▬▬▬▬▬▬▬▬▬▬▬▬▬
▬▬▬▬▬▬▬▬▬▬▬▬▬▬▬

Die kleine, warme Mahlzeit in der Eßterrine. Nur Deckel auf,
Heißwasser drauf, umrühren, kurz ziehen lassen und genießen.
▬▬▬▬▬▬▬▬▬▬▬▬▬▬▬
▬▬▬▬▬▬▬▬▬▬▬▬▬▬▬
▬▬▬▬▬▬▬▬▬▬▬▬▬▬▬
▬▬▬▬▬▬▬▬▬▬▬▬▬▬▬
▬▬▬▬▬▬▬▬▬▬▬▬▬▬
▬▬▬▬▬▬▬▬▬▬▬▬▬

▬▬▬Die 5 Minuten Terrine gibt's in vielen leckeren Sorten –
▬▬▬▬▬▬▬▬▬▬▬▬▬▬ guten Appetit!

Mut unter Beweis zu stellen, ließ ich einige Beziehungen spielen und verschaffte mir den vorübergehenden Befehl über eine Kampfeinheit in Nicaragua, eine der im Feindgebiet operierenden Erkundungspatrouillen. Das Ganze geschah unter einem Decknamen. Ich stand kurz vor einem R & R, und mein Plan war, die Patrouille zu übernehmen und etwas Großartiges zu leisten. Etwas Unmögliches. Und dann nach Salvador zurückzukehren und den Bericht über meinen Einsatz meinen Vorgesetzten unter die Nase zu halten. Nun, nach drei Tagen im Feld verlor ich ... ich hätte fast gesagt, verlor ich die Herrschaft über meine Männer, in Wirklichkeit hatte ich nie die Herrschaft über sie gehabt. Zu der Zeit hatten sie gerade angefangen, Sammy zu nehmen, und über eine risikolose Dosierung konnte man nur Vermutungen anstellen. Meine Männer waren Irrsinnige, und als ich anfing, mit ihnen zusammen die Droge zu nehmen, um einer der ihren zu sein, wurde ich genauso irrsinnig. Ich erinnere mich, wie wir in die Dörfer kamen, friedliche kleine Ortschaften mit Brunnen auf dem Hauptplatz. Während ich sie durchquerte, drehte ich mich ständig um mich selbst, vollführte eine Art von verrücktem Tanz und feuerte Schüsse in alle Richtungen ab, mit denen ich Zauberworte an die Wände zu schreiben glaubte. Ich lachte, wenn ich Menschen erschoß. Schrie sie an. Wie ein Kind, das Soldat spielt.«

Er setzte die Flasche an den Mund, trank jedoch nicht, sondern starrte nur in die Blätter. »Ich wurde nicht damit fertig. Das heißt nein, so einfach läßt sich das nicht ausdrücken. Ich *wurde* damit fertig. Ich genoß meine chemisch erzeugte Tapferkeit, und kein moralisches Erwachen brachte mich zur Vernunft. Ich übertraf meine Männer an Irrsinn, und sie wandten sich von mir ab, verließen mich und setzten mich der Einsamkeit aus. Ohne Drogen, ohne Radio mußte ich durch das hügelige Land wandern. Ich kehrte zurück zu einigen der Dörfer, die wir zerstört hatten, und da, erst da wurde mir langsam klar, wo ich war und was ich getan hatte. Ich sah in den Ruinen Gespenster. Sie plauderten mit mir, folgten mir, und ich lief und lief, um ihnen zu entkommen.«

Blackford trank einen Schluck und schüttelte sich, als ob der Rum eine rohe Stelle in seinem Innern berührt hätte. »Die Nächte waren grauenvoll. Ich bekam eine Vorstellung davon, warum Hunde den Mond anheulen. Weil sie ihm antworten, weil dort oben ein gefrorenes Heulen hängt, das Ende einer langen gelben Kehle, aufgerissen in Schrecken und Verzweiflung. Ich versteckte mich in den Ruinen, in Erdlöchern. Ich versteckte mich vor Dingen, die es gab, und auch vor solchen, die es nicht gab. Einmal lag ich die ganze Nacht lang in einem Graben, und als das graue Morgenlicht heraufzog, erkannte ich, daß das, was ich für einen Holzstamm gehalten hatte, in Wirklichkeit ein steif gewordener Leichnam war. Er hatte mich die ganze Nacht angestarrt, und ich konnte die schlechten Nachrichten spüren, die mir seine Augen in den Kopf gestrahlt hatten. Ich war eingeschlossen im Irrsinn. Ich hatte einen Punkt erreicht, wo der Irrsinn seine eigenen Gesetze für richtiges Handeln und Denken hatte. Die Höhen, auf denen man sitzen und mit einem geistig intakten Menschen diskutieren kann, so flüssig, daß man in jedem Punkt Sieger bleibt. Und ich wäre sicher noch tiefer im Irrsinn versunken, wenn ich nicht schließlich Glück gehabt hätte.«

Blackford setzte zu einem erneuten Schluck an, besann sich dann aber darauf, was sich gehört, und reichte die Flasche Tully. »Es war der Vulkan, der meine geistige Gesundheit wiederherstellte. Er war ein so elementarer Anblick, daß er das Versprechen der schlichten Wahrheit anzubieten schien. Da war er, ein vollkommener Kegel, der in einen blauen Himmel ragte wie mit Kreidestiften gezeichnet von einem Kind, nachdem man ihm von Nicaragua erzählt hat und wie es einmal war. Leer bis auf Indios und Feuer in der Erde. Ich war so davon fasziniert, daß ich dreimal darumherum lief, ihn bewunderte und erforschte. Das gleiche ist bei Buddhisten üblich. Sie nennen es Circumnambulation. Vielleicht hatte ich mich daran erinnert, oder vielleicht war es nur etwas, das mir meine Gehirnzellen eingegeben hatten zu tun, nachdem ich meinen Zauberberg erreicht hatte. Wie auch immer, ich liebte den Vulkan, liebte es, an seinem Fuß und in seinem Schatten zu sein. Und die ganze Zeit, während ich ihn immer wieder umrundete, bemerkte ich nie jemanden, der in seiner Nähe lebte. Jedenfalls nicht, bis Gregorio beschloß, mich vor dem Biest zu retten. Ich hielt Gregorio für noch verrückter als mich selbst. Er hatte das Biest niemals zu Gesicht bekommen, niemals seine Spur ausgemacht. Und doch hätte er seine Existenz beschwören können. Auf gewisse Weise entzückte mich die Geschichte, die er erzählte, sonst wäre ich vielleicht Gefahr gelaufen, nur aus Trotz am Boden zu bleiben, und ich wäre umgekommen. Aber ich wollte mehr hören, mehr über die merkwürdigen Menschen, die auf den Bäumen leben.«

Blackford schwenkte seine Flasche in Richtung der Plattformen weiter unten, zusammengebundene ausgefranste Planken im Licht der verglühenden Feuer, neben denen menschliche Schatten knieten, und jede Szene war eingerahmt von einem Netzwerk von Blättern, was ihnen eine anderweltliche Lebendigkeit verlieh wie bei Bildern, die sich in einem Zauberspiegel materialisieren. »Natürlich gab es von all dem hier zur damaligen Zeit kaum etwas«, sagte Blackford. »Der Ort wurde erst richtig auf Vordermann gebracht, nachdem ich mich darum kümmerte. Aber auch damals schon schien dieser Lebensstil etwas ungeheuer Vernünftiges an sich zu haben, und nachdem ich Gregorio zugehört hatte, nachdem ich die Prinzipien, die in seiner Geschichte enthalten waren, überdacht hatte, wußte ich, daß ich ein Gebiet gefunden hatte, wo ich mich beweisen konnte.« Blackford nahm Tully die Flasche wieder ab, trank und wischte sich den Mund mit dem Handrücken ab. Er war jetzt ganz in seine Geschichte versunken, sein Blick war starr auf sie geheftet – nicht, um festzustellen, ob sie zuhörten, sondern um seine Worte mit seinem eindringlichen Blick zu verstärken. »Gregorio erzählte mir folgendes: Vor vielen Jahren lebte ein Deutscher namens Ludens am Oberlauf des Flusses, der hinter dem Vulkan vorbeifließt. Niemand verstand, warum er sich ausgerechnet diesen Ort ausgesucht hatte, um sich niederzulassen, aber in jenen Tagen waren eigenbrötlerische und exzentrische Leute eher die Regel als die Ausnahme in Mittelamerika, und so schenkte ihm niemand viel Beachtung. Er begab sich nur dann flußabwärts, wenn er neue Vorräte brauchte, und bei diesen Gelegenheiten warnte er die Indios stets davor, in das Quellgebiet vorzudringen, da dort eine entsetzliche Kreatur hauste. Ein Monster. Die meisten richteten sich nach dieser Warnung, aber natürlich gab es auch einige, die sich selbst überzeugen wollten und sich auf die Suche nach dem Biest machten. Ihre verstümmelten Leichen wurden im Fluß treibend gefunden, und bald wagte sich niemand mehr flußaufwärts bis zu Ludens' Haus. Daran änderte sich nichts bis zu Ludens' Tod, als man nämlich dahinterkam, daß er eine Silbermine entdeckt und – das ging aus seinen Tagebüchern hervor – die Mär von dem Biest in die Welt gesetzt hatte, um zu verhindern, daß irgend jemand sein Geheimnis entdeckte. Er hatte auch niedergeschrieben, daß er Indios umgebracht hatte, um seine Geschichte noch glaubhafter zu machen. Obwohl die Indios daran glaubten, daß Ludens die Morde begangen hatte, so erschütterte das doch nicht ihren Glauben an das Biest. Monster, zumindest die nicaraguanischen Spielarten, sind komplizierter als ihre nordamerikanischen Gegenstücke, es entsprach genau dem Wissen und der Tradition der Indios, daß das Biest Ludens als Stellvertreter benutzt hatte, damit er die umbrachte, die in sein Gebiet eindrangen. Sie sahen in der Erfindung der Geschichte durch Ludens eine Verschleierung einer schlimmeren Wahrheit, daß nämlich ein mit allen Wassern gewaschener, zu allem Bösen fähiger Dämon existierte. Und deshalb mieden sie jahrelang das verbotene Gebiet. Erst die Gewalttätigkeit des Krieges vertrieb sie aus ihrem angestammten Land in die Gegend des Oberlaufs und der Quelle, und selbst dann wagten sie nicht, auf dem Boden zu bleiben, sondern verkrochen sich hoch oben in den Bäumen, wo das Monster keinen Anspruch hatte.«

Ruy lachte. »Und jetzt glaubst du also auch, daß das Biest existiert.«

»Diese Wahrheit hat etwas Verlockendes«, sagte Blackford. »Und wie jede Wahrheit, ist sie äußerst kompliziert in ihren Auswirkungen. Man braucht sich nur vor Augen zu halten, daß in all den Jahren seit Ludens' Tod niemand den Wahrheitsgehalt der Geschichte geprüft hat, indem er eine Nacht auf dem Boden verbrachte. Ich würde euch ermutigen, es zu probieren, aber was würde das beweisen, so oder so? Wenn ihr überlebt, würde das den Glauben nicht ausräumen; es könnte ja sein, daß das Biest gerade anderweitig beschäftigt war. Und euer Tod würde erst recht den Glauben erhärten. Das einzige Kriterium für Wahrheit ist, ob sie denjenigen, die daran glauben, dient oder nicht. Und wer könnte abstreiten, daß das Biest uns dient? Hat es uns nicht vor dem Krieg bewahrt? Hat es uns nicht dazu angeregt, diese hübsche Umgebung zu schaffen? Seine philosophische Gegenwart allein ist genug, um den Glauben aufrechtzuerhalten.« Blackford lächelte Ruy an. »Du willst wissen, ob ich an seine Existenz glaube? Ich bin seine Existenz. Alles, was du hier siehst, ist die Geometrie seiner geheimen Form, die Eingrenzung seines Wollens. Wenn du mich fragst, ob es heult, ob es tobt und wütet, kann ich nur sagen: Lausche! Finde deine eigene Antwort! Ich habe meine auch gefunden.«

In dieser Nacht konnte Mingolla nicht einschlafen. Er lag wach und hörte dem Rascheln der Blätter zu, den zahllosen verschiedenen Geräuschen droben im Laubdach. Er betrachtete die dunklen Gestalten der anderen. Gegen Mitternacht erhob sich eine dieser Gestalten schwankend auf die Füße und legte sich etwas, das aussah wie ein plumper Schatten, über den Arm: den Kampfanzug. Es war Blackford. Er trat an den Rand der Plattform und stellte sich in einen Käfig aus Brettern, der als Aufzug diente. Der Käfig verschwand, die Halteseile surrten. Mingolla kroch an den Rand der Plattform und spähte über die Kante. Er sah, wie Blackford am Fuß des Baumes den Käfig verließ, voll beleuchtet von den Mondstrahlen. Blackford streifte sich Shorts und Hemd ab und schlüpfte in den Kampfanzug. Er setzte den Helm auf und zurrte die Gurte zu; dann spazierte er durch die säulengleichen Mahagonistämme hindurch und entschwand der Sicht.

Mingolla kroch wieder hinüber zu seinem Lager und legte sich neben Debora; er versuchte, einen Sinn in dem zu sehen, dessen Zeuge er soeben geworden war. Nachdem er einen gewissen Sinn darin entdeckte, versuchte er zu entscheiden, ob Blackfords Handeln ein Zeichen von Irrsinn war oder von einer unbestimmbaren und bemerkenswert klarsichtigen Form geistiger Gesundheit zeugte. Vielleicht, dachte er, gibt es zwischen beidem keinen Unterschied. Tief aus dem Wald kam das dumpfe Jammern, das Mingolla als das Notsignal aus einem Kampfanzug erkannte. Es ertönte dreimal, dann war Stille.

»Was war das?« fragte Debora und klammerte sich an seinen Arm. »Hast du das gehört?«

»Ja.« Er schob sie sanft aufs Lager zurück. »Schlaf weiter!«

»Was war es?«

»Ich weiß es nicht.«

Er hielt sie im Arm, bis sie wieder eingeschlafen war; er blieb jedoch wach und lauschte auf die immer wieder ertönenden Signale, das Brüllen des Biestes, das seine Runden machte.

KAPITEL VIERZEHN

An der Grenze des Krieges stand ein Kunstwerk, sowohl eine Erinnerung daran, wie die Dinge einst erschienen, als auch ein Indiz dafür, wie sie in Wirklichkeit immer waren. Das Werk bestand aus einer Reihe von Wandgemälden auf den verputzten Wänden eines zerstörten Dorfes weniger als eine Fahrstunde von der Front entfernt; es lag auf halber Höhe eines Hügels mit einem Pinienwald, und von dem Kontrollpunkt auf der Straße am Hang konnte Mingolla seine leuchtenden Farben zwischen den Bäumen hindurch schimmern sehen. »Das ist von dem Kerl, wie heißt er doch noch ... dem Kriegsmaler«, sagte der Corporal, der Mingolla und Debora gerade durch die Kontrolle hatte passieren lassen, da er ihnen glaubte, daß sie Geheimdienstler seien. »Irgendso'n Museumsarsch bewacht den Scheißdreck, aber wenn ihr wollt, könnt ihr ihn aus der Nähe sehen. Wir geben euch Begleitschutz bis zum Hauptquartier, sobald ihr soweit seid.«

»Vielleicht machen wir das.« Mingolla kletterte aus dem Bronco; er sah fragend zu Ruy, Corazon und Tully auf dem Rücksitz hin.

»Wir bleiben hier«, sagte Tully. »Ich brauch' keine verdammten Bilder übern Krieg.«

Ruy, der schlecht gelaunt war, weil er am Morgen wieder mal eine Abfuhr von Debora bekommen hatte, sagte nichts dazu.

»Nehmt eure Gewehre mit!« sagte der Corporal. »Hier gibt es manchmal Heckenschützen.«

Der Morgen war frisch, kühl, und das Licht der Sonne, strahlend klar und von weißlichem Gold, glitzerte im Tau der Piniennadeln; es war wie ein Spätseptembermorgen damals in New York. Während er und De-

448

bora durch den Pinienwald gingen, sah er schon, daß das Dorf klein war, nicht mehr als fünfzehn oder zwanzig Häuser, die meisten ohne Dächer, und bei allen fehlte mindestens eine Wand. Als sie jedoch auf die Lichtung herauskamen, auf der das Dorf lag, stellte er fest, daß ihn die Eindringlichkeit der gemalten Bilder die Zerstörung vergessen ließen. Die Außenseiten der Wände waren mit Szenen aus dem täglichen Leben bedeckt: eine untersetzte Indiofrau balancierte einen Krug auf dem Kopf; drei Kinder spielten in einem Eingang; ein paar Bauern gingen aufs Feld, mit roten Tüchern um die Köpfe und Macheten auf den Schultern. Die Bilder waren in Pastelltönen aus Acrylfarbe gemalt und die Männer und Frauen waren in einem Stil dargestellt, der sich vom Fotorealismus dadurch unterschied, daß die Zartheit der Gesichter besonders betont war und die Posen der Dorfbewohner etwas Ballettartiges hatten. Bei der Betrachtung hatte Mingolla das Gefühl, daß der Künstler den Augenblick hatte einfangen wollen, in dem ihnen ihr Schicksal bewußt wurde, als sie sich zum erstenmal darüber klar wurden, welcher Wind für sie wehte, bevor ihre Gesichter Erstaunen oder Angst ausdrücken konnten, bevor ihre Körper reagieren konnten, sondern sich nur spannten, um ihre letzten furchtlosen Posen zu vollenden. Sie waren helle Geister, noch am Leben, und doch schon tot; das Wissen um den Tod hatte sich in ihnen noch nicht einquartieren können. Eine Wand neben der anderen, jede ein Stich ins Auge, die in ihrer Geballtheit kaum zu ertragen waren. Auf die Innenseiten der Wände schienen andere Bilder gemalt worden zu sein, und Mingolla war gerade im Begriff, das zu untersuchen, als eine säuselnde Stimme hinter ihm sagte: »Ist das nicht phantastisch?«

Ein dünner, großer Mann Ende Zwanzig kam auf sie zu, mit olivfarbener Haut, braunem Haar und auf eine verkniffene Art hübschen Gesichtszügen; er trug Jeans und ein großkariertes Hemd, und in seiner Begleitung war ein etwas älterer Mestize, der eine Videokamera bediente.

»Ich heiße Craig Spurlow«, sagte der große Mann. »Metropolitan Museum. Ich hoffe, Sie haben nichts dagegen, wenn wir Ihren Besuch hier aufzeichnen ... wir machen Aufnahmen von dem Werk, solange es noch in seiner natürlichen Umgebung ist.«

Mingolla stellte sich und Debora vor und sagte, sie hätten nichts dagegen. Er bezweifelte, daß Spurlow ihre Namen mitbekommen hatte: Der Museumsangestellte war in Betrachtungen versunken, die Hände in die Hüften gestemmt, das Kinn hochgereckt – eine Haltung, die Besitzerstolz zur Schau stellte.

»Es ist schon sonderbar«, sagte Spurlow. »Wir haben zwei Leute beim Entschärfen der Minen verloren. Und ich nehme an, wir werden noch einige verlieren, wenn wir erst darangehen, das Ganze zum Transport zu zerlegen. Wer weiß, ob wir alle versteckten Minen entdeckt haben. Aber mein Gott! Selbst wenn wir am Schluß nur ein einziges Stück gerettet haben, war es die Sache wert. Ich weiß, daß alle dort hinten ...« – er deutete mit einem Kopfnicken in Richtung Kontrollpunkt – »denken, daß es ein Wahnsinn ist, es zu retten, bei alledem.« Sein trauriges Lächeln und die gespreizten Hände wirkten wie die Bitte um Verzeihung wegen des Zustands von »alledem«, das Eingeständnis, daß der Zustand hoffnungslos war, und die Beteuerung, daß er nichts dafür konnte. »Aber man muß doch versuchen, menschliche Werte zu bewahren, oder nicht? Nur weil ein schrecklicher Krieg stattfindet, kann man doch nicht so tun, als brächte er nicht Werke von großer Schönheit und Kraft hervor.« Er seufzte, der Ästhet im Widerstreit mit der elementaren Derbheit der Welt, die ihn mitten ins Mark traf. »Dieses eine hier, dieses eine ist etwas ganz Besonderes. Das muß auch der Autor so empfunden haben ... es ist das einzige, das er je betitelt hat.«

»Wie heißt es?« fragte Mingolla.

»»Die Mechanik unter der oberflächlichen Realität‹.« Spurlow ließ jedes Wort auf der Zunge zergehen.

»Das scheint aber nicht sehr passend zu sein«, sagte Debora.

»Also wirklich, ich ...« Spurlow schlug sich gegen die Stirn. »Sie waren noch nicht im Innern, oder? Kommen Sie! Ich werde Sie herumführen. Glauben Sie mir, Sie werden den Titel sehr passend finden, davon bin ich überzeugt.«

Er führte sie durch die Tür des nächsten Hauses. Hohes Unkraut und Brennesseln wucherten aus dem Lehmboden, Libellen mit hyazinthfarbenen Flügeln wippten auf den langen grünen Halmen, und die Sonne warf ein scharf begrenztes Dreieck an die Wand, aber – wegen der Natur der Gemälde und weil die Wände die Kälte zu speichern schienen – hatten die Strahlen nicht viel Wirkung. Sie zeigten eine groteske Maschinerie, die eines Boschs oder Breughels würdig gewesen wäre. Sie war kompliziert und füllte jeden Zentimeter der bemalbaren Fläche aus. Gestänge aus elfenbeingelben Knochen als Antrieb; Flaschenzüge aus ausgefransten Herzmuskeln, Sehnenstränge als Seile; abartig ineinander verzahnte Knorpel. Und in den dunkelkarmesinroten freien Flächen zwischen den Gelenken und den Ekken der Maschine waren knorrige Gnomengesichter wie aus Wurzeln geschnitzt: es war schwer zu sagen, ob die Gesichter durch die Farbe entstanden waren oder zufällige Phantasiebilder, hervorgerufen durch Unebenheiten und Schatten. Jedesmal, wenn Mingolla den Kopf bewegte, hatte er den Eindruck, daß die Maschine ihre Stellung veränderte. Er erinnerte sich daran, wie er eines Abends entlang einer Landstraße in der Nähe der Farm seines Onkels gejoggt war: Glühwürmchen schwirrten über die Kornfelder, und er hatte beobachtet, wie sie von Sekunde zu Sekunde immer wieder neue Muster bildeten, Becher und Halbmonde und was nicht alles, und er wurde – da er erschöpft vom Laufen war –

von einer völlig unvernünftigen Wut gepackt, weil ihm diese Muster aufgedrängt wurden; er hatte versucht, sie nicht zu sehen, und immer, wenn er gerade dachte, er habe es geschafft, tauchte ein Glühwürmchen direkt vor ihm auf, und er bekam es beim Einatmen mit in den Mund. Genau so wirkten diese abscheulichen Maschinen auf ihn: er glaubte, bei jedem neuen sich formenden Muster würgen zu müssen.

»Spüren Sie es?« fragte Spurlow. »Die Aussage der Farbe, die eindringliche Gegenwart des Künstlers, dessen Augen uns beobachten.« Seine eigenen Augen warfen einen schnellen Blick zur Seite, um sich zu überzeugen, daß der Kameramann auch emsig bei der Sache war.

Sie gingen von einem Raum zum anderen, von einem Haus zum anderen, Debora und Mingolla schweigend, der Kameramann auf ihrer Spur, und Spurlow, der weiter seinen albernen Vortrag hielt. »Natürlich«, sagte er, »hat jeder Rundgang durch den ganzen Komplex einen anderen Ausgangspunkt und einen anderen Schluß. Aber wir glauben, daß es die Absicht des Künstlers war, dieses Haus und im besonderen diese Wand zum Brennpunkt zu machen.«

Die Wand, von der Spurlow jetzt sprach, zeigte ein Bett, auf dem ein Mann mit dem Gesicht zur Wand lag, nur sein schwarzes Haar und die braungebrannten Schultern waren sichtbar, und eine junge Frau, die mit ihrem asiatisch-indianischen Gesichtsschnitt sehr stark Debora ähnelte. Das Bettuch war zurückgeschlagen und entblößte ihre Brüste, und der linke braune Arm hing über die Seite der Matratze herunter. Die Haltung der beiden Körper mutete kraftlos an, woraus der Betrachter den Schluß ziehen mußte, daß sie tot waren, daß sie ein Opfer eines schrecklichen Vorgangs geworden waren, der durch die Kabel und Gestänge der blutigen menschlichen Überreste angedeutet war, die man in den Schatten unter dem Bett erkennen konnte.

»Das Ende einer Geschichte«, sagte Spurlow. »Die Malerei als erzählende Neudefinierung unserer Zeit. Eine Neudefinierung von mitreißender Kraft.«

Vielleicht war es die Ähnlichkeit der Frau mit Debora, die Mingollas Wut entzündete; mit einemmal erschien ihm ihre Wanderung durch dieses Labyrinth bemalter Räume wie das Weiterzüngeln einer Flamme an einem aufgerollten Schlauch, als ob er den Wünschen des Künstlers brav nachkäme und einer zornigen Eingebung folgte, die die Arbeit geschaffen und ihre Zerstörung vorgeplant hatte; und das Streichholz, das ihn angezündet hatte, war Spurlows näselnde Stimme. Er hob das Gewehr und ballerte drauflos, ohne auf Spurlows entsetzte Schreie zu achten. Er hielt den Feuerstoß kreuz und quer auf die Wand, von oben nach unten; Stücke bemalten Putzes flogen durch die Luft, die Einschüsse hallten als Echos wider, und als der Streifen leer war, war von dem Gemälde nur noch der braune Arm der Frau übrig, der über den Rand der Matratze hing ... Als er ihn so sah, so isoliert, erinnerte sich Mingolla daran, daß er ihn schon einmal gesehen hatte; die kurze Halluzination in Izaguirres Büro, der flüchtige Anblick des so kunstvoll ausgeführten Arms, der der ausführlicheren Halluzination der nächtlichen Straße vorausgegangen war; es war ein Schock für ihn, als er begriff, was das bedeutete, wie dadurch das Gesetz der Endlichkeit unumstößlich wurde, die langen Jahre, die sich in eine Zukunft schlängelten, die in einer Halluzination des pornographischen Amerika enthalten war. Während Spurlow ihn immer noch anschrie, verließ er den Raum, ging durch eine Tür und zurück auf die Straße, wo er die reine, sonnendurchflutete Luft tief einatmete. Tully und einige Soldaten vom Kontrollpunkt kamen durch den Pinienwald gerannt. »Was'n los?« brüllte Tully. »Alles in Ordnung mit dir?«

»Alles in Ordnung ... ich habe bloß gerade das Scheißgemälde zusammengeschossen.«

»Ehrlich, ohne Scheiß?« fragte einer der Soldaten.
»Yeah.«

Die Soldaten lachten. »Na gut, Mann! Na gut!« Sie rannten den Abhang wieder hinauf, um die Neuigkeit zu verbreiten.

Debora kam heran und stellte sich an seine Seite, um ihm die Hand auf den Arm zu legen, als ob sie damit ihre Komplizenschaft zum Ausdruck bringen wollte; hinter ihnen sprach Spurlow mit dem Kameramann und sagte: »Haben Sie alles drauf?« Und dann: »Na ja, das ist wenigstens *etwas*.«

Er kam auf Mingolla zu und baute sich vor ihm auf. »Können Sie mir vielleicht mal erklären, warum Sie das getan haben?« Bitterkeit schwang in seiner Stimme mit und gleichzeitig ein müder Sarkasmus. »Hatten Sie das Gefühl, es einfach tun zu *müssen*, wurde dadurch eine barbarische Regung befriedigt? Mein Gott!«

Mingolla merkte, wie die Kamera herumschwenkte. »Ich hatte das Gefühl, daß ... was kann ich dazu sagen?«

»Wissen Sie«, sagte Spurlow mit gepreßter Stimme, »wissen Sie, was wir alles durchgemacht haben, um es zu erhalten? Wissen Sie ...« Er winkte angewidert ab. »Natürlich nicht.«

»Es macht doch nichts«, sagte Mingolla. »Ich meine, Sie haben die Sache doch im Kasten.« Er machte eine Handbewegung zur Kamera. »Das ist doch besser als jede Kunst, oder?«

»Der Verlust ...«, setzte Spurlow mit wichtigtuerischer Feierlichkeit an, doch Mingolla – den wieder eine Woge der Wut erfaßte – schnitt ihm das Wort ab, indem er Deboras Gewehr packte und es auf ihn richtete.

»Haben Sie das drauf?« fragte Mingolla den Kameramann, und dann sagte er zu Spurlow: »Dies ist Ihr großer Augenblick, mein Junge. Haben Sie irgendwelche Aussagen zum Tod als Kunstform, irgendwelche letzten Worte zum kreativen Prozeß?«

Debora zerrte an ihm, aber er schüttelte sie ab.

»Führ dich doch nich' so auf!« sagte Tully. »Das is' der Mann doch gar nich' wert!«

»Es gibt keinen Grund zur Aufregung«, sagte Spurlow. »Wir ...«

»Es gibt jede Menge Gründe«, entgegnete Mingolla. »Alle Gründe der Welt.« Er war schon lange nicht mehr so wütend gewesen, seit dem Barrio nicht mehr, und obwohl er diese Wut auch nicht ganz begriff – sie hatte etwas mit dem Gemälde zu tun, mit seiner Wertung der trostlosen Zukunft – genoß er das Gefühl, genoß seine Schärfe, seine reuelose Überschwenglichkeit. Er entsicherte das Gewehr, und Spurlow wurde blaß und wich zurück.

»Bitte«, sagte er. »Bitte!«

»Ich wünschte, ich könnte Ihnen helfen«, sagte Mingolla. »Aber just in diesem Moment bin ich so gefangen in den Schlingen der Kreativität, daß ich befürchte, Gnade kann nicht stattfinden. Erkennen Sie denn nicht die Unausweichlichkeit des Augenblicks? Ich meine, wir sprechen von einem ernsthaften Prozeß, der sich hier abspielt, Mann. Der vollkommene Kritiker tritt aus der Halbwelt des Krieges heraus und legt das Herzstück des Gemäldes in Schutt und Asche, und dann richtet er die Waffe auf den Mann, dessen Handeln das genaue Gegenteil zum formalen Imperativ des Werkes darstellte.«

»Der Film ist alle«, sagte der Mestize mit der Kamera. Er schien Spaß zu haben, und Mingolla sagte, er solle weitermachen, einen neuen Film einlegen. Sowohl Debora als auch Tully redeten auf ihn ein, aufzuhören, aber er sagte ihnen, sie sollten den Mund halten.

»Um Himmels willen!« Spurlow blickte hilfesuchend nach rechts und links, jedoch vergebens. »Sie werden mich töten ... das können Sie nicht tun!«

»Ich?« Mingolla tippte sich auf die Brust. »So sollten Sie die Sache nicht sehen, Mann. Ich verkörpere nur die Inspiration des Werkes, die ...«

»Fertig«, sagte der Kameramann.

»Großartig!« Mingollas Gedanken sangen, jaulten mit dem Licht der Sonne, dem Summen der Insekten, und er sagte zu sich selbst: *Ich werde diesen Blödmann wirklich fertigmachen, einfach deshalb, weil er mich stört, weil er so verdammt blöd ist, glaubt er ...*

»Hör auf damit, David!« Debora schob den Gewehrlauf weg und schmiegte sich fest an ihn. »Hör auf!« sagte sie sanft. Sie strahlte Ruhe aus, und obwohl Mingolla sie abblocken wollte, schaffte er es nicht. Er senkte das Gewehr und sah über ihren Kopf hinweg Spurlow an, der steifbeinig und erstarrt dastand. »Scheiße«, sagte er, da er erkannte, wie nah er daran gewesen war, sich zu verlieren, in seine alte Krankheit zurückzufallen.

Spurlow huschte hinter den Kameramann, benutzte ihn als Schutzschild, und bewegte sich zur Tür. Als er im Haus war, steckte er den Kopf heraus und sagte: »Sie sind wahnsinnig, wissen Sie das? Sie holen besser Hilfe, meine Dame. Sie holen besser Hilfe für ihn!« Es sah aus, als wäre sein Kopf dem Wandfries neben ihm zugefügt worden: er zeigte ein junges Paar Arm in Arm und zwei alte Männer, die offensichtlich über die beiden flüsterten. Mingolla hatte Lust, seinen eigenen Film zu machen. Er würde Spurlow Tag für Tag durch die Ruinen jagen und seinen ängstlichen Untergang filmen, während er mit dem Tonband sein immer wirrer und versponnener werdendes Gezeter über den Zustand der Kunst aufnähme, ein Gezeter, das sowohl in bezug auf das Filmprojekt an sich als auch die künstlerische Kulisse einleuchtender wurde. Der Titel wäre *Der Kurator*. Aber er nahm an, daß es etwas Besseres zu tun gäbe ... obwohl ihm im Moment nichts einfiel.

»Laß uns gehen«, sagte Debora und nahm seine Hand.

Sie machten sich auf den Weg hinauf zu dem Bronco, wo sich eine Gruppe von Soldaten versammelt hatte.

»So ist es recht!« brüllte Spurlow. »Einfach weggehen! Sie haben ein Kunstwerk zerstört, und jetzt gehen Sie einfach weg!« Er kam ein paar Schritte weit aus der Tür heraus, ermutigt durch die Entfernung zwischen ihnen. »Kommen Sie ja nicht zurück! Beim nächsten Mal bin ich vorbereitet. Ich besorge mir ein Gewehr. Man braucht nicht sehr intelligent zu sein, um mit einem Gewehr zu schießen!« Er machte noch ein paar Schritte in ihre Richtung und schwenkte die Faust, der letzte Verteidiger seiner kleinen bemalten Festung. Er sagte etwas zu dem Kameramann, dann brüllte er weiter, und seine Stimme wurde immer schwächer, verlor sich schließlich fast ganz im Knacken ihrer Schritte auf dem Piniennadelteppich. »Sie lachen!« schrie er. »Sie lachen mich aus und halten mich für einen Narren, weil ich mir etwas aus Schönheit mache, aus der Kraft dieser Wände! Sie denken, ich bin verrückt.«

Spurlow wartete, bis der Kameramann eine andere Position eingenommen hatte, von wo aus er ihn zusammen mit den Wandgemälden aufs Bild bekam.

»Aber das bin ich nicht!« kreischte er, während er ihnen noch ein paar Schritte hinterhertänzelte; dann eilte er davon.

Vom Kamm eines hohen Hügels aus konnten sie den Körper des Krieges sehen. Ein grünes Tal ging in geschlängelten Linien vom Fuß des Hügels aus, durch das so kunstvoll verwobene Pfade führten, daß sie wie die Fäden eines ockerfarbenen Netzes aussahen, und dazwischen verstreut, wie die Hüllen der Spinnenopfer, lagen verkohlte Panzer, Teile von Jeeps und die Rümpfe abgestürzter Hubschrauber. Dunkler Rauch hüllte die Gipfel der umliegenden Hügel in der Ferne ein, er stieg in schwarzen Fäden aus frischen Kratern auf; direkt unter ihnen war ein gepanzerter Mannschaftswagen in die Seite getroffen worden, und aus seinem Dach stiegen durch ein ausgefranstes Loch Rauch und Flammen. Mehrere tote Männer in Kampfanzügen lagen um den

Wagen verstreut, und eine Gruppe von Männern in oliv-tarnfarbenen T-Shirts und Drillichhosen packten die Leichen in Säcke, während zwei andere Schaum aus weißen, auf dem Rücken getragenen Spritzen in die Flammen sprühten. Der viele Rauch ringsum vernebelte die Sonne, ließ nur noch einen häßlichen, gelblichweißen Schein hindurch, eine Farbe wie geronnene Buttermilch. Hubschrauber schwirrten überall herum – ganz in der Nähe, in einer mittleren Entfernung und, dicht wie Fliegenschwärme, in der Biegung am anderen Ende des Tals. Hunderte. Die sirrenden Schläge ihrer Rotorflügel unterlegten die Bewegungen der Löschmannschaft und der Leicheneinsacker mit einem lebhaften Rhythmus. Hin und wieder erscholl in der Ferne eine erneute Explosion, ein donnerndes Krachen, eine neue Rauchsäule stieg auf, und Hubschrauber drehten schnell bei, aus deren Raketenabschußvorrichtungen Feuerblitze zuckten. Trotz der ganzen Aktivität, trotz der Emsigkeit der Männer dort unten, der Kampfgeräusche, spürte Mingolla eine Gemächlichkeit in dem Geschehen, eine Art von besonnener Präzision, die sowohl den Aktionen der Hubschrauber als auch denen der Männer anhaftete, und es überraschte ihn gar nicht, als er erfuhr, daß die Schlacht in diesem Tal schon Monate andauerte.

»Niemand weiß, warum«, sagte der Sergeant, der sie alle vier in einem Aufzug mitten durch den Hügel nach unten begleitete. »Wir könnten die Bohnenfresser jederzeit sofort fertigmachen, aber wir halten uns zurück. Man muß wohl einfach daran glauben, daß irgend jemand sich was bei diesem Scheiß gedacht hat.«

Der Sergeant war ein gedrungener Berufssoldat mit beginnender Glatze, Ende vierzig, blaß, mit dicken Armen und einem Kugelbauch, und offensichtlich war er ein Mann, für den Glauben eine ernste Angelegenheit war. Er trug zwei silberne Kreuze am Hals, er klopfte jedesmal symbolisch auf Holz, wenn er etwas Optimistisches äußerte, und auf seinen rechten Bizeps waren die Worte tätowiert: *Scheinbar schnelles Glück,* umringt von Darstellungen von Füllhörnern, Dollarzeichen, pfeildurchbohrten Herzen und der Zahl Dreizehn in einem Rahmen aus wellenförmigen Strahlen, der ihre schillernden magischen Qualitäten andeuten sollte. Er besaß eine etwas langsame Auffassungsgabe, bei jeder ihrer Fragen kratzte er sich erst einmal am Kopf, und wenn sie nicht sprachen, schien er geistesabwesend und starrte mit leerem Blick auf die Tür des Aufzugs. Mingolla erkannte die Zeichen.

Der Gang, den sie vom Aufzug aus betraten, war mit weißem Schaum bedeckt, genau wie die Tunnel der Ameisenfarm, und in ihm drängten sich verängstigt aussehende Nachwuchsoffiziere. Der Sergeant führte sie durch eine Tür am Ende des Gangs und informierte den Corporal am Schreibtisch, daß die I-Ops angekommen wären und Major Cabell sprechen wollten. Der Corporal drückte auf einen Knopf, und eine Innentür schwang auf und öffnete sich in einen runden weißen Raum mit einem Tisch und Stühlen, Karten an den Wänden und einem Feldbett in der Ecke.

Major Cabell war Mitte dreißig, eine dunkelhäutige, gertenschlanke Frau, deren glanzloses braunes Haar und der gespannte Gesichtsausdruck ihr gutes Aussehen zu einer altjüngferlichen Sprödigkeit verhärteten, der – so fand Mingolla – etwas von einer Frontlehrerin haftete, die von ihrem Geliebten verlassen worden und nun dazu verurteilt war, in den rauhen Lüften der Wildnis alt und grau zu werden. Sie warf sich einen Morgenmantel über das T-Shirt und die Drillichhose und bat sie herein. Sie war damit einverstanden, sie am nächsten Morgen von einer Recon-Patrouille durch das Tal geleiten zu lassen; als sie jedoch den Vorschlag machten, mit einem Hubschrauber durchzufliegen, erklärte sie ihnen, daß sie mit einer Patrouille sicherer wären: Sie hatten schon so viele Hubschrauber bei Missionen am anderen Ende des Tals verloren. Sie blickte auf die Uhr und bot ihnen an, von den Schlafkojen und den Duscheinrichtungen Gebrauch zu machen, Mingolla jedoch fragte sie, ob es ihm etwas ausmachen würde, noch etwas zu bleiben und mit ihr zu sprechen. Über geschäftliche Dinge, sagte sie. Als die anderen mit ihrem Adjutanten weggegangen waren, entspannte sie sich; vier oder fünf Jahre schienen gleichzeitig mit ihrer verkniffenen Haltung von ihr abzufallen. Sie öffnete eine Flasche Gin und zog sich einen Stuhl neben Mingollas. Dieser fühlte sich bei der Art, wie sie sich ihm gegenüber gab, immer unbehaglicher.

»Ich hoffe, es macht Ihnen nichts aus, daß wir uns ein wenig unterhalten«, sagte sie und füllte Mingollas Glas. »Es ist so lange her, seit ich Gelegenheit hatte, mit einem Mann zu sprechen.«

»Wie kommt das?«

»Dieser Ort ... die Intrigen hier sind unglaublich. Zustände wie im Mittelalter! Lieutenants schmieden Ränke gegen Captains, Captains gegeneinander und gegen mich. Das liegt daran, daß der Kampf kein Ende findet. Die Leute langweilen sich, und da sie sonst nichts zu tun haben, fangen sie an, sich Schachzüge für ihre Karriere auszudenken.«

»Im Ernst?«

»O ja! Wenn man mir gestatten würde, den Kampf zu gewinnen – und das könnte ich, es wäre nur eine Frage von Tagen –, wäre alles in Ordnung. Aber das Oberkommando besteht darauf, die Kampfhandlungen fortzusetzen. Gott weiß, warum.« Sie rieb sich mit dem Ballen ihres rechten Daumens über die Knöchel der linken Hand. »Es ist wirklich unglaublich. Die Leute versuchen, sich gegenseitig zum Narren zu halten ... auf diese Weise kommen viele um. Sie schreiben Berichte über die Absonderlichkeiten der anderen, und manchmal bekommen die Opfer Wind von der Sache. Ich habe einige der Berichte abgefangen, die man über mich geschrieben hat. Wenn nur die Hälfte von dem stimmen würde, was darin steht ...« Sie schüttelte sich übertrieben dramatisch. »Und deshalb ist mir jegliche Möglichkeit für eine ... Beziehung genommen. Ich bin gefangen in diesem Raum. Ich habe einen immer wiederkehrenden Alptraum. Ich bin an einem Strand ... weißer Sand, Hitze. Ich wohne in einem Haus in den Dünen. Ich bin ständig erschöpft von Spaziergängen am Strand, denn ich langweile mich so. Es gibt nichts zu sehen – sogar die Farben sind alle ausgebleicht und häßlich. Es nützt niemandem, daß ich dort bin. Es ist keine Flucht und kein Rückzug. Es ist einfach meine Bestimmung, dort zu sein. Wie ein Beruf. Niemand braucht mich, niemand spricht mit mir. Ja, ich weiß gar nicht, wie das geht – sprechen. Ich war schon immer dort.« Sie stieß ein nervöses kleines Lachen aus. »Das ist gar nicht weit von der Wirklichkeit entfernt. Nun ja. Und Sie ...« – sie bemühte sich um einen beiläufigen Ton – »Sie sind also aus New York. Mein Gott, es ist Jahre her, daß ich in New York war.«

»Für mich ist es auch eine ganze Weile her«, sagte er und blickte sich in dem Raum um. Auf dem Nachttisch neben dem Feldbett lag ein Stapel religiöser Zeitschriften, darunter war ein kleiner Fernsehapparat eingebaut, ein Videorecorder und eine Anzahl von Videobändern, bei denen in vielen Titeln das Wort *Liebe* vorkam. In den Gedanken von Major Cabell herrschte ein bestimmtes Muster vor, eines, mit dem offenbar Schindluder getrieben worden war, und an den Dingen, die der Raum enthielt, war deutlich abzulesen, welche besondere Selbsttäuschung das Muster widerspiegelte.

Um sie abzulenken – sie hatte begonnen, ihm mit dem Finger über Arm und Knie zu fahren –, stellte er ihr einige Fragen zur Person. Er wollte sie nicht knallhart zurückweisen, sie verletzen. Trotz ihrer Selbsttäuschung hatte sie etwas Eindrucksvolles, eine innere Würde und Stärke, die einen zwangen, ihre Schwächen zu übersehen, ihr kein Mitleid entgegenzubringen. Es war lange her, seit er jemandem begegnet war, mit dem er kein Mitleid hatte.

»Ich habe mich zur Armee gemeldet, weil meine Mutter starb«, sagte sie. »Die Menschen machen unter Druck die unmöglichsten Dinge. Gott weiß, was ich mir dabei gedacht haben mag. Rückblickend scheint es, als ob ich eine Ordnung gesucht hätte. Ordnung!« Sie lachte. »Die Armee bietet alle Ordnung der Welt, aber es ist alles auf den Kopf gestellt.«

Sie beschrieb die Krankheit ihrer Mutter und wie sie damit fertig wurde. »Ich habe geschuftet«, sagte sie. »Ich baute eine Steinmauer um das Haus. Ich arbeitete im Garten. Schnitt totes Wurzelwerk heraus ... widerborstig wie verhakte Finger.« Sie schwenkte den Gin im Glas und starrte ihn an, als ob sie hoffte, daß die Flüssigkeit irgendein Orakel von sich gäbe. »Die Menschen sind in Wirklichkeit so einfach. Als ich nach Hause kam, um sie zu pflegen, packte sie meine Kleider in eine Schublade, die sie leergeräumt hatte. Es war keine große Sache. Nur ein kleines Einordnen in ihr Leben. Manchmal ballte sich ihr ganzer Schmerz in einem einfachen Akt des Ordnens zusammen; auf die Art versuchte sie, ihn loszuwerden. Ich erinnere mich, daß sie einmal sagte: ›Siehst du diese Lilienknollen? Nimm die großen. Laß sie nicht zu sehr austrocknen. Setze sie am anderen Ende des Gartens ein!‹ Nachdem ich das getan hatte, fühlte sie sich besser.« Sie goß in Mingollas Glas nach. »Meine Schwester kam, um auszuhelfen. Ich hatte sie seit Jahren nicht gesehen. Sie hatte einen südlichen Akzent angenommen und trug eine goldene Karte von Texas an einer Kette um den Hals. Sie sagte, daß sie mich liebte, und ich erkannte sie kaum. Sie hatte einen Jungen aus Texas geheiratet, der Gruselgeschichten schrieb. Einige davon habe ich gelesen. Sie waren nicht schlecht, aber ich machte mir nichts daraus. Allenfalls gefiel mir die Art von sinnlichem Pessimismus. Vielleicht konnte ich mich einfach nicht mit dem Selbstekel der Vampire identifizieren.«

Sie stand auf, ging zur Tür und blieb stehen, um ihm einen Blick über die Schulter zuzuwerfen; als er ihren Augen begegnete, wandte sie sich ab. »Ich weiß nicht, wie es geschah, daß ich hierfür die Verantwortung übertragen bekam«, sagte sie. »Ich kenne die Ereignisse, die dazu führten, der Tod des Colonel und so weiter. Aber es ergibt keinen Sinn.« Sie lachte. »Natürlich habe ich *keine* Verantwortung, niemand hat sie ... oder wenn doch, dann handeln sie kaum nach einem bestimmten Plan. Wissen Sie, ich verliere jeden Tag mehr als hundert Mann, auch wenn es ruhig zugeht. Einhundert Männer!«

Sie wandte sich wieder der Tür zu und spielte mit dem Griff. »Ich sollte nicht so mit einem I-Op sprechen. Sie könnten einen Bericht über mich verfassen.«

»Ich werde keinen Bericht über Sie verfassen.«

»Es tut mir leid«, sagte sie und kam auf ihn zu. »Ich habe es nicht so gemeint. Ich bin in Ihrer Gegenwart etwas durcheinander.«

»Vielleicht sollte ich gehen.«

»Vielleicht sollten Sie das.« Sie ließ sich auf einen Stuhl fallen. »Warum passiert das immer wieder?«

»Was passiert immer wieder?«

Sie wandte sich peinlich berührt ab. »Ich fühle mich immer wieder angezogen von ... von Männern, von Fremden. Es ist ... es ist nicht mal ein richtiges Angezogensein. Ich meine, ich spüre, wie etwas anfängt, wissen Sie. Spüre, wie mein Körper reagiert. Und ich versuche, es unter Kontrolle zu bringen. Mein Geist ist nicht davon betroffen, verstehen Sie. Zumindest nicht am Anfang. Aber ich kann es nicht aufhalten, ich kann es nicht einmal verzögern. Und dann ist auch mein Geist betroffen ... obwohl ich auch dann weiß, daß es nicht wirklich ist, daß es nur ... Ich weiß nicht, was es ist. Aber es ist *nicht* wirklich.« Sie schien nach Bestätigung zu heischen.

»Vielleicht kann ich helfen«, sagte er.

»Wie könnten Sie das? Sie wissen ja nicht, wo der Fehler liegt, und selbst wenn ...« Ihre Augen verengten sich. »Was haben Sie vor?«

»Nichts«, sagte er und versuchte, sie schläfrig zu machen.

»Für wen arbeiten Sie?« fragte sie und gähnte.

Zu den Mustern ihres Geistes gehörte eines, bei dem Anzeichen dafür sprachen, daß darin herumgepfuscht worden war; seine Struktur war ausgeprägter und weniger leicht zu beeinflussen als der Rest, und während sie auf dem Stuhl zusammensackte, arbeitete er daran, das Muster zu verändern, seine Vorherrschaft zurückzudrängen. Die Arbeit erforderte Fingerspitzengefühl. Er erkannte, daß er leicht zu weit gehen und die gesamte Struktur zerstören konnte. Das hätte ihren Geist zerstört und sie in eine geschickte Rekonstruktion des menschlichen Verfalls verwandelt wie Don Julio und Amalia und Nate. Ein Gefühl der Ruhe und Gelassenheit überkam ihn, während er arbeitete, und begleitet wurde diese Ruhe von einem neuen Verständnis der Natur des Geistes. Er spürte, daß die Muster des Denkens einem übergeordneten Raster gehorchten, daß sie über eine Lebensspanne sich zu einer kunstvollen vorbestimmten Form verwoben, die mit der von unzähligen anderen Geistern verbunden war; und er fragte sich, ob der alte Glaube an Magie und übernatürliche Zufälle nicht vielleicht die düstere Wahrnehmung des Denkprozesses war, und ob der mystische Charakter, den er der Wirklichkeit beimaß, nicht einen bestimmten Wert hatte. Es gab so vieles, über das man nachdenken, das man verstehen mußte. Der Frauenarm in dem Wandgemälde, das religiöse Mädchen, dem er eine mögliche Zukunft eröffnet hatte; die Vorstellung, daß er sich auf irgendeine Weise auf einen Handel mit Izaguirre eingelassen hatte. Sogar die Ruhe und Gelassenheit waren etwas, das es zu verstehen galt; es erschien ihm symptomatisch für ein tieferes und umfassenderes Verständnis, das noch vor ihm lag. Nahm man all diese Dinge zusammen, ergab sich ein Universum, dessen Komplexität sich jeder Einordnung in Kategorien widersetzte, deren wahrer Charakter nicht in Definitionen wie Magie oder Wissenschaft paßte. Er bezweifelte, daß er je das alles verstehen würde, aber er glaubte, daß er vielleicht eines Tages mehr verstehen würde, als er je für möglich gehalten hatte.

Als er Major Cabell aufweckte, setzte sie sich aufrecht hin und sah sich verwirrt um. »Sie müssen ja todmüde gewesen sein«, sagte er.

Sie lachte freudlos. »Ich bin immer müde.« Sie preßte die Handflächen gegen ihre Schläfen.

»Wie fühlen Sie sich jetzt?« fragte er.

»Ich bin nicht sicher«, antwortete sie. »Vielleicht klarer.« Sie sah ihn forschend an. »Sie haben etwas mit mir *gemacht*.«

»Nein, ich schwöre es. Sie haben einfach Schlaf gebraucht.«

»Aber ich verstehe nicht«, sagte sie. »Vor ein paar Minuten war ich ganz versessen darauf ...«

»Wahrscheinlich der Streß«, redete er ihr ein. »Mehr nicht. Streß kann die merkwürdigsten Sachen hervorrufen.«

»Mein Gott, soweit kommt es mit einem an diesem Ort«, sagte sie. »Es erscheint einem sogar verdächtig, wenn man sich gut fühlt.«

»Wollen Sie immer noch, daß ich gehe?«

Sie schien in ihr Inneres zu horchen, ob es eine Antwort darauf gab. »Nein«, sagte sie, und ihre Miene hellte sich auf. »Warum trinken Sie nicht noch ein Glas und erzählen mir etwas über New York. Über sich selbst. Sie haben mir bis jetzt kaum etwas erzählt. Natürlich, mit I-Ops ist es immer das gleiche ... sie machen sogar aus den alltäglichsten Dingen ein Geheimnis.« Sie griff nach der Ginflasche, hielt dann jedoch inne. »Aber Sie sind gar kein I-Op, nicht wahr?«

»Wie kommen Sie darauf?«

»Alle I-Ops, die ich bis jetzt kennengelernt habe, waren kaltschnäuzig und überzeugte Bourbon-Trinker, und sie starrten unverwandt auf die rote Gefahr, als ob sie danach lechzten, einen Kommunisten ins Blickfeld zu bekommen. Sie sind ganz anders.«

»Vielleicht bin ich eine neue Züchtung.«

Sie sah ihm lange forschend ins Gesicht, bevor sie eingoß. »Darauf möchte ich wetten«, sagte sie.

Die Patrouille, die sie durch das Tal begleitete, bestand aus zwei Männern, bulligen, fremdweltlerisch aussehenden Typen in ihrer Kampfausrüstung, in deren Visieren die grünen Buchstaben und Zahlen von der Computeranzeige in ihren Helmen leuchteten und die von Sammy aufgedreht waren. Zunächst schien kein Mond, aber als sie sich in dem Dickicht weiter voranarbeiteten, wobei sie sich dicht an den Hügel hielten, zuckten Blitze über ihnen auf, brodelten orangefarbene Flammenfontänen aus Explosionen zu den Wolken, und ein in allen Regenbogenfarben schillernder Regen aus Leuchtraketen ergoß sich aus kreisenden Kampfhubschraubern: ein ständiges Zusammenspiel greller Lichter, in denen sich die Silhouetten der Zweige und Blätter abzeichneten und die sich in den Visieren der Soldaten funkelnd spiegelten. Als der Mond hinter den Wolken hervorglitt, war sein Strahlen fast nicht wahrnehmbar. Mingolla und die anderen waren ausgestattet mit Kehlkopfmikrofonen und Miniaturlautsprechern, die an ihren Ohren festgemacht waren, so daß sie sich mit den Soldaten unterhalten konnten, und er lauschte mit Erstaunen ihren dünnen Stimmen und wunderte sich, wieso sie sich in dieser Umgebung, die ihm wie die Hölle erschien, so begeistern konnten.

»Leck mich am Arsch!« sagte der eine, ein Junge namens Bobby Boy. »Haste gesehen, wie dieser Scheißkerl losgegangen is'? Muß auf 'ne Benzinzelle gestoßen sein.«

Und der Sergeant der Patrouille, ein drahtiger, hellhäutiger Schwarzer namens Eddie, sagte: »Das's noch gar nix, Mann! Wart mal, wenn's einen von den kleinen Panzern erwischt. Mann, wenn so einer losgeht, das is' wie Weihnachten und Ostern an einem Tag. Dann gehen die ganzen Raketen los ... rote und grüne Feuerstriemen. Das is' vielleicht was, wirklich!«

»Das hab' ich auch schon gesehen«, sagte Bobby Boy leicht beleidigt. »Willste vielleicht behaupten, ich hätt' das noch nich' gesehen? Ich bin schon fast genauso lang hier wie du, Mann.«

Eddie grunzte. »Du bist so verdammt high, dir trau' ich zu, alles gesehen zu haben.«

»Hey«, sagte eine andere Stimme. »Paßt auf, was ihr sagt, ihr Scheißer! Wir ham 'ne Dame unter uns.«

»Halt dein Scheißmaul, Sebo!« sagte Bobby Boy. »Das gute Mädchen is' I-Op. Die ham ihr wahrscheinlich 'ne Wanze ins Fötzchen eingebaut, bevor se se hierher geschickt ham. Sie ... Pooh, Wahnsinn! Haste gesehen, wie das Scheißding hochgegangen is'? Haste die goldene Farbe in der Mitte gesehen? Das is' wirklich geil. Möcht' mal wissen, was die Fritos haben, das so golden verbrennt.«

»Das kommt wahrscheinlich von dem vielen Fett, das die fressen«, sagte eine neue Stimme.

Mingolla, dem das alles unbehaglich war, ging dichter an Debora heran. In den Blitzen der Explosionen brannten ihre Augen rot, und ihre Hand warf einen Schatten, der sieben Finger zu haben schien. »Ist bei dir alles in Ordnung?« fragte er, nur um überhaupt etwas zu sagen, und vergaß dabei das Kehlkopfmikrofon.

»Ich glaub'«, sagte Bobby Boy, »zwischen den beiden I-Ops läuft 'n bißchen was.«

»Ich möchte wetten, die weiß, wo's lang geht«, sagte Sebo. »Kann mir denken, I-Op bringt denen alle möglichen schlüpfrigen Tricks bei.«

»Halt den Rand!« sagte Eddie.

»Möchte wetten, die hat 'nen unheimlich durchtrainierten Liebesmuskel ... die feuert Silberkugeln damit ab.«

»Ich hab' euch gesagt, ihr sollt's Maul halten!«

»Du kannst mich nich' am Träumen hindern«, sagte Sebo. »Ich träum' von beiden, der Schlanken da und der mit der roten Rose im Auge.«

»Träum nur«, sagte Tully, »aber paß auf, daß nich' plötzlich 'n großer Neger in deinem Traum auftaucht ... verstanden?«

»Würd' mich nich' mit ihm anlegen, Sebo«, sagte Eddie. »Der Mann hört sich an, als ob er's ernst meint.«

»Ernst? So 'ne Scheiße!« Sebo kicherte. »Dies is' der gottverdammt falsche Krieg für was Ernstes.«

»Ich meine«, sagte Ruy nervös, »es wäre das beste für alle, die Gedanken darauf zu konzentrieren, daß wir dieses Tal hinter uns bringen.«

Eine Explosion in der Nähe erschütterte den Boden, orangefarbenes Licht erhellte die Gestalten der Soldaten, ließ sie zu einem Bild erstarren und verwandelte die Umrisse der Bäume und Büsche in eine bizarre Menagerie. Mingolla und Debora kauerten sich hinter einen Busch, die Soldaten jedoch reckten die Gesichter dem Licht entgegen wie Pilger, die voller Verzückung den Mittelpunkt ihres Mysteriums erreicht haben. Die Explosion schien sie ruhiger gemacht zu haben, und nachdem der Lichtschein verblaßt war, gingen sie schweigend weiter.

Sie durchquerten das Tal ohne Zwischenfall, aber als sie den höchsten Punkt einer Erhebung erreicht hatten, von wo aus man das zerstörte Dorf sah und wo sie ihren Transport nach Panama abwarten sollten, wurde ein Soldat etwa fünfzehn Meter vor Mingolla durch eine

Flamme unter seinen Füßen in die Luft geschleudert, und rings um sie herum knallten Schüsse. Mingolla riß Debora zu Boden, und sie warfen sich flach hin. Schreie und aufgeregte Stimmen drangen aus dem Lautsprecher. Sein Mund war voller Erde, und er hatte große Angst. Er zielte mit dem Gewehr in das dichte Gestrüpp und feuerte los; das Hämmern seiner Schüsse wurde übertönt vom Krachen hochexplosiver Munition. Die Stimme und die Schüsse schienen sich zu einer Einheit zu vermischen und in einer merkwürdigen, widerhallenden Sprache zu sprechen. Es wa so viel Krach und Getöse, daß Mingolla das Gefühl hatte, ein heißer Wind wehte mit der Stärke eines Hurrikans und trieb Splitter der Angst durch ihn hindurch. Debora zog mühsam ihr Gewehr unter sich hervor und feuerte; er konnte seine Hitze und Erschütterung im Gesicht spüren. Dann war alles vorbei. Die Gewehre verfielen in Schweigen, und das Mondlicht schien sich wieder zu sammeln, alle Formen wieder zu umschließen und sie scharf und erkennbar zu machen. Die Luft kühlte ab. Normale Stimmen ertönten. Ein Wehklagen.

»Hab' hier 'nen kleinen Bohnenfresser.«

»Bring ihn her, Mann!«

»Sebo! Bist du da drin, Mann? Alles in Ordnung?«

»Sein Bein ... sein Anzug klebt an seinem Bein.«

»Gib mir seine Zahlen, verdammt! Was sagen seine Zahlen?«

»Er lebt! Sein Bein sieht beschissen aus, aber er lebt!«

»Bring die I-Ops den Berg runter!«

»Sein Medipaket wirkt bei seinem Bein. Er ist ganz ruhig. Verdammt, er spürt gar nichts.«

»Ist alles in Ordnung, Sebo. Du bist auf 'ne Mine gekommen, aber du bist in Ordnung.«

»Sein Bein ist im Arsch! Lies mal die Anzeige ab ... da schwimmen kleine Knochensplitter drin rum.«

»Bescheuertes Arschloch! Halt den Mund!«

»Sprichst du über mein Bein, Mann?«

Zwei der Soldaten halfen Mingolla und Debora auf die Beine und trieben sie an, den Hügel hinunter ins Dorf zu rennen. Hinter ihnen brüllte Sebo: »Was hast du gesagt ... was ist mit meinem Bein los?«

Das Dorf – ein paar Morgen Land mit Hütten und unbefestigten Wegen – sah aus, als ob ein Riese hindurchgetrampelt wäre: eingefallene Dächer, eingestürzte Mauern, Balken zersplittert. Ruy, Mingolla und Debora saßen unter dem überhängenden Teil eines gekippten Daches. Tully und Corazon saßen etwas weiter weg, und in einiger Entfernung stand eine Gruppe von Soldaten. Im hellen Mondlicht hatten die durchgebrochenen Balken und eingestürzten Strohdächer eine schmutzige gräulichschwarze Farbe, und die Straße schimmerte lavendelgrau. Alle Schatten waren scharf umrissen und verzerrt, wie sie vielleicht in der Hölle ausgesehen hätten. Raketenfeuer zuckten über den Hügeln in der Ferne auf.

»Fast daheim«, sagte Ruy.

»Du idiotisches Arschloch!« Mingolla mußte sich sehr beherrschen, ihn nicht zu schlagen. »Diese Scheißreise hätte uns fast das Leben gekostet, und du sitzt da und quatschst was von daheim.«

Ruy, ein Schatten mit verschränkten Beinen, gab keine Antwort.

»Wann kommt das Flugzeug?« fragte Debora.

»Sobald es hell wird«, sagte Ruy. »Es wird uns auf einem Behelfsflugplatz in der Nähe der Stadt absetzen, und wir werden nach Einbruch der Dunkelheit ins Barrio gehen.«

Drei weitere Soldaten kamen die Straße herab; zwei davon stützten Sebo, dessen Bein auf dem Boden nachschleifte. Sein Kampfanzug war bis zu den Knien verbrannt. Sie setzten ihn zwischen Ruy und Mingolla ab und nahmen ihm den Helm ab. Er hatte dichtgelocktes schwarzes Haar und ein spitzes Gesicht, das durch

Bartstoppeln schmutzig aussah. Mingolla erkannte in ihm den Veteranen, dem er in seiner Halluzination begegnet war und der seinerseits *ihn* erkannt hatte. Sebos Schweiß floß in Bächen an ihm herab, und Schmerzfalten hatten sich um seinen Mund herum eingegraben. Die anderen beiden Soldaten – Bobby Boy und Eddie – nahmen auch ihre Helme ab und knieten sich neben ihn.

»Kriegste genug Saft aus deinem Anzug?« fragte Bobby Boy. Er war ein plumper Junge mit einem Mondgesicht und Bürstenhaarschnitt, seine Züge kindlich und regelmäßig, was ihm ein dümmlich-liebes Aussehen verlieh.

»Yeah, ich schaff's schon.« Sebo nuschelte die Worte.

Mingolla sah ihn an und versuchte, seine Gegenwart mit dem Arm in dem Wandgemälde in Zusammenhang zu bringen, und mit allem anderen.

»Es dauert noch 'n bißchen, bis der Hubschrauber kommt, Junge«, sagte Eddie und ging nach hinten in die Hocke. »Aber alles wird gut werden.«

Sebo starrte in den Himmel und befeuchtete sich die Lippen.

Eddie holte ein Päckchen mit Notration-Plätzchen heraus. Er brach eins der Plätzchen durch und leckte die weiße Cremefüllung heraus. Er bot Mingolla eins an, dann Debora und Ruy. Sie lehnten alle ab. »Ihr wißt ja nich', was euch entgeht«, sagte Eddie. »Dieses Zuckerzeug beruhigt. Isses nich' so, Bobby Boy?«

»Hm, hm.«

»Yeah«, sagte Eddie. »Machen einen ganz ruhig, diese Scheißdinger. Genau das Richtige nach 'nem Kampf.« Er grinste und blinzelte, wobei sich sein Gesicht in listige, gutgelaunte Falten legte. »Vielleicht machen se mal 'nen Werbefilm mit mir, wenn ich wieder zu Hause bin, Mann. Ich sag' dann: ›Weil ich immer die Füllung aus diesen Leckerchen geschleckt hab', bin ich gut durch den Krieg gekommen.‹ Wie findet ihr das?«

»Dann werden bestimmt Millionen davon verkauft«,

sagte Mingolla. Er ließ den Blick über das Dorf schweifen, die traurigen grauen Ruinen, in denen immer noch ein schwacher Geruch nach Tieren und Menschen hing. Das Gespenst eines Geruchs. Der Wind plusterte die Strohdächer wie Federn auf und ließ die Schatten zittern.

»Rasiermesser«, sagte Bobby Boy verträumt. »Mannomann, die schneiden so gut, daß du gar nichts davon spürst. Du spürst es nich' mal, wenn du dir den Kopf gespalten hast. Merkst gar nicht, daß es dir schlecht geht, bis dir das Blut in die Augen läuft. Mann, da überlegt sich es jeder zweimal, bevor er dich anmacht, wenn du so 'n Rasiermesser hast. Weil niemand will, daß ihn was berührt, von dem er gar nich' weiß, wie schlimm es is'. Rasiermesser«, sagte Bobby Boy. »Hm, so sanft.«

Der träge Tonfall seiner Stimme ließ Mingolla erschauern.

»Red nich' so 'nen Scheiß!« sagte Eddie. »Alles Quatsch. Boy hat noch nie was mit Rasiermessern erlebt. Er is' einfach aufgekratzt und hört sich gern großartig daherreden. Du bist bis auf die Knochen 'n Scheißtyp, Bobby Boy.« Er leckte die Füllung aus einem weiteren Plätzchen. »Bis auf die Knochen!«

»Kann schon sein«, sagte Bobby Boy. »Aber ich kenn mich jetzt mit Rasiermessern aus. Vom Drandenken kenn' ich sie. Werd' mir eins besorgen, wenn ich daheim bin.«

»Scheißidiot!« sagte Eddie und blinzelte Mingolla zu. »Hey, Bobby Boy! Kannste dich erinnern, als wir zum erstenmal in dieses Dorf gekommen sind?«

Bobby Boy wandte sich ihm zu, mit langsamen, fahrigen Bewegungen. Er ließ eine Ampulle aus einem Spender in seine Hand plumpsen, knackte sie direkt unter seiner Nase und atmete tief ein. Das Gesicht schien länger zu werden, magerer.

»Haste gehört, was ich gesagt hab', Bobby Boy?« fragte Eddie.

»Yeah, ich erinnere mich.«

»Das war die Feuertaufe des guten Bobby Boy«, sagte Eddie. »Er wußte nich', was er von dem Scheiß halten sollte. Alle paar Minuten knackte er sich 'n Sammy, schrie und blies Löcher in den Rauch. Dann wurde er 'n bißchen ruhiger und spazierte in eine der Hütten. Für 'n paar Minuten war er verschwunden, versteht ihr, und als er endlich zurückkommt, sagt er: ›Da is' was sehr Komisches drin, Mann‹, sagt er. ›Was denn‹, sag' ich, und er sagt: ›Da is' so'n Bohnenfresser drin, sitzt da und hat 'n Loch im Kopf, und sein Gehirn, das liegt ihm im Schoß.‹ Er glotzt mich blöd an. ›Als ob er's festhält. Als ob er's sich wieder reinpacken wollte. Das mußte dir angucken, Mann.‹ Und ich sag' zu ihm: ›Quatsch, Mann. So 'ne Wunde kann's gar nich' geben.‹ ›'türlich kenn ich die Geschosse ohne Hülsen, die manche Gewehre abfeuern, Mann, die machen 'n flaches, breites Loch. Das hab' ich schon oft gesehen. Aber ich will den guten Bobby Boy 'n bißchen ärgern. Und er wird richtig sauer. ›Mann‹, sagt er. ›Mann, ich sag' die verdammte Wahrheit. Der Knabe sitzt da mit seinem Scheißgehirn in seinem Scheißschoß.‹ Und ich sag' ihm: ›Ach was, du bist ganz durcheinander vom Sammy.‹ Also, ich muß euch sagen, der gute Bobby Boy, der brüllt rum und erzählt mir, wie scheußlich das is' und wie wahr das is', und in der Zwischenzeit gebe ich Ratte, einem meiner Männer, den Befehl, die verdammte Hütte anzuzünden. Und als die Hütte in Flammen aufgeht, denk' ich, jetzt bricht der gute Bobby Boy gleich in Tränen aus. ›Ich hab's gesehen‹, wimmert er, ›ich schwör's.‹ Wir haben den Jungen fast 'ne Woche lang glauben lassen, er hätte den Verstand verloren. Das war wirklich super, war das. Kannste dich an all das erinnern, Mann?«

Bobby Boy nickte und sagte düster: »Ich war blöd.«

Eddie kicherte. »Manchmal sagt der Junge was richtig Vernünftiges, was? Na ja. Wir sind alle ganz schön blöd, daß wir hier mitten in dieser Scheiße rumsitzen.«

»Hey«, sagte Sebo. »Hey, Lady!«

Debora sah zu ihm hinüber. »Ja?«

»Komm mal her!« Sebos Gesicht glänzte vor Schweiß, sein Grinsen war ohne jede Heiterkeit. »Bin so schwer verletzt, ich brauch' 'n paar nette Worte. Komm rüber und red 'n bißchen mit mir, ja?«

»Das würd' ich nich' tun, junge Frau«, sagte Eddie. »Der gute Sebo will bloß an dir rumgrapschen. Das is' alles, was er will. Sebo wird ganz geil, wenn er was intus hat.«

»Ich auch«, sagte Bobby Boy und streckte die Hand nach Debora aus; dann drehte er die Hand um, wie ein Künstler, der die Ausgewogenheit seines Werkes begutachtet.

»Laßt den Scheiß!« sagte Mingolla.

Bobby Boy wandte ihm seinen benebelten Kinderblick zu. »Wie meinen?«

»Hey!« Eddie verpaßte ihm einen Stoß. »Langsam, Junge, ganz cool, ja? Du hast die dreckige Rothaarige aus der Vierten Spezialen als Briefschlitz, Mann. Laß die Leute hier in Ruhe!«

»Sie sieht gut aus«, sagte Bobby Boy im gleichen Tonfall, in dem er über die Rasiermesser gesprochen hatte.

»Komm her, Lady!« sagte Sebo. »Bloß 'n bißchen reden, das hat noch niemandem geschadet.«

»Ich wüßte mit meiner Zunge was Besseres, als mit ihr zu reden«, sagte Bobby Boy.

Ruy stand auf und sah Bobby Boy drohend an. »Das ist unerträglich«, sagte er, und dann zu Eddie: »Kannst du ihn nicht zum Schweigen bringen?«

Eddie zuckte die Achseln.

Ein Lächeln huschte über Bobby Boys Gesicht. »Vielen Dank, lieber Gott«, sagte er. »Ich bin Bobby Boy Macklin, und ich preise deinen Namen, daß es mir gelungen ist, diesen ausgemergelten Bastard aus der Fassung zu bringen.«

»Ich hab' dir gesagt, mach halblang, Mann!« sagte

Eddie aufgebracht, und Mingolla, der erkannte, daß Bobby Boy ziemlich auf der Kippe war, bereitete sich für einen Kampf vor. Auf keinen Fall würde er versuchen, Bobby Boy unter seinen Einfluß zu bringen: Ruy durfte nicht erfahren, wie schwierig es war, jemanden zu beeinflussen, der unter Sammy stand.

»Sebo!« Eddie quetschte sich zwischen Ruy und Bobby Boy. »Weißt du, woran ich gerade gedacht hab'? Kannste dich an deine alte Freundin erinnern, die, die dir 'nen Brief geschrieben hat, in dem sie dir vorwarf, du seist 'n Mörder?« Er stieß Mingolla freundlich mit dem Ellbogen an. »Wir haben ihr zurückgeschrieben, mit 'ner gefälschten Unterschrift vom Colonel, und ihr erzählt, daß Sebo 'n richtiger Held sei, der rumgeht und hungernde Kinder füttert und so 'n Zeug. Ein Scheiß! Die Frau schrieb zurück, und das hörte sich an, als wollte sie am liebsten gleich ihre Möse per Luftpost an den guten alten Sebo schicken.«

»Geh mir mal aus dem Weg, Eddie!« sagte Bobby Boy. »Ich werd' den Frito da zur Sau machen.«

»Einen Scheiß wirst du!« Eddie starrte wild um sich, als ob er von irgendwoher die Erleuchtung für eine Lösung erhoffte. »Weißte was, Mann? Weißte, was wir machen könnten? Wir könnten 'n Spielchen machen.« Er schrie zu einigen Soldaten hinüber, die bei der Ruine einer der Hütten in der Nähe zusammenstanden. »Wo is' der Gefangene? Schafft ihn her!«

Einer der Soldaten griff nach einer schattenhaften Gestalt, die am Boden lag, zerrte sie hoch und trieb ihn herüber. Stieß ihn wieder zu Boden. Ein Junge von vielleicht achtzehn Jahren, mager, mit langen schwarzen Haaren, die ihm über die Augen hingen. Pickel sprossen auf seinem Kinn. Er hatte kein Hemd an, und seine Rippen traten hervor. Seine rechte Schulter war mit einem blutdurchtränkten Verband umwickelt.

»Na, wie isses, Bobby Boy?« sagte Eddie. »Sebo? Wie wär's mit 'nem Spielchen?«

»Yeah, warum nicht«, sagte Bobby Boy unwirsch.

»Na gut«, sagte Sebo und setzte sich etwas aufrechter hin.

Bobby Boy schlug den Jungen auf die verletzte Schulter, und dieser schrie auf und rollte sich weg.

»Bastard!« sagte Debora. »Laß ihn in Ruhe!«

Bobby Boy starrte sie an und gab einen kehligen Laut von sich, der ein Lachen sein mochte.

»Hör mal zu, Lady!« sagte Eddie. »Bobby Boy macht nich' viel Federlesens mit dir, also läßt du ihn besser seinen Spaß haben.«

Sie sah Mingolla an, und der schüttelte den Kopf.

Einige der Soldaten gingen an der Straße entlang und pflanzten etwas in die Erde, das wie riesige Samen aussah, deckten Erde darüber und klopften sie glatt. Sie setzten viele Samen ein.

Bobby riß den Jungen hoch, damit er sich aufsetzte. »Wie heißt du, Frito?«

Der Junge spreizte hilflos die Hände. »*No entiendo.*«

»Jemand soll ihn auf spanisch fragen«, sagte Bobby Boy.

Mingolla übernahm das.

»Manolo Caax.« Der Junge sah verzweifelt von einem zum anderen, dann senkte er den Blick.

»Cash ... hm! Geld – auf bohnenfresserisch, was«, als wäre das der Gipfel an Idiotie.

Sebo kicherte, seine Augen waren von den Schmerzmitteln glasig. »Ich setz' auf den Frito«, sagte er. »Ich glaub', der Frito hat das nötige Zeug.«

Die anderen machten ebenfalls ihre Wetten.

»Frag ihn, ob er irgendwas weiß«, sagte Bobby Boy.

Als Mingolla gefragt hatte, antwortete der Junge: »Ich weiß nicht. Was werdet ihr mit mir machen? Werdet ihr mich töten?«

Mingolla gab keine Antwort; es fiel ihm nicht schwer, den Jungen abzuweisen, und er erkannte, daß das daran lag, weil er ihn schon aufgegeben hatte.

»Wie geht es weiter?« fragte er Eddie.

»Überall sind Sprengsätze vergraben«, sagte Eddie. »Einige von uns gehen hinter dem Bohnenfresser und feuern dauernd auf seine Fersen, damit er ständig weitergehen muß, und wir sehen, ob er die Straße runterkommt, ohne einen Sprengsatz auszulösen. Wenn er nich' schnell genug geht, machen ihm die Jungs Beine.«

Er grinste, schien aber eher angespannt als begeistert.

Debora beugte sich dicht zu Mingolla und flüsterte: »Ich werde es verhindern.«

»Nein, tu das nicht!« Er nahm ihren Arm.

»Wir können nicht zulassen, daß sie das tun!« sagte sie. »Es ist mir egal, ob ...«

»Es sollte dir nicht egal sein«, sagte er. »Am besten läßt du den Dingen ihren Lauf. Wir können niemanden retten, okay?«

Ruy beobachtete sie interessiert.

»Okay?« wiederholte Mingolla, und Debora nickte resigniert und sah weg.

Tully kam mit Corazon an der Seite herüber und sagte: »Ich krieg' keine Berührung mit ihnen zustande, Davy. Kannst du was machen?«

»Hm-hm.«

»Wovon redet ihr?« fragte Bobby Boy.

»Nur so«, sagte Tully. »Habt ihr nix Besseres nich' zu tun, als euren Scheiß mit dem Jungen zu treiben?«

»Nö«, sagte Bobby Boy friedfertig. »Absolut nich'.«

Er war fast so groß wie Tully, mit breiteren Schultern, und Mingolla hatte den Eindruck, daß Tully etwas Angst hatte.

»Ihr seid 'n verdammter Haufen Hühnerscheiße, Mann«, sagte Tully. »So was mit 'nem Kind zu machen.«

»Als nächstes kannst du drankommen, Nigger.« Bobby Boy baute sich dicht vor ihm auf und starrte ihm in die Augen. »Wie findest du das?«

»Paß auf, was du sagst, Mann!« Eddie stellte sich zwischen sie und schob Bobby weg von Tully.

Ruy tippte Deobra auf den Arm. »Kannst du nichts unternehmen?«

Sie warf Mingolla einen verbitterten Blick zu und sagte: »Nein!«

»Hey«, sagte Bobby Boy. »Einer von euch kann mal dem Frito erklären, wie's geht.«

Wieder übernahm Mingolla das Übersetzen.

Der Junge starrte ihn mit versteinertem Haß an. Bobby Boy, dessen Augen im Mondschein glitzerten, gab dem Jungen einen kräftigen Klaps. »Ich weiß, du schaffst es, Frito. Mach mir keine Schande.«

Zwei Soldaten führten den Jungen an den Start der Bahn am Fuß des Hügels, etwa siebzig Meter weit weg, und dieser starrte unaufhörlich über die Schulter zurück zu Mingolla, als ob der allein verantwortlich wäre.

»Hi-hi«, sagte Bobby Boy. »Das wird gut!«

»Hat er überhaupt eine Chance?« fragte Debora.

»Kaum«, sagte Eddie. »Die Sprengsätze sind überall, und sie treiben ihn mit ihren Gewehren direkt hinein. Er muß zu schnell rennen, um aufpassen zu können.«

Tully sah Mingolla zweifelnd an, und Corazon fügte das Gewicht ihres geheimnisvollen Blickes hinzu. Mingolla heftete die Augen auf die drei Gestalten am Fuß des Hügels, die beiden Soldaten in ihren mondbeschienenen Helmen und den Jungen als dunklere und weniger deutliche Figur dazwischen.

»Los jetzt!« rief Sebo. »Geh mir aus'm Weg, Bobby Boy. Ich kann nix sehen.«

Mit einem bösen Blick auf Sebo rutschte Bobby Boy etwas nach links.

Die beiden Soldaten am Ende der Straße schoben den Jungen mit einem Stoß nach vorn, und hinter ihm krachten Schüsse; der Junge machte einen Satz nach links in eine Lücke zwischen den Ruinen, aber weitere Schüsse schnitten ihm den Fluchtweg ab und setzten eine der Hütten in Brand. Er kam im Zickzack die Straße herunter, den Blick zu Boden gesenkt, und Gewehrkugeln wirbelten die Erde hinter seinen Fersen hoch. Bobby Boy jauchzte, und Sebo brabbelte vor sich hin. Debora vergrub das Gesicht in Mingollas Schulter, doch Mingolla, voller Abscheu gegen sich selbst wegen des Mangels an moralischer Kraft, seiner pragmatischen Einstellung, zwang sich selbst zuzusehen. Der Junge stürzte, rollte weiter, und Mingolla hoffte, daß eine der Granaten losgehen und dem grausamen Spiel ein Ende bereiten würde. Geschosse nagelten den Jungen am Boden fest. Er kroch weiter, taumelte auf die Füße, wurde zur Seite geschleudert, als eine Gewehrkugel eine Granate hinter ihm auslöste; er wippte neben einem kleinen Erdhügel, wäre beinah daraufgetreten, verlagte das Gewicht aber zur Seite. Die Soldaten folgten ihm, ihre Geschosse schlugen immer dichter ein. Eddie wippte auf den Absätzen auf und ab, stieß im stillen anfeuernde Rufe aus, und Bobby Boy äußerte seine Begeisterung in gehauchten *Yeahs* und schwenkte eine Faust, und Sebo beugte sich vor, voller Konzentration, seine Wunde war vergessen. Das Rattern der Gewehre füllte die Luft um sie herum mit einer brennenden Spannung, und der Junge kroch, taumelte, machte Bocksprünge, als ob er von einer unsichtbaren Hand geführt würde, die Dutzende geschickte Züge mit ihm machte und ihn um Haaresbreite von den kleinen Erdhügeln mit ihrer feurigen Saat entfernt hielt. Es war, als ob er armeschwenkend einen Zaubertanz vollführte, als ob er ein verrückt gewordener Geist der Freude und Ausgelassenheit des Dorfes sei, aus einer Zeit, als die Wände der Hütten noch frisch mit Lehm beschichtet und gelb waren, das Stroh der Dächer grün und saftig; als Schweine den Kindern Mangos vom Teller stibitzten; als die Männer selbst in den schlechtesten Tagen sich um den Dorfbrunnen versammelten und Zigaretten rauchten, die sie für einen Penny das Stück in dem Kramladen oben am

Hügel gekauft hatten, und von den Milchkühen schwärmten, die sie erwerben würden, wenn erst mal die Ernte eingebracht sei. Es sah wirklich so aus, als ob der Junge es schaffen würde, es nicht nur schaffen würde – dachte Mingolla –, sondern daß dieser verrückte Kreisel-Lauf einen geheimen Wunsch weckte, die früheren goldenen Zeiten wiederherzustellen, die Zeiten vor dem Krieg, die grauen Ruinen wieder aufzubauen und sie mit Farbe und Bewegung und Leben zu versehen, und alles würde wieder neu beginnen, und die Soldaten würden verschwinden, und Mingolla wäre wieder ein Kind, das von einer unvorstellbaren Süße träumte ... Doch der Junge rannte nicht mehr. Keine zehn Meter vor dem Ende der Bahn hatte er aufgehört zu rennen, blieb einfach stehen. Das Schießen hörte auf, und Mingola wußte, daß die Soldaten, die den Jungen jagten, von dieser plötzlichen Wendung überrumpelt sein mußten. Der Junge atmete heftig, seine Brust hob und senkte sich schnell, aber sein Gesicht war ruhig. Seine Augen dunkle Scheiben, der Mund zusammengepreßt und störrisch. Als er ihn ansah, glaubte Mingolla, seine Gedanken lesen zu können. Er erkannte, daß der Junge irgendwo auf seinem Weg begriffen haben mußte, daß es keinen Unterschied machte, ob er es schaffte oder nicht, daß dieses perverse Hindernisrennen, bei dem er sich so anstrengte, ein Rennen war, das seinen Landsleuten seit Jahrhunderten aufgezwungen worden war, dessen Hürden Unterdrückung und Ausbeutung waren, ein blutiges Spiel zur Unterhaltung derer, die daran verdienten, und er hatte einfach keinen Sinn mehr darin gesehen, weiterzumachen. Vielleicht hätte der Junge all das nicht in Worten ausdrücken können, vielleicht hatten sein Geist und seine Seele einfach den Punkt äußerster Erschöpfung und Entkräftung erreicht, einen Punkt, an dem Mingolla selbst von Zeit zu Zeit angelangt war. Aber das Wissen war in ihm, raubte ihm jede weitere Kraft, wog schwer wie Stein. Er würde keinen Meter weit mehr rennen, würde dort so stehenbleiben und durch sein Stehenbleiben den einzigen Sieg erringen, den er erringen konnte.

»Lauf!« brüllte Bobby Boy. »Verdammt!«

Der Junge verlagerte das Gewicht, ließ die Arme baumeln und wartete. In Mingollas Augen erschien er immer stabiler und wesentlicher vor dem Hintergrund der verfallenen grauen Hütten.

»Reiß ihm den Arsch auf!« kreischte Bobby Boy.

Niemand schoß, niemand bewegte sich.

»Bringt ihn um!« Bobby machte ein paar Schritte auf den Jungen zu und winkte den Soldaten wütend. »Habt ihr gehört? Ihr sollt ihn umbringen!«

Zögernd, so schien es, hoben die Soldaten die Gewehre und eröffneten das Feuer. Die Kugeln stießen den Jungen in taumelndem Gang vorwärts, und dann brach er zwischen zwei der kleinen Erdhügel zusammen. Schwarzes Blut strömte über seinen Rücken, bildete eine Pfütze unter seinem Mund. Sein linkes Bein schlug zuckend ein Muster in den Boden, und sein ganzer Körper bäumte sich noch einmal auf, dann blieb er reglos liegen.

Ruy seufzte, und Mingolla stieß die Luft aus, die er angehalten hatte; sie fühlte sich heiß in seiner Kehle an. Deboras Hand zitterte auf seinem Arm, als ob sie zum Flug abheben wollte. »Scheiße«, sagte Eddie. »Scheiße!« Corazons geheimnisvolles Auge schien zu glühen, und Tullys Gesicht war versteinert. Sebo, schwitzend und am Ende, lehnte sich an die Hütte, mit geöffnetem Mund und geschlitzten Augen ... Chinesenaugen.

Bobby ging zu dem Jungen und trat ihn in die Seite. Er drehte sich um, seine Gesichtszüge waren voller Wut verzerrt und ließen ihn wie einen häßlichen Mann im Mond aussehen. »Ich zahl' nix«, sagte er zu den anderen Soldaten. »Dieser Scheißer hat nich' fair gespielt.«

»Du tust verdammt besser daran, zu zahlen«, sagte einer der anderen. »Wir hätten auch zahlen müssen.«

»Yeah«, sagte wieder ein anderer. »Du hast uns angemeckert, als wir gesagt ham, daß der Bastard es nich' schafft.«

»Los, zahl, Bobby Boy! Du hast keinen Grund, es nicht zu tun.«

»Ihr könnt mir nix erzählen!« Bobby Boy stapfte zurück zu der Gruppe neben der Hütte. »Hey, Eddie«, sagte er, »du hältst zu mir, oder? Erklär denen mal die Regeln, Mann! Sag ihnen, was gerecht is! Der Hundesohn hat's ja nich' mal probiert.«

FÜNFTER TEIL

Sektor Jade

Die Welt ist kein fester Körper, sondern vielmehr ein Punkt in Raum und Zeit, auf den unzählige Lichtstrahlen scheinen, Strahlen in allen Farben und von unterschiedlichster Intensität, einige an Leuchtkraft zunehmend, andere abnehmend, und die Wesensart dieses bestimmten Punktes befindet sich deshalb in ständigem Wandel, gestaltet sich immer wieder neu. Also kann man sagen, daß die Welt schon viele Male zu Ende gegangen ist, aber nur wenige Menschen haben es je bemerkt.

Für die Indios von San Blas

KAPITEL FÜNFZEHN

Die Armeen der Madradonas und der Sotomayors –
über eintausend Mann stark – lebten in den Straßen des
Barrio Clarín, in Hauseingängen und Kanalschächten,
unter Bänken auf öffentlichen Plätzen, in jämmerlichen
Buden aus Pappkartons oder ohne jeden Schutz; und
jeden Morgen ging Mingolla von einem zum anderen,
hörte sich die Sorgen der einzelnen an und verschaffte
ihnen durch seine Kraft Erleichterung, bot ihnen einen
vorübergehenden Zustand des Glücks und des Wohlbe-
findens. Er empfand wenig Befriedigung bei seiner Arbeit, die Armeen waren nicht zu retten, und das Äußerste, das er erreichen konnte, war, ihnen eine Zeitlang
ihre Menschlichkeit zurückzugeben; ihr Geist wies so
gut wie keine Struktur auf, ihr Denken lief langsam, zäh
und träge, wie Haferschleim in eine Schüssel tropft.
Obwohl ihm seine Wohltätigkeit ein begrenztes Maß an
Erfüllung brachte, war er weniger bestrebt, Schuldgefühle zu dämpfen, als sie vielmehr ganz auszulöschen.
Er hatte den Eindruck, daß er unter einer eigenartigen,
amerikanischen Form der Schuld litt, bei der er sich
nicht als der sehen wollte, der er war, und er dachte,
daß er, wenn er sich als Wohltäter aufspielte, vielleicht
in der Lage wäre, dem wie immer gearteten allessehen-
den moralischen Auge, das über dieses Gebiet herrschte, zu gefallen.

Die meisten Straßen im Barrio waren schmal, eine
Spur aus löcherigem Asphalt, die sich zwischen ver-
kommenen vier- oder fünfgeschossigen Gebäuden aus
verwittertem Stein in ungewöhnlichen Winkeln gabel-
ten. Es waren alte Wohnhäuser im Kolonialstil mit Flü-
geltüren, die sich auf Balkone mit Kunstschmiedegelän-
dern öffneten, und der untere Teil ihrer Wände war

in Streifen von verblaßtem Grün und Blau gestrichen, die aussahen wie verschiedene Erdschichten. Es war Regenzeit, und jeder Tag begann mit leichtem Nieseln und endete mit heftigen Güssen. Aufgequollene graue Wolken trieben so tief dahin, daß ihre Bäuche zwischen den Dächern durchhängen zu schienen, was zusammen mit den weit überhängenden Vordächern zu Platzangst führen konnte, da es aussah, als lehnten sich die Häuser alle aneinander und würden vom schweren Himmel niedergedrückt. Schwacher Verkehrslärm drang von der anderen Seite der Barrikade herüber, und hin und wieder kam ein Jeep vorbei, in dem eine Clique von Madradonas oder Sotomayors saß. Aber man hörte keine Babies schreien, keine Radios plärren; keine matronenhaften Frauen beugten sich über die Balkonbrüstungen, um mit den Nachbarinnen Klatsch auszutauschen. Die Wohnungen waren leer, genau wie die kleinen Geschäfte mit Malereien auf ihren pastellfarbenen Fassaden, die körperlose Hemden und Hüte darstellten oder funkelndes Küchengerät, schwebende Brotlaibe oder Nähmaschinen so bullig wie Doggen.

Eines Nachmittags aß Mingolla an einer Bude etwas zu Mittag, von wo aus er auf einen Laden blickte, in dessen Fenstern und Passagen Dutzende von Spiegeln hingen und standen; eine verschnörkelte Schrift auf der Fassade verriet, daß es im Innern Devotionalien zu kaufen gäbe. Er hatte ähnliche Geschäfte in Guatemala gesehen. In strahlend beleuchteten Fenstern prangten goldene Kreuze, Madonnenbilder in Goldrahmen, Herz-Jesu-Medaillons ... das Gold vervielfältigte sich in den Spiegeln, strahlende Bilder wurden von überallher zurückgeworfen und schufen ein verwirrendes Labyrinth des Glaubens, in dem sich das Auge nirgends ausruhen konnte. Aber die Spiegel hier warfen kein anderes Bild zurück als das seines Gesichts: unendlich viele düster blickende junge Männer mit einem resignierten Gesichtsausdruck, ohne jede Überzeugung. Dazu hatte ihn das Barrio gemacht, dachte er. Hatte alle extremen Gefühle abgeschliffen und ihn genauso langsam und dahindämmernd gemacht wie die Mitglieder der Sotomayor-Armee, die die Straßen bevölkerten und von denen sich einige zögernd von der Stelle bewegten, die meisten jedoch reglos im Regen lagen, der in die bleifarbenen Pfützen tropfte. Ganz in der Nähe hockte eine alte Frau im Witwenschal im Rinnstein und pinkelte. Auf gleicher Höhe spazierte ein verhärmter, grauhaariger Mann mit der Gangart eines Nachtwandlers vorbei, hielt an, um eine Wand zu berühren, starrte leer und taumelte weiter. Ihre Kleidung war zerrissen und steif vor Dreck, und ihre Augen waren dunkle, formlose Höhlen wie Mottenlöcher in altem Stoff. Sie waren mit Stöcken und Messern und Gartengerät bewaffnet, und viele hatten nicht heilende Wunden, die nie behandelt worden waren. Kleine schwarze Empfänger wie Ebenholztropfen waren an ihren Ohren befestigt, und durch diese empfingen sie die Befehle zu kämpfen oder sich ruhig zu verhalten. Durchsichtige Schatten schienen sich um sie herum zu bilden, als ob sie sich auflösten, als ob sich ihre Körper in Luft verflüchtigten. Mingolla wünschte, er hätte sich übergeben, auf irgendeine Art heftig reagieren können, aber er war nur benommen.

Die Frau, die zu seinen Füßen saß, begann zu summen. Eine schlampige, grobschlächtige Frau Mitte dreißig, mit breiten Hüften, hängenden Brüsten und gelblicher Hautfarbe. Sie trug ein Kleid, das einmal blau gewesen sein mochte. Nachdem er aufgehört hatte, sie zu bearbeiten, erzählte sie ihm, daß sie Irma hieße und ihre Kinder sehr vermisse.

»Wie geht's dir, Irma?« fragte er.

»Ich singe«, sagte sie und starrte die Straße entlang. »Singe für meine Kinder, damit sie einschlafen.«

»Das ist gut.« Er streckte ihr die Hälfte seines Sandwichs hin. »Hunger?«

Sie wiegte ein imaginäres Kind in den Armen, lächelte und summte.

Vielleicht ist es gar nicht das schlechteste, dachte Mingolla, immer langsamer zu werden wie die Menschen in den Armeen des Barrio, gewohnte Fetzen aus der Erinnerung immer wieder abzuspulen. Viele normale Menschen handelten auch nicht anders, und sie schienen zufrieden zu sein.

»Pacito, Pacito«, summte Irma zärtlich und kitzelte das unsichtbare Baby unterm Kinn. Ein schwaches Madonnenlächeln huschte über ihr teigiges Gesicht.

Mingolla wandte sich ab, erschüttert über den Anblick, doch gleichzeitig erfreut, daß der Hauch des Menschlichen noch in Irma wehte und daß sie die Liebe hatte, auf die sie sich stützen konnte ... etwas, das von ganzem Herzen zu tun ihm inzwischen verwehrt war. Er erinnerte sich an einen der Vertreter im Geschäft seines Vaters, einen emsigen Klinkenputzer mit grauem Haar und einem Gesicht wie ein zerknittertes Geschirrtuch. Er spielte den Onkel für Mingolla, entzückt darüber, ihm Anektdoten aus den Zeiten zu erzählen, als er noch unterwegs war, und ihn in die Wissenschaft von Versicherung und Verkauf einzuweihen. »Das erste«, so hatte er ihm einmal erklärt, »ist, daß du ihnen eine schlechte Nachricht bringst, etwas Unerfreuliches erzählst. Über Prämien und Zahlungsweisen und so. Dann gehst du über zu den Vorzügen, zu dem allgemeinen Zeug. Sie sind nicht beeindruckt. Sie sind sogar richtig enttäuscht. Sie hatten etwas Besseres erwartet. An dem Punkt läßt du sie eine Minute schmoren, und dann läßt du deinen Trumpf raus. ›Und jetzt kommen wir zum besten Teil.‹« Der Vertreter hatte dann auf irgendwelche Investitionsvergünstigungen und versteckten Steuervorteile hingewiesen, aber für Mingolla hatten seine Worte den faden Klang einer allumfassenden unveränderlichen Größe, und er gab ihnen eine andere Bedeutung, schöpfte daraus den Glauben, daß die Welt

– die sich immer weiter drehte und immer weiter in ihren eingefahrenen Bahnen, mit ihren nichtssagenden Erbärmlichkeiten und Freuden – sich plötzlich entfalten könnte und in ihrem Herzen eine strahlende Wahrheit enthüllte, so voller Herrlichkeit wie ein Weihnachtsstern. Wenn er mit Debora schlief, schien sich ihm diese Art von Schönheit jedesmal zu enthüllen, doch seit sie im Barrio angekommen waren, hatte sich so vieles für Mingolla verändert – obwohl es nach wie vor sehr schön war, wenn sie miteinander schliefen –, daß es ihm nichts anderes als Erleichterung mehr brachte. Am meisten hatte sich Debora geändert. Sie war voller Hingabe in den Prozeß des Friedens verwickelt, voller Leidenschaft. Und selbst ihre ganz alltägliche Unterhaltung strotzte vor einfältigem Idealismus, der Mingolla anwiderte und ihn veranlaßte, sie in einem neuen Licht zu sehen, sich zu fragen, wie sie so töricht sein konnte. So war es zum Beispiel in der vergangenen Nacht, zwischen zwei Liebesakten, als sie, immer noch vereint, auf der Seite lagen.

... *es ist komisch* ... hatte sie gesagt.

... *was ist komisch* ...

... *ich habe darüber nachgedacht, wie gern ich mit dir zusammenleben würde, und ich beschloß, ich wünschte mir einen grünen Ort, grüne Einsamkeit ... grün* ...

Das Wort *grün* klang in ihm nach, verband ihn mit ihr, und für den Bruchteil einer Sekunde empfand er seinen Körper und ihren als vollendete Einheit, so wie sie ihn in sich fühlte, eine nervenlose Wärme und das Wohlbehagen, erfüllt zu sein.

... *Eden* ... sagte sie. *Orte ohne Fremde, ohne Regeln, wo unsere eigenen Regeln gelten, unsere eigene Vernunft* ...

Ihre Intensität brachte ihm seine eigene wachsende Ambivalenz ins Bewußtsein, aber er versuchte, es sich nicht anmerken zu lassen.

... *warum ist das komisch* ...

... *ich habe all das immer gehaßt, den Dschungel, die Ber-*

ge ... mein Vater hat uns immer in die Wildnis gezerrt, er liebte sie, liebte die Leere ... und als ich aus dem Gefängnis entlassen war, streifte ich so lange durch den Dschungel und die Berge ... ich haßte sie ... aber mit dir zusammen wünsche ich mir einen sauberen Ort, einen Ort, den noch niemand verdorben oder berührt hat ...

Ihre Worte störten ihn, und er wollte, daß sie den Mund hielte, denn alles, was sie sagte, ließ an ihrem gesunden Menschenverstand zweifeln; wie konnte sie nur an diesem schrecklichen Ort so heiter und hoffnungsvoll sein? Er bewegte sich in ihr.

... David, o Gott, David ...

Er drückte ihr Hinterteil mit beiden Händen zusammen, rieb sich an ihr, quetschte Gefühle heraus.

... ich möche, daß du in mich kommst, David, jetzt ... in meinen Mund, ich möchte dich in meinem Mund ...

Ihre Worte beflügelten seine Lust, und er stieß ein paar Sekunden lang in sie, dann hörte er auf, war abgelenkt. Lichtstreifen fielen durch die Ritzen in den Fensterläden, ihre Haut schimmerte blaß mit verschwommenen Streifen.

... was ist los, David ...

... müde, sonst nichts ...

... wir können aufhören, das macht nichts ...

... vielleicht ...

... wir schlafen morgen früh miteinander ... das möchte ich, ich möchte hinausgehen und dich noch warm in mir spüren ...

Er hielt sie fest, als sie davonschwebte, streifte die Ränder ihres Denkens, ihrer beider Gedanken verwoben sich langsam zu einem Netz, und plötzlich sah er eine ausgedehnte Fläche aus feingemasertem goldenen Holz, und er spürte ihre Persönlichkeit, ihren Eifer und die Ruhe, die hinter all ihren Launen steckte, und er hörte eine zirpende Frauenstimme, die etwas daherplapperte von einem Kunden, mit dem sie sich beschäftigen sollte, und er wußte, daß die Frau seine ... oder

490

vielmehr Deboras Tante Juana war, die inzwischen etwas senil geworden war, und Debora untersuchte die Maserung des Holzes, bemerkte, wie sich die Linien aufbäumten zu dunklem Silber, wie stilisierte Wellen, und sah hinauf zu den Glasvitrinen mit Fundstücken vorkolumbianischer Keramik, und sie wünschte, Tante Juana wäre still, immer die gleichen Geschichten, und wenn Juana so weitermachte, würde ihr Papa die Geduld verlieren, und dann müßte sie ihn die ganze Nacht über besänftigen, und sie betrachtete ihn, einen großen, breitschultrigen Mann, dessen Gesicht denen auf den Keramikscherben ähnelte ... und dann war Mingolla wieder er selbst, dem der Kontakt wie ein Wunder erschien und der über seine Bemühungen staunte, sie ganz zu ermessen, denn sie war hier, gefangen in ihrer Erinnerung an eine andere Zeit, diese Mischung aus Schwebezustand und Sorge und Naivität, die die Grundbestandteile ihrer Seele waren, und darunter die zerbrechliche, suchende Hoffnung, daß wir, jeder von uns, vor dem Beginn der Unschuld rein sei. Und dann eine andere Erinnerung, so kurz, daß er nur ein Gefühl von Agonie und schmerzlicher Strahlung empfing, ein rötliches Glühen, das wie das Licht ihres Blutes war, das in die Vergangenheit strömte, und andere Erinnerungen, die so schnell vorbeihuschten, daß er sie kaum im einzelnen unterscheiden konnte, und dann verlangsamte sich der Strom, ging in einen Bereich dämmerigen Lichts über, düsterer Dunkelheit, staubverhüllt, uralte Erinnerungen, knirschend altes Zeug, und ihm erschien ein Bild von vergilbten Spitzenschleiern, Erinnerungsgespinste, die sich aus messingbeschlagenen Kisten erhoben und Staub freischüttelten, der singend herabfiel, und das Singen ging in ein Winseln über wie der Kreislauf des Blutes, dann in Stimmen und Visionen und Gedanken, und er spazierte mit einem jungen Mann durch einen Garten, die Sonne zeichnete eine Schattenstickerei auf die Steine, die Anstandsdame folgte dicht hinter ihnen, schüchternes Flüstern und Zeichen, und später der Schmerz, als ein Kind entrissen wurde, und noch später die herzerschütternde Erscheinung eines alten Mannes, der früher ein Liebhaber war, und dann das Klingen von Stahl, Schreie, die silberne Gesichtsmaske des Pferdes war rosa gefärbt durch ein Rinnsal von Blut, das aus einem Schnitt in seinem Hals quoll; das Vorbeiströmen der Erinnerungen beschleunigte sich wieder, Stimmen und Bilder verbanden sich zu Geweben aus goldenem Licht mit einem endlosen Muster, knüpften Blut und Zeit und Geschichte zu einem Knoten, einer sexuellen Verflechtung ... Mingolla tauchte aus diesen Tiefen auf, als wäre er durch Hunderte von Böden gefallen und auf Federn gelandet. Er war schweißgebadet, sein Herzschlag raste, und er war verblüfft festzustellen, daß Debora noch immer schlief. Er versuchte, seine Erfahrung mit den Andeutungen magischer Verbindung in Zusammenhang zu bringen, die er empfangen hatte, während er an Major Cabell arbeitete; aber er mußte sich auf Vermutungen beschränken, auf vages Theoretisieren, und das einzige, was klar festzustehen schien, war, daß die Verbindung der Natur seiner Beziehung zu Debora entsprach, die wie Schall und Rauch war, ohne echte Substanz ...

Irma seufzte, und Mingolla sah zu ihr hin. Sie lehnte jetzt gegen das Glas der Tür, ein Marlboro-Abziehbild mit der Darstellung eines Cowboys, der sich eine Zigarette anzündete, klebte neben ihrem Mund am Glas, so daß es wie eine sichtbar gemachte Sprechblase aussah. In ihren Armen wiegte sie ihr erträumtes Kind. Sie hielt es ihm zum Bewundern entgegen, und er dachte an Debora und sah nicht Irmas leere Arme, sondern die Erinnerungen, die sie hielten, und sagte: »Yeah, es ist ein hübscher Junge.«

Es regnete jeden Morgen und jeden Nachmittag und oft auch während der Nacht, und sobald der Regen aufhörte, brach die Hitze herein, sie schien allgegenwärtig auf der Lauer zu liegen, wie ein großes durchsichtiges Tier, das durch die Straßen kroch und eine faulige Wärme ausatmete. An die Wände geklebte Plakate lösten sich an den Ecken ab und hingen in Fetzen herunter; Hitzeschwaden flimmerten über Dächern und Bürgersteigen, was den Anschein erweckte, als löste sich der ganze Barrio auf, verflüchtigte sich. Die Oberfläche des Asphalts schmolz zu Schlamm, man konnte gummiartige Stücke davon mit den Fingern abheben. Die Armeen schleppten sich in der feuchten Luft mühsam vorwärts, die Stöße ihres Denkens waren schwach und unterbrochen wie die Zuckungen einer Winterfliege, die zwischen zwei Glasscheiben gefangen ist. Schweiß tropfte in Perlen so groß wie Silberzwiebeln, und wenn gelächelt wurde, dann verbissen und unter Mühen. Und dann setzte der Regen wieder ein, verringerte die Hitze um eine Spur, platschte auf den Asphalt, trommelte auf die Dächer, pochte gegen die Fenster, und wenn er nachts im Bett lag, erkannte Mingolla in seinem endlosen Rhythmus die Spannung eines zur Form werdenden Ereignisses. Etwas Endgültiges und Mächtiges. Ob gut oder böse, wußte er nicht, und es war ihm gleichgültig. Er unterlag dem Bann eines schlechten Lebens, eines schlechten Wetters, und ihn interessierte nicht, wie es am Ende ausgehen würde; ihn interessierte nur, wie er den jeweiligen Tag hinter sich brachte.

Sie waren in einer Pension untergebracht, die Casa Gamboa hieß, ein einstöckiges, rosaverputztes Haus mit einem Innenhof, dessen Mittelpunkt ein Swimmingpool bildete mit Wasser so schmutzig, daß es aussah wie »Fläche aus Jade inmitten von hellen Kacheln«. Papageien saßen auf Schaukeln unter dem Vordach und verfolgten mit schielenden Augen und kichernd die Vorübergehenden, und dichte Dschungelvegetation wuchs in Beeten rund um das Becken. Durch einen überdachten Gang am hinteren Ende des Hofes sah man einen alten orientalisch aussehenden Mann im Rollstuhl, der die meiste Zeit des Tages neben einem kleinen Gärtchen saß und Papierstreifen an die Holzpfosten zwischen den Reihen band. Die Hausangestellte war eine hübsche dunkle Frau namens Serenita. All diese Dinge kamen in der Geschichte *Das phantastische Gästehaus* vor. Mingolla war nicht überrascht, daß er in Pastoríns (beziehungsweise Izaguirres) Geschichte lebte. Er erkannte, daß er die ganze Zeit seit Roatán darin gelebt hatte und daß sogar die Tatsache, daß er existierte, bis zu einem gewissen Grad eine Sotomayor-Erfindung war. In der Tat fand er es wohltuend, Teil einer Phantasie zu sein, insofern als er, wenn er das Leben auf diese Weise betrachtete, von der Wirklichkeit abgesondert war. Wenn er nicht arbeitete, verbrachte er seine Zeit in dem Zimmer, das er und Debora gemeinsam bewohnten. Es war ein großer weißer Raum, viel zu groß für die spärliche Möblierung darin: Stuhl, Tisch, Bett und Frisiertisch. Gekühlt wurde der Raum durch einen quietschenden Deckenventilator, und an der Wand neben der Tür war ein billiges Blechkruzifix angebracht; ein Kabel führte hinter dem Kreuz hoch zu der Beleuchtungsvorrichtung an der Decke, so daß man den Eindruck hatte, Christus spielte eine Rolle bei der Stromübertragung. Die Figur war stümperhaft ausgeführt, Hände und Füße waren unverhältnismäßig groß, und der Gesichtsausdruck zeugte eher von Verdauungsstörungen als von einer großen Seele. Mingolla empfand Sympathie für die verschobenen geistigen Werte, die sie verkörperte, und er hoffte, daß sie durch die groteske äußere Erscheinung ein Wunder von bleibendem Wert bewirken könnte.

Bei einer bestimmten Gelegenheit zog ihn Debora aus dem Zimmer, damit er einer Verhandlung beiwohnen sollte. Sie wollte, daß er mit eigenen Augen sähe, daß sie gut vorankamen, und obwohl er das nicht zugeben wollte, war es nicht zu leugnen. Es lag in ihrer Natur, an einem Glauben festzuhalten, an einem Ziel, und er wußte, daß sie erst die Erfahrung einer totalen Desillusionierung machen mußte, bevor sie die Idee der Revolution aufgab, selbst in einer so grauenvollen.

Die Verhandlungen wurden in einer Arbeiterkneipe mit blaßgrünen Wänden und langen Tischen abgehalten; auf dem Tresen stand eine Glasvitrine mit Krümeln und toten Fliegen und zerknülltem Pergamentpapier. Die Verhandlungsdelegationen bestanden aus fünf Mitgliedern jeder Familie und einer Handvoll von Psychomedien, die die Drogentherapie durchgemacht hatten. Die Psychomedien – es waren alles in allem einunddreißig im Barrio – waren feindselig und mißtrauisch, und weder Mingolla noch Debora gelang es, auch nur mit einem von ihnen nähere Bekanntschaft zu schließen; sie waren nur daran interessiert, ihre Beziehungen zu den jeweiligen verschiedenen Familienmitgliedern zu pflegen. Die Sotomayors waren – mit Ausnahme von Ruy – bei Fehlern nachsichtig. Sie waren allesamt hochaufgeschossen, langnasig und etwas fad – obwohl ihre Chefunterhändlerin, eine große Frau Anfang dreißig namens Marina Estil, von einer ernsten, falkenhaften Schönheit war. Sie war ziemlich groß, fast einen Meter achtzig, mit ausgeprägten Wangenknochen, großen Augen und schwarzem Haar, das sie kurzgeschnitten trug, so daß es fast einer Kappe ähnelte. Ihre Finger waren außergewöhnlich schlank und erschienen blasser als der übrige Teil der Hände. Mit ihrer Offenheit hinsichtlich der Verletzbarkeit der Sotomayors beeindruckte sie Mingolla als jemand, dessen Sorge um einen Friedensabschluß die Zwänge der Fehde überwog, und er hatte einen Funken Vertrauen in sie.

»Sie haben so viel Macht und so wenig Interesse, sie anzuwenden«, sagte sie einmal zu ihm. »Aber natürlich bereitet einigen von uns die Art, *wie* Sie sie anwenden, ganz erhebliche Schwierigkeiten.«

»Yeah?« sagte er. »Wie das denn?«

»Ihre Hingabe an die Armen.«

»Es ist keine Hingabe. Ich habe nur nichts Besseres zu tun.«

»Ich bin sicher, es steckt mehr dahinter als das.«

»Vielleicht ... es ist nicht wichtig.«

»Für uns schon. Was Sie tun, vergrößert unsere Schuld. Es fällt uns schon schwer genug, das Gewicht unserer Sünden zu tragen, ohne daß Sie uns an unsere größte Sünde erinnern. Einige von uns betrachten Ihre Arbeit als Affront.«

»Das ist hart!«

Sie lachte. »Ich frage mich, ob Sie wissen, welche Herausforderung Sie für uns darstellen?«

»Ich glaube schon.«

»Oh, ich bezweifle, daß Sie die ganze Tragweite davon erkennen. Zum Beispiel fühlte ich mich vor einiger Zeit zu Ihnen hingezogen. Und ich kann die Wurzeln dieser Anziehung verfolgen, sie beruht nicht etwa auf geistiger Verwandtschaft oder einem physischen Reiz, sondern wurde allein durch ihre Kraft bewirkt.«

Das hörte er gern. Ihre Ehrlichkeit untermauerte seinen Eindruck, daß sie versuchte, ihre Zwänge zu beherrschen. Und obwohl er sich von ihr nicht angezogen fühlte, faszinierte ihn der Gedanke an eine erotische Beziehung mit ihr in der Weise, wie es ihn einmal im Zoo in der Bronx danach gedrängt hatte, die Hand in einen Käfig zu stecken, um herauszufinen, ob die Pranke eines Jaguars tatsächlich so weich und pelzig war, wie sie erschien.

»Keine Angst«, sagte sie. »Ich bin harmlos.«

»Ich habe keine Angst vor *Ihnen*«, sagte er. »Und selbst wenn es so wäre, rangierten Sie auf meiner Angstliste ganz unten.«

Angeführt von Marina erschienen die Sotomayors als erste in dem Lokal und nahmen an einer Seite des vorderen Tisches Platz. Die Madradonas kamen fünf Minuten später und setzten sich ihnen gegenüber. Sie waren genauso derbe Typem wie die Sotomayors: kleinwüchsig und breit, mit schwerfälligen, wabbeligen Gesichtern und üppig wucherndem schwarzen Haar. Mingolla beschlich die Vorstellung, daß er der Debatte zwischen zwei außerirdischen Rassen beiwohnte. Plumpe braune Dämonen mit groben knochenbrechenden Zähnen und blasse Schlangenmenschen mit roten Pickeln im Gesicht. Die Madradonas waren voll strammer Energie, ihr Benehmen bildete einen scharfen Gegensatz zu der schüchternen Zurückhaltung ihrer Widersacher, und trotz seiner Vorbehalte hoffte Mingolla, daß ihre fleißigen Krämerseelen den Ausgleich zur Launigkeit der Sotomayors schaffen würden und auf diese Art der Frieden ausgehandelt werden könnte. Aber nachdem die Gespräche eine Stunde lang gedauert hatten, ereignete sich etwas, das alle Hoffnungen zerschlug.

Die Sotomayors hatten vorgeschlagen, daß die Familien sich bei der Weltpolitik im Hintergrund halten und eine strenge Geburtenkontrolle durchführen sollten, um die Möglichkeiten rassenvernichtender Tendenzen zu beschränken; der Standpunkt der Madradonas unterschied sich hiervon unwesentlich, aber das Thema schien sie an den Rand zu drängen, und ihre Reaktionen fielen schroff und beleidigend aus. Schließlich sprang ein stattlicher Mann der Madradona-Seite mit einer halbmondförmigen Narbe im rechten Augenwinkel auf und warf dabei seinen Stuhl um.

»Paris vor zwanzig Jahren«, sagte er. »Ihr erinnert euch bestimmt, oder?«

»Es besteht kein Grund, wieder darauf herumzuhacken, Onofrio«, sagte Marina.

»Sag mir, wie ich das je vergessen könnte!« Onofried ballte die Fäuste, stützte sich damit auf den Tisch und beugte sich zu Marina hinüber. »Ich erinnere mich zu verdammt gut daran. Ich blickte aus dem Fenster und horchte auf das Schreien des Babys im Nebenzimmer. Sara rief mich. ›Da ist ein Paket für dich gekommen‹, sagte sie. ›Ein Geschenk, glaube ich. Komm doch mal.‹

Ich war gerade in den Flur getreten, als das ›Geschenk‹ explodierte.« Er sah aus, als wollte er im nächsten Moment ausspucken. »Ich möchte nicht, daß ihr Bastarde mir vorschreibt, wann ich Kinder haben darf, und wann nicht. Ihr habt ohnehin zu viele von unseren Kindern auf dem Gewissen.«

»Und ihr vielleicht nicht?« sagte Ruy. »Was ist mit Marina? Wiegt ihr Schmerz weniger als deiner? Dein Onkel hat ebenfalls einiges auf dem Gewissen.«

»Mein Onkel hat nicht allein gehandelt«, sagte Onofrio. »Erinnerst du dich, Ruy?«

»Hört auf!« sagte Marina. »Das ist nicht ...«

Eine Frau auf der Madradona-Seite fuhr hoch und kreischte Ruy an, und in der nächsten Sekunde waren alle auf den Füßen, brüllend und die Luft mit Beschuldigungen füllend, Aufzählungen von Morden und Vergewaltigungen und Betrügereien. Mingolla wollte sich zur Tür verdrücken.

»Geh nicht weg«, sagte Debora, die ihn vor der Tür einholte. »Sie werden sich beruhigen. Das ist jedesmal so.«

Vor lauter Eifer war ihr Mund zusammengepreßt, und er wollte bleiben, um ihr einen Gefallen zu tun; doch die Geräusche des Streites, das Meckern und Fluchen, brachten ihm den Wahnsinn ins Bewußtsein, der im Barrio wütete, und er schüttelte nur den Kopf.

Sie rief ihm hinterher: »David!«

Er drehte sich zu ihr um. »Schau«, sagte er. »Du nimmst dich der Sache von dieser Seite her an, und ich werde tun, was ich tun muß. Einverstanden?«

Zweifel und Enttäuschung rangen in ihrem Gesicht miteinander und dann drehte sie sich ohne ein weiteres Wort auf dem Absatz um und ging wieder hinein.

Die meisten Mitglieder der Armeen hielten sich im Zentrum des Barrio auf und wanderten ziellos wie verblödete Viehherden umher; wenn Müdigkeit sie übermannte, schalteten sie sich aus der allgemeinen Unruhe aus. Abweichler waren jedoch in jedem Viertel zu finden, und eines Nachmittags traf Mingolla auf zwei von ihnen auf den Stufen des Palastes, den Juan Pastorín für die Kinder der Armen gebaut hatte. Es war ein futuristischer Kuppelbau aus blauem Plastikmaterial, der wie ein gigantisches billiges Spielzeug aussah. Goldfarbene Türen. Büschel von Spitztürmen ragten fünfzig Meter hoch über den Parkplatz hinaus, der einen schwarzen Schutzwall ringsum bildete. Das Sonnenlicht warf schimmernde Bahnen auf die Oberfläche, und als sich Mingolla dem Bau näherte, schien das ganze Ding so instabil wie eine Luftspiegelung zu sein. Neugierig, wie es im Innern aussehen mochte, glitt er durch die Türen in einen schwach beleuchteten Raum von der halben Größe eines Fußballfeldes. Der Boden bestand aus blaßgrauen Fliesen, und die Wände waren schmucklos kahl. Die Ausschnitte im Dach, dort, wo es sich nach außen stülpte und die Türme bildete, erinnerten Mingolla an das innere eines Puppenkörpers, an die Ausschnitte für Arme und Beine. Er rief laut, um das Echo zu testen, und wollte gerade wieder hinausgehen, als eine Frau durch die Tür auf der hinteren Seite kam. Eigentlich keine Frau, erkannte er, als sie näher auf ihn zuglitt. Ein Roboter, der bemalt und angezogen war, daß er annähernd einer unförmigen viktorianischen Matrone ähnelte. Das Ding trug ein Kleid aus einem steifen gelben Material mit einem Muster aus falscher schwarzer Spitze und Seide; das Haar war in einem Knoten zusammengefaßt; das Gesicht gouvernantenhaft und dümmlich mit Tupfen von Rouge auf den Bakken. Es war doppelt so breit und einen Kopf größer als Mingolla, und er wich einige Schritte zurück.

»Das Labyrinth ist wegen Reparaturarbeiten geschlossen«, sagte es mit flötender Stimme. Hinter den Wachspupillen bewegten sich Kameralinsen. »Möchtest du eine Geschichte hören?«

»Eigentlich nicht«, sagte Mingolla.

»Ich habe Geschichten für jedes Alter. Gruselgeschichten, Abenteuergeschichten, Liebesgeschichten.« Die Augen des Roboters mit dem blöden Blick fuhren vor und zurück. »Ich weiß ... wie wär's mit einer Liebesgeschichte?«

Mingollas Mißtrauen war geweckt; er fragte sich, ob jemand den Roboter steuerte, der ihn kannte. »Nein danke«, sagte er.

»Ich wünschte trotzdem, du würdest mich eine erzählen lassen«, sagte der Roboter. »Ich bin sicher, sie würde dir gefallen.« Er glitt zur Tür und versperrte den Ausgang. »Das Dumme ist nur, daß Liebesgeschichten immer so traurig sind.« Er neigte den Kopf zur Seite und sah Mingolla an, dem bei dem starren Blick unbehaglich zumute wurde.

»Laß mich raus«, sagte er. »Ich will deine verdammten Geschichten nicht hören.«

»Oh, aber so eine wie diese hast du noch nie gehört. Sie ist *so* traurig, daß sie dich glücklich machen wird. Weißt du, es ist eine erwiesene psychologische Tatsache, daß traurige Geschichten auf den Zuhörer genau die gegenteilige Wirkung haben? Das stimmt. Es wird dir viel besser gehen, nachdem du ...«

»Verdammt!« schrie Mingolla. »Laß mich raus!«

»Es tut mir leid, du kannst ohne den Rest deiner Gruppe nicht hinaus. Bleib einfach hier und hör mir zu; dein Lehrer wird bald kommen und dich abholen.« Der Roboter verschränkte die Arme und blickte ihn huldvoll an wie eine verschrobene alte Tante. »Also, diese Geschichte ...«

Ein Schrei unterbrach den Roboter, und ein alter Mann in einer braunen Uniform mit Mütze kam quer durch die Halle gehumpelt. »Was machen Sie hier drin? Wir haben geschlossen.«

»Das Labyrinth ist wegen Reparaturarbeiten geschlossen«, sagte der Roboter.

Der alte Mann schnaubte und berührte eine Taste an der Seite des Roboters, worauf dieser erstarrte und schwieg. »Sie haben das Labyrinth nie fertiggestellt. Nichts von allem ist fertig geworden. Noch eine von ihren Narrheiten.« Er war dürr, blaß, hatte lange Arme und Beine, und Büschel weißen Haars sahen unter seiner Mütze hervor. Er war vom Aussehen her ein Sotomayor, und obwohl es unsinnig erschien, daß ein Sotomayor als Wärter arbeitete, fragte Mingolla, ob er zu ihnen gehörte.

»Früher mal«, sagte der alte Mann.

»Das verstehe ich nicht.«

Der alte Mann nahm die Mütze ab und klopfte sich das Haar glatt. »Sie haben mich entblößt. Haben behauptet, ich hätte sie betrogen. Und ich vermute, daß ich das auch getan habe, aber sie haben weit schlimmere Betrügereien durchgehen lassen. Am Anfang habe ich sie deswegen gehaßt. Aber langsam habe ich eingesehen, daß ich so besser dran war. Was haben sie von ihrer Macht je anderes gehabt, als daß sie unglücklich waren?« Er gaffte Mingolla an und schüttelte den Kopf. »Auch Sie macht sie unglücklich.«

»Was meinen Sie damit, sie haben Sie ›entblößt‹?«

»Sie haben ein Triumvirat zusammengestellt und mein Gehirn aufgespießt. Mich der Macht entblößt. Hinterher sagten sie, daß es ihnen leid täte, aber inzwischen war ich schon froh, daß sie es gemacht hatten. Sie haben sicher schon mal das Sprichwort gehört ›Macht verdirbt den Charakter‹?«

»Hm.«

»Sie bewirkt Schlimmeres, glauben Sie mir. Wenigstens bei denen. Sie macht sie hoffärtig; sie glauben alles, was sie tun, sei rechtens.« Der alte Mann blies Luft durch die Lippen wie ein Pferd. »Sie strotzen von edlen Absichten, aber sie tun nichts als Unrecht. Es sind Monster. Sie sollten es am besten wissen, Sie sind genauso einer.«

Mingolla beschloß, das Thema zu wechseln. »Hat Izaguirre diesen Palast gebaut?«

»Izaguirre, Pastorín ... welchen Namen Carlito auch
immer benutzt.« Der alte Mann gab einen Laut des
Ekels von sich. »Schon als Kind war er ein Wahnsinni-
ger. Nahm sich alles, was er begehrte, und tat so, als sei
es das Werk eines Heiligen, egal, wer dabei zu Schaden
kam.«

»Erzählen Sie mir mehr von ihm!«

»Sehen Sie sich doch nur um. Sehen Sie sich diesen
Palast an, sehen Sie sich das Barrio an. Ha! Sehen Sie
sich die anderen an. Sie denken, sie hätten die Herrschaft, aber sie sind lediglich Carlitos Marionetten, von
ihm gestaltet.« Der alte Mann klopfte sich die Mütze auf
den Kopf, daß sie ihm bis an die Augen herunterreichte.
»Das beste für euch alle wäre, euch ins Meer zu stürzen.
So los jetzt, hinaus mit Ihnen! Wir haben geschlossen.«

»Ich wollte nur ...«

»Raus, habe ich gesagt!« Der alte Mann gab ihm einen
Stoß. »Es deprimiert mich, Sie in der Nähe zu haben.«
Er scheuchte Mingolla mit einem wilden Gefuchtel seiner knochigen Hände hinaus und schlug die Tür hinter
ihm zu.

Mingolla blinzelte im grellen Sonnenlicht. Die beiden
Männer auf den Stufen schwankten wie Blätter in einer
leichten Brise. Er fühlte sich jetzt weniger geneigt, ihnen
zu helfen, aber immerhin würde es ihm die Zeit ein wenig vertreiben. Einer von ihnen – bärtig, blond, mit
Kleidern am Leib, die aussahen, als wären sie in Ruß
gewälzt worden – lehnte am Türrahmen. Sein Gesicht
war voller Schnittwunden, die mit dreckverkrustetem
Schorf bedeckt waren; sein Haar war lang und strähnig,
und obwohl er im Schatten saß, waren die Pupillen seiner blauen Augen zu Stecknadelköpfen zusammenge-
zogen, als ob er in einem ewigen strahlenden Glanz lebte. Quer über seinen Knien lag eine Machete, deren
Klinge mit braunen Flecken übersät war. Der andere

Mann lag neben ihm, das Gesicht den goldenen Türflügeln zugewandt. Mingolla ließ sich auf die Knie fallen und bereitete sich darauf vor, ans Werk zu gehen; als er jedoch einen Blick aus den blauen Augen auffing, als er die verdrießlichen Linien des Mundes wahrnahm, die leicht gerunzelte Stirn, durchflutete ihn ein Gefühl der Verzweiflung.

»Gilbey?« sagte er, und dann wußte er, es war Gilbey, und er schüttelte ihn. »Ich bin Mingolla, Mann! Hey, Gilbey!«

Gilbey starrte seine zerschundenen, gebrochenen Fingerknöchel an.

Mingolla richtete seine Kraft auf ihn, versuchte, Gilbeys Muster wiederherzustellen, wobei er die ganze Zeit redete in dem verzweifelten Versuch, diesen dumpfen, widerwilligen Geist wieder aufleben zu lassen. »Los, Mann!« sagte er. »Erinnere dich doch an die Farm ... an 'Frisco! Du mußt dich doch an 'Frisco erinnern.« Er war jetzt von Panik ergriffen, wie ein Kind, das versucht, die Scherben einer wertvollen Vase zusammenzusetzen, die es zerbrochen hat.

Nach einigen Minuten reagierte Gilbey. »Mingolla«, sagte er erstaunt und unschlüssig. »Ich ...« Er gab dem anderen Mann einen leichten Schubs. »Das hier ist Jack.«

Jack grunzte und stieß Gilbeys Arm weg.

Gilbeys Geist schien abzudriften, er raffte sich jedoch wieder auf. »Weißt du, wer das ist?« fragte er und tippte Jack auf die Schulter. »Er ist ... er ist berühmt. Hey, Jack! Wach auf!«

Jack rollte sich herum und kniff die Augen gegen die grelle Sonne zusammen. Sein Gesicht war zum Teil durch einen wuchtigen schwarzen Bart verdeckt, aber seine Züge – durchtrieben und schlau – sahen vertraut aus.

»Er ist berühmt«, wiederholte Gilbey. »Sag's ihm, Jack! Sag ihm, wer du bist!«

Jack rieb sich mit dem Handballen die Stirn. »Jack heiß' ich«, sagte er durch einen Nebel.

»Ne, Mann!« sagte Gilbey. »Der Junge ist ... Scheiße! Sag's ihm doch, Jack!«

»Es ist egal«, sagte Mingolla.

»Ich bin ...« Jack drückte gegen eine Seite seines Kopfs, als wollte er seine Gedanken zum Stillstehen bringen. »Ich bin Sänger.«

»Yeah, yeah!« sagte Gilbey. »So ist es. Erinnerst du dich, Mingolla? Prowler!«

Mingolla starrte den anderen ungläubig an; er erkannte Jack Lescaux' Gesicht unter dem Bart und dem Dreck. »Was hat dich denn hierher verschlagen?«

Jack rollte sich wieder mit dem Gesicht zur Tür.

»Er ist nicht so ganz gut drauf«, sagte Gilbey. »Aber er ist es, nicht?«

»Ja, er ist es.« Mingolla stand auf, er war plötzlich erschöpft. »Komm mit mir! Ich finde für dich irgendeinen Platz zum Schlafen bei mir.« Er zog den Empfänger aus Gilbeys Ohr.

»Ich weiß nich'«, sagte Gilbey. »Wir müssen ...«

»Das geht in Ordnung ... ich übernehme die Verantwortung.«

Gilbey zupfte an Jacks Hemd. »Los, gehen wir, Mann!«

»Laß ihn hier!«

»Ich laß ihn nich' hier, Mann«, sagte Gilbey, und seine alte Streitlust flammte kurz auf. »Ich und er gehören zusammen.«

»Also gut.« Mingolla machte sich bei Jack ans Werk, und bald hatte er ihn so weit, daß er aufstand. Er war kleiner, als ihn Mingola nach seinen Fernsehauftritten eingeschätzt hatte; seine Kleider waren genauso dreckig wie Gilbeys, und er hatte ein Brecheisen in der linken Hand. In ihren Lumpen, so aneinander gelehnt, sahen sie aus wie Zombies am Ende ihres Weges. Tote Männer mit blauen Augen.

Sie hielten sich dicht an Mingollas Fersen, durch die Parkgebäude und eine leere Straße hinunter, die gesäumt war von Lebensmittelgeschäften, Metzgereien und Bäckereien. Wandgemälde von Kuchen mit Strahlenkränzen als bildliche Darstellung ihres Wohlgeschmacks, Eiscreme, umringt von explodierenden Sternen, Bananen mit Girlanden aus Musiknoten. Kleine verschlungene Nester menschlicher Exkremente zeugten überall davon, daß die Armeen vorbeigekommen waren.

Gilbey beschleunigte den Schritt und taumelte neben Mingolla; er sah ihm forschend ins Gesicht. »Was ist mit dir passiert, Mann?« fragte er.

»Du meinst damals in 'Frisco?«

»Hm.« Gilbey trippelte, rang um Gleichgewicht. »Ich meine, was ist mit dir hier passiert?« Er tippte ihm auf die Stirn, sehr sanft, als ob er Angst hätte, er könnte ein Loch hineinklopfen.

»Schlechte Drogen«, sagte Mingolla. »Krieg. All so'n Scheiß.«

Gilbey nickte, seine Stirn verfinsterte sich. »Das kenn' ich«, sagte er.

KAPITEL SECHZEHN

Eines Nachts, nicht lange, nachdem er Gilbey und Jack Lescaux gefunden hatte, war Mingolla gerade im Begriff, in sein Zimmer in der Casa Gamboa zu gehen, als er Ruys Stimme hörte, die durch einen offenen Fensterladen tönte. Er drückte sich an die Wand und spähte durch das Fenster. Ruy stand am Fuß des Bettes, bekleidet mit Jeans und einer schwarzen Windjacke; sein Haar war straff nach hinten gekämmt, und der Kragen der Jacke war hochgeschlagen, was seinem Gesicht einen Rahmen gab, der ihm die edle Strenge eines Vampirs verlieh.

»Laß mich in Ruhe!« sagte Debora.

Mingolla konnte sie nicht sehen, aber die Abscheu in ihrer Stimme war unüberhörbar.

»Ich habe es versucht«, sagte Ruy. »Aber ich kann es nicht.«

»Du mußt«, sagte sie. »Ich liebe dich nicht ... ja, es ist sogar so, daß du mich langsam anekelst. Hast du keine Achtung vor dir selbst?«

»Nicht, sofern es dich betrifft.« Ruy bewegte sich aus Mingollas Blickfeld. »Merkst du denn nicht, wie er dich erstickt, dich verkümmern läßt? Mein Gott, du könntest ...«

»Ich höre mir das nicht an! Raus!«

»Debora, bitte!«

»Raus!«

»Um Himmels willen, Debora. Sei nicht so!« Ruys Stimme klang beschwörend. »Wenn ich dich nur einmal berühren könnte ... wie ein Liebhaber.«

»Ich möchte, daß du sofort verschwindest!«

»Manchmal«, sagte Ruy, »manchmal denke ich, wenn ich dich nur ein einziges Mal berühren könnte, wäre meine Sehnsucht gestillt ... ich könnte mich den Rest meines Lebens daran aufrichten.«

Eine Pause, schlurfende Schritte.

»Willst du damit sagen, wenn ich einmal zulasse, daß du mich berührst, dann wirst du mich anschließend für immer in Ruhe lassen?«

»Ich ... weiß nicht. Ich ...«

»Angenommen, ich lasse es zu«, sagte Debora kühl. »Würdest du schwören, mich nicht mehr zu belästigen?«

»Du solltest mich nicht so behandeln«, sagte Ruy. »Ich liebe dich.«

»Antworte auf meine Frage!«

»Ich darf dich berühren?«

»Nur wenn du versprichst, mich dann in Ruhe zu lassen.«

Mit wachsender Wut ging Mingolla zur Tür.

»Bitte sei nicht so«, sagte Ruy.

Wieder eine Pause, dann sagte Debora: »Ich will dir was sagen. Du kannst mich berühren, kannst meine Brust berühren, wenn du mir schwörst, daß du mich mindestens eine Woche lang nicht einmal ansprechen wirst.«

Mingolla legte die Hand auf den Türgriff.

Ruy schwieg, und Debora sagte ungeduldig: »Also? Willst du, oder willst du nicht?«

»Ich ... ja.« Scham schwang in der Stimme mit.

»Also gut«, sagte Debora, und dann: »Nein, ich kann nicht. Die Vorstellung, daß du mich berührst ... ist abstoßend. Verschwinde!«

Mingolla öffnete die Tür, und Ruy drehte sich blitzartig zu ihm um.

Debora stand in der Badezimmertür. »Er wollte gerade gehen«, sagte sie ruhig.

»Stimmt das, Ruy?« fragte Mingolla.

Ruy warf Debora einen grollenden Blick zu und stolzierte aus dem Raum.

»Ich war ...«, setzte Debora an.

»Ich habe zugehört«, sagte Mingolla.

»Ich habe versucht, ihn zu erniedrigen«, sagte sie. »Ich dachte, wenn er einsähe, wie albern er sich benimmt, würde der mich in Ruhe lassen. Ich glaube, es hat funktioniert.«

»Die Wirkung wird nicht anhalten«, sagte Mingolla und warf sich aufs Bett. »Dieser Hundesohn wird nicht aufgeben.«

»Vielleicht nicht ... aber ich möchte selbst mit ihm fertigwerden. Bitte mach keine Dummheit.«

»Wieviel Dummheit erlaubst du mir?«

Sie legte sich neben ihn und schlang einen Arm um seine Brust. »Bitte unternimm nichts, versprich es mir!«

»Früher oder später wird er etwas unternehmen, auch wenn ich nichts tue.«

»Vielleicht nicht, vielleicht kommt er darüber hinweg.«

»Das hängt davon ab, wie weit du bereit bist zu gehen. Eine schnelle Nummer in irgendeiner dunklen Ecke zerstört vielleicht deinen Nimbus der Unerreichbarkeit.«

Sie runzelte die Stirn und wich zurück. »Du verstehst nicht, wie schwierig es ist, ihn abzuwimmeln. Ich bin sicher, du glaubst nicht ...«

»Es ist doch so«, unterbrach er sie, »ich weiß genau, du würdest mit ihm bumsen, wenn du meinst, es diente dieser verdammten Revolution. Vielleicht ist das die richtige Einstellung. Vielleicht sollten wir alle miteinander in die Betten hüpfen und unsere Frustrationen loswerden.«

Ihre Haltung spannte sich, und er spürte, wie ihr Zorn in der Luft hing. Lachen erklang vom Innenhof herein. Entspanntes, selbstbewußtes Sotomayor-Lachen.

»Es tut mir leid«, sagte er. »Es ist nicht nur deinetwegen, es ist wegen der ganzen Situation.«

»Sei ruhig«, sagte sie und drehte das Gesicht zur Wand. »Laß mich in Ruhe!«

»Okay«, sagte er. »Aber nur, wenn ich dich berühren darf.«

Kurz darauf fiel er vollkommen angezogen in Schlaf, ohne sich für die Nacht vorzubereiten. Er hatte schon lange keinen Traum mehr gehabt, an den er sich erinnern konnte, aber in dieser Nacht träumte er, daß er in einer unscharfen Leere lag und krampfhaft versuchte zu träumen. Schließlich sah er einen Traum sich nähern, eine schmale Scheibe aus lebhaften Farben und Bewegungen vor dem Hintergrund der Schwärze. Er erwartete ungeduldig sein Herankommen, aber als er schon recht nah war, erkannte er, daß der Traum die Form einer gewaltigen Messerklinge hatte, und er wachte gerade rechtzeitig auf, um zu verhindern, daß er mitten durchgeschnitten wurde. Er richtete sich im Bett auf, ängstlich, und er wäre gern getröstet, gestärkt worden. Debora lag nur einige Zentimeter entfernt, aber da er fast glaubte, daß der Traum der Ungewißheit ihrer Beziehung entsprach, zweifelte er, daß sie ihm geben könnte, was er brauchte.

Zwei Tage später brach Mingolla in Ruys Zimmer ein und stahl sein Notizbuch, das vollgeschrieben war mit Gedichten und Gedanken über Debora. Das Notizbuch, so hatte er beschlossen, wäre das Mittel, mit dem er Ruy als Bedrohung unwirksam machen konnte; und doch war er sich nicht ganz sicher, ob er ihn tatsächlich unwirksam machen wollte, denn er betrachtete Ruy eigentlich nicht als echte Bedrohung. Er hatte den Verdacht, daß es nur aus einer Laune heraus geschah, ein Vorwand wäre, seine Gefühle zu vertuschen, ein Motiv – so vermutete er –, das dem ähnlich wäre, das hinter Ruys Entscheidung steckte, Debora zu verführen. Es beunruhigte ihn, daß er in seinem eigenen Verhalten eine derartige Ähnlichkeit zu den Sotomayors entdeckte, aber er schaffte es nicht, diese Regung zu unterdrükken.

Der Inhalt des Notizbuchs machte Mingolla neidisch. Ruys Beobachtungen bezüglich Deboras Charakter waren genauer als seine eigenen, und wenn er das auch darauf zurückführte, daß er den Vorteil der Distanz hatte, konnte diese Einsicht sein Neidgefühl nicht völlig ausschalten. Einige Textpassagen waren recht gut beschrieben, und besonders eine beeindruckte Mingolla durch ihre Ausdruckskraft und Ernsthaftigkeit.

... Es ist der Gedanke an deine Schönheit, der mich erwachen läßt, manchmal mitten aus einem Traum, an den ich mich nicht erinnern kann; es ist nicht das Bild deines Gesichts, nicht die Zartheit deiner Haut, sondern das plötzliche Bewußtsein von Schönheit, das mich zuerst durchzuckt, bevor sich Einzelheiten formen, das mich gewaltsam in die Welt schleudert und mich zerbrochen auf der Fläche meines Bettes zurückläßt. Einen Augenblick lang bin ich wütend, daß du nicht da bist, doch dann mäßigt sich die Wut und wird zur Sehnsucht, und ich stehe auf, wandere auf und ab, spuke in der Dunkelheit meines Badezimmers herum und sinne nach Heilmitteln. Ich erkenne, daß es keinen Grund zur Wut gibt, keinen Grund, die richtige Wahl zu treffen, keinen Grund, warum wir unser Leben nicht zerstören sollten ... schließlich ist unser Leben längst zerstört, und welchen Sinn hat es, sich einer Welt zu verweigern, die darauf wartet, uns in Klumpen aus Schmerz und verschrumpelte haarlose Puppen zu verwandeln? Und warum sollten wir der Liebe oder irgendeinem Gefühl den geringsten Wert beimessen, das unser Konzept des Voraussehbaren erschüttert? Und nachdem ich mich eine Stunde lang mit diesen Gedanken gequält habe, Hoffnung und Hoffnungslosigkeit durchgemacht habe, ist es am Ende wieder der Gedanke an deine Schönheit, der mich veranlaßt, mich wieder ins Bett zu legen, der mich mit all seinem Gewicht ins Bett

drückt, so daß ich durch die Ränder des Schlafes einsinke und mitten in einen Traum tauche, an den ich mich nicht werde erinnern können.

Diese Stelle im Text und andere festigten Mingollas Entschluß, indem sie ihn dazu brachten, Ruy zum erstenmal als Mann zu sehen; er hatte nicht die Absicht, Ruy in diesem Licht zu sehen, und um also Ruy wieder in den Status eines charakterlosen Feindes zurückzudrängen, plante er einen endgültigen Schlag gegen ihn.

Zweimal in der Woche hielt Marina Estil in ihrem Hotel etwas ab, das sie ›Gruppentherapie‹ nannte. Sie hatte versucht, Mingolla zum Mitmachen zu überreden, aber er hatte abgelehnt, da er sich nicht mehr als unbedingt nötig mit den Angelegenheiten der Sotomayors in Verbindung bringen lassen wollte. Doch an dem Abend, nachdem er das Notizbuch gestohlen hatte, begab er sich zu dem Hotel in der Absicht, an einer der Zusammenkünfte teilzunehmen. Marinas Hotel lag drei Blocks von der Casa Gamboa entfernt und diente zur Unterbringung der führenden Mitglieder der Verhandlungsdelegationen, sowohl der Sotomayors als auch der Madradonas. Mingolla kam eine halbe Stunde zu früh, und da er keine Lust hatte, in der Eingangshalle herumzulungern, setzte er sich vor ein Fernsehgerät im Aufenthaltsraum, das an eine Satellitenempfangsantenne auf dem Dach angeschlossen war. Er fragte den einzigen Anwesenden im Aufenthaltsraum – einen jungen Madradona-Mann –, ob es ihn stören würde, wenn das Gerät liefe, und dann schaltete er durch die Programme, bis er zu einem kam, das eine Reihe von Soldaten zeigte, die sich mühsam einen Hügel hinaufschleppten, darüber einen verhangenen Himmel, und das Ganze war überlagert von einer Schrift in flammenden Buchstaben, dem Titel: *William Corsons Geschichten vom Krieg.* Corson hatte einmal während Mingollas Zeit dort die Ameisenfarm besucht, und obwohl Mingolla ihn nicht persönlich kennengelernt hatte, war er allen Aussagen nach ein guter Typ. Baylor hatte mit ihm gesprochen, und als Mingolla fragte, was für eine Art Mensch der Journalist sei, hatte Baylor nur gesagt: »Der Kerl wird es zu etwas bringen.« Das war Baylors Standardformulierung, wenn er jemanden akezptierte. Die Aufzählung der Mitwirkenden lief ab, und Corson kam in das Blickfeld der Kamera spaziert, während hinter ihm die Reihe der Soldaten weiter bergauf marschierte. Er war bärtig, groß, in Drillichzeug gekleidet, mit einer gebogenen Nase und vollen Lippen; er sah aus, dachte Mingolla, wie ein etwas schlankerer, jüngerer Fidel Castro.

»Hinter mir«, sagte Corson, »sehen Sie Mitglieder des Ersten Infanterieregiments auf dem Weg ins Kampfgebiet im Norden des Lake Izabal. Wenn sie diesen Hügel hinter sich gebracht haben, werden sie sich in einer heißumkämpften Zone befinden, einer Zone, in der erbitterte Kämpfe seit fast drei Jahren wüten, eine Schlacht ohne Ende. Diese Tatsache kennzeichnet den Charakter des Krieges. Kämpfe gedeihen wie Pflanzen in Gewächshäusern mitten in befriedeten Territorien, anscheinend ohne eine andere Rechtfertigung als eine Befehlsstrategie, die am treffendsten als rätselhaft beschrieben werden kann. Jeder Krieg hat seinen eigenen Charakter. Den Ersten Weltkrieg nannte man den Krieg zur Beendigung von Kriegen. Der Zweite Weltkrieg war ein berechtigter Kreuzzug gegen einen ausgewiesenen Wahnsinnigen. Vietnam wurde sowohl als Übungsplatz des Dämonischen als auch als gewaltige politische Fehleinschätzung betrachtet. Und dieser Krieg ... nun, der Dichter Kieran Davies hat ihn folgendermaßen beschrieben: ›Ein großangelegtes Wettspritzen im Zeitalter der Impotenz, das teuflische Gegenstück zu Oben-Ohne-Tennis und eine Fast-Food-Lösung des Welthungerproblems.‹ Davies' Phantasie begründet sich auf ...«

»Sehr traurig«, sagte eine Stimme neben Mingolla. Der Madradona-Mann hatte in dem Sessel neben ihm

Platz genommen. Er war Mitte zwanzig, weichlich, lächelnd, und er trug ein rotes Coca Cola-T-Shirt und Pumphosen. »Aber bald«, fuhr er fort und deutete auf den Bildschirm, »wird das alles vorbei sein, nicht?«

Mingolla zuckte mit den Achseln. »Ich nehme es an.«

»Oh, bestimmt.« Der Mann schlug sich vor die Brust. »Wir machen bald Schluß damit.«

»Toll.«

»Du bist Mingolla, stimmt's?«

»Yeah.«

»Ich bin Chapo. Freut mich, dich kennenzulernen.« Chapo streckte die Hand aus, und zögernd schüttelte Mingolla sie. »Woher kommst du in den Vereinigten Staaten?«

»New York.«

»New York City? Aber das ist ja phantastisch. Ich hab' ein Jahr in New York gewohnt, in Green-witsch Village.«

»Sag bloß!« Mingolla wollte gern wieder Corsons Bericht zuhören, aber Chapo war nicht zu bremsen.

»Ich liebe New York«, sagte er. »Vor allem liebe ich die Mets. So eine tolle Mannschaft! Bist du auch Mets-Anhänger?«

»Nein.«

»Dann bist du für die Yankees?«

Mingolla nickte.

»Die sind auch nicht schlecht«, sagte Chapo leutselig. »Aber ich glaube, die Mets sind doch ein bißchen besser.«

Mingolla starrte grimmig auf den Fernsehapparat.

»Du interessierst dich für diese Sendung?«

»So ist es!«

»Entschuldigung. Ich gucke mit dir zusammen.«

Corson befragte eben einen Jungen mit Bürstenhaarschnitt, der jünger war als Mingolla; er trug ein Luftkav-Abzeichen auf einer Fliegerjacke aus Nylon.

»Möchtest du etwas zu deinen Eltern sagen ... oder deinen Freunden?« fragte ihn Corson.

Der Junge befeuchtete sich die Lippen und sah zu Boden. »Ne, eigentlich nicht.«

»Warum nicht?«

»Was gibt es da zu sagen?« Der Junge machte eine Handbewegung zu den Soldaten, zu der Dschungellandschaft. »Dieses Bild sagt mehr als tausend Worte, oder?« Er sah wieder Corson an. »Wenn die nich' wissen, was hier los is', dann hilft's auch nix, wenn ich's ihnen erzähl.«

»Und was, glaubst du, ist hier los?«

»Mit dem Krieg? Dieser beschissene Krieg ist der letzte Scheißdreck, Mann. Es wäre hier gar nich' so schlecht, wenn der Krieg nich' wär.«

»Guatemala gefällt dir also?«

»Ich weiß nich', ob's mir gefällt ... es is' irgendwie eigenartig. Irgendwie putzig.«

»Was ist daran putzig?«

»Also ...« Der Junge dachte scharf nach. »Einmal bin ich mit so'n paar Typen in einem dieser Minipanzer mitgefahren nach Réunion ... sie ham Tanklastzüge über den Petén-Highway begleitet. Einer der Laster kippt mitten im Dschungel um, und das ganze Öl verteilt sich in der Gegend. Nichts geht weiter, bis die Riesenöllache verschwunden is'. Und plötzlich kommen aus dem Gebüsch die ganzen vielen Fritos, Mann. Sie ham kleine Öfchen dabei und so' Scheiß. Sie fangen an, Essen zu machen. Pommes und Hähnchen und so'n Zeug. Und sie verkaufen Popcorn und Bier. Als ob sie gewußt hätten, daß das passieren würde, und sie nur auf uns gewartet hätten. Und Mädchen waren auch dabei. Sie ham einen mit ins Gebüsch genommen und es mit sich machen lassen. Die waren nich' so abgefuckt wie die Mädchen in der Stadt. Süß waren die. Das war das beste, was ich hier unten erlebt hab', und es war ganz komisch, wie die auf uns gewartet ham.«

»Du hast in Guatemala gedient, nicht?« fragte Chapo.

Diesmal war Mingolla über die Unterbrechung froh; bei dem Interview hatte er das Gefühl gehabt, einen deprimierenden Film über die Heimat zu sehen.

»Yeah«, sagte er. »Artillerie.«

»Es muß schrecklich gewesen sein«, sagte Chapo und machte ein gequältes Gesicht.

»Toll war's nicht.«

Chapo nickte, offensichtlich fiel ihm nichts zu sagen ein. »Vielleicht könnten wir Freunde sein«, sagte er. »Vielleicht kommst du mich mal auf meinem Zimmer besuchen. Ich wohne im dritten Stock.«

Verdutzt sagte Mingolla: »Vielleicht ... ich weiß noch nicht. Ich habe ziemlich viel zu tun.«

»Ich würde mich sehr freuen.«

»Wir werden sehen.«

Auf dem Bildschirm erzählte der Junge über seinen Dienst. »Diese Hubschrauber, Mann, die sind ganz schön schnell. Man kommt vom Meer aus rein, man is' noch so weit draußen, daß man noch gar kein Land sieht, und auf einmal taucht das Land auf, grüne Berge, Städte, alles mögliche, wie bei einer von diesen Postkarten, wo was rausspringt. Und dann is' man in den Wolken. Ich red' jetzt davon, wenn man die Guerillas angreift. Oben in den Bergen. Man is' also in den Wolken, und wenn man die Raketen losmacht, dann sieht man nur ein hübsches Glühen drunten unter den Wolken. Wie glühender Marmor sieht das aus. Und das einzige, woran man merkt, daß man was gemacht hat, is', daß man beim zweitenmal Drüberfliegen die vielen heißen kleinen Ziele auf dem Wärmesensor nich' mehr sieht. Man spürt überhaupt nix. Ich meine ... man spürt schon was, aber das is' was anderes.«

Das war zuviel für Mingolla, der immer noch deutlich die Tode spürte, die er verursacht hatte. Er stand auf, und Chapo erhob sich ebenfalls.

»Ich hoffe, ich sehe dich wieder«, sagte Chapo. »Wir

könnten noch ein bißchen über New York City reden.«

Ein dummes, grobgeschnittenes braunes Gesicht. Ein ernstes Lächeln. Der Stoff, aus dem Herrenrassen geschnitzt sind. Chapos Einfalt – ähnlich wie Mingolla sie bei Dutzenden von jungen Lateinamerikanern angetroffen hatte – hatte ihn beeindruckt. Vielleicht war sie tatsächlich echt, aber Chapo war trotz allem sein Feind.

»Nicht die geringste Chance«, sagte Mingolla und ging hinaus in die Halle.

Marinas Zimmer war eine Spur luxuriöser als die in der Casa Gamboa. Ausgelegt mit einem buntgemusterten, abgetretenen Teppich, Tapeten mit Wasserflecken und einem orientalischen Muster, das möglicherweise Pflaumenblüten darstellte, aber zu einer Kalligraphie aus undefinierbaren Linien verblaßt war, und mit noch blasseren Rechtecken, wo einst Bilder gehangen hatten. Das Bett hatte einen pfirsichfarbenen Satinüberwurf, der im Licht der Nachttischlampe changierte. Sieben Sotomayors, einschließlich Ruy, saßen auf dem Bett und auf dem Boden, und Marina, die in einem Sessel thronte, leitete die Diskussion ... oder weniger die Diskussion, als vielmehr einen Reigen ungeheurer Bekenntnisse. Mingolla stand in der Nähe der Tür, beobachtend und zuhörend. Ruys Anwesenheit hatte ihn etwas aus der Fassung gebracht, aber er spielte jetzt mit dem Gedanken, seine Taktik zu ändern und Ruy gleich mit dem Notizbuch zu konfrontieren, anstatt ihn noch lange im dunkeln tappen zu lassen.

»Es war im April jenes Jahres«, sagte einer der Sotomayors, ein Mann namens Aurelio, etwas älter als Ruy, doch diesem verblüffend ähnlich im Aussehen. »Den ganzen Monat über hatte ich mich schon ruhelos gefühlt. Obwohl ich mich für die Lösung des Peru-Problems engagierte, war dieses Engagement nicht ausreichend, um mich vor dummen Gedanken zu bewahren, und meine Gedanken beschäftigten sich mit Daria Ruiz de Madradona, der Tochter meines Vaters Mörders. Auch sie war in die Peru-Geschichte verstrickt, aber das spielte bei meinem Entschluß keine Rolle.«

Während Aurelio die Ausarbeitung eines Plans beschrieb, der schließlich zur Entführung Darias führte, behielt er eine bedrückte Miene bei, als ob er etwas enthüllte, für das er sich zutiefst schämen müßte, doch sein Tonfall wurde immer überschwenglicher und sein Redeschwall immer flüssiger, und die anderen, die zwar still und aufmerksam dasaßen, schienen angenehm erregt; sie beugten sich vor und atmeten heftig. Besonders Marina. Sie trug eine legere graue Hose und eine in Silber und Grau gemusterte Bluse, bedruckt mit schwarzen Vögeln, die zwischen stilisiertem gestrichelten Regen einherflogen. Ein grellroter Lippenstift verlieh ihrem Mund eine aufdringliche Erotik, und ihre Wangenknochen sahen aus, als ob sie gleich ihre Haut durchbohren würden. Bei jeder von Aurelios Enthüllungen schien sich ihre Schärfe zu steigern, schien sie eifriger und lebendiger zu werden.

»Ich glaube nicht«, sagte Aurelio, »daß ich mich selbst jemals so klar wie in diesem Augenblick durchschaut habe. Ich kannte meinen Platz in der Welt, wußte, wohin ich in diesem Moment gehörte. Mit Sicherheit waren meine Sinne noch nie so ungetrübt gewesen. Ich nahm jede Einzelheit der Wände in mich auf. Die Maserung, die Astlöcher, die Wurmspuren. Alles in einer Sekunde. Ich konnte die verschiedenen Bewegungen des Windes draußen in den Bäumen verfolgen, und wie er ein Stück Teerpappe auf dem Dach flattern ließ. Daria war keine schöne Frau, doch machte sie einen unglaublich sinnlichen Eindruck. Die Angst schwand aus ihren Augen, als sie meinem Blick begegnete, und ich konnte sie nicht mehr länger hassen, denn ich wußte, daß dieser Augenblick mehr barg als pure Rache. Es war das Drama an sich. Ritual und Schicksal trafen zusammen. Und da ich das wußte, und da ich wußte, daß auch sie es wußte, baute sich eine Art Liebe zwischen uns auf ... eine Liebe, wie sie zwischen einem Opfer und seinem Peiniger, der gleichzeitig Gnadenbringer ist, entstehen kann.«

Nachdem Aurelio geendet hatte, analysierte die Gruppe seine Geschichte, zerpflückte sie unter dem Aspekt ihres Gehalts an Sotomayor-Philosophie, ständig darauf bedacht, ihre niederen Instinkte zurückzudrängen; doch ihre Analyse hatte etwas von einer affektierten Scheinheiligkeit, mit der Sünder ihre Untaten rechtfertigen und Traurigkeit vortäuschen. Es wurden noch weitere Geschichten erzählt, und Mingolla – der in ihren fröhlichen Beschreibungen, ihrem Entzücken über ihre wilde Vergangenheit und ihrer Büßerpose den idealen Hintergrund für seinen Auftritt sah – wartete nur noch auf den geeigneten Augenblick.

Nachdem das eine Stunde lang so weitergegangen war, fragte Marina, ob er irgendwelche Fragen hätte, woraufhin er in die Mitte des Zimmers trat und sagte: »Aber sicher. Vielleicht werden sie euch ärgern, aber ich hoffe, ihr werdet mir trotzdem antworten.«

»Wir werden unser Bestes tun«, sagte sie.

»Nach dem, was ich heute abend hier gehört habe«, sagte er, »und was ich auch schon früher gehört habe, habe ich den Eindruck gewonnen, daß ein großer Teil eurer Operationen durch jemanden sabotiert wird, der plötzlich die Fehde wieder aufleben läßt. Und zwar geschieht das meistens im letzten Augenblick, wenn der Erfolg schon so gut wie sicher scheint. Ist es fair, das so zu sagen?«

Einer der Männer wollte etwas einwenden, aber Marina unterbrach ihn und sate: »Es ist zumindest nicht unfair.«

»Und warum glaubt ihr, daß das gleiche nicht auch hier passiert?«

»Genau das suchen wir zu verhindern«, antwortete Ruy schnell.

»Richtig.« Mingolla sah ihn strahlend an. Es überraschte ihn, daß er jetzt, da er ihn in der Klemme hatte, eine gewisse Sympathie für ihn empfand. »Jedenfalls haben eure Operationen etwas Leichtfertiges, das mich nervös macht.«

»Worauf wollen Sie denn hinaus?« fragte Marina.

Er überging die Frage. »Alle außer Ihnen haben sich zu einer Sünde bekannt. Haben Sie nichts zu gestehen?«

»Marina ist unser Vorbild«, sagte Ruy mit einer Spur Bitterkeit in der Stimme. »Sie steht über diesen Dingen.«

Ein Lächeln grub kleine Furchen in die mageren Flächen ihres Gesichts. »Danke, Ruy.«

»Sie müssen doch von der Fehde auch in irgendeiner Weise betroffen sein«, sagte Mingolla. »Bei einer der Verhandlungen erwähnte Ruy etwas von Ihrem Schmerz ... etwas, das irgend jemandes Onkel Ihnen angetan hat.«

»Ja? Und?«

»Ich würde gern hören, was damals geschehen ist.«

»Ich sehe darin keinen Sinn«, sagte sie kühl.

»Ich möchte etwas sagen, aber ich möchte zuvor über alle anderen Bescheid wissen, bevor ich mich selbst bloßstelle.«

»Nun gut ... ich vertraue darauf, daß es nicht nur pure Neugier ist.« Sie strich ihre Hose glatt. »Vor einigen Jahren heiratete ich einen Madradona ...«

»Ich wußte nicht, daß es so etwas je gab«, sagte Mingolla.

»Es war ein Versuch, die Fehde zu beenden«, sagte sie. »Ich sträubte mich natürlich dagegen. Ich hatte in Los Angeles gelebt und mich zu einem ziemlichen Freigeist entwickelt. Ich war reichlich undiszipliniert. Vielleicht hatte mein Vater die Absicht, diesen Tendenzen Einhalt zu gebieten, denn wenn die Madradonas etwas sind, dann diszipliniert.« Die anderen lachten. »Trotz meiner Einstellung respektierte und schätzte ich meinen

Mann nach der Hochzeit ... obwohl ich nicht behaupten kann, daß ich ihn jemals richtig geliebt habe. Aber mein Vertrauen in die Ehe war stark genug, daß ich schwanger wurde. Unser Leben verlief in angenehmen Bahnen, aber eines Tages besuchte uns ein ehemaliger Liebhaber von mir, angeblich, um mir zum Baby zu gratulieren. Im Verlauf unserer Unterhaltung setzte er mich unter Drogen und legte mich nackt aufs Bett. Es war sein Plan, daß mein Mann nach Hause kommen und uns in flagranti erwischen sollte. Und genauso geschah es. Ich erwachte gerade aus meinem Drogenrausch, als mein Mann hereinkam. Er und mein Liebhaber begannen eine entsetzliche Schlägerei, und obwohl ich noch immer ziemlich erschöpft war, versuchte ich, dazwischenzugehen. Ich erhielt einen heftigen Schlag in den Bauch, und als Folge davon verlor ich nicht nur das Baby, sondern ich konnte danach auch keins mehr empfangen. Später erfuhr ich, daß mein Liebhaber nicht allein schuldig war. Mein Schwiegervater hatte ihn durch Erzählungen über die Grausamkeit meines Mannes mir gegenüber beeinflußt. Er war von Anfang an nicht mit der Heirat einverstanden gewesen, und die Aussicht auf ein Kind war zuviel für ihn.« Sie sah Mingolla an. »Reicht das?«

»Es tut mir leid«, sagte er. »Es war wichtig.«

»Was soll das Ganze eigentlich?«

Er ließ den Blick über die Runde im Zimmer schweifen und verharrte bei Ruy, der auf dem Bett saß. »Wie ich höre, entwickeln sich die Verhandlungen recht gut.«

»Außerordentlich gut«, sagte Aurelio. »Und?«

»Würden Sie sagen, daß Sie kurz vor einem Erfolg stehen?« fragte Mingolla. »Ist dies nicht der zeitliche Rahmen, in dem das Risiko am größten ist? Der Zeitpunkt, zu dem jemand höchstwahrscheinlich alles vereitelt? Irgendeinen Vorwand findet, um mit einem Schlag alles zunichte zu machen? Wie damals mit Tel Aviv?«

»Wenn Sie uns etwas zu sagen haben«, sagte Marina, »dann schlage ich vor, Sie kommen zur Sache.«

Mingolla zog das Notizbuch aus seiner Gesäßtasche, schlug es auf und sah, wie Ruy erstarrte. »Ruy weiß, wovon ich spreche ... nicht wahr?«

»Wo hast du das her?« fragte Ruy.

»Das habe ich mir doch gedacht«, sagte Marina und entspannte sich. »Es hat also etwas damit zu tun, daß Ruy sich so sehr auf Ihre Freundin versteift. Eine fixe Idee von ihm.«

»Es ist mehr.«

»Das bezweifle ich. Das erlebe ich nicht zum erstenmal. Ruy hat längst erfahren müssen, daß seine Phantasien unerfüllt bleiben.«

»Gib mir das Buch!« sagte Ruy, der aufgestanden war und eine Hand ausstreckte. »Du hattest kein Recht, es mir wegzunehmen.«

»Sprechen wir über Rechte?« Mingolla stieß ihn aufs Bett zurück. »Wie steht es mit dem Recht auf eine Intimsphäre?«

Die anderen Sotomayors blickten auf Ruy, als erwarteten sie von ihm, daß er zum Gegenschlag ansetzte, aber er schwieg und rührte sich nicht.

Mingolla reichte Marina das Notizbuch. »Sehen Sie selbst, ob Sie darin keine Beweise finden, daß es um mehr geht als um eine fixe Idee.«

Zwei der Männer sahen ihr über die Schulter und lasen mit, während sie das Buch studierte und mit dem Zeigefinger darin herumblätterte. »Oh, Ruy«, sagte sie nach einigen Minuten. »Nicht schon wieder.«

»Ihr versteht das nicht«, sagte Ruy. »Ihr seht nicht, wie er sie ... wie er ...« Er stand jetzt wieder, und die Worte sprudelten aus ihm heraus. »Sie kann sich nicht entfalten, sie ...«

»Du machst dich vollkommen lächerlich, weißt du das, Mann?« sagte Mingolla.

Ruy machte einen Satz auf ihn zu, aber Mingolla wich

zur Seite aus, packte den anderen am Hemd und schleuderte ihn mit dem Gesicht voran gegen die Wand. Ruy sackte zu Boden. Blut rann ihm aus dem Mund und hinterließ eine rote Spur auf der Tapete. »Seht ihr?« sagte Mingolla. »Der Mann hat keine Selbstbeherrschung.«

»Sie verbessern die Situation nicht, wenn Sie ihn derartig reizen«, sagte Marina.

»Sie sollen nur sehen, zu was er fähig ist«, sagte Mingolla. »Ich kann nichts dafür, daß er so ist, wie er ist, und wenn Sie ihn nicht für eine Gefahr halten ... Okay. Lassen Sie ihn seinen Scheiß weitermachen! Es wird nicht lange dauern, bis er eine wirklich große Dummheit begeht.«

Ruy stöhnte und rollte sich auf den Rücken. Sein Mund und sein Kinn waren blutverschmiert.

»Was sollen wir Ihrer Meinung nach tun?« fragte Marina.

»Ich habe neulich im Palast einen alten Typen getroffen ... den Wächter.«

»Eusebio«, sagte sie. »Wir können Ruy nicht entblößen wegen etwas, das er *vielleicht* tun wird.«

»Dann entlassen Sie ihn aus seinem Amt. Mir scheint, das Schlimmste, das Ruy sich vorstellen kann, ist der Verlust seiner Macht.«

Er sah ihrem Gesicht an, daß diese Idee in ihr arbeitete, sah es allen Gesichtern an. Der Gedanke an eine Bestrafung gefiel ihnen.

»Vielleicht ist das der beste Weg«, sagte Marina, und Mingolla hatte den Eindruck, daß in ihrer Stimme tiefe Befriedigung mitschwang.

Ruy setzte sich auf und rieb sich den Mund mit dem Ärmel ab. Er sah die anderen mit verschwommenem Blick an; auch er mußte etwas in ihren Gesichtern gesehen haben, denn er taumelte auf die Füße und bewegte sich zur Tür. Einer der Männer stellte sich ihm in den Weg.

»Ihr dürft doch nicht auf ihn hören!« sagte Ruy und zeigte mit dem Finger auf Mingolla. »Er ist keiner von uns.«

»Sei still!« sagte Marina.

»Das könnt ihr nicht tun«, sagte er. »Nicht einfach auf sein Wort hin.«

»Wir haben dein Wort, Ruy.« Sie hielt das Notizbuch hoch, und Ruy sah weg.

»Carlito wird es nicht zulassen«, sagte er schwach.

»Wir werden gar nichts tun«, sagte sie. »Jedenfalls nicht sofort. Aber wenn Debora oder David irgend etwas geschieht, wird man dich zur Verantwortung ziehen. Und dann wird nicht einmal mehr Carlito in der Lage sein, dir zu helfen.«

Ruy sah Mingolla haßerfüllt an.

»Du warst ein böser Junge, Ruy«, sagte Mingolla und grinste.

»Ich wünsche nicht, daß du mit einem der beiden sprichst, ohne daß ich es ausdrücklich erlaube«, sagte Marina. »Ist das klar?«

»Das läßt sich kaum vermeiden«, sagte Ruy. »Ich bin im gleichen Gebäude untergebracht und begegne ihnen zwangsweise.«

»Zieh um!« sagte sie. »Zieh heute abend noch um! Du kannst hierher ziehen, Ruy. Du hast mir doch immer gesagt, wie gern du in meiner Nähe bist. Dein Wunsch geht in Erfüllung!«

Ruy sah geschlagen aus. »Ich werde mit Carlito über diese Angelegenheit reden. Jetzt sofort. Er wird davon nicht erbaut sein.«

Marina wandte sich an Mingolla. »Würden Sie uns jetzt bitte allein lassen, David? Ruy brauchte offenbar einen Beweis, daß wir es ernst meinen.«

»Was werden Sie mit ihm machen?«

»Er soll einen Vorgeschmack bekommen, auf welches Risiko er sich einläßt.«

»Nein!« Ruy schrie das Wort heraus und rüttelte am

Türgriff, doch er wurde von zwei der Männer zurückgezerrt.

»Bitte, David.« Marina machte eine Handbewegung in Richtung Tür, und Mingolla durchquerte das Zimmer und ging hin, wobei er krampfhaft Ruys Augen auswich. »Oh, David!« rief ihm Marina nach, als er in die Halle trat.

»Ja?«

Ihr Lächeln war das anmutige Lächeln einer Gastgeberin, die einen hochgeschätzten Gast verabschiedet. »Wir sind Ihnen so dankbar, daß Sie uns davon unterrichtet haben.«

KAPITEL SIEBZEHN

Gilbeys Freundschaft mit Jack Lescaux machte Mingolla Hoffnung, daß er Gilbey vielleicht vollständig wiederherstellen könnte: Freundschaft war etwas so Menschliches und etwas so Untypisches für die Armee. Er war stark genug, das zu bewirken; er spürte die Kraft wie einen schweren Stein in seinem Kopf. Sie wollte sich entladen, sich auf ein Ziel richten. Sofern sein Wisen ausreichte. Aber er bezweifelte, daß er etwas für Jack tun konnte, selbst wenn er noch stärker und wissender gewesen wäre. Die meiste Zeit war Jack kaum in der Lage, sich zu bewegen, und das einzige Mal, als es Mingolla gelang, ihn zu etwas ausführlicherem Sprechen zu bringen, an einem Nachmittag, den sie auf den Stufen des Palastes verbrachten, war er hinterher sehr unglücklich. Mingolla hatte gefragt, wie er an die Familien geraten sei, und er hatte geantwortet: »Da war etwas in der Musik, das sie wollten ... etwas, das ich auf ihre Veranlassung hin tat.« Mingolla vermutete, daß Jack gezwungen worden war, etwas Unterschwelliges in seine Plattenaufnahmen einfließen zu lassen, vielleicht etwas, das Psychomedien ansprach; die Einzelheiten interessierten ihn jedoch nicht. Wenn er versuchen wollte, sämtliche Sotomayor-Machenschaften an der Wurzel zu packen, dann bliebe ihm kaum Zeit für etwas anderes.

Jack summte vor sich hin, hielt inne und schaukelte vor und zurück, wobei er sich mit der Hand auf den Schenkel schlug, als ob er versuchte, in einen bestimmten Rhythmus zu kommen. »Wish I had a billion dollars«, sang er. »Dann würd ich' ...« Er ballte die Hand zur Faust und schlug sich damit vor den Kopf. »Ein bißchen ist mir wieder eingefallen«, sagte er. »Ein bißchen.«

»Laß hören!« sagte Gilbey.

Jack fing mit angespanntem Gesicht wieder an zu singen.

>»Wish I had a billion dollars, I'd buy myself
>   an armory.
>I'd deploy my men, get high and then i'd fuck
>   with history.
>I'd built a palace out of skulls, eat steak,
>   screw beauty queens,
>And every other week I'd go on nationwide TV,
>and make a speech entitled ›That's What America
>   Means To Me ...‹«*

Er schwankte und sah ängstlich aus. »Es geht noch weiter. Ich ... ich bringe es nicht zusammen.«

»Laß dir Zeit, Mann«, sagte Mingolla.

Nach einer Minute sang Jack weiter.

>»Wish I had my own religion,
>I'd be a brand new kind of god.
>I'd burn down all the churches
>and give Las Vegas to the poor ...«**

Wieder schwankte er, und Mingolla verströmte sein gutes Gefühl, damit er ein drittes Mal sang, diesmal aber einen anderen Song, weicher, fast wie ein Wiegenlied.

---

* Ich wollt', ich hätt' eine Milliarde Dollar, dann würd' ich mir eine Waffenfabrik kaufen. Ich würd' meine Männer entlassen, high werden und auf die Geschichte scheißen. Ich würd' einen Palast aus Schädeln bauen, Steak essen und mit Schönheitsköniginnen bumsen, und jede zweite Woche würd' ich landesweit im Fernsehen auftreten und eine Rede halten mit dem Titel »Das bedeutet Amerika für mich ...«

**Ich wollt', ich hätt' meine eigene Religion, dann wär' ich eine ganz neue Art von Gott. Ich würde alle Kirchen in Brand stecken und Las Vegas den Armen schenken ...

»Angel, angel, are you receiving,
won't you try to answer me?
Has my signal grown weaker than moonlight,
does this transmission convey my grief?
We are lost in wars and silence,
dark November colors all our lives,
strangers pass by without speaking
of the important sadness in their eyes.
Many of us have taken refuge in religion or in lies,
But I know we can't last much longer
without the truth that only you supply.

Angel, angel, it's getting darker,
the wind is bringing shocks and flowers,
and black ice forms beneath my nails.
I never meant my heart to matter,
especially to a girl like you,
I swear I'll fix all that I've broken
if you'll only answer me.
Angel, angel, are you in Heaven,
or are you in prison, longing to be freee,
huddled for warmth, afraid of breathing.
too weak to press the transmit key ...«*

---

* Engel, Engel, kannst du mich empfangen, möchtest du nicht versuchen, mir zu antworten? Ist mein Signal schwächer als der Mondschein geworden, wird mein Kummer durch die Übertragung verzerrt? Wir sind verloren in Kriegen und Schweigen, dunkler November färbt all unser Leben, Fremde gehen vorüber, ohne von der wichtigen Traurigkeit in ihren Augen zu sprechen. Viele von uns haben
Zuflucht in der Religion oder in Lügen genommen, aber ich weiß, daß
wir nicht mehr lange durchhalten können ohne die Wahrheit, die nur
von dir kommen kann.
Engel, Engel, es wird dunkler, und der Wind bringt Schrecken und
Blumen, und schwarzes Eis bildet sich unter meinen Nägeln. Ich hatte
nie gedacht, daß jemandem an meinem Herzen etwas liegen könnte,
schon gar nicht einem Mädchen wie dir; ich schwöre, ich repariere
alles, was ich zerbrochen habe, wenn du mir nur antwortest. Engel,
Engel, bist du im Himmel, oder bist du im Gefängnis und sehnst dich

»Es geht immer noch weiter«, sagte er. »Noch viele Strophen lang.«

»Du solltest es aufschreiben, Mann!« sagte Gilbey und tat so, als ob er mit der Spitze seiner Machete schriebe. »Besorg dir Papier, und schreib es auf!«

»Yeah, okay«, sagte Jack und kratzte sich am Kopf; dann brach er in Tränen aus.

Mingolla strengte sich bei Gilbey entschieden mehr an. Einmal hatte er die Idee, daß ein sexuelles Erlebnis seine Bemühungen unterstützen würde, und er trieb eine Frau für ihn auf, flößte ihr Geilheit ein und stellte sie in einem der leeren Gebäude zur Begutachtung vor, in einem Zimmer mit Eindrücken in dem Tepich aus grauem Staub, die davon zeugten, daß es hier vor langer Zeit einmal Stühle und Tische gegeben hatte. Die Frau war schwabbelig und sah ausgeleiert aus, und Gilbey sagte: »Das is'n scheißwildes Tier, mit so was kenn' ich mich nich' aus.«

Die Frau lächelte und schwenkte einladend die Hüften.

»Na ja«, sagte Gilbey. »Ihre Titten sind vielleicht nicht schlecht.«

Mingolla ließ die beiden allein, und als er zurückkehrte, fand er sie beide schlafend vor. Gilbeys Hand lag in Besitzerpose auf ihrer Hüfte. Er war sich nicht sicher, ob sich etwas abgespielt hatte, aber danach schien Gilbey wieder mehr wie früher zu sein.

Am gleichen Abend gingen sie hinaus hinter den Palast, an eine Stelle, von wo aus man die Barrikade sehen konnte: eine lange, dürftige Wand aus Brettern, die zu einer lückenhaften Barriere von drei Metern Höhe zusammengenagelt waren, mit zwei Wachttürmen von ähnlich unzulänglicher Bauart dahinter. Wie Lattenbuden von Kindern. Eine unbefestigte Straße führte durch

---

nach Freiheit, zusammengekuschelt, um dich warm zu halten, und voller Angst zu atmen, zu schwach, um den Übertragungsknopf zu drücken ...«

eine saftige Wiese von der Barrikade aus zu den grünen Hügeln in der Ferne, und Mingolla hatte die Vorstellung, einen Jeep zu stehlen, durch die Wand zu brechen und zu diesen Hügeln hinaufzufahren. Es war eine angenehme Vorstellung, aber er wußte, daß Debora dabei niemals mitmachen würde. Und außerdem war es sehr wahrscheinlich, daß sie bei dem Unternehmen getötet würden.

Jack rollte sich am Boden zusammen, und Mingolla und Gilbey saßen auf der Hintertreppe des Palastes. Mingolla erspähte mit Gewehren bewaffnete Männer, die hinter der Barrikade patrouillierten. Dämmerung hatte das Abendlicht verdüstert, und vereinzelte Sterne blinkten am schiefergrauen Himmel. Die Fenster der Gebäude um den Palast herum waren schwarz und ohne Lichtreflexe, Rechtecke aus Obsidian, eingelassen in blaß schimmernden Stein; ein leichter Wind trieb Fetzen von Zellophan über den Asphalt, und eine knochendürre Katze, deren gelbgeflecktes Fell voller Schorf und Grind war, strolchte vorbei und hielt vor ihnen an, um sie mit kalter Neugier zu betrachten.

Gilbey war über einen zersplitterten Baseballschläger gestolpert, der vermutlich einmal als Waffe gedient hatte, und drehte ihn in der Hand. »Wär' eigentlich nett«, sagte er.

»Was?« Mingolla beobachtete die schattenhaften Gestalten der bewaffneten Männer.

Gilbey blieb eine so lange Zeit schweigsam, daß sich Mingolla fragte, ob er den Gedankenfaden verloren habe. »Mal wieder ein Spiel zu machen«, sagte er schließlich. »Wär' doch nett, mal wieder ein Spiel zu machen. Müßte doch möglich sein.«

»Ein Baseballspiel?«

»Yeah. Wir könnten doch bestimmt ein paar Typen zusammenkriegen.« Er sah den Schläger an und schwenkte ihn zögernd.

Die Vorstellung, wie Gilbey mit seinem eingeschläferten Reaktionsvermögen Baseball spielen mochte, deprimierte Mingolla. Er stellte sich vor, daß das struppige blonde Haar zurechtgestutzt wäre, das Gesicht gewaschen und seine Züge erstarrt in verdrießlicher Milde. Aber es funktionierte nicht. Der alte Gilbey war tot, und der neue war dem Tod geweiht.

»Wir könnten, hm ... wir könnten ...« Gilbey wackelte mit dem Schläger. »Was stimmt mit mir nicht, Mann? Irgendwas an mir ist total im Arsch, oder nicht?«

»Was meinst du?«

»Mit mir ... stimmt was nicht. Und du versuchst, es in Ordnung zu bringen.«

»Yeah«, sagte Mingolla. »Etwas stimmt nicht.«

»Kannst du's in Ordnung bringen?«

Mingolla hatte keine Lust zu lügen. »Ich glaube nicht.«

Jack bewegte sich im Traum und murmelte vor sich hin, und Gilbey stieß einen langgezogenen Seufzer aus. »Ich wär' sowieso kein besonders guter Spieler«, sagte er, und die Worte kamen langsam, eins nach dem anderen, tröpfelnd wie zäher Sirup. »Wär' trotzdem nett, es mal zu probieren. Vielleicht könnte ich rechts im Feld spielen. Dort schlägt kaum jemand hin.« Er klopfte mit dem Ende des Schlägers auf den Asphalt. »Wär' nicht schlecht, wirklich. Rechter Feldspieler wär' gar nicht schlecht ... aus der rechten Position sieht man 'ne ganze Menge.«

Mingolla zog die Knie an, legte den Kopf darauf, schloß die Augen und wünschte sich, er hätte vollkommen abschalten können.

»Ich hab' früher in der zweiten Liga gespielt ... Babe Ruth. Das ist 'ne harte Liga, Mann. Besonders die Spiele in Detroit. Die Nigger dort kommen mit Spikes bis oben hin und böse grinsend bis zum zweiten Laufmal, verstehst du?« Er legte sich den Schläger über die Schulter und stellte sich zu einem imaginären Wurf auf. »Jack ist noch schlechter dran als ich, was?«

»Er ist nicht so gut drauf.«

»Er könnte dann auch einfach nur zuschauen ... oder schlafen. Er schläft gern.«

Was wirklich richtig nett wäre, dachte Mingolla, wäre, ein Gewehr zu nehmen und alle Madradonas und Sotomayors in einer Reihe aufzustellen. Sie von den Füßen an aufwärts zu durchlöchern. Sie Stück für Stück zu töten. Oder den Abzug bedienen bei einem Angriff, den sich Izaguirre für den Fall des Fehlschlagens der Verhandlungen ausgedacht hatte, wie der auch immer aussehen mochte. Mingolla ertappte sich dabei, daß er hoffte, die Verhandlungen würden fehlschlagen, daß sie alle eines Tages beim Zischen einer heranfliegenden Rakete aufblicken würden.

»Ich könnte sicher auch noch ganz gut schlagen«, sagte Gilbey.

»Laß uns später darüber reden, okay?« sagte Mingolla. Sein Herz fühlte sich an wie ein Klumpen aus etwas Ekelhaftem und Fettigem wie Schmalz.

»Klar, schon gut. Klar.«

Die Sterne leuchteten jetzt heller, der Himmel war kobaltblau. An der Barrikade schaltete jemand einen Scheinwerfer ein; ein glitzerndes Schwert aus Licht streifte die Fenster der leeren Häuser, kreiste über ihre Köpfe.

»Mingolla?«

»Was willst du?«

»Kannste dich an Baylor erinnern? Was ist aus Baylor geworden?«

»Der ist in die Heimat zurück.«

»Heimat.« Gilbert sagte das Wort einige Male vor sich hin, als ob er es durch die Wiederholung begreifen könnte. »Weißt du noch, all die vielen Bücher, die er gelesen hat? Das ganze wissenschaftliche Zeug?«

»Das war Science Fiction.«

»Yeah, Science Fiction.« Er schien über diesen Ausdruck nachzudenken. »Die waren blöd, diese Bücher.«

»Hm-hm.«

»Bis auf eins. Eins hab' ich gelesen, das war ganz gut.«

Der Scheinwerferstrahl streifte wieder über sie hinweg; die Katze duckte sich schutzsuchend, und Jack rollte sich auf die Seite, dem Licht abgewandt.

»Yeah, es gab da dieses eine«, sagte Gilbey. »Das hat mich gepackt.«

»Welches war das?«

»Es handelt von so 'nem Außerirdischen. Es gibt nur einen davon ... ich mein', es gibt schon mehr, irgendwo, aber soweit man weiß, haben wir nur diesen einen gefunden. Und er sah nach nichts aus. Sieht etwa so aus wie ein großer brauner Felsbrocken, außer daß sich die Oberfläche von dem Fels dauernd bewegt, sich verändert, und das kommt daher, weil er so voller Gedanken ist, die Gedanken pochen gegen seine Haut, verstehst du, wodurch sich seine Form dauernd ein bißchen verändert.«

Aus lauter Langeweile hatte Mingolla die meisten von Baylors Büchern gelesen, aber dieses kam ihm nicht bekannt vor. »Und was passiert dann?«

»Nicht viel«, sagte Gilbey. »Also, paß auf, man will rausfinden, was der Außerirdische so denkt, weil man ihn draußen im Raum herumschwebend gefunden hat und annimmt, daß er schon an vielen Orten war, und man möchte wissen, wie es dort ist, wo er war. Also suchen sie jemanden, der seine Gedanken lesen kann, aber niemand kann das, weil die Gedanken sauscharf sind. Sie tun weh. Wenn man seine Gedanken zu spüren bekommt, muß man schreien. Aber jedenfalls ...«

Gilbey schweifte ab, und Mingolla holte ihn zurück.

»Haben sie dann jemanden gefunden?« fragte Mingolla.

»Hm?«

»Jemanden, der seine Gedanken lesen konnte?«

»Oh, yeah ... yeah, sie haben dann diesen einen Typen gefunden, der den Schmerz aushalten konnte. Der hockt sich also neben den Außerirdischen hin und berührt ihn, verstehst du, und bald merkt er, daß die Gedanken des Fremden nichts anderes sind als Erinnerungen, die unter seiner Haut herumschweben. Erinnerungen an jeden Ort im Universum, jeden Ort, der jemals existiert hat. Dieser Typ ist zwar ganz schön hart im Nehmen, aber trotzdem kann er es nicht lange aushalten, und er kann nur ein paar Minuten mit dem Außerirdischen zusammenbleiben, gerade so lang, um eine einzige Erinnerung mitzubekommen. Danach kann er mit dem Fremden nicht weitermachen, weil seine ... seine ... seine Toleranz am Ende ist. Aber er hat diese eine Erinnerung aufgeschnappt, und das ist schon was.«

»Was war das für eine ... Erinnerung?«

»Es geht um die Leute, die am Rand der Galaxis leben; wenn sie sterben, werden ihre Körper in diesen großen schwarzen Schiffen verstaut, die im Raum rumschwirren, und ab und zu kommt ein Kapitän an Bord jedes der Schiffe, und sie fliegen zum Mittelpunkt des Universums, an einen Ort, wo die Sterne so dicht sind, daß alles totales Licht ist. Riesige Sonnen, Mann! Die leuchten in allen Farben und sehen ganz verrückt aus, wie japanische Laternen. Ihr Licht überlappt sich sozusagen. Es entstehen Prismen und so was. Energie strömt in alle Richtungen. Und der Außerirdische weiß nicht genau, warum die Toten dorthin gebracht werden. Es ist nicht etwa deswegen, weil sie durch die viele Energie wieder zum Leben erweckt würden oder so was. Irgendwas passiert dort mit den Körpern, vielleicht werden sie in etwas verwandelt, das man wieder gebrauchen kann ... ich weiß nicht. Aber auf jeden Fall ist es 'ne harte Sache. Wirklich, ganz schön hart. Vor allem, weil es dort so wahnsinnig hell ist, und je näher man an den Mittelpunkt herankommt, desto heller wird's. Und es geht langsam ... das Licht verlangsamt alles. Es ist so hell, daß die Luft dort draußen fast zum

Anfassen ist, verstehst du. Und die Kapitäne sehen im Lauf der Reise immer weniger. Das Licht macht sie blind. Ihre Augen werden wie Kristalle, hart und glänzend und kaputt aussehend. Und wenn sie allein auf sich angewiesen wären, könnten sie die Schiffe gar nicht mehr steuern. Aber sie haben Frauen dabei, jeder eine, und je näher sie zum Mittelpunkt kommen, desto schöner werden die Frauen. Und die Kapitäne fühlen sich so zu den Frauen hingezogen, lieben sie so sehr, daß es nichts macht, wenn sie blind sind, denn die Frauen können sie immer noch sehen. Die Frauen sind so schön, daß Blinde sie sehen können, und so steuern sie die Schiffe, indem sie die Frauen ansehen, beobachten, wie sie immer schöner werden und auf welche Weise, und daran können sie immer erkennen, wo sie gerade sind, durch welchen Abschnitt des Mittelpunktes sind gerade fahren. Und am Ende kommen sie so auch wieder heil nach Hause zurück.«

Mingolla hatte versucht, sich an das Buch zu erinnern, aber als die Geschichte an diesem unlogischen Punkt aufhörte, kam er zu dem Schluß, daß Gilbey sie selbst erfunden haben mußte. Er freute sich, daß seine Arbeit an Gilbey diese Geschichte ans Licht gebracht hatte, denn dadurch wurde sein Glaube bekräftigt, daß Gilbey seine Intelligenz immer versteckt gehalten hatte; aber er war auch traurig, denn er hatte das Gefühl, daß die Geschichte das Kernstück eines Mythos war, ein Juwel, das Gilbey gehütet hatte, und daß er es jetzt preisgegeben hatte, schien ein schlechtes Zeichen zu sein.

»Das hast du dir ausgedacht, nicht wahr?« sagte er.

»Ne, ne.« Gilbey fuhr mit einer Hand über den verdickten Teil des Schlägers. »Ich hab's irgendwo gelesen.«

Aber in seinem Gesicht stand pfiffige Freude, und Mingolla wußte, daß er log. »Komm, Mann! Du mußt dir das ausgedacht haben.«

»Es hat dir wohl gefallen, was?«

»Yeah, es war gut. Wie bist du darauf gekommen?«

»Nicht ich, Mann.«

»Also das war eine gute ... eine verdammt gute Geschichte.«

Mit einem zufriedenen Gesichtsausdruck schüttelte Gilbey Jack und sagte: »Wach auf, Mann! Hey, Jack! Wach auf!«

Jack rollte sich herum, blinzelte. Sein Gesicht war eine Landkarte aus Müdigkeit und Verwirrung.

»Ich will dir was erzählen«, sagte Gilbey eifrig. »Es ist wie ...« Sein Eifer verpuffte, und er blickte in Richtung der Barriere ins Leere. »Verdammt, Mann! Du hast es verpaßt.« Dann fügte er in stolzem Tonfall hinzu: »Ich hab' mich an was ganz Tolles erinnert.«

Mingolla hatte die Existenz des alten Orientalen im Rollstuhl hingenommen, ohne sie zu hinterfragen, bis er verschwunden war. Bis dahin war er jeden Morgen neben seinem Garten gesessen, den Rücken dem Innenhof zugekehrt, und hatte mit seinen Papierstreifen rumgespielt. Aber an diesem Morgen war er nirgends zu sehen, und das Hausmädchen Serenita erzählte Mingolla, daß man ihn ins Krankenhaus gebracht habe. Aus der Fassung gebracht ging Mingolla zu der Gartenanlage und blieb dort stehen; er war überrascht zu sehen, daß die Pflanzen längst alle verwelkt waren, was bedeutete, daß die Gewissenhaftigkeit des alten Mannes entweder eine Folge von Senilität oder das Produkt eines fremdbeherrschten Geistes war. Aber das war es nicht, was Mingolla Sorgen machte. Er hatte sich für den alten Mann interessiert, hatte immer beabsichtigt, mit ihm zu sprechen, und er mußte nun die Wahrheit erkennen, daß es genau wie mit anderen Menschen gegangen war: Man beabsichtigt, auf sie zuzugehen, stellt sich vor, daß man eine Beziehung zu ihnen aufbaut, bestimmte Ziele erreicht, und – als ob die Absicht allein schon genügte, als ob die Funktion anderer Menschen einzig und allein die wäre, einem eine Art von ungeeignetem moralischen Zündstoff zu liefern – man verwirklicht nichts von alledem. Wie zum Beispiel mit Tully. Er hatte immer gedacht, daß sie sich einmal näherkommen würden, aber sie waren beide zu beschäftigt, um Zeit füreinander übrig zu haben, er mit seiner scheinheiligen Wohltätigkeit und Tully mit Corazon; das Gefühl, daß sie kurz davorstanden, sich näherzukommen, hatte ausgereicht, um in ihm den Glauben zu erwecken, daß sie den Ansprüchen für eine tiefere Verbindung genügten. Mingolla mußte daran denken, daß sein Vater mit dem, was er über den Krieg gesagt hatte, recht gehabt hatte: Er hatte einen Mann aus ihm gemacht. Er konnte Zusammenhänge sehen, die er vorher niemals wahrgenommen hätte, er verstand die Art seiner Verantwortlichkeit und sah sich in der Lage, damit umzugehen. Das Problem war nur, daß er kein besonders angenehmer Mensch geworden war. Nicht einmal durchschnittlich angenehm. Seine Begabung für Gewalt und Gleichgültigkeit schloß das aus.

Der Garten war klein, etwa zehn mal zehn Meter, die Erde krümelig und blaßbraun, überwuchert von verdorrten Tomatenstauden und übersät von Klumpen verschrumpelter Melonen und den Hüllen ausgetrockneter Kürbisse. Mingolla wollte Erde unter den Füßen spüren, und er warf seine Schuhe ab und trat über die Drahteinfassung. Erdklumpen zerbröckelten zwischen seinen Zehen, Ranken umklammerten seine Knöchel, Steinchen piekten ihm in die Fußsohlen. Er stand in der Mitte des Gartens und blickte hinauf zum weißen Ball der Sonne, den Fetzen grauer Wolken verschleierten, und er hatte das Gefühl – als ob der Garten ein Stück freies Land gewesen wäre –, daß er von diesem Punkt aus die verwickelten Vorgänge der Geschichte erkennen konnte, die die Welt auf ihren jetzigen Stand gebracht hatten: die Invasionen, das Profitstreben, die

Manipulationen der United Fruit Company, die irrege-
leiteten amerikanischen Wohltäter, die Entwicklungs-
banken und ihre üblen Marionetten, das ausufernde,
unbeherrschte Wuchern wirtschaftlicher Interessen. All
dies auf der einen Seite, und andererseits die bizarre
Szenerie von Mord und Rache, veranstaltet von zwei
Familien, eine Serie von Giftmorden, Messerstecherei-
en, Explosionen und Entführungen im Borgia-Stil, die
sich durch die Jahrhunderte fortsetzte und für deren
blutrünstige Handlung Herrenhäuser und armselige
Dörfer und Schlachtfelder als Kulisse dienten. Und
diese beiden Triebe der Geschichte schlugen wild aus,
verzweigten sich und erstickten jedes andere Wachstum, durchdrangen die Erde und verwandelten sie in
einen unfruchtbaren Garten, in dem nichts anderes
mehr gedieh als die Phantasien eines alten Mannes.

»David! Wo bist du?« Deboras Stimme ertönte aus
dem Innenhof. Sie kam durch den Laubgang gerannt.
Hinter ihr standen Sotomayors und Madradonas zusammen am Eingang des Gästehauses und schüttelten
sich die Hände und redeten miteinander. »David«,
sagte sie. »Es ist vorbei! Wir haben es geschafft!«

Er war unfähig, sich aus seiner Hülle düsterer Speku-
lationen zu befreien; reglos blieb er stehen und wartete,
daß sie weiterspräche.

»Frieden«, sagte sie. »Es wird Frieden geben.«

Ihr Gesicht sah nach Frieden aus. Ein hübscher, in
Abendrot getauchter, lächelnder Drittewelt-Frieden.
Aber er konnte nichts damit anfangen. »Gut«, sagte er
und trat aus dem Garten. Er setzte sich auf den gepfla-
sterten Weg und machte sich daran, sich die Schuhe
wieder anzuziehen.

»Verstehst du nicht?« Ihr Lächeln war verschwunden. »Die Verhandlungen sind beendet. Die Vereinbarung wird heute nacht noch entworfen und morgen bei
der Party unterschrieben.«

»Eine Party?« Das wäre, so dachte er, eine angemessene Absurdität.

»Ja, im Palast wird eine Feier stattfinden.«

»Wahnsinn!«

Sie runzelte die Stirn. »Du benimmst dich, als sei nichts geschehen.«

»Sieh mal ...«, fing er an. »Ach, macht nichts.«

Ihr Gesicht wurde sanft, und sie kniete sich neben ihm hin. »Ich weiß, daß du zu all dem kein großes Vertrauen hattest, aber es hat funktioniert. Du hast ja nicht erlebt, wie sehr sich diese Menschen bemüht haben.«

»Das will ich hoffen.«

Sie wich etwas zurück, als ob sie ihn aus einem anderen Blickwinkel betrachten wollte. »Wirklich? Manchmal denke ich, daß du dir genau das Gegenteil erhoffst, wenn ich auch nicht verstehe, warum.«

Er war nicht bei der Sache, nicht interessiert. Ihre Worte hörten sich nachgeplappert und mit ihrer moralischen Drohung schulmeisternd an.

Sie legte ihm einen Arm um die Schulter. »Du hast dich zu sehr in deine Arbeit vertieft. Aber du wirst schon sehen. Komm mit! Sprich mit den Leuten! Dann wirst du dich besser fühlen.«

Er war hin- und hergerissen zwischen dem Verlangen, sie von der nüchternen Wahrheit zu überzeugen, und der Hoffnung, daß ihr Glück anhalten mochte. Aber er beschloß, daß ein Frieden auf Zeit besser war als nichts, und er ließ sich von ihr fortführen in das Beglückwünschungs-Gewoge im Innenhof.

In der folgenden Nacht, einer wolkenverhangenen Nacht mit wenigen Sternen am gestreiften Himmel, geriet er vor der Pension mit Tully in ein Gespräch. Gilbey und Jack saßen neben einem eingetopften Farn in der Eingangshalle, und Tully stand mit Mingolla ungefähr fünf Meter weit weg und sprach über Corazon.

»Manchmal denk' ich, jetzt hört sie auf mit dem Getue«, sagte er. »Aber in der nächsten Minute geht se wieder ganz in sich zurück, und ich komm' nich' mehr an se dran. Verdammt, langsam gewöhn' ich mich dran ... gewöhn' mich dran, mit 'ner Frau zusammenzusein, die die Stirn runzelt, wenn se spürt, daß 'n Lächeln aufkommt.«

»Vielleicht gibt sich das noch.« Mingolla sah zurück in den Innenhof, wo in den Lichtstrahlen, die durch die Fenster herausfielen, drei Sotomayors in Aluminiumsesseln am Swimmingpool saßen und plauderten.

»Wahrscheinlich ist es egal, ob oder ob nich'«, sagte Tully. »Ich halt' auch zu ihr, auch wenn se Sachen nach mir schmeißt.« Er sog die Luft durch die Zähne und deutete auf die Sotomayors. »Was hältste denn von dem Scheiß dort, Davy?«

»Um dir die Wahrheit zu sagen, ich halte gar nicht viel davon.« Er betrachtete die Sotomayors und versuchte, an ihren trägen Gesten etwas abzulesen. »Debora scheint davon überzeugt zu sein, daß alles ganz großartig ist.«

»Dadurch weiß' ich immer noch nich', was du darüber denkst.« Mingolla überlegte eine Weile. »Wahrscheinlich glaube ich, daß sie irgendwie 'nen Wurm reinbringen werden. Aber ich kann es nicht verhindern.«

»Yeah, das Gefühl hab' ich auch.« Tully schlurfte ein Stück den Weg weiter. »Haste noch die Karte, die ich dir mal gegeben hab'?«

»Hm.«

»Heb se gut auf, haste gehört?«

»Denkst du daran, abzuhauen?«

»Daran denk' ich die ganze Zeit. Die ganze Zeit.« Tully streckte die Arme über dem Kopf aus, wobei seine Ellbogengelenke krachten. »Heut' is' so 'ne Nacht, wo 'n Drink oder zwei nich' schaden könnten.«

»Ich habe eine Flasche.«

»Das mein' ich nich'«, sagte Tully. »Ich würd' gern

richtig einen drauf machen.« Er gab Mingolla einen Klaps auf den Rücken. »Wie die Nächte damals in Coxxen Hole. Ernnerste dich?«

»Klar«, sagte Mingolla. »Das war nicht schlecht.«

»Besser als nich' schlecht war das.« Tully gab einen angewiderten Laut von sich. »Deshalb weiß ich, daß dieses Barrio keine Zukunft nich' hat. Hier kannste keinen drauf machen, gibt's kein Leben in freier Wildbahn. Der Ort is' tot. Und auf 'nem Friedhof kann man keinen Frieden schließen und erwarten, daß was Gutes dabei rauskommt.« Er warf einen traurigen Blick auf Jack und Gilbey. »Was hat mich bloß an diesen beschissenen Ort verschlagen?«

»Das macht mich ganz fertig«, sagte Mingolla. »Ich habe damals Roatán gehaßt, aber jetzt kommt es mir ganz schön gut vor.«

»Yeah, die kleine Insel is' gar nich' so schlecht.« Tully stieß einen locker liegenden Kiesel über den Beton. »Is' das nich' scheißkomisch, Davy? Wie du ausgezogen bist, die Welt zu regieren, und am Ende machste nix anderes, als dich vor ihr zu verstecken?«

Mingolla verspürte eine Regung, sich Tully zu offenbaren, ihm alles anzuvertrauen über seine widersprüchlichen Gefühle, seine Reue, aber er fand keine Worte.

»Sieht so aus, als ob du was ausbrütest, Mann.«

»Ich habe nur über Absichten nachgedacht.«

»Absichten? Was für Absichten?«

»Ich habe fast den Eindruck, wenn sich irgend etwas zu einer Absicht formt, dann ist das die beste Garantie, daß es niemals mehr sein wird als eine Absicht.«

»Wovon redest du?«

»Ach was, alles Scheiße. Ich bin irgendwie im Arsch.«

»Also, da biste nich' der einzige.«

Sie sprachen noch weiter, aber sie sagten sich nicht mehr viel, und als Tully sich auf den Weg zu seinem Hotel zurück machte, ging Mingolla zurück in den Innenhof, gefolgt von Jack und Gilbey. Die Sotomayors hatten den Bereich um den Swimmingpool geräumt, und Mingolla setzte sich in einen der Sessel. Gilbey und Jack ließen sich in der Nähe auf dem gekachelten Rand nieder. Das algengrüne Wasser in dem Becken schimmerte im Licht, das durch die Fenster um den Innenhof herum fiel, und während er dem Spiel der Kräuselwellen zusah, erinnerte sich Mingolla an die Geschichte, in der dieses Bild vorkam, beschrieben als ein ›Abschnitt aus Jade‹. In der Geschichte wurde erzählt, wie die Zeitungsjungen der Gegend jeden Nachmittag, nachdem sie ihre Zeitungen verkauft hatten, in die Pension gerannt kamen und sich ins Wasser stürzten, unter der Oberfläche verschwanden, und der Autor hatte sich vorgestellt, daß sie durch Algen und tangartige Gewächse hinabtauchten in ein geheimnisvolles Land. In einem Gefühl der Verzweiflung und Verlorenheit bildete sich Mingolla ein, sein Blick wäre bis in die Tiefe durchgedrungen und würde sich einen Tunnel durch das Wasser graben, und nach ein paar Sekunden bekam seine Einbildung das Wesen der Wirklichkeit, einer Zukunft, der er sich immer weniger entziehen konnte. Er stand in einem schwach beleuchteten Zimmer, das möbliert war mit Ledersesseln, verglasten Bücherschränken, einem antiken Globus und einem massiven Tisch im spanischen Kolonialstil. Die Wände bestanden aus dunklem Holz mit ausgeprägter Maserung, und der Teppich war mitternachtsblau mit einem Muster aus kleinen Sternen, daß man den Eindruck hatte, eine Audienz im Himmel bei seinem Obersten Magistrat, Dr. Izaguirre, zu haben, der an dem Tisch saß, voller Erstaunen, und dessen grauer Spitzbart wippte, als er sagte: »Wir dachten, du wärst tot.«

Durch das aufgemalte Fenster hinter Izaguirre sah Mingolla die Wüste, die leuchtend weiß unter einem Halbmond schimmerte, und am Horizont einen Streifen, rot glühend wie die Hölle, und er wußte, daß das die Lichter von Love City waren, wo er bald – nachdem er eine Überdosis der Droge genommen hatte, die diesen gesamten Abschnitt der Geschichte bestimmte, genommen hatte aus Verzweiflung und in der Hoffnung, daß sie ihm die Vision einer erträglichen Zukunft bescheren mochte – im Delirium herumwandern würde. Und obwohl er die Folge einer Überdosis kannte, würde er es hinter sich bringen, denn auch ein bestimmtes Wissen konnte sein Hoffen nicht zunichte machen.

Izaguirre ließ eine Hand unter den Tisch gleiten, und Mingolla sagte: »Die Leitung der Alarmanlage ist durchgeschnitten, Carlito. Und da draußen sind alle tot.«

»Außer im oberen Stock«, sagte Debora bitter und kam an seine Seite. »Droben leben sie ... zumindest atmen sie noch.«

Izaguirre wand sich unter ihren starren Blicken, seine wachsartige Haut verlor jede Farbe, das Fleisch schien sich von den Knochen zu lösen. »Was habt ihr vor?«

»Es ist bereits geschehen«, sagte Debora. »Jedenfalls fast alles.«

»Was meinst du damit?«

»Alle bis auf drei von euch sind eliminiert«, sagte Mingolla. »Die drei im Pentagon. Und um die kannst du dich an unserer Stelle kümmern.«

»Das ist unmöglich. Erst gestern sprach ich mit ...«

»Das war gestern«, sagte Mingolla.

»Ich gehe hinauf«, sagte Debora. »Vielleicht sind einige von ihnen zu retten.«

»Tu ihnen nichts«, sagte Izaguirre.

»Ihnen etwas tun?« Debora lachte. »Ich repariere dein zerbrochenes Spielzeug seit fünf Jahren ... sofern noch genug davon übrig war, daß man es reparieren konnte.« Sie wandte sich an Mingolla. »Kannst du dich um ihn kümmern?«

»Yeah ... geh nur!«

»Was werdet ihr mit mir machen?« fragte Izaguirre, nachdem Debora die Tür hinter sich geschlossen hatte.

»Das kannst du dir doch vorstellen, Carlito. Wir werden dich entblößen, bis nichts mehr von dir übrig ist, und dann setzen wir dich wieder zusammen. Du wirst eine Zeitbombe sein wie Nate und die anderen. Du wirst fast genauso lebendig sein wie deine Freunde im oberen Stock.«

»Ihr habt sie alle umgebracht ... alle bis auf drei?« Es schien Izaguirre nicht in den Kopf zu gehen.

»Es war nicht einmal eine faire Auseinandersetzung. Wir haben in den letzten fünf Jahren viel gelernt.« Fünf schwarze, sargförmige Jahre, jedes angefüllt mit der Asche von Gewalt und Verrat.

»Wenn nur noch drei übrig sind«, sagte Izaguirre zögernd, »dann besteht doch kein Grund ...«

»Du weißt, daß ich mir das nicht anhören werde.«

Izaguirre straffte sich, glättete seine Züge. »Nein, vermutlich nicht.« Sein Adamsapfel hüpfte auf und ab. »Die viele Arbeit ...« Er fuhr sich mit der Hand über die Stirn. »Was werdet ihr anschließend tun?«

»Es wird nichts mehr zu tun geben.«

»Oh, euch wird etwas einfallen. Ihr seid geworden wie wir, und ihr müßt immer etwas tun.« Ein leicht triumphierender Ton schwang in Izaguirres Stimme mit.

»Ich werde dich jetzt in Schlaf versetzen«, sagte Mingolla.

Izaguirre öffnete den Mund, sagte aber lange Zeit nichts. »Gut«, sagte er schließlich. »Wie konnte das passieren?«

»Könnte sein, daß du es nicht anders gewollt hast. Wie in deiner Geschichte mit dem fiktiven Gästehaus ... sie endet mit dem Tod des Autors. Dieses Ende trägt deine Handschrift, Carlito.«

»Ich habe ... hm ...« Izaguirre schluckte krampfhaft. »Ich habe Angst. Ich hätte nicht gedacht, daß ich Angst haben würde.«

Mingolla hatte sich oft ausgemalt, wie er sich wohl in

diesem Augenblick fühlen würde, und er war überrascht, daß er fast nichts fühlte, vor allem nur Erleichterung; er stellte sich vor, daß Izaguirre, obwohl dieser alte Mann Angst hatte, ähnlich fühlte.

»Kann ich irgend etwas tun?« fragte Izaguirre. »Ich könnte ...«

»Nein«, sagte Mingolla und fing an, ihn schläfrig zu machen. Izaguirre stand halb auf, fiel dann aber in seinen Sessel zurück. Er versuchte, sich zu erheben, schüttelte den Kopf und griff nach der Tischkante. Ein Anflug von Panik huschte über sein Gesicht. Er sank im Sessel zusammen. Seine Augen weiteten sich und richteten sich starr auf Mingolla. »Bitte.« Das Wort kam zäh, wie ein letzter Tropfen, der aus ihm herausgepreßt worden war, und sein Kopf baumelte zurück. Seine Brust hob und senkte sich im Rhythmus des Schlafs, und seine Augenlider zuckten.

Alles in dem Zimmer – das Quietschen des Ventilators, der Glanz der antiken Möbel, die vorgetäuschte Nacht auf dem Teppich – schien eindringlicher geworden zu sein, als ob Izaguirres Wachzustand einen dämpfenden Effekt gehabt hätte. Die scharfe Klarheit des Augenblicks beunruhigte Mingolla, und er drehte sich blitzschnell um, überzeugt davon, daß sich hinter ihm eine Falle aufgetan hatte. Aber da war nur die geschlossene Tür und die Stille. Er drehte sich wieder zu Izaguirre um. Der alte Mann kam ihm jetzt wie ein Monument vor, ein trauriges, irregeleitetes Monster, das in eine Teergrube gefallen war, ein Sammelbecken der Geschichte, und ihm wurde klar, wie wenig er über die Familien wußte, daß das meiste seines Wissens auf Äußerlichkeiten beruhte, zusammengesetzt aus skizzenhaften Eindrücken. Er setzte sich auf den Tisch, nahm von Izaguirres schlafendem Geist Besitz und ließ sich die reichverzierten Korridore einer blutigen Vergangenheit hinabtreiben, durch die Erinnerungen seines Lebens und in die Erinnerungen fremder Leben; die

Jahre loderten auf und erloschen wie schnell verbrennende Kerzen, und er war der Knabe Damaso Andrade de Sotomayor am Tage seiner Mannwerdung; er stand in der düsteren großen Halle des alten Hauses in Panama. Die ganze Familie war anwesend, saß schweigend auf den Ebenholzstühlen, deren Lehne geschnitzte Schlangenköpfe bildeten, und sie ließen ihre Gedanken mit dem Traum verschmelzen; und er fühlte die Droge in seinem Bauch, einen fernen Schmerz, und er empfand den Traum als Stimmen, Tausende davon, die alle gleichzeitig sprachen, nicht in Worten, sondern in einem wortlosen Flüstern, das die Seele der Leidenschaft war. Die blassen Gestalten seiner Eltern und Vettern und Basen und Onkeln und Tanten fingen an zu flackern wie weiße Flammen in Schalen aus schwarzem Holz, und auch er selbst flackerte, sein Fleisch verlor die Substanz, und der Traum beflügelte seine Gedanken mit der Freude an Rache und Gewalt. Und als das Träumen abgeschlossen war, als er stark und gefestigt in seiner Leidenschaft war, war die Zeit gekommen, um den Pfad der Wahrheit zu beschreiten, und ohne ein Wort ging er die Treppen hinunter in das Labyrinth unter dem Haus, in die lichtlosen Gänge, die zu den sieben Fenstern führten, bis zu dem einen Fenster, das ihm seinen Platz innerhalb des Musters weisen würde. Er schritt weiter, stundenlang, und fürchtete, daß er das Fenster niemals finden würde, daß er für immer verloren wäre in der kühlen, feuchten Tiefe. Aber die Steine der Mauern, rauh und bemoost, waren seine Freunde, und wenn er sie berührte, fühlte er die Kräfte der Vergangenheit, die ihn in die Zukunft führten, was nichts anderes war als das Muster des Blutes, das sich endlos ausdehnte. Es waren die Steine seiner Vorfahren, seines Blutes und seiner Familie, und ihre kuppelartigen Formen hatten die bekannte Beschaffenheit der Sotomayor-Schädel in der Bibliothek seines Vaters, und sie vermittelten ihm ein Gefühl für die richtige Richtung und versetzten ihn in die Lage, Abzweigungen zu wählen, wo er den Knoten des Blutes spürte. Und als er schließlich zu seinem Fenster kam, sah er es nicht, sondern begriff es als ein Kitzeln auf der Haut. Das kam ihm merkwürdig vor. Sollte ein Fenster nicht Licht hindurchlassen ... und dann sah er Licht. Zwei grellrote Ovale wie pupillenlose Augen, die heller und heller strahlten, je näher er ihnen kam. Das Fenster, so erkannte er, war aus Rauchglas, dessen einzelne Stücke mit Bleirahmen zusammengesetzt waren zu dem Bild eines rabenschwarzen Mannes mit einer Dornenkrone auf dem Kopf; seine Augenhöhlen waren leer, damit das Licht der untergehenden Sonne hindurchfallen konnte. Das Bild ängstigte ihn, aber er fühlte sich gleichzeitig zu ihm hingezogen, und er drückte sich an das Glas, paßte seine Augen den leeren Höhlen an, und auf der anderen Seite des Tals sah er das massige Steinhaus der Madradonas, das im blutroten Abendlicht gespenstisch aussah, als ob es in der Hocke lauerte, um gleich loszuspringen. Er hatte das Haus schon oft gesehen, aber dieser Augenblick beeindruckte ihn, wie es noch nie zuvor der Fall gewesen war. Zorn beflügelte ihn, und er fühlte sich eins mit der schwarzen Gestalt mit den brennenden Augen, an die er sich lehnte. Das Netz der Bleiverglasung schien dem Gewebe seiner Nerven zu entsprechen, in denen das rote Blut des Westens floß und ihn mit glühender Besessenheit erfüllte, das Bildnis des Ebenholzchristus in ihm versiegelte; und er wußte, daß unter allen Kindern seiner Generation er auserwählt war, die anderen gegen die Madradonas zu führen, daß er der Pfeil war, der den Bogen der Familie spannte, und daß sein ganzes Leben gegen das Herz des finsteren Tieres gerichtet sein würde, das auf dem gegenüberliegenden Hügel brütend kauerte.

Mingolla unterbrach den Kontakt und stand vom Tisch auf, um zum Fenster zu gehen. Er drückte die Stirn gegen die Scheibe. Das Glas war kühl und übertrug die Schwingungen des Ventilators. Er sah in die Weite zu den entfernten Lichtern der Stadt und dachte an das religiöse Mädchen mit der Holographie des im Kreise wandelnden Jesus in der Hand. Es hatte immer den Anschein gehabt, als ob jenseits dieses Augenblicks ein neuer Anfang läge, aber er wußte es niemals mit Sicherheit, konnte es nie ganz klären. Wahrscheinlich, dachte er, war es nur ein erneutes Aufglimmen der Hoffnung. Izaguirre bewegte sich in seinem Sessel, und Mingolla erkannte, daß er das Unvermeidliche nur hinauszögerte. Nicht, daß ihm das, was er zu tun hatte, Sorge bereitet hätte, er war diesen Vorgang nur einfach leid, war es leid, sich immer wieder und wieder den schlechten Botschaften über den Zustand der Menschheit ausgesetzt zu sehen, die sich in der Tatsache ausdrückten, daß man den Geist auf Null reduzieren konnte. Er würde noch ein paar Minuten warten, beschloß er. Ein paar Minuten würden keinen Schaden anrichten. Er schob Izaguirres Sessel zur Seite und machte sich daran, die Schreibtischschubladen zu leeren, wobei er sich fragte, wo der alte Mann wohl seine Drogen aufbewahrte ...

Das Schwimmbecken, harmlos und schillernd, mit kleinen Wellen, die die Ränder kräuselten! Mingolla richtete sich kerzengerade auf und sah sich um, in der Gewißheit, daß sich jemand an ihn heranschlich. Aber es war niemand zu sehen. Stimmen drangen aus einem anderen Zimmer herüber. Aus einem Radio ertönte Violinmusik. Gilbey und Jack schliefen noch. Er lehnte sich zurück, streckte die Beine aus und ordnete die drei Zukunftsvisionen in chronologischer Reihenfolge. Zunächst das Restaurant und die Plauderei mit der Kellnerin; dann die Konfrontation mit Izaguirre und dann Love City. Das Nachspiel eines schalen Sieges. Er konnte nicht verstehen, wie das Bild, das die Visionen gezeichnet hatten, mit Frieden in Verbindung gebracht werden konnte. Vielleicht waren sie ungenau. Aber das wollte er nicht glauben. Sie machten einen sehr wirklichen Eindruck.

Gilbey schüttelte sich und erhob sich auf die Knie, und Mingolla, der dankbar für die Unterbrechung war, sagte: »Na, wie geht's?«

»Ich habe geträumt«, sagte Gilbey. »Habe von der Farm geträumt.«

»Ach ja? Und?«

»Nichts. Es war nur ein Traum.« Gilbey saß jetzt mit überkreuzten Beinen da und blickte auf das Becken mit den leichten Wellen. »Weißt du, so schlecht war es dort gar nicht ... in der Farm, meine ich.«

»Es war auf eine andere Art schlecht als hier.«

»Yeah, wird wohl.« Gilbey murmelte noch etwas vor sich hin.

»Was hast du gesagt?«

»Hab' nichts gesagt. Wollte was sagen, aber ...«

»Hast es vergessen, was?«

»Ne, hab's nich' vergessen.« Gilbey ließ den Blick über den Innenhof schweifen, dann heftete er ihn auf Jack. Er neigte den Kopf und rieb sich das Genick. »Ich hab's direkt da, daß ich's sagen könnt' ... es is' direkt da. Aber es gibt keine Worte dafür.«

Die Leere der großen Halle des Palastes wurde nur unwesentlich gemildert durch lange Tische, die entlang den Wänden aufgestellt waren und auf denen Punschbowle und Tabletts mit Sandwiches und Gebäck bereitstanden. Grelle weiße Lampen leuchteten von der Decke und verliehen dem Plastik das Aussehen von schwitzendem blauen Fleisch. Einige hundert Leute liefen kreuz und quer durcheinander, und der Geschichtenerzähler-Roboter trudelte vor und zurück; seine viktorianische Kleidung fiel zwischen den Feiernden als Merkwürdigkeit auf, da die anderen zum größten Teil betont unauffällig gekleidet waren. Reden wurden gehalten, in denen unterstrichen wurde, daß alle Anwesenden Mitglieder einer einzigen großen Familie seien, die sich gemeinsam den Grundsätzen verpflichteten, die im Frieden von Panama dargelegt waren – diese Formulierung überwog an diesem Abend. Blecherne Musik setzte ein, und eine Madradona-Frau von zwergenhaftem Wuchs überredete Mingolla zum Tanzen; sie lächelte mit angespitzt aussehenden Zähnen zu ihm herauf, und ihre torpedoförmigen Brüste – hervorgehoben durch eine enganliegende rote Bluse – prallten beim Tanzen gegen seine Gürtelschnalle.

»Ich war versessen darauf, sie kennenzulernen«, sagte sie.

»Es sieht so aus, als hätten Sie es gerade noch rechtzeitig geschafft«, sagte er.

Sie sah verwirrt aus, dann kehrte ihr Lächeln zurück. »Ja«, sagte sie. »Ich wollte mit Ihnen über unser Genetikprogramm sprechen. Sind Sie vertraut damit?«

»Ne.« Er manövrierte Frau Zwerg zwischen andere Paare. Allesamt tolpatschige Tänzer. In Anbetracht der Bedeutung der Feierlichkeit war das – dachte er – ganz schön dürftig. So was wie die Mischung aus einem Abschlußball und dem Sommerfest der Schrebergärtner.

»Also ...« Frau Zwerg blickte mit mürrischem Stirnrunzeln einen Sotomayor-Mann an, der sie angerempelt hatte. »Wir hatten gehofft, Sie würden spenden.«

»Spenden?«

»Sie wissen schon ... genetisches Material.« Frau Zwerg betonte das letzte Wort mit einem Jungmädchenkichern. »Entschuldigen Sie, wenn ich mich unziemlich verhalte, aber ich finde die Aussicht auf eine Vermischung der Linien so überaus aufregend.«

»Vermischung der Linien – so so.« Die Vorstellung, daß er zum Urvater von Generationen von Mingolla-Madradonas und Mingolla-Sotomayors werden könnte, löste eine Welle alberner Heiterkeit in Mingolla aus. »Ich mache Ihnen einen Vorschlag«, sagte er lachend. »Warum schlüpfen wir beide nicht durch den Hinterausgang hinaus, und wenn es mir kommt, lade ich es bei Ihnen ab, auf Sie drauf. Vielleicht können Sie es in eine Flasche abfüllen, bevor es trocknet.«

Er hatte erwartet, daß sie beleidigt reagieren würde, aber Frau Zwerg bohrte ihre plumpen Finger in seine Taille und lächelte weiter. Es war ein gespenstisches Idiotenlächeln, und eine Sekunde lang befürchtete er, sie könnte auf seinen Vorschlag eingehen.

»Man hat mich vor Ihrer stürmischen Natur gewarnt.« Sie sagte es in einem verschwörerischen Tonfall, als wollte sie ihn warnen, daß sie sein Geheimnis kannte. »Dies ist keine Sache zum Spaßen.«

»Das merke ich schon die ganze Zeit«, sagte er. »Ich meine, man braucht sich doch nur hier im Raum umzusehen, um zu erkennen, daß die Leute neues Blut brauchen. Vor allem die Madradonas. Ich habe noch nie so mickerige kleine Scheißer gesehen. Ihr könntet ein paar Wachstumsgene brauchen, stimmt's?« Er vollführte einen wollüstigen Lendenstoß. »Yeah, klar. Ich kann dein Dingsbums mit Länge versorgen.«

Frau Zwerg versuchte sich loszumachen, aber Mingolla hielt sie in der Zange und wirbelte sie herum. »Grobheit ist der Sache wohl kaum zuträglich«, sagte sie.

»Das bin ich auch ... der Sache wohl kaum zuträglich.« Er schubste Frau Zwerg gegen einen Madradona-Mann, der mit einer Sotomayor-Frau tanzte. »Hoppla«, sagte er und grinste.

»Lassen Sie mich los!« sagte Frau Zwerg.

»Niemals«, sagte Mingolla. »Von jetzt an gibt es nur noch dich und mich, meine Kurze.« Er stieß sie gegen ein anderes Paar und entschuldigte sich mit den Worten: »Es tut mir leid, sie ist mir auf den Fuß getreten.«

»Ich werde das nicht vergessen«, sagte sie giftig.

»Ich auch nicht. Mein Gott, was für eine Nacht werden wir zusammen verbringen! Irgendwie müssen wir den Größenunterschied ausgleichen. Hast du's schon mal mit einem Flaschenzug gemacht?« Er drückte sie noch fester an sich. »Oh, Baby! Ich kann es kaum erwarten, bis dein süßer kleiner Bauch anschwillt.«

Frau Zwerg wand sich und strampelte und versuchte krampfhaft, sich zu befreien.

»O Herrje, das tut gut!« sagte er. »Mach weiter ... ein bißchen tiefer.«

»Lassen Sie mich ...!«

Er erstickte ihre Worte, indem er ihren Kopf an seine Brust zog. »Gleich beim erstenmal?« sagte er und hob die Stimme, damit es alle hören konnten. »Also gut, wenn du so wild drauf bist, mir soll's recht sein.«

Plötzlich war er der Sache überdrüssig, er ließ sie los und machte eine übertriebene Verbeugung. »Ich bedanke mich für den Kampf«, sagte er.

Sie stand kochend vor Wut und japsend da.

»Ihr Scheißer gehört in Käfige eingesperrt«, sagte er zum Abschied.

Er ging zum nächsten Tisch und kippte einen Becher Punsch in sich hinein. Weiter unten am Tisch saßen Tully, Corazon und Debora und unterhielten sich mit einigen Madradonas. Dem Anschein nach waren die Madradonas emsig bemüht, ihre Rolle als Meister der Umtriebigkeit zu festigen. Marina Estil, herausgeputzt in einem weißen Seidenkleid mit Jadeperlen, löste sich von einer anderen Gruppe und kam auf ihn zu. Sie hatte vor Aufregung gerötete Wangen, und in ihren Augen und ihrem Lächeln lag eine Intensität, die nicht nur auf natürliches Wohlbefinden zurückzuführen war. Er fragte sich, ob sie etwas genommen hatte.

»Wie geht es Ihnen?« fragte sie. »Ich war so beschäftigt, daß ich nicht dazu gekommen bin, mich erneut unserem kleinen Problem zu widmen.«

»Alles ist bestens«, sagte er.

»Ich wußte, daß es das sein würde.« Sie begrüßte einen vorbeikommenden Sotomayor, dann wandte sie sich wieder an Mingolla. »Amüsieren Sie sich gut?«

»Hervorragend«, sagte er. »Ich befinde mich in einem Schwall des Entzückens.« Er bemerkte Ruy, der sich neben Debora setzte.

Marina folgte seinem Blick. »Keine Angst, David. Er hat mir gesagt, daß er sich heute abend entschuldigen würde. Mehr wird nicht geschehen. Und ...« – sie nippte an ihrem Punschglas und sah ihn über den Rand hinweg an – »haben Sie schon einige Leute kennengelernt?«

»Oh, yeah, viele!« Er erzählte ihr von der Madradona-Frau.

Sie kicherte. »Sie haben es so wichtig, nicht wahr? Aber auf ihre Art irgendwie reizend, natürlich.«

»Natürlich.«

»Sie sind in einer eigenartigen Stimmung«, sagte sie.

»Dasselbe könnte ich von Ihnen sagen.«

»Oh, ich bin nur in angeregter Laune. Wissen Sie, heute abend kommt so vieles zusammen.«

Sie sprach die Worte mit einer sonderbaren Betonung, aber er führte das auf den Einfluß von Chemikalien zurück: er war jetzt sicher, daß sie unter Drogen stand. »So vieles?« fragte er.

Sie strich ihm über den Arm, es war eine verführerische Berührung. »Ja, und für einen großen Teil davon sind Sie verantwortlich.«

»Wirklich?«

»Ich werde Ihnen irgendwann davon erzählen«, sagte sie. »Aber nicht jetzt.« Sie deutete auf den Geschichtenerzähler-Roboter; er war an einen Tisch ein paar Meter von ihnen entfernt gerollt. »Es ist Zeit fürs Unterhaltungsprogramm.«

»Heranspaziert, heranspaziert!« rief der Roboter, und die Menge formte einen Halbkreis um den Tisch, schwatzend und lachend. Aus den Reihen löste sich einer der Sotomayor-Männer, der ein blasses, dünnes Mädchen in einem weißen Overall an der Hand führte. Sie hatte einen in sich gekehrten, leeren Blick, und Mingolla hatte das Gefühl, daß diese Leere ein Zeichen von Geistesgestörtheit war. Sie stand halb verdeckt hinter den Röcken des Roboters, nervös, mit ineinander verkrampften Fingern.

»Musik, Maestro!« rief der Roboter und klatschte in die rosafarbenen Plastikhände.

Das Mädchen machte einen Satz und senkte den Blick.

»Bitte, *Chiquita*!« der Roboter kitzelte sie leicht, und sie fing an sich zu drehen. »Ein bißchen Musik, damit wir alle glücklich werden.«

Das Mädchen lächelte matt, und einen Augenblick darauf erklangen glockenartige Töne im Innern von Mingollas Kopf, Töne von solcher Reinheit, daß er von ihrer Schönheit überwältigt war und zunächst gar nicht wahrnahm, wie schlicht und absonderlich die Melodie war, die gespielt wurde. Ein Kindergartenliedchen. Schlecht gespielt, mit falschem Rhythmus. Mingolla erkannte, daß das Mädchen in Wirklichkeit nichts anderes war als ein Musikkasten, dessen Deckel man abgenommen hatte, ein Spielzeug mit schadhaften Federn. Die Melodie dauerte viel zu lang, und der Applaus der Menge war höflich, aber nicht begeistert. Das Mädchen wurde weggeführt, und ein junger Mann mit einem ähnlich leeren Gesichtsausdruck wurde vor die Menge gebracht. Seine Augen lagen tief in den Höhlen, dunkle Augen; er hatte ein spitzes, knochiges Gesicht, und seine Schädeldecke schimmerte durch den Bürstenhaarschnitt. Nachdem er von dem Roboter in Gang gesetzt worden war, starrte er auf einen Punkt irgendwo in der Luft, und vor Mingollas Augen materialisierte sich eine Farbe, ein Blauton, so tief und kräftig, daß er wie ein Gefühl wirkte, die Verkörperung des Empfindens absoluter Ruhe. Andere Gefühle wurden projiziert, jedes von höchster Eindringlichkeit, und die Menge applaudierte jedesmal begeistert.

Marina trat vor und sprach zu den Leuten. »Ich denke, wir sollten Carlito unsere Anerkennung zeigen für sein großartiges Werk, dafür, daß er diese Steine zum Blühen gebracht hat.«

Die Menge klatschte, und der Applaus ging in ein rhythmisches Rufen des Namens »Carlito, Carlito, Carlito!« über, das erst aufhörte, als die Tanzmusik wieder einsetzte. Mingolla starrte in eine der Bowlenschüsseln und glaubte, zwischen den schwimmenden Frucht- und Schalenstückchen die Bewegung von etwas Sechsbeinigem gesehen zu haben.

»Hallo, David«, sagte eine piepsende Frauenstimme hinter seiner Schulter.

Er drehte sich schnell um und blickte in die Augen des Roboters. Hinter den ausgefüllten Kristallen bewegte sich die Kamera.

»Erkennst du mich nicht?« Der Roboter schlug vor dem stattlichen Bauch die Hände zusammen.

Einen Augenblick lang stand Mingolla auf dem Schlauch; doch dann erinnerte er sich an den Kampfhubschrauber und seine angebliche Göttlichkeit, und er durchschaute die Verkleidung. »Izaguirre«, sagte er.

»Wie schön, dich wieder mal zu sehen«, sagte der Roboter. Das dickliche rosafarbene Gesicht betrachtete ihn mit väterlichem Wohlwollen.

»Bist du persönlich hier?« fragte Mingolla, der hoffte, daß das der Fall wäre, obwohl er nicht wußte, wie er sich dann verhalten sollte; dennoch hoffte er es.

»O nein, ich bin in Costa Rica. Aber ich habe dich nicht aus den Augen gelassen.« Er versuchte ein ungeschicktes Blinzeln. »Ich war sehr beeindruckt von der Arbeit, die du hier geleistet hast.«

»Bist du es auch jetzt noch?«

»In der Tat! Sie ist bemerkenswert. Die Ergebnisse, die du erzielt hast, lassen meine kläglichen Bemühungen beschämend erscheinen.«

»Das sagst du nur so.« Mingolla bot dem Roboter Punsch an und verschüttete den Inhalt des Glases über sein steifes gelbes Kleid. »O je ... was für ein Glück, daß das keinen Kurzschluß ausgelöst hat. Ach, übrigens, worin besteht deine Arbeit? Bist du Unterhalter auf Geburtstagsparties?«

»Immer noch zornig, wie ich feststelle. Das ist gut, David, das ist gut. Zorn kann ein sehr nützliches Werkzeug sein.«

Der Roboter betastete die Stelle mit dem verschütteten Punsch. »Um deine Frage zu beantworten: Nein. Keine Geburtstagsparties. Meine Arbeit ähnelt der deinen, wenn ich mich auch auf das Zustandebringen einzelner Wirkungen beschränke, im Gegensatz zu dir, der sich um eine Allround-Rehabilitation bemüht hat.«

»Ich habe mich um einen Scheiß bemüht, ich habe mir nur die Zeit vertrieben.«

»Du stellst deine Anstrengungen in ein zu bescheidenes Licht. Niemand würde so viele Stunden in etwas investieren, wenn ihm nicht ungeheuer viel daran läge.«

»Es hat mir sicher mehr gegeben, als mich mit deinen Nichten und Neffen herumzutreiben.«

»Ich bestehe nicht darauf, daß du mit mir einer Meinung bist«, sagte der Roboter. »Doch ich möchte dir einen Vorschlag machen. Ich möchte, daß du mit mir zusammenarbeitest, nachdem alle Fäden jetzt hier unten zusammengelaufen sind und sich zu einem Ganzen verwoben haben.«

»Ne«, sagte Mingolla. »Ich gehe nach Hause, setze mich an den Strand.«

»Das eine schließt das andere nicht aus.«

»Du arbeitest in den Staaten?«

Die Kristallaugen suchten die Tanzfläche in allen Richtungen ab. »Ich sehe keinen Grund, warum ich das zum jetzigen Zeitpunkt nicht zugeben sollte. Ja, ich habe dort ein Heim. Ich denke, du wirst die Atmosphäre angenehm finden.«

»Wo ist das?«

Der Roboter wich mit einem Kichern aus. »Ich glaube, darüber werde ich dich noch für einige Zeit im dunkeln lassen.«

Nicht so sehr im dunkeln, wie du denkst, du Arschloch, dachte Mingolla. Bestimmt war es ein Ort mit trockener Wüstenhitze und einer Menge geiler Leute. »Warum?« frage er. »Fürchtest du dich vor mir oder was?«

»Nicht direkt, David. Obwohl du ziemlich fürchterlich bist, das muß ich zugeben. Aber wir sind schon ziemlich lange dabei, und wir wissen, wie man mit Kraft umgehen muß.« Der Roboter rollte einen halben Meter zurück und dann die gleiche Entfernung wieder vorwärts, als ob er Schwung nehmen wollte. »Also, jetzt zu meinem Vorschlag ...«

»Ich werde darüber nachdenken.«

»Ein Talent wie das deine darf nicht ungenutzt bleiben, David. Was könntest du sonst anfangen?«

»Könnte sein, daß ich zurück ins Tötungsgeschäft gehe. Die Welt kann gar nicht genug Mörder haben.«

Der ovale Kopf des Roboters wackelte. »Es tut mir leid, daß du so abweisend bist.«

»Ich bin nicht abweisend, ich bin angeekelt«, sagte Mingolla.

»Mir ist bewußt, daß ...«

»Ein Scheißdreck ist dir bewußt!« sagte Mingolla. »Die Dinge, die ihr Bastarde ...« Er fing sich, da er nicht vollkommen die Beherrschung verlieren wollte. »Vielleicht hast du recht. Vielleicht ist es das einzige, das ich tun kann, nämlich die Menschen wiederherzustellen, die ihr zerstört habt.«

»Begreifst du nicht?« sagte der Roboter. »Das entspricht genau meinem Gefühl.«

»Ach ja?«

»Glaubst du denn, ich hätte gar kein Gefühl?« fragte der Roboter. »Weißt du nicht, wie schrecklich ich alles finde, was wir getan haben, was wir tun mußten?«

Der Roboter erging sich in Sprüchen, die Mingolla

nach und nach als klassisches Sotomayor-Gewäsch einstufte: Man kann kein Omelett machen, ohne Eier zu zerschlagen, und Wir werden unser Leben der Wiedergutmachung allen Schadens widmen und so weiter. Izaguirres Wiedergabe war superb, kam aus tiefstem Herzen und überzeugte durch Eloquenz, und Mingolla hatte keinen Zweifel, daß er selbst jedes Wort davon glaubte. Er versprach Izaguirre, daß er seinen Vorschlag ernsthaft in Erwägung ziehen und versuchen wollte, seinen Widerwillen zu überwinden; aber nachdem der Roboter davongetrudelt war, um sich zur Verwandtschaft zu gesellen, stellte er fest, daß seine Toleranz für die Vorgänge auf Null geschrumpft war. Wie Schuppen war es ihm von den Augen gefallen. Wohin er blickte, entdeckte er den Bodensatz des alten Hasses. Flüstern hinter vorgehaltener Hand, Stirnrunzeln, giftige Blicke. Und es gab auch frisch aufgekeimten Haß. Den erkannte er in der Art, wie die Madradonas und Sotomayors sich von ihren neuen Verbündeten, den drogenbeeinflußten Psychomedien, distanzierten. Der ganze Tand dieser Party, die schmalzige Musik, die sich drehenden unansehnlichen Paare, die Show-Einlage der Mutanten, die High-Tech-Groteske von Izaguirres Roboter: die düsteren Aspekte an all diesen Dingen erschienen eine Steigerung erfahren zu haben. Er könnte genausogut, dachte er, sich vor einigen Jahrzehnten in Berlin befinden und die Bürger beobachten, die ihre Untertantentreue gegenüber den kantigen, kühlen Nationalsozialisten schworen, während diese ihre wirkliche Kleinkariertheit und geistige Armut mit falschem Pomp und Talmiglanz zu übertünchen versuchten. Diese Versammlung hier bot kein geringeres Potential an Niedertracht, an hinterhältiger Perversion, und er sah darin ein Bild der Welt der Zukunft, die sich von der alten kaum unterscheiden würde. Die Fehde würde wieder an die Oberfläche steigen, erweitert durch eine neue blutige Fehde zwischen den Familien und ihren drogenabhängigen Geschöpfen, und das Ergebnis wäre eine Welt voller begrenzter Kriege und starker Spannungen und Beinah-Apokalypsen. Oder vielleicht auch der totalen Apokalypse. Die Neigung der Familien, hin und wieder etwas zu übersehen, könnte leicht diesen entscheidenden Unterschied bewirken. Aber wie auch immer die Zukunft letztendlich aussehen mochte, über eine Sache war sich Mingolla sicher: Er würde nicht mehr leben, um es zu sehen. Wo immer er hinsah, wandten die Leute den Blick von ihm ab, weil sie nicht dabei ertappt werden wollten, daß sie ihn anstarrten. Ihr gemeinsames Interesse reichte aus, um ihn zu verdammen. Früher oder später würde irgend jemand zu dem Schluß kommen, daß er zu stark war, als daß man ihm vertrauen konnte, oder auch aus einem eher persönlichen Grund einen Richterspruch über ihn fällen.

Er entdeckte Debora, die mit Tully und Corazon am anderen Ende der Halle stand, und er ging zu ihnen hinüber, wobei er mit unansehnlichen Madradonas und anmutigen Sotomayors zusammenstieß. »Ich gehe ein bißchen spazieren«, sagte er zu Debora, als er an ihrer Seite war. »Bei dir alles in Ordnung?«

»Du bist blaß«, sagte sie. »Geht es dir nicht gut?«

»Ich muß irgendwas Falsches gegessen haben.«

»Du verpaßt das ganze Vergnügen, Mann«, lallte Tully betrunken; er drückte Corazon so leidenschaftlich, daß Mingolla fast damit rechnete, daß ihr Rosenauge heraushüpfte.

»Ich gehe mit dir«, sagte Debora, aber sie schien nicht viel Lust zu haben, die Party zu verlassen.

»Ach ne, ich will doch nur ein paar Schritte gehen. Ich nehme Gilbey und Jack mit, und ich treffe dich wieder hier oder später im Gästehaus.«

Er machte kehrt, um zu gehen, aber sie stellte sich vor ihn hin. »Stimmt irgend etwas nicht?«

Er war in großer Versuchung, ihr alles zu erzählen, was ihm durch den Kopf gegangen war, aber er wußte, daß sie es ihm nicht abnehmen würde. »Nichts Ernstes«, sagte er. »Bis später.«

Auf dem Weg zur Tür bedachten ihn einige Mitglieder der Familien mit anerkennendem Lächeln und Kopfnicken. Sehr ernst, sehr arglos. Er lächelte zurück und haßte sie alle.

Es war eine klare Nacht, mit klaren, strahlenden Sternen, die so gleichmäßig verteilt waren, daß ein Streifen blauer Dunkelheit am Himmel aussah wie eine Fahne, die über die Dächer gespannt worden war. Mingolla tat es gut, hinauszugehen und zwischen den Toten zu wandeln. Den Toten konnte man trauen, wenigstens das. Ihr dumpfes Sehnen war nicht von Gier oder Lust geleitet; ihre Erinnerung regte nicht zur Perversität an; es war ein unerfüllbares Verlangen nach einer Welt, an die sie sich kaum erinnern konnten. Außerdem liebte er die Stille der Straße. Die Stille war eine dunkelblaue Flut durch die engen Schluchten des Barrio, die sein Spiegelbild in den Schaufenstern der Läden sanft mit sich trug, vorbei an den Klötzen schattenhafter Gestalten in den Rinnsteinen, und er dachte, es wäre gar nicht so schlecht, sich bei diesen Schattenarmeen einzuschreiben, das Gift einzuatmen, das sie verlangsamte, den Befehlen zu gehorchen, die es ihnen erlaubten, sich dem letzten Lebenszweck hinzugeben. Er beschleunigte seine Schritte, ließ die Arme pendeln wie beim Marschieren, und Gilbey und Jack mußten in stolperndem Laufschritt verfallen, um mithalten zu können. Schließlich hielt er vor dem Laden an, der einst religiöse Gegenstände verkauft hatte, und betrachtete sich in den aufgereihten Spiegeln. Eine Unendlichkeit von sternenbeschienenen Mingollas, alle dunkel, mit glitzernden Augen. Die Betrachtung seiner Spiegelbilder beruhigte ihn. Er drehte den Kopf, und die Spiegelbilder taten sofort das gleiche. Er stemmte die Hände in die Hüften, ging näher an das Fenster heran, und eine Armee von

Mingollas, kühn und unerschrocken, trat zur Beratung zusammen.

Schade, dachte er, daß es keine Zauberspiegel waren. Er würde seine Familie und seine Freunde herbeirufen, damit sie darin erschienen und er sie in den Genuß seiner Weisheit kommen lassen könnte. Nicht, daß er viel zu vergeben gehabt hätte. Nur ein einziges Wort: Panama. Er würde es zu jedem von ihnen anders sagen. Zärtlich zu seinen früheren Freundinnen und zu der Long-Island-Dame, damit sie erführen, wie glücklich sie sein konnten, daß sie als Amerikanerinnen gegen eine so schmerzliche Wirklichkeit abgeschirmt waren. Seinen alten Kumpels würde er es als Ermahnung auf den Weg geben, sie so erschrecken, daß sie sich vor dem Wehrdienst drückten. Und seinem Vater – yeah! – seinem Vater gegenüber würde er es auf eine Art aussprechen, die eine Mischung aus Flüstern und Zischen war. Durch das Wort würde sich der Spiegel beschlagen, es würde übersetzt werden in ein Gas von der Farbe des Nachthimmels und der Schatten, eines, das den Kopf seines Vaters einhüllte und ihn den dunklen Blitz des Daseins sehen ließ, seine Grundfeste erschütterte und ihm die Quintessenz der Panama-Wahrheit erschloß, und einen Moment später würde die versicherungsstatistische Realität an die Tür klopfen, und seine Mutter hätte in Florida Liebhaber, bis sie achtzig wäre. – *Wow!* – das wär' ein Ding!

Panama.

Es war nicht das, was er erwartet hatte, nein, mein Herr!

Er war nicht in das Oben-Ohne-Land mit weißen Stränden gekommen, die Küste sonnengebräunter Filmstartitten und *coco locos,* die Spielwiese der titelbildschönen, saftigen Töchter der Inseln des Müßiggangs, und du hast amerikanisches Geld, Jim, das Land ist dein, alles steht dir offen, Vergewaltigung, Mietwucher und die Einrichtung von Einkaufszentren – wonach immer dir der Sinn steht. Nein, er war in die blutige, geschichtsbeladene Republik gekommen, wo columbianische Piraten die Küsten überfielen und die Leichen ihrer Opfer schändeten, wo einst eine Bande weißer Seeleute zu Kopfjägern und Kannibalen geworden war, wo sich chinesische Eisenbahnarbeiter zu Hunderten ertränkten, als sie kein Opium mehr hatten, wo ein unscheinbares Kraut wuchs, das einem die Macht verlieh, Todesarmeen aufzustellen.

Wo ein Mann namens Carlito geboren wurde.

Pa-na-ma – ein kleines dreisilbiges Schaudern.

Dann sah es so aus, als sollte das Wort eine neue Bedeutung bekommen, von grünen Hügeln erzählen, die sich jenseits einer Barrikade erhoben, von Darién, dem Wolkenwald, den verlorenen Stämmen, den Hexern und ihren Gedanken wie Nebelschwaden.

Dieses Panama, nun ... das war vielleicht letztendlich nur eine Option.

Jack und Gilbey rückten näher an ihn heran, als ob sie sein Verlangen, zu entkommen, gespürt hätten, und etwas bewegte sich in der Gosse zu Mingollas Füßen. Ein schmaler Fetzen von einem Mann, eingewickelt in braune Lumpen und nach Unrat stinkend. Mingolla kniete sich neben ihn nieder und blickte in Augen so leer und unverständig wie die eines Hundes. Die Lippen des Mannes waren aufgerissen, und seine Nase war gebrochen; Streifen blutigen Rotzes hingen ihm aus den Nasenlöchern, dick und verknüpft wie Makramee. Er streckte die Hand aus, umklammerte Mingollas Arm, und Mingolla, dessen Bitterkeit wie weggeblasen war, machte sich am Geist des Mannes ans Werk. Hinter ihm entstanden eine Unruhe und ein Rascheln, aber er achtete nicht darauf.

Dann schrie Gilbey: »Paß auf!«

Mingolla blickte auf und sah Gestalten, die sich gegen die Sterne abhoben; sie beugten sich über ihn, und einer, der eine Kapuze trug, holte mit etwas Langem und

Gebogenem nach ihm aus. Er wich aus, aber der Schlagstock erwischte ihn seitlich am Kopf und ließ weiße Sternchen in seinem Schädel aufsprühen, und er fiel auf den Rücken. Gilbey half ihm auf und zog ihn auf den Bürgersteig, und verschwommen sah er Hunderte von Menschen auf der Straße, die vorwärtsschlurften und keinen anderen Laut von sich gaben als das schleimige Röcheln ihres Atems. Augen wie Löcher, die man in schmutzige Tücher geschnitten hatte, und einsatzbereite Waffen.

Glas splitterte.

Gilbey drehte Mingollas Gesicht mit einem Ruck zu dem Laden. Jack zertrümmerte das Fenster mit seinem Schlagstock, wobei er herabhängende Glaszacken wegschlug. Gilbey zerrte ihn durch das Fenster und in den Ausstellungsraum mit den Spiegeln. Seine Sinne setzten immer wieder aus, er schwebte zurück in die Bewußtlosigkeit und sah sich in den Spiegeln. Mit offenem Mund; ein gegabeltes schwarzes Rinnsal von Blut aus seinem Haaransatz. Hinter ihm drängte sich die Armee an das Fenster, zwängte sich durch, ohne auf die Glasspitzen zu achten, die sich in die Körper hineinbohrten. Mingolla versuchte, sie mit seinem Geist zu treffen, aber er konnte sich nicht auf ein Ziel einstellen, und er wurde an seinen zappelnden Spiegelbildern vorbeigezogen, durch einen schmalen Gang bis zur Hintertür. Der Türknopf drehte sich in Gilbeys Hand, und die Tür gab etwas nach, doch dann klemmte sie. Gilbey ließ seine Machete fallen und beschäftigte sich verbissen mit dem Türknopf.

Mingolla lehnte sich an die Wand und blickte auf die Machete hinab. Sie war weit weg, drehte sich und wich zurück, und er war nicht sicher, ob er sie erreichen könnte. Aber wenn er sie erreichen könnte ... nun, mit Macheten kannte er sich aus. Ja, wirklich! Er knickte sich in der Taille ab, taumelte und richtete sich wieder auf, doch er hatte die Machete schon erwischt. Der Griff war fettig von Gilbeys Schweiß, und der Rost und das Blut an der Klinge schimmerten im Schein der indirekten Beleuchtung. Das Gewicht der Machete in seiner Hand stabilisierte Mingolla, und er machte kehrt, um der Armee entgegenzusehen.

Der Gang war gerade breit genug, daß zwei Männer nebeneinander Platz hatten, und die Armee drängte herein, grunzend und sich gegenseitig stoßend, unfähig, sich nach dem Zweiundzwei-System einzufädeln. Mingolla hieb auf den ersten ein, der in seine Reichweite kam, erwischte eine Brust, einen Bauch, und zeichnete blutige Linien in graues Fleisch. Zwei gingen zu Boden, dann ein dritter. Er drosch auf die Schulter einer alten Frau, deren Schal ihr über die Augen gerutscht war und sie blind machte; er stach in einen jungen Mann und stieß ihn mit dem Fuß weg. Quietschend öffnete sich die Tür, und Mingolla huschte hinaus in eine Gasse, die fast so schmal war wie der Korridor. Am einen Ende war sie durch eine hohe Ziegelsteinmauer begrenzt, am anderen blockierten sie weitere von den Armeeleuten. Gilbey stellte sich neben ihm auf und schwang eine dicke Eisenstange; Mingolla wich bis zu der Mauer zurück und schlitzte den Bauch eines Mannes auf, der kein Hemd anhatte und dessen Haut ihm in Falten um die Taille hing. Er sollte eigentlich irgend etwas empfinden. Zumindest Angst, denn er würde sehr wahrscheinlich sterben: die anderen waren zu viele, ihre Köpfe wackelten, die Augen waren ebenholzschwarze Schlitze, und blasse Haut blinkte durch Löcher in ihrer Kleidung. Und Bedauern darüber, daß er seine ehemaligen Patienten umbrachte. Auf jeden Fall sollte er Bedauern empfinden. Aber es war, als ob ihn der Schlag auf den Kopf in ihren Zustand versetzt und eine Leere in ihm erzeugt hätte, die einem Befehl gehorchte, die Machete zu schwingen, ein bißchen schneller und treffsicherer als die anderen, doch genauso beschränkt. Keine Schauder ließen die Klinge erzittern –

ihr Leben war nicht hartnäckig genug, um so etwas hervorzurufen –, und wenn ihr Blut ihn bespritzte, dann tropfte es ihm träge wie Maschinenöl von den Armen. Fleischliche Attrappen mit lebensechten Organen. Es war ein süßer Reiz, der das Gehirn ausschaltete, den das Gemetzel an ihnen ausstrahlte, ein gelungener Hieb bereitete den Muskeln Freude, und – Herrje! – er machte seine Arbeit gut! Die Körper stapelten sich am Boden übereinander. Die anderen rutschten aus und fuchtelten mit den Armen, wenn sie über den Stapel kletterten. Sie waren leicht zu erledigen. Er holte aus, traf, die Klinge drang in die Knochen. Holte aus, traf, holte aus, traf. Das hätte ein Arbeitslied sein können, das sein Gemetzel begleitete. *Und dann nehm' ich meine Machete ... verfluchte Scheiße!* Die Gasse rastete in Mingollas Sicht in grauenvoller Schärfe ein. Er sah, wie sich sein letztes Opfer langsam wie ein Regenwurm auf die Füße wand und seine Eingeweide zurück in den Bauch schob. Erneut versuchte er einen geistigen Angriff, und während er diesmal damit Erfolg hatte, erkannte er, daß er dadurch, indem er seine Kraft vor den Familien verborgen hatte, das wahre Ausmaß auch vor sich selbst verborgen hatte.

Er fühlte eine Sonne in seinem Kopf, eine schwere, schwarze Sonne, die Strahlen der Kraft aussandte, und er spürte die Gedanken und Seelen der Armeen, jener in der Gasse und jener in dem Geschäft und auf der Straße; spürte sie auf eine Art, wie ein Sternbild etwas spürte, welche Feuer seine Form geschaffen hatten. Er spürte ihre Zerbrechlichkeit und Leere. Einige in seiner Nähe fielen um, andere taumelten und lehnten sich an die Wand, um sich zu stützen. Er hatte kein Mitleid mit ihnen. Sie waren unwichtig, zufällig, und er hatte ohnehin schon zuviel Zeit mit ihnen vertan. Ein Gefühl verbissener Redlichkeit überkam ihn, er empfand es so tief, daß es ein körperlicher Zustand zu sein schien, eine aus der Urzelle erhaltene Bestätigung, daß er gegen jeden, der ihn zu töten drohte, zurückschlagen mußte. Das Gefühl ließ ihn triumphieren, und er stellte sich vor, seinem Feind gegenüberzustehen.

Ruy.

O yeah! Ruy mußte es sein!

Wilde Bewegung kam in die Armee, aufgewühlt durch den Wind von Mingollas Zorn.

Er schob sich durch die Männer und Frauen in der Gasse, stieß sie mit der Schulter zur Seite, ohne sich aus ihrer Nähe etwas zu machen ... obwohl es ihm unangenehm war, sie zu berühren, aus einer irrationalen Angst heraus, kleine Stücke ihrer Substanz könnten sich lösen und an ihm haften bleiben. Er bahnte sich einen Weg durch die dichte Menge im Laden, dunkle, reglose Gestalten, und in den versilberten Spiegeln erhaschte er einen Blick auf sich selbst mitten unter ihnen: ein Mann, der sich zwischen Schaufensterpuppen versteckt. Er hatte Gilbey ganz vergessen, aber als er durch die Straße lief, fiel ihm auf, daß er nicht da war. Er ging wieder zurück zum Laden. Gilbey kniete neben einem Leichnam, der halb in, halb aus dem Schaufenster hing. Ein Schlagstock lag neben der erschlafften Hand des Toten.

»Komm, Gilbey!« sagte er.

Gilbey tastete mit einer Hand den Leichnam ab; vielleicht suchte er einen Schalter, mit dem er ihn wieder zum Leben erwecken konnte.

»Du kannst nichts mehr für ihn tun«, sagte Mingolla und legte eine Hand auf Gilbeys Schulter.

»Laß mich doch in Ruhe!« Gilbey schlug seine Hand weg.

Seine Augen glitzerten, und Mingolla war überrascht, bei Gilbey Tränen zu sehen.

»Ich ...« Gilbey sah Mingolla an und sprach seinen Namen mehrmals in einem spöttischen Ton, als ob er eine seltsame und unergründliche Bedeutung hätte.

»Was ist denn?«

Gilbey schüttelte den Kopf und glättete Jacks zerknautschtes Hemd.

Es war sinnlos, das Verkleidungsspiel ihrer Freundschaft fortzuführen, erkannte Mingolla; es war ein sentimentaler Fehler gewesen, Gilbey anders als die übrigen zu sehen, so zu tun, als sei er lebendig und wohlauf. Hier war kein Platz für Sentimentalität. Er entfernte sich von Gilbey, wobei er eine Regung, ihm auf Wiedersehen zu sagen, unterdrückte, und machte sich daran, sich das Blut vom Gesicht und den Armen zu wischen, wozu er sein Spiegelbild in einem Schaufenster benutzte. Um ihn herum standen die Toten stocksteif wie Statuen in einer Straßenszene von De Chirico. Er konnte die Schwingungen ihrer Leere beinah hören, ihre Sehnsucht nach einem Sinn, und er wußte, wie er diese Sehnsucht befriedigen konnte, er kannte den Sinn, für den sie bestimmt waren.

Sein Zorn war immer stark gewesen, aber was er jetzt empfand, war Zorn, der seinen Höhepunkt erreicht hatte, Zorn, der wie eine eigenständige Form in seinem Körper wandelte, ein schillernder Mann mit wilden Grundsätzen. Sein Zorn breitete sich über die Armee aus, und als er zum Palast eilte, erhoben sich Schatten aus der Gosse und aus Eingängen und folgten seinen Schritten. Der Mond stand hoch, und die Mauern der Gebäude lagen in so strahlend hellem Licht, daß er die grauen Stellen sehen konnte, wo der Putz abgebröckelt war. Mehr denn je erinnerten ihn die schmalen Straßen an Schluchten, und mit ihren wirren Haaren und primitiven Waffen hätten die Armeeleute sehr gut Höhlenbewohner sein können, die auf dem Weg zu einer Auseinandersetzung mit einem Nachbarstamm waren. Ihre Haut sah bleich und krümelig wie Käse aus, und ihre Augen hatten die gleiche reflektierende Schwärze wie die Fensterscheiben.

Als er zu der Straße kam, die auf den Parkplatz vor

dem Palast einmündete, teilte er die Armee in zwei Abteilungen; die einen schickte er in einem weitläufigen Bogen auf die Rückseite des Palastes zu der Barrikade, und die anderen wies er an, sich im Schatten zu halten, bis sie eingesetzt würden. Als er über den Parkplatz schritt, fühlte er mitten in seinem Zorn eine Ruhe, als ob der Kern seiner Persönlichkeit vom Rest losgelöst wäre und die Vorgänge ringsherum beobachtete. Neben den Stufen waren einige Jeeps abgestellt, und er sah mit Zufriedenheit, daß bei den meisten die Schlüssel in den Zündschlössern steckten. Im Innern war die Party in vollem Gange, die Stimmung war inzwischen betrunkener als zu dem Zeitpunkt, als er weggegangen war. Madradonas und Sotomayors hüpften locker und gelöst zu den gequälten Klängern einer jazzähnlichen Tanzmusik; der Geschichtenerzähler-Roboter stand reglos in einer Ecke, ausgeschaltet. Wahrscheinlich war es für Izaguirre längst Zeit fürs Bett gewesen. Während er sich einen Weg durch die Tänzer bahnte, lächelte und nickte Mingolla jedermann zu, der ihm unter die Augen kam. »Ein herrlicher Abend«, sagte er. »Eine bezaubernde Party.« Und dann senkte er die Stimme so weit, daß sie nicht genau wußten, ob sie richtig gehört hatten, und fügte hinzu: »Ihr werdet sterben«, und lächelte noch breiter. Debora steckte bei einem Tisch fest, umgeben von einer Gruppe, in der sich auch Ruy und Marina befanden, und Mingolla zwängte sich in die Gruppe und stellte sich neben sie. »Wo ist Tully?« flüsterte er.

»Ich weiß nicht«, sagte sie. »Ich glaube, sie sind in ihr Hotel gegangen.« Sie sah ihn von der Seite an. »Du blutest ja! Was ist passiert?«

Er berührte seine Stirn, und seine Finger waren blutbesudelt. »Hatte einen kleinen Zusammenstoß«, sagte er und lächelte Ruy an. Um Tully und Corazon war es wirklich schade, dachte er. Aber er war nicht willens, die Dinge hinauszuzögern. Sie mußten sehen, wo sie blieben.

»Das sieht ernst aus«, sagte Marina. »Sie sollten es verarzten lassen.«

Sie benahm sich nervös, spielte an ihrem Rock herum und vermied es, ihm in die Augen zu sehen.

»Das ist nichts«, sagte er und spürte, wie ihm eine Mischung aus Wut und Fröhlichkeit in den Kopf stieg. Die blaue Plastikhülle des Palastes erschien ihm auf einmal wie das Innere eines Riesenschädels, Carlitos Schädel. In den Lichtstrahlen, die aus verschiedenen Richtungen schräg von der Decke fielen, erkannte er die wirre Geometrie von Carlitos Gedanken; in der Luft lag der Gestank seiner abgestandenen Gehirnflüssigkeit, und die Tänzer, die Gruppe am Tisch, der leblose Roboter, sie alle waren die erbarmungswürdigen Geschöpfe von Carlitos Phantasie, hierhin und dorthin wuselnd und redend und vortäuschend, wirklich zu sein, während jedes von ihnen an den Fäden bestimmter Launen oder Machenschaften zappelte. Aber damit wäre bald Schluß. Er stellte sich vor, wie die blauen Wände Risse bekamen und die Macht nicht mehr halten konnten, die Carlito aus Unachtsamkeit in Brand gesetzt hatte.

»Ich hatte heute abend ein sehr interessantes Erlebnis«, sagte Mingolla. »Einen echten Augenöffner, könnte man sagen. Stimmt's nicht, Ruy?«

»Ich weiß nicht, was du meinst«, sagte Ruy.

»Darauf möchte ich wetten.«

»Sie sollten sich diesen Schnitt behandeln lassen«, sagte Marina ziemlich aufgeregt. »Er könnte ...«

»Machen Sie sich keine Sorgen.« Mingolla blickte von einem zum anderen; sie alle starrten ihn verdattert an, als ob sie etwas Ungeheures spürten, jedoch nicht sicher wären, was es war, und obwohl er eigentlich vorgehabt hatte zu warten, bis zwischen ihm und Debora alles ins reine gebracht wäre, erkannte er jetzt, daß die Zeit reif war, daß er nicht weggehen konnte, ohne zumindest Zeuge des Anfangs vom Ende zu sein. Daß er, genau wie Carlito, eine dramatische Darbietung genoß.

Er nahm Deboras Arm und führte sie zu einer freien Stelle am Rand der Tanzfläche. Er wandte der Gruppe am Tisch den Rücken zu. Alle sahen sie nervös aus.

»Jemand hat heute abend versucht, mich umzubringen«, sagte er.

Jemand drehte die Musik ab, und alle flüsterten.

»Es ist nicht so sehr wichtig, daß der Schuldige herausgestellt wird« – er hob die Stimme –, »denn jeder verdammte Einzelne von euch ist schuldig. Aber ich halte es für angebracht, daß eine Bestrafung stattfindet.«

Marina zwängte sich durch die vordere Reihe der Gruppe hervor. »Wie ist es passiert, David?«

»Jemand hat die Armee auf mich angesetzt, während ich spazierenging«, sagte er.

»Ruy!« Sie drehte den Kopf mit einem schnellen Ruck zu ihm hin.

»Ich war es nicht!« sagte er. »Ich war den ganzen Abend hier.«

»Ist doch egal.« Mingolla rief den Tänzern zu: »Wie wär's mit noch ein wenig Unterhaltung, Leute?«

»Ich würde niemals so viel aufs Spiel setzen, nur um dir eins auszuwischen«, sagte Ruy zu Mingolla.

»Wer war es dann?«

Ruy fiel eine Zeitlang keine Antwort ein. Er suchte die Menge ab, um einen möglichen Kandidaten zu entdekken. »Marina?« sagte er.

Sie sah verletzt aus, enttäuscht, wie eine Lehrerin, die von ihrem besten Schüler verraten worden war.

»Sie war es ... siehst du das nicht?« sagte Ruy zu Mingolla. »Sie versucht, mir eins auszuwischen, mich aus dem Weg zu räumen.«

»Mein Gott, Ruy!« sagte Marina und stieß ein mitleidvolles Lachen aus.

»Sie muß es gewesen sein«, sagte Ruy. »Während all der Jahre hat sie so getan, als ob sie mir vergeben hätte, aber ich wußte die ganze Zeit, daß das nicht der Fall war.«

»Was vergeben?« fragte Debora.

»Vor vielen Jahren«, sagte Ruy, »habe ich ihr etwas angetan. Ich wollte nicht, ich war verrückt nach ihr. Aber ...«

»Du bist derjenige, dessentwegen sie ihr Kind verloren hat!« sagte Mingolla, der die Zusammenhänge zwischen Marinas aufgedrehtem Verhalten an diesem Abend, ihr Vergnügen, das sie beim Bestrafen von Ruy empfand, und anderen Zeichen und Hinweisen erkannte.

»Das ist lächerlich!« sagte Marina.

»Ja, ja!« Ruy rückte näher zu Mingolla, voller Eifer. »Und seither ist sie verrückt. Aber sie hat es geschafft, daß alle glauben, ihre Verrücktheit sei etwas anderes. Hingabe, Leistung. Sie hatte nur auf ihre Chance gewartet. Sie wußte, daß man mich beschuldigen würde, wenn dir irgend etwas zustoßen würde.«

Schuld stand deutlich in Marinas Gesicht geschrieben, aber Mingolla war nicht in der Lage, seinem Zorn eine neue Richtung zu geben; ihr heimtückisches Vorgehen war keineswegs überraschend, wenn man bedachte, was Ruy getan hatte, und er haßte Ruy schon eine zu lange Zeit, um seine Rachegedanken aufzugeben. Wie dem auch sei, ihn interessierte eine spezifische Schuld ohnehin nicht, ihm ging es um ein Exempel, und Ruy mit seiner winselnden Art, seiner schweißfeuchten Angst, eignete sich gut für ein Exempel.

»Servus, Ruy«, sagte er und schlug mit aller Wucht zu.

Ruy sackte zusammen, seine Knie gaben nach, und er landete auf allen vieren. Sein schwermütiges Gesicht wurde ausdruckslos, und er kippte auf die Seite. Mingolla stand über ihm, zupfte an seinen geistigen Knoten und öffnete sie einen nach dem anderen. »Was wir hier tun, Leute«, sagte er in schulmeisterndem Ton, »nennt man das Aufrollen eines geistigen Feldes. Kinderleicht, wenn man einmal den Ansatz gefunden hat.« Ruy ver-

suchte zu sprechen, aber er brachte nur häßliche Traum-
laute zustande. Seine Hände kratzten über den Boden,
seine Beine zuckten, und er blickte zu Mingolla hoch;
sein Mund bewegte sich, seine Stirn furchte sich, als ob
er sich an etwas ganz Wichtiges erinnern wollte, etwas,
das ihn retten würde. »Es dauert gar nicht lange, wie ihr
sehen könnt«, sagte Mingolla. »Ich bin gern bereit, Unterricht darin zu erteilen.«

Die Madradonas und Sotomayors schwiegen, ihre
Gesichter drückten so unterschiedliche Gefühle wie
Entsetzen und Ratlosigkeit aus.

»Weißt du, wo du bist, Ruy?« fragte Mingolla mit
übertriebener Fürsorge.

Ruy sah ängstlich aus. »Ich ... nicht ... ich ...«

»Wirklich gut, Ruy.« Mingolla klopfte ihm auf die
Schulter. »Aus dir wird ein vortrefflicher Soldat. Du
wirst die Ehre der Sotomayors verteidigen. Auf der
Straße scheißen und andere Zombies verprügeln. Du
wirst dich gut machen.«

Ruy brachte ein schwaches Lächeln zustande.

»Aber es wird hart werden. Hast du eine Ahnung,
wie hart das werden wird?«

Ruy hatte keine Ahnung, aber er war ganz Ohr.

»Ich will's dir zeigen.« Mingolla packte Ruy vorne am
Hemd und fing an, ihn systematisch zu schlagen. Bei
jedem Schlag glaubte er eine kleine Schlacht in seinem
Herzen zu gewinnen, die letzten Reste des Leids weg-
zuwischen.

Einige packten Mingolla von hinten, aber er schüttelte
sie ab und ließ eine Welle des Hasses über die Tanzfläche schwappen; das war ein ausreichend starkes Zeichen, um die Armee auf den Plan zu rufen. Die Familien
wichen zurück und ließen ihn und Debora und Ruy in
einem freigemachten Kreis stehen. Er betrachtete sie,
und sie maßen ihn ihrerseits mit abschätzenden Blicken.
Er sah, daß sie nicht traurig waren über das, was er getan hatte; sie versuchten nur, seinen relativen Wert ab-

zuwägen, das Risiko, das ein Auf-ihn-Eingehen in sich bergen mochte. Geschlagen zu werden war in ihrer Konzeption nicht vorgesehen.

»Wir verstehen deine Reaktion, David«, sagte einer der Sotomayor-Männer. »Aber wir können nicht zulassen, daß du die Dinge selbst in die Hand nimmst.«

»Die Vorstellung ist noch nicht zu Ende, Leute«, sagte Mingolla. »Es ist Zeit für das große Finale.«

Hinter ihm wurde Krach laut. Er drehte sich um und sah, wie Marina Ruy trat, der sich zusammenrollte und versuchte, seinen Kopf zu schützen. Mingolla packte ihren Arm, wobei er eine Naht ihres Seidenkleidees aufriß, und versetzte ihr einen Rückhandschlag, der sie zu Boden warf. Sie rollte sich auf den Bauch und richtete sich auf; sie sah jetzt aus wie eine Idiotin, all ihre Eleganz war dahin. Sie kroch wieder auf Ruy zu, doch Mingolla schob sie mit dem Fuß zurück.

Ein Aufruhr entstand beim Eingang, ein Schrei, Leute liefen wild durcheinander.

Zerlumpte Gestalten drängten sich durch die Tür. Mingolla zog Debora an die Wand.

»Was hast du getan?« fragte sie und schob ihn weg.

»Sie haben versucht, mich umzubringen, verdammt!«

»Du hättest nicht ...« Sie unterbrach sich, sah geschlagen aus, am Boden zerstört. Ihre Schultern bebten, und sie starrte auf die Tanzfläche.

Es war etwas Sonderbares, diese ersten Augenblicke der Konfrontation zwischen den Familien und ihren ehemaligen Opfern. Ausgezehrte Männer und Frauen, taumelnd, im Licht blinzelnd, verstört aussehend – trotz der Dringlichkeit in Mingollas kraftvollem Befehl –, wie Bettler, die in den Thronsaal eingelassen worden waren. Einige standen da und zupften unsicher an ihren Lumpen herum, mit den Händen am Mund, in einer Haltung der Erniedrigung und Scham. Aber nur einen Augenblick lang. Dann schlurften sie vorwärts, unbeirrbar und zielbewußt. Die Madradonas und Sotomayors sahen ihnen entgeistert entgegen, weniger erschreckt als unangenehm berührt – jedenfalls erschien es Mingolla so. Und als der Angriff begann, hefteten sie die Augen fest auf die Armee, voller Selbstvertrauen, und sie versuchten, sie zu beeinflussen. Erst als sie erkannten, daß Mingollas Einfluß zu unumstößlich war, als daß sie etwas dagegen hätten ausrichten können, zeigten sie Anzeichen von Angst, und da war die Armee auch schon bis zu ihnen vorgerückt. Ein grauhaariger, stämmiger Mann schlug als erster zu, er spießte eine blasse, dürre Frau mit einer Heugabel auf und trug sie in die Mitte des Raumes; sie zerrte an den Zacken, ihr Mund war weit aufgerissen, aber sie war zu geschockt, um schreien zu können. Eine alte Frau trampelte auf einem zu Boden gegangenen Mann herum, mit zurückgeworfenem Kopf wie ein triumphierendes Tier. Marina Estil wollte davonlaufen, aber sie wurde von einer Hacke im Genick getroffen, die ein Junge schwenkte; immer wieder hackte er auf sie ein und besudelte ihr weißes Seidenkleid mit Blut. Die Angriffe waren von einer grausigen Tollpatschigkeit, eine alptraumartige Szene, und wenn es nicht ganz so viele von den kaputten Gestalten gewesen wären, hätten die Familien vielleicht überlebt; auch so gelang es noch einigen, durch die Tür zu fliehen. Aber die Kaputten waren zu zahlreich. Überall in dem großen Raum versuchten in die Enge getriebene Gruppen der Familien, ihre Angreifer abzuwehren; ihre Rufe und Schreie, grelle Tonsplitter, waren zu energiegeladen, um zu den trägen Morden zu passen, die hier stattfanden. Das Blut der Familien glitzerte wie ein reiche Ernte, die aus den Fugen der verblaßten grauen Steine sproß, und überall gab es Momente des Muts: Madradonas retteten Sotomayors und umgekehrt, als ob sie sich in der Stunde ihres Todes endlich zu einer gemeinsamen Sache vereinigten. Er empfand kein Mitleid für sie, doch sah er in ihrem Sterben eine traurige Unvermeidbarkeit, den Höhepunkt von Jahrhunderten des

Todes, ein Muster, das sich zu einem Knoten aus Blut und Angst verknüpfte, der sich immer enger um den Hals eines Ungeheuers zusammenzog, dessen Hals bis in die Zeiten des Kolonialismus zurückreichte, und er sah auch, wie milde sein eigener Racheakt war, wie er eine den Familien angemessene Reaktion war, genauso gedankenlos und mit einem ebenso typisch grauenvollen Ergebnis. Aber er hatte kein Verlangen danach einzugreifen.

Er führte Debora an der Wand entlang, schirmte sie gegen jeden ab, der ihnen in den Weg kam, wehrte sie mit einer Prise Angst ab, und sie bewegten sich unbeschadet durch das Massaker, wie Heilige, die immun gegen Feuer sind. Aber als sie sich der Tür näherten, empfand Mingolla eine starke Traurigkeit und vernahm eine reine, schlichte Musik im Innern seines Kopfes. Töne von kristallklarer Reinheit. Zunächst nur schwach, dann aber mit jeder Sekunde stärker und eindringlicher. Sein Schritt wurde zögernd, und er entdeckte neben der Tür das Mädchen und den jungen Mann mit dem Bürstenhaarschnitt, die die Leute »unterhalten« hatten. Ihre Gesichter waren leer, die Augen in äußerster Konzentration zusammengepreßt. Glocken und Traurigkeit, Traurigkeit und Glocken. Beides vermischte sich zu einer Flüssigkeit, die schwerer als Quecksilber war und ihn verlangsamte und dämpfte. Er versuchte, die Traurigkeit abzuwerfen, die Glocken zu ersticken, aber sein Bemühen um eine andere Stimmung fruchtete nichts; sie flackerte nur kurz auf und erlosch wieder, und es schien nicht der Mühe wert, weiter darum zu kämpfen. Die traurige, trübsinnige Musik brachte ihn um, ließ ihn frösteln, unablässig erklang sie wie eine Totenglocke, ein Klageengel, der in ihm den Wunsch weckte, immer langsamer zu werden, mit den Schwingungen der verklingenden Noten hinwegzuschweben, für immer an einen Ort hinabzusteigen, den er sich fast vorstellen konnte, grau und von geheimnisvoller Tiefe, auf dem Grund des Geistes, eine kleine Höhle, groß genug, daß sich die Seele darin zusammenrollen und schlafen konnte, und sogar die Schreie und Rufe verflochten sich mit der Musik, als choraler Kontrapunkt. Er fragte sich, warum Debora nichts unternahm, warum sie nur dastand und nicht half – es machte nichts, es war besser, sich davontragen zu lassen, sich an die Wand zu lehnen und die Traurigkeit und die Musik in sich vibrieren zu lassen, sein Gedankengebäude einstürzen zu lassen; so schlecht war es wirklich nicht, dieses Leerwerden, dieses Dahinschweben, so wie man in den Schlaf gleitet, in dem sich eine Zelle nach der anderen verschließt und sich der Blickwinkel verengt .. und plötzlich war etwas Heißes in ihm, etwas Beladenes und Treibendes, und er spürte, daß Debora ihre Stärke der seinen beifügte, die sich verschlungene fieberhafte Energien zu einem roten Gedankengetöse aufbauten, zur Wut und Abscheu vor dem Geschehen, und das kleine Mädchen kreischte, taumelte davon, und der junge Mann mit dem Bürstenhaarschnitt begann zu zittern, biß sich auf die Unterlippe; Blut strömte über sein Kinn, und die Musik und die Traurigkeit zersplitterten in Bruchstücke des Schreckens und kalten Klangs.

Mingolla trat dicht an den Mann mit dem Bürstenhaarschnitt heran, packte ihn vorn am Overall, zwang ihn auf die Knie und ließ ihn fallen. Er drehte sich zu Debora um und zog sie durch die Tür. »Was, zum Teufel, hast du dir dabei gedacht ... so lange zu warten?«

»Du hast ja auch nichts getan. Warum sollte ich?« Sie streckte die Hand nach ihm aus, zog sie jedoch gleich wieder zurück. »Einen Moment lang war es mir einfach egal ... war mir alles egal.«

»Verdammt!« sagte er. »Du ...«

»Sag mir nicht, daß es dir nicht genauso ergangen ist!« sagte sie, und in ihrem Gesicht kämpften Wut und Tränen miteinander. »Dir geht es doch die ganze Zeit

so, und das einzige, was ich tun kann, ist, trotzdem weiterzumachen. Ich ...«

Sie wandte sich ab von ihm, und einen Moment lang
stand er nur da und starrte ihren Rücken an. In der
Brust empfand er ein schmerzhaftes Gefühl, das er nicht
deuten konnte, und sein Gesicht brannte. Debora atmete heftig und zitternd. »Scheiße«, sagte er. »Laß uns
von hier verschwinden!«

Als sie in einen der Jeeps kletterten, kam ein schwab-
beliger Madradrona-Mann auf sie zugerannt und schlug
Mingolla auf die Backe; es war ein schwacher Schlag,
aber er ernüchterte ihn und brachte ihm die Tatsache zu
Bewußtsein, daß weitere Männer und Frauen aus allen
Ecken des Parkplatzes auftauchten. Der Mann sank auf
die Knie, schwankte und umklammerte Mingollas Bein.
Mingolla stieß ihn weg, warf den Motor an und schoß
davon, bahnte sich eine Schneise durch die Überlebenden, die wütend und enttäuscht hinter ihm her brüllten
und blutverschmierte Hände nach ihm ausstreckten. Er
bog in die Straße ein, die zur Barrikade führte; der Wagen holperte durch die Schlaglöcher. Die Gipfel der
Hügel in der Ferne waren vom Licht der Sterne gezeichnet, die schimmernden Hänge hüpften vor seinen
Augen. Dunkle Gestalten erklommen die Barrikade; einige fielen herunter, als Gewehrschüsse durch die Lük-
ken zwischen den Brettern flammten; aber der größte
Teil schaffte es, hinüberzukommen, und eine große Anzahl bildete ein Knäuel am Fuß der Wand. Mingolla
legte die Hand auf die Hupe, und einige der zerlumpten
Männer und Frauen stoben davon; andere blieben stehen und gafften, aber er drosselte die Geschwindigkeit
nicht. »Halt dich fest!« rief er Debora zu, als die Wand
direkt vor ihnen steil aufragte, und dann brachen sie
durch die Barrikade: rings um sie herum splitterndes
Holz und Schüsse und das dumpfe Aufschlagen von
Körpern auf der Motorhaube. Sie rutschten seitlich von
der Straße ab, und er bemühte sich krampfhaft, die Be-

herrschung über den Jeep zu behalten, bis es ihm schließlich gelang, ihn wieder in die Spur zu bringen. Er sah, daß sie sich mitten in einer Schlacht befanden, nicht viel anders als die, der sie gerade entronnen waren. Gruppen von Soldaten feuerten auf größere Gruppen von Angreifern auf einem Schlachtfeld aus gelber Erde mit Tupfen von Gras, die im Mondlicht schwarz aussahen. Und jenseits des Feldes erstreckte sich eine Wiese mit höherem Gras bis zu den Hügeln.

Debora tippte ihm auf die Schulter und deutete zu einer Baracke mit einem Dach aus Teerpappe, die abseits des Schlachtfeldes stand. »Dort drin bewahren sie Ersatzgewehre auf!«

Ein Geschoß prallte am Schutzblech ab.

Er steuerte den Wagen hinter die Baracke und ließ den Motor laufen, während Debora hineinflitzte. Nach einigen Sekunden kam sie mit zwei Gewehren heraus und stieß einen drahtigen Mann mit rotbrauner Hautfarbe in Drillichzeug vor sich her. Sie zwang ihn, sich auf den Rücksitz des Jeeps zu setzen.

»Wer, zum Teufel, ist das denn?« fragte Mingolla.

»Eine Geisel«, sagte sie. »Er hatte sich da drin versteckt.

Er staunte über ihre schnelle Wandlung, von Hoffnungslosigkeit zu kriegerischem Scharfsinn. Sie schien in diesem Chaos zu Hause zu sein, verzweifelt, doch sie konnte ihre Verzweiflung in nutzbringende Bahnen lenken. »Los!« rief sie. »Weiter!«

Er brauste hinter der Baracke hervor und quer über die Wiese. Kugeln schossen an ihnen vorbei; eine ließ am Rahmen der Windschutzscheibe Funken aufsprühen, und zum erstenmal hatte Mingolla Angst. Er kniff die Hinterbacken zusammen, und zwischen seinen Schulterblättern bildete sich ein kalter Fleck.

Debora kniete auf dem Sitz und sah nach hinten; ab und zu feuerte sie. Im Rückspiegel sah er drei Scheinwerferpaare, die sie verfolgten. Er stellte den Jeep auf schweres Gelände ein, und sie segelten über die Vertiefungen in der Wiese hinweg, der Wagen hüpfte wie ein kullernder Stein. Eine Salve hatte die Windschutzscheibe weggefegt, und Mingolla steuerte den Jeep im Zickzackkurs, wodurch Debora auf seinen Schoß fiel. Sie richtete sich wieder auf und schoß weiter.

»Richtung Norden!« brüllte der Mann auf dem Rücksitz.

»Warum?« sagte Mingolla; er hatte die Schultern über den Hals hochgezogen und erwartete jede Sekunde, von einer Kugel erwischt zu werden.

»Dort ist die Straße! Spuren! Hier verlierst du sie zu leicht!« Der Mann schob den Kopf zwischen den Sitzen nach vorn. »Dort, zu diesem hohen Hügel!«

Hinter ihnen gab es eine Explosion, und Mingolla sah im Rückspiegel, wie ein Feuer in der Wiese aufflammte und zwei der Scheinwerferpaare einen weiten Bogen darum machten.

»Verdammt!« Deboras Gewehr klemmte; sie warf es zu Boden und nahm das zweite.

Bei jedem Stoß und Schlag hatte man den Eindruck, daß der Jeep kurz davor war, abzuheben, und Mingolla versuchte ihn mit vollem Körpereinsatz und stillen Gebeten am Boden zu halten. Er gelobte Gott alles mögliche – wenn du mich das überleben läßt, Herr im Himmel, werde ich nie mehr sündigen –, und sein Herz hämmerte im Rhythmus von Deboras Schüssen. Der Hügel erhob sich groß und schwarz vor ihnen, und der Mann auf dem Rücksitz brüllte weiter seine Richtungsanweisungen. Dann brausten sie in einen Dschungel und fuhren auf einer schmalen, unbefestigten Straße weiter.

»Da rein ... und halt an!« Debora stieß ihn mit dem Ellbogen und deutete auf eine im Schatten zweier großer Bäume schwer zu erkennende Abzweigung. Er tat, was sie sagte, und drosselte den Motor. Sie legte das Gewehr auf den Rahmen der Windschutzscheibe in Stellung, so daß sie die Straße im Schußfeld hatte, und als einer der anderen Jeeps, dessen Scheinwerferlicht die Dunkelheit durchbohrte, um die Kurve schleuderte, eröffnete sie das Feuer. Schreie, silhouettenhafte Gestalten in einem Flammenblitz, und der Jeep stürzte um: die Hülle eines olivgepanzerten Käfers, der in seinem eigenen Saft knisternd zerbarst. »Jetzt ist nur noch einer da«, sagte Debora. »Sie müssen es gesehen haben.«

Mingolla sandte seinen Geist aus. Er fand drei anfällige Seelen weniger als hundert Meter entfernt. Er flößte ihnen Angst ein – so viel Angst, daß sie hochwirbelten, lichterloh in Flammen aufgingen und einer nach dem anderen buchstäblich abblitzten.

»Jetzt ist alles okay«, sagte er.

Ringsum herrschte Stille, irgendwo in der Nähe plätscherte ein Fluß, Insekten und Frösche blubberten im Wasser, und selbst das Knistern der Flammen war ein Bestandteil der Stille. Vielleicht hatte das ganze finstere Durcheinander ihrer Flucht niemals stattgefunden. Die Formen der Zweige und Blätter über ihren Köpfen zeichneten sich im Mondlicht deutlich ab, und Mingolla spürte die Schmerzen und ein durch Adrenalin hervorgerufenes inneres Flattern, als ob der Mond seine Schwäche beleuchtete und ihre Einsamkeit hervorhob. Es schien, als hätte sich nichts von dem, an das er sich aus den vergangenen Stunden erinnerte, wirklich ereignet, als ob sie einem Alptraum entronnen und auf diesem Hügel ausgesetzt worden wären, um sich in der Wirklichkeit wieder zurechtzufinden.

»Werdet ihr mich töten?« sagte die Stimme vom Rücksitz.

Mingolla hatte ihre Geisel ganz vergessen. Der Mann saß aufrecht da und sah aufmerksam, aber nicht ängstlich aus; aus seinen Zügen sprach eine katzenhafte Schlauheit, und sein Haar war schwarz und struppig. Mingolla sah in ihm eine Gelegenheit, etwas Gutes zu tun, eine letzte Chance, Gott walten zu lassen.

»Du kannst gehen«, sagte er.

»Wir können doch nicht ...«, setzte Debora an.

»Laß ihn gehen!« Mingolla legte eine Hand auf ihr Gewehr. »Laß ihn einfach laufen!«

Der Mann kletterte aus dem Jeep. »Ich werde niemandem etwas davon sagen«, erklärte er, während er sich rückwärts davonmachte.

Mingolla zuckte die Achseln.

Der Mann drehte sich um, stolperte und fing an zu rennen; seine Gestalt hob sich einen Augenblick lang vor den Flammen des Jeeps ab, dann verschwand er hinter der Biegung.

»Das hättest du nicht tun sollen«, sagte Debora, aber ihrer Stimme fehlte die Überzeugungskraft.

Mingolla warf den Motor an. Er wollte sie nicht ansehen, er wollte nicht, daß sie sein Gesicht sähe, aus Angst, was daraus zu lesen sein mochte. Als er den Wagen auf die Straße hinaus steuerte, drückte sich ihre Hüfte gegen seine; sie ließ sie dort, und die Berührung gab ihm das Gefühl der Verbundenheit mit ihr. Doch hatte er auch das Gefühl, daß Verbundenheit unwichtig war, oder, falls sie eine Bedeutung hatte, diese nur von Erinnerungswert war, denn die Dinge zwischen ihnen hatten sich verändert. Auch das konnte er fühlen. Alte Positionen wurden neu bestimmt, Verbindungen auseinandergerissen und neu gebildet, schattige Winkel ihrer Seele lagen mit einemmal im Licht. Er schob diese Gedanken weg, schob alle Gedanken weg und konzentrierte sich auf die Straße, die in Richtung Norden nach Darién führte.

KAPITEL ACHTZEHN

Am folgenden Nachmittag gegen fünf Uhr, nachdem sie zweimal den Wagen gewechselt hatten, um Verfolger abzuschütteln, waren sie hoch in den Bergen von Darién; sie kamen nur noch im Kriechtempo voran, da der Nebel so dicht war. Sie konnten nur wenige Meter weit sehen, und Mingolla mußte ständig den Niederschlag von der Scheibe wischen, um überhaupt etwas sehen zu können. Schließlich gab er es auf und fuhr an den Straßenrand. Debora legte sich auf dem Rücksitz schlafen, und er saß da und starrte in den Nebel, auf undeutliche grüne Schlaufen von Schlingpflanzen und Laub, die Fragmenten einer floralen Schrift glichen, wie die Unterschriften – so stellte er sich vor – unter einer Verfassung, die sich in diesem Land noch nicht durchgesetzt hatte. Hin und wieder hörte er Schreie aus dem Nebel, Schreie, die so dicht und merkwürdig waren wie die Formen des Laubwerks. Vögel, vermutete er. Aber er erinnerte sich an Tullys Geschichten über diese Gegend, an die Geister und Hexer, und er stellte sich kleine braune Männer vor, die in Hütten saßen und geflügelte Geistwesen aussandten; und als der Mond aufgegangen war und den Nebel schimmern ließ, glaubte er, sie um den Wagen herumschwirren zu spüren; doch immer, wenn er den Blick in ihre Richtung wandte, lösten sie sich auf in Luftwirbel und Ströme. Er hatte nur wenig Angst vor Geistern; viel mehr Angst hatte er vor seinen Erinnerungen und Kräften.

Nach einer halben Stunde nickte er ein und wurde einige Zeit später durch ein übermächtiges Angstgefühl aufgeweckt. Irgend etwas war geschehen, etwas Schlimmes. Er versuchte, das Gefühl als Katzenjammer nach einem Traum abzutun, aber es wollte nicht schwinden. Sein Herz pochte heftig, er war schweißgebadet, und als ihn Debora vom Rücksitz aus ansprach, machte er bei diesem Laut einen Satz.

»Ich hatte gerade ein schreckliches Gefühl«, sagte sie. »Einen Traum oder so etwas.«

»Yeah ... ich auch.«

Sie setzte sich auf. »Hast du ...«

»Was?«

»Ich frage mich, ob irgend etwas unten in der Stadt passiert ist.«

Es klang einleuchtend, aber er wollte nicht an die Stadt denken, er wollte an gar nichts von dem denken, das hinter ihnen lag. »Vielleicht«, sagte er.

»Komm und setz dich zu mir, ja?«

Er kletterte über die Sitzlehne, und als er sich neben sie gesetzt hatte, legte sie sich hin und bettete den Kopf in seinen Schoß.

... *David* ...

»Hier bin ich«, sagte er und wies diesen einfachen Trost zurück, den sie ihm mit dieser Art von Vertrautheit anbot.

... *Ich liebe dich* ...

Ihre Aussendung hatte einen schmachtenden Beigeschmack, als ob sie versuchte, das Gefühl zwischen ihnen wieder aufzubauen.

»Und ich liebe dich.« Seine Stimme klang flach, blechern, wie eine Botschaft vom Tonband.

Sie veränderte ihre Lage, um es sich etwas bequemer zu machen, und ganz automatisch glitt seine Hand hinunter, um ihre Brust zu umfassen. Er dachte, es könnten Jahre vergehen, ohne daß er sie auf diese Weise berührte, und seine Hände würden sich immer noch daran erinnern, wie sich ihre Brüste anfühlten, an ihre genaue Form. Die Berührung entspannte ihn.

... *mein Vater liebte Orte wie diesen* ...

... *das hast du mir erzählt* ...

... *hochgelegen, im Dunst* ...

... du liebst sie auch ...

... ich kann nicht anders, als sie zu lieben, ich war so oft mit meinem Vater an solchen Orten ... wir haben häufig ein Dorf in den Cuchamatanes-Bergen besucht, das Cahuatla hieß, es war so eigenartig, die Männer trugen Hemden mit großen weichen bestickten Kragen und Hüte aus Affenhaut, und manche sahen selbst ein wenig wie Affen aus, sie waren alle kleinwüchsig und verschrumpelt, sogar die jungen ... und wenn sie aus dem Dunst auf einen zukamen, bildete man sich ein, sie wären Affengeister ... wir pflegten jeden Mai zu einem bestimmten Fest dorthin zu gehen, mein Vater genoß es sehr, er konnte gar nicht genug davon bekommen ...

... was für ein Fest ...

... es war eigentlich nichts Besonderes, alle Männer ritten dabei auf Pferden vom einen Ende des Dorfes zum anderen, und an jedem Ende tranken sie Schnaps, und dann ritten sie wieder zurück und tranken wieder Schnaps, und sie wurden immer betrunkener ... das Ganze ging darum, wer am längsten im Sattel bleiben konnte ...

Sie erzählte ihm weiter von dem Fest, und er sah es vor sich, die schrumpeligen kleinen Affenmänner, ihre gestreiften Hemden mit roten und purpurnen Kragen, die wie Samt schimmerten, betrunken schwankend auf ihren knochigen Reittieren, und eine Zeitlang genügte es, ihr zu lauschen, sie zu hören und zu beobachten, wie sich ihre Erinnerungen entfalteten; aber das dauerte nicht lange. Er spürte ihre nachlassende Aufmerksamkeit in den zusammengestückelten Erinnerungen, und er spürte Lust in ihr aufsteigen; er wußte, daß sie mit ihm schlafen wollte, wußte, daß sie geöffnet war, feucht, und ihre Bereitschaft erschien ihm anstößig, denn es hatte sich etwas Schlimmes ereignet, etwas das durch keinen noch so intensiven Geschlechtsakt ausgewischt werden konnte. Aber es hatte keinen Zweck, sich darin zu vertiefen, beschloß er, und sie konnten nichts anderes tun, als sich zu lieben. Sie schlüpfte aus den Jeans, aus ihrem Slip, setzte sich rittlings auf ihn, ließ seinen

Schwanz in sich hineingleiten und senkte und hob sich, wobei sie den Vordersitz als Hebel benutzte, und er gab sich seiner Geilheit hin, beobachtete ihr Hinterteil, das sich senkte und ihn umschloß. Am Schluß klang ihr Schrei so gespenstisch und weit entfernt wie die Schreie der Vögel, die sich im Nebel verloren.

Hinterher redeten sie ein wenig miteinander, aber ihre Herzen waren nicht bei der Sache, und bald war sie wieder eingeschlafen. Mingolla versuchte wach zu bleiben und Wache zu halten. Er war beunruhigt, daß sie nicht verfolgt wurden, und er hatte den Verdacht, daß sie von oben aus Hubschraubern mit Wärmesensoren beobachtet wurden. Aber ihm war auch klar, daß, falls das der Fall war, noch so aufmerksame Wachsamkeit sie nicht retten würde, und deshalb gab er schießlich dem Schlaf nach und versank in einem Traum.

Im Traum stieg er aus dem Wagen und ließ Debora schlafend zurück, und er wanderte den Hügel weiter hinauf in den Nebel, bahnte sich einen Weg durch Ranken und Farn, und seine Hose wurde schwer von der Feuchtigkeit, die die Blätter daran abstreiften. Nach kurzer Zeit sah er im Nebel einen unterbrochenen Lichtschein, der sich zu einem gelb beleuchteten Rechteck verdichtete und schließlich als Eingang einer Hütte entpuppte. Er hatte keine Angst, sich der Hütte zu nähern; tatsächlich schien es sogar so zu sein, daß er genau diese Hütte seit langer Zeit suchte. Er duckte sich unter dem Türrahmen durch und setzte sich einem Mann gegenüber hin, der einer knorrigen Wurzel glich, mit schwarzem Haar, verschrumpeltem Gesicht und kupferfarbener Haut: ein alter Mann, der die Vitalität der Jugend ausstrahlte. Er trug ein lose fallendes Hemd mit roten und purpurnen und schwarzen und gelben Streifen und eine Hose aus dem gleichen Stoff. Die Beleuchtung ging von drei Laternen aus, die an Haken hingen und die frischgestrichenen Wandpfähle wie Goldruten erstrahlen ließen.

Der Hexenmeister – Mingolla erkannte ihn als solchen – hatte ihm bei seinem Eintreten zugenickt, und wandte den Blick sogleich wieder einem komplizierten Muster zu, das in den Erdboden der Hütte gezogen war. Mingolla starrte ebenfalls auf das Muster hinab. Es hielt seinen Blick in sich gefangen wie der Plan des Labyrinths, und er erkannte, daß das Muster das zentrale Muster von Raum und Zeit war, das Muster, das das Denken und Handeln aller lebendigen Geschöpfe der Bestimmung nach hervorrufen mußten. Er folgte seinem Verlauf; er kam zu dem bestimmten Punkt, an dem er und Debora ihren Beitrag zu dem Geflecht leisteten, und er verstand, daß seine Zukunftsvisionen – von denen dies hier eine war – nichts Unerklärliches oder Magisches waren, sondern eine Folge davon, daß er im Einklang mit dem Muster war, seine Strömung durchquerte und in seinem Verlauf andere Punkte sah, die seinen Kurs bestimmten. Er war an einen Rand gelangt, von dem aus er die Zukunft sehen konnte, vorbei an der Zeit ihres Zusammentreffens mit Izaguirre, als der Hexenmeister mit einer streichenden Handbewegung das Muster auswischte und ihn angrinste.

»Warum hast du das gemacht?« fragte Mingolla.

Der Hexenmeister streckte die Hand aus und berührte sich an der Stirn, und als er mit einer rauhen, krächzenden Stimme wie die einer Krähe, voller stimmhafter Hs und harter Hauchlaute, anfing zu sprechen, verstand Mingolla jedes Wort des Hexenmeisters.

»Ich hatte keine Wahl«, sagte der Hexenmeister. »Es war mir bestimmt, das zu tun.«

Obwohl diese Antwort eine Ausflucht zu sein schien, war Mingolla damit zufrieden, und es fiel ihm keine weitere Frage ein, die er stellen wollte.

»Erzähl mir, was du gelernt hast«, sagte der Hexenmeister.

Das kam Mingolla zunächst wie eine Unmöglichkeit vor, denn er hatte so viel gelernt; aber er stellte zu seiner eigenen Verwunderung fest, daß er dennoch eine ziemlich konkrete Antwort gab, als ob das Begehren des Hexenmeisters die Linie der möglichen Antworten abgetastet hätte und an der Stelle mit der richtigen Menge Wissen eingerastet wäre.

»Ich habe gelernt, daß alles, was die Menschen hochschätzen, ein Witz ist«, sagte er. »Eine Illusion. Das, was die Menschen als das Wesen aller Dinge betrachten, kann durch die Macht einer Laune weggefegt werden; alles Handeln ist ohne Wert, Frieden und Krieg sind das gleiche, Schönheit und Wahrheit sind die Überzeugungen von Narren, und überall regieren Narren im Namen einer Weisheit, die in einer Form existiert wie Musik, wie Rauch, einen Augenblick lang, und entschwindet.

»Das weißt du alles«, sagte der Hexenmeister verwundert, »und dennoch bist du traurig?« Er brach in ein glockenhelles Lachen aus, und sein Lachen war die Choreographie für die blassen Nebelschwaden, die im Eingang körperhaft wurden und tanzenden Frauen glichen.

»Warum sollte ich nicht traurig sein?« sagte Mingolla. »Ich finde, das ist verdammt traurig.«

»Es ist nur traurig, weil du nicht wirklich daran glaubst«, sagte der Hexenmeister. »Du willst nicht, daß es wahr ist. Aber wenn du es erst einmal als Wahrheit akzeptierst, dann werden auch andere Wahrheiten anwendbar, und du wirst sehen, daß die Dinge gar nicht so schlimm sind.«

»Das bezweifle ich.«

»Zweifel sind im Moment durchaus noch berechtigt«, sagte der Hexenmeister, und dann, in einer perfekten Imitation von Mingollas Stimme: »Wie du's gerade brauchst, wa?«

Verunsichert fragte Mingolla: »Was mache ich hier?«

»Ich überprüfe nur deinen Fortschrittt«, sagte der Hexenmeister.

»Und wer, zum Teufel, bist du?«

»Dein Vetter«, sagte der Hexenmeister mit irrem Kichern. Er neigte sich zur Seite und pflückte ein Kraut, das winzige violette Blüten mit magentafarbenen Mittelpunkten hatte; er schwenkte sie vor Mingollas Gesicht. »Die Idioten dort unten in Panama City sind nicht die einzigen, die darüber Bescheid wissen, und sie waren bestimmt nicht die ersten, die es entdeckt haben – nur die ersten, die damit Mißbrauch getrieben haben. Jetzt haben sie für ihren Mißbrauch bezahlt.«

»Ist in der Stadt was passiert?« fragte Mingolla.

»Du wirst bald erfahren, was passiert ist«, sagte der Hexenmeister. »Es hat keinen Sinn, jetzt darauf einzugehen. Aber wenn du es erfährst, denke daran, daß du nur Mittel zum Zweck warst und nicht der auslösende Funke.«

Mingolla fiel keine Antwort ein.

»Du mußt noch viel lernen«, sagte der Hexenmeister. »Denke auch daran!«

Etwas in den Worten des Hexenmeisters erweckte Hoffnung, vielleicht war es sein Tonfall, und Mingolla sah zu ihm auf in der Erwartung irgendeiner positiven Mitteilung, aber nichts dergleichen folgte.

»Es wird noch viel schlimmer, bevor es besser wird«, sagte der Hexenmeister, der – ebenso wie die Hütte – entschwand und so körperlos wie der Nebel wurde. »Und wenn es dann endlich besser wird, dann ist es dir gleichgültig, ob so oder so. Zumindest wird es dir nicht mehr so viel ausmachen wie jetzt.«

Trotz seines Hauches von Unwirklichkeit war der Traum so lebhaft, daß Mingolla, als er auf dem Rücksitz des Wagens erwachte, damit rechnete, irgendwo einen Talisman zu finden, irgendeinen Beweis, daß seine Begegnung mit dem Hexenmeister wirklich stattgefunden hatte. Ein Stück Farn, das an seiner Hose haftete, oder ein Stückchen von dem Kraut. Nichts von der Art war da, aber es gab eine andere Art von Beweis. Das Wissen um die Katastrophe in Panama City. So wirklich und faßbar wie eine Goldmünze in seiner Hand.

Debora schlief noch, zusammengekauert in einer Ecke des Rücksitzes. Er strich ihr mit einer Hand über die Seite, liebte sie und wollte, daß Liebe mehr bedeutete als die Bedeutung, die sie in Panama erlangt hatte. Sie rührte sich und blinzelte. »Was ist los?«

Er beugte sich zu ihr hinunter, strich ihr das Haar aus dem Gesicht und küßte sie. »Schlaf weiter!«

Sie rappelte sich auf und setzte sich aufrecht, dann sah sie die nebelbeschlagenen Fenster ringsum an, als ob sie in einer völlig fremden Umgebung erwachte. »Ist noch etwas geschehen?« fragte sie.

Am Morgen fuhren sie auf der Straße durch die Hügel dem grauen Licht entgegen, bis zu einem Bergkamm, von dem aus man das Tal überblicken konnte. Tres Santos lag am anderen Ende des Tales zwischen zwei vom Dschungel überwucherten Felsen, die fast einen natürlichen Bogen darüber bildeten; aus ihrer Sicht sahen die Felsen wie zwei Gestalten mit Kapuzen aus, die auf ungünstig gefallene Würfel hinabsahen: kleine weiße Häuser mit überschatteten Fenstern und Türen. Grüne Berge schlossen das Tal ein, die sich endlos in alle Richtungen fortzusetzen schienen; Straßen wanden sich hindurch, deutlich sichtbar wie rote Fäden. Dunkle Wolkenbäusche jagten über die Felsen und veränderten ständig die Form, immer niedriger, und verstärkten die Düsternis der Atmosphäre. Sie fuhren auf einer unbefestigten Straße, aus der ab und zu dicke Brocken von Glimmergestein ragten, von dem Bergkamm hinunter in das Dorf und parkten den Wagen vor einer Cantina, deren Fassade mit einem Gemälde eines Mannes in Rüstung und hoch zu Roß geschmückt war: Cantina Cortez. Die Tür stand offen, und mehrere Männer lümmelten an der Bar und sahen in einen tragbaren Fernsehapparat. Kleinwüchsige, krummbeinige Männer mit passiven, vorkolumbischen Gesichtern, bekleidet mit umgehängten Decken, weißen Baumwollhosen und Strohhüten. Als Debora und Mingolla mit Gewehren unter dem Arm eintraten, nahmen sie die Männer mit Kopfnicken zur Kenntnis und wandten sich wieder dem Fernsehgerät zu; der Sprecher hatte eine aufgeregte Stimme, und auf dem Bildschirm waren die flimmernden Bilder von Ruinen zu sehen.

»Eine Bombe?« sagte Debora. »In Panama City ... eine Bombe?«

»Ja«, sagte der Mann hinter der Bar, der älter war als die anderen und dessen Haar von grauen Strähnen durchzogen war. »Eine Atombombe. Schrecklich.«

»Sie muß sehr klein gewesen sein, nur ein einziges Barrio ist zerstört worden«, sagte ein zweiter Mann.

»Aber viele sterben in den anderen Barrios«, sagte ein dritter. »Wer kann das nur getan haben?«

Mingolla verursachte diese Nachricht Übelkeit, drückte ihn mit ihrer Last beinah zu Boden. »Ich suche jemanden«, sagte er schließlich. »Einen großen Schwarzen namens ...«

»Señor Tully«, sagte der Barmann. »Er ist heute morgen angekommen. Gehen Sie an der nächsten Ecke nach rechts, dann werden Sie ihn im dritten Haus auf der rechten Seite finden.«

Mingolla hörte noch eine Minute lang der Stimme zu, die über die genaue Zahl von Opfern sprach; eine genaue Bestandsaufnahme des Schreckens von Carlitos Strafe, der Bestrafung für Tel Aviv. Er hatte nicht erwartet, diese kleine ironische Randbemerkung jemals anbringen zu können. Als er nach draußen ging, fand er Debora auf der Motorhaube des Wagens sitzend. »Tully ist hier«, sagte er. »Vielleicht weiß er, was geschehen ist.«

»Ich weiß auch, was geschehen ist«, sagte sie. »Izaguirre hat sie in die Luft gejagt. Scheiße!« Sie sprang vom Wagen herunter und stampfte auf die rote Erde. »Ich habe mich wie ein dummes kleines Mädchen benommen. Ich hätte ihnen niemals glauben sollen!« Sie entfernte sich einige Schritte, dann wirbelte sie zu Mingolla herum. »Wir müssen den Rest umbringen. Sonst werden sie uns umbringen. Deine Träume, deine Halluzinationen von der Zukunft ... sie müssen zutreffend gewesen sein. Ich habe es nicht gleich verstanden, aber jetzt gibt es keinen Zweifel mehr.«

Ihre Reaktion verblüffte ihn mehr als die Nachricht von der Bombe. Sie sah aus, als ob sie kurz davorstünde, zu explodieren, und schwenkte ihr Gewehr in alle Richtungen, unfähig, ein geeignetes Ziel zu finden.

»Laß uns Tully holen«, sagte er.

Während sie gingen, beobachtete er sie aus dem Augenwinkel und stellte fest, wie der Zorn ... nein, nicht der Zorn, sondern das Wiederaufflackern der Hingabe an eine Sache, wie das die Schwäche und Besorgnis aus ihrem Gesicht vertrieben und sie schöner denn je gemacht hatte. Und in ihrem Gesicht, in seiner Unerbittlichkeit, erkannte er den Wahnsinn ihrer Beziehung. Wenn der eine hü sagte, sagte der andere hott. Ihr Wunsch nach Hingabe an eine Sache würde sie immer weiterziehen, seine Wut würde sie immer dahin treiben, wo sie wieder eine Chance zur Hingabe hätte. Sie würden dieses Wechselspiels leid werden und es Liebe nennen. Und vielleicht war es Liebe, vielleicht war der Wahnsinn eins mit der Liebe. Selbst jetzt, da er all das erkannte, liebte er sie, liebte die Liebe. Liebte sie bis zu einem Grad, an dem eine Zurückweisung undenkbar wurde. Eine Zurückweisung würde bedeuten, daß er sich selbst nicht mehr liebte, und obwohl er dabei unter anderen Bedingungen keine Bedenken gehabt hätte, konnte er sich diese Art von Ehrlichkeit jetzt nicht leisten.

Tully saß vor einem der Häuser auf einem Stuhl, quer über den Knien hatte er ein Gewehr liegen, und als sie sich ihm näherten, winkte er: ein schlappes, kraftloses

Winken. »Bin froh, daß du's geschafft hast, Davy«, sagte er mit schwach klingender Stimme. Seine Augen waren blutunterlaufen, und alle Energie schien ihn verlassen zu haben, er wirkte leergepumpt.

»Wo ist Corazon?« fragte Mingolla.

»Drinnen«, sagte Tully. »Sieht so aus, als hätt' se was von der Bombe abgekriegt. Sieht so aus, als hätt' ich auch was erwischt.«

»Von der Strahlung«, fragte Mingolla mit einem plötzlichen Schuldgefühl.

Tully nickte. »Sieht so aus, als ob ihr beide davongekommen wärt.«

»Was ist dort unten passiert?« fragte Debora.

»Zum Teufel, ich weiß es nich'. Irgendwas is' im Palast passiert, aber ich hab' nich' genau mitgekriegt, was. Den ganzen Tag nix als Tumult. Die Leute beschuldigen sich gegenseitig wegen diesem und jenem. Kämpfen auf der Straße. Hat fast den ganzen Tag gedauert, bis Corazon und ich rausgekommen sind. Wir sind aber zu spät rausgekommen. Die Bombe muß 'n kleineres Kaliber gewesen sein, sonst wären wir nur noch Schatten auf einer Mauer.« Er hustete, wischte sich den Mund ab und betrachtete seine Hände, um zu sehen, was er ausgehustet hatte. »Wir sind auf der Küstenstraße bis hierher gekommen. Aber in dem Nebel verlierste die Orientierung.«

»Yeah«, sagte Mingolla.

Tully stieß einen Seufzer aus, der sich für Mingolla anhörte, als wollte er bis in alle Ewigkeit andauern. »Mannomann«, sagte er. »Da hab' ich gedacht, jetzt muß alles besser werden, und dann das.« Er sah Mingolla mit zusammengekniffenen Augen an. »Mir scheint, du hast was auf dem Herzen, Davy?«

»Tully, ich ...«

»Mach daß du fortkommst, Davy! Ich will keinen Scheiß nich' hören von Traurigkeit und den alten Zeiten und so! Es is' nun mal so gekommen, und jetzt kann man's auch nich' mehr ändern. Gibt schlechtere Orte für 'ne Beerdigung als hier.« Er lachte, und das Lachen brachte ihn zum Husten. Als er sich wieder erholt hatte, sagte er: »Diese Dummköpfe hier waschen 'ne Leiche mit Limonensaft und wickeln se in 'nen weißes Tuch, und dann singen se über einen was. Limonensaft! Die glauben, Limonensaft is' für alles gut. Heilt die Ruhr, heilt das Fieber und macht einen appetitlich für den lieben Gott.« Er machte eine Bewegung mit dem Gewehr. »Los jetzt! Dieser Fluß, der auf der Karte eingezeichnet is', den findste am Ende der Straße. Du kannst den weiteren Weg vom Ufer aus sehen. Gehst einfach über die beiden großen Hügel im Osten, und schon biste mitten in einem der Dörfer, von denen ich dir erzählt hab'.«

Mingolla kämpfte gegen den Drang nach etwas so Unvernünftigem an, wie darauf zu bestehen, daß er bliebe. Tully wollte es in seinem Stil erledigen, kühl und ohne großes Getue, und das mindeste, was er noch für ihn tun konnte, war, das zu respektieren. Er gestattete sich lediglich zu sagen: »Ich werd' dich vermissen, Tully.« Dann drehte er sich schnell um und zog Debora mit sich weg, da er Tullys Antwort nicht hören und nicht mehr über seine Schuld erfahren wollte. Als er an dem Fenster des Hauses vorüberging, hörte er das typische Klicken, das die Entsicherung einer Waffe begleitete. Er warf sich zu Boden und rollte über die Schulter ab; hörte Gewehrschüsse, fühlte, wie Kugeln dicht an ihm vorbeipfiffen, und als er auf das Fenster anlegte, sah er in der Sekunde, bevor er feuerte, Corazon: ihr Gesicht zeigte keinerlei Gefühl, und das Auge mit der Rose schien voller Blut zu sein. Seine Kugeln warfen sie vom Fenster zurück, und ihrer Brust entrang sich ein heiseres Grunzen.

Er kam auf die Beine, schwankend. Debora zielte auf Tully, der sich bemühte, aufzustehen, was ihn große Anstrengung kostete. Mingolla ging ans Fenster und spähte in den dunklen Raum. Corazon war auf das Bett zurückgeworfen worden und lag mit gespreizten Gliedern auf einem weißen Überwurf; Flecken aus Licht und Schatten und Spritzer ihres Blutes verliehen dem Anblick eine finstere Abstraktheit. Ihr Gewehr war zu Boden gefallen. Tully taumelte in den Raum und blieb erstarrt stehen.

»Was hast du getan, Mann?« schrie er. »Was hast du getan?«

»Sie hat versucht, mich zu erschießen«, sagte Mingolla. »Ich hatte keine Wahl, ich hatte nicht einmal Zeit, nachzudenken.«

»Sie hat niemand nich' erschießen wollen!« Tully fiel neben dem Bett auf die Knie, seine Hände verharrten schwebend über dem Körper; aus Corazons Mund und Brust sickerte immer noch Blut, und es sah so aus, als ob Tully unschlüssig wäre, welches Loch er zuhalten sollte.

Stimmen erklangen hinter Mingolla. Er drehte sich um und sah Debora, die einer Gruppe von Männern etwas erklärte; offenbar waren sie gekommen, um zu sehen, was geschehen war. Als er wieder durch das Fenster hineinsah, stellte er fest, daß Tully Corazons Gewehr aufgehoben hatte und auf seine Brust zielte.

»Verdammt, Davy!« sagte er. »Dein Verstand hat doch sonst immer ganz gut funktioniert.«

»Hör zu«, sagte Mingolla. »Sie hat versucht, mich zu erschießen. Was hätte ich denn sonst tun sollen?«

»Warum hätt' sie dich denn erschießen sollen, Mann?« Tully zitterte, sein Finger spielte am Abzug. »Sie hatte doch keinen Grund, dich zu erschießen.«

»Ich weiß es nicht, Mann. Vielleicht hat ihr jemand etwas in den Kopf gesetzt, daß sie es tun wollte ... oder vielleicht war sie einfach verrückt, zu krank, um klar zu denken. Ich weiß es nicht.«

»Willste mir sagen, sie is' wie die anderen, die leeren Hüllen, die die Sotomayors mit ihrem Zeug vollpumpen? Erzähl mir nich' so was! Ich kenn' sie, Mann. In ihr steckte mehr!«

Plötzlich wollte Mingolla, daß Tully den Abzug betätigte, die Spannung beendete. »Was hätte ich denn tun sollen?« brüllte er. »*Hätte ich mich einfach umbringen lassen sollen?* Dann hättet ihr alle ein schönes Seelentheater über meinen Tod aufführen können! Das ist doch Unsinn, Mann! Wenn du mich umbringen willst, dann los! Nur zu! Zieh an dem Scheißabzug! Vielleicht hat dir irgend jemand was in den Kopf gesetzt, daß du das tun sollst. Vielleicht ist dieser ganze Scheiß mit Tres Santos auch nur auf dem Sotomayor-Mist gewachsen!« Er drückte die Brust gegen das Fenster und schob es auf, wobei er Tully auffordernd ansah. »Los, Mann!«

»Du denkst wohl, ich mach's nich'?« sagte Tully. »Es gibt nur eine einzige Sache, die mich abhält, und das is', weil ich weiß, daß ich dir geholfen hab', hierherzukommen.«

Anstelle von Tully sah Mingolla einen großen schwarzen Schatten, ein Geschöpf der Schwärze, leer, haßerfüllt, ein Nichts mit Muskeln, einer schweißtriefenden Stirn und blutunterlaufenen Augen. »Leck mich am Arsch, Tully!« sagte er und bündelte seinen Zorn zu einem Strom unheilvoller Energie, so daß Tully taumelte. Tullys Waffe ging los. Unkontrollierte Irrläufer landeten in der Decke, in den Wänden, im Boden. Er versuchte, das Gewehr in Richtung Fenster anzulegen, ließ es fallen, umklammerte seinen Kopf und stieß ein Zischen aus, das sich in einen Schrei verwandelte. Dann fiel er quer über das Bett, seitlich verdreht; seine Finger zitterten an seinen Schläfen, als wollte er die Gedanken zurückschieben, Gedanken, die von dem Zorn, der in seinem Schädel wütete, bestimmt waren. Und dann war er am Ende. Aus, geschlagen, vollkommen leer; sein erloschenes Auge starrte auf ein schwarzes Holzkreuz an der Wand, wie ein Schnitt in einen Bereich der Dunkelheit.

Mingolla weinte. Das verriet ihm die Nässe in seinem Gesicht; ein anderes Anzeichen hatte er nicht dafür, denn er fühlte fast nichts. Die Tränen hätten jedoch genausogut lediglich ein Ausrutscher sein können, als ob er bis zum Überlaufen gefüllt worden wäre und nun das unvermeintliche Abfließen erlebte. Er wandte sich von dem Fenster ab, und die krummbeinigen kleinen Männer wichen vor ihm zurück, blickten ihn ohne besondere Neugier an und legten weder Angst noch sonst ein starkes Gefühl an den Tag. Sie hatten, so erkannte er, nichts Ungewöhnliches gesehen. Tränen und gewaltsamer Tod gehörten zu ihrem Umfeld, und wenn sie auch die Hintergründe der Situation nicht begreifen mochten, so begriffen sie doch, daß sie die ganze Sache nichts anging; sie hatten schon mehr als genug vom Tod und von Tränen, und sie hatten kein Interesse daran, am Kummer von Fremden teilzunehmen oder sich in eine moralische Beurteilung zu verstricken. All das sah er in ihren Gesichtern, all das kam ihm bewundernswert und richtig vor.

Vom Ufer eines schmalen Flusses am Fuß des Hügels blickte Mingolla zurück und sah den Rand des Dorfes weniger als hundert Meter weit weg. Er konnte all seine Schönheit erkennen, die Bougainvilleas an den Fenstern, Rauch, der sich aus einem zusammengeschweißten Blechkamin kräuselte, ein alter Mann, der sich über die Straße mit ihren Unebenheiten arbeitete. Der Blick war ungetrübt, aber Mingolla wußte, daß er eine Illusion war. Türen waren geschlossen worden, und es gab keinen Weg zurück. Er blickte den Hügel hinauf, dessen grüner Hang so eindrucksvoll wie der Hügel der Ameisenfarm war. Dieser Hügel hier war jedoch noch bedrohlicher. Seine öde, schweigende Wuchtigkeit kündete von einem Fünfjahresplan mit einem trostlosen Ziel, und Mingolla zögerte, den Fuß darauf zu setzen.

»Denkst du an Tully?« fragte Debora.

»Nein«, sagte er.

Sie sah ihn überrascht an.

»Ich weiß nicht, warum«, sagte er. »Die Gedanken kommen einfach nicht.«

»Ich weiß, wie das ist ... manchmal kann man einfach nicht gleich an wichtige Dinge denken. Man muß sie reifen lassen.«

»Vielleicht«, sagte er. »Oder vielleicht war es auch nichts Wichtiges.«

»Das ist nicht wahr.«

»Du weißt nicht, was ich empfinde.«

»Doch, ich weiß es.« Sie hatte die Augen weit aufgerissen und den Mund fest zusammengepreßt, als ob sie versuchte, ein Gefühl zu verbergen. »Ich weiß genau, was du empfindest.«

Sie saßen eine Zeitlang auf einem Felsbrocken am Fluß und schöpften Kraft für den Aufstieg. Der Fluß war das einzige Energievolle in der ganzen Landschaft ringsum. Sein teefarbenes Wasser rauschte über einen steinigen Untergrund, und wo es sich brach, schäumte es auf wie weiße Spitze; orangefarbene, eisenhaltige Gesteinsbrocken ragten aus der Wasseroberfläche, und daüber tanzten Mücken. Büschel kleiner Blumen säumten die Ufer; ihre Blüten waren von blassem cremigen Gelb mit einem magentafarbenen Tupfer in der Mitte, und die Stiele hatten einen Pelz aus dunklen Fasern. Wohin immer Mingolla den Blick wandte, trafen seine Augen auf eine Unendlichkeit des Details, auf das komplizierte Mosaik des Lebens, mit derart feingesponnenen Mustern, daß sie nicht zu entwirren waren; und diese Kompliziertheit dämpfte sein Bewußtsein der eigenen Kompetenz, machte ihm die Unzulänglichkeit seines eigenen Urteils klar, die Fehlbarkeit seines Hasses und seiner Liebe. Vielleicht wäre es das beste, einfach hier sitzen zu bleiben, so dachte er, und auf jene zu warten, die sich bald auf die Jagd nach ihnen machen würden. Das Licht der Sonne kam gräulich und wäßrig durch einen Spalt in den Wolken und schien sich all die zarten Stengel und Ranken und flauschigen Gebilde zu suchen, an ihnen entlangzustreifen und die Luft mit einer einzigen Erregung zu füllen, einem ständigen Fließen des Druckes und der Hitze, das Mingolla beunruhigte, wie es vielleicht ein Hintergrund aus schleichenden Schatten und Rufen in vielen verschiedenen Sprachen bewirkt haben könnte. Nichts war klar, nicht einmal der Wunsch, sitzenzubleiben und abzuwarten. Schließlich jedoch bewegte ihn eine undeutlich empfundene Regung, aufzustehen und sich an den Aufstieg zu machen.

Sie kamen nur langsam voran. Sie taumelten und stolperten, als ob die vielen Ungewißheiten, die vor ihnen lagen, sie behinderten. Als sie jedoch den Gipfel erreichten und über die Berge von Darién blickten, die sich vom Dschungel überwuchert und zerklüftet bis an den Horizont erstreckten, hatten sie den Eindruck, an eine der eigenartigen grünen Stellen Gottes gekommen zu sein, wo die großartige Struktur des Lebens sichtbar wurde und alle Wege vorgezeichnet waren. Die niedrigstehende Sonne war im Westen vollends durchgebrochen, und ihr üppiges goldenes Licht, das sich an den Rändern der schiefergrauen Wolken brach, weckte in jeder Farbe ein mineralisches Strahlen. Die Hänge waren von leuchtendem Grün, die Luft war wie blankgeputzt, und die Sicht war so klar, daß alle Einzelheiten hervortraten, und gleichzeitig so umfassend, daß darin ein Versprechen von Hoffnung und magischen Möglichkeiten lag. Über einem Hügel spannte sich ein Regenbogen von Vergessenheit zu Vergessenheit; ein Falke drehte Kreise um einen anderen, und dunkler, schrägfallender Regen streifte den Gipfel eines dritten. Wie Zeichen, Omen. Als ob jede der grünen Kuppeln eine eigene Identität besäße, einen eigenen Charakter mit eigenen Werten. Der Anblick beflügelte Mingollas Geist, und als sie sich auf den Weg hügelabwärts machten, kehrte sein Selbstvertrauen zurück. Sie wanderten leichtfüßig, fast verstohlen, Zweige, die ihnen den Weg versperrten, schoben sie mit den Gewehren beiseite, und sie bewegten sich mit einer Energie, die durch die Sicherheit über Sinn und Zweck einer Sache entsteht. Mingolla hatte das Gefühl, immer leichter zu werden, als ob die Vergangenheit bei jedem Schritt mehr von ihm abfiele ... und so war es, daran hatte er keinen Zweifel. Die Vergangenheit wurde gewichtslos, zerbrechlich, und sie ließen alles Bekannte hinter sich, verließen Freunde und Feinde.

... David ...

... ja ...

... du gehst zu schnell ...

... bergab geht es leicht ... wir gewinnen Zeit ...

... man meint nur, es sei leichter, bergab geht es mehr in die Beine als bergauf ... du wirst es bald merken ...

... okay ...

... ließen Erinnerungen und Verbindungen zurück, Ehrlichkeit und Falschheit ...

... sieh mal, David ... dieser Vogel ...

... yeah, sonderbar ...

... hast du den Schwanz gesehen, die rubinroten Federn an der Brust ... es war ein Quetzal ...

... so ...

... sie sind sehr selten ... es bedeutet Glück, wenn man einen sieht ...

... Glück ... na klar ...

... mach dich nicht über das Glück lustig ... wir haben Glück gehabt ...

... Tully? ... Glück? ... Panama ... Glück? ...

... mehr Glück als die meisten ...

... ließen die Angst vor dem Tod und die Sehnsucht nach Leben zurück, die Hoffnung und die Hoffnungslosigkeit ...

... als ich mich zum erstenmal der Bewegung anschloß ...

... ich will nichts von diesem Quatsch hören, Debora ...

... nein, du wirst mir jetzt zuhören ... als ich mich der Bewegung anschloß, verbrachten etwa dreißig von uns die Re-

genzeit im Petén ... es war grauenvoll, wir lebten wie amphibische Tiere, unsere Unterkünfte verfaulten, unsere Kleider verschimmelten ... wir bekamen Fieber und die Ruhr ... einige von uns litten unter Leishmaniasien ...

... ließen das Normale zurück, das Voraussehbare ...
... was ...

... das sind Parasiten, sie fressen die Knorpel in deinen Ohren, in deiner Nase ... jedenfalls, wir waren dort drei Monate lang ... die Zeit erschien endlos, und ich wußte nicht mehr, warum wir dort waren ... wir waren einfach da, wir waren Bestandteil des Zerfalls, des Regens, und nichts von dem, was ich hatte erreichen wollen, schien mir die Sache noch wert zu sein ... manchmal war ich so niedergeschlagen, daß ich kaum den Kopf heben konnte, und dann kam dieses Kind ins Lager, ein Junge aus einem Dorf in der Nähe von Cobán, und er sang und erzählte Geschichten ... schöne Geschichten ... ich haßte ihn am Anfang, es kam mir so unmoralisch vor, daß er so glücklich war, daß er mich das Elend vergessen ließ ... das Elend war etwas Wichtiges für mich, ich betrachtete es als Teil der revolutionären Ethik ...

... ließen die Träume und das Wesen des Träumens zurück, denn Träume und Wirklichkeit wurden zur Idee des Zwecks vereinigt ...

... und einmal erzählte er eine Geschichte, ich weiß nicht mehr, um was es ging, aber ich kann mich an einige Worte daraus erinnern ... sie gingen mir unter die Haut ... er erzählte von jemandem, der sehr traurig war, und alle dachten, daß es nach all dem ein neues Land geben müßte, aber das einzige, das sie sich vorstellen konnten, war ein Ort langweiliger Sicherheit, wo das Leben so kuschelig wie ein Kuß zu Weihnachten war, und das genügte einigen Leuten nicht, besonders einem bestimmten Menschen nicht, und das Geheimnis, durch die Traurigkeit zu leben ...

... ließen Traurigkeit und Freude zurück ...

... lag darin, eine Geschichte zu erfinden, ein Gefühl, eine Fabel, die so zauberhaft war, daß sie wie ein anderes Land war, ein Kontinent, der sich aus dem Meer erhebt, mit Flamingos

und goldenen Melonen und Tieren, schöner als die Sünde,
eins, das dir die Kraft gab, der Mensch zu sein, der du immer
vorgabst zu sein, und wenn du das schafftest, wenn du in dir
selbst suchtest und dieses Land fändest, egal, ob es eine Lüge
war, egal, ob es töricht und kindisch war, dann könntest du all
die abscheulichen Realitäten überleben, die dieses Land ver-
hindern ... wenigstens eine Zeitlang ... wir haben es gefun-
den ...

... hat der Junge überlebt ...

... nein, aber wir haben den Regen durch ihn überlebt, und
nachdem wir den Dschungel verlassen hatten, hatten wir die
Kraft zu kämpfen ...

... ließen den Gedanken an Frieden zurück, betraten
statt dessen die Gefilde einer Moral der Gewalt und
Pflichterfüllung mit ihrer eigenen Gesetzmäßigkeit des
Verhaltens und der Möglichkeiten ...

... verstehst du, David ...

... noch mehr von dem Scheiß ...

... natürlich ist es ...

... warum dann ...

... ich erinnere mich noch an etwas anderes, das der Junge
erzählt hat ... eine Geschichte handelte von einem Mann, der
einer Frau etwas erzählte, um ihr Angst einzujagen, damit sie
dicht an ihn herankam und er sie verführen konnte ... es war
die Geschichte von der grünen Katze des Teufels, die in der
Finsternis des Thrones mit glühenden Augen lauert, die die
Erde überfällt und zur Sünde verführt ... nicht nur zur Sün-
de ... zu allen Ausschweifungen des Lebens und extremen
Handlungen ... denn obwohl sie zum Teufel gehörte, war sie,
wie alle Katzen, eigenwillig, hatte ihre eigenen Vorlieben und
ihre eigene Vorstellung davon, was angemessen sei ... und
nachdem die Geschichte zu Ende war, nachdem der Mann die
Frau verführt hatte, lagen sie beisammen, glücklich, und die
Frau erkannte, daß die Geschichte nur eine Taktik gewesen
war, daß sie hereingelegt worden war, aber das machte ihr
nichts aus, und als sie den Mann fragte, ob das der Fall sei, ob
die ganze Geschichte erlogen sei, lachte er und sagte: ›Nein, es

gibt keine grüne Katze des Teufels, die mit glühenden Augen in der Finsternis des Thrones lauert, mit den Klauen von den Steinen der Hölle Funken schlägt, am Fegefeuer schnuppert, Worte in den Wind haucht, die sagen: Leben oder Nichtleben, Liebe oder Verdammnis ...

... und ließen sogar die Liebe hinter sich, wenigstens eine Zeitlang, denn die Liebe verkehrte sich in ihr kriegerisches Äquivalent, das alles Gefühl ablehnt und nur die Tugenden der Stärke zuläßt ...

... siehst du nicht, David ... mit uns ist es die gleiche Geschichte, es ist immer die gleiche Geschichte ... ich liebe dich, und es ist egal, warum ...

... ließen die Logik hinter sich, ließen alle gängigen Wahrheiten hinter sich ...

... ich liebe dich ...

... doch durch ihre Beharrlichkeit, mit der sie ihre Ziele verfolgten, die Reinheit ihres Zorns, und da sie keine Wahl hatten, nahmen sie alles mit sich, was von Bedeutung war.

MICHAEL NAGULA

Lichtsucher, Schattenjäger

Die tausend Tode des Lucius Shepard

1

>»Wenn du leugnest, daß es Geheimnisse
gibt – auch das Geheimnis, das die Maske
des Todes trägt – dann leugnest du das
Leben, und du wirst als Gespenst durch
deine Tage wandeln, ohne je die Extreme
zu berühren. Das tiefe Leid, die absolute
Freude.«

SHEPARD, *Der Pfad des Jaguars*

Wir schreiben das Jahr 1987. In einem alten Haus aus
der Gründerzeit studieren Psychologen und Mikrobio-
logen eine Gruppe ungewöhnlicher Patienten. Jeder
von ihnen ist schon einmal gestorben und wurde durch
eine Injektion mit Bakterien wiederbelebt, die sich rasch
im Gehirn ausbreiten und es dermaßen stimulieren, daß
eine Sturzflut mentaler Aktivität die Folge ist. Diese
Personen haben eine Lebenserwartung von wenigen
Monaten. Man verheimlicht ihnen, daß sie bald wieder
sterben werden, und auch, an was für einem Ort sie sich
befinden. Ihre Identität und die Erinnerungen, aus denen sie sich speist, ist völlig fiktiv, so daß sie selbst zu
fiktiven Wesen werden, deren Wahrnehmungen je nach
aufgeprägter Perspektive wechseln, ohne daß die eine
wahrer wäre als die andere, was das Nebeneinander
verschiedener Identitäten mit dem Nichtvorhandensein
überhaupt einer Identität zusammenfallen läßt. Es sind
Personen, wie Gestalten aus einem Buch, das jemand
ersonnen hat, um die Fiktionalität der eigenen Person

zu ergründen und der Frage nachzugehen, was unter der Oberfläche von erlebten und erzählt bekommenen Geschichten an Wirklichkeit verbleibt.

Authentizität des Geschilderten ist in der Regel nur eine Ebene unter vielen, die man heranziehen kann, um über die Qualität eines Romans oder einer Erzählung zu befinden. Wenn – wie im Falle von Lucius Shepard, dessen Auftakt zu seinem ersten Roman *Green Eyes* (1984) eben beschrieben wurde – diese Authentizität auf magische Weise zur Auflösung des Unterschiedes zwischen beschriebener und erlebter Welt führt, die ja auch nur eine für die eigenen Zwecke vor sich selbst beschriebene ist, wird sie zur charakteristischen Ausdrucksweise. Der Autor setzt an die Stelle einer objektiven Erzählhaltung, wie sie traditionell eingenommen wird, wenn es speziell in der SF um Situationsbeschreibungen geht, die volle Entäußerung des eigenen Selbst; er verliert sich in dem, was er schreibt, löst sich auf und definiert in einer Umkehrbewegung seine eigene Identität über den unwillkürlich entstehenden Text. Hier beginnt die Biographie des Autors interessant zu werden, der am Werke ist, der sich und sein Erleben als fiktives Gebilde in das Schreiben, die hohe Kunst der Anordnung von Fiktionen, einbringt. Im Falle von Shepard kann man vermuten, daß die psychischen und erotischen Gefechte, die in stets anderer Verkleidung seine sämtlichen Texte durchziehen, schon vorher ihren Ausdruck in den unablässigen Reisen des Autors fanden und den vielfältigen Tätigkeiten, denen er nachging. Man könnte also einiges gegen die Behauptung einwenden, daß Shepard mit seinem (auf deutsch übrigens noch nicht erschienenen) Erstling* einen bravourösen Einstand gegeben hätte, denn – deutlicher als es gemeinhin der Fall ist – dient ihm sein gesamtes bisheriges

---

* *Grüne Augen*, HEYNE SCIENCE FICTION & FANTASY, Band 06/4604

Leben als Grundlage seines Schreibens, und es ist seine eigene Lebensgeschichte, die er in immer neuen Variationen schreibend neu erschafft. Darin liegt auch das Geheimnis seiner Erzählkunst – in ihrer unmittelbaren Nähe zum Umschlagspunkt von Fiktion und Wirklichkeit.

Wie ausgiebig Shepard in dem, was oft das Buch des Lebens genannt wird, gelesen hat, macht seine Biographie deutlich: 1947 in Lynchburg/Virginia geboren, zog er im Alter von acht Jahren mit seinen Eltern nach Daytona Beach/Florida, eine Stadt, die er niemals als Heimatstadt akzeptieren lernte. Sein Vater, der aus ihm einen Schriftsteller machen wollte, brachte ihm früh die klassische Literatur nahe, so daß er bereits als Zwölfjähriger ein umfassendes Wissen über die griechische Geschichte, Shakespeare und die Dichter der englischen Romantik hatte. Zusammen mit seinen Eltern bereiste er mittelamerikanische Länder, was – zumal seine Mutter Spanischlehrerin war – eine lebenslange Reiselust und Faszination für fremde Kulturen in ihm hinterlassen sollte. Nach Beendigung der High School ging er nach New York City, wo er eine Weile in einem Buchlager arbeitete, um anschließend von dem ersparten Geld nach England zu reisen. Da ihm das Klima dort jedoch nicht bekam und er sich eine Lungenentzündung holte, reiste er nach Spanien weiter, wo er sich als Schuhverkäufer und Englischlehrer durchschlug und der ständigen Geldnot dadurch begegnete, indem er aus Lotterielosen Collagen zum Verkauf anfertigte. Gemeinsam mit zwei Freunden startete er ein Schmuggelgeschäft mit Marihuana, das sie sich in Marokko besorgten und in London und Kopenhagen sowie auf Armeestützpunkten der Amerikaner in Deutschland absetzten. Hier, in Trier, arbeitete er auch eine Zeitlang in einer Zigarettenfabrik. Siebzehnjährig kehrte Shepard nach Amerika zurück und besuchte eine Weile das College. Um diese Zeit entstanden auch seine ersten Gedichte, die in Zeitschriften wie Russ Banks' *Lilabulero* und dem collegeeigenen *Carolina Quarterly* erschienen; nach einem Gastspiel an der Universität von North Carolina, das aber nur knappe sechs Wochen währte, wurde er für ein paar Monate Herausgeber des *Quarterly*. Doch auch dort hielt es ihn nicht lange. Er flog wieder nach Europa, von wo aus er Ende der sechziger Jahre nach Ägypten weiterreiste, und arbeitete anschließend auf einem Bazar in Kairo im Geschäft eines Parfümhändlers, der mit allem möglichen von Antiquitäten bis Drogen handelte und dabei große Devisenmengen anhäufte, die von ausländischen Investoren zum Kauf von Know-how benötigt wurden. Er bereiste Nepal und Afghanistan und durchquerte die Türkei. Anfang der Siebziger Jahre kehrte Shepard nach acht Jahren in Europa und im Mittleren Osten über die mittelamerikanischen Länder Guatemala, El Salvador, Honduras und Nicaragua wieder in die Vereinigten Staaten zurück. Er heiratete, ließ sich in Michigan nieder und gründete eine Rock & Roll-Band, der noch zahlreiche weitere folgen sollten, in denen er vornehmlich als Sänger und Textschreiber tätig war, gelegentlich aber auch Rhythmusgitarre, Keyboards und Synthesizer bediente. Jahrelang tourte er mit seinen verschiedenen Bands, die Namen wie Demon, Cult Hero, Mister Right und The Cathouse Band trugen, doch trotz anhaltender Erfolge gelang ihm niemals der Durchbruch als Musiker. Um die Depressionen, die sich zunehmend einstellten, nicht länger allabendlich in Alkohol zu ertränken und endlich wieder einmal an Geld zu kommen, beschloß er 1980 auf Anraten seiner Frau, an der Clarion-Schreibschule in Michigan teilzunehmen, aus der neben Ed Bryant, George Alec Effinger, Vonda McIntyre und Kim Stanley Robinson schon eine große Anzahl renommierter SF-Autoren hervorgegangen waren. Obwohl Shepard nicht die Absicht hatte, sich in dieses Genre zu vertiefen, verfaßte er seine ersten beiden Erzählungen, eine davon mit dem Titel ›Green Eyes‹, eine

Kurzfassung seines späteren ersten Romans. Nach Absolvierung der Schreibschule erwies sich, daß Shepards Ehe nicht mehr zu retten war. Er trennte sich von seiner Frau und zog zur Westküste, wo er fast zwei Jahre lang systematisch bis zu sechzehn Stunden am Tag schrieb und so als eine Art Selbstverteidigung – wie er sagt – ›kung fu writing‹ betrieb, das sich inzwischen nach zweieinhalb Jahren New York in Nantucket fortsetzt. Shepards erste Verkäufe gingen an so bedeutende Herausgeber wie Terry Carr und Robert Silverberg. Ihnen folgte mittlerweile eine Fülle von Geschichten, die Shepards Ruf als Meistererzähler seither nur noch mehr gefestigt haben. »Ich war dem ausgewichen, jemand zu sein, der ich sein wollte«, sagte er heute. »Ich war dem ausgewichen, ein Schriftsteller zu sein.«

2

»Heard of a van that is loaded with weapons,
Packed up and ready to go
Heard of some gravesites, out by the highway,
A place where nobody knows
The sound of gunfire, off in the distance,
I'm getting used to it now
Lived in a brownstone, lived in the ghetto,
I've lived all over this town.«

TALKING HEADS, *Life During Wartime*

Noch in seiner Zeit als Rockmusiker hatte sich Shepard Mitte der siebziger Jahre intensiv mit ethnischer Musik vor allem aus Afrika befaßt, die er mit seinen Bands auf dem Synthesizer umzusetzen versuchte. Obwohl ihm auf diesem Gebiet der große Durchbruch, den etwa die Talking Heads damit hatten – er versichert, daß sie die gleichen Aufnahmen gehört haben müssen wie er –, versag blieb, wurde diese Faszination am Ethnischen prägend für sein gesamtes späteres Werk als Autor, dem inzwischen längst nicht mehr nur von seiten der Science Fiction Beifall gezollt wird. Dies zeigt sich auch deutlich in den beiden Romanen, die bisher von ihm erschienen sind. *Green Eyes* (1984) spielt mit dem Zombiekult der Haitianer, wenn von den quasi ferngesteuerten und ihrer Identität beraubten Patienten des wissenschaftlichen Instituts die Rede ist, die sich in einem Sumpf gegen die Heimsuchung von Agenten des CIA wehren müssen und dabei, ungeachtet ihrer begrenzten Lebenserwartung, zunehmend über sich hinauswachsen. Der vorliegende Roman, dessen amerikanischer Originaltitel *Life During Wartime* in einem Akt ausgleichender Gerechtigkeit einem Stück der Talking Heads entnommen ist, hat Mittelamerika zum Handlungsort, das Schauplatz eines verheerenden Krieges ist, dessen Umstände uns spätestens seit Korea und Vietnam und den sich daran anschließenden Interventionen amerikanischer Truppen in der Dritten Welt bestens vertraut sein sollen. Shepard nimmt diesen Krieg zum Hintergrund für eine imaginäre Auseinandersetzung der Hauptfigur mit sich selbst, wendet ihn zu einer Schlacht von psychischen, nicht politischen oder physischen Ausmaßen, die mehr Reflexe seines eigenen Denkens und Handelns sind als authentische Schilderungen des Kriegsgeschehens.

Damit trifft er genau einen zeitgenössischen Nerv. Während sich jedoch in den USA und zunehmend auch in Deutschland die kriegerische Auseinandersetzung, zur Metapher für Gänsehaut und heiligen Ekel erstarrt, in einer Flut von Filmen und Büchern über Vietnam erleichtert Bahn bricht, vertritt Shepard eine Position, deren Umsetzung in seinem zweiten Roman ihm nicht nur Freunde gemacht hat. Den Liebhabern der Splattermovies und actionbetonten Kriegsmemoiren hält er entgegen: »Das Wesen des Krieges einzufangen. Das Wesen deines Krieges einzufangen, halte ich für unmöglich. Jedermanns Krieg ist anderes. Es gibt kein Wesen des Krieges. Wie man so sagt, du kannst nicht den Gestank des Todes rüberbringen – wie tote Dinge riechen, wie verwesende Leichen riechen, ist eine recht gewöhnliche Sache in jeder Kriegssituation. Ich muß den Film erst noch sehen, der das einfängt und dir entgegenschleudert. Auch in einem Buch ist das schwer. Obwohl ich es in einem Buch für leichter halte. Es gibt eine Menge Bücher, die ich über Vietnam gelesen habe, von denen ich dachte, daß sie das Wesen der Sichtweise dieser bestimmten Person auf Krieg, wie ich fand, ganz gut einfingen. Aber ich bin sicher, sie fühlte nicht so.« Wie sie fühlte, ganz in ihr eigenes Sein verstrickt, fiktive Gestalt auf einer nicht minder fiktiven Bühne, die nur Raum für die Auseinandersetzung in ihr selbst läßt, hat Shepard im vorliegenden Roman zu beschreiben versucht, indem er die Identität seines Protagonisten im Laufe der Handlung immer wieder durch innere Reflektionen bricht, bis nichts mehr an die Person erinnert, die Mingolla ursprünglich war.

Shepards Roman *Life During Wartime* (1987) ist, wie schon sein Erstling, einer, in dem alles auseinanderfällt und verrottet. Gleichzeitig ist er, was von manchen Lesern als Nachteil empfunden wurde, ein Panoptikum unterschiedlichster Typen, die bei näherem Hinsehen so unterschiedlich nicht mehr sind. Da ist Baylor, einst ein Hasenfuß wie alle anderen auch, nun der Schwarze Ritter, der so viel Drogen einführt, daß er es sogar mit bloßen Händen mit einem Jaguar aufnimmt. Da ist Nate, der entdeckt hat, wie man Schmetterlinge zum Töten abrichten kann. Da ist der Priester aus Brooklyn, der versucht, einem abgelegenen Dorf durch eine Mischung aus Christentum und Geisterglaube das Wort Gottes zu bringen, und da ist ein junger Mann, der nur zu schnell entdeckt, daß seine einzige Chance im Leben darin besteht, in Würde zu sterben – oder in Schande.

Der Roman ist voll von kleinen Szenen und Augenblikken, die sich dem Leser einprägen. Sicher hat das auch damit zu tun, daß Shepard in ihn Erzählungen eingearbeitet hat, wie ›Salvador‹ (1984) und ›Fire Zone Emerald‹ (1986), die ursprünglich eigenständig waren. Einen besonderen Stellenwert nimmt dabei ›R & R‹ ein, eine Novelle – 1986 mit dem Nebula Award und 1987 mit dem Locus Award ausgezeichnet –, die den gesamten ersten Teil des Romans ausmacht und bei ihrem Erscheinen für erhebliche Aufregung in der SF-Lesergemeinde sorgte. Und mit Recht, sie ist ein komplexer Text, dessen Anziehungskraft nicht zuletzt darin besteht, daß nach dem Strickmuster Grimmscher Märchen drei Brüder in die Welt hinausziehen und sich dort ihrem Schicksal stellen müssen. Nur sind in unserem Fall die drei Brüder amerikanische Soldaten, die ihren Fronturlaub miteinander verbringen wollen, und es ist nicht einmal die Hauptfigur, die desertiert, wie man es aus so vielen Klischeehandlungen gewohnt ist, sondern der skizzenhaft gezeichnete Gilbey, während Mingolla dem Krieg treu bleibt. Er tut dies nicht aus der Haltung so vieler Helden etwa bei Jerry Pournelle heraus, die überlebensgroß das Soldatentum verkörpern, einer propagandistischen Politik folgen und sich am Tötungsarsenal einer zusammenphantasierten Zukunft berauschen. Shepards Krieg ähnelt eher einem in *Apokalypse Now* geschilderten Vietnam oder Büchern wie Michael Herrs *Dispatches:* die Triebfeder sind Drogen, Wahnsinn und Rock & Roll sowie eine alles verzehrende Verzweiflung, die in völliger Ausgebranntheit und Leere endet. Shepards Held kann nicht in die Welt hinausziehen, sie für die Gottesfürchtigen retten und dann ruhmbedeckt heimkehren, wie die traditionelle SF es so gerne möchte. In seinem Universum sind die Vereinigten Staaten nicht der Bewahrer alles Guten, sondern Teilnehmer an der jahrhundertealten Blutrache zwischen zwei Familien, zu deren Untergang Mingolla bestenfalls einen Funken beitragen kann, der sich hoffentlich als Lauffeuer erweisen wird. Mingollas Triumph ist nicht militärischer oder politischer Natur – wie könnte er das? –, sondern so etwas wie ein vorübergehender Sieg des gesunden Menschenverstandes über den Wahnsinn. Gerade diese Komplexität im Aufbau der Novelle ist es, die sie so sehr über die anderen Teile des Buches hinaushebt, die Geschichte innerhalb der Geschichte, die Heldin, die den Helden verführen oder gar töten will, und das womöglich noch zu seinem besten, und die Episode, wo halb verwilderte Kinder auf einer Brücke einen epiphanischen Einblick in die Realitäten von Sex und Gewalt verschaffen.

3

»Ich ließ Gitarristen probespielen und hatte schon so viele gehört, daß sie alle schon zu einem feedbacklastigen Dröhnen verschmolzen. Und dann kam jemand mit einem Sound – und einer vollen Kontrolle über die Vielfalt der Möglichkeiten des Instruments. Ich wußte es sofort. Genauso erging es mir bei Lucius Shepard, als ich vor ein paar Jahren wieder SF zu lesen begann. Ich wußte, ich hörte jemanden, der spielen konnte, der mit Kopf und Schultern über die anderen hinausragte. Ich wußte es sofort.«

JOHN SHIRLEY *in einer Rezension*

Für Shepard, den erfahrenen Musiker, ist Schreiben wie Rock & Roll. Man bringt es raus, sagte er einmal, und die Leute tanzen danach, oder sie ziehen dir eins über den Schädel. Bei ihm ist deutlich ersteres der Fall, und das ist seinem Reichtum an Stil, Handlung und Inhalt zuzuschreiben. Überdies scheut er auch vor Experimenten nicht zurück, was ihn von der breiten Masse herkömmlicher SF-Autoren unterscheidet. Seit 1984 hat er innerhalb von wenigen Jahren den Markt für phantastische Literatur mit seinen Erzählungen und Novellen geradezu überschwemmt. Ihre schiere Menge, die eigener Auskunft nach Teil des Konzepts war, sich so schnell wie möglich einen Namen als Autor zu machen, um an bessere Honorare zu gelangen, wird verständlich, wenn man erfährt, daß Shepard schon immer gerne und bei jeder Gelegenheit Geschichten erzählt hat. Ihre Vielfalt hinsichtlich der Handlungsorte, die Shepard ausnahmslos selbst besucht hat, und ihr moralischer Appell sind bemerkenswert. Schon seine erste verkaufte Geschichte, ›Black Coral‹ (1983), die erst mehrere Jahre später erschien, ist, genau wie ›A Traveler's Tale‹ (1984), die für den Nebula Award nominiert wurde, Teil einer Serie, die in der Karibik spielt. Der Sprung von dort zum mittelamerikanischen Festland war nicht weit. ›The Storming of Annie Kinsale‹ (1984) etwa, die der Autor selbst zu seinen schwächeren Arbeiten zählt, ist die Geschichte einer Frau, deren Mann sich von ihr trennt, um in Irland für die Unabhängigkeit zu kämpfen. Daraufhin geht seine Frau nach Chile und schließt sich dort einer Widerstandsgruppe an, um später vielleicht ihren Mann in Belfast zu unterstützen. Entsprechend handelt ›A Spanish Lesson‹ (1985) von einem jungen Mann, der sich einer Gruppe ausgewanderter Amerikaner anschließt, die an der Costa del Sol leben, und über seine Begegnung mit einem merkwürdigen Pärchen in geheimer Mission. In Mexiko spielt die Geschichte ›The End of Life as We Know It‹ (1985) und in Mittelamerika ›On the Border‹ (1987), worin das Leben des dreiundzwanzigjährigen Aztekenmischlings Chapo beschrieben wird, der an einem Grenzkrieg teilnehmen muß. Speziell um die Darstellung von Vietnamerfahrung geht es in ›Shades‹ (1987), das auf unheimliche Weise vom

Wiedersehen des Protagonisten mit einem Veteranen ganz anderer Art aus dem Nachkriegsvietnam erzählt.

Shepard verstreut Hinweise auf die wahre Natur kriegerischer Auseinandersetzungen überall in seinem Werk. Das verfolgt in erster Linie den Zweck, die allgemeine zerstörerische Wirkung der Intervention Amerikas und der Amerikaner – die zum großen Teil von diesen Interventionen nichts wissen –, in der äußeren Welt anzuzeigen. Selbst wenn er Erzählungen schreibt, die eine gewisse Ähnlichkeit mit konventionellen Horrorgeschichten haben, wie ›Black Clay Boy‹ (1987), schwingt häufig mit, daß es der amerikanische Geist und nicht grundsätzlich der des Menschen ist, der an bestimmte Dinge nicht rühren will. Das führt manchmal zu regelrecht ironischen Texten. ›How the Wind Spoke at Madaket‹ (1985) etwa, wo die Bedrohung mehr oder weniger hausgemacht und der Sieger ein betrunkener alter Fischer aus dem ländlichen Maine ist, statt eines typischen großstädtischen Amerikaners, ist eine Art Stephen King-Parodie, in der seine Protagonisten vergleichsweise erfolgreich mit dem Übernatürlichen umgehen und nicht von ihnen überrannt werden. In der Regel vertritt Shepard seinen moralischen und politischen Anspruch jedoch offener, etwa wenn er die direkte Intervention amerikanischer Truppen in Mittelamerika zu seinem Thema macht. Shepard ist, vernünftig genug, dermaßen überzeugt von der äußersten Verabscheuungswürdigkeit der Teilnahme an einem solchen Krieg, daß er die Annahme der moralischen Schuld seiner Protagonisten und die Gerechtigkeit dessen, was ihnen widerfährt, für ausgemacht hält. Daraus beziehen seine Geschichten die Kraft, im Leser die gleiche Überzeugung zu schaffen. Der Grund, weshalb SF-Erzählungen historisch häufiger reaktionär oder autoritär im Tonfall sind, liegt darin, daß es Reaktionären und Autoritären im allgemeinen leichter fällt, die einfältigen Mechanismen von Strafe und Lohn, die solche Geschichten auszeichnen, einzusetzen; die Karriere des Anti-Imperialisten Shepard beweist, daß dies nicht notwendig der Fall sein muß, etwa wenn er in einer seiner Geschichten, ›Salvador‹ (1984), eine vergleichsweise konventionelle Handlung, den ausgebrannten Soldaten, der den Bewohnern seiner Heimatstadt schon zeigen wird, was Krieg ist, nimmt und auf magische Weise neu faßt.

Das Mittelamerika in Shepards Geschichten ist kein simpler Hintergrund, sondern das Mittelamerika eines magischen Realismus, vergleichbar dem Traumarchipel Christopher Priests und den Welten lateinamerikanischer Autoren wie Carlos Castaneda. Shepard gelingt es allemal und mit einer verblüffenden Leichtigkeit, ein Universum zu entwerfen, in dem die Behauptungen über die magischen Rituale mittelamerikanischer Mächtiger zutreffend sind. Er will, daß die Verdammten dieser Erde lernen, zurückzuschlagen, und wenn ihre Rache die von Träumen und Märchen ist, so sei's drum, besser als nichts. Das liegt der immer neuen Verwendung bereits klischeebeladener Handlungsabläufe wie in dem ewig jungen ›Salvador‹ (1984) und ›The Jaguar Hunter‹ (1985) zugrunde, die solche Geschichten nichtsdestoweniger spannend machen. Wenn Shepard einmal eine schwächere Erzählung schreibt, so befaßt sie sich eher mit Verlust als mit Strafe wie ›The End of Life as We Know It‹ (1985), worin ein amerikanisches Ehepaar sich unter die Armen mischt und zielgerichtet für das Gute herhalten muß, er als Arzt der Guerillas und sie als Schülerin eines Medizinmannes. Was getan werden muß, ist eine Frage, die stets oberflächlichen Fiktionen vorbehalten bleibt; tiefergehende Fiktionen bemühen sich über die Schaffung einer überzeugenden Atmosphäre um Darstellung und Einflußnahme. Shepard ist als Moralist zwar einigermaßen nüchtern, aber durchaus fähig, deutlich seine Position zu vertreten, und das geschieht, indem er die moralische Entscheidung, die seine Texte fordern, vor stark kontrastierende

Hintergründe stellt. Sein Pfad zur Tugend, die träumerische und verträumte Seite von Shepard, wirkt im Vergleich dazu regelrecht gezwungen, doch dient sie dem Moralisten nicht einfach nur als Alibi für seine Stellungnahme.

Wir wissen bereits aus der seltsamen hierarchischen Welt, die den Zombiehelden aus *Green Eyes* mit dem nötigen Wissen darüber versieht, wie er in der wirklichen Welt des Romans Voodoo für sich einsetzen kann, wie fähig Shepard bei einer anderen Form der Fabel ist, einer, die Auseinandersetzungen, offener als in seinen Kriegsgeschichten, auf die psychologische Dimension des Menschen bezieht. Hier wird der Rückgriff auf seine eigene Vergangenheit besonders deutlich, etwa wenn er sich traditionell und mit viel Liebe seiner Erfahrungen als Musiker annimmt. So ist ›... How My Heart Breaks when I Sing this Song ...‹ (1985) die Ich-Erzählung eines Sechzehnjährigen, für den Musik die Welt bedeutet, und sein ›Dancing It All Away at Nadoka‹, Ende 1986 erschienen und als eine der bedeutendsten Geschichten des Jahres eingeschätzt, eine lebhafte, schmerzliche Romanze über eine Frau aus einer Kleinstadt, die sich in einen Rockstar verliebt, der gerade aus einer Nervenklinik ausgebrochen ist. Shepards Stärke liegt bei diesen Texten in der verwendeten Sprache, die präzise dem behandelten Gegenstand entspricht. Ähnlich persönlich, wenn auch auf etwas andere Weise, wirkt sie in seinen eher lyrisch gehaltenen Texten wie ›Voyage South from Thousand Willows‹ (1986), der gespenstischen Geschichte der Beziehung zwischen einem außerirdischen Verbrecher, der zur Suche nach intelligentem Leben verurteilt ist, und dem menschlichen Dichter, der zu seinem Sprachrohr wird, und ›The Arcevoalo‹ (1986), wo es wieder um einen Krieg geht, der diesmal Jahrhunderte in der Zukunft stattfindet. Lyrisch auf dem Höhepunkt ist Shepard in ›Challenger as Viewed from the Westernbrook Bar‹ (1986) und in ›Pictures Made of

Stone‹ (1987), zwei in Prosalyrik verfaßten Meisterwerken. Die fieberhafte Klarheit, die unter der Oberfläche seiner Werke liegt, ist hier herausgearbeitet und konzentriert; sie liest sich wie ein langer delirierender Traum.

Gelegentlich sind Shepards Phantasien auch von einer großen Zartheit, die in ihrer Beschreibung des nahezu Unausdrückbaren hell auflodert. Eine neue Novelle, ›The Scalehunter's Beautiful Daughter‹ (1988) etwa, die in Amerika sogar in Buchform erschien, ist ein solcher Fall. Sie hat denselben Handlungshintergrund wie Shepards 1985 für den Nebula und Hugo Award nominierte Novelle ›The Man who Painted the Dragon Griaule‹ (1984), ist jedoch keine Fortsetzung. Während letztere Geschichte einen verwegenen Plan hinsichtlich des Äußeren eines Drachens betraf, behandelt die neue Erzählung ein Abenteuer im Innern des Drachens, wo die junge Titelheldin Zuflucht vor Verrat nimmt, eine andere Welt entdeckt und dort gefangen wird. Es gibt Spannung, Abenteuer, Liebe und Groteske, aber vor allem ist dies eine Geschichte der Bestimmung. Berauben solche traumatischen Ereignisse einen des normalen Lebens oder geben sie ihm eine neue unerwartete Bedeutung? Schon die erstere Geschichte funktionierte teils als Witz, teils als Entwurf, teils als Experiment in einer Art Konzeptkunst, teils einfach dadurch, daß der Protagonist durch den alten und gelähmten Drachen Griaule zu etwas manipuliert wurde, was einer Art Sterbehilfe ähnelt. Auch diese zweite Geschichte zeigt, daß Shepard sich nur in einer Welt, die absolut künstlich ist, fiktiv bis an den Rand der Nichtexistenz, sich genügend entspannen kann, um sich so etwas wie die Möglichkeit einer moralischen Komplexität zu geben, die über einen gezielt politischen oder humanen Appell in seinen Geschichten hinausgeht.

Natürlich ist nicht alles, was Shepard schreibt, von so überragender Qualität. Manche Horrorgeschichten, streng als Experimente ausgewiesen, überzeugen nicht über den Rahmen ihres Gattungsbegriffs hinaus. Ähnliche Probleme ergeben sich für ihn, wenn er – wie in ›The Sun Spider‹ (1987), einem vergleichsweise schwachen Werk – in die Bereiche der ›harten‹ SF vorstoßen will, oder – wie in ›A Wooden Tiger‹ (1988) – den moralischen Anspruch zu sehr in den Vordergrund stellt. Mitunter gelingen ihm jedoch Streiflichter von großer Brillanz, wie die Geschichte ›Nomans Land‹ (1988) zeigt, eine Reminiszenz an H. G. Wells, worin Shepard zwei Schiffbrüchige auf einer stürmischen Insel landen läßt, die von winzigen weißen Spinnen verseucht ist. Shepard vollführt hier seine übliche famose Charakteranalyse vor einer visuell eindrucksvoll dargestellten Landschaft, während die Handlung langsam von einer Überlebensgeschichte zur Horrorstory wird und schließlich als ontologische Fantasy endet. Vor diesem Hintergrund kann man gespannt sein, welcher Themen und welchen Aufbaus sich die drei Romane bedienen werden, an denen er derzeit arbeitet. Während *The End of Life as We Know It*, im Norden angesiedelt, eine Art chronologisch ablaufender Fantasy sein wird, soll sich *Kingsley's Labyrinth* auch formal zahlreicher Wendungen und Effekte bedienen. Das dritte Projekt schließlich ist ein Rock & Roll-Roman mit dem Titel *Mister Right*, der die Geschichte des Sängers und Bassisten Taylor Wright erzählt, einst ein vielversprechender Musiker, nun ein geistiges Wrack. Sein zehnjähriger Zerfall in den Wahnsinn soll das Thema des Buches sein.

Es gibt wenige Autoren, die im Rahmen der Science Fiction publizieren und so sehr Bestandteil ihrer eigenen Texte sind wie Lucius Shepard. Seine handwerkliche Kunst, die von der kurzen bis zur langen Form der Erzählung, vom Pastiche, das oft in parodierender Absicht den Stil eines Autors nachahmt, über das Prosagedicht bis zur Kriegsdarstellung reicht, ist atemberaubend. Gleichzeitig zeigt die Fülle der unterschiedlichen

Texte ein gemeinsames Merkmal: den Wunsch, sein Begehren nach dem Unfaßbaren, Unaufhebbaren erfüllt zu sehen. Ob es, wie in ›Life of Buddha‹ (1988), die Vision einer ursprünglichen Seinsweise oder, wie in ›The Glassblower's Dragon‹ (1987) und ›Aymara‹ (1986), die Sehnsucht nach einer anhaltenden Bindung zwischen Mann und Frau ist, die der Lauf der Welt nicht schon von vornherein als unmöglich erweist, immer steht am Ende der Geschichte die Vorstellung einer Erfüllung, die es zu erreichen gälte und die manchmal – so in ›The Night of White Bhairab‹ (1984) – ausdrücklich Erleuchtung genannt wird. Daraus speist sich auch die Moralität dieses Autors und sein gespaltenes Verhältnis zum Krieg, das einerseits die endgültige Auslöschung des Bewußtseins anvisiert und andererseits eben darin das Höchstmaß der Erfüllung findet, vergleichbar mit dem Geschlechtsakt, dem kleinen Tod. Die völlige Auflösung der Identität im Lichte von etwas, das rückgängig gemacht werden kann, damit spielen Shepards Texte, und auf der Suche nach diesem Licht sehen sich seine Protagonisten immer wieder mit Schatten konfrontiert, die das Licht im Rücken des Suchenden vermuten lassen, so daß ein Ende der Suche unmöglich ist. Dort, wo in der Leere des Seins das Nichtsein formuliert wird, entstehen Shepards Texte. Es sind Fragmente einer neu zu schaffenden Identität, die sich immer und immer wieder, zuletzt durch ihr bloßes Vorhandensein auf Papier, als Fiktion erweist, die stets von neuem hinterfragt werden muß – in einer nicht endenwollenden Kreisbewegung.

DEUTSCHE BIBLIOGRAFIE

1. Roman

LIFE DURING WARTIME (1987). Deutsche Ausgabe: *Das Leben im Krieg*, Heyne Science Fiction & Fantasy 06/4555, München 1989, übersetzt von Irene Bonhorst und Irmtraud Kremp.

GREEN EYES (1984). Deutsche Ausgabe: *Grüne Augen*, Heyne Science Fiction & Fantasy 06/4604, München 1989, übersetzt von Irene Bonhorst (in Vorb.)

2. Erzählungen

SOLITARIOS'S EYES (1983). Deutsche Fassung: *Solitarios Augen*, in ›Willkommen in Coventry‹, The Magazine of Fantasy and Science Fiction – 70. Folge, herausgegeben von Ronald M. Hahn, übersetzt von Karl-Ulrich Burgdorf, Heyne Science Fiction & Fantasy 06/4127, München 1984.

A TRAVELLER'S TALE (1984). Deutsche Fassung: *Der Wanderer*, in ›Isaac Asimov's Science Fiction Magazin 26‹ herausgegeben von Friedel Wahren, übersetzt von Jürgen Langowski, Heyne Science Fiction & Fantasy 06/4249, München 1985.

THE MAN WHO PAINTED THE DRAGON GRIAULE (1984). Deutsche Fassung: *Der Mann, der den Drachen Griaule malte*, in ›Sphärenklänge‹, The Magazine of Fantasy and Science Fiction – 75. Folge, herausgegeben von Ronald M. Hahn, übersetzt von Michael Windgassen, Heyne Science Fiction & Fantasy 06/4389, München 1987.

SALVADOR (1984). Deutsche Fassung: *Salvador*, in ›World's Best SF 4‹, herausgegeben von Donald A. Wollheim/Arthur W. Saha, übersetzt von Jürgen Langowski, Science Fiction Special 24069, Bergisch Gladbach 1985.

THE END OF LIFE AS WE KNOW IT (1985). Deutsche Fassung: *Das Ende der Welt, wie wir sie kennen*, in ›Entropie‹, herausgegeben von Wolfgang Jeschke, übersetzt von Ingrid Herrmann, Heyne Science Fiction & Fantasy 06/4255, München 1986.

THE JAGUAR HUNTER (1985). Deutsche Fassungen: *Der Jaguarjäger*, in ›World's Best SF 5‹, herausgegeben von Donald A. Wollheim/Arthur W. Saha, übersetzt von Peter Paul Ulbrich, Science Fiction Bestseller 22092, Bergisch Gladbach 1986; dieselbe Übersetzung in *Playboy* 9/86; *Der Pfad des Jaguars*, in ›Schöne nackte Welt‹, herausgegeben von Wolfgang Jeschke, übersetzt von Birgit Reß-Bohusch, Heyne Science Fiction & Fantasy 06/4380, München 1987.

AYMARA (1986). Deutsche Fassung: *Aymara*, in ›Isaac Asimov's Science Fiction Magazin 30‹, herausgegeben von Friedel Wahren, übersetzt von Peter Pape, Heyne Science Fiction & Fantasy 06/4446, München 1987.

CHALLENGER AS VIEWED FROM THE WESTERNBROOK BAR (1986). Deutsche Fassung: *Challenger – von der Westernbrook Bar aus gesehen,* in ›L wie Liquidator‹, herausgegeben und übersetzt von Wolfgang Jeschke, Heyne Science Fiction & Fantasy 06/4410, München 1987.

DANCING IT ALL AWAY AT NADOKA (1986). Deutsche Fassung: *Professor Sombras Automaten,* in ›Wassermans Roboter‹, herausgegeben von Wolfgang Jeschke, übersetzt von Birgit Reß-Bohusch, Heyne Science Fiction & Fantasy 06/4513, München 1988.

FIRE ZONE EMERALD (1986). Deutsche Fassung: *Feuerzone Grün,* in ›Second Hand Planet‹, herausgegeben von Wolfgang Jeschke, übersetzt von Walter Brumm, Heyne Science Fiction & Fantasy 06/4470, München 1988.

R & R (1986). Deutsche Fassungen: *Fronturlaub,* in ›World's Best SF 6‹, herausgegeben von Donald A. Wollheim/Arthur W. Saha, übersetzt von Harro Christensen, Science Fiction Special 24096, Bergisch Gladbach 1987; *R & R* (gekürzt) in ›Schöne nackte Welt‹, herausgegeben von Wolfgang Jeschke, übersetzt von Irmtraud Kremp, Heyne Science Fiction & Fantasy 06/4380, München 1988.

THE SUN SPIDER (1987). Deutsche Fassungen: *Die Sonnenspinne,* in ›World's Best SF 7‹, herausgegeben von Donald A. Wollheim/Arthur W. Saha, übersetzt von Caspar Holz, Science Fiction Special 24108, Bergisch Gladbach 1988; unter gleichem Titel in ›Heyne Science Fiction Jahresband zum Jubiläumsjahr 1988‹, herausgegeben von Wolfgang Jeschke, übersetzt von Irene Bonhorst, Heyne Science Fiction & Fantasy 06/4477, München 1988.

DELTA SLY HONEY (1986). Deutsche Fassung: *Delta Sly Honey,* in ›Heyne Science Fiction Jahresband 1989‹, herausgegeben von Wolfgang Jeschke, übersetzt von Irene Bonhorst, Heyne Science Fiction & Fantasy 06/4570, München 1989.

ON THE BORDER (1988). Deutsche Fassung: *An der Grenze,* in ›An der Grenze‹, herausgegeben von Wolfgang Jeschke, übersetzt von Irene Bonhorst, Heyne Science Fiction & Fantasy 06/4610, München 1989 (in Vorb.)

3. Interview

AN INTERVIEW WITH LUCIUS SHEPARD (geführt von Rafael Sa'adah; 1987). Deutsche Fassung: *Interview: Lucius Shepard,* in ›Das Science Fiction Jahr 1989‹ herausgegeben von Wolfgang Jeschke, übersetzt von Jürgen Langowski, Heyne Science Fiction & Fantasy 06/4550, München 1989.

HEYNE
SCIENCE FICTION

*Romane
und Erzählungen
internationaler
SF-Autoren im
Heyne-
Taschenbuch.*

06/4444

06/3572

06/4737

06/4769

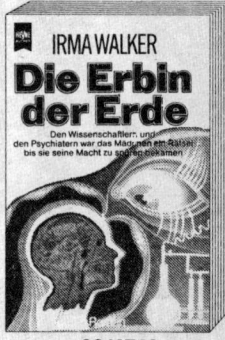

06/4749

06/4763

06/4795

06/4756